Demokratisierung der Wirtschaft durch Arbeitsrecht

Festschrift für Thomas Klebe zum 70. Geburtstag

Olaf Deinert
Johannes Heuschmid
Michael Kittner
Marlene Schmidt (Hrsg.)

Demokratisierung der Wirtschaft durch Arbeitsrecht

Festschrift für Thomas Klebe zum 70. Geburtstag

BUND
VERLAG

Bibliografische Information der Deutschen Nationalbibliothek
Die Deutsche Nationalbibliothek verzeichnet diese Publikation in der Deutschen Nationalbibliografie; detaillierte bibliografische Daten sind im Internet über http://dnb.d-nb.de abrufbar.

Herstellung: Birgit Fieber
Umschlag: Ute Weber, Geretsried
Satz: Dörlemann Satz, Lemförde
Druck: CPI books GmbH, Leck
Printed in Germany 2018
ISBN 978-3-7663-6809-6

www.bund-verlag.de

Vorwort

Thomas Klebe wird 70. Das mag man kaum glauben – am wenigsten die Herausgeber dieser Festschrift, die Thomas Klebe alle schon lange und gut kennen und die die Zusammenarbeit mit ihm bereichernd und inspirierend finden.
Mit der von uns gewählten Überschrift paraphrasieren wir Ideen und Texte von Hugo Sinzheimer, unser aller »Ahnherr« und zugleich namensgebender Patron des »Hugo Sinzheimer Instituts für Arbeitsrecht«, dessen Gründer und zur Zeit noch Leiter Thomas Klebe ist (zusammen mit Marlene Schmidt und Johannes Heuschmid). Es ist das große Wort »Demokratie«, das beide verbindet. Fixpunkt des Sinzheimer'schen Denkens war die Überwindung der abhängigen Stellung des arbeitenden Menschen unter der Chiffre von »Demokratisierung« im Sinne der Herstellung gleichberechtigter Teilhabe wie im Staate so in der Wirtschaft. Zeitgenössisch hieß das für Sinzheimer – im Einklang mit Gewerkschaften, Sozialdemokratie und der Gründungsgesetzgebung der Weimarer Republik – noch neben der vollen Breite aller arbeitsrechtlichen Instrumente die Herbeiführung von »überbetrieblicher Wirtschaftsführung« in gemeinwirtschaftlichen Strukturen.[1] Das ist nach 1945 und mit der Gründung der Bundesrepublik Deutschland und ihrem Grundgesetz Vergangenheit. Geblieben ist aber nun – von dessen Sozialstaatsprinzip als Staatsziel aufgegeben – das Postulat einer Überwindung der im Arbeitsleben typischerweise »gestörten Parität«. Dem dienen individuelles Arbeitsrecht, Tarifvertrag und Mitbestimmung eingebettet in eine gut funktionierende Arbeitsgerichtsbarkeit. Es kann keinen Zweifel geben: Ohne das vor allem von Sinzheimer in die Welt gebrachte »Demokratie«-Postulat auch für die Wirtschaft wären die in der Breite erreichten Erfolge unserer heutigen Arbeitsverfassung nicht Wirklichkeit geworden. Und ebenso bleibt es aktuell für die nach wie vor notwendigen Verbesserungen.
Ihnen widmet sich Thomas Klebe in seinem gesamten Berufsleben. Sein unverrückbares Ziel ist die Verbesserung der Bedingungen für solidarisches Verhalten und eine Beteiligung aller Arbeitnehmer als gleichberechtigte »Stakeholder« an

1 *Sinzheimer*, Die Demokratisierung des Arbeitsverhältnisses, 1928; Neudruck in Gesammelte Aufsätze und Reden, 1976, Bd. 1, S. 115, 134.

sie betreffenden unternehmerischen Entscheidungen. Der weit gespannte Titel dieser Festschrift soll darauf verweisen, dass Thomas Klebe Fragestellungen des ganzen arbeitsrechtlichen Themenspektrums durch seine Veröffentlichungen und seine praktische Arbeit bearbeitet und beeinflusst hat.
Wir wollen dieses Vorwort nicht überfrachten. Wir können an dieser Stelle zu Person und Werk von Thomas Klebe schweigen, weil wir auf zwei andere Texte in dieser Festschrift verweisen können: zum einen auf unseren Überblick zu »Biografischem und Bibliografischem« vor dem Schriftenverzeichnis (S. 501ff.) und zum anderen auf die ganz spezielle Würdigung von Thomas Klebes Hauptbeschäftigung der letzten Jahre, des »Hugo Sinzheimer Instituts für Arbeitsrecht«, durch Berthold Huber (S. 184ff.).
Die Beiträge zu dieser Festschrift spiegeln alle zur Begründung der gewählten Überschrift genannten Aspekte wider. Den Autorinnen und Autoren war völlig freigestellt, worüber sie mit Bezug zu Thomas Klebes fachlichen und politischen Schwerpunkten schreiben wollten, und sie haben sich auch nicht darüber abgestimmt. Trotzdem ist eine solche Fülle unterschiedlicher Beiträge zu allen aktuellen arbeits- und auch sozialrechtlichen und politischen Brennpunkten entstanden, als hätten weise Herausgeber das sorgsam komponiert. Das für sich kann man schon als Hommage eigener Art an Thomas Klebe werten.
Damit ein letztes Wort zu den Autorinnen und Autoren: Angesichts der Breite und Qualität aller Beiträge, wäre es, müssten wir es uns nicht ohnehin versagen, ganz unmöglich, einzelne herauszuheben. Wir als Herausgeber erlauben uns aber, wenigstens mit Stolz anzumerken, mit welch seltener Vollständigkeit die fachlich-politische »Community« zu Ehren von Thomas Klebe versammelt ist. Mit dem Dank an alle Autorinnen und Autoren verbinden wir zugleich im Namen aller die besten Wünsche für unseren Jubilar!
Nicht schließen dürfen wir, ohne uns bei einigen Kollegen zu bedanken, ohne die die Festschrift nicht, oder jedenfalls nicht so, wie sie jetzt vor uns liegt, zustande gekommen wäre: Rainer Jöde, dem Chef des Bund Verlages, für seine Ratschläge von Anfang an und die verlegerische Begleitung durch sein Haus, und Daniel Hlava aus dem HSI, der das technische Zustandekommen der Festschrift gewährleistet hat, keine einfache Angelegenheit bei 90 Autorinnen und Autoren und vier Herausgebern! Außerdem danken wir Rudolf Buschmann für die Lektorierung der englischsprachigen Beiträge.

Olaf Deinert
Johannes Heuschmid
Michael Kittner
Marlene Schmidt

Inhaltsverzeichnis

Vorwort 5
Abkürzungsverzeichnis 15

Edoardo Ales
Workers representation at company level in Italy: An Overview. 21

Wolfgang Apitzsch
Oskar Negt und die Handwerker 26

Michael Bachner
Mitbestimmung des Betriebsrats bei der Bestimmung
einkommensrelevanter Unternehmensziele im Rahmen
von Zielvereinbarungssystemen 30

Gerd Bender
Verbetrieblichung. Historische Aspekte 34

Klaus Bepler
Ungleiches ungleich!
– Bemerkungen zu § 626 Abs. 2 Satz 1 BGB 40

Peter Berg
Der Einsatz von Arbeitnehmern als Streikbrecher –
ausnahmslos am Betriebsrat vorbei? 46

Michael Blank
DGB-Schiedsgerichtsbarkeit nach dem Tarifeinheitsgesetz 51

Michael Brecht
Thomas Klebe sieht die Lösung, nicht das Problem 57

Holger Brecht-Heitzmann
Gesetzliche Neuregelung der Tarifeinheit? 60

Andreas Bücker
Tarifautonomie für selbstständige Arbeitskräfte –
Zur Korrekturbedürftigkeit der EuGH-Entscheidung C-413/13
(FNV Kunsten Informatie en Media) 65

Rudolf Buschmann
Suggestivbegriffe und Erzählungen über eine harmonische Vergangenheit 72

Malte Creutzfeldt/Mario Eylert
Anmerkungen zum Verfahren nach § 99 BetrVG bei Ein- und
Umgruppierungen 77

Wolfgang Däubler
Arbeit außerhalb des ArbZG 89

Birgit Dietze
Betriebsratsbegünstigung und Amtskompetenz 95

Verena zu Dohna-Jaeger
Facebook und Mitbestimmung 101

Franz Josef Düwell
Betriebsrat und Schwerbehindertenvertretung 105

Isabel Eder
Warum künstliche Intelligenz Mitbestimmung lernen sollte 112

Gerd Engels/Yvonne Trebinger
Industrie und Arbeit 4.0 als zweite Chance für § 28a BetrVG 118

Matthew W. Finkin
Is There Any Harm in Asking? Applicant Pay Privacy in German
and American Law 123

Klaus Franz
»Dann legen wir den Colt unter den Tisch« 127

Michael Guggemoos
Die Unternehmensmitbestimmung und das Anti-Arbeitsrecht 132

Peter Hanau
Brutto- und Nettoentgeltumwandlung in der
betrieblichen Altersversorgung 138

Micha Heilmann
Betriebsrat wählen leicht gemacht? Formlos glücklich?
Abstimmungen über unternehmensweite Betriebsräte 143

Werner Hinrichs
Kalte Aussperrung 1984. 147

Daniel Hlava
Der Unfallversicherungsschutz von Crowdworkern –
Ist die gesetzliche Unfallversicherung fit for future? 151

Reiner Hoffmann
»Offensive Mitbestimmung« –
Den mitbestimmungspolitischen Stillstand überwinden 159

Jörg Hofmann
Sozialstaat 4.0 – Tarifliche Spielräume aktiv gestalten 165

Christine Hohmann-Dennhardt
Mit Würde und Anstand 172

Jochen Homburg
Einfluss von Matrixstrukturen auf das Arbeitsrecht 178

Berthold Huber
Thomas Klebe und das Hugo Sinzheimer Institut für Arbeitsrecht 184

Matthias Jacobs/Tino Frieling
Die Betriebsratsvergütung nach § 78 Satz 2 BetrVG im arbeits- und
im strafgerichtlichen Verfahren. 190

Gabriele Jörchel
Arbeit 4.0 – einmal anders betrachtet: Ein Blick in die Zukunft
eines Arbeitsgerichts 196

Boris Karthaus
Vom Reisen und Ankommen in der Betriebsverfassung 200

Thorsten Keiser
Lohngerechtigkeit – eine konkrete Frage für die Rechtsgeschichte? 206

Ulrich Koch
As time goes by 211

Eva Kocher
Wissenschaft: unabhängig und gesellschaftlich relevant? 215

Thomas C. Kohler
Solidarity in Crisis – »agency fees« before the Supreme Court 222

Silke Kohlschitter
Vertane Chancen im Bereich des § 87 BetrVG:
Beobachtungen aus der Praxis 227

Marita Körner
§ 26 BDSG n. F. – ein erweitertes Provisorium für
den Beschäftigtendatenschutz 231

Wolfhard Kohte
§ 90 BetrVG – Wegweiser zur beteiligungsorientierten Gestaltung
in der digitalen Arbeitswelt 237

Ingo Kramer
Tarifeinheit – Urteil des Bundesverfassungsgerichts wichtiges Signal . . . 242

Rüdiger Krause
Neue Herausforderungen für die Unternehmensmitbestimmung
durch *Polbud*? 248

Burghard Kreft
Einige Bemerkungen zur Rechtsgewinnung durch Analogie – oder:
Die Leere der Lücke 255

Olaf Kunz
Der Europäische Betriebsrat – Die Auswirkungen des neuen Gesetzes
über Europäische Betriebsräte auf EBR-Vereinbarungen 260

Wilma B. Liebman
Lead With Optimism!. 265

Klaus Lörcher
Europäische Menschenrechtskonvention und elektronische Überwachung am Arbeitsplatz 271

Luitwin Mallmann
100 Jahre Tarifautonomie in Deutschland – Gedanken zu einem bedeutenden Jubiläum 277

Dorothee Müller-Wenner
Das Projekt Faire Mobilität – ein Beitrag zu fairer Mobilität 283

Andrea Nahles
Thomas Klebe – eine wichtige Stimme in der Arbeitsrechtsdebatte 289

Katja Nebe
Übergänge im Erwerbsleben – tarifvertragliche Gestaltungsverantwortung für einen inklusiven Arbeitsmarkt 292

Helga Nielebock
Flexibler Übergang in den Ruhestand 297

Heide Pfarr
Konzept eines Wahlarbeitszeitgesetzes 303

Jeremias Prassl
The Gig Economy before the Court of Justice: from digital service provision to work intermediation. 308

Ulrich Preis
Mitbestimmung und neue Technologien. 313

Martin Risak
Mehr Fairness für Plattformarbeitende: Ein Plattformarbeitsgesetz als Strategie für faire Arbeitsbedingungen in der Plattformökonomie . . . 320

Florian Rödl
Kollektives Arbeitsrecht als Privatrecht. Hier: betriebliche Mitbestimmung 325

Rainer Schlegel
Indienstnahme Privater für öffentliche Aufgaben 330

Ingrid Schmidt
Der mühsame Weg zur Entgeltgleichheit 335

Kristina Schmidt
Die Regelungsbefugnis der Tarifvertragsparteien bei der Befristung
von Arbeitsverhältnissen. 341

Olaf Scholz
Gute Arbeitsbedingungen, Globalisierung und
Digitalisierung der Wirtschaft 346

Claudia Schubert
Tarifverträge zum Schutz von Crowdworkern trotz Kartellverbot? 351

Jens M. Schubert
Betriebliche Mitbestimmung im Völkerrecht 357

Achim Schunder
Der Betriebsübergang und das betriebliche Eingliederungsmanagement . 363

Achim Seifert
Kollektiver Rechtsschutz im Beschäftigtendatenschutz 370

Horst Thon
Braucht der Fußball ein eigenes Arbeitsrecht? 376

Darcy du Toit
From ›platform capitalism‹ towards a ›sharing economy‹ 381

Jürgen Treber
Mitbestimmung bei »Facebook« –
Zu den Konturierungen des § 87 Abs. 1 Nr. 6 BetrVG 388

Daniel Ulber
Tarifautonomie als Recht nicht Pflicht –
Wieder eine Ordnungsaufgabe der Tarifvertragsparteien 393

Evert Verhulp
On the applicability of the Temporary Agency Work Directive on platform labour 397

Uwe Volkmann
Weckruf aus Karlsruhe –
Zur Konzeption der Tarifautonomie nach der Entscheidung des Bundesverfassungsgerichts zum Tarifeinheitsgesetz 403

Reinhard-Ulrich Vorbau
Pause 408

Irma Vormbaum-Heinemann/Saskia M. Schmid
Entlohnungsgrundsätze 415

Bernd Waas
Der Schutz von Beschäftigten in der Plattformökonomie:
Ein Blick auf die ILO-Standards 420

Astrid Wallrabenstein
Kick and rush 426

Sibylle Wankel
Tarifrunde in der Metall- und Elektroindustrie 2018:
Rechtmäßigkeit der Tarifforderung zur Arbeitszeit oder
»Rührei in Theorie und Praxis« 431

Manfred Weiss
Die Regulierung globaler Lieferketten: Ein Trauerspiel 437

Felix Welti
Das gleiche Recht von Menschen mit Behinderungen,
ihre Arbeitnehmer- und Gewerkschaftsrechte auszuüben 442

Johanna Wenckebach
Arbeitskampf 4.0 – Streikrecht in einer Arbeitswelt im Wandel 448

Ulrike Wendeling-Schröder
Karrieremöglichkeiten von Betriebsratsmitgliedern durch Qualifikation . . 455

Hellmut Wißmann
In schiefer Schlachtordnung gegen die Mitbestimmung 461

Frank Woitaschek
Ausgewählte Verfahrensfragen in der Einigungsstelle 466

Roland Wolf
Verhältnismäßigkeitsgrundsatz – kein Ersatz für stringente Regelungen! . 472

Andrej Wroblewski
Mitbestimmungsorgane und insolvenzrechtliche Arbeitnehmervertretung 478

Oliver Zander
Tarifautonomie, Tarifbindung und Tarifflexibilität –
Zur Funktion der OT-Mitgliedschaft in den Arbeitgeberverbänden 484

Reingard Zimmer
Boykott und boykottbedingte Streikaktivitäten
als zulässige Arbeitskampfmaßnahme. 488

Bertram Zwanziger
Betriebsübergang mit Auslandsbezug 495

Thomas Klebe: Biografisches und Bibliografisches 501

Abkürzungsverzeichnis

a. A.	anderer Auffassung
a. a. O.	am angegebenen Ort
A.d.V.	Anmerkung des Verfassers
a. E.	am Ende
a. F.	alte Fassung
abgedr.	abgedruckt
Abs.	Absatz
abw.	abweichend
AcP	Archiv für die civilistische Praxis (Zeitschrift)
A.d.V.	Anmerkung der Verfasserin
AEntG	Arbeitnehmer-Entsendegesetz
AEUV	Vertrag über die Arbeitsweise der Europäischen Union
AG	Der Arbeitgeber (Zeitschrift); Arbeitgeber
AKR	Arbeitskampfrecht
AktG	Aktiengesetz
anhgg.	anhängig
ArbGG	Arbeitsgerichtsgesetz
ArbRB	Arbeitsrechtsberater (Zeitschrift)
ArbSchG	Arbeitsschutzgesetz
ArbZG	Arbeitszeitgesetz
Art.	Artikel
ASGB	Autonomer Südtiroler Gewerkschaftsbund
AuA	Arbeit und Arbeitsrecht (Zeitschrift)
Aufl.	Auflage
AÜG	Arbeitnehmerüberlassungsgesetz
AuR	Arbeit und Recht (Zeitschrift)
Az.	Aktenzeichen
AZV	Arbeitszeitverordnung
B/K/S	Berg/Kocher/Schumann
BAG	Bundesarbeitsgericht
BAT	Bundesangestelltentarifvertrag

BB	Betriebsberater (Zeitschrift)
BDA	Bundesvereinigung der Deutschen Arbeitgeberverbände
BDSG	Bundesdatenschutzgesetz
Be.	Berichterstatter
BEEG	Bundeselterngeld- und Elternzeitgesetz
Begr.	Begründung
BEM	Betriebliches Eingliederungsmanagement
bespr.	besprochen
BetrR	Der Betriebsrat (Zeitschrift)
BetrAVG	Gesetz zur Verbesserung der betrieblichen Altersversorgung
BetrSichV	Betriebssicherheitsverordnung
BetrVG	Betriebsverfassungsgesetz
BGBL.	Bundesgesetzblatt
BGG	Behindertengleichstellungsgesetz
BGH	Bundesgerichtshof
BGHZ	Amtliche Sammlung der Entscheidungen des Bundesgerichtshofs in Zivilsachen
BLStSozArbR	Blätter für Steuern, Sozialversicherung und Arbeitsrecht (Zeitschrift)
BMAS	Bundesministerium für Arbeit und Sozialordnung
BMWi	Bundesministerium für Wirtschaft und Energie
BR	Betriebsrat
BRSG	Betriebsrentenstärkungsgesetz
bspw.	beispielsweise
BT-Drs.	Bundestagsdrucksache
BTHG	Bundesteilhabegesetz
BtPrax	Betreuungspraxis (Zeitschrift)
BUrlG	Bundesurlaubsgesetz
BVerfG	Bundesverfassungsgericht
BW	Baden-Württemberg
CGM	Christliche Gewerkschaft Metall
CR	Computer und Recht (Zeitschrift)
CSR	Corporate Social Responsibility
d. h.	das heißt
DB	Der Betrieb (Zeitschrift)
DDZ	Däubler/Deinert/Zwanziger, KSchR-Kommentar
ders.	derselbe
DFG	Deutsche Forschungsgemeinschaft
djb	Deutscher Juristinnenbund
DJFT	Deutscher Juristen-Fakultätentag

DJT	Deutscher Juristentag
DöD	Der öffentliche Dienst (Zeitschrift)
DRdA	Das Recht der Arbeit (österreichische Zeitschrift)
DrittelbG	Gesetz über die Drittelbeteiligung der Arbeitnehmer im Aufsichtsrat (Drittelbeteiligungsgesetz)
Drucks.; Ds.	Drucksache
DSB	Datenschutzbeauftragter
DS-GVO	Datenschutzgrundverordnung
DStR	Das Steuerrecht (Zeitschrift)
EGB	Europäischer Gewerkschaftsbund
EGBGB	Einführungsgesetz zum Bürgerlichen Gesetzbuch
EGMR	Europäischer Gerichtshof für Menschenrechte
EGVVO	Verordnung *(EG)* Nr 44/2001 des Rates vom 22.12.2000 über die gerichtliche Zuständigkeit und die Anerkennung und Vollstreckung von Entscheidungen in Zivil- und Handelssachen
ELLJ	European Labour Law Journal
EMF	Entwicklung und Management von Forschungsprojekten
EntgTG	Entgelttransparenzgesetz
ERA	Entgelt-Rahmenabkommen zwischen der Gewerkschaft IG Metall und dem Arbeitgeberverband Gesamtmetall
ErfK	Erfurter Kommentar zum Arbeitsrecht
ESC	Europäische Sozialcharta
EStG	Einkommenssteuergesetz
et al	und andere
etc.	et cetera
EuGH	Europäischer Gerichtshof
EuGrdRCh	Europäische Grundrechtecharta
EuZA	Europäische Zeitschrift für Arbeitsrecht
EWiR	Entscheidungen zum Wirtschaftsrecht
EzA	Entscheidungssammlung zum Arbeitsrecht
FA	Fachanwalt Arbeitsrecht (Zeitschrift)
Fallgr.	Fallgruppe
FS	Festschrift
Fußn.	Fußnote
GAin	Global Aid Network (internationale Hilfsorganisation)
GastG	Gaststättengesetz
gem.	gemäß
GewO	Gewerbeordnung
GG	Grundgesetz
ggf.; ggfls.	gegebenenfalls

GK	Gemeinschaftskommentar zum Betriebsverfassungsgesetz
GmbH	Gesellschaft mit beschränkter Haftung
GmbHR	GmbH-Rundschau (Zeitschrift)
GRC	Grundrechte-Charta der Europäischen Union
Groko	Große Koalition
h. M.	herrschende Meinung
GG	Grundgesetz
HAG	Heimarbeitsgesetz
HaKo-BetrVG	Düwell (Hrsg.), Betriebsverfassungsgesetz, Handkommentar
HBS	Hans Böckler Stiftung
Hg.; Hrsg.	Herausgeber
HS.	Halbsatz
HSI	Hugo Sinzheimer Institut für Arbeitsrecht
HWK	Henssler/Willemsen/Kalb (Hrsg.), Arbeitsrecht Kommentar
i. S.	im Sinne
i.R.d.	Im Rahmen des
i. V. m.	in Verbindung mit
idf	in der Fassung
ILO	International Labour Organization
insbes.	insbesondere
InsO	Insolvenzordnung
IPRax	Praxis des Internationalen Privat- und Verfahrensrechts (Zeitschrift)
iS.	Im Sinne
iSv	im Sinne von
JAO	Juristische Ausbildungsordnung
JAV	Jugend- und Auszubildendenvertretung
JM	Juris, Die Monatszeitschrift
JurisPR	juris Praxisreport Arbeitsrecht
JW	Juristische Wochenschrift (Zeitschrift)
KI	Künstliche Intelligenz
KJ	Kritische Justiz (Zeitschrift)
KollArbR	Kollektives Arbeitsrecht
KSzW	Kölner Schrift zum Wirtschaftsrecht (Zeitschrift)
KTS	Konkurs-, Treuhand- und Schiedsgerichtswesen (Zeitschrift)
Kug	Kurzarbeitergeld
Lit.	Literatur
LPK	Lehr- und Praxiskommentar

m.	mit
m. E.	meines Erachtens
m. w. N.	mit weiteren Nachweisen
MiLoG	Mindestlohngesetz
MitbestG; MitbG	Gesetz über die Mitbestimmung der Arbeitnehmer (Mitbestimmungsgesetz)
Mng.	Meinung
MNU	Multinationale Unternehmen
MPlfG Discussion Paper	Begutachtete Aufsätze aus der Forschung des Max-Planck-Instituts für Gesellschaftsforschung
MTV	Manteltarifvertrag
n. F.	neue Fassung
NGO	Non Governmental Organisation
NJW	Neue Juristische Wochenschrift (Zeitschrift)
Nr.	Nummer
NZA	Neue Zeitschrift für Arbeitsrecht (Zeitschrift)
NZA-RR	NZA-Rechtsprechungsreport
NZG	Neue Zeitschrift für Gesellschaftsrecht
NZI	Neue Zeitschrift für das Recht der Insolvenz und Sanierung
NZS	Neue Zeitschrift für Sozialrecht (Zeitschrift)
ÖAT	Zeitschrift für das öffentliche Arbeits- und Tarifrecht
PflegeArbbV	Pflegearbeitsbedingungenverordnung
RabelsZ	Zeitschrift für ausländisches und internationales Privatrecht (begründet von Ernst Rabel)
RAG	Reichsarbeitsgericht
RdA	Recht der Arbeit (Zeitschrift)
resp.	respektive
RIW	Recht der internationalen Wirtschaft (Zeitschrift)
RL	Richtlinie
Rn.	Randnummer
RNotZ	Rheinische Notar-Zeitschrift
Rz.	Randzeichen
RP-Reha	Zeitschrift für Rehabilitations-, Teilhabe- und Schwerbehindertenrecht
S.	Seite; Siehe
SAE	Sammlung arbeitsrechtlicher Entscheidungen (Zeitschrift)
SBV	Schwerbehindertenvertretung
Schl.-Holst.	Schleswig-Holstein
SE	Societas Europaea (Europ. Aktiengesellschaft)
SGB	Sozialgesetzbuch
sog.	sogenannt

SR	Soziales Recht (Zeitschrift)
st. Rspr.	ständige Rechtsprechung
std.	ständig
TV	Tarifvertrag
TVG	Tarifvertragsgesetz
TVöD	Tarifvertrag für den öffentlichen Dienst
TVVO	Tarifvertragsordnung
u. a.	und andere; unter anderem
UKlaG	Unterlassungsklagegesetz
UN-BRK	UN-Behindertenrechtskonvention
v. a.	vor allem
VDA	Verband der Automobilindustrie
Verf.	Verfasser
vglb.	vergleichbar
WAZG	Wahlarbeitszeitgesetz
WfbM	Werkstatt für behinderte Menschen
WissZeitVG	Wissenschaftszeitvertragsgesetz
WSI-Mitt.	WSI-Mitteilungen (Zeitschrift des Wirtschafts- und Sozialwissenschaftlichen Instituts des DGB)
WzS	Wege zur Sozialversicherung (Zeitschrift)
ZBVR	Zeitschrift für Betriebsverfassungsrecht
ZESAR	Zeitschrift für europäisches Sozial- und Arbeitsrecht
ZfA	Zeitschrift für Arbeitsrecht
ZGR	Zeitschrift für Unternehmens- und Gesellschaftsrecht
ZHR	Zeitschrift für das gesamte Handels- und Wirtschaftsrecht
ZInsO	Zeitschrift für das gesamte Insolvenzrecht
ZMV	Zeitschrift für die Praxis der Mitarbeitervertretungen in den Einrichtungen der katholischen und evangelischen Kirche
ZTR	Zeitschrift für Tarif-, Arbeits- und Sozialrecht des öffentlichen Dienstes
ZuSi 2012	Gesamtbetriebsvereinbarung (GBV) zur Zukunftssicherung 2012 aus dem Jahr 2004,
zust.	zustimmend
ZWeR	Zeitschrift für Wettbewerbsrecht

Workers representation at company level in Italy: An Overview

Prof. Dr. Edoardo Ales, University of Cassino and Southern Lazio

1. 1970–1993

Workers' representation at company level is a relatively new phenomenon for Italian industrial relations. However, truth to tell, it is not a new issue. In fact, since the end of World War II, trade unions have tried several times to obtain from employers the right to establish representative bodies in the plant – in vain: an Act of the Parliament was needed in order to entitle workers with such a right. This happened with the approval of Act n. 300 of 1970, known in Italy as Statuto dei Lavoratori. This statute represents a turning point, since it aimed and still aims at recognizing workers' individual and collective rights at company level, supported by the establishment of trade union representative bodies within productive units employing more than 15 workers.

In the *Statuto dei Lavoratori*, the legislator decided not to proceed along the road to the double channel. Instead, it opted for a solution, according to which, as already mentioned above, trade union representative bodies (*Rappresentanze Sindacali Aziendali, RSA*) may be established upon initiative of the workers in productive units employing more than 15 workers, making reference either to most representative confederations or to trade unions which have signed a national or territorial collective agreement, applied by the company within which the unit is located.

When the law came into force, such an alternative was only theoretical, since, on the one hand, there was a practical coincidence between the most representative confederations and the signatories parties of national and territorial collective agreements, while, on the other, the federations belonging to the confederation were acting unitarily. So that the employer could not choose among different collective agreements.

From a functional point of view, RSA were born dead, since, being trade union bodies, they could not enjoy any right to codetermination. But they did not enjoy either the main prerogative of unions, i.e. collective bargaining, since the bargaining system was still highly centralized, not allowing negotiations at company level. In legislator's view, RSAs' main task was to encourage trade union activity and campaigning at workplace level, each one in favor of the trade union they referred to. Lacking of bargaining capacity, RSA did not succeed in playing the role they were supposed to play in countervailing autonomous trade unionism at workplaces. Moreover, in the majority of cases, their members not being elected but designated by the confederation of reference, workers within the productive unit did not feel represented as they had expected.

Despite such considerable limits, the RSA season lasted until the end of the Eighties, when the time was right for starting developing a semi-decentralized collective bargaining system in which agents at company level were needed. In such a perspective, from 1991 to 1993, the machinery of Italian industrial relations system changed dramatically under pressure of a strong political initiative, paradoxically carried out by the first so called technical governments which aimed at increasing the competitiveness of the Italian productive system.

It is crucial to stress that changes have been introduced, partly bilaterally, by agreement between the Social Partners, partly trilaterally, by agreement among the Social Partners and the Government. In any case without any legislative intervention. As far as workers' representation is concerned, this has been made possible by the fact that, as we have seen above, the *Statuto dei Lavoratori*, art. 19 in particular, *de facto* enabled workers to establish RSA only referring to the most representative confederations, which, consequently, did monopolize representation at workplace level. As far as collective bargaining was concerned, a sort of tabula rasa existed since Italy was one of the few European Countries that did not provide for legislation on that subject.

Therefore, on the one hand, it was possible for most representative trade unions to dispose of RSA by transforming them, by agreement with the employers' associations, into *Rappresentanze Sindacali Unitarie*. On the other hand, the lack of legislative framework did allow Social Partners to provide for a negotiated regulation of collective bargaining, as far as the negotiating agents, the level and the machinery were concerned. The result was twofold: first, a new workers' representation body, RSU, took, *de facto* but not *de jure*, the place of RSA, being at any time possible to revitalize it in case the agreement had been broken; second, a new two level collective bargaining system was established by consensus of the Social Partners and of the Government, identifying in RSU the sole bargaining agent at company level.

From a structural point of view, there is a huge difference between RSA and RSU. First, according to the agreement establishing them, RSU members are, as for two thirds, elected by the whole labor force of the company, although on lists presented by the signatory parties of the agreement: the same signatory parties appoint one third. Secondly and by consequence, there would have been only one RSU per company, whereas in the past there could have been as many RSA as the most representative confederations. To be clearer: RSA are the only representation body allowed by the law at company level; RSA might be established only within the framework of the most representative confederations; most representative confederations have decided to substitute RSA by RSU; RSU would have been the one and only representation body at company level.

What I have presented above, is an over-simplification of the legal framework. From a legal point of view, it is imprecise to state that RSA (then RSU) could have been the one and only representation body to be established at company level: indeed, according to art. 14 *Statuto dei Lavoratori*, workers may establish representation bodies at will within the company, but only RSA (then RSU) will enjoy qualified trade union rights such as the right to paid leaves for trade union activities, the right to call for an assembly or a referendum. Although, irrelevant from a practical point of view, such theoretical possibility has been referred to by the *Constitutional Court* to state that the RSA (then RSU) system did not collide against the principle of freedom of association as laid down in art. 39 par. 1 of the Constitution.

2. From 1993 to today

Let us see now how the situation has developed after 1993. In 1995, some political parties called for a referendum, contesting the monopoly of workers' representation the legislator had recognized to confederations. Emphasizing the relevance of the principle of freedom of association, those political parties asked the People to withdraw art. 19 with the view of recognizing to any workers' representation body the qualified trade union rights it had formally recognized only to confederations. As a subordinate, those parties asked the People to recognize such rights only to representation bodies which had been established within the framework of trade unions that have signed a collective agreement at any level, applied in the relevant company.

The People approved the subordinate. As a result, only workers referring to a trade union that had signed a collective agreement applied in the company could establish RSA (then RSU). Since this could also be a company level collective agreement, the risk that the relevant employer could chose the trade union with which he would have felt more comfortable in signing the agreement was theoretically there. Practically speaking, it was not, since the RSU agreement *de facto* guaranteed to confederations a sound control on RSU membership, taking into account the fact that confederations kept on acting unitarily, and no return to multiple RSA was, at that time, envisaged. Based on such practical remark, the *Constitutional Court* held the new version of art. 19 to be in line with the principle of freedom of association.

Time passed and, as in a fairy tale, nobody remembered any more that ancient rule enshrined in art. 19 which echoed a closed shop. In fact, the RSU model was working quite well allowing the two level collective bargaining system to enhance, although to a limited extent, country's competitiveness and guaranteeing a peaceful functioning of industrial relations. It was working so well that in 1998 it became exported into the public sector by way of collective agreement, powered by the law.

However, as usually happens in any self-respecting fairy tale, a Prince Charming came to wake-up the Sleeping Princess. Indeed, it was anything but romantic. Something closer to *Arthur* drawing the sword from the stone, taking into account the political and social scenario of the new century. In fact, as I have mentioned above, from 2001, the attitude of the center-right-wing governments towards the trade union movement has changed, and such a changed attitude has not been accepted by the major confederation, CGIL, which started to refuse to sign tripartite agreements, blaming CISL, UIL and UGL for doing so.

The end of unity of action at tripartite level did affect, at branch level, mainly the metal sector, partly because of the strong ideological background of the GCIL metal workers federation FIOM (even stronger and more left oriented than other CGIL branches), partly because the unity of action started to be put into question also within employers' side. From employers' side this has been mainly due to the poor quality and quantity of decentralization the two level bargaining system introduced in 1993 did really allow, obliging companies of very different sizes to operate within the same regulative framework.

This was even more the case with companies operating at transnational level like FIAT. In 2009, FIAT started its »struggle for independence« from the two level collective bargaining system, there included the RSU model as far as workers' representation was concerned. The idea was and still is to develop a company-based employment relationship system, outside the influence of branch collective bargaining. For this purpose, FIAT quitted the Metal sector employers' organization. This led to a clash with FIOM which fiercely opposed, even in courts, the abandon of that system. To make a long story short, if FIAT was successful from the point of view of establishing its own company-based collective bargaining system, it failed as far as workers' representation was concerned.

According to FIAT, the fact that FIOM did not sign the new company collective agreement had allowed FIAT to exclude FIOM from the workers' representation within the company since a) the RSU system had been denounced by FIAT; b) the RSA model was to be applied again, allowing workers to establish representative bodies only within the framework of trade unions which have signed the collective agreement applied in the company. This was clearly not the case with FIOM. FIOM challenged the exclusion in courts which decided to ask for a preliminary ruling by the *Constitutional Court*. The *Court* in 2013 took a highly controversial stance, although, in a way, just mirroring the stance taken in 2001 with reference to the constitutionality of art. 19 as modified by the referendum of 1995. The closed-shop-look-like solution of allowing the establishment of RSA only within the framework of trade unions which have signed a collective agreement applied within the company had been deemed to be constitutional as long as (*solange*, one could say) the two level collective bargaining system based on RSU as negotiating agents was in place. If, as it has happened with the FIAT case, that system had broken down, art. 19, as modified by the referendum, was no more to be regarded as constitutional since it had allowed the closed-shop-look-like solution.

3. To conclude

The solution adopted by the *Constitutional Court*, apart from inviting the legislator to enact a new legislation on the topic, not at sight for the moment, has been to interpret the expression »who have signed« as »who have participated into the bargaining process also without having signed the agreement«, which, of course, is anything but a very authoritative interpretation.

Oskar Negt und die Handwerker

Wolfgang Apitzsch, Rechtsanwalt und Fachanwalt für Arbeitsrecht

»Inzwischen läuft die größte gewerkschaftliche Informations- und Mobilisierungskampagne seit dem Kampf gegen die Notstandsgesetze Ende der 60er Jahre. Bundesweit wurden in den vergangenen Wochen in Tausenden von Veranstaltungen und Aktionen in den Betrieben und in der Öffentlichkeit die Bereitschaft und die Fähigkeit gewerkschaftlicher Gegenwehr unterstrichen. Über 500 000 Arbeitnehmer legten am Tag des Kanzlergesprächs allein im Organisationsbereich der IG Metall die Arbeit nieder.«

Dieses Zitat stammt aus dem Aufsatz von Hans Mayr, »Der Grundkonsens ist erschüttert« zur Auseinandersetzung um § 116 AFG, den wir 1986 herausgaben.[1] In diesem Band zum »Kampf um das Streikrecht« gibt es einen Aufsatz des Jubilars zusammen mit S. Roth, »Die Verursacher in der Rolle des Opfers«, der sich mit der Behauptung der Erforderlichkeit der Änderung des § 116 AFG wegen einer angeblich geänderten Streiktaktik der IG Metall auseinandersetzt.
55 000 Arbeitnehmer habe die IG Metall in den Streik geführt, 170 000 seien von den Unternehmen ausgesperrt worden, die meisten vom Kampfgeschehen mittelbar betroffenen Arbeitnehmer hätten aufgrund der Aussperrung, nicht des Streikes wegen, nicht arbeiten können. Gleichwohl bleibe festzuhalten, dass die Auswirkungen auf Betriebe außerhalb des Kampfgebietes im letzten Arbeitskampf gravierender als zuvor gewesen seien. Dies habe an der Einführung nicht nur neuer Produktionstechnologien, sondern auch von neuen Logistikkonzepten mit montagegenauer Zulieferung, unterstützt durch die Einführung der Datenfernübertragung, gelegen. Die Datenfernübertragung wiederum habe der VDA für die gesamte Branche vereinheitlicht und vorangetrieben. Auf diese Weise konnte die Lagerhalterung in den Autowerken kontinuierlich verkürzt werden, sogenannte just-in-time-Anlieferung wurde möglich. Das mit diesen und weiteren Maßnahmen verbundene Risiko eines Produktionsausfalls für den Fall der Nichteinhaltung von Liefer- und Abnahmeverpflichtungen solle nun

1 *Apitzsch, Klebe, Schumann*, § 116 AFG, Kampf um das Streikrecht.

durch Änderung des § 116 AFG von den Unternehmern auf die Arbeitnehmer abgewälzt werden. Die grundgesetzlich garantierte Streikfähigkeit der IG Metall solle beseitigt werden, um die störanfälligen Lieferbeziehungen abzusichern. Der Verursacher der Störanfälligkeit allerdings bezeichnet sich als Opfer einer angeblich gewandelten Streiktaktik.

Thomas Klebe bezeichnet sich selbst als »Handwerker«, als jemand, der die Teile eines Ganzen solide und schnell zusammenträgt und zur Verfügung stellt. Schon in unserer nächsten Veröffentlichung wendet er seine Kenntnisse aus dem zitierten Aufsatz mit Erweiterungen an auf den Konflikt um eine andere Betriebsverfassung,[2] und danach bis heute kann man aus seinem Schriftenverzeichnis entnehmen, dass er sich insbesondere auch der systematischen Erfassung von neuen Technologien mit ihren Auswirkungen auf die Arbeit und Folgen für die Arbeitnehmer befasst. Dabei hat er weltweit Verbündete gefunden und erfolgreich um Autoren geworben.

In seinen Arbeiten gelangt *Thomas Klebe* immer wieder in die »Kampfzonen«, die Oskar Negt[3] in seinem Aufsatz »Nötig ist eine politische Kultur des Widerstandes« beschrieben hatte:

»Es geht erstens um Tendenzen der Entkollektivierung der Interessen und Rechte durch die orientierenden Ideen von Flexibilität und Differenzierung, die über den attraktiven Schein von Autonomie und Freiheit verfügen. Grundprogramm in diesem Zusammenhang ist die Abtrennung der Gewerkschaften von der Basis ihrer eigenen Mitglieder …«

»Handwerker« wie Thomas bleiben konstruktiv und optimistisch – gegen z. B. die Vereinsamung und Unterlegenheit des Crowdworkers hat er mit anderen IG Metallern eine Gegenplattform zur gegenseitigen Information »faircrowd work.org« errichtet, damit die Clickworker hier mit der IG Metall eine Gegenmacht aufbauen können.

»Zweitens«, schreibt Negt, *»arbeitet der Konservatismus mit einem Öffentlichkeitsentzug der politischen Entscheidungen …«. »Öffentlichkeit wiederherzustellen auch für Fragestellungen, die relativ enge gewerkschaftliche Interessen betreffen, ist daher das zentrale Medium der Wahrnehmung des politischen Mandats der Gewerkschaften.«*

2 *Apitzsch, Klebe, Schmidt*, BetrVG 90.

3 *Oskar Negt*, Nötig ist eine politische Kultur des Widerstandes in Apitzsch u. a. (Fußnote 2) S. 205.

Thomas ist auch dieser Forderung in exemplarischer Weise nachgekommen. Er hat nicht nur die vielen Veröffentlichungen zu nahezu allen arbeitsrechtlichen Problemen erarbeitet, die in seinem Werkeverzeichnis nachlesbar sind, er hat auch das Hugo Sinzheimer Institut gegründet und gemeinsam mit Marlene Schmidt geleitet und in der Schriftenreihe in kurzer Zeit 25 Bände herausgebracht, die sich den von Negt bezeichneten Fragestellungen widmen. Darüber hinaus hat er im Herausgeberkreis der Zeitschrift »Arbeit und Recht« durch ständige Anregungen und Hilfestellungen dazu beigetragen, diese Fragestellungen aktuell weiterzuverfolgen und Öffentlichkeit wiederherzustellen.

»Es geht« nach Negt *»drittens um eine Entkoppelung von Macht und Moral. Der Neokonservatismus zehrt von der Legitimation durch Machtentscheidung. Er hat keine großen Ideen …, er muss gesellschaftliche Veränderungen durch Machtentscheidungen verankern, um Privilegienstrukturen … vom Druck öffentlicher Kritik zu befreien …« »Die Gegenposition zu dieser rabiaten Machtpolitik … muss die Herstellung der Öffentlichkeit eines politisch-moralischen Diskurses sein. Auch Gewerkschaftsforderungen im engeren Sinn werden … immer stärker darauf angewiesen sein, … moralisch begründet zu sein. Nicht die bloße Tatsache, dass Rechte erkämpft worden sind, schafft den ausreichenden Begründungszusammenhang für deren Verteidigung. Vielmehr müssen sie als Emanzipationsrechte begründet öffentlich erkennbar sein.«*

Dem Verfasser ist die Richtigkeit dieser Negt'schen Überzeugungen bei der unglaublich großen Akzeptanz des soeben abgeschlossenen Tarifvertrages der IG Metall erneut deutlich geworden: Die ganze Gesellschaft weiß, dass »Care«, also die Sorge um ihre Kinder, ihre Kranken und Alten das Gebot der Stunde ist, und der soeben erkämpfte Tarifvertrag nimmt dieses Wissen auf und setzt es um in Handlungsmöglichkeiten für seine Mitglieder. Thomas Klebe hat Negts Forderung auch insofern exemplarisch aufgenommen, in seinen Kommentaren und Aufsätzen, in seiner Bereitschaft, die Tarifforderungen der IG Metall zu verteidigen und die zentrale Idee weiter zu erläutern.

»Viertens« so Negt *»geht es in dieser staatskonservativen Politik, die sich mit Hochtechnologie verbündet hat, um die Wiederherstellung einer vorkonstitutionellen Phase der betrieblichen Wirklichkeit. Das … kann … auf jederzeit verfügbare Leistungsbereitschaft gerichtet sein, eine Refeudalisierung des Herrschaftssystems, in dem jeder Tag und Nacht dem Kapital-Herrn zu Diensten ist …«*

Negts Text ist nun genau 30 Jahre alt, und er beschreibt trotzdem eines der heute wichtigsten und aktuellsten Themen im Arbeitsrecht. Die vermeintliche Freiheit, die z. B. das Homeoffice verspricht, könnte sich erweisen als ein Weg in die grö-

ßere Unfreiheit, die Negt beschreibt. Soeben macht uns ein japanischer Kollege darauf aufmerksam, dass in »Deutschland (...) BDA und ihr nahestehende Kreise (sagen), dass angesichts der Verbreitung der Arbeit im Homeoffice die Ruhezeit von elf Stunden verkürzt werden solle. Es sei ungünstig, dass z. B. der Arbeitnehmer, nachdem er nachts zu Hause gearbeitet habe, nicht um 7 Uhr zum Betrieb kommen könne.[4] Im gleichen Aufsatz berichtet er von einem japanischen Autor, der wie folgt argumentiert: «*Das geltende »starre« Arbeitsrecht, das ... die Bereiche der Arbeitsgestaltung und des Kündigungsschutzes streng reguliere, sei ein Hindernis für die Industriegesellschaft der Zukunft.*«
Ähnliches hören wir in nahezu jeder Diskussion von Arbeitgebern hierzulande. Wie der japanische Kollege es im zitierten Aufsatz darstellt, führen auch Gewerkschafter wie *Thomas Klebe* täglich aus, dass »*wegen der persönlichen Abhängigkeit der Arbeitnehmer der Schutz von deren Leben und Gesundheit durch zwingendes Recht sicherzustellen (ist)*«. Die Unbegrenztheit der Arbeit dürfte gleichbedeutend sein mit der von Negt befürchteten Refeudalisierung. *Thomas Klebe* hat als Mitgründer der Gesellschaft für japanisch-deutsches Arbeitsrecht auch dazu beigetragen, dass die Gewerkschaftsvertreter dieser und vieler anderer Länder sich in dieser Erkenntnis getroffen haben.
»Handwerker«, Justitiar der IG Metall, Leiter des Hugo Sinzheimer Instituts, ehrenamtlicher Richter am Bundesarbeitsgericht (Erster Senat), Rechtsanwalt – *Thomas Klebe* hat eine erstaunliche Karriere gemacht, in deren Verlauf wir nun schon seit weit mehr als 30 Jahren befreundet sind. Kann man wenigstens andeuten, was er beruflich geleistet hat, verbieten sich hier weitergehende Hinweise auf den Privatmann *Thomas Klebe.* So viel sei erlaubt: Anlässlich seiner Verabschiedung als Justitiar der IG Metall sprach eine seiner Töchter etwas länger mit mir über ihren Vater und hob vor allem hervor, wie sehr sie an ihm schätze, dass er stets genau das in und aus seinem Leben gemacht habe, was er als richtig erkannt habe.
Wenig später verabredeten Marlene Schmidt, Thomas und ich, dass wir in Zukunft in einer Anwaltspraxis gemeinsam tätig werden wollten.

4 *Kenji Takahashi*: Auswirkungen der Digitalisierung auf Arbeitswelt und Arbeitsrecht in Japan, Arbeit und Recht 2/2018, S. 70–74.

Mitbestimmung des Betriebsrats bei der Bestimmung einkommensrelevanter Unternehmensziele im Rahmen von Zielvereinbarungssystemen

Dr. Michael Bachner, Rechtsanwalt und Fachanwalt für Arbeitsrecht

1. Sachverhalt

Der Betriebsrat eines Unternehmens für Finanzdienstleistungsprodukte macht Mitbestimmungsrechte bei der Festlegung der Unternehmensziele geltend, an denen die Vertriebsmitarbeiter im Rahmen ihrer Zielvereinbarungen gemessen werden sollen. Zum Hintergrund der nachfolgende Auszug aus der Email eines Betriebsratsvorsitzenden:

»Wir halten eine Mitbestimmung über die Ziele für unabdingbar, da es sich dort um einen entscheidenden Punkt für unsere Betriebsvereinbarung handelt. Eine Mitbestimmung nur bei den sich daran anschließenden Verteilungskriterien wäre nur eine halbe Betriebsvereinbarung. Das Zielsystem soll bei uns folgendermaßen aussehen: Zunächst wird der Vorstand eine Planung erstellen. Bei dieser Planung werden IST-Zahlen, Marktdaten und Marktveränderungen nach Beurteilung der Geschäftsleitung berücksichtigt. Natürlich fließen in die Planung auch Kosten und Gewinnerwartungen der Gesellschafter ein, die erfüllt werden sollen. Am Ende steht für jedes Geschäftsfeld eine Zahl, die von den Mitarbeitern im Vertrieb erbracht werden soll, also z. B. ein Gesamtumsatz von 100 Mio. €, der dann auf die einzelnen Teams und Mitarbeiter rechnerisch heruntergebrochen wird. Diese Zahl beinhaltet jeweils auch eine Steigerung, die in der Managementsprache dann immer als sportlich und herausfordernd beschrieben wird. Damit besteht die Gefahr, dass die Latte für die Erreichung des Zieleinkommens zu hoch gehängt wird. Die Ziele sind einkommensrelevant, sie stellen dann ja die 100 % Zielerfüllung dar und ermöglichen erst bei Zielerfüllung die Realisierung des Zieleinkommens. Genau hier sehen wir durchaus Probleme. Nach unserer Ansicht muss die Planung der Geschäftsführung nicht unbedingt auch identisch das Ziel für den Vertrieb sein. Aus Vertriebssicht kann man nämlich durchaus von Fall zu Fall darüber diskutieren, ob eine Steigerung der Ziele realistisch ist und damit automatisch über eine 100 % Vertriebsleistung zu erbringen ist. Man kann in begründeten Fällen auch zu der Ansicht kommen, dass eine

solche Steigerung des Geschäftes nur in Form einer Übererfüllung zu erzielen ist und dann mit z. B. 110 % Zielerfüllung auch zu bezahlen ist. Hier wollen wir mitbestimmen Diese Mitbestimmung haben wir angesprochen und gefordert. Bisher will sich der Arbeitgeber darauf nicht einlassen. Hauptargument dazu ist, dass Planung und Ziel eine Einheit bilden sollen und es hinsichtlich der Planung (Unternehmenshoheit) keine Mitbestimmung gibt. Das sehen wir im Hinblick auf die Einkommensrelevanz anders.«

2. Betriebsverfassungsrechtliche Ausgangssituation

§ 87 Abs. 1 Nr. 10 BetrVG betrifft grundsätzlich nur die Strukturen, nicht die Höhe einer leistungsbezogenen variablen Vergütung. Damit ist dem Betriebsrat hier nicht geholfen.

Das Ziel des Betriebsrats ist der Zugriff auf die Höhe der Vergütung. Diese wird über das Gesamtziel der Unternehmensleitung gesteuert: Je höher das Gesamtziel, desto niedriger in der Tendenz die variable Vergütung und umgekehrt. Wenn überhaupt, dann kann die Zielplanung der Unternehmensleitung nur über § 87 Abs. 1 Nr. 11 BetrVG beeinflusst werden.

Nach § 87 Abs. 1 Nr. 11 BetrVG hat der Gesamtbetriebsrat ein Mitbestimmungsrecht bei der Festsetzung der Akkord- und Prämiensätze und vergleichbarer leistungsbezogener Entgelte, einschließlich der Geldfaktoren. Das BAG versteht unter einem Akkord- und Prämienlohn vergleichbaren leistungsbezogenen Entgelt eine Vergütungsform, bei der eine Leistung des Arbeitnehmers, gleichgültig, worin diese besteht, gemessen und mit einer Bezugsleistung verglichen wird und bei der sich die Höhe der Vergütung in irgendeiner Weise nach dem angemessenen Verhältnis der Leistung des Arbeitnehmers zur Bezugsleistung bemisst.[1]

Wesentliches Element von Akkord und Prämie ist eine Normalleistung als Anknüpfungspunkt für das Normalentgelt. Auch für ein vergleichbares leistungsbezogenes Entgelt i. S. von § 87 Abs. 1 Nr. 11 BetrVG ist daher Voraussetzung, dass an eine Bezugsleistung angeknüpft wird.[2] Durch die unmittelbare Abhängigkeit des verdienten Entgelts von der jeweiligen Leistung wird nicht nur ein Leistungsanreiz erzielt, sondern kann auch ein unangemessener Leistungsdruck ausgeübt werden. Aus diesen Gründen reicht es nicht aus, dass Entlohnungsgrundsatz und Entlohnungsmethode nach § 87 Abs. 1 Nr. 10 mitbestimmungspflichtig sind. Vielmehr bedarf es auch eines Schutzes bei der Festsetzung der Bezugsleistungen selbst. Diesen Schutz gewährleistet § 87 Abs. 1 Nr. 11 BetrVG nicht nur bei der

1 BAG st. Rspr. 28. 7. 1981, EzA § 87 BetrVG 1972 Leistungslohn Nr. 4 S. 56 f.
2 Zum Begriff BAG 28. 7. 1981, EzA § 87 BetrVG 1972 Leistungslohn Nr. 4 S. 59.

Festsetzung von Akkord und Prämie, sondern auch bei vergleichbaren leistungsbezogenen Entgelten.

3. Mitbestimmungsrechtliche Einordnung von Unternehmenszielen

Vor diesem Hintergrund können auch Unternehmensziele (ein Beispiel die Vertriebsziele) nach § 87 Abs. 1 Nr. 11 BetrVG mitbestimmungspflichtig sein, wenn sie Anknüpfungspunkt für die individuelle Leistung eines Arbeitnehmers und die Höhe seiner variablen Vergütung im Rahmen eines Zielvereinbarungssystems sind. Als leistungsbezogenes Entgelt im Sinne dieser Vorschrift wird nämlich jede Vergütung verstanden, *»die sich nach dem konkreten und vom Arbeitnehmer selbst beeinflussten, quantifizierbaren Arbeitsergebnis richtet und nach dessen Verhältnis zu einer bestimmten Bezugsleistung berechnet wird«*.[3] § 87 Abs. 1 Nr. 11 BetrVG gewährt dem Betriebsrat – so das BAG – ein Mitbestimmungsrecht bei der Festsetzung der einzelnen Sätze des Leistungslohnsystems, um *»den mit einer Leistungsentlohnung verbundenen Gefahren zu begegnen (...)«* Dabei ist es gleichgültig, wie diese Sätze im Einzelnen ermittelt werden. Entscheidend kommt es auf das Vorliegen einer kontinuierlichen Messung der Arbeitsleistung sowie eines darauf bezogenen Leistungsanreizes und Leistungsdruckes an.[4]
Zusammenfassend greift § 87 Abs. 1 Nr. 11 daher ein, wenn die folgenden Voraussetzungen erfüllt sind:

- Der einzelne Arbeitnehmer muss wie bei Akkord und Prämie durch seine Leistung die Höhe der Vergütung beeinflussen können.
- Es muss ein Bezug zu einer »Normalleistung« oder einer anderen »Sollgröße« hergestellt werden; die Höhe der Vergütung wird durch das Verhältnis zu dieser beeinflusst.
- Die Höhe des Entgelts muss sich automatisch aus der in dieser Weise betrachteten Arbeit ergeben. Ist eine »Bewertung« durch den Arbeitgeber dazwischengeschaltet, greift die Mitbestimmung nach Nr. 11 nicht ein.

Besteht das Ziel also in einer quantitativen Größe, geht es etwa um 3 % Umsatzsteigerung im Vertrieb oder um die Reduzierung von Kundenbeschwerden um 10 %, so sind die Voraussetzungen von § 87 Abs. 1 Nr. 11 BetrVG ersichtlich erfüllt. Das gleiche muss gelten, wenn der Unternehmensgewinn die Bezugsgröße ist und sich die Zielvereinbarung des Mitarbeiters an der Erreichung dieses Un-

3 BAG 21.10.2003, NZA 2004, 936.
4 BAG 15.5.2001, NZA 2001, 1154.

ternehmensziels bemisst. Die gewünschte Leistung wird hier zum Status quo in Beziehung gesetzt; auch hier führt die Zielerreichung automatisch zu der vorgesehenen Zusatzvergütung. Dabei spielt es dann keine Rolle, ob lediglich für den Fall der Zielerreichung eine bestimmte Zusatzvergütung versprochen wird oder ob sich deren Höhe nach dem Ausmaß bestimmt, in dem man sich dem Ziel angenähert oder dieses gar übertroffen hat.
Mitbestimmungsrechtlich angemessen erscheint vor diesem Hintergrund z. B. die nachfolgende Regelung innerhalb eines Zielvereinbarungssystems:

»Die vom Vorstand beschlossene Gesamtplanung zu den jeweils vergütungsrelevanten Kennziffern wird mit dem Betriebsrat unter schriftlicher Offenlegung sämtlicher Parameter, die für die Vergütung und die dabei einschlägigen Kennziffern auf Geschäftsfeldebene von Relevanz sind, erörtert. Sollte sich dabei nach Auffassung einer der Betriebsparteien auf Ebene der einzelnen Geschäftsfelder und – herunter gebrochen – auf Ebene einzelner Teams mit Blick auf das verabschiedete Zielermittlungsverfahren offensichtlich in erheblichem Maße und aus Sachgründen Korrekturbedarf zeigen, verpflichten sich die Betriebsparteien, in Verhandlungen über eine befristet geltende Ergänzungsvereinbarung zur vorliegenden Betriebsvereinbarung mit dem Ziel einzutreten, eine sachgemäße Lösung für diesen aktuellen Ausnahmefall zu finden. Können sich die Betriebsparteien diesbezüglich nicht einigen, so entscheidet die Einigungsstelle.«

4. Fazit

Dem Betriebsrat kann vorliegend also geholfen werden: Die Erstreckung des Mitbestimmungsrechts gem. § 87 Abs. 1 Nr. 11 BetrVG auf solche Zielvereinbarungen hat zur Folge, dass der Betriebsrat nicht nur hinsichtlich der Verteilungsgrundsätze zu beteiligen ist, sondern sich sein Mitbestimmungsrecht auch auf die Höhe der Zielboni (und damit mittelbar auch auf die festgesetzten Unternehmensziele) erstreckt.

Verbetrieblichung. Historische Aspekte

Gerd Bender, Max-Planck-Institut für europäische Rechtsgeschichte, Frankfurt a. M.

1. Der Metall-Tarifkonflikt des Jahres 1984 zählt im historischen Längsschnitt zu den spektakulärsten Auseinandersetzungen in der deutschen Arbeitskampfgeschichte überhaupt.[1] Natürlich warf im letzten Jahrzehnt der Bonner Republik kein Obrigkeitsstaat seinen Schatten, wie es für die Arbeitskämpfe im Kaiserreich gerade auch aufgrund der damaligen straf- und polizeirechtlichen Situation[2] signifikant war. Und ebenso selbstverständlich war das Arbeitskampfgeschehen nicht in eine heraufziehende Großkrise des politischen Systems eingebunden, wie dies beim Weimarer Ruhreisenstreit der Fall gewesen ist. Aber dass es sich besonders für die Verhältnisse der wirtschaftsfriedlich gepolten Bundesrepublik um einen extrem langen und extrem hart geführten Arbeitskampf mit großem Konfliktrahmen handelte, der die Wirtschaftsgesellschaft erschütterte, ist doch unübersehbar.

Als spektakulär galt dabei bereits die von vielen Beobachtern als gewagt empfundene gewerkschaftliche Kernforderung der 35-Stunden-Woche, und nicht minder spektakulär waren die juridischen Folgekontroversen, vor allem die Auseinandersetzung um die Novelle zum § 116 AFG als sozialrechtliche Seite des Themas der mittelbaren Arbeitskampfbetroffenheit, der ›kalten Aussperrung‹ und der damit vielleicht allzu überklug verbundenen ›Minimax-Strategie‹ der IG Metall. Dem Interessenten an Langfristentwicklungen im industriellen Verhandlungssystem mag aber die Flexibilisierungskomponente, die in den Tarifabschluss eingebaut wurde, womöglich als das gravierendste Element der zeithistorischen Episode anmuten. Der Flächentarifvertrag zur Arbeitszeit gab nur noch einen Rahmen für betriebliche Regelungen vor und hierin lag – im Rückblick des Zeithistorikers signifikant – eine große, eine signalhafte Dimension des Abschlusses. Dass die Ausgestaltung und Konkretisierung seiner Regelungen – die Zwangsschlichtung durch die Einigungsstelle inklusive – auf die Ebene der Betriebsautonomie delegiert wurden, dass man damit Stabilitätsfragen des »dualen

1 Eine Skizze bei *M. Kittner*, Arbeitskampf, München 2005, S. 706–710.
2 Siehe etwa *G. Bender*, Strukturen des kollektiven Arbeitsrechts vor 1914, in: H. Steindl (Hg.), Wege zur Arbeitsrechtsgeschichte, Frankfurt am Main 1984, S. 251 ff.

Systems«[3] auf die Tagesordnung setzte, rundet das Bild der institutionalistischen Bedeutung des Abschlusses eindrucksvoll ab.

Das BAG hat die 84er Lösung nach einem dröhnenden rechtsdogmatischen Nachspiel[4] zwar in einer aufwändigen Entscheidung schließlich bestätigt. Auch rechtlich war der Weg damit frei für eine Neujustierung im vielzitierten dualen System der Interessenvertretung, jenem arbeitspolitisch und arbeitsrechtlich austarierten Mix aus verbandspluralistischen Strukturen und mikrokorporatistischer Mitbestimmung andererseits. Die in den 80er Jahren des 20. Jahrhunderts einsetzenden und die ersten beiden Jahrzehnte der Berliner Republik prägenden Krisendiskurse um Arbeitsmarktversagen, erstarrte sektorale Tarifautonomie und Rehabilitierung betriebsbezogener Normierung haben das 1984 eingeleitete Thema Neujustierung am Kochen gehalten, wobei sich nicht übersehen ließ, dass nicht ganz wenige Diskutanten einem Abriss des überkommenen Institutionengefüges durchaus nicht ohne Wohlwollen gegenüberstanden.[5] Die IG Metall selbst hat in den Folgejahren die Notwendigkeit eines Betriebsbezugs immer klarer anerkannt, tarifpolitisch aber betriebsbezogene Normierungen jenseits der Betriebsautonomie präferiert und damit – vor allem mit dem tarifvertragsgeschichtlich herausragenden Pforzheimer Abschluss von 2004 – eine Entwicklung hin zu einer tarifvertraglich kontrollierten Dezentralisierung als Gegenmodell zu ›wilden‹ Dezentralisierungen jenseits der Tarifbindung gefördert.[6] Man wird sagen können, dass diese große und oftmals maßstabsbildende Gewerkschaft damit einen erheblichen Beitrag zur Stabilisierung des bundesdeutschen Produktionsregimes geleistet hat,[7] zur Resilienz[8] jener ›variety of capitalism‹, die sich seit den Tagen des Kaiserreichs in einem komplexen und turbulenten Prozess herausgebildet hat. Das ›duale System‹, ein Kernelement dieser Regimevariante, ist mit diesem Prozess von Anfang an verbunden. Es hat Teil an seiner Historizität.

---

3 Zu diesem Konzept *B. Keller*, Einführung in die Arbeitspolitik, 7. Aufl., München 2008, S. 120–125.

4 Siehe etwa die Kritik des damaligen BAG-Präsidenten *O. R. Kissel* am Souveränitätstransfer: Spannungsfeld zwischen Betriebsvereinbarung und Tarifvertrag, NZA 1986, 73 ff. Als Rückblick *V. Rieble*, Öffnungsklausel und Tarifverantwortung, ZfA 2004, 405 ff.

5 Dazu jetzt *G. Bender*, Herausforderung Tarifautonomie. Normative Ordnung als Problem, in: T. Duve/S. Ruppert, Rechtswissenschaft in der Berliner Republik, Berlin 2018, S. 679 ff.

6 Zum Überblick *R.Bispinck/T. Schulten* (Hg.), Zukunft der Tarifautonomie, Hamburg 2010.

7 Natürlich ist es unübersehbar, dass es im branchenübergreifenden Maßstab neben einem von relativer Stabilität geprägten Segment auch Bereiche der Tariflosigkeit gibt. Auch dies führte zum Avancement staatlicher Lohnpolitik in den letzten Jahren und damit auf ein auch rechtshistorisch weites Feld.

8 Zu Resilienz und Produktionsregime *G. Teubner*, Transnationale Wirtschaftsverfassung: Franz Böhm und Hugo Sinzheimer jenseits des Nationalstaates, in: Zeitschrift für ausländisches öffentliches Recht und Völkerrecht 2014, 745–751.

2. Die ersten Schritte zu einer betrieblichen Interessenvertretung erbringt die berühmte kaiserliche Botschaft des Jahres 1890.[9] Die Arbeiterausschüsse bleiben – mit der Ausnahme des Bergbaus seit 1905 – zwar fakultativ, wurden aber als Instrument eines unternehmensinternen Verhandelns angepriesen, das auch den tarifvertrags- und gewerkschaftsfeindlichen ›Herren im eigenen Hause‹ zumutbar war. Gustav Schmoller, ein Mastermind der bürgerlichen Sozialreform, sah in den Ausschüssen »die beste Schule zur Bekehrung socialdemokratischer Arbeiter«. Für die »leitenden kapitalbesitzenden Kräfte« sei die Bejahung der Ausschüsse ein Gebot der Vernunft. Man habe »heute nur die Wahl zwischen der kommenden socialen Revolution, welche unsere ganze wirtschaftliche Kultur begraben kann und zwischen einem Mitreden der Arbeiter in Form der englischen Gewerkvereine und in Form der bescheidenen Arbeiterausschüsse.«[10] Die Skepsis zahlreicher Arbeitgeber konnte damit nicht beseitigt werden und die Skepsis auf Seiten der sozialistischen Arbeiterbewegung zunächst einmal auch nicht. Hier fürchtete man die Ausschüsse als Kristallisationspunkt für ›gelbe‹ Tendenzen und als Mittel, die Freien Gewerkschaften aus den Betrieben herauszuhalten. Freilich wandelten sich diese Einstellungen noch im Kaiserreich, wie Teuteberg in seiner großen Arbeit zur industriellen Mitbestimmung gezeigt hat[11]. Die Gewerkschaften lernten die dezentralen Institutionen als Instrument ihrer eigenen Politik zunehmend schätzen. Die Sicht auf die Räte als »verlängerter Arm der Gewerkschaft im Betrieb«, wie es später heißen sollte,[12] fand immer mehr Anhänger, sodass die koalitionsinternen Voraussetzungen des dualen Systems bereits im Kaiserreich erkennbar wurden.
Der Durchbruch zu einer obligatorischen Betriebsvertretung wurde durch das berühmte Gesetz über den vaterländischen Hilfsdienst von 1916 und das nicht minder prominente Arbeitsgemeinschaftsabkommen von 1918 erzielt. Das Hilfsdienstgesetz verfügte die zwingende Errichtung ständiger, von den Arbeitnehmern gewählter Arbeiterausschüsse in den kriegswichtigen Betrieben der gewerblichen Wirtschaft, sofern diese mindestens 50 Arbeiter beschäftigten. Zugleich wurden Ausschüsse und Arbeitgeber auf Kooperation und gutes Einvernehmen festgelegt. Das Arbeitsgemeinschaftsabkommen hat den Errichtungszwang für die Friedenswirtschaft aufrechterhalten, vor allem aber die Verhältnisse zwischen

---

9 Siehe auch für den folgenden historischen Abriss meine ausführlicheren Arbeiten »Vom Hilfsdienstgesetz zum Betriebsrätegesetz«, in: H. Mohnhaupt (Hg.), Revolution, Reform, Restauration, Frankfurt am Main 1988, S. 191 ff. und »Gewerkschaft und Betriebsrat«, in: M. Stolleis/W. Streeck (Hg.), Aktuelle Fragen zu politischer und rechtlicher Steuerung im Kontext der Globalisierung, Baden-Baden 2007, S. 245 ff.

10 *G. Schmoller*, Zur Social- und Gewerbepolitik der Gegegenwart, Leipzig 1890, S. 436 f.

11 *H. J. Teuteberg*, Geschichte der industriellen Mitbestimmung in Deutschland, Tübingen 1961.

12 *G. Flatow*, Betriebsräte und Gewerkschaften, Neue Zeitschrift für Arbeitsrecht 1924, 398.

Gewerkschaften und Betriebsräten im Sinne einer präponderanten Tarifautonomie strukturiert. Der Ausschuss habe die Aufgabe, »in Gemeinschaft mit dem Betriebsunternehmer darüber zu wachen ..., daß die Verhältnisse des Betriebes nach Maßgabe der Kollektivvereinbarungen geregelt werden«. Damit war das gewerkschaftliche Idealbild des kollektiven Verhandlungssystems gleichsam auf den Begriff gebracht worden. Die Betriebsvertretungen spielten als »Tarifpolizei«[13] eine nützliche, dem vorherrschenden Regulativ Tarifautonomie aber dienend nachgeordnete Rolle. Eigenständige Kompetenzen waren nicht vorgesehen, schon gar nicht in Form von Mitbestimmungsrechten. Als die Tarifvertragsverordnung von 1918 dieses Muster umgehend ratifizierte, war ein kollektives Arbeitsrecht entstanden, das keine gewerkschaftlichen Wünsche offenließ.
Kurzzeitig drohte die neue revolutionäre Betriebsrätebewegung das soeben erst konsolidierte Mehrebenensystem zu gefährden. Tatsächlich handelte es sich dabei aber nur um eine schnell abflauende Turbulenz. Bereits das Betriebsrätegesetz von 1920 atmete den Geist der Normalisierung. Das Gesetz hielt an der »Subordination des Betriebsrates gegenüber der Gewerkschaft, seiner Stempelung zum gewerkschaftlichen Vorwerk im Betriebe«[14] fest. Über die Grundsatzbestimmung in § 8 hinaus finden sich im Gesetz »zahlreiche Sicherungsbestimmungen der Gewerkschaften dagegen, dass die Organisationen durch die Betriebsräte verdrängt oder in ihrem Aufgabenkreis beeinträchtigt werden.«[15] Besonders wichtig war die zukunftsweisende Kompetenzverteilungsnorm in § 78, Ziff. 2. Sie räumte den Betriebsräten jetzt zwar die für das duale System so wichtige Befugnis ein, Betriebsvereinbarungen zu schließen. Zugleich wurde diese Kompetenz auf tarifvertragsfreie Räume begrenzt und setzte auch dort das Benehmen mit den zuständigen Koalitionen voraus. Die Regelungen des Betriebsrätegesetzes dokumentieren, wie wenig die emergente Bewegung der autonomen Räte bewirkt hatte. Die Irritationen der Revolutionszeit[16] und die damit verbundene Gefährdung des gewerkschaftlichen Vertretungsprimats waren zumindest an der juridischen Version des dualen Systems beinahe ohne Spuren vorübergezogen. Flatow, der Experte des Weimarer Betriebsverfassungsrechts, konnte 1924 resümieren: *»Der Kampf zwischen Betriebsräten und Gewerkschaften ist damit arbeitsrechtlich in der gleichen Weise entschieden worden, wie ihn die Arbeiterbewegung selbst in den Jahren 1918–1920 entschieden hat, indem sie die Be-*

13 *E. Fraenkel*, Zehn Jahre Betriebsrätegesetz, abgedruckt in: T. Ramm (Hg.), Arbeitsrecht und Politik, Neuwied/Berlin-Spandau 1966, S. 107.
14 *J. Winschuh*, Betriebsrat oder Gewerkschaft?, Essen 1922, S. 17.
15 *Fraenkel* (wie Anm. 13), S. 103.
16 Signifikant *Sinzheimers* vieldiskutierter räteorientierter Text »Die Zukunft der Arbeiterräte« von 1921, abgedr. in: H. Sinzheimer, Arbeitsrecht und Rechtssoziologie, Bd. 1, Frankfurt am Main/Köln 1976, S. 351 ff.

triebsrätebewegung zu einem Gliede der Gewerkschaftsbewegung gemacht und damit verhindert hat, daß die im BRG schlummernde Tendenz des Betriebsegoismus, des Syndikalismus und seines Widerparts, des (gelben) Gewerkvereins, über den gewerkschaftlichen Gedanken einer beruflichen Arbeiterpolitik siegte.«[17] »Die Eingliederung der Räte in die Gewerkschaftsbewegung«[18], die Fraenkel am Vorabend der großen Krise Weimars als das »soziale Meisterstück der deutschen Gewerkschaftsbewegung der Nachkriegszeit« einstufte,[19] schien mit dem Betriebsrätegesetz erreicht. Zwei Jahrzehnte nach der Kaiserlichen Botschaft verfügte der deutsche Kapitalismus über ein industrielles Verhandlungssystem, dessen Konturen unsere Gegenwart – bei aller Fragilität im Auf und Ab der Geschichte – noch immer mitprägen.

3. So glanzvoll sich die Weimarer Anfänge, auch und gerade gemessen an den bescheiden-prekären Verhältnissen der Vorweltkriegszeit, darstellen mochten: man weiß, dass die Arbeitsverfassung Weimars in hohem Maße instabil geblieben ist. Die Zusammenbruchsgeschichte der Zentralarbeitsgemeinschaft warf auf den Zustand der Sozialpartnerschaft schon frühzeitig ein schlechtes Licht, und die ausufernde Zwangsschlichtung[20] war für die Erosion des sozialen Konsenses nicht minder bezeichnend. Die sozialpolitiktheoretisch wichtige Kontroverse um die Thesen des Ökonomen Cassel, der anlässlich des Arbeitslosenversicherungsgesetzes politische Löhne, rigide Tarifverträge und fehlende Elastizität geißelte, zeigte, wie es um die Legitimität des Produktionsregimes schon vor der großen Wirtschaftskrise bestellt war.[21] Mit der Krise kam die große Kampagne der Arbeitgeber gegen die »Tariffesseln«[22] und für betriebsbasierte Arbeitsbeziehungen, eine Kampagne, getragen vom »Bestreben des Unternehmertums, durch Verhandlungen mit den Betriebsräten die Gewerkschaften auszuschalten.[23]

Auch diese Kampagne ist verpufft. Im Strudel des Weimarer Niedergangs ging nichts mehr, das am Ende noch aufflackernde Modell staatsgeprägter Arbeitsbe-

---

17 *Flatow* (wie Anm. 12), S. 388.

18 *Fraenkel* (wie Anm. 13), S. 103. Ähnlich prägnant S. Nestriepke, Die Gewerkschaftsbewegung, Bd. 2, 2. Aufl. Stuttgart 1923, S. 157: »organisatorische Einrangierung« der Räte.

19 *E. Fraenkel* Kollektive Demokratie, in Ramm (Hg.) (wie Anm. 13), S. 88.

20 In neuerer Zeit verstärken sich Hinweise, dass die Zwangsschlichtung jenseits der alten Schwerindustrie keine vergleichbare Rolle spielte, dass man es also mit einer geteilten Regulationslandschaft zu tun hatte. Zur Zwangsschlichtung umfassend Kittner (wie Anm. 1), S. 453ff.

21 Dazu *G. Bender*, Arbeitsvermittlung und Arbeitslosenversorgung in der Weimarer Republik, in: H. P. Benöhr (Hg.), Arbeitsvermittlung und Arbeitslosenversorgung in der neueren deutschen Rechtsgeschichte, Tübingen 1991, S. 137ff.

22 *B. Weisbrod*, »Die Befreiung von den Tariffesseln«, in: Geschichte und Gesellschaft 11 (1985), S. 295ff.

23 *Fraenkel* (wie Anm. 13), S. 103.

ziehungen im Übrigen auch nicht. Aber die Wendung zu Verbetrieblichung als Mittel gegen die Tarifautonomie zeigte jenseits der historischen Zuspitzung destruktive Potentiale auf, die dem in der Normallage so überaus funktionsfähigen dualen System in anderer Lage zu eigen sein können. Im Krisendiskurs unserer eigenen Wendezeit, von dem wir eingangs sprachen, ließ sich mehr als ein Hauch dieser Potentiale verspüren. Aber auch Berlin ist nicht Weimar. Die Fundamente der sozialen Kohäsion, die der rheinische Kapitalismus tradierte, erscheinen auch in der Globalisierungszeit zumindest noch halbwegs intakt.

Ungleiches ungleich! – Bemerkungen zu § 626 Abs. 2 Satz 1 BGB

Prof. Klaus Bepler, Vorsitzender Richter beim Bundesarbeitsgericht a. D.

Für einen, der das Vergnügen hatte, *Thomas Klebe* vor rund 38 Jahren als ebenso kompetenten wie souveränen Rechtssekretär beim Arbeitsgericht Köln kennenzulernen, liegt es nahe, zu seinen Ehren ein Rechtsgebiet anzusprechen, für das es typischerweise eher Erfahrungen in den Tatsacheninstanzen gibt: Das Recht der außerordentlichen Kündigung.

1. § 626 BGB hat seit dem Inkrafttreten des Ersten Gesetzes zur Bereinigung arbeitsrechtlicher Vorschriften am 1. September 1969 einen unveränderten Inhalt: Eine Kündigung kann aus wichtigem Grund ohne Einhaltung einer Kündigungsfrist gekündigt werden. Dafür müssen Tatsachen vorliegen, auf Grund derer dem Kündigenden[1] die Fortsetzung des Arbeitsverhältnisses bis zum frühestmöglichen vertragsgerechten Ende – Ablauf der Kündigungsfrist oder der vereinbarten Vertragsdauer – nicht zugemutet werden kann. Ob solche Tatsachen vorliegen, ist unter Berücksichtigung aller Einzelfallumstände und auf der Grundlage einer umfassenden Interessenabwägung festzustellen. Dabei wird die Kündigungserklärung unter eine materiell-rechtliche Ausschlussfrist von zwei Wochen gestellt, die mit der Kenntnis des Kündigungsberechtigten von den maßgebenden Tatsachen zu laufen beginnt.

2. Die zwingende, auch nicht für eine abweichende Regelung durch die Tarifvertragsparteien offenstehende 2-Wochen-Frist, um die es im Folgenden gehen soll, wird allgemein dahin erläutert, diese materiell-rechtliche Ausschlussfrist diene dem Gebot der Rechtssicherheit. Es handele sich um einen gesetzlichen, das Angemessenheitsgebot des § 314 Abs. 3 BGB konkretisierenden Verwirkungstatbestand. Wenn ein Vertragsteil einen Grund für eine außerordentliche Kündigung gesetzt habe, dürfe, auch wenn der Kündigungsberechtigte nicht zu hektischer Eile angetrieben werden und die Möglichkeit zur Sachaufklärung solle nutzen können, doch nicht unangemessen lange Zeit ungewiss bleiben, ob dieser die kündigungsrechtlichen Folgerungen zieht. Man solle sich keinen Kündigungs-

1 Die Bezeichnung folgt aus Raumgründen der typischen Gesetzessprache. Wenn im Folgenden die männliche Form gewählt wird, sind Angehörige aller Geschlechter angesprochen.

grund aufsparen können, um damit den Vertragsgegner unter Druck zu setzen. Mit Zeitablauf werde es zudem zweifelhaft, ob der Grund tatsächlich so schwer wiege, dass die Fortsetzung des Arbeitsverhältnisses unzumutbar sei.[2]

3. Nach weit verbreiteter, wenn auch nicht völlig einhelliger Meinung ist die gesetzliche Ausschlussfrist, innerhalb derer eine außerordentliche Kündigung ausgesprochen werden muss, von Arbeitgebern wie von Arbeitnehmern in gleicher Weise einzuhalten.[3] Dies ist nach dem Wortlaut und Systematik des Gesetzes zutreffend.

Es bedarf keiner abschließenden Stellungnahme, ob es in jeder Hinsicht überzeugend war, als das BAG im Jahre 1972 dem Gesetz entnommen hat, es unterwerfe Arbeitnehmer und Arbeitgeber in gleicher Weise der 2-Wochen-Frist des § 626 Abs. 2 Nr. 1 BGB. Deshalb soll hier auch noch nicht auf wesentliche Unterschiede in der Ausgangslage von Arbeitgebern und Arbeitnehmern vor Ausspruch einer fristlosen Kündigung eingegangen werden, auf die *Franz Gamillscheg* schon früh, aber leider als einsamer Rufer in der Wüste, hingewiesen hat. Immerhin war es auch schon von vornherein zweifelhaft, ob § 626 Abs. 2 Satz 1 BGB restriktiv, auf Arbeitgeber beschränkt, ausgelegt werden konnte. § 626 Abs. 1 BGB benennt seit seinem Inkrafttreten die Voraussetzung dafür, dass »von jedem Vertragsteil« ohne Einhaltung einer Kündigungsfrist gekündigt werden kann und setzt in Abs. 2 mit der weiteren, Abs. 1 konkretisierenden Regelung fort, dass »die Kündigung«, also eine solche, wie sie zuvor behandelt worden war[4], nur innerhalb von zwei Wochen erfolgen könne.

---

2 BAG 17.3.2005 – 2 AZR 245/04, NZA 2006, 101; 2.2.2006 – 2 AZR 57/05, AP BGB § 626 Nr. 204; 1.2.2007 – 2 AZR 333/06, NZA 2007, 744; 25.11.2010 – 2 AZR 171/09, DB 2011, 423; 26.9.2013 – 2 AZR 741/12, Rn. 23, NZA 2014, 529; Schliemann/*Corts*, Das Arbeitsrecht im BGB, 2. Aufl. 2002, § 626 Rn. 213ff.; KR/*Fischermeier*, 11. Aufl. 2016, BGB § 626 Rn. 328ff. APS/*Vossen*, 5. Aufl. 2017, BGB § 626 Rn. 116f.; Däubler/Deinert/Zwanziger/*Däubler*, KSchR, 10. Auflage 2017, BGB § 626 Rn. 199ff.; ErfK/*Niemann*, 18. Aufl. 2018, BGB § 626 Rn. 200f.; ebenso auch schon BR-Drucks. 705/68, S. 11 zum Entwurf des § 626 Abs. 2 Satz 1 BGB im Ersten Arbeitsrechtsbereinigungsgesetz.

3 BAG 17.8.1972 – 2 AZR 359/71, EzA BGB § 626 n.F. Nr. 18; 26.7.2001 – 8 AZR 739/00, NZA 2002, 325 = SAE 2002, 117 mit krit. Anm. *Gamillscheg*; 26.7.2007 – 8 AZR 796/06, NZA 2007, 1419; Schliemann/*Corts*, Das Arbeitsrecht im BGB, 2. Aufl. 2002, § 626 Rn. 213; KR/*Fischermeier*, 11. Aufl. 2016, BGB § 626 Rn. 328. APS/Vossen, 5. Aufl. 2017, BGB § 626 Rn. 378; Däubler/Deinert/Zwanziger/*Däubler*, KSchR, 10. Auflage 2017, BGB § 626 Rn. 199; ErfK/*Niemann*, 18. Aufl. 2018, BGB § 626 Rn. 202; a.A. soweit ersichtlich nur *Gamillscheg*, FS 25 Jahre BAG 1979, S. 117, 125; *ders.*, SAE 2002, 117, 125, der insoweit im Anschluss an BAG, 5.8.1971 – 2 AZR 276/70, BAGE 23, 396, eine restriktive Auslegung ähnlich wie bei § 622 Abs. 2 a.F. BGB vorschlägt, der nach seinem Wortlaut auch beide Arbeitsvertragsparteien betroffen hatte.

4 Im Entwurf des Ersten Arbeitsrechts-Bereinigungsgesetzes durch die Bundesregierung hatte es insoweit sogar noch geheißen, die Kündigung »nach Abs. 1« müsse innerhalb von zwei Wochen erfolgen. (BR-Drucks. 705/68, S. 4); dies wurde als offenbar überflüssig für

Zumindest heute sind Zweifel gegenüber einem derartigen Verständnis des gesetzgeberischen Willens nicht mehr gerechtfertigt. Mit dem Kündigungsfristengesetz vom 7. Oktober 1993[5] hat der Gesetzgeber im gesetzlichen Umfeld des § 626 BGB, insbesondere bei § 622 Abs. 2 BGB, die näheren Bedingungen für Kündigungen und vertragliche Kündigungsregelungen näher festgelegt und speziell auf Arbeitgeber als die Kündigenden abgestellt. Er hat es bei dieser Gelegenheit in Kenntnis der damaligen Rechtsprechung und deren Bestätigung durch die Literatur im Recht der außerordentlichen Kündigung unverändert bei »dem Kündigenden« belassen. Daraus muss auf seinen Willen geschlossen werden, hier beide Arbeitsvertragsparteien gleich zu behandeln.

4. Damit ist aber noch nichts Abschließendes zur Wirksamkeit des § 626 Abs. 2 Satz 1 BGB gesagt. Immerhin verlangt Art. 3 Abs. 1 GG vom Gesetzgeber, dass er weder Gleiches willkürlich ungleich, noch wesentlich Ungleiches willkürlich gleich behandelt.[6] Übersetzt in die sog. neue Formel des 1. Senats des Bundesverfassungsgerichts: Es ist Sache des Gesetzgebers, eine Gruppe von Normadressaten im Vergleich zu anderen Normadressaten ungleich zu behandeln, wenn zwischen beiden Gruppen Unterschiede von solcher Art und solchem Gewicht bestehen, dass sie eine Gleichbehandlung nicht rechtfertigen können.[7]

5. Es kann nicht zweifelhaft sein, dass die Entscheidungsgrundlage für Arbeitgeber und Arbeitnehmer wesentlich unterschiedlich ist, je nachdem, wer von ihnen von einem sehr schwer wiegenden Vertragsverstoß der anderen Vertragspartei betroffen ist und vor der Frage steht, ob er den bestehenden Arbeitsvertrag deshalb ohne Einhaltung einer Kündigungsfrist kündigen will.[8]

Für die Arbeitgeberseite betrifft der Abwägungsprozess das Arbeitsverhältnis und den Betrieb: Welche Folgen hat das sofortige Freiwerden des betreffenden Arbeitsplatzes für die arbeitsteilige Aufgabenerledigung und welche das sofortige Ausscheiden des Arbeitnehmers, dem eine schwerwiegende Arbeitsvertragsverletzung vorzuwerfen ist? Wie lange wird es voraussichtlich dauern, bis der Arbeitsplatz neu besetzt ist und wird der konkrete Mitarbeiter in seiner Rolle im sozialen Betriebsgefüge ersetzbar sein? Dabei kann die Bewertung, man könne ein derart vertragswidriges Verhalten nicht durchgehen lassen, durchaus auch am

---

den Gesetzesbeschluss gestrichen. Im Übrigen wird in der Amtlichen Gesetzesbegründung zu § 626 Abs. 2 BGB auch durchgängig nur von Kündigenden, Kündigungsberechtigten und Kündigungsempfängern gesprochen (a. a. O., S. 11).

5 BGBl. I S. 1668.

6 Z.B. BVerfG 16.3.1955 – 2 BvK 1/54, BVerfGE 4, 144, 155; 12.5.1992 – 1 BvR 1501/9, BVerfGE 86, 81, 87.

7 Zur spiegelbildlichen neuen Formel beim Gleichbehandlungsgebot z.B. BVerfG 7.10.1980 – 1 BvL 50/79 u. a., BVerfGE E 55, 72, 89; kritisch m. w. N. Dreier/*Heun*, GG, 3. Aufl. 2013, Art. 3 Rn. 22ff.

8 Ebenso schon *Gamillscheg*, FS 25 Jahre BAG, 1979, S. 117, 125; *ders.*, SAE 2002, 117, 125.

Ende eines persönlich schwierigen Abwägungsprozesses stehen. Dass der Arbeitgeber oder sein Unternehmen durch die Entlassung eines Beschäftigten aber existenziell gefährdet würden, wird der absolute Ausnahmefall sein. In der Regel sind Arbeitskräfte ersetzbar. Wo nötig, können für einen Übergangszeitraum Arbeitsausfälle aufgrund einer Kündigung aufgefangen werden durch Arbeitsverdichtungen bei den verbliebenen Arbeitnehmern.
Grundlegend anders ist es auf der Arbeitnehmerseite. Die für einen Arbeitnehmer im Falle einer Eigenkündigung vordergründig zunächst eintretenden Nachteile, die Unmöglichkeit, sich weiter wie bisher durch Arbeit zu verwirklichen, und der Verlust der sozialen Kontakte in einer vertrauten Arbeitsumgebung, mögen noch nicht schwerer wiegen als die, die ein Arbeitgeber im umgekehrten Fall in seine Abwägung einstellen wird. Wesentlich anders verhält sich das aber bei den mit einem Arbeitsplatzverlust einhergehenden existenziellen Bedrohungen für die Beschäftigten, ggfls. auch für ihre Familien: Eine Beschäftigung bei einem anderen Arbeitgeber wird nur in den seltensten Fällen von einem Tag auf den anderen zu finden sein. Soweit irgendwann eine neue Stelle gefunden wird, ist ihr Bestand aufgrund des zunächst fehlenden Kündigungsschutzes unsicher. Damit geht es für den Arbeitnehmer, der von einem erheblich vertragswidrigen Verhalten des Arbeitgebers oder einer seiner Leitungspersonen betroffen ist, und nun zu überlegen hat, ob er deshalb sein Arbeitsverhältnis von sich aus beendet, in aller Regel um eine für seine Lebensführung entscheidende Frage. Denn er und seine Familie beziehen ihren laufenden Lebensunterhalt aus dem Arbeitsverhältnis. Die Miete muss monatlich zum vereinbarten Termin gezahlt werden und nicht demnächst. Der Ratenzahlungskredit ist pünktlich zu bedienen. Gelingt dies nicht, sind weitere erhebliche Nachteile für den Arbeitnehmer zu erwarten. Sie zu vermeiden, wird bei einer fristlosen Eigenkündigung in aller Regel nicht mit Hilfe der Arbeitslosenversicherung gelingen. Davon abgesehen, dass deren Leistungen nur einen Teil des ausfallenden Arbeitsentgelts abdecken, wird es auch nicht selten zu einer auch längeren Verzögerung bei der Auszahlung kommen. Bei einer arbeitnehmerseitigen außerordentlichen Eigenkündigung ohne wichtigen Grund droht eine Sperrzeit nach § 159 Abs. 2 iVm Abs. 1 Nr. 1 SGB III, deren Eintritt der Sozialversicherungsträger für die Versichertengemeinschaft auch festzustellen hat. Er wird deshalb den Geschehensablauf vor Ausspruch der Eigenkündigung unter Anhörung des Arbeitgebers intensiver zu überprüfen haben. Dieser wiederum wird schon im nachvollziehbaren Eigeninteresse (§ 628 BGB) der Schilderung des Arbeitnehmers nicht selten eine eigene entgegensetzen, die eine andere Bewertung nahelegt. Die anstelle eines zunächst ausfallenden Arbeitslosengeldes für die erste Zeit zur Verfügung stehenden Sozialleistungen sind nicht geeignet, eine persönliche wirtschaftliche Notlage dort zu verhindern, wo bis dahin ein Beschäftigungsverhältnis bestand und der Lebensstandard daran ausgerichtet war. Der Arbeitnehmer wird deshalb in aller Regel erst dann

mit einer fristlosen Eigenkündigung reagieren, wenn er einen neuen Arbeitsplatz gefunden hat. Bindet man ihn dann, wenn dies erst nach Ablauf von zwei Wochen gelungen ist, an die Einhaltung der Kündigungsfrist, ist dieser Arbeitsplatz möglicherweise wieder verloren.

Diese grundsätzlich unterschiedliche Ausgangslage vor Ausspruch einer fristlosen Kündigung lässt es an sich nicht zu, für einen bestimmten, mit zwei Wochen noch relativ kurzen Zeitraum, deren Unterlassung bei Arbeitgeber und Arbeitnehmer gesetzlich typisierend gleich zu behandeln. Ein objektiver, mit den Verhältnissen vertrauter Dritter wird die seit einem wesentlichen Vertragsverstoß ohne Ausspruch einer fristlosen Kündigung verstrichene Zeit unterschiedlich bewerten, je nachdem wessen Kündigung er erwartet. Mit *Franz Gamillscheg* und seiner Kritik an der einschlägigen Rechtsprechung ins Grundsätzliche gewendet: »Die arbeitsrechtlichen Gesetze sind einseitig zwingend, ein Schluss vom Können oder Dürfen der einen Seite auf Können oder Dürfen der anderen Seite ›aus Gründen der Parität‹ muss fehlgehen«.[9]

6. Es wäre wohl eher zynisch, löste man die aufgezeigten Unterschiede dahin auf, dass für einen Arbeitnehmer ein tragfähiger Grund für eine fristlose Kündigung in wortlautgerechter Anwendung des § 626 Abs. 1 BGB eben erst dann vorliegt, wenn er diesen unter Einbeziehung der für ihn bestehenden besonderen Risiken bei verständiger Würdigung zu einer Kündigungserklärung veranlassen darf. Dann wäre zwar die einheitliche Anwendung des § 626 Abs. 2 BGB nur konsequent. Es ist aber nicht vertretbar, einem Arbeitnehmer eine fristlose Kündigung nur dann von Rechts wegen zu erlauben, wenn ihm in der Relation ein deutlich schwerer wiegender Kündigungsgrund zur Seite steht, als einem Arbeitgeber in vergleichbarer Lage. Die besonderen Risiken für einen Arbeitnehmer, seine aktuelle Existenzgrundlage aufzugeben, müssen bei der Bewertung, ob ein wichtiger Grund vorliegt, außen vor bleiben. Allein die Bewertung des arbeitsvertragswidrigen Verhaltens im auch personenrechtlichen Austauschverhältnis kann ausschlaggebend sein.

Geht man von der Grundidee des § 626 Abs. 2 BGB aus, liegt es nahe, der unterschiedlichen Ausgangslage dadurch Rechnung zu tragen, dass man § 626 Abs. 2 BGB nur für den Arbeitgeber eine unwiderlegliche Vermutung entnimmt. Für den Arbeitnehmer sollte ein nachzuweisender Prozessvortrag möglich bleiben, er habe auf die arbeitgeberseitige Vertragsverletzung unter Berücksichtigung seiner schützenswerten Eigeninteressen durchaus zeitnah reagiert, indem er z. B. eine neue Stelle gesucht habe; nach einer Zusage habe er dann unverzüglich mit der fristlosen Kündigung reagiert. Der Arbeitgeber könnte demgegenüber einwenden, der Arbeitnehmer habe mehr getan als nur weitergearbeitet, woraus

9 *Gamillscheg*, SAE 2002, 117, 126.

auch ein verständiger Dritter den Schluss gezogen hätte, »die damalige Sache sei erledigt«.

7. Das Bundesverfassungsgericht hat zwar nachvollziehbar dargelegt, der Gesetzgeber sei nicht verpflichtet, unter allen Umständen Ungleiches ungleich zu behandeln. Entscheidend sei vielmehr, ob für eine am Gerechtigkeitsgedanken orientierte Betrachtungsweise die tatsächlichen Ungleichheiten in dem jeweils in Betracht kommenden Zusammenhang so bedeutsam seien, dass der Gesetzgeber sie bei seiner Regelung beachten müsse.[10] Diese Voraussetzung ist hier aber erfüllt. Der Gesetzgeber erkennt – z. B. mit dem nur auf die Arbeitnehmer bezogenen Kündigungsschutz durch das Kündigungsschutzgesetz oder durch § 622 Abs. 2 BGB – die am Gerechtigkeitsgedanken orientierte Notwendigkeit an, Arbeitnehmer, was den Bestand des Arbeitsverhältnisses angeht, einseitig zu schützen[11]. Sowohl das Bundesverfassungsgericht als auch das Bundesarbeitsgericht gehen als selbstverständlich davon aus, dass der einzelne Arbeitnehmer typischerweise ungleich stärker auf sein Arbeitsverhältnis angewiesen ist, als der Arbeitgeber auf den einzelnen Arbeitnehmer.[12] Dessen zunächst für einen überschaubaren Zeitraum ausbleibende Reaktion auf ein erhebliches Fehlverhalten muss deshalb auch anders bewertet werden als ein entsprechendes Verhalten des Arbeitgebers. Nachdem das Bundesverfassungsgericht die Grenzen für eine verfassungskonforme Auslegung zuletzt sehr weit gezogen hat,[13] müsste die hier vorgeschlagene Reaktion auch der Fachgerichtsbarkeit möglich sein.

---

10 BVerfG 12.5.1992 – 1 BvR 1467/91 u.a. – unter B II. 1 a) der Gründe, BVerfGE 86, 81, 87.

11 Vgl. auch BAG 25.11.1971 – 2 AZR 62/71.

12 Z.B. BVerfG 23.11.2006 – 1 BvR 1909/06 – Rn. 50, NZA 2007, 87; BAG, 25.4.2007 – 5 AZR 627/06 – Rn. 22, NZA 2007, 853.

13 BVerfG 11.7.2017 – 1 BvR 1571/15 u.a., AP GG Art. 9 Nr. 151 mit Anm. *Benedikt Schmidt.*

Der Einsatz von Arbeitnehmern als Streikbrecher – ausnahmslos am Betriebsrat vorbei?

Peter Berg, Rechtsanwalt

Die Bekämpfung gewerkschaftlicher Streiks durch Arbeitgeber hat sich in den letzten Jahrzehnten von verbandsgetragenen und unternehmensübergreifenden Arbeitskampfmaßnahmen wie der Aussperrung weitgehend auf die betriebliche Streikabwehr verlagert.[1] Dabei hat die Streikbruchorganisation durch den Einsatz nicht am Streik beteiligter Arbeitnehmer einen besonders hohen Stellenwert und wurde vor allem in Branchen, in denen aufgrund der Art der Tätigkeiten die Ersetzung streikender Arbeitnehmer ohne große Schwierigkeiten möglich ist, etwa im privaten Dienstleistungsbereich, systematisch ausgebaut und perfektioniert.[2] Durch die Kumulierung mit weiteren Mitteln der Streikabwehr, z. B. der Zahlung von Streikbruchprämien, und der strengen rechtlichen Begrenzung der gewerkschaftlichen Gegenwehr (z. B. vorübergehendes Absperren bestreikter Betriebe)[3] stellt sich grundsätzlich die Frage, ob sich die Kampfgewichte inzwischen so weit zulasten der Arbeitnehmerseite und der Gewerkschaften verschoben haben, dass eine Verhältnismäßigkeitskontrolle der Arbeitgebermaßnahmen zur betrieblichen Streikabwehr erforderlich ist.[4]

Vor diesem Hintergrund muss nicht zuletzt auch die höchstrichterliche Rechtsprechung zur Einschränkung der Mitbestimmungsrechte des Betriebsrats während eines Arbeitskampfes[5] hinterfragt werden.[6] Danach ist eine Einschränkung der Mitbestimmungsrechte des Betriebsrats erforderlich, »wenn bei deren uneingeschränkter Aufrechterhaltung die ernsthafte Gefahr besteht, dass der Betriebsrat eine dem Arbeitgeber sonst mögliche Arbeitskampfmaßnahme verhindert und dadurch zwangsläufig zu dessen Nachteil in das Kampfgesche-

1 Siehe dazu näher Berg/Kocher/Schumann-*Schumann*, Tarifvertragsgesetz und Arbeitskampfrecht, 15. Auflage, AKR Rn. 294ff.

2 Berg/Kocher/Schumann-*Schumann*, a. a. O., Rn. 303ff.

3 Siehe dazu näher Berg/Kocher/Schumann-*Schumann*, a. a. O., Rn. 262ff.

4 Berg/Kocher/Schumann-*Schumann*, a. a. O., Rn. 296ff.

5 Zuletzt BAG 13.12.2011 – 1 ABR 2/10, NZA 2012, 571; 10.12.2002 – 1 ABR 7/02, NZA 2004, 223.

6 Zur Kritik siehe DKKW-*Bachner*, § 99 Rn. 24ff.; DKKW-*Berg*, § 74 Rn. 32ff.; DKKW-*Klebe*, § 87 Rn. 116ff.

hen eingreift«.[7] Der aus Art. 9 Abs. 3 GG abzuleitende Grundsatz der Chancengleichheit bzw. Kampfparität verlange in diesen Fällen stets eine einschränkende arbeitskampfkonforme Auslegung der Mitbestimmungsrechte des Betriebsrats.

Abgesehen davon, dass man dem entgegenhalten kann, dass die Suspendierung der Mitbestimmungsrechte des Betriebsrats ihrerseits die Chancengleichheit für die Arbeitnehmerseite in Frage stellt, kann diese Rechtsprechung jedenfalls nicht auf Sachverhalte übertragen werden, in denen der Arbeitgeber – im Rahmen der Betriebsverfassung mitbestimmungsrelevante – Arbeitskampfmaßnahmen durchzuführen beabsichtigt, die rechtswidrig sind. Dies betrifft insbesondere den Einsatz von Arbeitnehmern zur Übernahme der Tätigkeiten streikender Arbeitnehmer, die von ihrem Leistungsverweigerungsrecht Gebrauch machen bzw. machen wollen, und von Leiharbeitnehmern, die unter Verstoß gegen das Einsatzverbot gem. § 11 Abs. 5 AÜG in einem durch einen Arbeitskampf betroffenen Betrieb beschäftigt werden sollen.

Es entspricht der herrschenden Meinung in Literatur und Rechtsprechung, dass Arbeitnehmer, die nicht zum Streik aufgerufen sind oder dem Streikaufruf nicht folgen, nicht verpflichtet sind, einer Weisung des Arbeitgebers entsprechend die Tätigkeit streikender Arbeitnehmer zu übernehmen.[8] Das Direktionsrecht des Arbeitgebers ist in diesem Fall in zweifacher Hinsicht eingeschränkt. Zunächst ist es für den betroffenen Arbeitnehmer grundsätzlich unzumutbar, die Arbeit streikender Arbeitnehmer zu übernehmen und dadurch die Streikbruchorganisation des Arbeitgebers zu unterstützen. Das Bundesarbeitsgericht hat dies treffend damit begründet, »dass die Solidarität der Arbeitnehmer untereinander und namentlich in einem bestimmten Betrieb auch von der Rechtsordnung berücksichtigt werden muss. Es ist dem Arbeitnehmer nicht zuzumuten, den Streikenden in den Rücken zu fallen. Es würde sich bei der direkten Streikarbeit um eine unmittelbare Beeinträchtigung der Aussichten des Streiks handeln, die den in den Kreisen der Arbeitnehmer mit Recht herrschenden Anschauungen widerspricht, wie auch umgekehrt die Arbeitgeber eine Verletzung der Solidarität in ihrem Bereich als ungerechtfertigt und anstößig empfinden.«[9] Dies gilt nicht nur für den Einsatz in Betrieben des eigenen Vertragsarbeitgebers, sondern auch unternehmensübergreifend.[10] Übernimmt ein Arbeitgeber als Drittunternehmen von einem bestreikten Arbeitgeber die Produktion/Dienstleistung oder stellt er einem bestreikten Arbeitgeber bei ihm be-

---

7 BAG 13.12.2011, a.a.O.

8 BAG 25.7.1957 – 1 AZR 194/56, AuR 1958, 125; bestätigt durch BAG 10.9.1985 – 1 AZR 262/84, DB 1985, 2354.

9 BAG 25.7.1957, a.a.O.

10 LAG Baden-Württemberg 31.7.2013 – 4Sa 81/13, AuR 2013, 455.

schäftigte Arbeitnehmer zur Ersetzung der Streikenden zur Verfügung, um dem Streik die Wirkung zu nehmen, greift er auf Seiten des Arbeitgebers aktiv in den Arbeitskampf ein. Aus diesem Grund haben auch die Arbeitnehmer des »streikbrechenden« Drittunternehmens nach den Grundsätzen unzumutbarer Streikkbrucharbeit ein Leistungsverweigerungsecht. Unabhängig davon ist ein nicht streikbeteiligter Arbeitnehmer auch nicht verpflichtet, auf Anweisung des Arbeitgebers Tätigkeiten streikender Arbeitnehmer zu übernehmen, zu deren Verrichtung er arbeitsvertraglich nicht verpflichtet ist oder für deren Ausübung eine vorhergehende Ausbildung, Schulung, Sicherheitsüberprüfung oder Einweisung rechtlich vorgeschrieben ist.
Soweit sich das Bundesarbeitsgericht in seiner Rechtsprechung zur Einschränkung der Mitbestimmungs- und Beteiligungsrechte des Betriebsrats im Arbeitskampf allein auf den Einsatz »arbeitswilliger« Arbeitnehmer bezieht, bleibt unberücksichtigt, dass sich die Frage der »Streik- oder Arbeitswilligkeit« zunächst nur bei Arbeitnehmern stellt, an die sich der gewerkschaftliche Streikaufruf richtet. Außerdem kann nicht unterstellt werden, dass Arbeitnehmer, die zum Streik aufgerufen sind, sich an diesem aber (noch) nicht beteiligen, grundsätzlich im Sinne einer Übernahme bestreikter Tätigkeiten »arbeitswillig« sind. Wollen Arbeitnehmer wegen der Unzumutbarkeit einer derartigen Tätigkeit von ihrem Leistungsverweigerungsrecht Gebrauch machen, ist das Festhalten des Arbeitgebers an einer entsprechenden Arbeitsanweisung nicht von seinem Direktionsrecht gedeckt und deshalb rechtswidrig. Rechtswidrige Maßnahmen des Arbeitgebers zur Unterlaufung eines gewerkschaftlichen Streiks verletzten die Koalitionsfreiheit der Gewerkschaft und ihrer Mitglieder und rechtfertigen keinen Schutz durch eine Einschränkung der Mitbestimmungs- und Beteiligungsrechte des Betriebsrats. Ganz im Gegenteil ist in diesen Fällen die Kontrolle der arbeitgeberseitigen Anordnung der Verrichtung von Streikbrecherarbeiten durch den Betriebsrat zum Schutz der betroffenen Arbeitnehmer unerlässlich. Die Ausübung des individuellen Leistungsverweigerungsrechts kann für die betroffenen Arbeitnehmer in Abhängigkeit von den Umständen des Einzelfalls mit erheblichen Nachteilen und Risiken verbunden sein, sodass vor allem zur Ermöglichung der tatsächlichen Wahrnehmung dieses Rechts und der Vermeidung von Maßregelungen eine Kontrolle durch den Betriebsrat erforderlich ist. Insofern ist zumindest in Fällen, in denen Arbeitnehmer, für die der Arbeitgeber einen Einsatz als Streikbrecher anordnet, von ihrem Leistungsverweigerungsrecht Gebrauch machen wollen, eine Einschränkung der Mitbestimmungsrechte des Betriebsrats abzulehnen.
Die von der höchstrichterlichen Rechtsprechung vorgenommene generelle Einschränkung der Mitbestimmungs- und Beteiligungsrechte des Betriebsrats beim Einsatz von Arbeitnehmern als Streikbrecher muss auch im Lichte des ab 1. April 2017 geltenden gesetzlichen Verbots des Einsatzes von Leiharbeitnehmern (§ 11

Abs. 5 Satz 1 AÜG)[11] in bestreikten Betrieben hinterfragt werden. Verstößt die beabsichtigte Einstellung eines Leiharbeitnehmers gegen das Einsatzverbot gem. § 11 Abs. 5 Satz 1 AÜG, weil der Leiharbeitnehmer i. S. d. Vorschrift als Streikbrecher eingesetzt werden soll, kann der Arbeitgeber nicht unter Berufung auf den »arbeitskampfbedingten« Charakter der personellen Einzelmaßnahme und die Suspendierung der Mitbestimmungs- und Beteiligungsrechte des Betriebsrats von dessen Beteiligung gem. § 99 BetrVG absehen[12] Da die Einstellung des Leiharbeitnehmers in diesem Fall gerade wegen ihrer »Arbeitskampfbedingtheit« rechtswidrig ist, führt die Verweigerung der Zustimmung des Betriebsrats gem. § 99 Abs. 2 Nr. 1 BetrVG nicht dazu, dass »die ernsthafte Gefahr besteht, dass der Betriebsrat eine dem Arbeitgeber sonst mögliche Arbeitskampfmaßnahme verhindert und dadurch zwangsläufig zu dessen Nachteil in das Kampfgeschehen eingreift«.[13]

Die nach herrschender Meinung bestehende Einschränkung der Mitbestimmungs- und Beteiligungsrechte des Betriebsrats gem. § 99 BetrVG bei der Versetzung oder Einstellung von Arbeitnehmern zu Zweck des Einsatzes als Streikbrecher, besteht nur während der Dauer des Streiks. Zum Zeitpunkt der Beendigung des Streiks hat der Arbeitgeber den Einsatz der als Streikbrecher tätigen Arbeitnehmer zu beenden. Will der Arbeitgeber diese Arbeitnehmer nach Beendigung des Streiks weiterbeschäftigen, muss er vorher das Beteiligungsverfahren nach § 99 BetrVG nachholen und die Zustimmung des Betriebsrats einholen. Der Betriebsrat kann die Zustimmung mit einer der in § 99 Abs. 2 BetrVG aufgeführten Gründe verweigern (z. B. Nachteile für die Streikenden, deren Arbeitsplatz durch Streikbrecher noch besetzt ist).[14] Beabsichtigt der Arbeitgeber nach Beendigung eines Streiks, zur Beseitigung von Streikfolgen (z. B. Nachholung der streikbedingt ausgefallenen Produktion oder Dienstleistung) Überstunden, Wochenendarbeit oder Sonderschichten anzuordnen, muss er dazu die Zustimmung des Betriebsrats gem. § 87 BetrVG einholen oder diese ersetzen lassen.[15] Existiert eine Betriebsvereinbarung zur Regelung der betrieblichen Arbeitszeit, die derartige Änderungen der Arbeitszeit ausschließt, ist diese vom Arbeitgeber durchzuführen bzw. einzuhalten,[16] wenn es ihm nicht gelingt, mit dem Betriebsrat die Betriebsvereinbarung einvernehmlich zu ändern. Das gilt grundsätzlich auch dann, wenn eine Tarifauseinandersetzung noch nicht beendet ist, der Streik lediglich befristet durchgeführt und beendet oder für eine gewisse Dauer ausge-

11 Siehe dazu *Klein/Leist*, AuR 2017, 100.
12 So auch *Lembke*, NZA 2017, 1, 11; Wank, RdA 2017, 100, 112.
13 BAG 13.12.2011 – 1 ABR 2/10, NZA 2012, 571.
14 DKKW-*Bachner*, § 99 Rn. 26; *Fitting*, § 99 Rn. 28.
15 *Fitting*, § 74 Rn. 23; § 87 Rn. 164.
16 *Fitting*, § 87 Rn. 164.

setzt wird.[17] Auch die Zahlung von Streikbruchprämien[18] nach Beendigung des Streiks, die der Arbeitgeber vor und während des Streiks nicht zugesagt hat, ist gem. § 87 Abs. 1 Nr. 10 BetrVG mitbestimmungspflichtig.[19]
Beteiligungsrechte des Betriebsrats, die sich in einer Unterrichtung, Anhörung oder Beratung erschöpfen, sind uneingeschränkt auch im Arbeitskampf vom Arbeitgeber zu beachten.[20] Selbst wenn man mit der herrschenden Meinung davon ausgeht, dass eine personelle Maßnahme z. B. gem. § 99 BetrVG arbeitskampfbezogen und damit ohne Zustimmung des Betriebsrats vorgenommen werden kann, muss der Arbeitgeber dem Betriebsrat vor der Umsetzung der Maßnahme die erforderlichen Informationen erteilen.[21] Der Betriebsrat kann verlangen, dass ihm auch im Arbeitskampf unter Namensnennung vom Arbeitgeber im Voraus mitgeteilt wird, welche Überstunden, Schichtverschiebungen, kurzfristigen Versetzungen, Einstellungen und Beschäftigung von Mitarbeitern fremder Firmen anfallen.[22] Der Betriebsrat muss auch in derartigen Fällen in die Lage versetzt werden, eigenverantwortlich zu überprüfen, ob die Maßnahme seiner Mitbestimmung unterliegt oder nicht. Kommt der Arbeitgeber dieser Unterrichtungspflicht nicht nach, kann der Betriebsrat – ggf. im Wege der einstweiligen Verfügung – die Unterlassung der, möglicherweise mitbestimmungspflichtigen, personellen Maßnahme vom Arbeitgeber verlangen, bis er über die Maßnahme ordnungsgemäß informiert wurde.[23]

---

17 BAG 20.3.2018 – 1 ABR 70/16; Hessisches LAG 21.4.2016 – 5 TaBV 196/15,juris; ArbG Oldenburg 21.5.2015 – 6 BVGa 2/15; ArbG Stuttgart 24.4.2015 – 9 BVGa 1/15; *Fitting*, § 74 Rn. 23.

18 Vgl. dazu Berg/Kocher/Schumann-*Schumann*, Tarifvertragsgesetz und Arbeitskampfrecht, 5. Aufl. 2015, AKR Rn. 301.

19 LAG Hamm 16.9.1997 – 13 TaBV 33/97, AiB 1998, 589 mit Anmerkung *Kettner*.

20 BAG 10.12.2002, a.a.O.; LAG Rheinland-Pfalz 21.3.2013 – 10 TaBV 41/12, NZA-RR 2013, 291; Hessisches LAG 10.3.13 – 9 TaBV 173/10, juris.

21 BAG 10.12.2002, a.a.O.; LAG Rheinland-Pfalz 21.3.2013 – 10 TaBV 41/12, NZA-RR 2013, 291; LAG Köln 22.6.1992 – 14 TaBV 17/92 DB 1993, 838; LAG Frankfurt 22.2.1990 – 12 TaBVGa 1/90, DB 1991, 707; ArbG Frankfurt 8.10.1990 – 15 BV 12/90.

22 BAG 10.12.2002, a.a.O.; LAG Rheinland-Pfalz 21.3.13, a.a.O.; Hessisches LAG 10.3.2013, a.a.O.

23 ArbG Frankfurt 8.10.1990, a.a.O.; ArbG Frankfurt 28.12.1989 – 15 BVGa 46/89; a.A. *LAG Frankfurt* 22.2.1990, a.a.O.

DGB-Schiedsgerichtsbarkeit nach dem Tarifeinheitsgesetz

Dr. Michael Blank, ehemaliger Arbeitsdirektor der Mannesmann Röhrenwerke AG und Justiziar der IG Metall

Nachdem das Bundesverfassungsgericht das Tarifeinheitsgesetz für verfassungskonform erklärt hat, müssen die Gewerkschaften sich auf die neue Situation einstellen, und nun gilt: des einen Freud, des andern Leid, oder Not macht erfinderisch. Bekanntlich waren die DGB-Gewerkschaften über dieses Gesetz geteilter Meinung. Anders als die IG Metall lehnte die zweitgrößte Gewerkschaft, ver.di, das Gesetz ab, teils aus grundsätzlichen Erwägungen als verfassungswidrigen, das Selbstbestimmungsrecht der Gewerkschaften verletzenden Eingriff in die Tarifautonomie, teils aus pragmatischen Gründen, weil es für einige ihrer Organisationsbereiche Komplikationen verursacht und die Tarifverhandlungen belastet. So wird die Tarifpluralität zwischen ver.di und dem Marburger Bund im Gesundheitswesen von beiden Organisationen akzeptiert. ver.di hatte deshalb ebenso wie der Marburger Bund Verfassungsbeschwerde eingelegt. Beide Organisationen wollen nun nach dem Scheitern in Karlsruhe auf tarifvertraglichem Weg verhindern, dass Arbeitgeber die Gewerkschaften auf Kosten der Beschäftigten gegeneinander ausspielen können. *»Die bisherige Möglichkeit tarifpluraler Regelungen – wenn also in einem Betrieb verschiedene Tarifverträge Anwendung finden – soll auch unter den Rahmenbedingungen des Tarifeinheitsgesetzes für die Zukunft erhalten bleiben.«*[1]

Diese Auswirkungen des Tarifeinheitsgesetzes waren vorhersehbar, während die Reaktion der betroffenen Gewerkschaften für Überraschung sorgt. Offensichtlich sind nicht nur kleine Berufsgewerkschaften außerhalb des DGB betroffen. Es ist auch nicht auszuschließen, dass dieses Gesetz zu tektonischen Verschiebungen im fragilen Gebäude der Tarifautonomie führt, die selbst die Rolle des DGB als Dachverband tangieren. Ich will der Frage nachgehen, ob und welche Auswirkungen sich auf das Schiedsverfahren des DGB ergeben können, das ja den gleichen Zweck mit anderen Mitteln verfolgt, nämlich das Nebeneinander der Tarifverträge mehrerer Mitgliedsgewerkschaften in einem Betrieb auszuschließen.

1 Gemeinsame Presseerklärung vom 1. 12. 2017.

Konkurrenzverhältnisse hat es unter den DGB-Gewerkschaften von Anfang an gegeben, weil jede Gewerkschaft im DGB ihren Organisationsbereich und ihre Tarifzuständigkeit autonom in ihrer Satzung festlegt. Sie sind systemischer Natur, weil die Organisationsbereiche immer wieder aktuellen Entwicklungen einer dynamisch sich ändernden Arbeitswelt angepasst werden müssen. Leiharbeiter, Werkverträge, Subunternehmer, Auslagerungen von Teilfunktionen in anderen Branchen mögen als Stichworte genügen, um die Abgrenzungsprobleme zu benennen.

Die DGB-Satzung, die für alle Mitgliedsgewerkschaften inkorporiertes Satzungsrecht ist, sieht für Änderungen der Organisationsbereiche und Organisationsbezeichnungen eine hohe Hürde vor. Sie bedürfen *»zu ihrer Wirksamkeit des Verfahrens gem. § 15 Ziff. 2 der DGB-Satzung.«* Dort ist geregelt, dass solche Änderungen rechtswirksam nur mit einstimmiger Zustimmung des Bundesvorstands erfolgen können. Wird kein einstimmiges Votum erreicht, ist die Zustimmung des Bundesausschusses einzuholen, des höchsten Organs zwischen den Gewerkschaftstagen. Kommt es dennoch zu Streitigkeiten über Organisationszuständigkeiten, sind die beteiligten Gewerkschaften verpflichtet, ein Vermittlungs- bzw. Schiedsverfahren nach § 16 der DGB-Satzung durchführen.

Bis zum Zerreißen zugespitzt hatten sich die Abgrenzungsprobleme durch die Umorganisation der großen DGB-Gewerkschaften, insbesondere durch die Gründung von ver.di. In der neuen Großgewerkschaft gingen im November 2000 nicht nur die ÖTV, IG Medien, HBV und DPG als bis dahin selbstständige Gewerkschaften im DGB auf, sondern auch die Deutsche Angestelltengewerkschaft (DAG) als Gewerkschaft außerhalb des DGB. Als berufsorientierte branchenübergreifende Interessenvertretung der Angestellten war die DAG, die zuletzt 460 000 Mitglieder hatte, auch in den Organisationsbereichen der Industriegewerkschaften mit über 100 000 Mitgliedern vertreten. In dieser Situation war eine funktionsfähige Schiedsgerichtsbarkeit, die die nötige Autorität besitzt, Streitfälle verbindlich zu schlichten oder streitig zu entscheiden, für den Fortbestand des DGB überlebenswichtig.

Seit Dezember 1997 gibt es eine neue, vom DGB-Bundesausschuss beschlossene und seitdem mehrfach ergänzte Schiedsgerichtsordnung.[2] Sie sieht ein obligatorisches Vermittlungsverfahren vor, an das sich das Schiedsgerichtsverfahren anschließt. Das Schiedsgericht besteht aus jeweils bis zu drei von den streitenden Parteien benannten Beisitzern, einem unparteiischen Vorsitzenden und zwei unparteiischen stellvertretenden Vorsitzenden. Der Vorsitzende muss die Befähigung zum Richteramt haben. Der Vorsitzende und die stellvertretenden Vorsit-

2 Schiedsgerichtsordnung gem. § 16 der DGB-Satzung (beschlossen vom DGB-Bundesausschuss am 2.12.1997; Ergänzungen beschlossen vom DGB-Bundesausschuss am 8.3.2000, am 6.3.2002 und am 5.3.2008).

zenden des Schiedsgerichts werden vom Bundesvorstand für die Dauer von zwei Jahren gewählt. Der Beschluss des Bundesvorstandes bedarf der Einstimmigkeit. Durch das Einstimmigkeitserfordernis wird die Autorität des Schiedsgerichts unterstrichen, weil jede Mitgliedsgewerkschaft damit die Besetzung des Schiedsgerichts im Voraus für ein sie betreffendes Verfahrens akzeptiert hat. In der Praxis wurden ehemalige Richter des Bundesarbeitsgerichts und der Landesarbeitsgerichte als Vorsitzende und stellvertretende Vorsitzende gewonnen. Auch dadurch wird die Autorität des Schiedsgerichts unterstrichen.
Das Schiedsgerichtsverfahren kann durch Einigung oder Urteil beendet werden. In einem Schiedsurteil kann das Gericht auch die Bildung einer Tarifgemeinschaft für eine Übergangszeit festlegen und Übergangsregelungen für die Betreuung der Mitglieder und Betriebsräte festlegen. Das Schiedsurteil hat unter den Parteien die Wirkung eines rechtskräftigen Urteils. Die unterlegene Partei ist verpflichtet, alle im Hinblick auf den Streitgegenstand ergriffenen Maßnahmen unverzüglich einzustellen und keine neuen Maßnahmen in diesem Sinne zu ergreifen. Sie hat ihre Mitglieder im umstrittenen Organisationsbereich unter ausführlicher Darlegung des Schiedsurteils, seiner Gründe und seiner Folgen im Einvernehmen mit der obsiegenden Partei aufzufordern, in die zuständige Gewerkschaft überzutreten. Sie darf nach außen hin nicht mehr als zuständige Gewerkschaft in Erscheinung treten und insbesondere keine neuen Tarifverträge abschließen.
Es spricht für den Zusammenhalt im DGB, dass die weit überwiegende Mehrheit der Verfahren mit einer Einigung endet. Im Zeitraum 2003 bis 2017 gab es 40 Verfahren, von denen nur sechs durch Schiedsurteil, also streitig entschieden wurden.
Die Frage, welche Gewerkschaft zuständig ist und welche Tarifverträge damit Gültigkeit beanspruchen, berührt zwangsläufig auch wirtschaftliche und politische Arbeitgeberinteressen. Mitte der neunziger Jahre kam es zu Beschlussverfahren nach § 2a und § 97 ArbGG unter Beteiligung der Arbeitgeber, die eine Veränderung der Zuständigkeit herbeiführen wollten. Zwei dieser Verfahren führten zu wichtigen Entscheidungen des Bundesarbeitsgerichts, die den Weg für die DGB-Schiedsgerichtsbarkeit in ihrer heutigen Gestalt ebneten.[3]
Wegweisende Bedeutung kommt den Entscheidungen vom 25.9.1996 und 12.11.1996 insofern zu, als das Bundesarbeitsgericht dem Schiedsspruch bereits nach der damals geltenden Satzung verbindliche Wirkung nicht nur für die streitenden Gewerkschaften, sondern auch für die Arbeitgeberseite zusprach, zu einem Zeitpunkt als es im DGB nur eine Schiedsstelle mit dem Charakter eines Vereinsgerichts und noch kein Schiedsgericht in heutiger Gestalt gab. Die Ver-

3 BAG 25.9.1996 und 12.11.1996, AP Nrn. 10 und 11 zu § 2 TVG Tarifzuständigkeit.

bindlichkeit des Schiedsspruchs folgt aus der satzungsgemäßen Selbstbeschränkung der DGB-Gewerkschaften, die die DGB-Satzung in ihre eigene Satzung inkorporiert und sich damit der Entscheidungsgewalt des Dachverbands unterworfen haben. Die Verbindlichkeit für die Arbeitgeberseite ist die zwangsläufige Folge der mit der verbindlichen Entscheidung der Schiedsstelle verbundenen Einschränkung der Tarifzuständigkeit der unterlegenen Gewerkschaft. Dadurch wird der in der Satzung festgelegte Organisationsbereich abgegrenzt, innerhalb dessen ein Verband Tarifverträge abschließen kann. Außerhalb dieses Bereichs fehlt ihr die Rechtsmacht zum Abschluss von Tarifverträgen. Deshalb kann der Arbeitgeber nach einem Schiedsspruch, ganz gleich, ob es sich um eine Einigung oder eine streitige Entscheidung handelt, nicht mehr einwenden, die für zuständig erklärte Gewerkschaft sei in Wahrheit für ihn gar nicht zuständig.

Wer A sagt, muss auch B sagen. Das gilt auch für eine ohne Zustimmung des DGB-Bundesvorstands oder Bundesausschusses erfolgte Ausdehnung des satzungsgemäßen Organisations- und Tarifzuständigkeitsbereichs. Die satzungsgemäße Selbstbeschränkung der Mitgliedsgewerkschaften besteht auch hier. Ohne Zustimmung des Dachverbands können sie ihren Zuständigkeitsbereich nicht erweitern. Die Bedenken, die das Bundesarbeitsgericht in der Entscheidung vom 27.9.2005 hegt – der Verstoß gegen die DGB Satzung führe im Außenverhältnis gegenüber möglichen Tarifpartnern »zumindest so lange nicht zur Unwirksamkeit der Satzungsänderung, wie diese Rechtsfolge weder in der Satzung der Einzelgewerkschaft noch in der inkorporierten Satzung des DGB zweifellos vorgesehen ist«[4] –, sind angesichts des eindeutigen Wortlauts der DGB-Satzung rein hypothetischer Natur. Die Zustimmung des Dachverbands wird, wie oben dargelegt, klar und unmissverständlich als Wirksamkeitsvoraussetzung bezeichnet.

Wie verhält sich nun die Kollisionsregelung des Tarifeinheitsgesetzes zur Schiedsordnung des DGB und der DGB-Gewerkschaften. Macht § 4a Abs. 2 TVG das Schiedsverfahren obsolet? Diese Frage ist nicht so trivial, wie es auf den ersten Blick scheinen mag. Zwar bestehen beide Verfahren nebeneinander, und das DGB-Schiedsgericht kann wie bisher tätig werden. Aber die Bereitschaft der Mitgliedsgewerkschaften, sich darauf einzulassen, kann erodieren, wenn eine der beteiligten Gewerkschaften abzuwägen hat zwischen dem Risiko, ihre Zuständigkeit in einzelnen Betrieben durch einen Schiedsspruch zu verlieren, oder der Chance, sie nach dem Tarifeinheitsgesetz dort zu behaupten, wo sie die Mehrheit der Mitglieder stellt. Außerdem haben die Gewerkschaften es nicht in der Hand, eine Entscheidung nach § 4a Abs. 2 TVG zu vermeiden, da auch der Arbeitgeber bzw. Arbeitgeberverband sie herbeiführen kann (§ 99 Abs. 1 ArbGG). Das Di-

4 BAG 27.9.2005, AP Nr. 18 zu § 2 TVG Tarifzuständigkeit.

lemma ist dadurch vorprogrammiert, dass § 4a Abs. 2 TVG ausschließlich betriebsbezogene Entscheidungen vorsieht, während für das Schiedsgericht ganz wesentlich auch die Branchen- und Unternehmenszugehörigkeit der streitbefangenen Betriebe von Bedeutung ist. Das ist für den DGB deshalb von größter Bedeutung, weil seine Struktur seit seiner Gründung auf Branchenzugehörigkeiten aufbaut. Obwohl die Satzungen der Mitgliedsgewerkschaften betriebsbezogene Zuständigkeiten zulassen, muss das Schiedsgericht deshalb über den Betrieb hinausschauen und versuchen, eine sachgerechte Lösung für die Branche, den Wirtschaftsbereich oder eine Konzernstruktur zu treffen.
Die betriebsbezogene Ausrichtung des Tarifeinheitsgesetzes führt zu der weiteren Frage, ob ein Schiedsspruch durch eine Entscheidung nach § 4a TVG verdrängt werden kann? Folgende Situation erscheint möglich: Die DGB-Gewerkschaften A und B streiten über die Zuständigkeit in den Betrieben C – G. Die Betriebe C – G gehören zum Unternehmen H, das Tarifverträge der Gewerkschaft B anwendet. Dieses Unternehmen wird vom Konzern X übernommen. Alle übrigen Betriebe gehören Unternehmen dieses Konzerns und fallen in den Zuständigkeitsbereich der Gewerkschaft A, die nach der Übernahme auch die Zuständigkeit für das übernommene Unternehmen H und dessen Betriebe C – G beansprucht. Die Satzungen beider Gewerkschaften erstrecken sich auf sämtliche Betriebe und Unternehmen des Konzerns. Das Schiedsgericht entscheidet zugunsten der Gewerkschaft A. Da die Beschäftigen der übernommenen Betriebe mehrheitlich in der Gewerkschaft B organisiert sind und der neue Arbeitgeber deren Tarifverträge beibehalten will, ruft er das Arbeitsgericht an, um nach § 4a Abs. 2 Satz 2 TVG feststellen zu lassen, dass in beiden Betrieben nur die Rechtsnormen der bisher geltenden Tarifverträge der Gewerkschaft B anwendbar sind.
Folgt man der hier vertretenen Auffassung, wird die Tarifzuständigkeit der Gewerkschaft B und damit die Kollision der Tarifverträge der Gewerkschaften A und B durch die Entscheidung des Schiedsgerichts beendet. Folglich geht der Antrag nach § 4a Abs. 2 Satz 2 TVG ins Leere. Lehnt man die Außenwirkung des Schiedsspruchs dagegen ab, führt das zu der fatalen Konsequenz, dass die Tarifverträge der vom Schiedsgericht für unzuständig erklärten Gewerkschaft in Kraft bleiben und der Schiedsspruch des DGB gegenstandslos wird. Damit würde die Autonomie des DGB und der DGB-Gewerkschaften empfindlich geschwächt. Ihre Schiedsgerichtsordnung würde ihrer für den Zusammenhalt des Dachverbands wesentlichen Funktion beraubt, tarifvertragliche Konkurrenzverhältnisse der Mitgliedsgewerkschaften rechtsverbindlich aufzulösen.
Umgekehrt stellt sich die Frage, ob das DGB-Schiedsgericht von einer Entscheidung nach § 4a Abs. 2 Satz 2 TVG abweichen kann. Sie ist nach meiner Überzeugung zu bejahen. Die Rechtskraft der Entscheidung hindert das Schiedsgericht nicht, der Gewerkschaft B, deren Tarifverträge für allein anwendbar erklärt wur-

den, die Tarifzuständigkeit für die Betriebe C – G zu entziehen. Damit entfällt die Grundlage der vorangegangenen Gerichtsentscheidung: Es gibt keine Überschneidung der Geltungsbereiche der Tarifverträge verschiedener Gewerkschaften mehr. Die Geltung der Tarifverträge der Gewerkschaft B wird durch den Schiedsspruch beendet.

Das Fazit meiner Überlegungen lautet, dass es unter der Geltung des Tarifeinheitsgesetzes unabdingbar ist, den Schiedsentscheidungen des DGB verbindliche Außenwirkung zuzuerkennen. Nur so kann das Dilemma divergierender Entscheidungen des DGB-Schiedsgerichts und der Arbeitsgerichtsbarkeit über die Tarifgeltung und damit faktisch auch über die Tarifzuständigkeit vermieden werden. Mit dem verfassungsgemäßen Schutz der Tarifautonomie wäre es nicht zu vereinbaren, wenn die Funktionsfähigkeit der autonomen Schiedsgerichtsbarkeit durch das Tarifeinheitsgesetz verdrängt würde.

Thomas Klebe sieht die Lösung, nicht das Problem

Michael Brecht, Vorsitzender des GBR/KBR und stellvertretender Aufsichtsratsvorsitzender der Daimler AG

»Der eine wartet, dass die Zeit sich wandelt, der andere packt sie kräftig an und handelt.«
– Dante

Mit diesem Zitat hat sich *Thomas Klebe* nach den Betriebsratswahlen an die neu- und wiedergewählten Arbeitnehmervertreter gewandt und sie zum mutigen Handeln aufgefordert. Worin er andere bestärkt, lebt er selbst beispielhaft vor. Er weiß um die Schwächen mancher Gesetze, Tarifverträge oder Betriebsvereinbarungen, wenn es um die Handhabung und konkrete Anwendung im Betrieb geht. Thomas Klebe hat die Betriebsräte ermutigt, sich nicht abschrecken zu lassen und zu versuchen, Lösungen für die Menschen zu finden, auch wenn sie als Betriebsräte und Gewerkschaften oft mit Gegenwind zu kämpfen haben.
Dantes Worte bringen es auf den Punkt, man darf nicht darauf warten, dass sich die Situation ändert – man muss das Beste aus dem machen, was man hat. Das Zitat beschreibt eine seiner größten Stärken. *Thomas Klebe* schafft es, auch die schwierigsten juristischen Sachverhalte auf den ›betrieblichen Punkt‹ zu bringen. Vor allem bei Fragen rund um das Thema Arbeitsrecht und Arbeitspolitik hatte er immer schnell eine pragmatische Antwort parat. Nicht nur, dass er Experte auf dem Gebiet des Arbeitsrechts ist, er scheint den gesamten Gesetzestext auswendig zu kennen und kann mit diesem Fachwissen auch in schwierigen Fällen individuelle Lösungen finden. Thomas Klebe war bei vielen Themen für die, die mit ihm zusammenarbeiten durften, ein wichtiger Ansprechpartner.
Eine unverzichtbare Hilfe war *Thomas Klebe* beim Thema Compliance. Auch wenn sich das Unternehmen nach der Krise 2009 sehr schnell wieder erholt hat, war Daimler 2010 mit strafrechtlichen Vorwürfen konfrontiert. Schnell war klar, dass es wichtig ist, ein Vorstandsresort ›Integrität und Recht‹ einzurichten. Dank seiner Unterstützung konnte dies schnell in die Tat umgesetzt werden. Ebenso war er einer der Väter der Complianceregelungen, nicht zuletzt der Verhaltensrichtlinie, mit der im Daimler-Konzern eine ganz neue Kultur prägte.
Im selben Jahr konnte die IG Metall ein Forschungsprojekt in Kooperation mit der Hans-Böckler-Stiftung und dem Unternehmen initiieren, welches den Wan-

del bei der Beschäftigung durch Elektromobilität untersuchen sollte. Schon lange Zeit vorher forderten die IG Metall Arbeitnehmervertreter, dass das Unternehmen sich eindeutig zum Thema nachhaltiger Mobilität äußern sollte. Als nun endlich die grünen Technologien Vorfahrt im Unternehmen bekamen, war ein großer Schritt gemacht und ein wichtiges Ziel erreicht. Die Arbeitnehmervertreter haben bewiesen, ein Gespür für den Nerv der Zeit zu haben, neue Situationen zu erkennen und dem Unternehmen nicht selten einen Schritt voraus zu sein.
Als es um die Verhandlungen zur ZuSi 2012 ging, mussten neue Wege beschritten werden. Ob DC Move oder die Einführung von ERA, *Thomas Klebe* hat diese Großprojekte, bei denen viele ergänzende Tarifverträge nötig waren, erfolgreich begleitet. ERA war ein großer Schritt hin zu einem modernen und vor allem fairen Entgeltsystem.
Sein Engagement für integres Verhalten galt aber nicht nur auf nationaler Ebene, seine Bemühungen waren von internationaler Bedeutung. Mit der Umsetzung des »Code of Social Responsability« hat er weltweit aktiv für bessere Arbeitsbedingungen gekämpft. Nur wenn in allen Bereichen des Unternehmens gewisse Standards eingehalten werden, kann den Beschäftigten ein sicheres und gesundes Arbeitsumfeld garantiert werden. Hier dürfen vor allem auch die einzelnen Bereiche der Wertschöpfungskette nicht vergessen werden. Besonders wenn es um die Gewinnung von Rohstoffen in Entwicklungsländern geht, dürfen keine Standards, wie das Verbot von Kinderarbeit verletzt werden. Das oberste Gebot ist die Achtung der Arbeitnehmer – und vor allem der Menschenrechte. Einen wichtigen Beitrag leistet hier der Austausch der internationalen Gewerkschaften und Arbeitnehmervertreter, wofür sich Thomas Klebe immer stark gemacht hat.
Thomas Klebe hat sich immer für die Rechte aller Mitarbeiter eingesetzt. Auf nationaler Ebene waren ihm Themen, wie beispielsweise die faire Gestaltung von Zeit- und Leiharbeit, besonders wichtig. Um gegen schlechte Arbeitsbedingungen zu kämpfen, hat er immer auch an die Politik appelliert. Nur so können langfristig konstante Verbesserungen für Arbeitnehmer bewirkt werden.
Nicht selten ging es bei Verhandlungen heiß her und es wurde heftig diskutiert. Mit *Thomas Klebe* kann man bis zu später Stunde tagen, und dabei schaffte er es, die gesamte Zeit über ruhig und sachlich zu bleiben. Selbst in den schwierigsten Situationen trifft er den richtigen Ton und wirkt als ausgleichendes Element. Eine seiner stärksten Eigenschaften kommt dann zum Tragen, wenn sich eine Diskussion im Kreis dreht. Er führt die Gespräche wieder zurück auf den wesentlichen Punkt, sodass die Lösung – und nicht das Problem als solches – im Mittelpunkt steht. Und an den Aussagen von *Thomas Klebe* kam das Unternehmen auch nicht vorbei, sie trafen immer rechtlich fundiert und inhaltlich präzise den eigentlichen Punkt.
Thomas Klebe hat immer klar Stellung zu Themen bezogen und ist seinem Standpunkt treu geblieben. Auch wenn er bei manchen Themen allein mit seiner Mei-

nung war und einige Personen gegen sich hatte, lies er sich nicht beirren. Und das zeichnet ihn aus wie keinen Zweiten. Er ist sich selbst treu geblieben. Ihm ging es immer um die Sache selbst, und er hat engagiert dafür gekämpft.
Ich möchte diesen Anlass nutzen, um mich bei *Thomas Klebe* für die langjährige Kooperation zu bedanken. Er war für mich und den Gesamtbetriebsrat in den Jahren unserer Zusammenarbeit ein wichtiger Berater und Wegbegleiter. Wir konnten uns immer auf ihn verlassen und er war mit seiner sachlichen und ruhigen Art für alle ein toller Ansprechpartner. Auch die Stabsabteilung des Gesamtbetriebsrates hat er immer mit seinem Wissen unterstützt und hatte stets ein offenes Ohr für deren Anliegen.
Lieber Thomas, zu deinem 70. Geburtstag wünsche ich dir alles erdenklich Gute. Ich wünsch dir weiterhin so viel Ruhe und Gelassenheit, wie du sie in den zahllosen Verhandlungen bewiesen hast. Es war mir eine Ehre mit dir zusammenzuarbeiten – mit jemandem, der über so immenses Fachwissen verfügt, sowohl im Arbeitsrecht als auch beim Fußball. Für deinen weiteren Lebensweg wünsche ich dir nur das Beste.

Gesetzliche Neuregelung der Tarifeinheit?

Prof. Dr. Holger Brecht-Heitzmann, Hochschule der Bundesagentur für Arbeit in Schwerin

1. Einleitung

Bei wohl kaum einem rechtlichen Thema hat es in der jüngeren Vergangenheit uneinheitlichere Einschätzungen zwischen den deutschen Gewerkschaften gegeben als bei der gesetzlichen Regelung der Tarifeinheit. Doch wie ist es hierzu gekommen? Schon vor der Abkehr des Bundesarbeitsgerichts von seiner vorherigen Rechtsprechung, Fälle der Tarifpluralität nach dem Grundsatz der Spezialität aufzulösen, hatte *Thomas Klebe* zu Recht darauf hingewiesen, dass diese Linie nur konsequent sei.[1] Denn die vorherige Rechtsprechung führte dazu, dass beispielsweise die CGM mit Abschluss eines Haustarifvertrags die Anwendbarkeit des Flächentarifvertrags der IG Metall in diesem Betrieb aushebeln konnte, selbst wenn die IG Metall ein Vielfaches der Mitglieder in diesem Betrieb vorzuweisen hatte. Die daraufhin mit dem Tarifeinheitsgesetz neu geschaffene Lösung in § 4a TVG, Tarifkollisionen nach dem Mehrheitsprinzip aufzulösen, entsprach daher auch den Vorstellungen einer mitgliederstarken Industriegewerkschaft. Schließlich unterbindet sie die unlautere Aushöhlung von Tarifstandards durch ansonsten bedeutungslose Kleinstgewerkschaften. Allerdings gibt es eine weitere Dimension der Tarifpluralität, nämlich einige (wenige) kampfstarke Sparten- bzw. Berufsgewerkschaften vor allem aus (ursprünglich) dem öffentlichen Dienst zuzurechnenden Bereichen, die ausschließlich für ihre Berufsgruppen Tarifverträge abschließen.[2] Hier ist keineswegs für alle Betriebe sicher, dass die DGB-Gewerkschaften stets die meisten Mitglieder aufweisen. Vor allem diese unterschiedlichen Fallkonstellationen erklären die divergierenden Einschätzungen zum Tarifeinheitsgesetz.

---

1 *Klebe*, Keine Angst vorm Vierten Senat, Mitbestimmung 5/2010, 44f.

2 Zur Einordnung auch in industriesoziologischer Hinsicht s. *Brecht-Heitzmann/Gröls*, Spartengewerkschaft als Herausforderung für etablierte Akteure, in: Alewell (Hrsg.), Rechtstatsachen und Rechtswirkungen im Arbeits- und Sozialrecht, 2013, S. 154ff.

Das Bundesverfassungsgericht[3] hat den Blick auf die letztgenannte Fallkonstellation gerichtet und durch verfassungskonforme Auslegung erhebliche Korrekturen vorgenommen. Auch wenn das Tarifeinheitsgesetz so vor einer Nichtigerklärung bewahrt wurde, erhielt der Gesetzgeber dennoch den Auftrag, bestimmte Aspekte des § 4a TVG bis Ende 2018 neu zu regeln. Angesichts ungeklärter Regierungsverhältnisse – zum Zeitpunkt der Erstellung dieses Beitrags war noch nicht absehbar, ob und ggf. wann es zu einer Neuauflage der Großen Koalition kommen würde – und der Komplexität der Aufgabe erscheint zweifelhaft, dass dieser Auftrag rechtzeitig umgesetzt werden kann. Zudem weckt die Vorgabe erneute Begehrlichkeiten, bei dieser »günstige[n] Gelegenheit« doch das Arbeitskampfrecht zu regeln und en passant das Streikrecht vor allem (aber nicht nur) in der Daseinsvorsorge einzuschränken.[4] Es stellt sich daher die Frage, wie der Gesetzgeber mit den Vorgaben des Bundesverfassungsgerichts umgehen sollte.

2. Entscheidung des Bundesverfassungsgerichts

Noch uneinheitlicher als die Beurteilung des Tarifeinheitsgesetzes erweisen sich die Reaktionen in der Literatur zum Urteil des Bundesverfassungsgerichts,[5] die sich zwischen »faktischer Aufhebung« des Tarifeinheitsgesetzes[6] und »im Wesentlichen verfassungsgemäß«[7] bewegen. Dass aber schon aus Platzgründen an dieser Stelle nicht sämtliche Vorgaben des Bundesverfassungsgerichtsgesetzes behandelt werden können, zeigt die durchaus weitreichenden Eingriffe in das Gesetz. Hervorzuheben ist insofern vor allem die unmissverständliche Klarstellung, dass sich die Kollisionsregel des § 4a TVG nicht auf die Zulässigkeit von Arbeitskampfmaßnahmen auswirkt.[8] Darüber hinaus nimmt das Bundesverfassungsgericht eine Reihe von Klarstellungen vor, von denen insbesondere zu nennen sind:

- Verdrängungswirkung kraft Gesetzes (Rz. 175 f.),
- Tarifdispositivität von § 4a TVG (Rz. 177 ff.),
- Verdrängung des Minderheitstarifvertrags insgesamt (Rz. 181 ff.),

---

3 BVerfG 11.7.2017 – 1 BvR 1571/15 u.a., AP Nr. 151 zu Art. 9 GG.

4 In diesem Sinne sehr dezidiert etwa *Drescher*, DöD 2017, 307, 312; vgl. ferner *de Beauregard*, BB 2017, 1789, 1791; *v. Steinau-Steinrück/Gooren*, NZA 2017, 1149, 1151.

5 Zustimmend etwa *Greiner*, Anmerkung 1 von AP Nr. 151 zu Art. 9 GG; ablehnend *Kemper*, jM 2017, 454; *Stier*, öAT 2017, 177, 180; differenzierend *Bepler*, AuR 2017, 380; *v. Steinau-Steinrück/Gooren*, NZA 2017, 1149, 1156.

6 *Göpfert/Brune*, EWiR 2017, 475, 476.

7 *Rieble*, NZA 2017, 1157.

8 BVerfG 11.7.2017 – 1 BvR 1571/15 u.a., AP Nr. 151 zu Art. 9 GG Rz. 139.

- keine Verdrängung, wenn dies dem Willen der Tarifvertragsparteien des Mehrheitstarifvertrags nicht entspricht (Rz. 186),
- Bestandsschutz für bestimmte tarifvertraglich garantierte Leistungen (Rz. 187f.),
- Ende der Verdrängungswirkung in der Phase der Nachwirkung (Rz. 189),
- weite Auslegung der Nachzeichnungsoption gem. § 4a Abs. 4 TVG (Rz. 190ff.),
- keine Verdrängung bei Verletzung der Pflichten in § 4a Abs. 5 TVG auf Bekanntgabe von Tarifverhandlungen und Anhörung (Rz. 195f.) sowie
- möglichst Vermeidung der Offenlegung von Mitgliederzahlen im Beschlussverfahren nach §§ 2a Abs. 1 Nr. 6, 99 ArbGG (Rz. 197ff.).

Ungeachtet dieser teils erheblichen Einschränkungen hat das Bundesverfassungsgericht die Verdrängungswirkung des § 4a Abs. 2 S. 2 TVG insoweit als verfassungswidrig angesehen, als es an Schutzvorkehrungen gegen eine einseitige Vernachlässigung der Angehörigen einzelner Berufsgruppen oder Branchen durch die jeweilige Mehrheitsgewerkschaft fehlt. Das Gericht hat aber dennoch von einer Nichtigerklärung abgesehen und dem Gesetzgeber eine Neuregelung spätestens bis zum 31.12.2018 aufgegeben. Bis zur Neureglung darf die Verdrängungswirkung des § 4a Abs. 2 Satz 2 TVG nur dann eintreten, wenn plausibel dargelegt werden kann, dass die Mehrheitsgewerkschaft die Interessen der Berufsgruppen, deren Tarifvertrag verdrängt wird, ernsthaft und wirksam in ihrem Tarifvertrag berücksichtigt hat.[9]

3. Notwendigkeit einer Gesetzesänderung?

Manche Autoren interpretieren die Vorgaben des Bundesverfassungsgerichts als Erlaubnis zur inhaltlichen Kontrolle von Tarifverträgen.[10] Dem wurde zutreffend entgegengehalten, dass eine solche Tarifzensur keinesfalls der Linie des Bundesverfassungsgerichts entsprechen würde.[11] Das Bundesverfassungsgericht hat mit seiner Übergangsregelung deutlich gemacht, dass es die ernsthafte und wirksame Berücksichtigung der Interessen einer Minderheitsgewerkschaft nicht anhand des inhaltlichen Ergebnisses überprüfen lassen möchte. Vielmehr stützt es sich auf Indizien hinsichtlich des tariflichen Entstehungsprozesses wie ein Mindestmaß an Organisation der Berufsgruppe in der Mehrheitsgewerkschaft oder ein

9 BVerfG 11.7.2017 – 1 BvR 1571/15 u.a., AP Nr. 151 zu Art. 9 GG Rz. 200ff. und 215ff.

10 *Franzen*, ZTR 2017, 571, 576; *Rieble*, NZA 2017, 1157, 1159f.

11 *Bepler*, AuR 2017, 380, 385. Insofern ablehnend auch *Greiner*, Anmerkung 1 von AP Nr. 151 zu Art. 9 GG unter IV 1 und IV 2a sowie *Löwisch*, NZA 2017, 1423, 1424.

durch die Satzung der Mehrheitsgewerkschaft eingeräumter hinreichender Einfluss der Berufsgruppe auf die für sie relevanten tarifpolitischen Entscheidungen.[12] Die Diskussion belegt aber nicht allein die Schwierigkeit der Aufgabe für den Gesetzgeber, sondern zeigt zugleich die weitreichenden Gefahren auf, die mit einer gesetzlichen Neuregelung eintreten könnten. Es stellt sich daher die Frage, was passiert, wenn der Gesetzgeber vor der Herausforderung kapituliert und auf eine erneute Gesetzesänderung verzichtet.

Teilweise wird gemutmaßt, dass bei Versäumung der gesetzten Frist die Norm des § 4a Abs. 2 Satz 2 TVG automatisch nichtig sei.[13] Der Vizepräsident des Bundesverfassungsgerichts, *Ferdinand Kirchhof*, soll hingegen in einem Vortrag eine vom Bundesverfassungsgericht zu erlassende Vollstreckungsanordnung nach § 35 BVerfGG als Möglichkeit benannt haben.[14] Teilweise wird eine Pflicht des Gesetzgebers angenommen, bei Unterlassen einer Neuregelung, das Tarifeinheitsgesetz durch Gesetz aufzuheben.[15]

Insofern ist zunächst zu vermerken, dass die Entscheidung des Bundesverfassungsgerichts nach § 31 BVerfGG Gesetzeskraft hat und dementsprechend der Urteilstenor am 25.7.2017 im Bundesgesetzblatt veröffentlicht wurde.[16] Dessen Aussage ist aber unmissverständlich, dass § 4a Abs. 2 Satz 2 TVG bis zu einer Neuregelung in Kraft bleibt.[17]

In Betracht käme somit eine Vollstreckungsanordnung des Bundesverfassungsgerichts nach § 35 BVerfGG. Deren Erlass bedarf keines Antrags der Verfahrensbeteiligten und ergeht nach pflichtgemäßem Ermessen des Bundesverfassungsgerichts von Amts wegen.[18] Das Bundesverfassungsgericht hat aber in seiner Begründung selbst keinen zwingenden Handlungsbedarf gesehen, *»weil die verfassungsrechtlich durchgreifenden Bedenken durch die […] getroffene Anordnung bis zu einer Neuregelung aufgefangen werden können.«*[19] Es erscheint fraglich, ob sich mit Ablauf des Jahres 2018 eine neue Sachlage ergeben würde. Interessant ist, dass ein empirischer Beleg für die Erforderlichkeit des Tarifeinheitsgesetzes fehlte.[20] Gleiches gilt aber auch für die vom Bundesverfassungsgericht verlangte Änderung. Bislang ist kein Fall bekannt, dass es zur Verdrängung eines kollidie-

---

12 BVerfG 11.7.2017 – 1 BvR 1571/15 u.a., AP Nr. 151 zu Art. 9 GG, Rz. 215.

13 *Löwisch*, NZA 2017, 1423, 1426; a.A. *Franzen*, ZTR 2017, 571, 577.

14 Zitiert nach *Rieble*, NZA 2017, 1157.

15 *B. Schmidt*, Anmerkung 2 von AP Nr. 151 zu Art. 9 GG unter III 1a.

16 BGBl. I S. 2663.

17 Vgl. auch *Schmidt-Rolfes*, AuA 2017, 511.

18 *Bethge*, in: Maunz/Schmidt-Bleibtreu/Klein/Bethge, BVerfGG, § 35 Rn. 74, Stand: Juli 2014.

19 BVerfG 11.7.2017 – 1 BvR 1571/15 u.a., AP Nr. 151 zu Art. 9 GG, Rz. 217.

20 S. hierzu die abweichende Meinung von *Paulus* und *Bär* zu BVerfG 11.7.2017 – 1 BvR 1571/15 u.a., AP Nr. 151 zu Art. 9 GG, Rz. 7ff.

renden Tarifvertrags nach § 4a Abs. 2 Satz 2 TVG gekommen wäre.[21] Möglicherweise führt das Tarifeinheitsgesetz in der vom Bundesverfassungsgericht vorgegebenen Auslegung dazu, dass Kooperationen der Gewerkschaften gefördert werden[22] und es daher gar nicht zu aufzulösenden Tarifkollisionen kommt. Dann würde eine erneute gesetzliche Regelung mehr Schaden als Nutzen bringen. Deswegen wäre es sehr sinnvoll, wenn der Gesetzgeber dieses Mal zunächst gründlich die tarifliche Situation empirisch erforschte, bevor durch einen Schnellschuss die Tarifautonomie eher beschränkt als – wie erwünscht – gefördert würde. Sollte es tatsächlich Konfliktfälle geben, könnten die Arbeitsgerichte den Rechten der Minderheitsgewerkschaft durch eine im Zweifel gegen die Verdrängung eines Tarifvertrags sprechende Auslegung von § 4a TVG Rechnung tragen.

4. Fazit

Das Bundesverfassungsgericht hat sich in seiner Entscheidung vor einer Nichtigerklärung des Tarifeinheitsgesetzes gescheut, allerdings durch weitreichende verfassungskonforme Auslegungen erheblich in das bisherige gesetzliche Konzept eingegriffen. Zudem hat es dem Gesetzgeber bis Ende 2018 auferlegt, bestimmte Ergänzungen zum Schutz von Berufsgruppen vorzunehmen, deren Tarifvertrag verdrängt wird. Wird diese Frist zur gesetzlichen Neuregelung nicht eingehalten, bleibt § 4a Abs. 2 Satz 2 TVG dennoch weiter gültig, solange nicht das Bundesverfassungsgericht mit einer Vollstreckungsanordnung die Außerkraftsetzung der Vorschrift verfügt. Hierfür bestünde allerdings angesichts der vom Gericht geschaffenen Übergangsregelung kein zwingendes Bedürfnis. Bislang ist es noch nicht zu einer Verdrängungswirkung gekommen, da die Tarifvertragsparteien offenbar Lösungen gefunden haben, mit denen dieses Ergebnis vermieden wird. Eine gesetzliche Regelung wäre hingegen mit der Gefahr verbunden, dass die Gerichte eine inhaltliche Bewertung tariflicher Regelungen vornehmen und so die Tarifautonomie in noch viel stärkerem Maße eingeschränkt würde. Daher wäre es sinnvoll, zunächst eine gründliche empirische Bestandsaufnahme zur Wirkung des Tarifeinheitsgesetzes vorzunehmen. Der Gesetzgeber war in der Vergangenheit gut beraten, den Tarifvertragsparteien einen weitreichenden Freiraum zur Regelung der Arbeits- und Wirtschaftsbedingungen zu überlassen. Es ist zu erwarten, dass die Tarifvertragsparteien auch für die Vermeidung von nach § 4a TVG aufzulösenden Tarifkollisionen aus eigener Kraft vernünftige Lösungen finden werden.

---

21 *Braun*, ArbRB 2017, 269; *v. Steinau-Steinrück/Gooren*, NZA 2017, 1149, 1156.

22 So die Annahme von *Bepler*, AuR 2017, 380.

Tarifautonomie für selbstständige Arbeitskräfte – Zur Korrekturbedürftigkeit der EuGH-Entscheidung C-413/13 (FNV Kunsten Informatie en Media)

Prof. Dr. Andreas Bücker, Hochschule Wismar

1. Einleitung

Dürfen selbstständige Arbeitskräfte sich gewerkschaftlich organisieren und Tarifverträge schließen? Diese Frage lag dem EuGH in der Rechtssache C-413/13[1] vor. Der Jubilar hat sich frühzeitig, klar und wiederholt dafür ausgesprochen, dass selbstständigen Arbeitskräften ein solches Recht zustehen soll.[2] Die Antwort, die der EuGH gefunden hat, hätte durchaus schlimmer ausfallen können. Gleichwohl ist die Entscheidung des EuGH rechtspolitisch misslich und rechtsdogmatisch missglückt.

2. Die Entscheidung des EuGH vom 4.12.2014

Der EuGH hat in einer Entscheidung vom 4. Dezember 2014, die niederländisches Recht betraf, den Gewerkschaften grundsätzlich die Befugnis abgesprochen, Tarifverträge für selbständige Leistungserbringer zu schließen. Allerdings könne eine für selbstständige Leistungserbringer getroffene tarifvertragliche Bestimmung als Ergebnis eines Dialogs zwischen den Sozialpartnern angesehen werden, wenn die Dienstleistungserbringer in Wirklichkeit »Scheinselbstständige«, d. h. Leistungserbringer sind, die sich in einer vergleichbaren Situation wie Arbeitnehmer befinden.

Der Entscheidung lag ein Sachverhalt zugrunde, in dem der niederländische Gewerkschaftsbund »FNV Kunsten Informatie en Media« und die niederländische Gewerkschaft »Nederlandse toonkunstenaarsbond« mit der Arbeitgeberseite einen Tarifvertrag geschlossen hatten, der Mindesttarife nicht nur für in einem Ar-

1 EuGH 4. 12. 2014, FNV Kunsten Informatie en Media, C-413/14, EU:C:2014:2411.
2 *Klebe*, AuR 2014, 4–7; *Klebe*, AuR 2016, 277–281.

beitsverhältnis beschäftigte Aushilfsmusiker, sondern auch für selbständige Aushilfsmusiker festlegte.
Zur Begründung führt der EuGH aus, dass nach ständiger Rechtsprechung Tarifverträge trotz ihrer den Wettbewerb beschränkenden Wirkung nicht dem Kartellverbot des Art. 101 Abs. 1 AEUV unterliegen, weil ansonsten die mit Tarifverträgen angestrebten sozialpolitischen Ziele ernsthaft gefährdet werden.[3] Bezogen auf den vorliegenden Sachverhalt führte das Gericht aus, dass »*Dienstleistungserbringer wie die im Ausgangsverfahren in Rede stehenden Aushilfsmusiker, auch wenn sie die gleiche Tätigkeit wie die Arbeitnehmer ausüben, grundsätzlich »Unternehmer« im Sinne von Art. 101 Abs. 1 AEUV darstellen,*« und deswegen eine Gewerkschaft, die bei Verhandlungen im Namen und für Rechnung der ihr angehörenden selbstständigen Dienstleistungserbringer handelt, nicht als Gewerkschaft, sondern in Wirklichkeit als Unternehmensvereinigung agiert.[4]
Zur Erläuterung wies der EuGH darauf hin, dass der AEUV »*zwar einen Dialog der Sozialpartner vorsieht, jedoch keine Bestimmung enthält, die wie Art. 153 AEUV und 155 AEUV sowie die Art. 1 und 4 des Abkommens über die Sozialpolitik (ABl 1992, C 191, S. 91) selbstständige Leistungserbringer ermutigt, in einen solchen Dialog mit den Arbeitgebern zu treten, denen gegenüber sie Leistungen aufgrund eines Dienstleistungsvertrags erbringen, und daher Kollektivvereinbarungen mit diesen Arbeitgeber zu schließen, um ihre Beschäftigungs- und Arbeitsbedingungen zu verbessern.*«[5]
Eine zugunsten selbstständiger Dienstleistungserbringer abgeschlossene tarifvertragliche Regelung könne aber dann aus dem Anwendungsbereich des Art. 101 Abs. 1 AEUV ausgenommen sein, wenn die *Dienstleistungserbringer »in Wirklichkeit »Scheinselbstständige« sind, d. h. Leistungserbringer, die sich in einer vergleichbaren Situation wie die Arbeitnehmer befinden.*« Es sei nämlich in der heutigen Wirtschaft nicht immer leicht, zu bestimmen, ob bestimmte selbstständige Leistungserbringer tatsächlich Unternehmerstatus haben. Ein unabhängiger Wirtschaftsteilnehmer verliere seinen Unternehmerstatus, »*wenn er sein Verhalten auf dem Markt nicht selbstständig bestimmt, sondern vollkommen abhängig von seinem Auftraggeber ist, weil er keines der finanziellen und wirtschaftlichen Risiken aus dessen Geschäftstätigkeit trägt und als Hilfsorgan in sein Unternehmen eingegliedert ist.*« Die Einstufung als »*selbstständiger Leistungserbringer*« nach in-

3 EU:C:2014:2411, Rn. 22; mit Verweis auf Urteile Albany, EU:C:1999:430, Rn. 59, international Transport Workers' Federation und Finnish Seamen's Union, EU:C:2007:772, Rn. 49) Urteile Albany, EU:C:1999:430, Rn. 60, Brentjens', EU:C:1999:434, Rn. 57, Drijvende Bokken, EU:C:1999:437, Rn. 47, Pavlov u.a., C-180/98 bis C-184/98, EU:C:2000:428, Rn. 67, van der Woude, EU:C:2000:475, Rn. 22, und AG2R Prévoyance, C-437/09, EU:C:2011:112, Rn. 29.
4 EU:C:2014:2411, Rn. 27f.
5 EU:C:2014:2411, Rn. 29.

nerstaatlichem Recht schließe nicht aus, dass eine Person als »Arbeitnehmer« im Sinne des Union-Rechts einzustufen ist, wenn ihre Selbstständigkeit nur fiktiv ist und damit ein tatsächliches Arbeitsverhältnis verschleiert. Daraus folge, dass die Eigenschaft als »Arbeitnehmer« im Sinne des Unionsrechts trotz abweichender innerstaatlichem Beurteilung nicht berührt wird, wenn eine Person nach Weisung ihres Arbeitgebers handelt, insbesondere was ihre Freiheit bei der Wahl von Zeit, Ort und Inhalt ihrer Tätigkeit angeht, nicht an den geschäftlichen Risiken des Arbeitgebers beteiligt ist und während der Dauer des Arbeitsverhältnisses in dessen Unternehmen eingegliedert ist und daher mit ihm eine wirtschaftliche Einheit bildet.[6]

Deswegen habe sich das vorlegende nationale Gericht im Ausgangsverfahren zu vergewissern, ob entsprechende Hinweise auf eine Scheinselbstständigkeit vorliegen, und dass sich die Aushilfsmusiker insbesondere während der Dauer des Vertragsverhältnisses nicht in einem Verhältnis der Unterordnung zum betreffenden Orchester befinden und damit in Bezug auf die Bestimmung von Zeit, Ort und Durchführungsmodalitäten der ihnen übertragenen Aufgaben, d. h. der Proben und Konzerte, über mehr Autonomie und Flexibilität verfügen als die die gleiche Tätigkeit ausübenden Arbeitnehmer.

3. Zur Bedeutung der Entscheidung

Bedeutung und Relevanz dieser EuGH-Entscheidung sind als groß einzustufen. Dieser Schluss drängt sich nicht unmittelbar auf. Denn der Anwendungsbereich des fraglichen Tarifvertrags, der Rechte selbstständiger Aushilfsmusiker normiert, ist relativ klein und das Echo auf die Entscheidung fällt in der Literatur[7] verglichen mit den Reaktionen auf die EuGH-Urteile in den Rechtssachen Albany, Brentjens etc. und den Rechtssachen Viking, Laval etc. eher gering aus. Auch ist kein lauter Aufschrei zu hören, weil Gewerkschaften grundsätzlich die Zuständigkeit zur Vertretung selbstständiger Arbeitskräfte abgesprochen wird. Es wird ja immerhin das Recht zur Vertretung von Scheinselbstständigen i. S. d. EU-Rechts eingeräumt. Schließlich sah der EuGH Art. 101 AEUV auf den Fall auch gar nicht anwendbar, weil das Verfahren, wie das vorlegende Gericht ausgeführt hatte, einen rein innerstaatlichen Sachverhalt ohne Auswirkung auf den in-

6 EU:C:2014:2411, Rn. 36.

7 *Heuschmid/Hlava*, AuR 2015, 194–195; *Eufinger*, DB 2015, 192–193; *Goldmann*, EuZA 2015, 509–518; *Steinle/Haußmann*, EuZW 2015, 316–317; *Lettl*, WRP 2015, 294–301; *Fuchs*, ZESAR 2016, 297–306; *Rieble*, ZWeR 2016, 165–178; *Esch*, jurisPR-ArbR 13/2015 Anm. 2.

nergemeinschaftlichen Handel betraf.[8] Als zuständig sah sich der EuGH nur deswegen, weil der niederländische Gesetzgeber ausdrücklich das nationale Wettbewerbsrecht dem der Union angleichen wollte und sich dabei von der Vorstellung leiten ließ, dass sich die Auslegung des niederländischen Rechts eng an der von Art. 101 Abs. 1 AEUV ausrichten sollte. Die Nichtanwendbarkeit des Artikels 101 Abs. 1 AEUV aufgrund einer fehlenden, spürbaren (potentiellen) Beeinträchtigung des Handels zwischen den Mitgliedstaaten dürfte bei Tarifverträgen aber in der Zukunft die Ausnahme bleiben. In den bisherigen Entscheidungen zur Anwendbarkeit des Kartellverbots nach Art. 101 Abs. 1 AEUV auf Tarifverträge wurde die potentielle Beeinträchtigung des zwischenstaatlichen Handels nicht ersichtlich und ernsthaft in Zweifel gezogen.

Die Relevanz der Entscheidung wird deutlicher, wenn man sie vor dem Hintergrund des Arbeitsmarktwandels sieht. Denn Teil dieses Wandels ist, dass sich unter den Vorzeichen der Digitalisierung und Globalisierung Arbeitsorganisation und Arbeitsprozesse rasch verändern. Während die EuGH-Entscheidung von einer Dichotomie zwischen abhängiger und selbstständiger Tätigkeit ausgeht, ist in der Folge der Veränderungsprozesse national und international eine Zunahme neuer hybrider Erwerbsform[9] zu beobachten, die im Grenzbereich zwischen abhängiger und selbstständiger Arbeit liegen.

In der von der EU-Kommission im Jahr 2017 durchgeführten öffentlichen Anhörung zu einer europäischen Säule sozialer Rechte äußerten viele Interessengruppen ernsthafte Sorgen hinsichtlich des sozialen Schutzes (Solo-) Selbstständiger, und Grundsatz Nr. 12 der Säule benennt ausdrücklich das Recht Selbständiger auf angemessenen Sozialschutz.[10] Im Rahmen der Anhörung unterstrichen die auf europäischer Ebene angesprochenen Gewerkschaften den Handlungsbedarf und bekundeten auch ihre Bereitschaft zum Eintritt in einen sozialen Dialog auf europäischer Ebene.[11] Vor diesem Hintergrund ist davon auszugehen, dass der sozialen Gestaltung (solo-) selbständiger Arbeit durch Tarifverträge in der Zukunft eine größere Bedeutung zukommen wird. Dadurch wird auch die Bedeutung der vorliegenden EuGH-Entscheidung und des ihr innewohnenden Mangels wachsen.

8 EU:C:2014:2411, Rn. 17–20.
9 *Bührmann/Fachinger/Welskop-Deffa* (Hrsg.), Wiesbaden 2018.
10 Konsultationspapier v. 20.11.2017, C(2017) 7773 final, S. 1.
11 Konsultationspapier v. 20.11.2017, C(2017) 7773 final, S. 4.

4. Kritik und Reformbedarf

Der EuGH bestätigt in der vorliegenden Entscheidung seine ständige Rechtsprechung, deren Grundlagen er in der Rechtssache Albany legte, und nach der Tarifverträge für Arbeitnehmer aus dem Anwendungsbereich des Art. 101 AEUV ausgenommen sind. Im Hinblick auf Scheinselbstständige belässt die Entscheidung den Tarifvertragsparteien unter den oben genannten Voraussetzungen die Möglichkeit, tarifvertragliche Regelungen zur Verbesserung der Beschäftigungs- und Arbeitsbedingungen zu treffen. Dabei ist beachtlich, dass der Begriff der Scheinselbstständigkeit – worauf der EuGH ausdrücklich hinwies – autonom, d.h. unabhängig vom nationalen Recht, auszulegen ist. Auch wenn arbeitnehmerähnliche Personen i.S.d. § 12a TVG keine Scheinselbstständigen i.S.d. des nationalen deutschen Arbeits- und Sozialrechts sind, ist damit nicht gesagt, dass sich arbeitnehmerähnliche Personen nicht unter den europäischen Begriff der Scheinselbstständigen subsumieren lassen.

Der grundsätzliche Mangel der Entscheidung liegt darin, dass der EuGH das Grundrecht auf Koalitionsfreiheit verkennt und deswegen dessen Anwendungsbereich sowie den Kreis der durch das Grundrecht geschützten Tätigkeiten nicht definiert und einen Ausgleich mit dem Kartellverbot nicht vornimmt.

Das Recht, Koalitionen zu bilden, wird durch Art. 12 Abs. 1 EuGrdRCh als ein Jedermann-Recht gewährt und geschützt.[12] Es ist deswegen nicht per se auf Arbeitnehmer beschränkt. Art. 12 Abs. 1 EuGrdRCh spiegelt den Rechtszustand in allen Mitgliedstaaten der EU wider und gehört zu den allgemeinen Grundsätzen des Unionsrechts nach Art. 6 Abs. 3 EUV.[13] Zu berücksichtigen ist des Weiteren, dass das Koalitions- und Tarifrecht in dem durch Art. 153 Abs. 5 AEUV gesetzten Rahmen der Regelungszuständigkeit der Union ausdrücklich entzogen sind. In dem konkreten Fall ging es auch nicht allein oder vorrangig um das Verhältnis von Art. 101 AEUV zu Art. 12 Abs. 1 EuGrdRCh, sondern um das Verhältnis des europäischen Kartellverbots zur nationalen Grundrechtsgewährleistung. Eine Auseinandersetzung hiermit findet sich in der EuGH-Entscheidung indes nicht. Es wurde nicht aufgeklärt, wieweit die Koalitionsfreiheit und Tarifautonomie in den Niederlanden reicht und ob auch Selbständige Grundrechtsschutz genießen.

In denkbaren vergleichbaren Streitsachen mit der Bundesrepublik ist zu berücksichtigen, dass § 12a TVG und § 17 Abs. 1 HAG lediglich für arbeitnehmerähnliche Personen und Heimarbeiter die Tariffreiheit einfachgesetzlich ausgestalten, die verfassungsrechtlich durch Art. 9 Abs. 3 GG vorgegeben ist. Das BAG hat hierzu im Jahr 2005 erkannt: *»(...) Die Tarifautonomie ist als Teil der Koalitions-*

12 *Bremsdorff*, in: Meyer, EuGrdRCh Art. 12, Rn. 20.

13 *Bremsdorff*, in: Meyer, EuGrdRCh Art. 12, Rn. 2.

freiheit durch Art. 9 Abs. 3 GG geschützt (BVerfG, 3.4.2001, BVerfGE 103, 293). Die Koalitionsfreiheit und damit auch die Tarifautonomie ist aufgrund dieses Grundrechts für jedermann und alle Berufe gewährleistet. Sie gilt also schon aufgrund Verfassungsrechts auch für arbeitnehmerähnliche Personen und wird nicht erst durch § 12a TVG auf diese Personen erstreckt. Lediglich die Ausgestaltung des Verhältnisses der Tarifvertragsparteien zueinander bedarf der gesetzlichen Regelung. (...)«.[14]

Angesichts des gegenwärtigen wirtschaftlichen Wandels wird es zukünftig nicht allein darum gehen, derzeit bestehende tarifliche oder gewerkschaftliche Praktiken gegen den Geltungsanspruch des Kartellverbots nach Art. 101 AEUV zu verteidigen. Mit Blick auf den Wandel des Arbeitsmarkts, auf neue Beschäftigungsformen und Geschäftsmodelle der kollaborativen Wirtschaft sowie Defizite des Sozialschutzes für (Solo-) Selbstständige ist vielmehr die aus den Grundrechten folgende staatliche Pflicht zur Gestaltung der Privatautonomie zu unterstreichen, die unabhängig davon besteht, ob ein (Solo-) Selbstständiger arbeitnehmerähnliche Personen oder Heimarbeitnehmer ist. Das Bundesverfassungsgericht hat mehrfach entschieden, dass Privatautonomie dann der staatlichen Ausgestaltung bedarf, wenn deren Voraussetzungen nicht gegeben sind. Hierzu hat das Bundesverfassungsgericht näher ausgeführt: *»(...) Hat einer der Vertragsteile ein so starkes Übergewicht, dass er vertragliche Regelungen faktisch einseitig setzen kann, bewirkt dies für den anderen Vertragsteil Fremdbestimmung. Wo es an einem annähernden Kräftegleichgewicht der Beteiligten fehlt, ist mit den Mitteln des Vertragsrechts allein kein sachgerechter Ausgleich der Interessen zu gewährleisten. Wenn bei einer solchen Sachlage über grundrechtlich verbürgte Positionen verfügt wird, müssen staatliche Regelungen ausgleichend eingreifen, um den Grundrechtsschutz zu sichern (...). Gesetzliche Vorschriften, die sozialem und wirtschaftlichem Ungleichgewicht entgegenwirken, verwirklichen hier die objektive Grundentscheidung des Grundrechtsabschnitts und damit zugleich das grundgesetzliche Sozialstaatsprinzip (Art. 20 Abs. 1, Art. 28 Abs. 1 GG). (...)«.*[15]

Im Falle einer gestörten Vertragsparität kommt der Tarifautonomie deswegen besondere Bedeutung zu, denn strukturell unterlegene Arbeitskräfte können durch den Zusammenschluss und kollektives Handeln das Kräfteungleichgewicht ausgleichen und damit die Voraussetzungen für funktionierende Privatautonomie herstellen.

In möglichen Konfliktfällen gilt es zukünftig deswegen, aus der Tarifautonomie und aus der Pflicht zur Gestaltung der Privatautonomie folgende Rechte (Solo-) Selbständiger, sich gewerkschaftlich zu organisieren und Tarifverträge zu schlie-

14 BAG 15.2.2005 – 9 AZR 51/04, BAGE 113, 343–360, Rn. 57.
15 BVerfG 7.2.1990 – 1 BvR 26/84, BVerfGE 81, 242–263, Rn. 47.

ßen, gegenüber dem Kartellverbot des Art. 101 AEUV geltend zu machen. Der Kreis der insoweit berechtigten Personen wird über die in der vorliegenden Entscheidung definierten »Scheinselbständigen« i. S. d. EU-Rechts hinausgehen müssen.

Suggestivbegriffe und Erzählungen über eine harmonische Vergangenheit

Rudolf Buschmann, Leiter DGB-Bundesrechtsstelle und Redakteur AuR a. D.

Thomas Klebe und der Autor haben u. a. gemeinsam, seit Jahrzehnten von verschiedenen »Tarifeinheiten« verfolgt zu werden. Letzte Etappen waren Korrekturen in der Rechtsprechung des Bundesarbeitsgerichts, überraschende Koalitionen und Konfrontationen, Gesetzgebung zu § 4a TVG nebst BVerfG-Rechtsprechung.[1] Die Debatte über das, was bevorsteht, um dem BVerfG bzw. dem EGMR Genüge zu tun oder nicht, ist munter im Gange.[2] Was als praktische Klärung angekündigt wurde, entpuppt sich – nicht unerwartet – als unendliche Geschichte.

1. Doch ein Begriff muss bei dem Worte sein[3]

Über Unendliches soll hier nicht gesprochen werden, sondern über zwei typischerweise kombiniert auftretende Narrative, das argumentum ex historia sowie den Begriff, unter dem die Debatte seit Jahrzehnten geführt wird. Dass mit Begriffen (Rechts-)Politik gemacht wird, ist nicht neu. Schon die Römer verwendeten so überzeugende Formulierungen wie »sub potestatem redigere« oder schlicht »pacare« (befrieden), wenn es darum ging, fremde Länder zu besetzen, die bisher noch nie unter ihrer Herrschaft standen. Auch Gewerkschaften haben lange Erfahrungen, wenn ihnen Spin-Doctors der Gegenseite Kampfbegriffe präsentieren, die ganze Erzählungen enthalten, wenn auch kein Körnchen Wahrheit.[4]
Wer sich germanistisch am Wortlaut orientiert, wird den Begriff der »Tarifeinheit« so verstehen, dass ein Tarifvertrag (nachfolgend TV) für alle Beschäftigten in Betrieb, Unternehmen oder Branche Anwendung findet. Solch ein Ergebnis

1 BVerfG 11.7.2017 – 1 BvR 1571/15 u. a., AuR 2017, 366.
2 Vgl. nur *Bepler*, AuR 2017, 380; *Kocher*, KJ 2017, 508; *Löwisch*, NZA 2017, 1423.
3 Schüler zu *Mephisto* im Studierzimmer.
4 »Arbeitswillige Arbeitnehmer, Neujustierung des Günstigkeitsprinzips, Bündnis für Arbeit, tariffreie Zonen …«, vgl. nur Lingua oeconomici imperii, LOI, langjährige Rubrik in Arbeit und Recht.

erscheint positiv, vermittelt es doch kollektiven Schutz und entspricht zugleich manchen, wie auch immer begründeten Gleichbehandlungsforderungen. Auch der Jurist kennt durchaus solche legitimen Rechtsfolgen, etwa bei Betriebsnormen oder Allgemeinverbindlichkeit, also normative Tarifbindung in Betrieb oder Branche, allerdings nur dort. Unter »Tarifeinheit« verbirgt sich zum Erstaunen der Germanisten indes das genaue Gegenteil, nämlich die Nichtanwendung wirksam abgeschlossener und an sich geltender TV, also ein Kick heraus aus dem TV. Nicht mehr, sondern weniger Tarifgeltung! Keiner hat dies besser auf den Punkt gebracht als *Thomas Klebe*[5] mit der Formulierung *»Durch Tarifeinheit zur Tariflosigkeit?«* Dies schrieb er hellsichtig zu einem Zeitpunkt, als sich Arbeitgeber und ihnen nahestehende Juristen hektisch daran machten, die Entscheidungen des 4. und 10. Senats aus 2010, die die von ihren Vorgängern vorgenommene Kombination von Tarifeinheit und Spezialität in den Orkus der Geschichte geworfen hatten, zurück zu korrigieren. Die Erkenntnis einer über »Tarifeinheit« juristisch herbeigeführten Tariflosigkeit ist zweifellos unabhängig von Spezialität oder anderen Determinanten der Verdrängung.

Wenn auch juristisch substanzlos, ist gleichwohl bei vielen Praktikern, Journalisten und Politikern[6] die Vorstellung verbreitet, jeder TV habe in der Praxis erga omnes-Wirkung, so als gäbe es nur Betriebsnormen. Wäre es so, führte allerdings jede betriebliche Tarifpluralität zur Tarifkonkurrenz, d. h. Geltungsanspruch unterschiedlicher Tarife für dasselbe Arbeitsverhältnis, die dann nach Auflösung, d. h. Verdrängung eines TV rufen würde. Nach dieser Auflösung müsste dann konsequent der vorrangige TV an die Stelle des verdrängten treten. So wäre der Verlust begrenzt, wenn auch schwer nachvollziehbar für Gewerkschaftsmitglieder, die auf diese Weise mit einem fremden TV beglückt würden.[7] Nun entspricht dies zwar einer Vorstellung, nicht aber der Rechtslage. Keine Norm sieht solche Rechtsfolgen vor. Allenfalls könnten von Tarifverdrängung profitierende Arbeitgeber erwägen, den von ihnen präferierten TV i. S. einer Gleichstellungsregelung einseitig auf alle Beschäftigten anzuwenden. Das tun sie auch sonst nicht selten in Verfolgung eigener Interessen. Die Hervorhebung von Gewerkschaftsmitgliedschaft als Konstitutivbedingung des Tarifanspruchs würde einen Anreiz zum Gewerkschaftsbeitritt setzen. Die Bekämpfung dieses Anreizes ist dem Kapital einiger Aufwand wert. Die arbeitgeberseitig veranlasste Anwendung von Tarifregelungen auf Außenseiter hat volkswirtschaftlich ein Milliardenvolumen. Betriebswirtschaftlich betrachtet handelt es sich um eine

---

5 *Klebe*, Durch Tarifeinheit zur Tariflosigkeit?, AuR 2010, 137.

6 Vor Jahren kritisierte ein Weltökonom ohne Widerspruch, dass in Nordwürttemberg/Nordbaden abgeschlossene Metall-Tarife auch in Ostfriesland übernommen und dort für allgemeinverbindlich erklärt werden müssten; vgl. AuR 1997, 201.

7 So bei Nexans, hierzu *Unterhinninghofen*, AuR 2006, 7, mwN.

Grenzkostenrechnung. Solange die Einsparungseffekte aus einer niedrigen Organisationsrate die Kosten der Ausweitung tariflich induzierten Lohnkosten auf Außenseiter übersteigen, werden letztere makro- wie mikroökonomisch in Kauf genommen. Man mag darin eine indirekte Anerkennung noch nicht realisierter gewerkschaftlicher Durchsetzungspotentiale erkennen. Diese Strategie hat durchaus Erfolg. So verstehen es Betriebsratsmitglieder gelegentlich nur schwer, dass es einen wesentlichen Unterschied macht, ob TV normativ wirken (und für wen) oder ob sie lediglich auf Grund arbeitgeberseitiger Entscheidung, arbeitsvertraglicher Verweisung oder betrieblicher Übung angewendet werden. Vor Gericht wird dieser Unterschied spätestens dann manifest, wenn der Arbeitgeber sie nicht mehr anwenden will. Klagen auf Tarifleistungen kraft betrieblicher Übung enden überwiegend mit abweisenden Entscheidungen, was Juristen dann nicht wirklich überrascht.

2. Wer die Vergangenheit beherrscht, beherrscht die Zukunft[8]

Historische Argumente dienen oft gegenwärtigen Zwecken – so auch hier in folgender kombinierter These: Die (vom 4. und 10. Senat korrigierte) frühere Rechtsprechung des Bundesarbeitsgerichts zur Tarifeinheit wäre Jahrzehnte lang gefestigt gewesen, von den Sozialpartnern anerkannt und hätte die Tarifautonomie gesichert. So wurde in der Politik argumentiert, auch in Fachzeitschriften bis hin zu wissenschaftlichen Kongressen. Nichts davon traf zu. Das zeigte sich an den konkreten Prozesskonstellationen. Sie betrafen nicht Über-, sondern Unterbietungskonkurrenz von Gewerkschaften. Zwar ist schwer nachvollziehbar, dass die Unterbietung von Tarifen Mitglieder gewinnen und gewerkschaftliche Hegemonie fördern soll. Jedoch beinhaltete diese Rechtskonstruktion, vor allem in der Auslegung des Bundesarbeitsgerichts vor 2010, ein Schädigungspotential zu Lasten konkurrierender Gewerkschaften und deren Mitgliedern. In Zonen gewerkschaftlicher Durchsetzungsschwäche – nur dort ist das Problem relevant – könnten Gewerkschaften versucht sein, dieses Potential zu aktivieren, um sich zwar nicht gegenüber dem Arbeitgeber, mit dem man ja kooperiert, aber gegenüber der Konkurrenzgewerkschaft durchzusetzen. Spätestens seit der Realkauf-Entscheidung v. 20. 3. 1991[9] galt die Konstruktion der Tarifeinheit als probates

8 Parteiparole bei *Orwell*, 1984.

9 BAG 20. 3. 1991 – 4 AZR 455/90, Realkauf; kritisch dazu stellvertretend für viele *Kraft*, RdA 1992, 161.

Mittel, um DGB-Tarife auszuschalten. Der Asko-Konzern hatte die damalige DAG dazu gebracht, einen Haus-TV unterhalb des Branchenniveaus abzuschließen, mit der vom Bundesarbeitsgericht ausgesprochenen, auf Tarifeinheit gestützten Folge der Nichtanwendung des nach §§ 3 ff. TVG für HBV-Mitglieder an sich geltenden Branchen-TV im Einzelhandel. Zynisch meinte der Senat, die düpierten HBV-Mitglieder könnten sich den Anspruch auf den – von ihnen abgelehnten – Dumping-TV durch Beitritt zur Konkurrenzgewerkschaft erwerben.[10] Leider wurde die gegen dieses im Hinblick auf Art. 9 Abs. 3 und Art. 20 GG fragwürdige Urteil erwogene Verfassungsbeschwerde seinerzeit nicht eingelegt.[11] So hat das Bundesarbeitsgericht das Tor für kollusive Tarifpolitik weit geöffnet. Das Potential einer Dumping-Tarifpolitik wurde erkannt und tatkräftig genutzt, u. a. von *Olaf Henkel* für IBM und *Lothar Späth* für Jenoptik[12] (immer ging es gegen die IG Metall). Als Tarifpartner hierfür suchten sie wahlweise die DAG oder die sog. Christlichen Gewerkschaften, die sich abschlussfreudig zeigten. Darauf gestützt negierten sie dann in einem zweiten Schritt die Geltung der DGB-Tarife. *Olaf Henkel*, ansonsten jedem Tarifwesen abhold, erfand den Haus-TV in Kombination mit (Gesamt-)Betriebsvereinbarungen zwecks erga omnes-Anwendung und Verdrängung von IG Metall-TV, scheiterte indes an § 77 Abs. 3 BetrVG.[13] Bezeichnend, dass IBM in den 1990er Jahren mehrfach Revisionen oder Rechtsbeschwerden, mit denen das Unternehmen mittels Tarifeinheit Metalltarife ausschalten wollte, kurzfristig vor mündlichen Verhandlungen zurücknahm. Man kann darin eine Bestätigung des hervorragenden IG Metall-Rechtsschutzes sehen. Jenoptik, Nexans[14] und andere folgten und provozierten gewerkschaftlichen Widerstand.[15] Vor Gericht beharrten die gewerkschaftlichen Prozessvertreter auf der Geltung ihrer Tarife auch bei Tarifpluralität und hatten damit zunehmend Erfolg.[16] Dies ist der Hintergrund, vor dem schließlich das *Bundesarbeitsgericht* die forensische, gewerkschaftliche Argumentation ernst nahm und die Kunstfigur der Tarifeinheit bei betrieblicher Pluralität von Inhaltsnormen verabschiedete.

---

10 Ähnliche Gedankengänge finden sich heute im Nachzeichnungsrecht des § 4a Abs. 4 TVG wieder.

11 Dass im Ergebnis der Senat der konservativeren Gewerkschaft gegenüber der progressiveren den Vorzug gab, ist nicht zufällig, sondern in dieser Konstellation zwangsläufig.

12 Unter Berufung auf Gutachten von *Schleef/Oetker*, Tarifpolitik im Wandel, 2000.

13 Vgl. nur LAG Hamburg 7.6.1995 – 4 Sa 115/94, AuR 1996, 75; ebenso 4 Sa 1/95 und 2/95; Rev. 1 AZR 841/95, 842/95, 843/95 kurz vor dem T am 7.6.1995 zurückgenommen.

14 Vgl. *Unterhinninghofen*, AuR 2006, 7, mwN.

15 Nachw. bei *Nauditt*, AuR 2002, 288; ebenso *Kempen*, NZA 2003, 415.

16 LAG Niedersachsen 12.11.1999, AuR 2000, 357 m. zust. Anm. *Wendeling-Schröder*; LAG Sachsen-Anhalt 8.5.2001, AuR 2002, 307, sowie SächsLAG 13.11.2001, AuR 2002, 310, m. gem. Anm. *Jacobs*.

3. Von den noch tieferen Wurzeln

Das Realkauf-Urteil hatte Tarifeinheit nicht erfunden, jedoch auf konkrete Konfrontationen zugespitzt. Es bezog sich auf diverse BAG-Entscheidungen seit 1957.[17] Diese stützten sich argumentativ insbes. auf Praktikabilitätserwägungen.[18] Im Vordergrund standen anders als 1991 nicht Auseinandersetzungen zwischen »rechts« und »links«, sondern unterschiedliche fachliche Geltungsbereiche verschiedener TV. Auch diese Rechtsprechung war umstritten. So formulierte *Konzen* schon 1978: »Der Gedanke der Tarifeinheit im Betrieb rechtfertigt nicht, das TVG zu unterlaufen und Tarifkonkurrenzen vom Arbeitsverhältnis auf die Ebene des Betriebs zu projizieren.«[19]

Geht man zurück bis in die Weimarer Republik, landet man bei § 2 Abs. 2 TVVO v. 23. 12. 1918: *»Fällt ein Arbeitsvertrag unter mehrere allgemein verbindliche TV, so ist im Streitfall, vorbehaltlich einer abweichenden Bestimmung des Reichsarbeitsamts, derjenige von ihnen maßgebend, der für die größte Zahl von Arbeitsverträgen in dem Betrieb oder der Betriebsabteilung Bestimmungen enthält.«* Zwei sich überschneidende Allgemeinverbindlichkeiten führen zur Kollision im einzelnen Arbeitsverhältnis, die der Auflösung bedarf. Im Umkehrschluss tritt diese Rechtsfolge außerhalb von Allgemeinverbindlichkeit nicht ein. So sah es auch die Rechtsprechung vor 1933[20] – anders aber *Nipperdey*. In einer Anmerkung zu einem RAG-Urteil (das diese Aussage zu seinem Verdruss nicht enthielt), definierte er Tarifeinheit so, dass in einem Betrieb nur ein TV zur Anwendung kommen könnte.[21] *Nipperdey* brauchte diese Auffassung im Nationalsozialismus nicht zu ändern. Dort konkurrierten weder Gewerkschaften noch TV. Stattdessen gab es von »Treuhändern« erlassene Tarifordnungen. Sie waren nach § 32 Abs. 2 AOG für alle erfassten Arbeitsverhältnisse verbindlich und definierten sich allenfalls über fachliche Geltungsbereiche, nicht über Gewerkschaftsmitgliedschaft. Im aktuellen Gesetzgebungsverfahren wollte darauf freilich niemand Bezug nehmen.

---

17 BAG 29. 3. 1957 – 1 AZR 208/55, AuR 1958, 217.

18 Vgl. *Deinert/Moraw*, jurisPR-ArbR 30/2010 Anm. 2.

19 Vgl. nur RAG 30. 1. 1929 – 255/88, ARS 5, 278; *Konzen*, RdA 1978, 146 ff., 155.

20 Nachweise bei *Konzen*, aaO.

21 RAG 3. 5. 1930 – 550/29, ARS 9, 264 (268), m. Anm. *Nipperdey*.

Anmerkungen zum Verfahren nach § 99 BetrVG bei Ein- und Umgruppierungen

Malte Creutzfeldt, Richter am Bundesarbeitsgericht/Dr. Mario Eylert, Vorsitzender Richter am Bundesarbeitsgericht

Einleitung

Zu den Arbeitsschwerpunkten des Jubilars zählen ohne Zweifel das Betriebsverfassungs-, Tarif- und Prozessrecht, auch durch seine jahrelange Tätigkeit als ehrenamtlicher Richter im Ersten Senat des Bundesarbeitsgerichts. Die hier behandelte Thematik siedelt im Schnittpunkt dieser Rechtsgebiete und beschäftigt sich mit einigen aktuellen Fragen, die teilweise noch nicht abschließend geklärt zu sein scheinen.

1. Ein- und Umgruppierung als personelle Einzelmaßnahme iSv. § 99 BetrVG

Besteht in einem Unternehmen mit in der Regel mehr als 20 wahlberechtigten Arbeitnehmern ein Betriebsrat *(im Folgenden: BR)*, muss der Arbeitgeber *(im Folgenden: AG)* ihn nach § 99 Abs. 1 BetrVG vor jeder Einstellung, Versetzung, Ein- und Umgruppierung unterrichten und seine Zustimmung zu der personellen Maßnahme einholen. Trotz einiger Gemeinsamkeiten bei den vier gesetzlichen Tatbeständen des § 99 Abs. 1 BetrVG bestehen zwischen ihnen erhebliche Unterschiede. Bei Ein- und Umgruppierungen handelt es sich nicht um gestaltende Maßnahmen des AG, sondern um einen rein gedanklichen (Zuordnungs-)Vorgang. Ihm ist aufgegeben, die Tätigkeit des betreffenden *(nicht: betroffenen!)* Arbeitnehmers einer abstrakt bestimmten Entgeltgruppe und ggf. Stufe eines kollektiven (betrieblichen) Entgeltschemas zuzuordnen. Das BetrVG verpflichtet den AG, dem BR von diesem »inneren Prozess« und von seinem Ergebnis Kenntnis zu geben, um ihm die Möglichkeit zu eröffnen, die Zuordnung zu kontrollieren und ggf. im Ergebnis auf eine zutreffende Eingruppierung hinzuwirken.[1] Dementsprechend

1 BAG 3. 5. 1994,NZA 1995, 484, 485; 22. 4. 2009,Rn. 50, BAGE 130, 286; 13. 3. 2013, Rn. 32, AP BetrVG 1972, § 99 Nr. 61; *Richardi/Thüsing*, BetrVG, 16. Aufl. 2018, § 99 Rn. 328, 339.

ist das Beteiligungsrecht des BR bei der »Ein- und Umgruppierung« kein echtes Mitbestimmungsrecht, sondern nur ein »Mitbeurteilungsrecht«[2]. Die Einordnung in das betriebliche Entgeltschema wird dabei oft als Zuordnung einzelner Arbeitnehmer zu einem bestimmten, in dem Schema genannten Entgelt missverstanden. Darum geht es in der betriebsverfassungsrechtlichen Mitbeurteilung nicht. Das »betriebliche Entgeltschema« legt allein die relative Wertigkeit der im Betrieb vorgenommenen Tätigkeiten zueinander fest. Der BR kann nur über die Wahrung der Einhaltung der darin zum Ausdruck kommenden Bewertungen wachen. Dies dient einer einheitlichen und gleichmäßigen Anwendung der betrieblichen Vergütungsordnung und neben der damit einhergehenden Transparenz vor allem der – im wahrsten Sinne des Wortes »verhältnismäßigen« – innerbetrieblichen Lohngerechtigkeit.[3] Mit einer Interessenwahrnehmung für den einzelnen betroffenen Arbeitnehmer hat dies primär nichts zu tun, weshalb eine Einordnung des Arbeitnehmers in ein bestehendes betriebliches Entgeltschema – jedenfalls unmittelbar – für ihn folgenlos bleibt.[4]

Die Einhaltung der vom BetrVG dem AG aufgegebenen Verpflichtung hat der BR zu überwachen und ggf. gerichtlich durchzusetzen. Allerdings kann er hierauf auch »verzichten«. Nimmt der AG keine Eingruppierung vor, kann ihn der BR – und nur dieser – hierzu zwar anhalten (§ 101 BetrVG). Aber er ist dazu nicht verpflichtet. Der BR behält während des gesamten Zustimmungs- und Zustimmungsersetzungsprozesses die (Mit-) Herrschaft über das Verfahren. Es ist **sein** »subjektives Recht«, die Eingruppierung jedes Arbeitnehmers zu verlangen, ebenso wie er hierauf verzichten kann. Der gesamte Verständigungsprozess von der Eingruppierungsverpflichtung des AG bis zur Herstellung des Benehmens der Betriebsparteien betrifft ausschließlich das Verhältnis dieser beiden zueinander. Es endet mit einer – ggf. erzwungenen – »gemeinsamen Festlegung« der Eingruppierung. Diese Grundkonstellation determiniert das gesamte Verfahren.

Dementsprechend ist mit dieser gemeinsamen Festlegung der Entgeltgruppe und Stufe das betriebsverfassungsrechtliche Mitbestimmungsverfahren beendet. Anders als bei der Einstellung und Versetzung, in denen das Verfahren nach § 99 BetrVG Voraussetzung für die »Durchführung« der personellen Einzelmaßnahme ist, zeitigt es hier keine unmittelbaren weiteren Folgen. Aus diesem Grund ist auch das gesetzlich vorgesehene Zwangsverfahren gegen den AG in

2 BAG 14.4.2015, Rn. 25, BAGE 151, 212.

3 Std. Rspr, z.B. BAG 3.5.1994, aaO.

4 Bei einer vertraglich fest vereinbaren Vergütung zum Beispiel mag sie keinerlei Bedeutung entfalten. Aber auch bei einer tariflichen Ordnung ist der Entgeltbetrag für das tarifgebundene Arbeitsverhältnis durch die Tarifvertragsparteien und die individualrechtliche Zuordnung festgesetzt; dem BR stehen insoweit keinerlei Rechte zu; vgl. BAG 14.4.2015, Rn. 32, aaO (zur »doppelten« Eingruppierungsverpflichtung bei Tarifpluralität).

den letztgenannten Konstellationen auf die »Aufhebung« der personellen Einzelmaßnahme gerichtet (§ 101 BetrVG), bei der Ein- und Umgruppierung dagegen kann der BR – lediglich – die erneute Durchführung des Mitbestimmungsverfahrens verlangen.[5]

In der Praxis oft – von AG und BR gemeinsam – übersehen wird die betriebsverfassungsrechtliche Verpflichtung des AG zu einer (neuen) Eingruppierung bzw. Umgruppierung, wenn sich auch nur irgendein Merkmal auf tatsächlicher oder rechtlicher Ebene ändert, das bislang die Eingruppierung bestimmt hat, sei es auch noch so unscheinbar. So ist bereits das Erreichen einer neuen Stufe durch den bloßen Ablauf der Zeit der Betriebszugehörigkeit oder des Verbringens in einer bestimmten Entgeltgruppe »mitbeurteilungspflichtig«. Der naheliegende Einwand, in einem solchen Falle gebe es doch keinen Spielraum, ist unzutreffend. Das Vorliegen der Voraussetzungen für die Zuordnung zu einer neuen Entgeltgruppe oder Stufe erfordert nahezu immer eine Beurteilung, sei der Spielraum dabei auch noch so gering.[6] Das bedeutet zum einen, dass in einem solchen Fall stets der BR zur Mitbeurteilung heranzuziehen ist. Dass dies ein oft wenig ertragreicher Aufwand ist, macht den Gesetzesbefehl nicht unwirksam. Im Übrigen: Wenn der AG wenig zu beurteilen hat, hat der BR auch wenig mit zu beurteilen. Es bedeutet aber zum anderen auch, dass Zustimmungsverfahren, die auf die bis dahin für zutreffend gehaltene Eingruppierung gerichtet sind, durch die Zuordnung zu einer neuen Entgeltgruppe oder Stufe erledigt sind und dann nicht nur hinsichtlich der Stufe, sondern hinsichtlich der gesamten Einordnung der Tätigkeit des Arbeitnehmers ein neues betriebliches Zustimmungsverfahren einzuleiten ist. Der AG kann das Mitbeurteilungsverfahren nicht auf einzelne Teile der beabsichtigten Eingruppierung beschränken, auch wenn sie mehrere Fragestellungen beinhaltet. Eine Eingruppierungsprüfung iSv. § 99 BetrVG beinhaltet alle Teilfragen; eine »Teileingruppierung« steht einer unrichtigen, unzutreffenden Eingruppierung gleich[7]. Aus diesem Grund kann auch ein Widerspruch, der sich »nur« gegen die Zuordnung zu einer Entgeltgruppe, aber nicht gegen die beabsichtigte Einstufung richtet, nicht als – ggf. fiktive – »Teilzustimmung« gewertet werden.

5 BAG 14.4.2015,Rn. 20, aaO; 3.10.1989, NZA 1990, 359.

6 Deshalb gibt es auch ein Mitbestimmungsrecht bei der tariflich angeordneten Überleitung aus dem Vergütungssystem des BAT in dasjenige des TVöD, BAG 22.4.2009, aaO.

7 BAG 19.10.2011,Rn. 20, ZTR 2012, 306; 22.4.2009, Rn. 51, aaO.

2. Das betriebliche Zustimmungsverfahren

2.1 Die Unterrichtungspflicht des Arbeitgebers

Um beurteilen zu können, ob die Zuordnungsbewertung des AG zutreffend ist, bedarf der BR derjenigen Informationen, die ihm eine eigenständige Beurteilung der bekundeten Absicht ermöglichen. Erfüllt die Unterrichtung nicht die Voraussetzungen des § 99 Abs. 1 BetrVG, »stockt« das weitere Verfahren und beginnt die Wochenfrist des § 99 Abs. 3 Satz 1 BetrVG nicht zu laufen.
Der AG hat daher für eine ordnungsgemäße Unterrichtung bei einer beabsichtigten Ein- oder Umgruppierung neben dem Namen des betreffenden Arbeitnehmers auch das für anwendbar gehaltene Entgeltschema (insbesondere wenn mehrere in Betracht kommen), die Vergütungsgruppe/Entgeltgruppe (und ggf. die Stufe) sowie – den Anforderungen des kollektiven Entgeltschemas entsprechend[8] – die Tatsachen anzugeben, aus denen sich die konkrete Einreihung in dieses Vergütungssystem ergibt.[9] Auch sind etwaige eingruppierungsrelevante persönliche Qualifikationsanforderungen mitzuteilen. Soweit hierfür Unterlagen »erforderlich« sind, müssen sie dem BR vorgelegt werden (§ 99 Abs. 1 Satz 1 BetrVG). Grundsätzlich soll der BR auf Grund der mitgeteilten Tatsachen in die Lage versetzt werden zu prüfen, ob einer der in § 99 Abs. 2 BetrVG genannten Widerspruchsgründe vorliegt[10].
In der Praxis ist diese Information häufig viel weniger detailliert als sie es für »Betriebsfremde« sein müsste, z. B. bei einem Zustimmungsersetzungsantrag gegenüber dem Arbeitsgericht. Oft wird hier nur die Tätigkeit (z. B. »CAD Fräser«) genannt, ggf. ergänzt um die Mitteilung über die entsprechende Abteilung oder eine innerbetriebliche Stellennummer. Gerade bei schon länger bestehenden (»festen«) Tätigkeiten – vor allem in kleineren Betrieben – wird der BR regelmäßig auch bestimmte Kenntnisse über die »gemeinte« konkrete Tätigkeit und deren Bedingungen im Rahmen der betrieblichen Abläufe haben. Deshalb kommt es in diesem Stadium des Beteiligungsverfahrens auch selten zu Beanstandungen durch den BR. Da aber die ausreichende Information durch den AG Voraussetzung für den Beginn der Wochenfrist für die evtl. Einlegung eines Widerspruchs nach § 99 Abs. 2 BetrVG ist, kann diese Frage im – späteren – gerichtlichen Zustimmungsersetzungsverfahren noch einmal von Bedeutung sein.
Die rechtliche Beurteilung dieser Konstellation erscheint nicht einfach. Einerseits wird der AG entsprechende Vorkenntnisse des BR – oder ggf. einzelner sei-

---

8 BAG 12.1.2011, Rn. 34, NZA-RR 2011, 574.
9 BAG 14.4.2015, Rn. 16, aaO; 30.9.2014, Rn.24, BAGE 149, 182; ErfK-Kania, 18. Aufl., 2018, § 99 BetrVG Rn. 20; GK-BetrVG/Raab, § 99 BetrVG Rn. 137.
10 BAG 14.12.2004, BAGE 113,109.

ner Mitglieder – voraussetzen können (und dürfen). Es ist aber fraglich, wie weit diese subjektive Kenntnis sich von rechtlicher Relevanz erweist. Nach der Rechtsprechung ist es Sache des AG, vollständig und ausreichend zu unterrichten. Bezieht der AG bei seiner Information ein von ihm angenommenes Vorwissen des BR über die Details der fraglichen Tätigkeit ein, drohen unnötige Streitigkeiten über das Maß subjektiver Vorkenntnisse einzelner Betriebsratsmitglieder und über deren mögliche Verpflichtung, diese dem Gremium im Rahmen der Beratung über die Prüfung des Zustimmungsantrags zur Kenntnis zu bringen. Allerdings mag man – parallel zur Rechtsprechung des Bundesarbeitsgerichts zur Information des BR in Kündigungsfällen[11] – eine Ausnahme in den Fällen annehmen, in denen der BR als Gremium nachweislich sich mit bestimmten Sachverhalten beschäftigt hat. Im Allgemeinen wird man aber dabei bleiben (müssen), dem AG das Risiko einer vom BR bestrittenen Kenntnis der relevanten Arbeitsbedingungen des einzugruppierenden Arbeitnehmers zuzuweisen.
Ein naheliegender Ausweg, nämlich vom BR zu verlangen, dass er dem AG mitteilt, aus seiner Sicht seien die übermittelten Informationen für eine abschließende Beurteilung unzureichend, nimmt die Rechtsprechung nur in – überdies sehr unscharf abgegrenzten – Ausnahmen an.[12] Aus Gründen der Rechtsklarheit und entsprechend der grundsätzlichen Verteilung der Pflichten in § 99 Abs. 1 BetrVG wird man davon ausgehen müssen, dass in der Regel der AG die Folgen einer unzureichenden Information selbst zu tragen hat. Eine allgemeine »Rügepflicht« des BR lässt sich nicht hinreichend begründen.

2.2 Die Reaktion des Betriebsrats – Untätigkeit, Zustimmung, Widerspruch

Hat der AG den BR ausreichend unterrichtet, hat dieser es in der Hand, den betriebsverfassungsrechtlichen Prozess der Herstellung eines Benehmens zu beenden, indem er der beabsichtigten Eingruppierung entweder ausdrücklich zustimmt oder untätig bleibt. Das Gesetz überlässt es dem Betriebsrat zu entscheiden, ob er sich überhaupt gegen die beabsichtigte Eingruppierung wenden will.[13] Stimmt er der Eingruppierung zu oder lässt er die Widerspruchsfrist verstreichen, ist der betriebsverfassungsrechtliche Verständigungsprozess über die Eingruppierung beendet.[14] Die Auffassung des AG über die zutreffende Eingruppie-

11 Siehe bspw.: BAG 11.12.2003, AP KSchG 1969, § 1 Soziale Auswahl Nr. 65; 21.2.2002, RzK I 5d Nr. 99.
12 Vgl. z.B. BAG 14.12.2004, aaO.
13 *Boemke*, ZfA 1992, 473, 498.
14 Bei Einstellungen und Versetzungen nach § 99 Abs. 1 BetrVG dürfte der AG diese nun »durchführen«.

rung wird dann keiner weiteren betriebsverfassungsrechtlichen Kontrolle unterzogen.

Rechtliche Probleme treten hier vorrangig bei der Erhebung eines Widerspruchs nach § 99 Abs. 2 BetrVG auf. Der Widerspruch des BR ist relevant und verhindert den Abschluss des Verständigungsprozesses, wenn er innerhalb einer Woche auf der Grundlage eines ordnungsgemäßen Betriebsratsbeschlusses[15] schriftlich »unter Angabe von Gründen« erklärt worden ist (§ 99 Abs. 3 Satz 1 BetrVG).[16] Über die Einhaltung dieser Voraussetzung und deren weitere Bedeutung für ein anschließendes Zustimmungsersetzungsverfahren besteht weitgehende, aber nicht abschließende Klarheit.

Die Rechtsprechung will die Anforderungen an die Begründung des Widerspruchs des BR nicht zu hoch schrauben. Da der Widerspruch nicht schlüssig sein muss, soll der BR erkennbar nicht für dessen Wirksamkeit zu detaillierten, komplexen Angaben gezwungen werden.[17] Es soll eine auch nur mögliche Zuordnung zu einem der in § 99 Abs. 2 BetrVG aufgezählten Widerspruchsgründe[18] genügen. Dabei wird realistischer Weise kaum ein anderer als der nach § 99 Abs. 2 Nr. 1 BetrVG in Betracht kommen.[19] Andererseits darf die Widerspruchsbegründung auch nicht nur »formelhaft« sein.[20] Die sich daraus ergebenden Anwendungsprobleme scheinen offensichtlich. Reicht es aus, wenn der BR sich – ohne nähere Ausführungen – darauf beruft, die Eingruppierung sei »unzutreffend« oder »tarifwidrig«?[21] Muss die Begründung zumindest auf die konkreten Umstände des Falles hinweisen, die den BR zu seiner abweichenden Beurteilung veranlasst haben? Im Zweifel ist dem BR anzuraten, mehr als nur pauschal auf einen der Gründe des Absatzes 2 Bezug zu nehmen. Er sollte zumindest kurz und knapp angeben, aus welchen rechtlichen und/oder tatsächlichen Gründen er die Erfüllung eines anderen Tätigkeitsmerkmals als gegeben ansieht. Ansonsten muss er im Zustimmungsersetzungsverfahren damit rechnen, dass ihm die Begründung als lediglich »formelhaft« und damit unzureichend mit der Folge angekreidet wird, sein Widerspruch sei im betriebsverfassungsrechtlichen Sinne unerheblich.

---

15 BAG 30.9.2014, aaO.

16 Zur unwirksamen Zustimmungsverweigerung ohne Begründung: BAG 18.7.1978 und 21.11.1978 – AP BetrVG 1972 § 101 Nr. 1 und 3.

17 BAG 18.8.2009, Rn.22, BAGE 131, 258.

18 Z.B. BAG 10.10.2012, ZTR 2013, 285; 16.3.2010, NZA 2010, 1028; *Richardi/Thüsing* § 99 Rn. 8; Fitting, § 99 Rn. 187ff.

19 So auch *Busemann*, NZA 1996, 681, 684.

20 Z.B. BAG 3.7.1984, BAGE 46,158; 18.8.2009, Rn.22, aaO.

21 So sieht das BAG einen Widerspruch als hinreichend begründet an, in dem der BR lediglich auf die – abweichende – Entgeltgruppe hingewiesen hat, 30.9.2014, Rn. 33, aaO.

3. Das gerichtliche Zustimmungsersetzungsverfahren

3.1 Der Antrag und der Streitgegenstand[22]

Hat der BR nach einer hinreichenden Unterrichtung des AG[23] seine Zustimmung zur beabsichtigten Ein- oder Umgruppierung wirksam verweigert, ist der betriebsverfassungsrechtliche Konflikt weiter offen und ungelöst; das Zustimmungsverfahren ist noch nicht beendet. Der AG kann nun die Sache auf sich beruhen lassen. Stellt er keinen Antrag beim Arbeitsgericht nach § 99 Abs. 4 BetrVG (was er nicht muss, wie sich bereits aus dem Wortlaut des Gesetzes ergibt), ist es Sache des BR, dies ggf. mit Hilfe eines Antrags nach § 101 BetrVG zu erzwingen. Bleibt dieser untätig, passiert nichts.
Ansonsten kann der AG (und muss es nach einem Verfahren gem. § 101 BetrVG ggf. auch) das Ende des betriebsverfassungsrechtlichen Konflikts durch eine Entscheidung des Arbeitsgerichts über die Ersetzung der Zustimmung des BR nach § 99 Abs. 4 BetrVG herbeiführen. Dies ist gewissermaßen die gerichtliche Fortsetzung des betrieblichen Verständigungsverfahrens, das bei ordentlicher Unterrichtung und wirksamem Widerspruch als gescheitert anzusehen ist. Soweit die Rechtsprechung – wohl nicht nur terminologisch – von einem anderen Verständnis des Verhältnisses von betrieblichem zu gerichtlichem Zustimmungs-(Ersetzungs-)Verfahren ausgeht,[24] spricht hiergegen auch die allgemein anerkannte Möglichkeit eines »Nachholens« einer bislang unzureichenden Information des BR durch den AG mit der Folge des – nunmehr rechtlich wirksamen – Beginns des Laufes der Widerspruchsfrist.[25] Die Voraussetzungen des Weges zum Gericht, vor allem die ordnungsgemäße Durchführung und – vorläufige – Beendigung des betrieblichen Zustimmungsverfahrens, muss das Arbeitsgericht als Vorfrage zur Entscheidung über den Zustimmungsersetzungsantrag auch von Amts wegen feststellen.
Liegt bereits keine wirksame Zustimmungsverweigerung des BR vor, gilt dessen Zustimmung – fiktiv – als erteilt, und das Arbeitsgericht könnte einem Zustimmungsersetzungsantrag in der Sache nicht mehr entsprechen, weil das Verständigungsverfahren bereits vorher wirksam abgeschlossen war. Diese Rechtsfolge

---

22 Aus Gründen des allgemeinen Sprachgebrauchs wird – obwohl der Begriff »Verfahrengegenstand« zutreffend wäre – hier weiter der Begriff »Streitgegenstand« benutzt.

23 Die vollständige Unterrichtung des BR durch den AG ist – unabhängig von einer Rüge des BR – Zulässigkeitsvoraussetzung für dessen erfolgreichen Zustimmungsersetzungsantrag, vgl. BAG 18.8.2009, Rn. 21, BAGE 131, 358; 30.9.2014, Rn. 24; BAGE 149,182; 14.4.2015, Rn. 16, aaO; *Richardi/Thüsing*, § 99 Rn. 320 mwN.

24 So spricht bspw. das BAG in der Entscheidung vom 18.8.2009, Rn 21, aaO, von einem »betrieblichen Vorverfahren«, das zur Entlastung der Arbeitsgerichte vorgesehen sei.

25 BAG 12.1.2011, aaO, Rn. 45; 1.6.2011, Rn. 22, AP BetrVG 1972 § 99 Nr. 136.

aber kann und muss das Arbeitsgericht nach gefestigter Rechtsprechung auch dann aussprechen, wenn der AG (nur) den Ersetzungsantrag gestellt hat. In diesem ist der Antrag auf Feststellung enthalten, dass die Zustimmung als erteilt gilt; ein Verstoß gegen § 308 ZPO liegt nicht vor.[26]

Das bedeutet nach allgemeinen zivilprozessualen Grundsätzen, dass der Feststellungsantrag als »minus« im Ersetzungsantrag enthalten ist und somit ein einheitlicher Streitgegenstand vorliegt. Dieser ist gekennzeichnet und gleichzeitig begrenzt durch das Anliegen und den Auftrag, den betriebsverfassungsrechtlichen (Verständigungs-)Konflikt durch eine gerichtliche Entscheidung zu beenden, im Rahmen des gestellten Antrags und des – wirksam geltend gemachten – Widerspruchsgrundes. Die Feststellung, dass der Konflikt bereits beendet ist, ist dabei ebenso möglich wie die Ersetzung der Zustimmung des BR, weil der für den Widerspruch angegebene Widerspruchsgrund tatsächlich nicht vorlag.

Im Fall einer wirksamen Zustimmungsverweigerung durch den BR kann der AG, um den betrieblichen Verständigungskonflikt aufzulösen, einen Zustimmungsersetzungsantrag nach § 99 Abs. 4 BetrVG stellen. Dessen Formulierung gibt die gesetzliche Regelung vor (»die verweigerte Zustimmung des BR zur ... zu ersetzen«). Er ist konkret auf die vom BR im Zustimmungsverfahren begehrte Zustimmung zur dort als vom AG für zutreffend erachteten Entgeltgruppe und Stufe und unter Berücksichtigung der hierfür gegebenen Begründung zu richten.[27] Ist diese aus irgendwelchen Gründen – bspw. Zuweisung einer neuen Tätigkeit – nicht mehr zutreffend, muss das Zustimmungsverfahren erneut begonnen werden. Das Arbeitsgericht darf allein über den Gegenstand des konkreten betrieblichen Konflikts entscheiden. Dementsprechend kann auch weder der AG noch der BR – um sicherzugehen, was denn objektiv gilt – die Feststellung beantragen, in welche Entgeltgruppe des Tarifvertrags X (objektiv) einzugruppieren ist. Auch wäre ein Antrag unzulässig, mit dem der AG festgestellt wissen will, dass die Zustimmungsverweigerung unberechtigt war.[28]

Das Arbeitsgericht prüft also nicht vorrangig die objektive Richtigkeit der vom AG beabsichtigten Eingruppierung, sondern ob im Hinblick auf den vom BR genannten Widerspruchsgrund (und *nur d*iesem) die beabsichtigte Eingruppierung insoweit zu Recht begehrt wird. Dabei beschränkt der vom BR reklamierte Widerspruchsgrund die Prüfungspflicht des Arbeitsgerichts und verwehrt dem BR, andere (weitere) Widerspruchsgründe nachzuschieben. Gründe, die er nicht

---

26 So ausdrücklich BAG 18.10.1988, BAGE 60, 57; 13.5.2014, NZA-RR 2015,23; HWK-*Bepler/Treber,* ArbGG, § 81 Rn. 14.

27 Dabei ist die beabsichtigte Eingruppierung genau zu bezeichnen (bei der Eingruppierung sind der konkrete Tarifvertrag, die bestimmte Tarifgruppe und ggf. die Stufe o. vglb anzugeben, bei der Umgruppierung ferner die bisherige als auch die zukünftige Entgeltgruppe.

28 *Boemke,* ZfA 1992, 473, 478.

oder nicht fristgerecht vorgetragen hat, bleiben bei der Prüfung des Zustimmungsersetzungsantrags unberücksichtigt.[29]

Es ist deshalb von zentraler Bedeutung, welche Reichweite man dem geltend gemachten »Widerspruchsgrund« zumisst. Keinesfalls ist er auf die vom BR vorgebrachten »*Argumente*« zu beschränken, also dass der Beschäftigte z. B. aus den und den Gründen vertiefte Fachkenntnisse habe. Der Widerspruch des BR muss eben nicht schlüssig sein; es reicht vielmehr aus, dass sich der vom BR angesprochene Grund sich einem der gesetzlichen Tatbestände des § 99 Abs. 2 BetrVG zuordnen lässt. Damit ist auch klargestellt, dass der »Widerspruchsgrund« das Prüfprogramm des Arbeitsgerichts einerseits beschränkt, aber andererseits auch eröffnet. Das Arbeitsgericht ist insoweit verpflichtet, sich an den in § 99 Abs. 2 BetrVG formulierten Widerspruchsgründen zu orientieren. Der BR kann sich demnach – im Ergebnis möglicherweise zu Unrecht – bspw. darauf berufen, die vom Arbeitnehmer ausgeübte Tätigkeit unterfalle einem ganz anderen Abschnitt des Vergütungssystems, etwa weil er nicht gewerblicher Arbeitnehmer, sondern Angestellter sei; trotzdem ist das Arbeitsgericht verpflichtet, im Rahmen des Prüfprogramms des § 99 Abs. 2 Nr. 1 BetrVG alle in Betracht kommenden weiteren »Unrichtigkeitsargumente« von Amts wegen zu überprüfen. Mit seinem Widerspruch hat der BR die Tür zu einer umfassenden Überprüfung der beantragten Zustimmungsersetzung im Hinblick auf die vom AG beantragte Eingruppierung auch hinsichtlich der tariflichen Einstufung insgesamt und nicht nur bzgl. einer Kontrolle der im Widerspruch benannten Aspekte, also bspw. der Rüge der vorhandenen Fachkenntnisse, geöffnet. Für eine Zustimmungsersetzung reicht es mithin nicht aus, die Argumente des Widerspruchs des BR zu widerlegen.

3.2 Amtsermittlung und Eingruppierung

Schließlich stellt sich im Zustimmungsersetzungsverfahren weiter die Frage, inwieweit und wer für die Beibringung der für die Entscheidung relevanten Tatsachen letztlich verantwortlich ist und wen im Ergebnis die objektive Feststellungslast trifft, wenn alle gerichtlichen Aufklärungsbemühungen erfolglos waren. Die Antwort scheint vor dem Hintergrund des § 83 Abs. 1 Satz 1 ArbGG einfach. Das Arbeitsgericht hat den Sachverhalt im Rahmen der gestellten Anträge, d. h. auch im Rahmen des Streitgegenstandes, von Amts wegen zu erforschen. Das ArbGG normiert für das Beschlussverfahren ausdrücklich die Geltung des Untersuchungsgrundsatzes. Das Gericht soll nicht nur einen, sondern den wahren Sachverhalt erforschen.[30] Das Arbeitsgericht ist damit verantwortlich dafür, dass die

29 *Boemke*, ZfA 1992, 473, 507.

30 *Spinner*, in: Germelmann/Prütting/Matthes, ArbGG, 8. Aufl. 2017, § 83 Rn. 92.

gerichtliche Entscheidung auf einem zutreffenden und vollständig aufgeklärten Sachverhalt beruht.[31] Hinsichtlich der Zulässigkeit des Antrags bedeutet dies, dass die Prüfung und die Feststellung, ob der BR vom AG ordnungsgemäß informiert wurde und ein wirksamer Widerspruchsgrund vom BR benannt wurde,[32] vom Arbeitsgericht vorgenommen werden muss, unabhängig davon, ob einer der Beteiligten insoweit eine Rüge erhoben hat.

Allerdings ist das Arbeitsgericht an den Streitgegenstand gebunden; worüber das Gericht entscheiden soll, bestimmen die Beteiligten durch ihre Anträge.[33] Deshalb darf es nicht von sich aus Gründe ermitteln, die vom BR im Rahmen seiner Zustimmungsverweigerung nicht geltend gemacht worden sind. Soweit daher der BR mit seinem dem Verweigerungsgrund nach § 99 Abs. 2 Nr. 1 BetrVG zuzuordnenden Widerspruch eine fehlerhafte Eingruppierung geltend gemacht hat, muss das Arbeitsgericht den Sachverhalt insoweit aufklären, als er eine Entscheidung über den Zustimmungsersetzungsantrag erfordert und ermöglicht. Dabei muss weder die Antragsbegründung durch den AG noch der Widerspruch des BR schlüssig i. S. d. zivilprozessualen Regeln sein. Die Beteiligten sind – wie stets im Beschlussverfahren – nicht von sich aus verpflichtet, einen vollständigen und schlüssigen Sachverhalt mit der Folge vorzutragen, dass für das Arbeitsgericht deshalb kein weiterer Anlass zu weiterer Sachaufklärung bestehen würde, wenn die Antrags- oder Widerspruchsbegründung nicht schlüssig war.[34] Hält das Arbeitsgericht die von Amts wegen zu ermittelnden Tatsachen für nicht ausreichend »substanziiert«, muss es die Beteiligten hierauf hinweisen und ihnen die Möglichkeit geben, ihr Vorbringen zu ergänzen[35]. Das Arbeitsgericht hat also auch die Tatsachen von Amts wegen zu ermitteln, die erst das zu Gericht getragene Begehren begründen können.[36]

Demgemäß sind die Tatsachen, die die beabsichtigte Eingruppierung begründen können, von Amts wegen zu ermitteln. Bei der Ein- und Umgruppierung bezieht sich das einerseits auf die Feststellung eines rechtlich relevanten kollektiven, betrieblichen Entgeltschemas und der abstrakten Anforderungen der ins Auge gefassten Entgeltgruppe sowie ggf. der Stufe. Zum anderen müssen die konkreten Umstände der zu bewertenden Tätigkeit ermittelt werden, sodass am Ende eine Subsumtion möglich wird. Dabei haben die Beteiligten mitzuwirken. Deshalb wird i.d.R die vom Arbeitsgericht vorzunehmende Aufklärung des Sachverhalts zunächst darin bestehen, die Beteiligten aufzufordern, konkrete Aufklärungsfra-

---

31 BAG 21.9.2016, Rn. 87, BAGE 156,213; ErfK/*Koch*, ArbGG, § 83 Rn. 1
32 Z.B. BAG 14.12.2004, Rn. 29 mwN.
33 S.a. *Spinner*, aaO, § 83 Rn. 83; ErfK/Koch, § 83 ArbGG Rn. 1; GK-*Raab*, § 99 Rn. 228.
34 *Spinner*, aaO, § 83 Rn. 86; GK-ArbGG/*Dörner*, § 83 Rn. 131.
35 BAG 11.3.1998, NZA 1998, 953.
36 *Spinner*, aaO, § 83 Rn. 86.

gen zu beantworten. Diese Möglichkeit kann und muss das Arbeitsgericht – ggf. durch ausdrückliche Auflagen – ausschöpfen. Eine immer wieder anzutreffende Praxis verschiedener Kammern verschiedener Landesarbeitsgerichte, ohne weitere eigenen Aufklärungsversuche dem AG die »Darlegungs- und Beweislast« für die Richtigkeit der beabsichtigen Eingruppierung oder – wahlweise – dem BR dieselbe für die Begründetheit seines Widerspruchs mit der Folge aufzuerlegen, den Antrag des AG oder den Widerspruch des BR wegen nicht ausreichender Substanziierung oder unzureichender Darlegungen als unbegründet zu behandeln,[37] ignoriert die – zugegebenermaßen bei Eingruppierungen manchmal aufwendigen – Amtsermittlungspflichten der Gerichte für Arbeitssachen in eklatanter Weise.

Dies wird besonders augenfällig, wenn es um die Behandlung von sogenannten »Aufbaufallgruppen« geht. Hält der AG die (Grund-)Eingruppierung für zutreffend, der BR jedoch ein zur Höhergruppierung verpflichtendes Heraushebungsmerkmal für gegeben,[38] neigen manche Gerichte für Arbeitssachen dazu, die von der Rechtsprechung bei dem individuellen Eingruppierungsprozess des Arbeitnehmers gestellten Anforderungen an einen »wertenden Vergleich« nolens volens auf das Zustimmungsersetzungsverfahren zu übertragen, und dem BR – der ja »mehr will« – die »Darlegungslast« für die zugrundeliegenden Tatsachen aufzuerlegen. Was im Individalverfahren häufig zu Lasten des klagenden Arbeitnehmers ausgeht, wird hier auf den BR übertragen. Wie sich aus den vorstehenden Äußerungen ergibt, ist dies bei Berücksichtigung der gesetzlich angeordneten Amtsermittlungspflicht nicht möglich. Das Gericht hat im Rahmen des Möglichen die ihm relevant erscheinenden Tatsachen – ggf. mit Hilfe der Beteiligten – zusammenzutragen und den in einer rein gedanklichen Arbeit durchzuführenden »wertenden Vergleich« selbst vorzunehmen. Ergibt sich daraus die höhere Wertigkeit der zu beurteilenden Tätigkeit, ist der Zustimmungsersetzungsantrag des AG zurückzuweisen. Ist dies nicht der Fall und sprechen auch sonst keine Argumente gegen die Beurteilung des AG, ist dem Antrag stattzugeben.

---

37 Im Alltag des hierfür beim BAG zuständigen Vierten Senats keinesfalls statistische Ausreißer, sondern relevante Größen, ohne hier Nachweise einzelner Entscheidungen anzuführen.

38 Beispiel: TV EntgeltO Bund Teil I, EG 11: Beschäftigte der EG 9b Fallgr. 1, deren Tätigkeit sich durch das Maß der damit verbundenen Verantwortung erheblich aus der EG 9b Fallgr. 1 heraushebt.

4. Ein kleines Fazit

Angesichts zahlreicher Stolpersteine beim betrieblichen und gerichtlichen Zustimmungs(Ersetzungs-)Verfahren nach § 99 BetrvG ist es am Ende erstaunlich, wie viele Eingruppierungen gemeinschaftlich und übereinstimmend erledigt werden. So ist etwa die bundesweite Umgruppierung der Arbeitnehmer einer ganzen Branche, nämlich der Metall- und Elektroindustrie, nach Einführung des neuen Entgeltsystems des ERA in den Jahren ab 2003 nahezu ohne obergerichtliche Entscheidung ausgekommen, weil in den allermeisten Fällen die Betriebsparteien – gelegentlich unter Mithilfe der Tarifpartner in einer tariflichen Kommission – zu einer sachlichen Lösung gefunden haben. Eine solche Verständigung auf betrieblicher Ebene entspricht auch der grundsätzlichen Konzeption des Gesetzgebers. Die Arbeitsgerichte stehen zwar für eine Konfliktlösung zur Verfügung; die »beste« Konfliktlösung findet jedoch ohne sie – im Betrieb – statt.

Arbeit außerhalb des ArbZG

Prof. Dr. Wolfgang Däubler, Universität Bremen, Mitglied im Beirat des HSI

1. Einleitung

In der Diskussion um »Arbeit 4.0« nimmt das ArbZG einen wichtigen Platz ein. Die Arbeitgeberseite verlangt eine weitere Flexibilisierung und eine Preisgabe des 8-Stunden-Tags.[1] Dem ist insbesondere der Jubilar mit deutlichen Argumenten entgegengetreten,[2] denen aus Sicht des Verfassers nichts hinzuzufügen ist. Im Folgenden soll es um einen Bereich gehen, der bislang eher ein Schattendasein fristet, der aber mit dem Aufkommen neuer Beschäftigungsformen an Bedeutung gewinnen wird. Welche Regeln gelten für solche Formen von abhängiger Arbeit, die nicht vom ArbZG erfasst werden?

2. Die Ausnahmesektoren

§ 18 Abs. 1 Nr. 1 ArbZG klammert die leitenden Angestellten im Sinne des § 5 Abs. 3 BetrVG sowie Chefärzte aus. Art. 17 Abs. 1 Buchst. a der Arbeitszeitrichtlinie 2003/88/EG lässt eine derartige Regelung zu.

Betriebsratstätigkeit ist nach § 37 Abs. 1 BetrVG ein Ehrenamt und deshalb keine »abhängige Arbeit« im Sinne des § 2 Abs. 2 ArbZG. Im Einzelfall kann es allerdings geboten sein, Bestimmungen wie § 5 ArbZG über die Mindestruhezeit entsprechend anzuwenden.[3] Auch hier ist kein Widerspruch zur Arbeitszeitrichtlinie ersichtlich, die sich auf Arbeitnehmer im Sinne des Unionsrechts beschränkt.[4]

---

1 Überblick über die Forderungen bei *Jacobs*, NZA 2016, 733, 736.
2 *Klebe*, NZA Beilage 3/2017, S. 81.
3 BAG, NZA 2017, 791.
4 Franzen/Gallner/Oetker-*Gallner*, Kommentar zum europäischen Arbeitsrecht, 2016, Art. 1 RL 2003/88/EG Rn. 37ff.

Selbständig Tätige werden vom ArbZG nicht erfasst.[5] Dies wird als Selbstverständlichkeit hingenommen und soll auch dann gelten, wenn es sich um arbeitnehmerähnliche Personen oder um Beschäftigte handelt, die wie Rote-Kreuz-Schwestern in Erfüllung vereinsrechtlicher Pflichten tätig werden.[6]
Eine weitere Ausnahme betrifft alle, die abhängige Arbeit leisten, auch die Arbeitnehmer: Die Rufbereitschaft findet im ArbZG an keiner Stelle Erwähnung. Das bedeutet, dass insoweit auch keine ausdrückliche Obergrenze besteht. Arbeitszeitrechtlich liegt Nicht-Arbeit vor, die rund um die Uhr »geleistet« werden kann. Nur wenn es zu einem Arbeitseinsatz kommt, zählt dieser als Arbeitszeit, was zur Folge hat, dass Rufbereitschaft an Sonntagen grundsätzlich ausgeschlossen ist. Auch die Rechtsprechung des EuGH[7] folgt dieser Qualifizierung. In der Gegenwart gewinnt die »informelle« Rufbereitschaft an Bedeutung. Im Betrieb wird »erwartet«, dass der Arbeitnehmer erreichbar ist und bei Bedarf einen Arbeitsauftrag erledigt. Wird solchen Erwartungen typischerweise Rechnung getragen, ist dies in der Sache nichts anderes als eine ausdrücklich vereinbarte Rufbereitschaft.[8] Entsprechend verfährt die Rechtsprechung bei der Einteilung zu bestimmten Schichten: Kann der Arbeitgeber davon ausgehen, dass der Beschäftigte von dem ihm eingeräumten Ablehnungsrecht in aller Regel keinen Gebrauch macht, liegt eine quasi-verbindliche Vorgabe vor.[9]

3. Subsidiär eingreifende Schutznormen

Die ausdrückliche oder stillschweigende Ausklammerung bestimmter Beschäftigtengruppen und der Rufbereitschaft aus dem ArbZG führt nicht dazu, dass die Bestimmung von Dauer und Lage der Arbeitszeit allein der freien Entscheidung der Vertragsparteien überlassen ist. Dies wäre nicht mit der staatlichen Schutzpflicht zugunsten von Leben und Gesundheit vereinbar.[10] Statt des ArbZG greifen andere Normen ein. Dabei ergeben sich auf den ersten Blick einige Unterschiede zwischen den einzelnen Ausnahmesektoren.

5 Dazu *Buschmann/Ulber*, Arbeitszeitgesetz, 8. Aufl. 2015, § 2 Rn. 43.
6 Zu letzteren BAG, NZA 1996, 33.
7 NZA 2000, 1227 – *Simap*; NZA 2003, 1019 – *Jaeger*.
8 Wie hier *Jacobs*, NZA 2016, 733, 735; *Krause*, NZA 2016, 1004, 1005; *Schuchart*, AuR 2017, 342; a. A. *Bissels* u. a., DB 2010, 2052.
9 BAG, NZA 1995, 622, 624 (im Zusammenhang mit der Qualifizierung als Arbeitnehmer).
10 So BVerfG, NZA 1992, 270 für die Nachtarbeit.

Bei leitenden Angestellten wird § 618 BGB herangezogen. So hat das Bundesarbeitsgericht schon in einer Entscheidung aus dem Jahre 1967[11] im Grundsatz eine Schadensersatzpflicht des Arbeitgebers bejaht, weil es dieser zumindest geduldet hatte, dass ein leitender Angestellter werktags wie sonntags 14 bis 16 Stunden gearbeitet hatte und nie in Urlaub gegangen war. Der Arbeitgeber müsse dafür sorgen, dass die Gesundheit des Arbeitnehmers nicht durch überlange Arbeitszeiten in Gefahr komme; insbesondere müsse er auf den Angestellten einwirken, dass dieser seinen Urlaub nehme. Dass das ArbSchG nach seinem § 2 Abs. 2 Nr. 1 alle Arbeitnehmer, und damit auch die Leitenden, erfasst, hat bislang weder in der Rechtsprechung noch in der Literatur bei der Arbeitszeit eine Rolle gespielt.

Bei der Betriebsratstätigkeit hat das Bundesarbeitsgericht in seiner neuesten Rechtsprechung § 5 ArbZG entsprechend angewandt[12] und sich zur Begründung darauf gestützt, die Mandatsausübung weise einen unmittelbaren Bezug zum Arbeitsverhältnis auf. Auch werde diese Aufgabe im Interesse des Betriebs und der Belegschaft wahrgenommen. Dies allein scheint mir nicht zwingend zu sein. Vielmehr geht es darum, eine effektive Wahrnehmung des Amtes sicher zu stellen, was voraussetzt, das der Einzelne im Zeitraum vor einer Sitzung die Ruhezeit von 11 Stunden einhalten konnte. Auch die 10-Stunden-Grenze des § 3 Satz 2 ArbZG entsprechend anzuwenden, wäre demgegenüber schwer zu rechtfertigen, weil dies z. B. zu einem überraschenden Abbruch von Verhandlungen führen würde, und dies auch in Situationen, in denen ein erfolgreiches Ende absehbar ist. Dass es dennoch irgendwelche Obergrenzen geben muss, steht auf einem anderen Blatt.

Bei arbeitnehmerähnlichen Selbständigen greift nach seinem § 2 Abs. 2 Nr. 3 das Arbeitsschutzgesetz ein. Es müssen deshalb nach § 3 Abs. 1 Satz 1 ArbSchG die »erforderlichen Maßnahmen des Arbeitsschutzes« getroffen werden; gesundheitliche Risiken sind im Rahmen des Möglichen zu minimieren. Nach der neuesten Rechtsprechung des Bundesarbeitsgerichts[13] muss eine Gefährdung der Gesundheit entweder feststehen oder durch eine Gefährdungsbeurteilung nach § 5 ArbSchG (bzw. nach anderen Vorschriften) ermittelt worden sein: Erst dann wird die Handlungspflicht des Arbeitgebers nach § 3 Abs. 1 ArbSchG aktualisiert. Die gesundheitliche Gefährdung kann nun auch daher rühren, dass die Arbeitszeit zu lang oder ihre Lage besonders ungünstig ist. Ist dies evident oder in der Gefährdungsbeurteilung festgestellt worden, so kann der Betriebsrat bei Arbeitnehmern von seinem Mitbestimmungsrecht nach § 87 Abs. 1 Nr. 7 BetrVG

11 BAG, AP Nr. 15 zu § 618 BGB, bestätigt durch BAG AP Nr. 16 zu § 618 BGB (erneute Revision im selben Verfahren).

12 S. oben Fn 3.

13 NZA 2017, 1132.

Gebrauch machen. Bei arbeitnehmerähnlichen Personen scheidet dies aus, da sie – abgesehen von der kleinen Gruppe der Heimarbeiter, die in der Hauptsache für den Betrieb arbeiten – außerhalb der Betriebsverfassung bleiben. Faktisch sind ihre Möglichkeiten beschränkt: Sie haben zwar wie ein Arbeitnehmer nach § 5 Abs. 1 ArbSchG in Verbindung mit § 618 BGB einen Anspruch auf Vornahme einer Gefährdungsbeurteilung, doch kann der einzelne Beschäftigte nicht verlangen, dass die Untersuchung nach den von ihm benannten Kriterien durchgeführt wird.[14] Wird belegbaren Gefährdungen nicht Rechnung getragen, so bleibt statt der Mitbestimmung nur der Weg zur Gewerbeaufsicht. Beides ist für einen Beschäftigten nicht ratsam, der über keinen anerkannten Bestandsschutz verfügt.[15] Insoweit könnte für Vereinsmitglieder wie z. B. Rote-Kreuz-Schwestern Abweichendes gelten.

Die Ausklammerung der Rufbereitschaft aus dem Arbeitszeitrecht ist höchst unbefriedigend. Das Wissen um die Tatsache, man könne jederzeit angerufen und unter Wahrung eines bestimmten zeitlichen Abstands zur Arbeit verpflichtet werden, kann faktisch zu einer erheblichen Belastung führen, die ein »Abschalten« und den damit verbundenen Erholungseffekt mindert oder sogar aufhebt.[16] Das Bundesarbeitsgericht hat gerade deshalb die Rufbereitschaft zur »Arbeitszeit« im Sinne des § 87 Abs. 1 Nr. 2 BetrVG gerechnet und ihren Umfang wie ihre zeitliche Lage in das Mitbestimmungsrecht einbezogen.[17] Damit soll dem Interesse der Beschäftigten an der (relativ) freien Gestaltung ihres Privatlebens Rechnung getragen werden.[18] Der Betriebsrat kann daher (für Arbeitnehmer) erreichen, dass bestimmte Stunden (z. B. von 23 Uhr bis 7 Uhr) und ggf. das Wochenende von der »Erreichbarkeit« ausgenommen werden. Dies entspräche dem französischen »droit à la déconnection«, das gleichfalls nur im Verhandlungswege erreicht werden kann.[19] Bisher scheint es jedoch wenig Aktivitäten in dieser Richtung zu geben. Von sich aus die Initiative zu ergreifen und außerdem noch die »Erwartung der Erreichbarkeit« als Rufbereitschaft zu werten, fällt aus dem normalen Handlungsrahmen von Betriebsräten heraus.

Kommt es zu keiner Regelung dieser Art oder existiert im Betrieb kein Betriebsrat, so stellt sich die Frage, ob es ungeschriebene Grenzen für die Rufbereitschaft gibt. Dies scheint bisher als Problem wenig wahrgenommen zu werden. Auch hier ist ein Rückgriff auf das Arbeitsschutzgesetz möglich. Mit Hilfe einer Ge-

---

14 BAG, NZA 2009, 102 (für Arbeitnehmer).

15 Zum Kündigungsschutz der arbeitnehmerähnlichen Personen s. DDZ-*Däubler*, KSchR, 10. Aufl., Anhang zu HAG, Rn. 5ff.; Kittner/Zwanziger/Deinert/Heuschmid-*Deinert*, Arbeitsrecht, 9. Aufl. 2017, § 3 Rn. 216f.

16 *Kohte*, NZA 2015, 1417, 1423; *Krause*, 71. DJT B 38.

17 BAG, AP Nr. 9 zu § 87 BetrVG 1972 Arbeitszeit.

18 DKKW-*Klebe*, BetrVG, 16. Aufl. 2018, § 87 Rn. 81.

19 Dazu *Durlach/Renaud*, AuR 2017, 196f.

fährdungsbeurteilung lässt sich ermitteln, ob ein bestimmtes Ausmaß an Rufbereitschaft eine Gesundheitsgefährdung darstellt. Wo die genaue Grenze zwischen noch hinnehmbarer und nicht mehr akzeptabler »Erreichbarkeit« verläuft, lässt sich abstrakt nicht bestimmen. Entscheidend dürfte sein, inwieweit es effektiv zu Anrufen und nachfolgender Arbeit kommt. Geschieht dies auf der Grundlage von Erfahrungen z. B. eines Jahres nur einmal im Monat, werden sehr viel längere Erreichbarkeitszeiten hinnehmbar und zulässig sein, als wenn dies jeden dritten Tag erfolgt. Auch macht es einen Unterschied, ob eine »Störung« mitten in der Nacht auftreten kann oder ob die Rufbereitschaft spätestens um 23 Uhr endet. Insoweit sind – wie § 3 Abs. 1 Satz 1 ArbSchG es vorschreibt – die »Umstände« zu berücksichtigen, die Sicherheit und Gesundheit der Beschäftigten bei der Arbeit beeinflussen.

Offen ist bislang die Frage, ob man notwendigerweise den Weg über das Arbeitsschutzgesetz gehen muss, oder ob auch ein direkter Rückgriff auf die grundrechtliche Schutzpflicht aus Art. 2 Abs. 2 Satz 1 GG in Betracht kommt. In diesem Fall würden die Gerichte darüber entscheiden, wie viel Rufbereitschaft dem Einzelnen zuzumuten ist. Dabei würden sie vermutlich arbeitsmedizinische Sachverständige heranziehen und deren Erkenntnisse aller Voraussicht nach übernehmen. Das Ergebnis wäre also kein anderes, als wenn man zunächst eine Gefährdungsbeurteilung vornehmen würde.

4. Einheitliche Schutzstandards?

Die Skizzierung der verschiedenen Lösungsansätze macht zwei Dinge deutlich.

Zum einen gibt es verschiedene Wege, um der grundgesetzlichen Schutzpflicht Rechnung zu tragen: Dies kann wie bei leitenden Angestellten mit Hilfe des § 618 Abs. 1 BGB, aber auch wie bei arbeitnehmerähnlichen Personen unter Rückgriff auf das Arbeitsschutzgesetz geschehen. Wie das Beispiel der Betriebsratstätigkeit zeigt, kann im Einzelfall auch eine entsprechende Anwendung von Bestimmungen des Arbeitszeitgesetzes in Betracht kommen. Bei der Rufbereitschaft ist die Situation eine besondere: Nur wo das Mitbestimmungsrecht des Betriebsrats nach § 87 Abs. 1 Nr. 7 BetrVG versagt, kommen Arbeitsschutzgesetz und grundrechtliche Schutzpflicht in Betracht.

Zum zweiten bleibt das Schutzniveau in der Regel ersichtlich hinter dem des Arbeitszeitgesetzes zurück. Man könnte in Anlehnung an die Diskussion über den Kündigungsschutz außerhalb des Kündigungsschutzgesetzes von einem Arbeitszeitschutz zweiter Klasse sprechen, der nur in extrem gelagerten Fällen eingreift. Auch soweit das Arbeitsschutzgesetz aktiviert werden kann, liegt eine zusätzliche

Benachteiligung im Verfahren: Statt auf eine relativ klare Vorschrift zurückgreifen zu können, die z. B. eine Wochenarbeitszeit von mehr als 48 Stunden im Durchschnitt von sechs Monaten verbietet, muss erst eine Gefährdungsbeurteilung stattfinden, aus der dann konkrete Konsequenzen zu ziehen sind.
Trotz dieser widrigen Umstände sollten die hier aufgezeigten Arbeitszeitgrenzen nicht weiter unbeachtet bleiben. Manche Wege mögen neu und ungewohnt sein – für Thomas Klebe wäre das nichts, was aus dem Rahmen fallen würde. Schließlich war er einer der wichtigsten Akteure, die den ersten Streik in der IT-Industrie zustande gebracht haben.[20] Dafür bekommt man (warum eigentlich?) keinen Orden. Aber ein Zuruf »Gut gemacht« sei nach vielen Jahren trotzdem gestattet.

20 Dazu das Buch *Cramer/Jung/Klebe* (Hrsg.), Hardware Software Gegenwehr. Der erste Streik in der Computerindustrie, Köln 1994.

Betriebsratsbegünstigung und Amtskompetenz

Birgit Dietze, Ass. jur., Dipl.-Volksw., IG Metall Grundsatzabteilung, Berlin

Ohne Rücknahme der Revision hätte das Bundesarbeitsgericht am 17. Mai 2017[1] möglicherweise zu der interessanten Frage Stellung genommen, ob Kompetenzen und Kenntnisse, die durch ein Betriebsratsamt erworben wurden, im Wege einer Aufstiegsstellenbesetzung hätten berücksichtigt werden können, oder ob dies eine unzulässige Betriebsratsbegünstigung darstellt. Hintergrund war der Fall einer seit acht Jahren freigestellten Betriebsrätin, die bei Mandatsübernahme eine Gruppenleitertätigkeit ausübte und in einem Besetzungsverfahren um eine zwei Entgeltgruppen höher vergütete Stelle eines Team-Managers unterlag. Das Landesarbeitsgericht Düsseldorf[2] ließ die Frage offen: »*Die Kammer übersieht nicht, dass die Klägerin eine erhebliche Anzahl von Seminaren und Schulungen besucht hat, die sich mit Fragen des Arbeitsrechts … befassen. Es kann insofern dahinstehen, ob diese Fortbildungen … bzw. ihre Berücksichtigung zu einer Begünstigung der Betriebsratsbewerberin führt, weil die Schulungen auf ihr Betriebsratsamt zurückführen.*«

Von Bedeutung ist die Frage insbesondere für langjährig freigestellte Betriebsratsmitglieder und zwar nicht zugunsten ungerechtfertigter Extrazahlungen, sondern wegen der mit zunehmender Freistellungszeit erfolgenden Abkopplung von der eigenen beruflichen Fachtätigkeit und -entwicklung bei gleichzeitig immer professionalisierter, anspruchs- und verantwortungsvoller gewordener Betriebsratsarbeit. In der heutigen Zeit globalisierter Märkte und angespannter internationaler Konkurrenz heißt das, auf hohem Niveau im Finden sozialen Ausgleichs den betriebsverfassungsrechtlichen Aufgaben gerecht zu werden. Diese Aufgaben erstrecken sich thematisch über die gesamte Breite der wirtschaftlichen Navigation des Betriebs, angefangen von Kenntnissen der Branchenentwicklung über Produktionsbedingungen, Arbeitssystemzusammenhänge, Entwicklungen und Auswirkungen der Digitalisierung von Produkt und Prozess, strategische und praktische Personalplanung, Arbeits- und Gesundheitsschutz, Arbeitszeitgestaltung, Einhaltungsüberwachung aller maßgeblichen Vorschriften usw. Dabei ist klar,

1 BAG – 7 AZR 451/15.
2 LAG Düsseldorf 28.4.2015 – 3 Sa 13/15.

dass nicht überall ein Mitbestimmungsrecht besteht. Aber selbst wenn nur ein Recht auf Information gegeben ist, muss diese verstanden und eingeordnet werden. Darüber hinaus sind Kompetenzen aus dem Bereich der sog. Soft Skills gefragt: Verhandlungsführung mit dem Management genauso wie die Erklärung komplizierter Zusammenhänge in einfachen Worten an der Werkbank oder auf der Betriebsversammlung. Auch Großgruppenmoderation, Konfliktbewältigung oder Fragen von Strategie und Taktik müssen beherrscht werden. Dies alles hat oftmals wenig – und mit zunehmender Freistellungszeit immer weniger – mit der Tätigkeit und dem Anforderungsprofil der individuellen beruflichen Herkunft des Mandatsträgers zu tun. Wer Betriebsrat wird, begibt sich auf ein großes thematisches Querschnittsfeld neuer Aufgaben und Herausforderungen, an die bislang zuvor meist nicht zu denken war und für das neben dem entsprechenden Talent und Interesse auch ein spezifischer Sondererwerb von Kompetenzen, Qualifikationen und Erfahrungen nötig ist.

Deren direkte oder im Wege von § 37 Abs. 4 Satz 1 BetrVG abgeleitete stellenbesetzungsrelevante Berücksichtigung würde nach der Rechtsprechung eine unzulässige Betriebsratsbegünstigung gem. § 78 Satz 2 BetrVG darstellen, wenn dem Betriebsrat hierüber eine Rechtsposition gewährt werden würde, die gegenüber den Arbeitnehmern einen Vorteil bzw. eine Besserstellung darstellt, sie ursächlich aus der Betriebsratstätigkeit stammt und sachlich nicht gerechtfertigt[3] ist. Ein sachlicher Grund liegt vor, wenn ein gesetzlicher Anspruch besteht (z. B. § 15 Abs. 1 KSchG) oder die soziale Lage des Betriebsratsmitglieds in betriebsüblicher Weise berücksichtigt wird[4]. Gleiches gilt, wenn realitätsgerecht z. B. entstandene Mehraufwendungen ausgeglichen werden.[5] Zu den rechtfertigenden Ansprüchen zählt auch der Anspruch auf Entgeltentwicklung entlang der betriebsüblichen beruflichen Entwicklung der Vergleichsarbeitnehmer nach §§ 37 Abs. 4 Satz 1, 78 Satz 2 BetrVG,[6] wenn auch seine Durchsetzung in der Realität häufig an den gesetzten Hürden scheitert. Dies liegt – trotz Auskunftsanspruchs gem. § 242 BGB[7] und Vereinfachung nach § 138 Abs. 1 ZPO für die inneren Umstände[8] – an der Darlegungs- und Beweislastverteilung, den praktischen Hürden beim Nachweis der »Mehrzahl« aufgestiegener Vergleichsarbeitnehmer[9], dem häufigen Fehlen einer betrieblichen Regelhaftigkeit bei der Stellenbesetzung[10]

3 BAG 7.11.2007 – 7 AZR 820/06; BAG 25.6.2014 – 7 AZR 847/12.
4 LAG Düsseldorf 13.9.2001 – 11 (4) Sa 906/01.
5 ArbG Stuttgart – 24 Ca 5430/12.
6 BAG 17.8.2005 – 7 AZR 528/04; BAG 11.12.1991 – 7 AZR 75/91.
7 BAG 19.1.2005 – 7 AZR 208/04; BAG 4.11.2015 – 7 AZR 972/13.
8 LAG Rheinland-Pfalz 6.7.2016 – 7 Sa 566/15.
9 ArbG Berlin 12.8.2015 – 28 Ca 18725/14, Rz. 67.
10 LAG Düsseldorf 28.4.2015 – 3 Sa 13/15.

und der vielfach nicht vorhandenen strategischen Personalplanung[11] sowie dem Spielraum für individuale Gründe einer anderweitigen Besetzungsentscheidung aufgrund des Ermessens des Arbeitgebers[12].

Nach diesen Maßstäben stellt die Berücksichtigung von Amtskompetenzen und -qualifikationen im Rahmen der Besetzung einer Aufstiegsstelle einen aufgrund des Mandats erlangten Vorteil dar, denn Arbeitnehmer können diese nicht erwerben. Ihre Berücksichtigung zugunsten des Betriebsrats gleicht jedoch dessen fehlende berufsfachliche Erfahrungszeit aus. Je höher der individuelle Zeitaufwand für erforderliche Betriebsratsarbeit ist, umso weniger Zeit verbleibt dem Betriebsratsmitglied für seine beruflich-fachliche Tätigkeit am Arbeitsplatz. Ein Kompetenz- und Erfahrungsaufbau in der Betriebsratsarbeit verhält sich direkt proportional zum Fehlen dieser Zeit im fachlichen Beruf. Die Entfernung beginnt bei Freistellungen nach § 37 Abs. 2 BetrVG, erhöht sich mit jeder Funktionsübernahme im Betriebsrat (z. B. einer Ausschuss- oder Vorsitztätigkeit), nimmt ernstzunehmende Ausmaße an bei Vollfreistellungen und erhebliche bei langjährigen Vollfreistellungen. Maßstab für die Bewertung der fehlenden berufsfachlichen Erfahrungszeit ist dabei die Geschwindigkeit der Technologieentwicklung. Dem Vorteil steht also ein Nachteil gegenüber.

Diesen hat der Gesetzgeber seit dem Betriebsverfassungsgesetz von 1972 gesehen[13], weswegen heute die Rechte auf Tätigkeits- und Qualifikationsschutz nach §§ 37 Abs. 5, 38 Abs. 3, 4 BetrVG bestehen. Sie gleichen aber das Fehlen berufsfachlicher Erfahrungszeit nicht aus, denn sie erstrecken sich allein – und das zeitlich versetzt und zudem begrenzt – auf die Fachlichkeit. Eine begleitende Berufsbildung, wie sie § 38 Abs. 4 Satz 1 BetrVG vorsieht, ist für freigestellte Betriebsratsmitglieder praktisch nicht erfahrbar und geht in zeitlicher Hinsicht an deren betrieblicher Realität vorbei. Selbst wenn sie in Anspruch genommen werden würde, wäre sie für weiterhin freigestellte Betriebsratsmitglieder mangels beruflicher Praxis nicht erfahrungsbildend einsetzbar. Die nachholende Fachqualifikation für die vormalige Tätigkeit ist späterhin zudem begrenzt auf das Vertretbare bzgl. Art, Dauer und finanziellem Aufwand.[14] Ein aus der Freistellung zurückkehrendes Betriebsratsmitglied beginnt folglich im besten Fall zeitlich versetzt auf dann nachgeholt aktualisiertem Stand Erfahrungen im vormaligen Fachgebiet zu sammeln. Eng mit der Nachqualifikation verbunden ist der Tätigkeitsschutz gem. §§ 37 Abs. 5, 38 Abs. 3 BetrVG. Auf ihn besteht aber dann kein Anspruch, wenn die Tätigkeit bspw. keine Unterbrechungen verträgt, fehlende Qualifikationen oder zwingende betriebliche Notwendigkeiten entgegenste-

11 *Kohte*, jurisPR 48/2016, Anm. 1 zu LAG Köln 25.4.2016 – 2 Sa 561/15.

12 LAG Düsseldorf 28.4.2015 – 3 Sa 13/15; LAG Hamm 23.9.2011 – 10 Sa 427/11.

13 BT-Ds. VI/2729, S. 24.

14 GK-BetrVG/*Weber*, 9. Aufl., § 38 Rz. 100.

hen.[15] Je nach Maß an Betriebsratsarbeit zieht diese folglich unweigerlich einen kleineren oder größeren beruflichen Fach- und Erfahrungsverlust nach sich. Lediglich der Fachverlust wird bei vertretbarem Umfang später ausgeglichen. Die wertende Einbeziehung amtsmäßig erworbener Kompetenzen stellt im Rahmen eines betrieblichen Aufstiegsstellenbesetzungsverfahrens daher eine sachliche Rechtfertigung für den Vorteil dar. Das daneben stehende Benachteiligungsverbot des § 78 Satz 2 BetrVG gewährleistet dieses Schutzmaß aus sich heraus nicht. Es besagt zwar, dass für den Amtsträger nachteilige Tätigkeits- und Qualifikationsunterschiede, die ohne Betriebsratsamt oder -freistellung nicht vorlägen, nicht zu seinen Ungunsten berücksichtigt werden dürfen.[16] Das dem Arbeitgeber bei der Personalauswahl zustehende weite Ermessen steht dem faktisch jedoch gegenüber.

Eine Kompetenzberücksichtigung steht dabei auch im Einklang mit der besonderen Schutzintention des Begünstigungsverbots des § 78 Satz 2 BetrVG und dem Ehrenamtsprinzip des § 37 Abs. 1 BetrVG.

Aus dem Prinzip des unentgeltlichen Ehrenamts folgt, dass die Betriebsratsarbeit an sich nicht vergütet werden darf.[17] Sehr deutlich hat dies der BGH[18] auf den Punkt gebracht: »*Der durch § 37 Abs. 1 BetrVG und § 38 Abs. 3 BetrVG festgelegte Grundsatz, Betriebsräte als Arbeitnehmer zu vergüten, und der in § 37 Abs. 4 BetrVG festgesetzte – freilich in der Praxis weit ausgelegte – Maßstab für das einem Betriebsrat zu zahlende Arbeitsentgelt verbieten es, die Vergütung der Betriebsräte nach der Bewertung ihrer Betriebsratstätigkeit zu bemessen.*« Ein Blick in die Historie des Betriebsrätegesetzes (BRG) vom 4. 2. 1920 zeigt das ursprüngliche Verständnis des unentgeltlichen Ehrenamts: »*… sie erhalten keine Entschädigung für den Zeitverlust, den sie durch außerhalb der Arbeitszeit stattfindende Sitzungen erleiden*«[19]. Das gilt – mit Ausnahme des 2001 aufgenommenen § 37 Abs. 3 Satz 2 BetrVG – bis heute.

Begünstigungs- und Benachteiligungsverbot des § 78 Satz 2 BetrVG schützen – wie auch das Ehrenamtsprinzip selbst[20] – die beiden Seiten der Unabhängigkeit des Betriebsrats. Das Begünstigungsverbot schützt seine innere und das Benachteiligungsverbot seine äußere Unabhängigkeit.[21] Ersteres ist darauf gerichtet, Bestechlichkeit und Käuflichkeit des Betriebsrats zu verhindern.[22] Seinen Willen soll der Betriebsrat frei und unbeeinflusst von Zuwendungen vorteilsgewähren-

---

15 GK-BetrVG/*Weber*, 9. Aufl., § 37 Rz. 130 f., LAG Rheinland-Pfalz 14. 5. 2013 – 6 SaGa 2/13.
16 BAG 15. 1. 1992 – 7 AZR 194/91.
17 BAG 16. 2. 2005 – 7 AZR 95/04.
18 BGH 17. 9. 2009 – 5 StR 521/08.
19 *Flatow*, Kommentar BRG, 9. Aufl. 1921, § 35 S. 69.
20 BAG 5. 5. 2010 – 7 AZR 728/08.
21 BAG 20. 1. 2010 – 7 AZR 68/08; BAG 5. 12. 2012 – 7 AZR 698/11.
22 GK-BetrVG/*Kreutz*, 9. Aufl., § 78 Rz. 2.

der Dritter bilden. Die äußere Unabhängigkeit wird durch einen amtsbezogenen Nachteilsschutz gewährleistet. Schutzziel beider Intentionen ist das Vertrauen der vom Betriebsrat vertretenen Arbeitnehmer darauf, dass die Mitbestimmungswahrnehmung nicht durch Gewährung oder Entzug materieller Vorteile bzw. Rechte für die Betriebsratsmitglieder beeinflussbar ist.[23]

Die Berücksichtigung vorhandener Betriebsratskompetenzen und -qualifikationen in einem betrieblichen Besetzungsverfahren um eine Aufstiegsstelle verlässt dabei das Vergleichsarbeitnehmerprinzip des § 37 Abs. 4 Satz 1 BetrVG nicht, wie der BGH es verlangt. Der Vergütungsanspruch nach § 37 Abs. 4 Satz 1 BetrVG sichert und konkretisiert[24] von den beiden Schutzrichtungen des § 78 Satz 2 BetrVG nur die äußere Unabhängigkeit. Mit seinem Wortlaut: »*... darf ... nicht geringer bemessen werden, als ...*« soll allein sichergestellt sein, dass ein Betriebsratsmitglied in wirtschaftlicher Hinsicht gegenüber vergleichbaren Arbeitnehmern mit betriebsüblicher beruflicher Entwicklung keine Nachteile erleidet.[25] Gleiches gilt für den anspruchsrechtlich daneben stehenden[26] Nachteilsschutz des § 78 Satz 2 BetrVG. Das Vergleichsarbeitnehmerprinzip sichert daher nur einen Mindestanspruch. Es konkretisiert keine Höchstgrenze, über die die Vergütung eines Betriebsratsmitglieds nicht hinausgehen dürfte. Diese Funktion erfüllt das Begünstigungsgebot des § 78 Satz 2 BetrVG.

Die Vorschrift der Unentgeltlichkeit des Ehrenamtsprinzips erstreckt sich – wie der historische Rückgriff zeigt – nicht auf die Frage der Wertbemessung der Tätigkeit, sondern begrenzt den Vergütungsanspruch auf die ausgefallene Arbeitszeit. Eine Kompetenz- und Qualifikationsberücksichtigung aus dem Mandat führt nicht zu einer Eingruppierung der Betriebsratsarbeit in die betriebliche Entgeltordnung, sondern würde das tatsächlich vorhandene Gesamtprofil des Bewerbers – und zwar aufsetzend auf dem Ausgangspunkt seiner beruflich-fachlichen Laufbahn – bei der Besetzung einer betrieblichen Stelle abbilden. Die damit verbundene mögliche Profilaufwertung des Betriebsratsbewerbers im Vergleich zur »nackten« (also alleinigen) Darstellung seiner vormaligen Berufsausbildung und -erfahrung steht nicht im Widerspruch zum Begünstigungsverbot des § 78 Satz 2 BetrVG. Die vollständige Profilwürdigung stellt keine der Bestechung oder Käuflichkeit fähige Gewährung eines unberechtigten Vorteils dar, wenn die fraglichen Kompetenzen und Kenntnisse tatsächlich vorhanden und bei einer real zu besetzenden Stelle gefordert sind.

---

23 BAG 5. 5. 2010 – 7 AZR 728/08.

24 BAG 14. 7. 2010 – 7 AZR 359/09; BAG 11. 12. 1991 – 7 AZR 75/91.

25 BAG 16. 1. 2008 – 7 AZR 887/06.

26 BAG 11. 12. 1991 – 7 AZR 75/91; BAG 17. 8. 2005 – 7 AZR 528/04.

Da mithin die Bindung an die gesetzliche Systematik des § 37 Abs. 4 Satz 1 BetrVG unberührt bleibt und eine sachliche Rechtfertigung der Berücksichtigung der Amtskompetenzen gegeben ist, stehen Ehrenamtsprinzip und Begünstigungsverbot dieser Frage insoweit nicht entgegen.

Facebook und Mitbestimmung

Verena zu Dohna-Jaeger, Rechtsanwältin beim IG Metall Vorstand, Frankfurt a. M.

Der Blick in die Zukunft hat die Menschheit seit jeher gereizt. Klassiker wie George Orwells »1984« oder Aldous Huxleys »Schöne Neue Welt« erfreuen sich nach wie vor großer Beliebtheit bzw. sind derzeit vergriffen.

In diesem Zusammenhang bilden die Arbeitsrechtler keine Ausnahme. Auch sie gehen mit wiederkehrender Regelmäßigkeit der Frage nach, wie die Zukunft – genauer gesagt, die »Zukunft der Arbeit«[1] – wohl aussehen wird. Dies ist freilich kein Selbstzweck, sondern dient aus gewerkschaftlicher Perspektive dem Erhalt erkämpfter Errungenschaften, der Vorbereitung auf neue Anforderungen und damit der Sicherung von Arbeitsplätzen sowie dem Anspruch, beispielsweise den Prozess der Digitalisierung mitzugestalten.

Der Jubilar selbst ist bestes Beispiel dafür, was es heißt, nicht im Hier und Jetzt zu verharren, sondern den Blick stets auf neue Herausforderungen für die betriebliche Mitbestimmung zu richten.[2] So hat er auch die jüngste BAG-Entscheidung, in der sich das BAG erstmals mit der Reichweite betrieblicher Mitbestimmung in Bezug auf soziale Netzwerke im Internet befasst hat, einer näheren Betrachtung unterzogen.[3]

Im konkreten Fall ging es um eine Arbeitgeberin, die einen Blutspendedienst betreibt und eine Facebookseite einschließlich für jedermann einsehbarer Kommentarfunktion unterhält. Einige Beiträge der Nutzer (sog. postings) enthielten Kritik in Bezug auf Leistung und Verhalten der Beschäftigten. Daraufhin machte der Konzernbetriebsrat geltend, die Einrichtung und der Betrieb der Facebookseite seien mitbestimmungspflichtig. Das BAG gab ihm insoweit Recht, als es entschied, dass es sich bei der Bereitstellung der Funktion »Besucher-Beiträge«

1 Die IG Metall verfügt eigens über ein gleichnamiges Ressort.

2 Vgl. *Klebe*, Betriebsratsrechte bei neuen Technologien – Zum Stand der juristischen Auseinandersetzung, AiB 1983, 8f.; Mitbestimmung bei technischer Überwachung, NZA 1985, 44ff.; *Jacquemin/Klebe*, Die Zukunft der Betriebsratsarbeit 2.0, AiB 2014, 33ff.; *Klebe*, BAG 4.0: Kann das Gericht Digitalisierung?, NZA 2017, 226f.

3 Mitbestimmung bei Betreiben einer Facebook-Seite, Entscheidung mit Anmerkung *Klebe*, AuR 2017, 307ff.

um eine technische Einrichtung im Sinne des § 87 Abs. 1 Nr. 6 BetrVG handele. Die Arbeitgeberin könne mittels der von Facebook bereitgestellten Auswertungsmöglichkeiten die Beschäftigten überwachen. Unabhängig davon werde durch die öffentlichen Postings ein erheblicher Überwachungsdruck erzeugt. Nicht erforderlich sei, dass die Daten über das Verhalten oder die Leistung des einzelnen Arbeitnehmers durch die technische Einrichtung selbst und automatisch erhoben werden. Unerheblich ist weiterhin dem BAG zufolge, dass die Facebookseite nicht auf die Überwachung der bei der Arbeitgeberin beschäftigten Arbeitnehmer ausgerichtet ist, die Nutzer nicht zur Abgabe von Postings aufgefordert werden und die Arbeitgeberin die Daten möglicherweise auch gar nicht verarbeiten oder verwenden will. Dies entspricht der ständigen Rechtsprechung, wonach »Geeignetheit« der Einrichtung zur Verhaltens- und Leistungskontrolle genügt.[4]

Die Arbeitgeberin wurde verpflichtet, es zu unterlassen, die Nutzung der Funktion »Besucher-Beiträge« auf der Facebookseite zu ermöglichen, solange nicht die Zustimmung des Konzernbetriebsrats oder ein die Zustimmung ersetzender Beschluss der Einigungsstelle vorliegt.

Die Entscheidung wird dem Mitbestimmungsrecht des § 87 Abs. 1 Nr. 6 BetrVG gerecht, denn dieses soll Arbeitnehmer gerade vor Beeinträchtigungen ihres Persönlichkeitsrechts durch den Einsatz technischer Überwachungseinrichtungen bewahren.

Die Fürsorgepflicht des Arbeitgebers gebietet ebenfalls, dass dieser seine Mitarbeiter nicht ungeschützt und ohne Mitsprache der Häme des Internets preisgibt. Hasskommentare, Mobbing, Rassismus und Lügen, das ist die hässliche Fratze des Netzwerks, bei dem weltweit 1,86 Milliarden Nutzer registriert sind.[5] Zwar hat der Gesetzgeber durch das am 30. Juni 2017 verabschiedete Gesetz zur besseren Rechtsdurchsetzung in sozialen Netzwerken (NetzDG) – sog. Facebook-Gesetz – deutlich gemacht, dass es sich beim Internet nicht um einen rechtsfreien Raum handelt, allerdings stehen hier »offensichtlich rechtswidrige Inhalte« im Vordergrund, die Löschpflichten der Betreiber auslösen und nicht die Besonderheiten des Arbeitsrechts.

Die Entscheidung des BAG ist auf alle Internetauftritte von Arbeitgebern, die eine Kommentarfunktion beinhalten, übertragbar. Soweit sich die Kommentarfunktion nicht isoliert abschalten lässt, hätte zwar auch der Hauptantrag auf Verpflichtung der Arbeitgeberin, sich bei Facebook abzumelden, Erfolg haben müs-

4 Vgl. DKKW-*Klebe*, § 87 Rn. 186 mwN.; hiervon gänzlich unbeeindruckt ArbG Heilbronn 8.6.2017 – 8 BV 6/16, zu Mitbestimmung bei Einrichtung und Betrieb einer Smartphone-App mit Kundenfeedbackfunktion.

5 Vgl. »Das asoziale Netzwerk«, Frankfurter Rundschau vom 6.3.2017, S. 2f.

sen,[6] aber die grundsätzliche Unterscheidung zwischen dem Internetauftritt an sich und der Möglichkeit Dritter, öffentliche Kommentare abzugeben, erscheint zutreffend. Erst die Kommentarfunktion ist dazu geeignet, das Verhalten oder die Leistung der Arbeitnehmer zu überwachen und unterfällt damit dem Mitbestimmungstatbestand des § 87 Abs. 1 Nr. 6 BetrVG. Andernfalls wäre jeder Internetauftritt mitbestimmungspflichtig.

Eine andere Frage ist, ob es aus Arbeitgebersicht sinnvoll ist, öffentlich einsehbares Feedback zu ermöglichen. Entsprechende Ressourcen müssen für diese Art der Öffentlichkeitsarbeit bereitgestellt werden. Und das ein oder andere Unternehmen sieht sich womöglich bemüßigt, als Reaktion auf negative Rückmeldungen positive Bewertungen zu generieren. Wenn es dem Betriebsrat gleichwohl nicht gelingt, den Arbeitgeber von seinem Vorhaben abzubringen, so sollte er jedenfalls auf den Abschluss einer Betriebsvereinbarung hinwirken, die die Veröffentlichung von Kommentaren, die sich auf einzelne Arbeitnehmer beziehen, ausschließt und den Umgang mit denselben regelt. Insbesondere die Verwendung der über die entsprechende Internetseite erhaltenen Bewertungen zur Verhaltens- und Leistungskontrolle der Arbeitnehmer ist auszuschließen. Mit der Regelung von Zugriffsrechten, Löschroutinen etc. ist der Bereich des Datenschutzrechts tangiert. Orientierungsmaßstab für die Betriebsparteien ist in diesem Zusammenhang die seit dem 25. Mai 2018 geltende Datenschutzgrundverordnung (DSGVO). § 88 Abs. 1 DSGVO überlässt den Mitgliedsstaaten die spezifischere Ausgestaltung der Datenverarbeitung in Beschäftigungskontext durch Rechtsvorschriften oder Kollektivvereinbarungen. Dass der Mitgliedsstaat (mit Ausnahme des öffentlichen Dienstes) nicht der richtige Adressat für den Abschluss von Kollektivvereinbarungen ist, dürfte lediglich als Redaktionsversehen zu werten sein. Sowohl der Gesetzgeber als auch die Tarif- und Betriebsparteien haben nach § 88 Abs. 2 DSGVO »angemessene und besondere Maßnahmen zur Wahrung der menschlichen Würde, der berechtigten Interessen und der Grundrechte der betroffenen Person« vorzusehen. Dies gilt insbesondere im Hinblick auf die Transparenz der Vereinbarung, die Übermittlung personenbezogener Daten innerhalb einer Unternehmensgruppe oder einer Gruppe von Unternehmen, die eine gemeinsame Wirtschaftstätigkeit ausüben, und die Überwachungssysteme am Arbeitsplatz. Was diese Anforderung für die Praxis konkret bedeutet, abgesehen von den für die Betriebsparteien ohnehin geltenden Grundsätzen des § 75 BetrVG, bleibt unklar und lässt sich vermutlich am ehesten an Negativbeispielen veranschaulichen.

Nicht alle entscheidungswürdigen Fragen im Zusammenhang von Digitalisierung und Mitbestimmung werden wie die »Facebook-Entscheidung« den Weg

6 Vgl. *Klebe*, AuR 2017, 310.

bis zum BAG finden, und es wäre auch zu viel erwartet, wenn allein das BAG die Antworten auf künftige Entwicklungen von Arbeitswelt und Arbeitsrecht geben sollte.

Vielmehr sollte hier der Gesetzgeber, unabhängig vom eingeräumten Regelungsspielraum für Tarif- und Betriebsparteien, tätig werden und ein eigenständiges Beschäftigtendatenschutzgesetz auf den Weg bringen.[7]

Dabei kommt in Zeiten von Big Data der Durchsetzung der Grundsätze der Datenvermeidung und Datensparsamkeit (nach der DSGVO: Datenminimierung) besondere Bedeutung zu.

Bei der Gelegenheit könnte dann auch gleich die von Klebe zu Recht geforderte Klarstellung,[8] dass es sich bei § 87 Abs. 1 Nr. 6 BetrVG – wie bei allen anderen Tatbeständen des § 87 Abs. 1 BetrVG auch – um ein Initiativrecht handelt, erfolgen.

Technische Einrichtungen im Sinne der Vorschrift sind nicht ausschließliches Anliegen der Arbeitgeber mit Bedrohungspotential für die Persönlichkeitsrechte der Arbeitnehmer, sondern auch die Beschäftigten können ein schützenswertes Interesse an der Einführung und Anwendung von technischen Einrichtungen, beispielsweise zur Erfassung der Arbeitszeit, haben.

Auch der Deutsche Juristentag hat sich bereits mit Herausforderungen und Regelungsbedarf, den die Digitalisierung der Arbeitswelt mit sich bringt, befasst und wertvolle Anregungen nicht nur zum Datenschutz, sondern auch zu neuen Formen der Arbeitsorganisation und damit einhergehender notwendiger Weiterbildung von Arbeitnehmern gegeben.[9]

Im Ergebnis sind der Gesetzgeber und insbesondere die Betriebsparteien gefordert, die tatsächlichen Veränderungen im Zuge von Digitalisierung und sozialen Medien, nicht nur auf sich zukommen zu lassen, sondern vorausschauend und verbindlich zu regeln.

Die Vorüberlegungen sind getan, sodass die Aufgabe lösbar erscheint. Das heißt, es gibt keinen Anlass für Schreckensszenarien im Sinne der eingangs zitierten Dystopien. Unter den genannten Prämissen muss uns vor der zukünftigen Arbeitswelt nicht bange sein.

---

7 So auch *Krause*, Forschungsbericht 482 (April 2017), Digitalisierung und Beschäftigtendatenschutz, abrufbar unter www.bmas.de/DE/Service/Medien/Publikationen/Forschungsberichte/Forschungsberichte-Arbeitsrecht/

8 *Klebe*, AuR 2017, 310 u. a. mit Verweis auf LAG Berlin-Brandenburg 22. 1. 2015 – 10 TaBV 1812/14.

9 Vgl. Verhandlungen des 71. DJT Essen 2016 Band II/1: Sitzungsberichte – Referate und Beschlüsse.

Betriebsrat und Schwerbehindertenvertretung

Prof. Franz Josef Düwell, Vorsitzender Richter am Bundesarbeitsgericht a. D.

Autor und Jubilar haben als Herausgeber von Kommentaren zum BetrVG etwas gemeinsam: Sie schätzen die Betriebsverfassung. Mehr noch: Beide treten für deren ständige Verbesserung ein. Deshalb widme ich dem Jubilar als Mitstreiter im »Kampf ums Recht«[1] diesen Beitrag.

1. Von der Fabrikverfassung zum inklusiven Betrieb

Die Betriebsverfassung dient dem Ausgleich des Interessengegensatzes zwischen Kapital und Arbeit. Deshalb ist sie aus Arbeitskämpfen hervorgegangen.[2] Sie gilt mittlerweile als unverzichtbare Kernmaterie des Arbeitsrechts.

Die Betriebsverfassung ist jedoch mehr als nur ein Gefüge von arbeitsrechtlichen Normen. Sie ist eine historisch gewachsene soziale Errungenschaft. Sie hat die Grundlage für die Emanzipation der Arbeiter geschaffen: Von dem zum Gehorsam gegenüber dem Fabrikherrn verpflichteten Untertanen zum Arbeitnehmer im mitbestimmten Betrieb, dessen Persönlichkeitsrechte zu achten sowie dessen Selbständigkeit und Eigeninitiative vom Arbeitgeber zu fördern sind (§ 75 Abs. 2 BetrVG). Mit dem Bundesteilhabegesetz vom 23.12.2016 (BTHG) verfolgt der Gesetzgeber ein neues Ziel: Die Inklusion von Menschen mit Behinderung.[3] Obwohl dieses Ziel vordergründig nichts mit dem Ausgleich des klassischen Interessengegensatzes von Kapital und Arbeit zu tun hat, ist dem Gesetzgeber dazu die

---

1 Vgl. BVerfG 28.7.2014 – 1 BvR 482/13, Rn. 13; *Rudolph Jhering*:»Recht ist unausgesetzte Arbeit und zwar nicht bloß der Staatsgewalt, sondern des ganzen Volkes. Jeder Einzelne, der in die Lage kommt, sein Recht behaupten zu müssen, übernimmt an dieser nationalen Arbeit seinen Anteil, trägt sein Scherflein bei zur Verwirklichung der Rechtsidee auf Erden.« (Vortrag: Der Kampf ums Recht, Wien 1872).

2 Vgl DKKW-*Bachner*, BetrVG, 16. Aufl., Einleitung; HaKo, BetrVG/*Düwell*, 5. Aufl. Einleitung.

3 Einzelheiten bei *Düwell/Beyer*, Das neue Recht für behinderte Beschäftigte, Baden-Baden 2017, S. 11ff.

Betriebsverfassung in den Blick geraten. Er hat in Art 2 BTHG die im SGB IX geregelten Aufgaben und Rechte der betrieblichen Beschäftigtenvertretungen erweitert und in Art 18 BTHG auch den Normtext des BetrVG geändert. Diese Vorgehensweise ist zielführend; denn Inklusion kann nur gelingen, wenn sie auch die Arbeitswelt erfasst. Folgerichtig bedarf es einer auf Inklusion ausgerichteten Betriebsverfassung. Dabei ist zu beachten, dass die kollektivrechtlichen Bestimmungen des SGB IX mit denen des BetrVG eine Einheit bilden. So gerät der Dualismus von Betriebsrat und Schwerbehindertenvertretung (SBV) in das Blickfeld.

2. SBV und Betriebsrat

§ 1 Abs. 1 BetrVG, § 177 Abs. 1 SGB IX regeln, dass in Betrieben mit mindestens fünf Wahlberechtigten sowohl ein Betriebsrat als auch eine SBV zu wählen sind. Diese sind nach § 182 Abs. 2 SGBIX verpflichtet, zur Teilhabe schwerbehinderter Menschen am Arbeitsleben eng zusammenzuarbeiten. Besteht in einem Betrieb noch keine SBV, so hat nach § 176 Satz 2 Hs. 2 SGB IX der Betriebsrat die Aufgabe, auf deren Wahl hinzuwirken. In § 1 Abs. 2 Satz 3 der Wahlordnung ist vom Verordnungsgeber dazu dem Betriebsrat das Recht eingeräumt worden, zu einer Versammlung zur Wahl des Wahlvorstandes einzuladen.

Der Betriebsrat ist alleiniger Träger des Mitbestimmungsrechts. Er hat auch nach § 77 BetrVG allein die Befugnis, normativ wirkende Betriebsvereinbarungen abzuschließen. Das bedeutet: Nur der Betriebsrat kann durch Verweigerung der Zustimmung die Ausübung der Arbeitgeberbefugnisse in mitbestimmungspflichtigen Angelegenheiten wie bei Einstellungen nach § 99 BetrVG nach Art eines Vetos blockieren oder in sozialen Angelegenheit nach § 87 BetrVG über die Anrufung der Einigungsstelle eine Regelungsfrage positiv lösen. Das SGB IX geht von dieser Architektur der Betriebsverfassung aus. Damit die SBV die Belange der schwerbehinderten Beschäftigten in die Beschlussfassung des Betriebsrats einbringen kann, hat der Gesetzgeber sowohl im SGB IX als auch im BetrVG der SBV Rechte eingeräumt. So darf nach § 178 Abs. 4 SGB IX; §§ 32 und 35 BetrVG die SBV an allen Sitzungen des Betriebsrats und seiner Ausschüsse beratend teilnehmen. Sie kann dann, wenn sie einen Beschluss des Betriebsrates als eine erhebliche Beeinträchtigung wichtiger Interessen erachtet, diesen Beschluss für die Dauer von einer Woche aussetzen lassen.

3. Eigenständigkeit der SBV

Der Gesetzgeber hat die SBV bewusst als eigenständiges Organ der Betriebsverfassung ausgestaltet. Zugrunde liegt eine Grundsatzentscheidung, die bei der Einführung der Vertretung in Gestalt des »Vertrauensmanns« durch das Schwerbeschädigtengesetz 1920 getroffen worden ist.[4] Die damals zunächst erwogene zwingende Personalunion zwischen Betriebsratsamt und Vertrauensmann wurde im Zuge der Beratungen fallengelassen.[5]
Im geltenden Recht zeigt sich die Eigenständigkeit schon darin, dass beide Vertretungen gesondert gewählt werden. Die regelmäßigen Wahlen zur SBV finden nach § 177 Abs. 5 SGB IX regelmäßig alle vier Jahre vom 1.10. bis 30.11. statt. Der nächste Turnus ist im Jahr 2018. Zwar ist auch für den Betriebsrat 2018 Wahljahr, aber die Wahlen zum Betriebsrat sind nach § 13 Abs. 1 BetrVG zeitlich mit der Festlegung ab 1.3. bis 31.5. vorgeschaltet.
Beide Vertretungen unterscheiden sich auch hinsichtlich der Wahlberechtigung und damit auch im Hinblick auf den Vertretungsanspruch (Repräsentationswirkung). Die mangelnde Identität der zu vertretenden Personengruppen wird nicht immer erkannt. Deshalb wird sie hier herausgearbeitet. Im Unterschied zur Wahl des Betriebsrats sind nach § 177 Abs. 2 SGB IX auch die Beschäftigten wahlberechtigt, die nach § 5 Abs. 2 und 3 BetrVG von der Zugehörigkeit zur betriebsverfassungsrechtlichen Belegschaft ausgeschlossen sind. Voraussetzungen sind nur das Bestehen eines Beschäftigungsverhältnisses
und das Vorliegen einer Schwerbehinderung oder einer Gleichstellung. Damit ist die SBV nicht nur die Vertretung der (auch) vom Betriebsrat repräsentierten schwerbehinderten Belegschaftsangehörigen, sondern sie repräsentiert zusätzlich Personen, die nicht zur Belegschaft des Betriebs im Sinne von § 5 BetrVG gehören. Zu diesem Teil der Gruppe der schwerbehinderten Beschäftigten gehören ua. die schwerbehinderten Beschäftigten aus dem Kreis der leitenden Angestellten im Sinne von § 5 Abs. 3 BetrVG und die nicht in einem Arbeitsverhältnis stehenden schwerbehinderten Menschen, deren Beschäftigung nicht in erster Linie ihrem Erwerb dient. Damit werden einbezogen:

- die dem Betrieb zur Verfügung gestellten, in einem vereinsrechtlichen Mitgliedschaftsverhältnis stehenden schwerbehinderten Pflegekräfte, die dem Verein der DRK-Schwesternschaft angehören[6],

---

4 *Sachadae*, Die Wahl der SBV, Berlin, 2013 S. 39.

5 *Barnetwitz*, Merkblatt für die Vertrauensmänner der Schwerbeschädigten S. 5; Flatow, Schwerbeschädigtengesetz § 11 Anm. 8; Drucks. Nationalversammlung 1750 S. 1783; Drucks. Nationalversammlung 2422 S. 2615.

6 Vgl. BAG 21.2.2017 – 1 ABR 62/12, NZA 2017, 662; Mestwerdt, jurisPR-ArbR 23/2017 Anm. 2.

- die in den Betriebsablauf eingegliederten schwerbehinderten Rehabilitanden der Werkstätten für Behinderte, die auf ausgelagerten Arbeitsplätzen (sogenannte »Betriebsintegrierte Beschäftigung«) tätig sind[7],
- die zur eigenen Ausbildung mit anerkanntem Abschluss in einem Betrieb tätigen schwerbehinderten Rehabilitanden, die mit dem Betriebsinhaber Rehabilitationsverträge abschließen[8] und
- Freiwillige im Jugend- oder Bundesfreiwilligendienst[9].

Die Eigenständigkeit zeigt sich weiterhin darin, dass die Zulässigkeit der Wahl der SBV nicht vom Bestehen eines Betriebsrats abhängig ist. Insoweit unterscheidet diese sich von der Jugend- und Auszubildendenvertretung (JAV); denn die JAV ist kein selbständiges Organ der Betriebsverfassung, weil diese nur dem Betriebsrat in den Angelegenheiten der Jugendlichen und Auszubildenden zuarbeitet, ohne direkt in diesen Angelegenheiten gegenüber dem Arbeitgeber tätig werden zu können (vgl. §§ 60 Abs. 2, 70 Abs. 1 BetrVG). Demgegenüber hat die SBV die Befugnis zum eigenständigen Tätigwerden gegenüber dem Arbeitgeber. Das zeigt eindrucksvoll die in § 178 Abs. 2 Satz 1 SGB IX aufgegebene Pflicht zur Unterrichtung, Anhörung und anschließenden Entscheidungsmitteilung, die der Arbeitgeber gegenüber der SBV in allen Angelegenheiten zu erfüllen hat, die entweder die Gruppe oder einzelne schwerbehinderten Menschen berühren. Hier besteht thematisch eine Allzuständigkeit. Diese geht über die Unterrichtungs- und Anhörungspflichten hinaus, die der Arbeitgeber gegenüber dem Betriebsrat zu erfüllen hat; denn jene sind nach § 80 Abs. 2 Satz auf die Erforderlichkeit zur Durchführung der enumerativ in § 80 Abs. 1 BetrVG aufgeführten Aufgaben und die im BetrVG ausdrücklich aufgeführten Mitwirkungs- sowie Mitbestimmungsrechte beschränkt. Der Unterschied zeigt sich in der Praxis vor allem bei der Abmahnung. Während nach § 102 BetrVG der Betriebsrat erst vor der Kündigung anzuhören ist, muss der Arbeitgeber schon dann, wenn er sich für eine Abmahnung eines schwerbehinderten Beschäftigten entscheiden will, unverzüglich die SBV unterrichten und ihr Gelegenheit zur Stellungnahme geben.[10]

---

7 Vgl. LAG München 28.5.2014 – 8 TaBV 34/12, ZBVR online 2014, Nr. 12, 35; zustimmend *Kohte*, Diskussionsforum Reha- und Teilhaberecht, Forum B, Beitrag Nr. 17/2014; *Adlhoch*, Behindertenrecht 2017, 23, 64; kritisch: *Sachadae*, jurisPR-ArbR 43/2014 Anm. 3.

8 BAG 16.4.2003 – 7 ABR 27/02, NZA 2003, 1105.

9 *Leube*, ZTR 2012, 207, 211; LPK-SGB IX/Düwell, 4. Aufl., § 94 Rn 13.

10 BAG 17.8.2010 – 9 ABR 83/09, Rn. 14, BAGE 135, 207 = NZA 2010, 1431; zustimmend: *Kleinebrink*, FA 2012, 194, 195.

4. Erhalt der eigenständigen Repräsentation

Im Bundesarbeitsministerium wurden Pläne verfolgt, die SBV durch den Sozialbetriebsrat, einen Ausschuss des Betriebsrats, zu ersetzen.[11] Der aufmerksame Beobachter konnte die Abneigung gegen die Eigenständigkeit der SBV schon der Antwort der Bundesregierung[12] auf eine Kleine Anfrage[13] entnehmen. Dort verstieg sich die Bundesregierung zu der Behauptung, es bestehe *»keine Kluft zwischen den hohen Idealen des Gesetzes und der … Alltagsrealität«*. Zudem deutete sie Vorbehalte gegen die »bestehende Institutionalisierung« an.[14] Die bereits mit ausgewählten Betriebsräten geführten Gespräche[15] wurden durch die Koalitionsvereinbarung vom 16. 12. 2013 gestoppt; denn dort war hineinverhandelt: »Anerkennung und Stärkung des ehrenamtlichen Engagements der Schwerbehindertenvertretungen.«[16] Der Fortbestand einer eigenen Vertretung der schwerbehinderten Beschäftigten entspricht Artikel 29 Abs. 1 Buchstabe lit a der Behindertenrechtskonvention der Vereinten Nationen.[17] Die dortige Forderung nach der Eigenrepräsentanz wird mit der Formel zum Ausdruck gebracht wird: »Nicht ohne, nicht über uns!«.[18]

5. SBV als modifizierte 1-Personen-Vertretung

Für die Wahl der SBV gilt nach § 177 Abs. 1 Satz 1 SGB IX: »werden eine Vertrauensperson und wenigstens ein stellvertretendes Mitglied gewählt«. Daraus folgt: Die SBV besteht aus einer Vertrauensperson und – soweit gewählt – aus stellvertretenden Mitgliedern. Im Grundsatz ist damit die SBV eine 1-Personen-Vertretung.[19] Sie kann im Unterschied zum Betriebsrat nicht entsprechend der Anzahl

11 Mitteilung des MdB *Uwe Schummer* auf der Tagung des Arbeitskreises der Schwerbehindertenvertretungen der Automobilindustrie am 10. 5. 2017 in Bremen.

12 BT-Drucksache 17/9347 vom 19. 4. 2012.

13 BT-Drucksache 17/8827 S. 3.

14 BT-Drucksache 17/8827 S. 9.

15 Dem Autor liegen Meldungen von Personen vor, die anonym bleiben wollen.

16 Koalitionsvertrag zwischen CDU, CSU und SPD 18. Legislaturperiode S. 110.

17 Übereinkommen der Vereinten Nationen über die Rechte von Menschen mit Behinderung vom 13. 12. 2006, ratifiziert durch das Gesetz vom 21. 12. 2008, BGBl. II S. 1412.

18 So auch das Bundesministerium für Arbeit und Soziales unter https://www.bundesregierung.de/Content/DE/Artikel/2014/03/201403-25-5-jahre-ratifizierung-un-konvention inklusion.html Aufruf 1. 10. 2017.

19 LPK-SGB IX/*Düwell*, 4. Aufl., § 94 Rn 6; so auch *Steiner*, Schwerbehindertenvertretung und Gleichstellungsbeauftragte als Interessenvertreter in der Dienststelle – Die äußeren und inneren Elemente ihrer Organisationsstruktur, DÖD 2011, 145.

der Wahlberechtigten zu einem mehrköpfigen Kollegialorgan anwachsen. Ihre Aufgaben nimmt die gewählte Vertrauensperson idR allein wahr. Im Fall der Verhinderung vertritt nach § 177 Abs. 1 Satz 1 SGB IX das mit der höchsten Stimmenzahl gewählte stellvertretende Mitglied die Vertrauensperson. Dieses besitzt dann nach §§ 179 Abs. 3 Satz 2 SGB IX die gleiche persönliche Rechtsstellung wie die Vertrauensperson. Das entspricht dem zeitweiligen Nachrücken nach § 25 Abs. 1 Satz 2 BetrVG. Stellvertretende Mitglieder können jedoch anders als vertretende Ersatzmitglieder auch ohne Nachrücken die Rechtsstellung eines aktiven Amtsträgers erlangen. Diese Modifikation der 1-Personen-Vertretung tritt ein, wenn die Vertrauensperson bei mehr als 100 schwerbehinderten Beschäftigten nach Maßgabe des § 178 Abs. 1 Satz 4 bis 6 SGB IX stellvertretende Mitglieder heranzieht. Vereinzelt wird angenommen, durch die Heranziehung werde die SBV zum Kollegialorgan.[20] Das ist jedoch unzutreffend; denn die herangezogenen stellvertretenden Mitglieder haben bei der nach § 178 Abs.1 Satz 6 SGB IX nötigen »Abstimmung« der Aufgabenwahrnehmung kein Stimmrecht. Allein die Vertrauensperson entscheidet.[21]

Diese besondere Struktur wird nicht selten verkannt, wenn der Begriff SBV mit dem der Vertrauensperson gleichgesetzt wird. Der Begriff ist nicht eingeführt worden, um die im alten Schwerbeschädigtenrecht gebräuchliche Bezeichnung »Vertrauensmann« geschlechtsneutral zu ersetzen; denn der maskuline Begriff ist bereits durch die weibliche Form »Vertrauensperson« geschlechtsneutral ersetzt. Soweit Gerichte den Begriff »Schwerbehindertenvertreter«[22] verwenden, ist das ein irreführender männlicher Begriff, den weder die Rechtssprache kennt noch der erkennen lässt, ob die Vertrauensperson oder die SBV oder ein stellvertretendes Mitglied gemeint ist.

6. Unterschied in der Aufgabenstellung

Sowohl Betriebsrat als auch SBV sind Interessenvertretungen. Beim Vergleich ihrer Aufgaben, zeigt sich jedoch ein gravierender Unterschied. Die SBV hat nicht nur die besonderen Interessen der schwerbehinderten Menschen zu vertreten, sondern soll diesen nach § 178 Abs.1 Satz 1 SGB IX »beratend und helfend zur Seite« stehen. Im Rahmen dieser auf Einzelfallhilfe ausgelegten Unterstützungsaufgabe hat sich die SBV auch um die besondern schutzbedürftigen Beschäftigten zu »kümmern«, die – weil sie keine Arbeitnehmer sind – nicht zur betriebs-

20 *Esser/Isenhardt* in: Schlegel/Voelzke, jurisPK-SGB IX, 3. Aufl. 2018, § 178 SGB IX Rn 15.
21 LPK-SGB IX, § 178 Rn. 31.
22 Vgl. BAG 27.7.2016 – 7 ABR 55/14, Rn. 41f, BAGE 155, 381= NZA 2017, 200.

verfassungsrechtlich vom Betriebsrat repräsentierten Belegschaft gehören (siehe oben unter 4). Das wird oft verkannt. So hat die Parlamentarische Staatssekretärin Lösekrug-Möller am 2. 12. 2014 auf eine Anfrage geantwortet: »... Der SBV, die nur für einen Teil der Belegschaft zuständig ist, würde (mit einer Erweiterung ihrer Rechte) eine privilegiertere Stellung eingeräumt, als sie der Betriebsrat als Interessenvertreter aller Arbeitnehmerinnen und Arbeitnehmer des Betriebs hat.«[23] Diese Aussage spiegelt eine weitverbreitete Fehleinschätzung wider, gegen die schon 2004 der DGB Bundesvorstand Stellung bezogen hatte.[24] Sprachlich: Der Betriebsrat ist nicht durch ein gnadenweise verliehenes Vorrecht »privilegiert«. Ein Vorrecht ist nicht steigerungsfähig. Inhaltlich: Die Annahme, der Betriebsrat vertrete zugleich auch alle schwerbehinderten Beschäftigten, ist falsch (siehe oben 4). Die Zuweisung von Rechten hängt nicht von der Größe einer Vertretung ab, sondern davon, ob zur Erfüllung der zugewiesenen Aufgabe eine Befugnis erforderlich ist. Wem – wie der SBV – die Beistandsleistung aufgegeben ist, benötigt denkgesetzlich die Information über den bevorstehenden Eintritt eines Beistandsfalles. Deshalb ist es z. B. erforderlich, dass die SBV vor der Abmahnung eines schwerbehinderten Beschäftigten unterrichtet wird. Sonst kann sie nicht Beistand leisten. Unerheblich ist in diesem Zusammenhang, ob der Betriebsrat, der keine so weitgehende Beistandsaufgabe zu erfüllen hat, die größere Vertretung ist.

7. Resümee

Das BTHG hat die Selbstrepräsentanz der schwerbehinderten Beschäftigten gesichert. Das war und ist ein notwendiger Schritt für die Schaffung einer inklusiven Arbeitswelt.

23 Schriftliche Antwort BMAS vom 2. 12. 2014 zu Anfragen Arbeitsnummer 191 bis 193.

24 Brief von *Dr. Engelen-Kefer* vom 18. 2. 2004 an den Staatssekretär im BMGS und an Mitglieder des BT-Ausschusses, Geschäftszeichen EK/sh-wh; vgl. *Düwell/Beyer*, Das neu Recht für behinderte Beschäftigte, S. 183 *f.*

Warum künstliche Intelligenz Mitbestimmung lernen sollte

Isabel Eder, Ass. jur., Abteilung Mitbestimmung, Datenschutzbeauftragte, Hauptverwaltung, Industriegewerkschaft Bergbau, Chemie, Energie, Hannover

Kürzlich las ich folgendes Zitat eines theoretischen Physikers in einem Buch über künstliche Intelligenz: »*The corporate boards of the future will be circuit boards*«[1], was übersetzt so viel heißt wie: »Der Vorstand der Zukunft wird aus Schaltkreisen bestehen.« Natürlich ist es wahr, dass wir uns immer mehr auf die Ergebnisse von IT-Systemen verlassen. Aber in weiteren Beiträgen in dem genannten Buch geht es um Visionen, dass der Mensch sich künstliche Intelligenz uploaden, also hochladen, lassen kann und dass diese eventuell unsere Retter sein wird auf einer Erde, die irgendwann nicht mehr lebensfähig für uns Menschen sein wird.[2] Das ist ebenso faszinierend wie erschütternd. Aber was heißt das konkret für Interessenvertretungen?

1. Künstliche Intelligenz @ allgemein

Was meinen wir, wenn wir von künstlicher Intelligenz sprechen? Künstliche Intelligenz (KI) ist laut Wikipedia ein Teilgebiet der Informatik, welches sich mit der Automatisierung intelligenten Verhaltens befasst. Encyclopaedia Britannica definiert künstliche Intelligenz als die Fähigkeit eines digitalen Computers oder eines computerkontrollierten Roboters, Tätigkeiten auszuführen, die normalerweise mit intelligenten Wesen in Verbindung gebracht werden.[3] Es ist nicht mehr, aber auch nicht weniger als das.

---

1 *Lisi, Antony Garrett*: I,for one, welcome Our Superintelligent Machine Overlords, in: Brockman, John (Hrsg.): What do you think of machines that Think?, 2015, https://www.edge.org/response-detail/26245 (Abruf am 12. 1. 2018).

2 *Tipler, Frank*: Wenn du sie nicht unterkriegen kannst, schließ' dich ihnen an in: Brockman, John (Hrsg.): Was sollen wir von künstlicher Intelligenz halten? Frankfurt am Main, 2017, Fischer Verlag GmbH, S. 46 – 48.

3 »the ability of a digital computer or computer-controlled robot to perform tasks commonly associated with intelligent beings«.

Im Zusammenhang mit meinen Recherchen lernte ich Sophia kennen: Sophia ist ein humanoider Roboter von Hanson Robotics, der in Talkshows auftritt und als erster Roboter die saudische Staatsangehörigkeit verliehen bekommen hat.[4] Eine charmante Inszenierung. Neue Technologien finden meist zuerst im Privaten allgemeine Akzeptanz: Alexa, Siri, Sophia und auch Harmony, ein Sex Roboter mit KI-Komponenten. Damit wird der Weg geebnet. KI soll Spaß machen.
China erklärte KI zur Schlüsseltechnik, und 2030 soll China nach Willen des Staatsrats Weltmarktführer in dieser Technologie sein.[5] Geplant ist außerdem ein sogenanntes Social Credit System. Die Bürger bekommen für das Überfahren einer roten Ampel oder das Anschauen pornografischer Inhalte Minuspunkte. Für das Lesen der Parteizeitung oder gesunde Ernährung gibt es Pluspunkte. Das wirkt sich positiv wie negativ auf Kreditvergabe, Karriereentwicklungsmöglichkeiten, Studienplatz der Kinder, Krankenkasse etc. aus.

2. Künstliche Intelligenz @ Arbeitswelt

In der Arbeitswelt gibt es schon vielfältige Anwendungsbereiche von KI:
Hier begegnet den Beschäftigten KI z. B. in Form von IBM Watson, deren Lösungen in der Industrie eingesetzt werden kann. Im Laborbereich können damit Analysen durchgeführt werden, ganz ohne menschliche Einwirkung. Die Vision: Analysen können mittels KI virtuell durchgeführt werden, wenn die KI vorher mit ausreichend Daten gefüttert wurde. Das eignet sich für sehr gefährliche bzw. aufwendige Vorgänge. Schon jetzt wird die Virtual Reality-Technologie zum Einstudieren von Operationen oder bei Tierversuchen eingesetzt.
KI wird auch im Personalbereich eingesetzt: in der Personalbeschaffung, -service oder in der -Entwicklung in Form von sogenannten Chatbots[6], also eine Art Alexa – Assistent am Computer. Der Dienst an den Beschäftigten soll damit verbessert werden. Der Roboter/Computer als neues Teammitglied interagiert mit den Beschäftigten.
KI ist aber auch eine Schlüsseltechnologie mit Blick auf Personalfragen, wie man bei den umfassenden Personal- bzw. Talentsystemen wie z. B. SAP Successfactors,

---

4 Online-Artikel: Roboterfrau bekommt saudische Staatsbürgerschaft, in: Frankfurter Allgemeine Zeitung http://www.faz.net/aktuell/wirtschaft/diginomics/roboter-sophia-bekommt-saudi-arabiens-staatsbuergerschaft-15265867.html (Abruf am 18. 12. 2017).

5 *Buschmann, Rafael* u. a.: Der hellwache Riese, in: Der Spiegel, 2017, Ausgabe Nr. 46, S. 14–22, 20.

6 https://personalmarketing2null.de/2017/07/chatbots-recruiting-candidate-experience/ (Abruf am 14. 1. 2018).

Workday, Conerstone feststellen kann. SAP setzt laut ihrer Internetseite KI vor allem ein, um Stereotype zu erkennen und abzubauen, bei Leistungsbeurteilungen und Gehaltsverhandlungen möglichst vorurteilsfrei agieren und anhand reiner Leistungsdaten entscheiden zu können.
Übrigens: Ein betriebliches Credit System gibt es noch nicht. Aber aus den Social Business-Lösungen und Unified Communications-Lösungen, die es bereits gibt, scheint etwas Ähnliches nicht undenkbar.[7] Aus freiwilligen Posts und Likes werden verpflichtende Rankings, der Präsenzstatus, die Häufigkeit des Einstellens von Artikeln und Nachrichten sowie die freiwillige Übernahme von Zusatzprojekten könnten Punkte bringen. Systeme, die Beschäftigte in Schubladen einteilen ggf. noch durch subjektive Einschätzungen, die Interessenvertretungen nicht mit beeinflussen können, haben wir bereits. Und wenn es gut läuft, bin ich ein »Star« oder »Emerging Star«, wenn es schlecht läuft, bin ich ein »questionable fit«.

3. Künstliche Intelligenz @ Interessenvertretung braucht ...

3.1 Erkenntnis der digitalisierten Personalarbeit als wichtiges Handlungsfeld

Unternehmen geht es darum, dezentral die Personal- und letztlich die Unternehmenssteuerung vornehmen zu können. Deshalb ist digitalisierte Personalarbeit bzw. der Einsatz von KI in der Personalarbeit ein strategisches Handlungsfeld für Interessenvertretungen. Es geht also mitnichten »nur« um die Einführung eines weiteren IT-Systems. Viel zu selten wird erkannt, dass es hier um wichtige Zukunftsfragen für das Unternehmen geht, die im Aufsichtsrat, im Wirtschaftsausschuss und in den zuständigen Betriebsratsgremien diskutiert und entschieden werden müssen. Das liegt oft daran, dass zunächst nur ein einfaches Modul (z. B. Stammdatenmodul) eingeführt wird.
Tatsächlich hängen daran ganz zentrale weitere Fragen für die Belegschaft: die zukünftige Unternehmensstrategie, die Auswirkungen auf die Investitionsplanung, die Unternehmenskommunikation, die Personalplanung global, die Weiterbildung global. Die zwingende Mitbestimmung zur Einführung und Anwendung einer technischen Einrichtung wird von Arbeitgebern in der Regel beachtet, aber die weitreichenden anderen genannten Dimensionen werden nicht erörtert. Technische Details gehören zwar in den IT- oder EDV-Ausschuss, nicht

7 Man denke nur an das Buch von *Eggers, Dave*: Der Circle, Köln, 2014.

aber die digitalisierte Personalarbeit als Ganzes und die Diskussion darüber. Die gehört in das Gremium selbst, weil damit gesteuert wird.

3.2 Dokumentation zur Plausibilitätskontrolle

Die KI lernt selbstständig über neuronale Netzwerke und wird nicht mehr durch ein klassisches Softwareprogramm (Algorithmus) gefüttert. Wenn sie nicht mehr programmiert wird, entscheidet sie aufgrund der mitgegebenen Kriterien selbst. Programmierte Befehle fallen weg, sodass eine Dokumentation nicht mehr erfolgen muss, der Mensch in der Konsequenz aber dann auch keinerlei Dokumentation mehr hat.[8] In der Folge ist eine Plausibilitätskontrolle nicht möglich. Aus Datenschutzgesichtspunkten könnte man das befürworten: In einer Mensch-Maschine-Zusammenarbeit sollen Daten nicht zur Kontrolle von Beschäftigten genutzt werden. Man könnte also auf die Idee kommen, dass diese Daten nicht gespeichert werden sollten.
Aber angesichts der Erfahrungen bei Facebook, wo zwei Chatbot-KIs innerhalb kürzester Zeit eine neue Sprache entwickelten, um effektiver zu kommunizieren, ist Dokumentation eine absolute Notwendigkeit. Das gilt mit Blick auf eine nachträgliche Fehlersuche und -analyse und die Erhaltung von Know-how. Beim Einsatz von KI muss aber auch gewährleistet sein, dass die Arbeitsweise der KI nachvollzogen werden kann und auch immer die Möglichkeit einer Plausibilitätskontrolle der Ergebnisse besteht sowohl in zeitlicher als auch in fachlicher Hinsicht (unter Hinzuziehung von Sachverstand). Nur mit einer Dokumentation kann übrigens auch die Einhaltung von Mitbestimmung(-sregulungen) kontrolliert werden. Betriebsräte sollten in Betriebsvereinbarungen beides (die Dokumentation und die Plausibilitätskontrolle) absichern.

3.3 Mitbestimmungsfreundliche Technikgestaltung und mitbestimmungsfreundliche Voreinstellungen

Zentraler Punkt mit Blick auf Politik und mit Blick auf die Interessvertretungen: Wir brauchen eine mitbestimmungsfreundliche Technikgestaltung (»participation by design«) und mitbestimmungsfreundliche Voreinstellungen (»participation by default«). Ähnliche Begriffe sind bekannt aus der Datenschutzgrundverordnung. Wir brauchen eine Debatte darüber, dass die Mitbestimmung von Anfang an bei der Technikgestaltung mitgedacht werden muss. Andernfalls droht sie bedeutungslos zu werden, wenn mitbestimmungspflichtige Entscheidungen schon »verbaut« sind. Wenn nicht mehr programmiert wird, sondern KI anhand

8 *Höpken, Andreas*, Künstliche Intelligenz in der Arbeitswelt, CuA 2017, 8–12.

von Daten und Kriterien entscheidet, muss eine automatisierte Entscheidung in Bezug auf Arbeitszusammenhänge begrenzt werden, um eine effektive Mitbestimmung noch möglich zu machen. Alternativ muss Mitbestimmung eingebaut werden.

In den (über-)betrieblichen Verhandlungen muss der Betriebsrat seine Rechte frühzeitig einfordern und ggf. Prozessvereinbarungen abschließen. In solchen Vereinbarungen können Spielregeln bzw. Zwischenstände sowie der Austausch unter Hinzuziehung von Sachverstand geregelt werden.

Auch im betrieblichen Kontext sollte die Interessenvertretung per Betriebsvereinbarung einfordern, dass die eingesetzte KI mitbestimmungsfreundlich ist. Die KI muss wissen, was ein Betriebsrat ist und wie die Vereinbarungen im Konzern, Unternehmen, Betrieb aussehen. Dazu muss man der KI die arbeitnehmerfreundlichen Kommentierungen des Bund-Verlags zum BetrVG, der Gesetze zur Unternehmensmitbestimmung und anderer Arbeitsschutzgesetze hochladen, so ähnlich auch ein sehr lesenswerter Beitrag, der denselben Ansatz verfolgt und verlangt, dass man die Arbeitsschutzgesetze inklusive der Urteile des BAG mit in den Denkprozess der KI mit einspeisen kann.[9] Damit kann man die KI arbeitnehmerfreundlich »einnorden«. Wir müssen der KI menschliche Werte in ihre Zielsysteme einbauen, um einen rechtlichen und wirtschaftlichen Rahmen zu schaffen, der Anreize für positives Verhalten bietet.[10] Wenn man die Erfolge der Mitbestimmung ebenfalls hochladen würde, dürfte in der Konsequenz eine Flucht aus der Mitbestimmung von der KI geradezu ausgeschlossen werden.

4. Ausblick

»*If you can't beat 'em, join 'em*« also »*Wenn du sie nicht unterkriegen kannst, schließ' dich ihnen an*«.[11] Dieser Beitrag beleuchtet, ab wann und wie es möglich sein wird, dass sich der Mensch der künstlichen Intelligenz hochladen kann. Die Folgefrage, die sich dann stellt, ist: Wer wird herrschen, die KI oder der Mensch?

---

9 *Brandt, Jochen*, Not-Aus gegen allzu smarte Roboter, CuA 2017, 13–16.

10 *Omohundro, Steve:* Ein Wendepunkt in der Künstlichen Intelligenz, in: Brockman, John (Hrsg.): Was sollen wir von künstlicher Intelligenz halten? Fischer Verlag GmbH, 2017, S. 40–43, 42.

11 *Tipler, Frank*, Wenn du sie nicht unterkriegen kannst, schließ' dich ihnen an, in: Brockman, John (Hrsg.): Was sollen wir von künstlicher Intelligenz halten? Frankfurt am Main, 2017, S. 46–48, 47.

Die Technikfaszination bzw. -debatte einerseits genauso wie die Frage nach der Zukunft der Menschheit andererseits dürfen unseren Blick nicht vernebeln: In der gesellschaftlichen Debatte und in den Betrieben muss eine Debatte zum Thema KI zwischen den Betriebsparteien und den Gewerkschaften zum Wohle der Beschäftigten und des Betriebs stattfinden.

Und wenn wir es tatsächlich schaffen, der KI menschen- und mitbestimmungsfreundliche Gedanken mit auf den Weg zu geben, dann kann sie ein Partner werden. Aber komisch klingt es schon: Ein mitbestimmungsfreundlicher Schaltkreis als Vorstand …

Industrie und Arbeit 4.0 als zweite Chance für § 28a BetrVG

Dr. Gerd Engels, Ministerialdirigent a. D./Yvonne Trebinger, Ministerialrätin

Die Vorschrift des § 28a BetrVG ist durch das BetrVerf-Reformgesetz vom 23. Juli 2001[1] in das Betriebsverfassungsgesetz eingefügt worden. Die Regelung war umstritten. Erstmals wurde die bis dahin ausschließlich bipolare Struktur der Betriebsverfassung – hier der Arbeitgeber, dort der Betriebsrat – durchbrochen und mit der Arbeitsgruppe ein dritter Akteur zugelassen.[2] Wie kam es zu dieser Entwicklung?

In internen Diskussionen im Bundesarbeitsministerium zur Reform der Betriebsverfassung bestand der damalige Koalitionspartner der SPD, Bündnis 90/DIE GRÜNEN, darauf, die Betriebsverfassung »zu individualisieren«. Entsprechend den Forderungen der seinerzeit aus dem Boden schießenden jungen Unternehmen der IT-Branche verlangten die GRÜNEN, u. a. für diese Branche flexiblere Formen der betrieblichen Interessenvertretung wie z. B. Runde Tische im Betriebsverfassungsgesetz zu verankern; diese bräuchten auch keine Mitbestimmungsrechte, weil die dort Beschäftigten aufgrund ihres Fachwissens für diese Unternehmen von größter Wichtigkeit seien und deshalb mit ihren Arbeitgebern auf Augenhöhe verhandeln könnten. Schließlich gaben sich die GRÜNEN mit der in § 28a BetrVG gefundenen Lösung zufrieden, ermöglicht sie es doch den einzelnen Arbeitnehmern, stärker als bisher in Angelegenheiten miteinbezogen zu werden, die sie selbst oder ihre unmittelbare Arbeitsumgebung betreffen[3].

Das wissenschaftliche Echo auf die Regelung des § 28a BetrVG reichte damals von befürwortend[4] über zurückhaltend[5] bis überwiegend ablehnend[6]. Auch *Thomas Klebe* zeigte sich damals in Gesprächen skeptisch und sagte der Regelung

---

1 BGBl. I S. 1852 ff.

2 *Fitting/Engels/Schmidt/Trebinger/Linsenmaier* Betriebsverfassungsgesetz, 29. Aufl. 2018, § 28a Rn. 6a f.

3 Gesetzesbegründung BT-Drucks. 14/5741 S. 25, 29 f.

4 Vgl. *Blanke/Rose,* RdA 2001, 92, 97; *Löwisch,* BB 2001, 1734, 1740 f.

5 S. *Konzen,* RdA 2001, 76, 84 f.; *Natzel,* DB 2001, 362 ff.

6 Vgl. *Däubler,* AuR 2001, 285, 289; *Hanau,* RdA 2001, 65, 73, 76; *Picker,* RdA 2001 Beil. zu H. 4 S. 259, 269; *Richardi,* NZA 2001, 346, 351.

eine geringe Praxisrelevanz voraus. Er sollte leider Recht behalten, zumindest bisher.
Im Zusammenhang mit Industrie 4.0 und der hieraus folgenden Notwendigkeit, eine Arbeit 4.0 zu gestalten, kann sich die Chance ergeben, dass Arbeitgeber und Betriebsräte die in § 28a BetrVG enthaltenen Möglichkeiten ergreifen, um eine sachgerechte Einbeziehung der betroffenen Arbeitnehmer in den bevorstehenden umfassenden Strukturwandel in Unternehmen und Betrieben sicherzustellen.[7]

1. Ausgangslage

Konzern-, Unternehmens- und Betriebsstrukturen waren in den letzten Jahrzehnten einem ständigen Wandel unterworfen. Das war einer starken Dezentralisierung und Flexibilisierung der Entscheidungswege, einer Änderung der Arbeitsabläufe und der Internationalisierung der Wirtschaft geschuldet. Der bisherige Strukturwandel ist aber dem sich im Zuge einer Realisierung der Industrie 4.0 abzeichnenden Neuausrichtung der Wirtschaft nicht vergleichbar. Dieser Wandel wird das gesamte Arbeitsleben erfassen. Arbeitsorganisation, Arbeitsabläufe, Arbeitsumgebung, Arbeitsplätze und Arbeitsinhalte werden sich grundlegend ändern[8]. Ein markantes Zeichen für Arbeiten 4.0 ist, dass die Arbeit oft projektbezogen, teilweise auch betriebs- und unternehmensübergreifend organisiert werden kann. Um diesen modernen Arbeitsformen auch in bestehenden betriebsverfassungsrechtlichen Strukturen besser gerecht werden zu können, kann die Übertragung von Aufgaben nach § 28a BetrVG auf Arbeitsgruppen sowohl für den Betriebsrat als auch für den Arbeitgeber ein überaus sinnvolles Element für eine kluge Bewältigung der mit Industrie 4.0 zusammenhängenden Veränderungen der Arbeitswelt im Sinne einer basisdemokratischen Teilhabe sein.
Die Übertragung von betriebsverfassungsrechtlichen Aufgaben auf eine Arbeitsgruppe setzt den Abschluss einer Rahmenvereinbarung zwischen Arbeitgeber und Betriebsrat voraus, in der die konkrete Arbeitsgruppe bestimmt wird sowie die Regelungen festgelegt werden, die bei einer Aufgabenübertragung auf die Gruppe zu beachten sind, insbesondere eine genaue Umschreibung ihres Tätig-

7 Hierfür spricht die im Weissbuch Arbeiten 4.0 S. 156 enthaltene Feststellung, dass viele Betriebsräte innovative Formen der gezielten basisdemokratischen Beteiligung der von ihnen vertretenen Beschäftigten nutzen.

8 S. *Günther/Böglmüller*, NZA 2015, 1025ff.; *Krause*, NZA 2017 Beil. 2 S. 53ff.; *Krause*, NZA 2016, 1004ff.; *Schulze/Hofer*, AiB 7-8/2016, 27ff.; *Schwarzbach*, AiB 7-8/2016, 21ff.; *Steffan*, NZA 2015, 1409ff.; *Uffmann*, NZA 2016, 977ff.

keitsbereichs. Hinzukommen muss die Entscheidung des Betriebsrats, welche betriebsverfassungsrechtlichen Aufgaben er der Gruppe übertragen will und ob sie übertragungsfähig sind, es also um Sachverhalte geht, deren Regelung einer Beteiligung des Betriebsrats zugänglich sind.

2. Beteiligungsfähige Sachverhalte bei Realisierung von Industrie 4.0

Die Digitalisierung ermöglicht neuere Formen der Dienstleistung, die es erschweren festzustellen, ob sie im Rahmen eines Arbeitsverhältnisses, in freier Mitarbeit oder in (Solo-)Selbständigkeit erbracht werden. So gibt es bei economy on demand aufgrund der vielen verschiedenen Gestaltungsmöglichkeiten und praktischen Handhabungen je nach Branche keine allgemeingültigen Kriterien für den Rechtsstatus der vermittelten Dienstleister.[9] Vor diesem Hintergrund könnte die Arbeitsgruppe aufgrund ihrer Sachnähe und im Hinblick auf die ihr übertragenen Rechte auch klären bzw. Kriterien entwickeln, unter welchen Bedingungen Beschäftigte in Folge ihrer Einbindung in die jeweilige digitale Kommunikationsstruktur als in die betriebliche Arbeitsorganisation eingegliedert anzusehen sind. Damit könnte eine Feststellung erleichtert werden, ob die für den Arbeitnehmerstatus des Dienstleisters erforderliche persönliche Abhängigkeit gegeben ist oder aber ob eine betriebsverfassungsrechtlich relevante Form der Heimarbeit vorliegt.

Die Digitalisierung erleichtert eine orts- und zeitflexible Arbeit. Die »außerbetriebliche« Arbeit im Home Office oder Mobile Office hat außer der räumlichen eine gesundheitliche Komponente: Die Sicherstellung des öffentlichen Arbeitsschutzes und die Gefahr einer zeitlichen Entgrenzung der Arbeit. Die rechtliche strikte Trennung zwischen Arbeitszeit und Freizeit gerät angesichts der fortschreitenden Erscheinungsform der »arbeitsbezogenen erweiterten Erreichbarkeit« infolge moderner Arbeitsmittel (Smartphone, Laptop, Handy) ins Wanken.[10] Die Arbeitsgruppe könnte hier Leitlinien zur Vermeidung oder Minimierung negativer Folgen formulieren: Vereinbarung von Phasen absoluter Nicht-Erreichbarkeit, Kontaktaufnahme außerhalb der Arbeitszeit nur bei geringstmöglichem Eingriff in Freizeit, Abhängigmachen einer zulässigen Kontaktaufnahme von beruflicher Stellung sowie persönlicher und familiärer Situation usw. Eine derartige aktive Einbeziehung der Beschäftigten in die Gestaltung der flexi-

---

9 *Lingemann/Otte,* NZA 2015, 1042, 1045.

10 *Schlegel,* NZA 2014 Beil. 1 S. 16, 19.

blen und mobilen Arbeit ist Voraussetzung für ein Gelingen dieser Arbeitsformen.[11] Die Übertragungsfähigkeit dieser Angelegenheit folgt aus § 87 Abs. 1 Satz 1 Nrn. 2, 3, 7, § 89 Abs. 1, aber auch aus § 90 Abs. 1 Nr. 3, Abs.2 BetrVG. Die Digitalisierung fördert überdies den Trend zu flexiblen Arbeitsorganisationen, in die sehr unterschiedliche Formen der Arbeitserbringung eingepasst werden müssen. Das reicht von Home oder Mobile Office bis hin zur Arbeitsleistung autonomer Teams, die in agilen hierarchiearmen oder -losen Arbeitseinheiten erbracht werden. Diese Art der Arbeit bedingt einen (partiellen) Kontrollverlust des Arbeitgebers bez. der Arbeitsleistung und der -ergebnisse. Die Versuchung ist groß, den Kontrollverlust durch (verdeckte) Überwachung der Arbeitnehmer z.B. mittels Ortung des Handys, direkten Zugriff auf Smartphone, Tablet, Laptop oder das Andienen von Wearables auszugleichen.[12] Da digitale Arbeitsmittel über starke persönlichkeits- und verhaltensrelevante Komponenten verfügen, sollte die Arbeitsgruppe einen Katalog von Kriterien zusammenstellen, die Aufschluss darüber geben, ob, wann, wo, wie lange, in welcher Weise und welche Arbeitnehmer überwacht werden dürfen. Die Übertragungsfähigkeit dieser Angelegenheit folgt insbes. aus § 87 Abs. 1 Satz 1 Nr. 1, Nr. 6, § 75 Abs. 2 BetrVG. Unabhängig davon, wieweit die Digitalisierung im Unternehmen fortgeschritten ist, steht von Anfang an fest, dass sich die Anforderungen an die Beschäftigten stark ändern werden. Das ist insbes. dann der Fall, wenn es um Arbeitsorganisationskonzepte geht, die eine dezentrale Selbststeuerung mit umfänglichen Aufgabenstellungen, großen Handlungsspielräumen sowie eine ausgeprägte Kommunikation und Interaktion erfordern. Hier sind u.a. arbeitsplatznahe Qualifizierungsmaßnahmen für die Belegschaft zu entwickeln sowie moderne Formen für mobiles, interaktives und situationsadaptives Lernen zu nutzen und sie auf die jeweilige Situation im Unternehmen anzupassen. Die Arbeitsgruppe könnte hier als fachliche Institution in eigener Sache tätig werden. Sie könnte nicht nur überzeugend darlegen, wie eine drohende Deklassierung von Teilen der Belegschaft, verbunden mit Entlassungen, vermieden, sondern wie einem Motivationsverlust der Arbeitnehmer und Einbußen der Wettbewerbsfähigkeit des Unternehmens entgegengewirkt werden kann. Die Übertragungsfähigkeit dieser Angelegenheit ergibt sich vor allem aus §§ 92f., 96ff. BetrVG.

---

11 *Klebe*, NZA 2017 Beil. 3 S. 77, 81.

12 BAG 27.7.2017, NZA 2017, 1327; *Günther/Böglmüller*, NZA 2017, 546, 549f.

3. Vorteile einer Arbeitsgruppe bei Realisierung von Industrie 4.0

Die Realisierung von Industrie 4.0-Projekten erfordert Zeit. Die neuen smarten Systeme können in der Regel nicht schlüsselfertig in einem Plug-and-Play-Verfahren in den Betrieben implementiert werden. Sowohl der Entwicklungs- und Gestaltungsprozess der neuen Produktionssysteme als auch deren Einführungsprozess im Anwenderbetrieb sind ausschlaggebend für die Gestaltung der dortigen Arbeit, die Arbeitszufriedenheit der Beschäftigten und den Erfolg des Unternehmens.[13] Die Einführung dieser Systeme ist zeitaufwendig und löst zahlreiche Mitwirkungs- und Mitbestimmungsrechte des Betriebsrats aus. Seine frühzeitige Einbeziehung kann dabei helfen, eine spätere, kostspielige und zeitaufwendige Auseinandersetzung zu vermeiden. Arbeitgeber sollten durch Abschluss einer Rahmenvereinbarung mit dem Betriebsrat die Chance des § 28a BetrVG sowohl für eine möglichst konfliktfreie Begleitung des Vorhabens »Industrie 4.0« als auch für eine angemessene Abfederung der Auswirkungen auf die Arbeitnehmer nutzen.

Dabei kann die Arbeitsgruppe sehr flexibel konzipiert werden. Sie kann innerhalb oder auch außerhalb der betrieblichen Arbeitsorganisation angesiedelt sein. Sie ist als reale, aber auch als virtuelle Projektgruppe denkbar, deren Mitglieder über elektronische Medien miteinander kommunizieren.[14] Ihr Tätigkeitsfeld kann auf die bloße Klärung einzelner Probleme bei der Einführung von Industrie 4.0 beschränkt, aber auch umfassend ausgestaltet werden. Sie stellt eine autonome Instanz dar, wenn der Betriebsrat ihr Beteiligungsrechte zur eigenständigen Wahrnehmung gegenüber dem Arbeitgeber überträgt. Oder aber sie wird je nach übertragenem Beteiligungsrecht mit unterschiedlichen Befugnissen ausgestattet. Für den Fall, dass Industrie 4.0-Projekte einheitlich für mehrere oder alle Betriebe eines Unternehmens geplant werden, können diese Vorhaben betriebsübergreifende Arbeitsgruppen begleiten,[15] denen Fachleute aus den unterschiedlichen (Organisations-)Bereichen der unternehmerischen Tätigkeit angehören. Entsprechendes gilt für unternehmensübergreifende Arbeitsgruppen, die in einer durch Tarifvertrag nach § 3 Abs. 1 Nr. 2 oder 3 BetrVG gebildeten Organisationseinheit tätig werden können.[16]

Thomas Klebe[17] hat zurecht betont, dass die Beschäftigten an Entscheidungen, die ihr Arbeitsleben aufgrund von Digitalisierung und Globalisierung betreffen, zu beteiligen sind. Hier bietet § 28a BetrVG einen guten Weg.

---

13 Vgl. *Schwarzbach*, AiB 7-8/2016, 21, 23.

14 *Tüttenberg*, Arbeitsgruppe S. 33f.

15 *Fitting* (Fn 2), § 28a Rn 12b.

16 DKKW-*Wedde*, Rn. 19; *Tüttenberg*, Arbeitsgruppe S. 52f.

17 *Klebe*, NZA 2017 Beil. 3 S. 77, 79, 84.

Is There Any Harm in Asking? Applicant Pay Privacy in German and American Law

Prof. Dr. Dres h.c. Matthew W. Finkin, University of Illinois (USA)

1. Introduction

Most American workers believe that employers should not ask applicants about their current wage. But, overwhelmingly, American law does not prohibit the question from being asked. German law does. This invites a comparison of how these two countries conceive of what is at stake.

2. German Law

German law accords a right to »informational self-determination« that gives the individual a meaningful degree of control over the information collected about her: whether it can be acquired; how acquired; for what purpose; and with what consequences. More than 30 years ago, the *Federal Labor Court* held that inquiry into an applicant's current pay could be asked only if it was relevant to the employee's qualifications for the job; the question may not be asked simply to establish a baseline to negotiate the applicant's wage.[1] Subsequent commentary and judicial opinion added a further caution: as the information could weaken the applicant's bargaining position, the question should only rarely be allowed.[2] The commentators agree that the question can be if as it would be indicative of the applicant's level of job qualification.[3]

1 BAG 19.5.1983 – 2 AZR 171/81, AP Nr. 25 zu § 123 BGB.

2 *Heinz Peter Moritz*, Fragerecht des Arbeitgebers sowie Auskunfts- und/oder Offenbarungspflicht des Arbeitnehmers bei der Anbahnung von Arbeitsverhältnissen?, NZA 1987, 329, 333. A distinctly minority view would reverse the analysis: the question would ordinarily be lawful and only exceptionally unlawful. *Joussen, in* BeckOk/Arbeitsrecht § 611. But that view has been challenged. *E.g.* Maties *in* BeckOGK, § 611. I am indebted to Philipp Fischinger for bringing these to my attention.

3 ErfK-*Preis*, § 611, Rn. 271 ff. (17th ed. 2017). Accord: *Wisskirchen / Bissels*, Das Fragerecht des Arbeitgebers bei Einstellung unter Berücksichtigung des AGG, NZA 2007, 169, 174; *Richardi / Fischinger in* Staudinger, BGB § 611 (2016).

3. U.S. Law

A prospective American employer is free to inquire of an applicant into whatever it will, unless the question is prohibited. The sources of prohibition are found either in the common law of privacy or in a specific legislative prohibition. Either of these could confront the federal constitution's prohibition of the state's abridgment of freedom of expression.

3.1 Sources and Substance

3.1.1 Privacy in General

The gravamen of common law's conception of a »wrongful intrusion« into one's »seclusion,« as it is termed, is that it must be »highly offensive to a reasonable person.« Though the idea of offensiveness plays a role in extraordinarily intrusive employer questioning, whether a question can be asked in the employment setting has come to turn less on offensiveness than on relevance to the business purpose the question serves. Merely »innocuous« questions that are not offensive but serve no business interest are not considered privacy-invasive. Thus, it has fallen to the legislatures to decide whether the scope of inquiry should be narrowed. This they have done, piecemeal.

3.1.2 Specific Legislative Restriction

Laws prohibiting employment discrimination set out characteristics that are out of bounds for consideration in hiring – race, sex, and the like. Inquiry of applicants that bear on these attributes are not expressly prohibited, but inasmuch as questions relating to them could evidence an unlawful act the very asking is prohibited in practice.

However, some laws insulating an attribute from consideration do couple it with an express prohibition on inquiry, as a prophylactic. If, for example, a law forbids a refusal to hire an applicant for having filed a workers' compensation claim, the law has forbidden an employer to ask whether the applicant had ever filed a claim.[4] Alternatively, a state may shrink from prohibiting reliance on a suspect characteristic, but seek to discourage its consideration; for example, though long-term unemployment may not be a prohibited ground for a refusal to hire, the advertising of jobs stating that current employment was a qualification has been prohibited.[5]

It is also possible for the law to require respect of an applicant's informational privacy per se. A recent spate of laws prohibit employers from requesting appli-

4 *E.g.* 820 ILCS 50/10(a) [Illinois].

5 N.J. Dept. of Labor v. Crest Ultrasonics, 82 A.3d 258 (N.J. App. Div. 2014).

cants to supply access to their password protected social media accounts.[6] These laws do not prohibit employers from making hiring decisions based on the contents of an applicant's social media; they require respect of the applicant's privacy by disallowing the securing of account information from the applicant.
Turning to pay privacy, it would not be a violation of the common law to ask an applicant what she is currently paid. But, four states and several cities, including Philadelphia, prohibit inquiry into an applicant's wage history.[7] These laws also variously allow, restrict, or prohibit the employer's use of that information in making offers of employment. The Philadelphia ordinance falls into the latter category. The ordinance is being challenged as an infringement of the employer's constitutional right to free speech, to which attention next turns.

3.2 Constitutional Restriction on the Restriction of Speech

A question is speech. The constitution forbids laws abridging freedom of expression. Whether the constitution nevertheless allows a prohibition on asking an applicant about her current wage opens on to an evolving – and bewildering – body of law in which judicial guidance on this specific issue is non-existent thus far. The paucity of constitutional guidance is due to the fact that only recently business has turned to the first amendment as a means of blunting regulation, which effort has been encouraged by a sympathetic *Supreme Court.*[8] The suit in Philadelphia can be seen accordingly as a vehicle, using a novel municipal speech prohibition, one not yet deeply rooted historically nor as widespread and popular as the restriction on social media, to press or test the constitutional limit.
The prohibition of wage inquiry has been justified on the connection of wage history to sex discrimination: that existing gaps between male and female wages are perpetuated by reliance on female applicants' current wage; that women tend to negotiate on wages less often than men. Even if these assumptions can be proven to be well grounded, the constitutionality of the prohibition on asking about an applicant's current wage would depend on the intensity of judicial scrutiny the constitution requires, which is a complex area of evolving constitutional doctrine.

6 These are compiled in Matthew Finkin, Privacy in Employment Law 437 (4th ed 2013).

7 Cal. Lab. Code § 432.3; Del. Code Ann., tit. 19, Ch. 7, § 709B; Mass. Gen. L. ch. 149, § 105 A(c); Or. Rev. Stat. § 652.220(1); N.Y.C. Admin. Code § 8-107(25); Phil. Code. Ch. 9-1103.

8 *See* John Coates, *Corporate Speech and the First Amendment: History, Data, and Implications*, 30 Const. Comment 223 (2015).

4. In Comparative Perspective

Now let us put the interview question in comparative perspective. German law flows from an axiomatic principle of respect for the individual's right freely to determine what personal information to disclose. When a claim of business need is made against it, a balance must be struck; but, the state's hand is on the balance in favor of the individual. In the United States, the common law of privacy flows from social norms that favor business against which legislative restriction for the better protection of individual privacy would hit a constitutional headwind of as yet undetermined intensity.

Consequently, when it comes to asking a job applicant what she is being paid the laws become mirror images. In Germany, the employer bears the burden to prove that the *question* is necessary under a strict standard of relatedness to job qualification. In America, the state bears the burden to prove that the *restriction* is necessary to further a public end, with more or less stringency depending on the level of judicial scrutiny.

Might that public end, as in Germany, be privacy alone? The prohibition on asking an applicant for her social media password, for example, rests solely on the protection of privacy. Were the legal insulation of applicant pay to fall to the employer's freedom to inquire, despite the law's having a connection to privacy in addition to its primary grounding in another public policy, it would remain to be seen whether laws prohibiting employers from requesting access to employee social media could survive constitutional challenge. As much would also be in prospect for other laws insulating from inquiry specific applicant information that employers seek out of business interest, but which the state may wish to deny as privacy invasive. In other words, in the battle in Philadelphia more maybe in play than pay.

»Dann legen wir den Colt unter den Tisch«

Klaus Franz, ehemaliger Gesamtbetriebsratsvorsitzender, Vorsitzender des europäischen General Motors Arbeitnehmer Forum (EEF) und stellv. Aufsichtsratsvorsitzender der Adam Opel AG

Das »Wall Street Journal« zitierte am 23. März 2000 den Justiziar der IG Metall, *Dr. Thomas Klebe*, mit den Worten: *»Es ist ziemlich offensichtlich, dass wir in naher Zukunft einen Wechsel haben werden.«* Die Arbeitnehmervertreter im Aufsichtsrat fordern den Angaben zufolge zudem die Konzernmutter General Motors (GM), Detroit, dazu auf, einen Nachfolger für Hendry zu benennen, der sich besser auf die europäischen Märkte einstellt. Der stellvertretende Aufsichtsratsvorsitzende *Thomas Klebe* erklärte laut »Wall Street Journal« in einem Telefoninterview, GM solle einen Hendry-Nachfolger finden, der deutsch spricht und stärker mit der europäischen Kultur verbunden ist. *»Der Vorstand muss dem amerikanischen Alleinaktionär klarmachen, dass wir keine Kolonie sind«* kommentierte *Thomas Klebe* diese Initiative der Arbeitnehmer.
Diese Zitate und kurze Darstellung eines äußerst komplexen Sachverhalts verdeutlichen das Grundmuster von Thomas und mir als oberste Interessensvertreter bei Opel und General Motors Europa. Kompetent, entschlossen, international, transparent und manchmal grenzgängerisch, aber vor allem im Team.
Thomas gehörte von Juni 1996 bis Dezember 2002 dem Aufsichtsrat der Adam Opel AG an und war die überwiegende Zeit davon stellvertretender Aufsichtsratsvorsitzender. Als IG Metall – und EMF Betreuer war er auch Mitglied im Steering Comitee des europäischen GM Arbeitnehmerforums (EEF).

Internationalisierung, der Schlüssel für erfolgreiche Interessenvertretung

Durch seine gewerkschaftliche Tätigkeit bei DEC und Compaq war Thomas mit seinen Kenntnissen der amerikanischen Wirtschaft, Kultur und Gewerkschaftsstruktur der ideale Partner und Couch für uns bei Opel, der damals 100%igen Tochter von General Motors. Diese internationalen Erfahrungen von Thomas und der Umgang mit dem Konzernmanagement waren ein reichhaltiger Fundus und Grundlage für die Internationalisierung unserer Arbeit bei Opel und Gene-

ral Motors. Thomas legte mit seinem Input wesentlich den Grundstein der Verbindung und Entfaltung von Unternehmens- und europäischer Mitbestimmung. Genau darin lag unsere Stärke. Folgerichtig war Opel/GM Europa Benchmark für die Internationalisierung der Interessenvertretung. Nicht, wie bei den Gewerkschaften bisher üblich, von der nationalen auf die internationale Ebene zu gehen, sondern umgekehrt. Zusammen mit Thomas gelang es uns bei GM Europa, das EEF vom Informations- und Konsultationsgremium, wie in der europäischen Direktive vorgeschrieben, auf die Ebene des Vertragspartners mit rechtsverbindlichen europäischen Rahmenverträgen zu heben.
Die Verhandlung und der Abschluss des »Code of Conduct« war der erste Vertrag, den wir auf internationaler Ebene aushandelten, und dieser Vertrag schloss alle 75 000 Beschäftigten und Geschäftspartner von GM Europa ein.
In unserer gemeinsamen Zeit gab es einige Reisen nach Detroit in die GM Zentrale mit Besuchen im 38. Stock des »Rencen« und Gespräche mit den jeweiligen CEOs von GM oder anderen Topmanagern, wie Garry Cowger. Stolz wie Oskar präsentierte Cowger uns eine Nachbildung der Fackel des olympischen Feuers, die er tragen durfte. Unvergessen auch der Besuch im legendären Fox Theater in Detroit bei einem Konzert von Neil Young. Ahnungslos und ganz selbstverständlich schlenderten wir durch die abgelegensten Straßen von Detroit und fuhren zum Entsetzen der GM-Leute mit Menschen schwarzer Hautfarbe im Bus. Alle Topmanager und CEO's von GM, die direkt mit der deutschen Mitbestimmung eigentlich nichts zu tun hatten, waren respektvoll und voller Anerkennung gegenüber Thomas. Dies zeigte sich auch später. Als Thomas nicht mehr bei Opel im Aufsichtsrat war, hatte ich die Gelegenheit, u. a. mit ihm und Berthold Huber die USA zu bereisen und auch Fritz Henderson, den damaligen CEO von GM, sowie die Führung der UAW zu sprechen. Die internationalen Kontakte zu pflegen und nicht nur zu den »großen Tieren« zu gehen, war uns sehr wichtig.
Da wir nicht zu einer Großdemonstration in das englische Werk Luton reisen konnten, um mit den Beschäftigten und den englischen Gewerkschaften gegen die geplante Schließung des Werkes zu demonstrieren, stellten wir uns vor die IG Metall-Zentrale in Frankfurt und schickten unsere Solidaritätsadressen auf Englisch per Videobotschaft zur Abschlusskundgebung nach Luton.
In den Jahren setzte sich immer mehr die Überzeugung durch, dass Gewerkschaften nur erfolgreich sein können, wenn auf internationaler Ebene Rahmenverträge zwischen dem EEF und GM abgeschlossen werden und diese dann zur Richtschnur nationaler Verhandlungen werden.
Die ersten europäischen Aktionstage wurden geboren, indem an allen europäischen GM-Standorten zur gleichen Zeit die Arbeit niederlegt wurde und so die Verhandlungen mit dem GM-Management am Zürcher Flughafen begleitetet und entscheidend positiv beeinflusst wurden.
Die Liste der Verträge auf europäischer Ebene war damals schon stattlich und

substanziell. Standortvertrag II (Olympia), »Juni 1998 die Richtlinie für die Zusammenarbeit zwischen der Adam Opel AG und General Motors, auch »Unabhängigkeitserklärung« genannt, den Vertrag über den Zusammenschluss von General Motors und Fiat im Bereich Einkauf und Powertrain, das Luton Agreement, die Olympiavereinbarung, den Code of Conduct. Diese Verträge hatte Thomas entscheidend initiiert, beeinflusst und ausgehandelt.

Der europäische Betriebsrat von GM war über viele Jahre Benchmark für gelebte europäische Mitbestimmung, und das über das Gesetz hinaus. So ist es uns gelungen, auf internationaler Ebene das EEF vom Informations- und Konsultationsgremium zum Verhandlungsgremium mit rechtlich verbindlichen Verträgen weiter zu entwickeln.

Die Unternehmensmitbestimmung entfalten

Auf der anderen Seite mischte sich das GM-Management in das Tagesgeschäft bei Opel immer mehr ein, und das Opel-Management nahm seine Verantwortung nicht wahr, wozu dieses als Vorstand der Adam Opel AG gesetzlich verpflichtet gewesen wäre. Folgerichtig entfalteten wir einen weiteren Schwerpunkt unserer Interessenvertretung. Die deutsche Unternehmensmittbestimmung zu nutzen, um Einfluss auf das Topmanagement hinsichtlich Personen, Zuständigkeit und Verantwortung zu bekommen. Was nicht selbstverständlich war bei einer Schar von »Yes men« im Management.

Wir konnten uns in den folgenden Jahren oft gar nicht auf unser Kerngeschäft als Arbeitnehmervertreter konzentrieren, da wir die Mitbestimmungsrechte nutzen mussten, um gegenüber GM, GMIO und GME sicherzustellen, dass wir überhaupt einen kompetenten Ansprechpartner im Vorstand bekommen. Die »Richtlinie für die Zusammenarbeit zwischen der Adam Opel AG und General Motors« vom 9. Juni 1998, der sogenannten Unabhängigkeitserklärung, wurde vertraglicher Ausdruck dieser Politik.

Thomas hat erst einmal Verträge für jedes Vorstandsmitglied ausgehandelt und damit die Rechtsgrundlage für deren Arbeitsverhältnis gelegt. Dass diese nicht der IG Metall beigetreten sind, hing sicher mit dem zu hohen 1 %-Beitrag zusammen.

Mit überzeugender, fachlicher Kompetenz über die Bande zu spielen ist eine der Stärken von Thomas und Kern seiner hohen Anerkennung, auch im Management.

Neben der Richtlinie für die Zusammenarbeit zwischen der Adam Opel AG und General Motors und der Absetzung des Vorstandsvorsitzenden Bob Hendry war sicher die Auseinandersetzung mit GM um die Abberufung von Garry Cowger Highlight dieser Politik.

… den Colt unter den Tisch legten

1998 hatten sich GM und die UAW in den USA in einem Arbeitskampf verkeilt, und die UAW bestand darauf, den früheren U-Bootkommandanten Kneigtle als Verantwortlichen für Arbeitsbeziehungen abzulösen, um eine Lösung und ein Ende des Streiks zu finden. GM setzte damals 3,5 Milliarden Dollar in den Sand. So kam der damalige CEO von GM, J. Smith, zu uns und forderte die »Freigabe« des Vorstandsvorsitzenden von Opel, Cowger, der gerade mal 4 Monate im Amt war. Wir erkannten sofort die Gunst der Stunde und lehnten kategorisch die Zustimmung zur Auflösung des Vertrags von Cowger ab. Thomas hat mir in dieser Phase gezeigt, was es heißt, Hardball zu spielen. Ich bekam manchmal feuchte Hände, aber Thomas blieb beim strikten Nein. Als wir GM gegenüber, bildlich gesprochen, den Colt auf den Tisch legten, kam Bewegung in die Verhandlungen, bei denen wir wichtige Vereinbarungen und den personellen Umbau des Vorstandes durchsetzen konnten.

Thomas Klebe ist ein Überzeugungstäter mit brillantem Fachwissen, einer idealen Kombination aus sozialer und fachlicher Kompetenz. Obwohl Jurist hat er immer als Gewerkschafter und Politiker agiert, die Paragraphen waren für Ihn immer Mittel zum Zweck.

Gemeinsam waren wir auch der Überzeugung, dass in einer medialen Welt das Ringen um die Köpfe der Menschen sehr viel mit Öffentlichkeitsarbeit zu tun hat. Für uns war klar, dass eine gut gesetzte und getriebene PR-Kampagne oft wirkungsvoller ist, als mit 10 000 Menschen um den Block zu ziehen, um erfolgreich zu sein. Wir taten beides.

Wir konnten uns blind aufeinander verlassen, brauchten keine große Vorabstimmung, weil wir auf der gleichen Wellenlänge tickten. Deshalb ist es folgerichtig, dass wir bis heute befreundet sind und gemeinsam so manches auch persönlich erlebt haben.

Weil zu einer Freundschaft auch das offene Wort gehört, will ich nicht verschweigen, dass wir in den über 30 Jahren auch mal richtig aneinander geraten sind und Thomas laut wurde, was sehr, sehr selten vorkam. Bei einer Busfahrt im Rahmen eines Besuches in den USA eröffnete Thomas mir, dass er den Aufsichtsrat von Opel verlässt und zu Mercedes wechselt. Mich, der zusammen mit Thomas eine tolle nationale wie internationale Interessenvertretung entwickelt hat, jetzt alleine sitzen zu lassen, das ging gar nicht. Mit der Distanz der Zeit muss ich sagen, dass ich damals Thomas gegenüber überreagiert habe und es gut ist, dass diese Wogen wieder geglättet wurden. Trotz unterschiedlicher beruflicher Wege und Aufgaben, die wir wahrnehmen, sind wir heute weiterhin Freunde.

»So manche und mancher ist seinem Charme erlegen«

So hat ein Vorstandsmitglied von Opel Thomas charakterisiert. Will man Thomas darüber hinaus charakterisieren, fallen mir Attribute wie »souverän«, »selbstbewusst« ein. Thomas ist ein innovativer Gewerkschaftsvertreter mit einer grenzenlosen Loyalität zu seiner Gewerkschaft, der IG Metall. Thomas ist ein Mensch mit Visionen.

Lieber Thomas, herzlichen Glückwunsch zum 70. Geburtstag. Viel Glück, Liebe und Zuversicht zusammen mit Christiane halten Dich jung, genauso wie Hardrock beim Joggen im Ohr.

Die Unternehmensmitbestimmung und das Anti-Arbeitsrecht

Michael Guggemos, Geschäftsführer der Hans-Böckler-Stiftung, Düsseldorf

Die rechtlichen Rahmenbedingungen für die Unternehmensmitbestimmung, die ausweislich des unionsrechtlichen Acquis ohne Zweifel Bestandteil des europäischen Sozialmodells sind, haben sich in letzter Zeit nicht gerade verbessert. Verantwortlich dafür ist die Radikalisierung der Binnenmarktintegration insbesondere durch den Europäischen Gerichtshof. Im Zuge dieser Entwicklung wurden die unionsrechtlichen Grundfreiheiten von transnationalen Integrationsnormen zu allgemeinen Beschränkungsverboten ausgebaut, die von den Marktakteuren schon bei marginalen Beeinträchtigungen ihrer Grundfreiheiten aktiviert werden können.[1] Mit Blick auf die Sozialordnungen der Mitgliedstaaten wirken die Grundfreiheiten daher wie ein Anti-Arbeitsrecht.[2] In der Politikwissenschaft wird insoweit von der Asymmetrie zwischen negativer und positiver Integration gesprochen. Während die negative Integration in Form der deregulierenden Rechtsprechung des EuGH stetig voranschreitet, kann dieser Prozess durch die positive Integration, also durch gestaltende Gesetzgebung auf Unionsebene, aufgrund der hohen politischen Konsenshürden nicht eingefangen werden.[3] Dies wiederum wirft zahlreiche sehr grundlegende legitimatorische Fragen auf, die hier allerdings nicht weiter vertieft werden können. Vielmehr wird nachfolgend der Fokus auf die rechtlichen Rahmenbedingungen für die Unternehmensmitbestimmung gelegt. Im Einzelnen geht es dabei um die aktuelle Rechtsprechung des EuGH zu den Grundfreiheiten (negative Integration) sowie um den jüngst veröffentlichten Legislativvorschlag der EU-Kommission zum sog. »Company Law Package« als möglicherweise ausgleichende Maßnahme der positiven Integration.

---

1 *Höpner*, Grundfreiheiten als Liberalisierungsgebote? – Reformoptionen im Kontext der Reformdebatte, MPIfG Discussion Paper 17/10.

2 *Heuschmid*, AuR 2017, 229 (Editorial).

3 *Scharpf*, Regieren in Europa: Effektiv und demokratisch?, 1999; *Höpner*, MPIfG Discussion Paper 17/10.

1. Negative Intergration

Im Kontext der Rechtsprechung war zunächst die EuGH-Entscheidung Erzberger[4] von großer Bedeutung.[5] Dieses Verfahren wurde im Zusammenhang mit einem beim KG Berlin anhängigen Statusverfahren (§§ 98ff. AktG) eingeleitet, in dem ein Kleinaktionär die falsche Zusammensetzung des Aufsichtsrats der TUI AG monierte. Zum einen wurde geltend gemacht, dass Arbeitnehmer, die bei TUI-Konzerntöchtern im EU-Ausland beschäftigt sind und damit nicht an der Wahl zum Aufsichtsrat der Konzernmutter in Deutschland teilnehmen können, gegenüber Arbeitnehmern in Deutschland diskriminiert würden (Art. 18 AEUV bzw. Art. 45 Abs. 2 AEUV). Zum anderen werde gegen das in Art. 45 AEUV verankerte Beschränkungsverbot verstoßen, weil Beschäftigte in Deutschland ihre Beteiligungsrechte bei einem Wechsel zu einem Arbeitgeber im EU-Ausland verlieren. Aufgrund dieser Verstöße gegen Unionsrecht müsse das MitbestG »unangewendet« bleiben. So wie auch schon vom Generalanwalt vorgeschlagen,[6] erklärte der Gerichtshof diesen rechtlichen Argumenten eine deutliche Absage. Eine Diskriminierung der Beschäftigten der TUI-Auslandstöchter gem. Art. 45 Abs. 2 AEUV wurde vom Gerichtshof wegen des Fehlens eines »grenzüberschreitenden Moments« zu Recht abgelehnt.[7] Zwar ging der EuGH weiter davon aus, dass Art. 45 Abs. 1 AEUV in Form des Beschränkungsverbots dem Grunde nach auf die im Inland ansässigen Beschäftigten anwendbar sei. Allerdings führt seiner Ansicht nach auch diese extrem weite Auslegung des Freizügigkeitsrechts nicht zu einem Verstoß gegen das Unionsrecht. Dieses enthalte nämlich keine Garantie, dass ein Umzug in einen anderen Mitgliedstaat in sozialer Hinsicht neutral ist. Zusätzlich argumentiert der Gerichtshof mit den im Bereich der Unternehmensmitbestimmung fehlenden Harmonisierungs- und Koordinierungsmaßnahmen. Solange diese fehlten, sei es Sache der Mitgliedstaaten, die Anknüpfungskriterien des Anwendungsbereiches ihrer Vorschriften zu bestimmen. Im Ergebnis wendet der Gerichtshof die Grundfreiheiten damit maßvoll an, so dass es zu keinen Friktionen mit dem nationalen Arbeitsrecht kam.

Ganz anders war das Ergebnis in der Entscheidung Polbud[8], die die Niederlassungsfreiheit (Art. 49, 54 AEUV) zum Gegenstand hatte. Anlass für diese Entscheidung, die jenseits jeglichen arbeitsrechtlichen Bezugs lief, war das polnische

---

4 EuGH 18.7.2017 – C-566/15; *Heuschmid/Ulber*, NZG 2016, 102ff; *Pütz/Sick*, EuGH prüft europarechtliche Konformität der deutschen Mitbestimmung, Böckler Mitbestimmungsreport, Nr. 17, 2015.

5 *Krause/Mulder*, Mitbestimmung mit EU-Recht vereinbar, Böckler Mitbestimmungsreport Nr. 34, 2017.

6 *Heuschmid/Munkholm*, EuZW 2017, 419ff.

7 *Krause*, JZ 2017, 1001 ff; *Seifert*, ELLJ 2017, 333ff.

8 EuGH 25.10.2017 – C-106/16.

Unternehmen Polbud, das sich durch die Verlegung seines Satzungssitzes in eine luxemburgische Gesellschaft umwandeln wollte. Das polnische Registergericht hatte jedoch den für die Sitzverlegung erforderlichen Antrag auf Löschung aus dem polnischen Handelsregister abgelehnt, da das polnische Recht hierfür zunächst die Auflösung und Liquidation der Gesellschaft vorsieht. Fraglich war damit, ob die unionsrechtliche Niederlassungsfreiheit auch das Recht zur grenzüberschreitenden Umwandlung beinhaltet. Dies bejahte der EuGH auf der Basis einer methodisch fragwürdigen extensiven Auslegung der Niederlassungsfreiheit. Als Korrektiv eröffnete der Gerichtshof den Mitgliedstaaten allerdings die Möglichkeit, im Rahmen einer Umwandlung Maßnahmen zum Schutz von »Stakeholdern«, wie Arbeitnehmern (Unternehmensmitbestimmung), vorzusehen, sofern diese verhältnismäßig im Sinne der Grundfreiheiten sind. Faktisch hat der EuGH damit seine Jurisdiktion auf so gut wie alle Maßnahmen zur grenzüberschreitenden Restrukturierung von Unternehmen ausgedehnt. Unternehmen können nun durch eine grenzüberschreitende Umwandlung ein Gesellschaftsrecht wählen, das eine Unternehmensmitbestimmung nicht kennt und letztere dadurch abstreifen.[9] Damit wurden vom EuGH neue Umgehungsmöglichkeiten für diese rechtlich verbürgte Form der Arbeitnehmerbeteiligung geschaffen. Die Unternehmensmitbestimmung wird demzufolge – ähnlich wie andere Schutzregime für Gläubiger oder Minderheitengesellschafter – vom deregulierenden Sog der Grundfreiheiten mitgerissen. Von dem in der Rechtssache Erzgerber noch erkennbaren zurückhaltenden Ansatz im Umgang mit den Grundfreiheiten war in der Entscheidung Polbud bedauerlicherweise nichts mehr zu sehen.

2. Positive Integration

Dieses disparate primärrechtliche Bild war nunmehr Ausgangspunkt für das »Company Law Package« der EU-Kommission, das im Rahmen des Arbeitsprogramms der EU-Kommission 2017 angekündigt worden war. Gegenstand des Pakets sollte neben der Verbesserung der grenzüberschreitenden Restrukturierungsmöglichkeiten von Gesellschaften (Sitzverlegung, Verschmelzung, Spaltung) insbesondere Verwendung von Online-Tools bei der Registrierung von Unternehmen sein. Nachdem die Publikation des Pakets – nicht zuletzt wegen der Entscheidung Polbud – mehrfach verschoben worden war, wurde es letztendlich am 25.4.2018 veröffentlicht. Es enthält nunmehr zwei Richtlinienvorschläge zur Änderung der konsolidierten Gesellschaftsrechts-RL (EU) 2017/1132. Dies ist zum einen der Vorschlag für eine Richtlinie über den Einsatz digitaler Werk-

9 *Heuschmid*, AuR 2018, 96ff.

zeuge und Verfahren im Gesellschaftsrecht.[10] Zum anderen ein Vorschlag, der spezifische Änderungen im Hinblick auf die grenzüberschreitende Umwandlung, Verschmelzung und Spaltung beinhaltet. Im weiteren Verlauf ist nun kursorisch zu prüfen, ob letzterer Vorschlag die jüngst durch die EuGH-Entscheidung Polbud verursachten Probleme beseitigen kann.

Maßstab für eine Regelung im Zusammenhang mit der grenzüberschreitenden Restrukturierung von Gesellschaften aus mitbestimmungspolitischer Perspektive muss es sein, jegliche Einschränkung der Unternehmensmitbestimmung zu verhindern. Folglich müssen die Regelungen zur Unternehmensmitbestimmung mindestens die Sicherung des Status quo zum Gegenstand haben. An dieser Stelle kann aus Platzgründen nur die besonders mitbestimmungsrelevante Frage der grenzüberschreitenden Umwandlung in Art. 86l *RL-Entwurf* in den Blick genommen werden. Hierfür sieht der Richtlinienvorschlag eine umfassende Regelung vor, die stark an die Vorschrift in Art. 133 RL (EU) 2017/1132 zur Sicherung der Unternehmensmitbestimmung bei grenzüberschreitenden Verschmelzungen angelehnt ist. So ist auch in Art. 86l *RL-Entwurf* vorgesehen, dass es bei der Erfüllung bestimmter Tatbestände, die weitgehend aus Art. 133 RL (EU) 2017/1132 entlehnt sind, zur Auslösung eines Verhandlungsverfahrens nach den Vorgaben der SE-RL kommt. Interessant ist die Einführung eines sog. »dynamischen Elements« in Art. 86l Abs. 2 *RL-Entwurf*, nach dem der Schwellenwert für verpflichtende Verhandlungen bereits bei 4/5 des nationalen Schwellenwertes für die Mitbestimmung ansetzt. Hierdurch soll dem sog. »Einfrieren« der Mitbestimmung vorgebeugt werden.[11] So begrüßenswert dieser Ansatz auch ist, so wenig zu Ende gedacht erscheint er. Insbesondere ist die Frage nicht geregelt, was passiert, wenn es im Rahmen des Verhandlungsverfahrens nicht zu einer Einigung kommt. Aus hiesiger Sicht wäre es begrüßenswert, wenn insoweit die nationalen Vorschriften zur Unternehmensmitbestimmung kraft unionsrechtlicher Anordnung schon in einem früheren Stadium als nach den nationalen Schwellenwerten vorgesehen Anwendung fänden.

Zu begrüßen im Sinne der Absicherung des Status quo ist weiterhin der harte Verweis auf den bisherigen Status der Unternehmensmitbestimmung in Art. 86l Abs. 3 lit. b) *RL-Entwurf* auf Art. 4 Abs. 4 SE-RL (Inhalt der Vereinbarung) und in Art. 86l Abs. 3 lit. b*) RL-Entwurf* auf lit a) in Teil 3 des Anhangs der SE-RL (Auffangregelung). Dies würde bei einer grenzüberschreitenden Umwandlung zu einem weitgehenden Bestandsschutz für die Unternehmensmitbestimmung führen.

Mit diesem Ansatz der weitgehenden Absicherung des Status quo unvereinbar sind hingegen andere Regelungen in dem Vorschlag. Das gilt zunächst für die in

10 COM(2018) 239 final.

11 *Heuschmid*, AuR 2016, 265 (Editorial).

Art. 86l Abs. 4 lit. b) *RL-Entwurf* vorgesehene Möglichkeit der Mitgliedstaaten, die Unternehmensmitbestimmung in der restrukturierten Gesellschaft auf ein Drittel zu beschränken. Ebenso ist die in Art. Art. 86l Abs. 4 lit. a) *RL-Entwurf* vorgesehene Möglichkeit abzulehnen, nach der das »Besondere Verhandlungsgremium« einen Beschluss fassen darf, Verhandlungen erst gar nicht aufzunehmen oder abzubrechen, ohne dass die Auffangregelung eingreift. Folglich müssen diese beiden inkohärenten Regelungen im Rahmen des weiteren politischen Prozesses gestrichen werden.

Ebenfalls nicht überzeugen kann die in Art. 86l Abs. 7 *RL-Entwurf* enthaltene Bestandsschutzregelung, nach der für einen Zeitraum von drei Jahren im Fall von weiteren Restrukturierungen das Mitbestimmungsregime erhalten werden muss. Diese Frist scheint vor dem Hintergrund missbräuchlicher Gestaltungen als zu kurz und sollte analog zu § 325 Abs. 1 UmwG auf mindestens fünf Jahre verlängert werden.

Überlegenswert wäre es schließlich, den Gewerkschaften, die in mitbestimmten Gesellschaften vertreten sind, spezifische Rechte im Rahmen der Ausstellung des »Pre-conversion certificate« (Art. 86m *RL-Entwurf*) einzuräumen. Im Ergebnis sollte die Bescheinigung nur ausgestellt werden, wenn klar ist, wie die Mitbestimmungsregelungen in der neuen Gesellschaft aussehen.

Erfreulich ist, dass die Bundesregierung dem Vorhaben der grenzüberschreitenden Umwandlung im Koalitionsvertrag eine hohe Priorität eingeräumt hat. Es bleibt nun zu hoffen, dass der Gesetzgebungsprozess im soeben dargestellten Sinn noch in dieser Legislaturperiode des Europäischen Parlaments bis Mai 2019 umgesetzt werden kann.

Abgesehen davon stellt sich natürlich die Frage, wie die Unternehmensmitbestimmung auf lange Sicht auf Unionsebene ausgestaltet werden könnte. Der EGB hat hierzu bereits einen Vorschlag für einen ersten Schritt unterbreitet. Auf lange Sicht wäre eine sekundärrechtliche Regelung notwendig, die auf Unionsebene einen genuin unionsrechtlichen Mitbestimmungsstandard setzt. Mit Blick auf die nächste Legislaturperiode des Europäischen Parlaments gilt es diesen Gedanken konzertiert weiter zu verfolgen. Denn feststeht, dass die Unternehmensmitbestimmung ausweislich des Art. 153 Abs. 1 lit. f AEUV sowie der zahlreichen sekundärrechtlichen Regelungen inzwischen zu einem festen Bestandteil des Europäischen Sozialmodells geworden ist. Zudem haben die politischen Entwicklungen der letzten Jahre noch einmal besonders deutlich gemacht, dass Europa auch eine soziale Komponente benötigt, um als legitim anerkannt zu werden. Oder, um es mit den bereits vor längerer Zeit pointiert von Jaques Delors geäußerten Worten auf den Punkt zu bringen: »Niemand verliebt sich in einen Binnenmarkt«. Daran hat sich bis heute nichts geändert.

3. Bereichsausnahme

Schließlich sei noch darauf verwiesen, dass die Abmilderung der Asymmetrie zwischen positiver und negativer Integration auch durch eine Einschränkung der Reichweite der Grundfreiheiten und damit des Anti-Arbeitsrechts in Form einer Bereichsausnahme erreicht werden kann.[12] Denkbar wäre es beispielsweise, eine solche Bereichsausnahme für »Maßnahmen der Sozialpolitik« in Art. 26 AEUV zu implementieren.[13] Damit wären auch Regelungen zum Schutz der Unternehmensmitbestimmung von den Grundfreiheiten ausgenommen. Da es sich hier um eine Änderung des Primärrechts handelt, ist allerdings Einstimmigkeit im Rat erforderlich. Ein Zeitfenster für eine solche Anpassung könnte sich ggf. im Kontext der Neujustierung des primärrechtlichen Rahmens im Zuge des Brexit ergeben. Ob man dann die dafür erforderliche Einstimmigkeit erreichen kann, hängt von der konkreten Verhandlungssituation ab.

12 *Höpner*, Grundfreiheiten als Liberalisierungsgebote? – Reformoptionen im Kontext der Reformdebatte, MPIfG Discussion Paper 17/10, S. 14ff.
13 *Heuschmid* in: Däubler, Arbeitskampfrecht, § 11 Rn. 110f.

Brutto- und Nettoentgeltumwandlung in der betrieblichen Altersversorgung

Prof. Dr. Dres. h.c. Peter Hanau, Universität zu Köln

Dieser Beitrag ist *Thomas Klebe* gewidmet, weil das gemeinsam von der IG Metall und Gesamtmetall betriebene Versorgungswerk MetallRente zu den größten Akteuren in der betrieblichen Altersversorgung gehört. Nicht weniger als 680 000 Vorsorgeverträge gehören zum Gesamtbestand des Versorgungswerks. In diesem Rahmen hat auch die Bruttoentgeltumwandlung ihren Platz; in den letzten 5 Jahren wurde sie von 96 % der Beschäftigten gewählt, während knapp 4 % Riesterangebote annahmen.[1] Dieser Beitrag will zeigen, wie sich das 2017 verabschiedete Betriebsrentenstärkungsgesetz (BRSG) insoweit auswirkt.

1. Begriffe

Die in §§ 1 Abs. 2 Nr. 3, 1a BetrAVG geregelte Entgeltumwandlung kann sich auf das Brutto- oder das Nettoarbeitsentgelt beziehen.[2] Grundform ist die Bruttoentgeltumwandlung, doch ist auch die Nettoumwandlung einbezogen. Dies ergibt sich schon aus § 1a Abs. 3 BetrAVG, nach dem der Arbeitnehmer, der einen Anspruch auf Entgeltumwandlung hat, verlangen kann, dass die Voraussetzungen für eine Förderung nach den §§ 10a, 82 Abs. 2 EStG erfüllt werden, wenn die betriebliche Altersversorgung über einen Pensionsfonds, eine Pensionskasse oder eine Direktversicherung durchgeführt wird. In diesen Bestimmungen ist die sog. Riesterrente geregelt, deren Beiträge aus versteuertem und verbeitragtem Arbeitsentgelt stammen müssen. Bei der Bruttoumwandlung bleiben dagegen die umgewandelten Entgeltbestandteile bis zur Höhe von 8 % der jährlichen Beitragsbemessungsgrenze (West) der allgemeinen Rentenversicherung steuerfrei und in Höhe von 4 % sozialversicherungsbeitragsfrei. Die Nettoumwandlung wird gem. § 10a Abs. 1 Satz 1 EStG durch einen Sonderausgabenabzug oder eine Zulage nach Maßgabe der §§ 79ff. EStG gefördert. Die Bruttoentgeltumwand-

1 Metallrente Presseinformation vom 31. 1. 2017.
2 S. *Blomeyer/Rolfs/Otto*, BetrAVG, 17 Aufl. 2018, § 1a Rn. 44ff.

lung ersetzt partiell die gesetzliche Rentenversicherung, während die Nettoumwandlung sie ergänzt.
Die grundsätzlichen Unterschiede von Brutto- und Nettoumwandlung ändern nichts daran, dass sie auf einem gemeinsamen Versorgungskonto durchgeführt und abgewickelt werden können, entweder nebeneinander oder wechselnd. Das Konto richtet sich nur nach den zu ihm fließenden Beiträgen, während die verschiedenen Konsequenzen der beiden Umwandlungsformen in steuerlicher und sozialversicherungsrechtlicher Hinsicht außerhalb liegen. Steuern und Beiträge auf die Renten können allerdings verschieden sein.

2. Die Entwicklung bis zum BRSG

Bis zum BRSG gab es in der Praxis fast nur Bruttoentgeltumwandlungen, während die Finanzierung der Riesterrente fast nur im Rahmen von privaten, nicht von betrieblichen Vorsorgeverträgen erfolgte, also nicht durch Nettoentgeltumwandlung im Rahmen der betrieblichen Altersversorgung, obwohl sie von Anfang an möglich war. Dies beruhte vor allem darauf, dass Renten der betrieblichen Altersversorgung, auch wenn sie durch Nettoentgeltumwandlung finanziert wurden, nach § 229 Abs. 1 Nr. 5 SGB V im Gegensatz zu den privaten Verträgen im vollen Umfang der Beitragspflicht zur Kranken- und Pflegeversicherung unterlagen. Außerdem dürfte insbesondere auf Arbeitgeberseite eine Rolle gespielt haben, dass die Beitragsfreiheit der brutto umgewandelten Entgelte erhebliche Einsparungen mit sich brachte.[3]
So gab es also bis zum BRSG zwei Erfolgsgeschichten, die Bruttoentgeltumwandlung und zunächst die private Verwendung von Nettoentgelten für die Finanzierung von Riesterrenten. Letztere stieg sogar rasch auf 16 Millionen an, stagniert aber seither, weil überhöhte Kosten und niedrige Zinsen dem erhofften Erfolg im Wege stehen.
Sowohl der Einsatz der Bruttoentgeltumwandlung für die betriebliche Altersversorgung als auch die Finanzierung privater Riesterrenten blieben nicht ohne Kritik. Von fachlicher Seite wurde bemängelt, dass der mit beitragsfreier Bruttoentgeltumwandlung verbundene Wegfall der Arbeitgeberbeiträge zur Sozialversicherung nicht immer durch entsprechende Zuschüsse der Arbeitgeber zur betrieblichen Altersversorgung ausgeglichen wurde.[4] Gegen das System der pri-

3 Übersicht über die Tarifverträge bei *Hanau*/Arteaga/Rieble/Veit, Entgeltumwandlung, 3 Aufl. 2014, S. 295ff.
4 *Doetsch*, BetrAV 2014, 693, 695; *Hanau*/Arteaga/Rieble/Veit, aaO, S. 1 ff; *Kiesewetter* in einem dem Bundesfinanzministerium erstatteten Gutachten über Optimierungsmöglich-

vaten Riesterrente richtet sich »berechtigte öffentliche Kritik an den zum Teil völlig überteuerten Riesterprodukten«[5]. Der frühere Bundesarbeitsminister Norbert Blüm sieht eine »paradoxe Quintessenz« der Riester-Reform: höhere Gesamtbeiträge und niedrigere Gesamtrenten. Der Grund liege in dem Wegfall der Arbeitgeberbeiträge und den erheblich höheren Verwaltungskosten der Privatversicherung; diese Mängel seien nicht zu beheben.[6]

3. Änderungen durch das BRSG

Das BRSG hat diese Kritik, soweit berechtigt, beachtet und die Regelung der Brutto- und Nettoentgeltumwandlung entsprechend geändert. § 1a BetrAVG ist durch die Bestimmung ergänzt worden, dass der Arbeitgeber 15 % des umgewandelten Entgelts an den Pensionsfonds, die Pensionskasse oder die Direktversicherung weiterleiten muss, soweit er durch die Entgeltumwandlung Sozialversicherungsbeiträge einspart. Dies bezieht sich nur auf die Bruttoentgeltumwandlung, weil es nur bei dieser zur Ersparnis von Sozialversicherungsbeiträgen kommen kann. Allerdings ist diese Vorschrift nach § 19 Abs. 1 BetrAVG tarifdispositiv. In der Ausschussdrucksache 18 (11) 106, S. 10, wird ausdrücklich darauf hingewiesen, dass in Tarifverträgen von dieser Regelung abgewichen werden kann. Dies erlaubt vielfältige Differenzierungen. Fraglich ist, ob von einem Abweichen die Rede sein kann, wenn ein Tarifvertrag, wie bisher häufig, einen Arbeitgeberzuschuss gar nicht erwähnt. Außerdem ist die gesetzliche Zuschusspflicht durch § 26a BRSG zeitlich aufgeschoben worden. Sie gilt für vor dem 1.1.2019 geschlossene Umwandlungsvereinbarungen erst ab 1.1.2022, für spätere ab 1.1.2019. Nur bei der reinen Beitragszusage ist der Arbeitgeberzuschuss gem. § 23 Abs. 2 BetrAVG tariffest, weil hier die Verwaltungskosten geringer sind und die subsidiäre Haftung der Arbeitgeber für die Versorgungsträger entfällt.[7]
Das größte Hindernis für die Nettoumwandlung zur Finanzierung der betrieblichen Riesterrente ist dadurch beseitigt worden, dass nach § 229 Abs. 1 Nr. 5 SGB V Leistungen aus Altersvorsorgevermögen im Sinne des § 92 EStG im Gegensatz

keiten bei den steuer- und sozialversicherungsrechtlichen Förderungsregelungen der betrieblichen Altersversorgung, S. 225 ff.

5 So unter vielen anderen das von drei hessischen Ministern vorgelegte Konzept einer Deutschlandrente, 2017, S. 2.

6 Blüm, Verändert die Welt, zerstört sie nicht, 2017, S. 221. Da die Riesterrente aus dem Nettoentgelt finanziert wird, ist nicht klar, inwiefern ein Wegfall von Arbeitgeberbeiträgen vorliegt. Stattdessen kommen die Zulagen hinzu.

7 BT-Drs. 18/11286. Nur diese Haftung kann also tarifliche Beschränkungen des Zuschusses und ihr Ausmaß rechtfertigen.

zu sonstigen Renten der betrieblichen Altersversorgung nicht mehr der Beitragspflicht zur Kranken- und Pflegeversicherung unterliegen. Der für beide Umwandlungsformen nachteiligen Niedrigzinsphase soll durch Einführung der reinen Beitragszusage in §§ 21 ff BetrAVG entgegengewirkt werden, die eine Anlage in höher rentierlichen, wenn auch riskanteren Vermögensgegenständen erlaubt. Dies gilt auch für die betriebliche Riesterrente, da die auf sie bezogenen Verträge nicht zertifiziert werden müssen und deshalb anders als die private Riestervorsorge nicht mit einer Mindestbeitragsgarantie verbunden seien müssen.
Während das BRSG auf diese Weise beide Formen der Entgeltumwandlung fördert, ist ihre Begünstigung durch den Förderbetrag gem. § 100 EStG zweifelhaft. Dazu heißt es in der amtlichen Begründung des BRSG, Beiträge, die aus einer Entgeltumwandlung stammen, seien anders als bei § 3 Nr. 63 und § 10a/Abschnitt XI EStG nicht begünstigt.[8] Deshalb kommt nur eine reine Arbeitgeberzusage in Betracht. Diese müsste allerdings steuer- und beitragspflichtig sein, weil dies die Voraussetzung für die Riesterförderung ist. Eine solche Pflicht besteht, soweit die Voraussetzungen der Steuerbefreiung der §§ 3 Nr. 63, 100 Abs. 6 EStG überschritten sind. Ein weitergehender Verzicht auf die Steuerbefreiung ist nach Rn. 41 des Schreibens des Finanzministeriums nicht möglich. Der Ausschuss des Förderbetrages von der Riester-Finanzierung würde allerdings dem Zweck des BRSG entsprechen, die betrieblichen Riesterrenten zu fördern.

4. Günstigkeitsvergleich

Die Befreiung der betrieblichen Riesterrente von Beiträgen zur Kranken- und Pflegeversicherung, zum kleineren Teil auch die Aufstockung des Grundzuschusses auf 175 Euro und die Aussicht auf eine geringere Kostenbelastung als bei der privaten Riesterrente, lässt sie zu einem Konkurrenten der durch Bruttoentgeltumwandlung finanzierten Betriebsrente werden. Eine sachgemäße Information und Beratung der Arbeitnehmer setzt daher in Zukunft einen mindestens typisierten Vergleich der beiden Finanzierungsformen voraus. Gründliche Überlegungen und differenzierte Ergebnisse eines solchen Vergleiches hat Arteaga vorgelegt.[9] Da sich der Vergleich auf die private Riesterrente bezieht, für die schon bisher keine Beiträge zur Kranken- und Pflegeversicherung anfielen, lässt er sich auf die betriebli-

8 BT-Drs. 18/11286, S. 70. Ebenso Rn. 111 des Rundschreibens des BMF zur steuerlichen Förderung der betrieblichen Altersversorgung vom 6. 12. 2017. Die weitere Aussage in der Gesetzesbegründung (S. 52), der Förderbetrag könne parallel zur Riesterförderung genutzt werden, soll wohl nichts anderes bedeuten.

9 Hanau/*Arteaga*/Rieble/Veit, aaO, S. 265 ff.

che Riesterrente übertragen; nur die Erhöhung der Grundzulage auf 175 Euro ist noch nicht berücksichtigt. Berücksichtigt ist dagegen schon die Möglichkeit von Arbeitgeberzuschüssen in Höhe von 10 oder 20 %. Ferner differenziert der Vergleich nach Alter, Familienstand und Bruttoeinkommen. Gegenüber einer durch Bruttoumwandlung ohne Arbeitgeberzuschuss finanzierten Rente erscheint die Riesterrente fast immer günstiger. Schon bei einem Arbeitgeberzuschuss von 10 % ändert sich das meistens und immer bei einem Zuschuss von 20 %.
Dies sollte nicht ungeprüft hingenommen, aber zum Anlass genommen werden, vor und erst recht nach der Installierung von betrieblichen Riesterrenten ihr Verhältnis zu einer durch Bruttoentgelt finanzierten Rente zu klären und bekannt zu machen.

5. Konsequenzen für das Optionssystem

Das in § 20 BetrAVG geregelte Optionssystem gilt für alle Entgeltumwandlungen, gleich ob Brutto oder Netto. Zur Vermeidung von Unklarheiten sollte in den einschlägigen Tarifverträgen stets angegeben werden, welche Form der Umwandlung gemeint ist. In der Praxis wird man wohl die Bruttoumwandlung vorziehen, weil das Ziel der Nettoumwandlung, die Riesterrente, von individuellen Umständen wie dem Familienstand und der Höhe des Arbeitsentgeltes abhängig ist, die in einem Optionssystem nicht leicht abgebildet werden können. Neben der Option für oder gegen die Bruttoumwandlung sollte aber stets der Hinweis stehen, dass auch die Nettoumwandung verlangt werden kann, wie es in § 1a Abs. 3 BetrAVG vorgesehen ist, verbunden mit typisierten Günstigkeitsvergleichen.
Für eine stärkere Berücksichtigung von Riesterprodukten setzt sich auch das Konzept einer »Deutschlandrente« ein (s. Fn. 5), das sich sogar auf private Riesterprodukte beschränkt. Wenngleich dieses Konzept durch das BRSG erst einmal überholt ist, bleibt sein Aufruf zur stärkeren Berücksichtigung von Riesterprodukten in Verbindung mit dazu gegebenen wertvollen Hinweisen zur Verbesserung des Verfahrens beachtlich.

6. Fazit

Wie schon die spezielle Frage des Verhältnisses von Brutto- und Nettoumwandlung zeigt, steigen die Anforderungen an die juristische Beratung von Arbeitgebern, Arbeitnehmern und insbesondere ihren Verbänden weiter. Auch Gewerkschaften sind nur so gut wie ihre Juristen; mit *Thomas Klebe* und seinen Vorgängern hat die IG Metall Glück gehabt.

Betriebsrat wählen leicht gemacht? Formlos glücklich? Abstimmungen über unternehmensweite Betriebsräte

Micha Heilmann, Leiter der Rechtsabteilung und des Hauptstadtbüros der Gewerkschaft NGG, Hamburg, Berlin

Betriebsratswahlen zu erleichtern war eines der großen Ziele der letzten größeren Überarbeitung des Betriebsverfassungsgesetzes 2001.[1] Ausgehend von der Erkenntnis, dass die Verbreitung von Betriebsräten mit der Betriebsgröße steigt, sollte die Verbreitung in kleineren Betrieben durch die Einführung eines vereinfachten Wahlverfahrens gefördert werden. Die Erwartungen waren hoch.[2] Die Möglichkeit durch eine an die sich wandelnden Betriebs- und Unternehmensstrukturen im Einzelfall – durch Tarifverträge und zur Not auch durch Betriebsvereinbarungen – anzupassende Betriebsratsstruktur, sollte die Bildung wie die Arbeit von Betriebsräten erleichtern. Auch sind neue Instrumente, wie die Gestaltung der Betriebsverfassung durch direkte Abstimmungen (§ 3 Abs. 3 BetrVG), beschritten worden.

Zu fragen ist, was daraus in der Praxis geworden ist. Schaut man sich die Zahl der Betriebe und ArbeitnehmerInnen in den Betrieben des vereinfachten Wahlverfahrens an, stellt man fest, das 1998 – also vor der Reform – 6 % der Betriebe der Privatwirtschaft mit 5–50 ArbeitnehmerInnen einen Betriebsrat hatte, in Betrieben mit 51–100 Arbeitnehmern 48 %. 2014 lag diese Quote für Kleinbetriebe, die zwingend vom vereinfachten Wahlverfahren erfasst wurden, immer noch bei 6 %. In den Betrieben mit 51–100 Beschäftigten war sie auf 37 % gesunken.[3] Damit ist klar, dass allein die Vereinfachung des Wahlverfahrens nicht für eine weitere Verbreitung von Arbeitnehmerinteressenvertretung sorgt. Offen bleibt, wie es um die Verbreitung von Betriebsräten in Betrieben mit bis zu 100 Beschäftigten stände, gäbe es das vereinfachte Wahlverfahren nicht. Gründe für den Rück-

1 Dazu *Benz-Overhage/Klebe*, AiB 2000, 24.
2 *Benz-Overhage/Klebe*, a. a. O., S. 27
3 *Ellguth/Trinczek*, Erosion der betrieblichen Mitbestimmung? – Welche Rolle spielt der Strukturwandel? WSI-Mitteilungen 2016, 177; Zahlen nach IAB-Betriebspanel.

gang liegen u. a. auch und gerade im Strukturwandel der Wirtschaft wie in der abnehmenden Tarifbindung.[4]

Wie soll man dem nun begegnen? Der DGB[5], die SPD[6], die Bündnis 90/Grünen[7], die Partei »Die Linke«[8] haben Vorschläge vorgelegt. Sie zielen auf eine Ausweitung des vereinfachten Wahlverfahrens, d. h., auch in Betrieben bis 100 bzw. 200 Beschäftigen soll das vereinfachte Wahlverfahren zwingend Anwendung finden. Zudem sollen die Vorschriften zum Schutz der BR-Wahlen verbessert werden.

Diese – richtigen – Vorschläge sind um einige für die Praxis hilfreiche Details zu konkretisieren im Hinblick auf das 2001 neu eingeführte Element der Abstimmung über unternehmensweite Betriebsräte. Voraussetzung ist und sollte bleiben, dass es keine tarifliche Regelung über einen Betriebsrat und auch keinen Betriebsrat im Unternehmen gibt (§ 3 Abs. 3 BetrVG).

Die Anzahl der Gerichtsentscheidungen zu Fragen der Abstimmung von Belegschaften über die Frage eines unternehmensweiten Betriebsrates sind begrenzt.[9] Das heißt nicht, dass dieses Instrument nicht gebraucht wird. Da der Gesetzgeber 2001 aber auf jegliche Regelungen der Abstimmung verzichtet hat, fehlt es der Praxis evtl. gerade daran. Die Abstimmungen über einen unternehmenseinheitlichen Betriebsrat könnten gerade auch in Unternehmen, in denen viele ArbeitnehmerInnen dezentral oder im »Homeoffice« tätig sind, die Gründung von Betriebsräten erleichtern. Oft fehlt es in solchen Unternehmen am klassischen räumlichen Zusammenhang herkömmlicher Betriebe. Gesetzlich zu regeln wären folgende Punkte:

- Um diesem Instrument einen weiteren Anwendungskreis zu sichern, wäre es erforderlich, den Initiatoren der Abstimmung (§ 3 Abs. 3 Satz 2 BetrVG) mindestens den gleichen, ohnehin sehr begrenzten Kündigungsschutz wie den Initiatoren einer Betriebsratswahl in einem Betrieb (Einladende nach § 17, 17a BetrVG) nach § 15 Abs. 3a KSchG zu sichern.

---

4 Zu diesem Zusammenhang siehe *Ellguth/Trinczek*, a. a. O., S. 181.

5 Offensive Mitbestimmung, Vorschläge zur Weiterentwicklung der Mitbestimmung, Berlin 2016: Vereinfachtes Wahlverfahren verpflichtend in Betrieben mit bis zu 100 ArbeitnehmerInnen.

6 S. Gesetzentwurf BT-Drs. 17/13476: vereinfachtes Wahlverfahren zwingend bis 100 ArbeitnehmerInnen.

7 S. BT-Drs. 18/2759: vereinfachtes Wahlverfahren bis 100 Arbeitnehmerinnen bei erstmaliger Wahl des Betriebsrates.

8 S. BT-Drs. 18/5327: vereinfachtes Wahlverfahren verpflichtet bis 100 Arbeitsnehmerinnen, fakultativ bis 200.

9 Juris (Stand 1/2018) verzeichnet bei § 3 Abs. 3 BetrVG nur 9 Entscheidungen, von denen zudem einige keine inhaltlichen Fragen zu Abstimmungen nach § 3 Abs. 3 BetrVG behandeln.

- Notwendig wäre auch, den Schutz des § 119 BetrVG auf die Initiatoren der Abstimmung auszudehnen. Initiatoren einer Abstimmung stehen derzeit praktisch schutzlos dar.
- Zu klären wäre auch, wie – nach erfolgreicher Abstimmung – der Wahlvorstand bestimmt wird. Wenn nicht eine Abstimmung (über das ob) und eine Betriebsversammlung zur Wahl des Wahlvorstandes (evtl. auch noch zu zwei unterschiedlichen Zeitpunkten) durchgeführt werden sollen, müsste die Abstimmung schlicht mit der Wahl des Wahlvorstandes verknüpft werden. D.h., die Initiatoren (drei wahlberechtige Arbeitnehmer oder die im Unternehmen vertretenen Gewerkschaft) müssten mit dem Abstimmungsvorschlag zugleich einen Wahlvorstand vorschlagen, über den mit abgestimmt wird. Weitere Vorschläge für den Wahlvorstand – wie sie auf der Betriebsversammlung möglich sind – würden in diesem Fall nicht mehr zulässig sein.
- Nach der herrschenden Meinung[10] ist – zu Recht – für die erfolgreiche Abstimmung über die Frage eines unternehmenseinheitlichen Betriebsrates die absolute Mehrheit der ArbeitnehmerInnen des Unternehmens erforderlich. Der Wortlaut ist klar.[11] Die Mehrheit der an der Abstimmung teilnehmenden Arbeitnehmer reicht nicht. Aber: Wird eine Betriebsratswahl durch Einladung zur Betriebsversammlung initiiert, reicht die Mehrheit der an der Abstimmung teilnehmenden ArbeitnehmerInnen. Dies sollte künftig auch für Abstimmungen über die Frage eines unternehmensweiten Betriebsrates nach § 3 Abs. 3 BetrVG gelten. Zudem: Die Wahlen und Abstimmungen werden in der Regel von Nicht-Juristen durchgeführt. Denen wird aber die Arbeit erleichtert, wenn im Gesetz nicht jeweils unterschiedliche Mehrheiten erforderlich sind, sondern schlicht jeweils die relative Mehrheit ausreicht. Dies würde dem Ziel, Betriebsratsgründungen zu erleichtern, Rechnung dienen.
- Das Gesetz und die Wahlordnung schweigen sich über die Frage aus, wie denn die Initiatoren bzw. die im Betrieb vertretende Gewerkschaft an die notwendigen Informationen zur Durchführung einer derartigen Abstimmung kommen sollen. Klarzustellen wäre,[12] dass der Arbeitgeber gegenüber Initiatoren und der im Betrieb vertretenen Gewerkschaft verpflichtet ist, die notwenigen Informationen zu erteilen. Dazu gehören je nach Struktur im Unternehmen

10 *Fitting*, § 3 Rn. 95; DKKW-*Trümner*, § 3 Rn. 182; *Richardi*,§ 3 Rn. 88; GK-BetrVG-*Franzen*, § 3 Rn. 45; ArbG Darmstadt 6.8.2008 – 1 BV 5/08, juris; a.A. relative Mehrheit der an der Abstimmung teilnehmenden ArbeitnehmerInnen LAG Düsseldorf 16.10.2008 – 11 TaBV 105/08, juris; ArbG Dresden 19.6.2008 – 5 BV 25/08, juris; *Gaul/Mückl*, Vereinbarte Betriebsverfassung – Was ist möglich, was sinnvoll?, NZA 2011, 658.

11 Siehe auch Begründung des Reformgesetzes 2001: BT-Drs. 14/5741; S. 34 »Hierfür ist ein entsprechender Mehrheitsbeschluss der im Unternehmen beschäftigten Arbeitnehmer erforderlich«.

12 Damit soll nicht gesagt werden, dass diese Ansprüche nicht schon de lege lata bestehen.

auch die betrieblichen Email-Adressen (z. B. in Unternehmen mit vielen Beschäftigten im »Homeoffice«), oder die Privatanschrift. Die Initiatoren bzw. die im Betrieb vertretene Gewerkschaft müssen die Arbeitnehmer im Betrieb über die bevorstehende Abstimmung informieren können. Auch muss der Arbeitgeber verpflichtet werden, den Initiatoren bzw. der Gewerkschaft zu gestatten, eine Versammlung zur Abstimmung über den unternehmenseinheitlichen Betriebsrat durchzuführen. Der Arbeitgeber hat die Abstimmung nicht durchzuführen.[13] Grundlegendes Prinzip der Betriebsratswahlen ist, dass diese in Eigenregie von den ArbeitnehmerInnen durchgeführt werden. Arbeitgeber und leitende Angestellte könne z. B. nicht Mitglieder in Wahlvorständen sein. Daran ist festzuhalten.

- Zu klären ist auch, ob es einer erneuten Abstimmung bedarf, wenn die ArbeitnehmerInnen oder Teile davon, den unternehmenseinheitlichen Betriebsrat nicht mehr wollen.[14] Praktisch wäre es die Abschaffung eines unternehmenseinheitlichen Betriebsrates dann zu ermöglichen, wenn in Betrieben und/oder selbständigen Betriebsteilen (§ 4 Abs. 1 BetrVG) des Unternehmens örtliche Betriebsräte gewählt worden sind. Eine Abstimmung, die nur ein Votum gegen einen unternehmenseinheitlichen Betriebsrat zum Gegenstand hat, sollte keine Auswirkungen haben. Vielmehr sollte der unternehmenseinheitliche Betriebsrat nur dann wieder abgeschafft werden können, wenn (in einer Art konstruktivem Misstrauensvotum) ein neuer Betriebsrat für den Betrieb oder den selbständigen Betriebsteil an seine Stelle getreten ist. Für die übrigen Teile des Unternehmens sollte der unternehmenseinheitliche Betriebsrat weiterbestehen. Andernfalls würde die Arbeitnehmervertretung durch die Wahl eines örtlichen Betriebsrates in einem kleinen selbständigen Betriebsteil für die Mehrheit der ArbeitnehmerInnen des Unternehmens hinfällig.

13 A.A. für die jetzige Gesetzeslage GK-BetrVG-*Franzen*, § 3 Rn. 45.

14 Nach derzeitige Gesetzeslage für Notwendigkeit einer erneuten Abstimmung: *Fitting*, § 3 Rn. 100; DKKW-*Trümner*, § 3 Rn. 185, der grundsätzlich von einer Dauerwirkung der Abstimmung ausgeht; GK-BetrVG-*Franzen*. § 3 Rn. 47; *Richardi*, § 3 Rn. 91.

Kalte Aussperrung 1984

Werner Hinrichs, IG Metall Vorstandsjurist i.R.

Mit meinem Beitrag möchte ich erinnern an den Arbeitskampf 1984 in der Metall- und Elektroindustrie und hier speziell berichten über die »juristische Front« gegen die kalte Aussperrung. Für Thomas selbst wäre das nicht erforderlich, war er damals doch intensiv am Geschehen beteiligt.
Die Ausgangslage war die folgende:
Im April 1983 beschloss der Vorstand der IG Metall einen erneuten Anlauf zur Durchsetzung eines Auftrags des Gewerkschaftstages von 1977. Ziel war die Verkürzung der Wochenarbeitszeit auf 35 Stunden bei vollem Lohnausgleich. Auf dem Gewerkschaftstag im Oktober 1983 wurde dem nach intensiven Diskussionen zugestimmt. Es gab auch einen weit in die Mitgliedschaft und die Öffentlichkeit hineinwirkendes gelungenes grafisches Symbol, die lachende 35-Stunden-Sonne. BDA-Präsident Esser warnte vor schwerwiegenden Nachteilen für Wirtschaft und Gesellschaft, und der damalige Bundeskanzler Kohl nannte die Forderung nach der 35-Stunden-Wochen absurd, dumm und töricht. Trotz dieser Störfeuer hielt die IG Metall an der Forderung fest und ließ – nach bundesweiten Warnstreiks von über einer Millionen Beschäftigter – am 3. und 4. Mai 1984 im Tarifgebiet der Metall- und Elektroindustrie Nord-Württemberg/Nord-Baden eine Urabstimmung durchführen, die – ebenso wie bei der Urabstimmung in Hessen am 8. und 9. Mai – eine klare Mehrheit von gut 80 Prozent für Streik ergab.
Der Arbeitskampf begann mit 13 000 Streikenden am 14. Mai bei Automobilzulieferbetrieben im nördlichen Baden-Württemberg, wurde dort – außerplanmäßig – ausgedehnt auf das Werk von Daimler-Benz in Sindelfingen und am 21. Mai kräftig erhöht auf weitere 33 000 Streikende in Hessen. Dem entgegneten die Arbeitgeber mit dem Kampfmittel der Aussperrung. Davon betroffen waren in zwei Stufen in den zwei Tarifgebieten ca. 170 000 Beschäftigte. Darüber hinaus verweigerten die Arbeitgeber wegen angeblicher Auswirkungen des Arbeitskampfs auf die Produktion in den Kampfgebieten Beschäftigung und Entgelt für 85 000 Arbeitnehmer und außerhalb der Kampfgebiete für weitere 315 000 Arbeitnehmer.
Diese mittelbaren Auswirkungen von Streik und Aussperrung werden im Gewerkschaftsjargon als kalte Aussperrung bezeichnet. Dass es sich hierbei nicht um eine nur polemische Bezeichnung handelt, sondern um eine potenziell reale Si-

tuationsbeschreibung, illustrieren die Ereignisse von 1984. Zum einen wurde schon durch das Zahlenverhältnis deutlich, dass Ursache für die Betriebsstillegungen in erster Linie das Arbeitgeberkampfmittel der »heißen« Aussperrung war. Zum anderen zeigte sich in einer umfassenden Befragung der IG Metall nach Abschluss des Arbeitskampfes, dass in drei Viertel aller Fälle die Arbeitgeber versucht hatten, Betriebseinstellungen vorschnell oder in zu hohem Umfang durchzuführen, was ihnen infolge Widerstands der Beschäftigen und ihrer Betriebsräte nicht oder nicht wie geplant gelang. Dabei traten eklatante Täuschungsversuche zutage, wie zum Beispiel bei Opel Bochum, wo angeblich Fahrzeugkomponenten fehlten, die sich aber in Waggons auf dem Werksgelände befanden. Der Traktorhersteller Fendt behauptete, die Produktion einstellen zu müssen, weil Bleche fehlten, während die Maxhütte als Lieferant erklärte, dass die Bleche von Fendt nicht abgenommen würden. Im Übrigen war es so, dass in 77,3 Prozent aller Fälle die Produktion schon am Tag der Arbeitsaufnahme in den Kampfbetrieben in Nord-Württemberg/ Nord-Baden oder sogar noch früher wieder angefahren worden ist. Das zeigt, dass die Betriebseinstellungen zu Beginn verfrüht waren, weil durchaus noch zu verarbeitende Vorprodukte vorhanden waren bzw. Lagermöglichkeiten und sonstige Alternativen bestanden haben.
Dies vorausgeschickt, möchte ich jetzt zur Rolle der Juristen in diesem Arbeitskampf kommen. Bei der Anlage des Streiks war von vornherein klar, dass es zu mittelbaren Betriebseinschränkungen kommen würde. Im Vorfeld führten wir bundesweit Schulungen und Informationsveranstaltungen zum praktischen Umgang und zu rechtlichen Fragen durch. Thematisiert wurden Arbeitsangebote, Informations- und Mitbestimmungsrechte der Betriebsräte sowie das Vorgehen gegenüber den Arbeitsämtern. Dazu gab es schon damals einen Arbeitskampfordner und Ablaufschemen sowie Antragsschriftsätze. Wie bereits oben ausgeführt, gelang es in vielen Fällen durch Betriebsratsaktivitäten Einfluss auf Beginn und Umfang der Betriebseinstellungen zu nehmen. Einigungsstellen wurden angerufen, und einstweilige Verfügungen auf Unterlassung ergingen gegen die Arbeitgeber. Angesichts der Rechtsprechung[1] war allerdings klar, dass sich die kalten Aussperrungen nicht gänzlich mit rechtlichen Mitteln verhindern ließen. Einzelklagen der betroffenen Arbeitnehmer auf Entgeltzahlungen bei den Arbeitsgerichten hätten schon in zeitlicher Hinsicht keinen Erfolg noch während des Arbeitskampfes gehabt. Da die IG Metall außerhalb der eigentlichen Kampfgebiete an kalt Ausgesperrte keine Unterstützungsleistungen erbrachte,[2] ent-

1 Das BAG hatte in seinen grundlegenden Beschlüssen vom 22. Dezember 1980 Beschäftigungs- und Entgeltansprüche sowie Mitbestimmungsrecht eingeschränkt.

2 Insgesamt kostete der Arbeitskampf die IG Metall rund 500 Millionen DM, Leistungen für alle kalt Ausgesperrten hätten nicht verkraftbare und unüberschaubare Ausgaben zur Folge gehabt.

stand ein erheblicher Druck der betroffenen Gewerkschaftsmitglieder. Mit zunehmender Dauer des Entgeltausfalls und fehlender Unterstützung gab es eine besorgniserregende Vielzahl von Gewerkschaftsaustritten. In dieser Situation kam es darauf an, die Empörung der kalt Ausgesperrten in die richtige Richtung zu lenken, nämlich gegen die Arbeitgeber und die Arbeitsämter.

Wie bereits im Arbeitskampf der Metaller 1971 durch den damaligen Präsidenten der Bundesanstalt für Arbeit Stingl, hat am 18. Mai 1984 deren Präsident Franke angeordnet, dass die Arbeitsämter kein Kurzarbeitergeld auszahlen dürfen. Er vertrat die Auffassung, dass wegen der weitaus überragenden Bedeutung der gemeinsamen Forderung nach der 35-Stunden-Woche den übrigen Forderungsdifferenzen keine Bedeutung für die Frage der Kug-Gewährung zukommt. Anders als 1971 wurde er nicht von dem Verwaltungsrat korrigiert. Politischer Druck allein – etwa in Form von Protestmärschen[3] und teilweise durchgeführte Betriebsbesetzungen – reichten nicht aus. Deshalb kam einem gerichtlichen Erfolg höchste Bedeutung zu.

An dieser Stelle möchte ich an die sogenannte Juristenrunde erinnern. Schon vor Beginn des Arbeitskampfes gab es häufige Treffen aller Juristen der Vorstandsverwaltung beim damaligen Justiziar Michael Kittner. Intensiv wurden dort die vielfältigen rechtlichen Fragen abgeklärt, und während der Dauer des Konflikts fanden fast jeden Tag Zusammenkünfte statt. Dabei ging es vor allem – neben Streikpostenproblemen – um die kalte Aussperrung und hierbei insbesondere, wie man den Franke-Erlass kippen kann. Das waren schwer einzuschätzende Fragen. Wer soll wo, mit welchen Anträgen und Begründungen gerichtlich vorgehen? Im Ergebnis dieser Überlegungen wurden die Sozialgerichte in Frankfurt am Main und Bremen angerufen. Das brachte auch einen durchschlagenden Erfolg. Am 12. Juni entschied das Sozialgericht Frankfurt im Wege einer einstweiligen Anordnung, dass der Franke-Erlass einstweilen ausgesetzt wird. Entscheidend wurde zur Begründung darauf abgestellt, dass die Tarifforderungen innerhalb und außerhalb der Kampfgebiete durchaus in relevanter Weise unterschiedlich waren. Dies wurde dann vom Hessischen Landessozialgericht am 22. Juni bestätigt. Am selben Tag erließ auch das Landessozialgericht Bremen eine entsprechende einstweilige Anordnung. Noch am selben Abend erreichte die Vorstandsverwaltung der IG Metall einen Anruf des DGB-Bundesvorstandmitglieds Muhr aus Genf, den ich entgegennahm. Muhr berichtete, dass Franke ihm gegenüber erklärt habe, dass aufgrund dieser Gerichtsentscheidungen Kurzarbeitergeld gezahlt werde. Das konnte ich dann einem Fernsehjournalisten mitteilen, der in der Vorstandsverwaltung anrief. Und als ich kurz danach zu Hause die Tagesschau einschaltete, war dies auch gleich die erste sensationelle Meldung.

---

3 Z.B. 250 000 Teilnehmer beim Marsch auf Bonn am 28. Mai 1984.

Nachdem klar war, dass Kurzarbeitergeld gezahlt wird – wenngleich auch nur unter Vorbehalt der Rückforderung –, kam Bewegung in die Lösung des Tarifkonflikts. Am 28. Juni wurde in der »Besonderen Schlichtung« unter Vorsitz von Georg Leber der sogenannte Leber-Kompromiss erzielt, der den Einstieg in die Durchsetzung der 35-Stunden-Woche brachte. Am 3. bzw. 5. Juli wurde nach erfolgter Urabstimmung die Arbeit wieder aufgenommen. Als besondere Anerkennung der Arbeit der »Juristenrunde« gab es für alle daran Beteiligten auf Einladung des ersten Vorsitzenden der IG Metall, Hans Mayr, ein gutes Abendessen im »Alten Zollhaus«.
Wie es in den folgenden Jahren dann im Einzelnen weiterging mit der kalten Aussperrung, ist nicht mehr Gegenstand dieses Berichts. Nur so viel, dass – noch bezogen auf 1984 – mit gewerkschaftlichem Rechtsschutz Lohnklagen erfolgreich durchgeführt worden sind, z. B. in Berlin. Dort entschieden in einer Reihe von Verfahren das Arbeitsgericht und das Landesarbeitsgericht wegen vorhandener Regelungsspielräume, dass die Missachtung des Mitbestimmungsrechts des Betriebsrats des Daimler-Benz-Werks Marienfelde zur Folge hatte, dass Löhne aus dem Jahr 1984 nachgezahlt werden mussten. Einen Tag vor dem auf den 19. April 1988 festgesetzten Verhandlungstermin vor dem Bundesarbeitsgericht nahm Daimler-Benz seine Revisionen zurück. Offenbar hatte man Anhaltspunkte dafür, dass sie keinen Erfolg haben würden. Das ließ sich auch später entnehmen aus einem Beitrag des BAG-Richters Matthes in der Festschrift für Picker, 2010. Danach sollte es außerhalb des eigentlichen Kampfgebiets grundsätzlich überhaupt keine Ausnahme mehr davon geben, dass die Arbeitgeber das Betriebs- und Wirtschaftsrisiko auch bei arbeitskampfbedingten Betriebsstörungen zu tragen haben. Das hätte dann auch zur Folge, dass Betriebsräte nicht nur beim sog »Wie«, sondern auch beim »Ob« einer Betriebseinschränkung volle Mitbestimmungsrechte haben. An einer solchen Rechtsklärung war die Arbeitgeberseite aus verständlichen Gründen nicht interessiert.
Zur sozialrechtlichen Seite, also zum Kampf um das Kurzarbeitergeld, sei daran erinnert, dass trotz nachhaltiger Proteste der Gewerkschaften durch Neufassung der § 116 Arbeitsförderungsgesetz im Jahre1986 der Franke-Erlass legalisiert wurde. Das hinderte aber das Bundessozialgericht in den sogenannten Hauptsacheverfahren zum Tarifkonflikt 1984 nicht, in seiner Entscheidung vom 5. Juni 1991 festzustellen, dass das Kurzarbeitergeld damals zu Unrecht verweigert worden war. In den folgenden Tarifrunden kam es nicht mehr zu mit 1984 vergleichbaren Auseinandersetzungen mit der Agentur für Arbeit, weil die IG Metall bestrebt war, von vornherein bei der Anlage von Streiks größere Fernwirkungen möglichst zu vermeiden.

Der Unfallversicherungsschutz von Crowdworkern – Ist die gesetzliche Unfallversicherung fit for future?

Dr. Daniel Hlava, LL.M., Referent für Sozialrecht, Hugo Sinzheimer Institut, Frankfurt/Main

Thomas Klebe versteht es, neuere Entwicklungen in der Arbeitswelt früh zu erkennen und lösungsorientiert zu begleiten. Dabei hat er nicht nur die Auswirkungen auf das Arbeitsrecht, sondern auch damit verbundene sozialrechtliche Implikationen im Blick. Dies gilt ebenso für das wachsende Phänomen der onlinebasierten Plattformarbeit und dort speziell dem Bereich Crowdwork. Sozialrechtlich stellt sich hier nicht nur die Frage, inwieweit (unternehmensexterne) Crowdworker überhaupt in die Sozialversicherung einbezogen sind, sondern auch, wie sie während ihrer Tätigkeit außerhalb von traditionellen Betriebsräumen durch die gesetzliche Unfallversicherung geschützt sind. Letzterem widmet sich der nachfolgende Beitrag, der hierfür insbesondere die aktuelle Rechtsprechung zum sog. »Home-Office« aufgreift.

1. Einbeziehung von Crowdworkern in die gesetzliche Unfallversicherung

Es gibt verschiedene Tatbestände, nach denen Crowdworker gesetzlich unfallversichert sein können. Die Einbeziehung hängt letztlich mit dem jeweiligen Status oder Tätigkeitsfeld zusammen. Handelt es sich um internes Crowdworking, bei der ein Arbeitnehmer mit Zustimmung seines Arbeitgebers intern vergebene Aufträge innerhalb des Unternehmens oder Konzerns ausführt, ändert dies nichts an seiner Arbeitnehmerstellung.[1] Als Arbeitnehmer ist er zugleich Beschäftigter (vgl. § 7 Abs. 1 SGB IV) und damit nach § 2 Abs. 1 Nr. 1 SGB VII versichert.

Auch beim externen Crowdworking kann je nach vertraglicher Ausgestaltung ein Arbeitsverhältnis zur Plattform bzw. zum Auftraggeber bestehen. Häufig wird es in dieser Konstellation jedoch an den Kriterien der Weisungsgebundenheit oder

1 *Däubler/Klebe*, NZA 2015, 1032, 1035.

der Eingliederung in einen fremden Betrieb fehlen.[2] Gleichwohl wird man die Arbeitsbedingungen von Crowdworkern genau betrachten müssen, da sie nicht selten direkten Vorgaben und Kontrollen unterworfen sind und kaum unternehmerisch am Markt agieren können, was wiederrum für eine Arbeitnehmereigenschaft spricht.[3] Eine nur geringfügige Beschäftigung i. S. v. § 8 SGB IV steht dem Unfallversicherungsschutz jedenfalls nicht entgegen.

Soweit Crowdworker keine Arbeitnehmer sind, kann es sich bei ihnen um arbeitnehmerähnliche Personen handeln, wenn sie wirtschaftlich von ihrem Auftraggeber abhängig und einem Arbeitnehmer vergleichbar schutzbedürftig sind.[4] Arbeitnehmerähnliche Personen können im sozialversicherungsrechtlichen Sinn Beschäftigte i. S. v. § 7 SGB IV sein.[5]

In der Literatur wird ferner diskutiert, inwieweit das Heimarbeitsgesetz auf Crowdworker Anwendung finden kann.[6] Da nach der gesetzlichen Fiktion in § 12 Abs. 2 SGB IV Heimarbeiter als Beschäftigte gelten, wären Crowdworker auch in dieser Beschäftigungsform in die Unfallversicherung einbezogen.

Als Selbstständige können Crowdworker ebenfalls geschützt sein. Das SGB VII kennt Versicherungspflichttatbestände für verschiedene Gruppen von Selbstständigen, u. a. für Hausgewerbetreibende und Zwischenmeister (§ 2 Abs. 1 Nr. 6 SGB VII; mitversichert sind auch die mitarbeitenden Ehepartner). Der Großteil der selbstständig Tätigen ist hierüber jedoch nicht erfasst. Die Versicherung kann ferner nach § 3 Abs. 1 Nr. 1 SGB VII durch den Unfallversicherungsträger mittels Satzung auf Unternehmer (und mitarbeitende Ehepartner) erstreckt werden. Dabei kann die Satzung objektive Zugangsvoraussetzungen aufstellen (z. B. bestimmte Gewerbezweige, Einkommenshöhe, Mitarbeiterzahl) oder einzelne Tätigkeitsbereiche betreffen.[7] Schließlich können sich Unternehmer nach § 6 Abs. 1 Nr. 1 SGB VII auf Antrag freiwillig versichern.

Im Ergebnis steht der Schutz der gesetzlichen Unfallversicherung bei Arbeitsunfällen und Berufskrankheiten grundsätzlich jedem Crowdworker offen. Er kann dabei kraft Gesetzes, kraft Satzung oder aufgrund freiwilliger Entscheidung bestehen. Der Großteil der Crowdworker wird bislang jedoch nicht in der gesetzlichen Unfallversicherung versichert sein.

---

2 *Krause*, Gutachten B zum 71. Deutschen Juristentag, B 104.

3 Insoweit differenzierend *Klebe*, AuR 2016, 277, 279.

4 *Däubler/Klebe*, NZA 2015, 1032, 1035 f.; ferner *Kohte*, NZA 2015, 1417, 1422.

5 BT-Drs. 7/4122, 31; *Knospe* in: Hauck/Noftz, SGB IV, § 7 Rn. 35.

6 Auch hierzu bereits *Däubler/Klebe*, NZA 2015, 1032, 1036; näher *Waas* in: Waas/Liebman/Lyubarski/Kezuka, Crowdwork – A Comparative Law Perspective, S. 163 ff.

7 *Riebel* in: Hauck/Noftz, SGB VII, § 3 Rn. 14.

2. Arbeitsunfälle im Home- und Outdoor-Office

Die Arbeitsweise eines Crowdworkers ist dadurch geprägt, dass er seine Aufgaben ohne örtliche Bindung an eine Betriebsstätte mobil von zu Hause, unterwegs oder einem Café aus erledigt kann. Ist ein Crowdworker in den Kreis der versicherten Personen einbezogen, stellt sich daher die Frage nach der Reichweite des Versicherungsschutzes, insbesondere bei Unfällen in und um häusliche Arbeitsplätze (v. a. im sog. »Home-Office«).
Für das Vorliegen eines Arbeitsunfalls i. S. v. § 8 SGB VII muss eine zum Unfallzeitpunkt ausgeübte Tätigkeit einer versicherten Tätigkeit zugerechnet werden können (innerer bzw. sachlicher Zusammenhang), die ausgeübte Tätigkeit muss das Unfallereignis verursacht haben (Unfallkausalität) und der Unfall zu einem Gesundheitsschaden bzw. dem Tod geführt haben (haftungsbegründende Kausalität).[8] Fällt einem versicherten Crowdworker das Notebook bei der Arbeitsaufnahme aufgrund ungeschickten Öffnens auf den Fuß, und erleidet er hierdurch eine Prellung, handelt es sich demnach um einen Arbeitsunfall.
Das Vorliegen eines inneren bzw. sachlichen Zusammenhangs ist dagegen ungleich schwieriger zu beurteilen, wenn der Unfall nicht während der »eigentlichen« Arbeit erfolgt, sondern bei der Zurücklegung eines Weges.

3. Versicherte Wege im, vom und zum Home-Office

Arbeitswege zum oder vom Tätigkeitsort (Art. 8 Abs. 2 Nr. 1 SGB VII) und Betriebswege im unmittelbaren Betriebsinteresse (z. B. der Gang zum Kopierer) zählen ebenfalls zu den Tätigkeiten, bei denen Versicherungsschutz besteht.[9] Grundsätzlich beginnt bzw. endet ein versicherter Weg erst mit dem Durchschreiten der Außentür eines Wohnhauses, die auch bei Mehrfamilienhäusern den Beginn bzw. das Ende des Versicherungsschutzes markiert.[10] Diese Grenzziehung dient der rechtssicheren Abgrenzung zum unversicherten häuslichen (privaten) Lebensbereich.[11] Wird die geschuldete Arbeitsleistung nicht in einem Betrieb, sondern (vereinbarungsgemäß) in einem Arbeitszimmer zu Hause erbracht (Heim-/Telearbeit), so beginnt nach bisheriger Ansicht der Versicherungsschutz mit dem Durchschreiten der Tür zum häuslichen Büro, womit alle

8 Vgl. BSG 18. 1. 2011 – B 2 U 9/10 R, Rn. 10; näher *Becker*, BG 2011, 403 ff.
9 Zur Unterscheidung »Arbeitsweg« und »Betriebsweg« s. *Leube*, SGb 2012, 380, 382.
10 Vgl. zuletzt BSG 31. 8. 2017 – B 2 U 2/16 R, Rn. 16.
11 BSG 7. 11. 2000 – B 2 U 39/99 R, Rn. 21; zur Außentür: BSG 31. 5. 1988 – 2/9b RU 6/87.

Betriebswege innerhalb des Arbeitszimmers unfallversichert wären (z.B. beim Stolpern auf dem Weg zum Schreibtisch oder zur Ablage).[12]
Innerhalb einer Wohnung gibt es keine Arbeitswege i.S.v. § 8 Abs. 2 Nr. 1 SGB VII (z.B. vom Bett zum Arbeitszimmer), was sich damit begründen lässt, dass der Versicherte durch die Arbeit zu Hause auch nicht den verkehrstypischen Gefahren außerhalb der Wohnung (Straßenverkehr etc.) ausgesetzt ist.[13] Anders sieht es aus, wenn ein Versicherter aufgrund seiner Berufstätigkeit seine Kinder vor Arbeitsbeginn in eine Kindertagesstätte bringt. Auf diesem Weg ist er entsprechend einem außer Haus arbeitenden Versicherten nach § 8 Abs. 2 Nr. 2 lit. a SGB VII geschützt. Die Situation von Versicherten, die ihren Arbeitsplatz zu Hause oder im Betrieb haben, unterscheidet sich hier nicht. Die Norm ist daher aus Gründen der Gleichbehandlung auf Versicherte mit häuslichem Arbeitsplatz entsprechend anzuwenden.[14]

4. Fallstricke: Der (un)versicherte Gang zur Nahrungsaufnahme

Bei der Arbeit in einer Betriebsstätte des Arbeitgebers können Wege zur Nahrungsaufnahme während betrieblicher Pausen versicherte Betriebswege darstellen, auch wenn der Arbeitnehmer hierfür den Betrieb verlässt (z.B. der Gang zum Supermarkt oder nach Hause zum Mittagessen).[15] Der Aufenthalt bei der Nahrungsaufnahme selbst bleibt dagegen privater Natur und ist grundsätzlich nicht versichert.[16]
Anders gestaltet es sich beim Gang vom Home-Office in einen privaten Wohnbereich, um etwas zu trinken oder andere eigenwirtschaftliche Tätigkeiten zu verrichten (z.B. Fernsehen, Toilettengang). Das Bundessozialgericht hatte 2016 über einen Fall entschieden, in dem eine Arbeitnehmerin auf dem Weg von ihrem Arbeitszimmer zum Wasserholen in die Küche auf der Treppe stürzte und sich den Fuß brach. Anders als die Vorinstanz[17] lehnte das Bundessozialgericht einen versicherten Betriebsweg ab, da die Treppe – obwohl sie der einzige Zugang

12 *Leube*, SGb 2012, 380, 382.
13 *Spellbrink*, NZS 2016, 527, 529.
14 Dies ebenso erwägend: *Spellbrink*, NZS 2016, 527, 531; a.A. SG Hannover 17.12.2015 – S 22 U 1/15.
15 BSG 2.7.1996 – 2 RU 34/95; BSG 27.4.2010 – B 2 U 23/09 R.
16 BSG 2.7.1996 – 2 RU 34/95, Rn. 15; zu Ausnahmen vgl. BSG. 24.2.2000 – B 2 U 20/99 R, Rn. 19.
17 LSG Rheinland-Pfalz 27.1.2015 – L 3 U 171/14.

zum Büro war – nicht zum Arbeitsbereich gehöre und Trinken ein privates Bedürfnis sei. Für die Beurteilung des Versicherungsschutzes sei vielmehr entscheidend, welche Verrichtung jemand mit welchem Zweck in dem Moment des Unfalls ausübt.[18] Ob ein Weg im sachlichen Zusammenhang mit der versicherten Tätigkeit steht, bestimme sich somit nach der objektivierten Handlungstendenz des Versicherten, also danach, ob er »eine dem Beschäftigungsunternehmen dienende Tätigkeit ausüben wollte und diese Handlungstendenz durch die objektiven Umstände des Einzelfalls bestätigt wird.«[19]

Das Bestehen von Versicherungsschutz ist auch bei Wegen von der häuslichen Arbeit zur Nahrungsaufnahme außerhalb der Wohnung fraglich. Das Bundessozialgericht hatte dies im sog. »Calabria-Fall« zwar für einen nur unregelmäßig von zu Hause aus arbeitenden Versicherten abgelehnt. Zugleich hatte es aber erwogen, dass bei einem in Vollzeit als Heim- oder Telearbeiter Beschäftigten aus Gründen der Gleichbehandlung möglicherweise »jedenfalls ein Weg täglich zur Nahrungsaufnahme bzw. zur Versorgung mit Nahrungsmitteln unter Versicherungsschutz stehen muss.«[20] Dem ist zuzustimmen. Gegen diese Ansicht kann nicht eingewandt werden, dass Heim- und Telearbeiter ihre Pausenzeiten im Vergleich zu anderen Beschäftigten flexibler selbst bestimmen könnten und weniger in den Arbeitsablauf eines Betriebs integriert wären.[21] Flexible Pausenzeiten, deren Lage der Arbeitnehmer selbst bestimmen kann, sind auch innerbetrieblich keine Ausnahmeerscheinung. Rechtfertigungsgründe für eine unterschiedliche Behandlung gegenüber anderen Beschäftigten sind nicht ersichtlich. Insofern muss auch der Gang eines überwiegend zu Hause arbeitenden Beschäftigten zur und von der Nahrungsaufnahme versichert sein.

5. Vermischtes: Versicherungsschutz in Wohn-/Arbeitsräumen, bei gespaltener Handlungstendenz und gemischten Tätigkeiten

Nutzen Crowdworker für ihre abhängige oder selbstständige Tätigkeit zu Hause statt eines abgetrennten Arbeitszimmers einen gemischten Wohn- und Arbeitsraum, wurde dort Versicherungsschutz nach bisheriger Rechtsprechung nur angenommen, wenn der Ort »nicht nur selten oder gelegentlich, sondern wesent-

18 BSG 5.7.2016 – B 2 U 5/15 R, Rn. 25.

19 BSG 5.07.2016 – B 2 U 5/15 R, Rn. 25; s. auch *Spellbrink*, NZS 2016, 527, 528.

20 BSG 18.6.2013 – B 2 U 7/12 R, Rn. 22.

21 Letzteres trifft auf die meisten Arbeitnehmer mit Heimarbeitsplätzen nicht zu, vgl. *Schur*, jM 2014, 249, 251; in diese Richtung aber *Keller* in: Hauck/Noftz, SGB VII, § 8 Rn. 20b.

lich auch zu betrieblichen Zwecken genutzt [wird]«.[22] Bei kombinierten Wohn-/Arbeitsräumen sollte es insbesondere auf die Häufigkeit ihrer Nutzung für betriebliche Zwecke ankommen.[23] Damit hier ein versicherter Betriebsweg vorliegen konnte, musste der Gebäudeteil wesentlich, d. h. ständig und nicht nur gelegentlich, für betriebliche Zwecke genutzt werden; letztlich bedurfte es jedoch einer umfassenden Einzelfallbetrachtung.[24] Wird gelegentlich am Esstisch gearbeitet, führte dies somit nicht dazu, dass sich der Versicherungsschutz auf Wege im Wohn-/Esszimmer erstreckte. Hiernach würde sich bei Personen, die über kein häusliches Arbeitszimmer verfügen, sondern ihre Arbeit mittels mobiler Arbeitsgeräte (Notebook) im Grunde von jedem beliebigen Ort der Wohnung aus erledigen können, ein versicherter Betriebsweg häufig nicht begründen lassen.[25]

Nachdem das Bundessozialgericht bereits in seiner Entscheidung von 2016 Zweifel an der Aussagekraft der »Häufigkeit der betrieblichen Nutzung« des Unfallorts geäußert hatte,[26] relativierte es dieses Kriterium in einem jüngst ergangenen Urteil weiter. Der Fall betraf eine selbstständige Friseurin, die auf dem Weg von ihrem Friseursalon zum im selben Gebäude befindlichen (privaten) Waschraum im Wohnungsflur einen Unfall erlitt. Der Waschraum wurde sowohl für private Wäsche als auch für das Waschen von Geschäftskleidung genutzt. Das Bundessozialgericht stellte fest, dass für die Frage des Versicherungsschutzes »nicht der konkrete Umfang der betrieblichen oder privaten Nutzung des Wohnungsflurs« entscheidend sei, sondern die objektive Handlungstendenz der zum Unfall führenden Verrichtung (maßgebliche Frage: Wollte die Friseurin Geschäfts- oder Privatwäsche holen?).[27] Die objektive Zweckbestimmung des Unfallorts kann nach zutreffender Ansicht des Bundesozialgerichts dagegen nur als Indiz berücksichtigt werden.[28] Folglich muss auch der gesamte Weg vom Schreibtisch zum Drucker im privaten Nebenraum versichert sein, wenn von dort der Ausdruck eines Geschäftsbriefs geholt werden soll.

Sofern der Versicherte eine Tätigkeit verrichtet, die sowohl versicherte als auch private Zwecke verfolgt, liegt eine sog. gespaltene Handlungstendenz (auch »gemischte Motivlage« genannt) vor. Versicherungsschutz ist hier gegeben, wenn das Handeln insgesamt betrachtet darauf abzielte, eine versicherte Tätigkeit auszuüben bzw. die Verrichtung (hypothetisch) auch ohne die private Motivation

22 LSG NRW 19.9.2007 – L 17 U 106/07, Rn. 25; vgl. hierzu auch LSG Rheinland-Pfalz 6.6.2000 – L 3 U 191/99; BSG 27.10.1987 – 2 RU 32/87.
23 BSG 27.10.1987 – 2 RU 32/87, Rn. 15.
24 BSG 12.12.2006 – B 2 U 1/06 R, Rn. 16.
25 So *Keller* in Hauck/Noftz, SGB VII, § 8 Rn. 33c; *Leube*, SGb 2012, 380, 383.
26 BSG 5.7.2016 – B 2 U 5/15 R, Rn. 24.
27 BSG 31.8.2017 – B 2 U 9/16 R, Rn. 12ff.
28 BSG 31.8.2017 – B 2 U 9/16 R, Rn. 17.

erfolgt wäre.[29] Beispiel: Geht der Crowdworker zum Drucker, um einen für seine Arbeit benötigten Ausdruck und daneben eine ausgedruckte Reservierung für den nächsten Urlaub zu holen, ist er auf dem Weg versichert.
Kommt es zu einem Unfall, während der Versicherte zwei Verrichtungen gleichzeitig ausübt, von denen nur eine versichert und die andere privater Natur ist (sog. gemischte Tätigkeit), ist bei der Unfallkausalität zu prüfen, ob sich eine durch das »SGB VII geschützte Gefahr verwirklicht hat oder ob stattdessen eine unversicherte Wirkursache für das Unfallereignis verantwortlich ist«[30]. Beispiel: Ein Versicherter geht während seiner Rufbereitschaft mit seinem Hund spazieren und führt ein berufliches Telefonat, aufgrund dessen er unaufmerksam ist und angefahren wird.[31]

6. Versicherungsschutz bei sofortigem Handlungserfordernis

Bereits vor der neueren Rechtsprechung des Bundessozialgerichts zur stärkeren Betonung der objektiven Handlungstendenz konnte ein Beschäftigter oder Unternehmer ausnahmsweise auch auf einem Weg in rein privat genutzten Wohnbereichen gesetzlich unfallversichert sein. Dies ist der Fall, wenn die zum Unfall führende Tätigkeit »durch eine Art Rufbereitschaft und die Notwendigkeit, sofort zu handeln, geprägt ist«[32]. Dies hatte das Bundessozialgericht bei einem Landwirt angenommen, der in der Erwartung zum Telefon eilte, dass der Anrufer ihm den Ausbruch seiner Tiere mitteilen wollte.[33] Versicherungsschutz müsste hiernach auch bejaht werden, wenn ein Crowdworker durch den erwarteten Skype-Anruf eines Projektpartners in den USA nachts geweckt wird und beim eiligen Aufstehen aus dem Bett stürzt.

7. Fazit

Crowdworker können kraft Gesetzes oder kraft Satzung gesetzlich unfallversichert sein oder sich freiwillig versichern. Ob ein Unfallereignis zu Hause als Ar-

29 BSG 26.6.2014 – B 2 U 4/13 R, Rn. 20.
30 BSG 26.6.2014 – B 2 U 4/13 R, Rn. 20ff., 28.
31 In Abwandlung von BSG 26.6.2014 – B 2 U 4/13 R.
32 BSG 12.12.2006 – B 2 U 28/05 R, Rn. 20.
33 BSG 27.11.1980 – 8a RU 12/79, Rn. 16.

beitsunfall versichert ist, hängt neben Kausalitätsfragen maßgeblich davon ab, ob die zum Unfall führende Verrichtung aus betrieblichen Gründen erfolgte (Handlungstendenz). Die Häufigkeit der betrieblichen oder privaten Nutzung des Unfallorts hat dabei lediglich Indizwirkung. Auf Wegen zur Nahrungsaufnahme innerhalb der Wohnung besteht nach bisheriger Rechtsprechung kein Schutz, für ein Mittagessen außerhalb der Wohnung wird dieser hingegen anzunehmen sein.
Das SGB VII bietet weite Auslegungsspielräume, um auf Veränderungen in der Arbeitswelt zu reagieren, wenngleich punktuelle Klarstellungen wünschenswert wären.[34] Im Koalitionsvertrag von CDU/CSU und SPD wird angekündigt, die Unfallversicherung modernisieren zu wollen.[35] Hierbei wird der zunehmenden Digitalisierung der Arbeitswelt und der Situation von Crowdworkern und anderen mobil Arbeitenden stärker Rechnung zu tragen sein.

34 Zu weiteren Problemfeldern *Ricke*, WzS 2017, 9, 13f.
35 Koalitionsvertrag CDU, CSU und SPD, S. 53.

»Offensive Mitbestimmung« – Den mitbestimmungspolitischen Stillstand überwinden

Reiner Hoffmann, Vorsitzender des Deutschen Gewerkschaftsbundes

Betriebsräte sichern gute und faire Arbeitsbedingungen. Oder genauer: Sie verhandeln darüber mit dem Arbeitgeber. Dabei handelt es sich um mehr als klassische Interessenvertretung. Der Strukturwandel der Arbeitswelt beschleunigt sich weltweit immer mehr. Neue Technologien, wirtschaftliche Globalisierung, Europäisierung und demografischer Wandel verändern und prägen die Arbeitswelt enorm. *Thomas Klebe* wird seit über dreißig Jahren nicht müde, diese Herausforderung für die betriebliche und gewerkschaftliche Mitbestimmung in Deutschland und über die nationalen Grenzen hinaus zu beschreiben und aktiv zu gestalten, organisations- und rechtspolitisch auf allen Ebenen.
Die rhetorische Frage im Titel einer seiner früheren Aufsätze »Der Betriebsrat heute: Ohnmacht oder Gegenmacht?«[1] hat er – nie bereit aufzugeben und immer ermutigend für sein Umfeld – durch seine Arbeit längst beantwortet. Wie kaum ein anderer kombiniert *Thomas Klebe* dafür sein juristisches Fachwissen mit seinen Erfahrungen als Betriebspolitiker der IG Metall und Unterstützer Europäischer Betriebsräte. Dabei konstatiert *Klebe* nicht nur die enormen Herausforderungen als negative Entwicklung. Er unterstreicht durch Wort und Tat, dass gerade auch im internationalen Bereich große Gestaltungsspielräume zu erschließen sind. Das macht ihn auch zum Pionier gewerkschaftlicher Erfolge auf europäischer und internationaler Ebene.

1. »Offensive Mitbestimmung«

Wenn ich *Thomas Klebe* als Anreger, als Innovator, würdige, komme ich notwendigerweise zu den vielen *»losen Enden«*, den vielen Problemen, die uns nicht zu-

1 *Thomas Klebe und Siegfried Roth* (1988): Der Betriebsrat heute: Ohnmacht oder Gegenmacht?«. Magazin Mitbestimmung der HBS, 6, 330–334.

frieden sein lassen können. Hier setzt die »*Offensive Mitbestimmung*« [2] des DGB, ausgerufen beim DGB-Bundeskongress 2014, an. Die Digitalisierung der Wirtschaft bringt immer neue Bereiche auf, die einer Strukturierung durch die Betriebsparteien bedürfen. Natürlich wird über diese Themen verhandelt – zum einen aus der reinen betrieblichen Not heraus, Regelungen schaffen zu müssen. Zum anderen aber natürlich auch mit dem Wissen und dem Anspruch, gute Arbeitsverhältnisse in der Vergangenheit gestaltet zu haben, und dies auch in der Zukunft tun zu wollen. Schließlich ist es im Interesse sowohl der Arbeitnehmerinnen und Arbeitnehmer wie auch der Geschäftsleitungen, geordnete Abläufe zu schaffen, um den betrieblichen Alltag beherrschbar zu halten. Diese Art von »*freiwilligen*« Verhandlungen können aber von Seiten des Unternehmens jederzeit beendet werden. Eine gesetzliche Regelung ist daher dringend notwendig.
Auch im Aufsichtsrat stehen ArbeitnehmervertreterInnen vor neuen Herausforderungen. So wird es für wachsende Unternehmen immer leichter, die Unternehmensmitbestimmung zu vermeiden – sowohl auf deutscher als auch auf europäischer Ebene. Diese Entwicklung wird der Deutsche Gewerkschaftsbund nicht hinnehmen. Es muss wieder zur Normalität werden, in einem mitbestimmten Unternehmen zu arbeiten. Die »weißen Flecken« auf der Landkarte der Mitbestimmung müssen verschwinden. Es wird Zeit, dass wir den mitbestimmungspolitischen Stillstand überwinden.

2. Mehr Betriebsräte!

Für die Gestaltung des Wandels, so die Argumentation bis hierher, sind mehr und nicht weniger Betriebsräte notwendig. Zwar ist der Anteil der mitbestimmten Betriebe stabil, aber die Zahl der Beschäftigten, die durch einen Betriebsrat vertreten werden, sinkt kontinuierlich.[3] Ohne kollektive Mitbestimmung verfallen die Rechte, die sich aus dem Betriebsverfassungsgesetz ergeben, und damit auch die Möglichkeit auf eine faire Verhandlungslösung mit dem Arbeitgeber.
Völlig zu Recht obliegt es den Beschäftigten allein, ob sie von ihrem Recht, einen Betriebsrat zu wählen, Gebrauch machen möchten oder nicht.

---

2 Zur Übersicht über die mitbestimmungspolitischen Forderungen des DGB vgl. DGB (2016): Offensive Mitbestimmung: Vorschläge zur Weiterentwicklung der Mitbestimmung, Beschluss des DGB-Bundesvorstandes vom 12.7.2016, https://www.dgb-bestellservice.de/besys_dgb/pdf/DGB10020.pdf.

3 Vgl. *Ellguth/Trinczek* (2016): Erosion der betrieblichen Mitbestimmung – Welche Rolle spielt der Strukturwandel?, WSI-Mitteilungen 3/2016.

Wenn Beschäftigte die Initiative zu einer Betriebsratswahl ergreifen wollen, muss dieses Thema auch frei von Angst vor Sanktionen durch Dritte, insbesondere durch den Arbeitgeber, diskutiert werden können. Der Arbeitgeber hat die gesetzliche Pflicht zur Neutralität gegenüber der Betriebsratswahl. Alle Formen der Wahlbeeinflussung, angefangen vom »Arbeitgeberkandidaten« bis hin zur Kündigungsdrohung, sind illegal und müssen wirksam unterbunden werden.
Überdies ist es notwendig, auch das Wahlverfahren selbst auf Optimierungspotenziale zu prüfen. Das komplexe Wahlverfahren ist insbesondere gegen mutwillige Störungen anfällig und weist viele Rechtsunsicherheiten auf. Diese müssen ausgeräumt und das Wahlverfahren insgesamt noch einfacher werden. Darüber hinaus sollte die Anwendung des vereinfachten Wahlverfahrens auf Betriebe mit bis zu 100 Wahlberechtigten, statt bisher 50, obligat werden. Es ist schwer zu begreifen, dass die Strafverfolgungsbehörden auch bei publik gewordenen Betriebsratsbehinderungen nicht von Amts wegen tätig werden dürfen. Hilfreich wären Schwerpunktabteilungen oder eine Schwerpunktstaatsanwaltschaft, um die selten benötigten arbeitsrechtlichen Kompetenzen bei den zuständigen Akteuren aus dem Strafrecht zu bündeln.

3. Betriebliche Mitbestimmung braucht ein Update

Die Digitalisierung der Wirtschaft und der öffentlichen Verwaltung wird die Arbeitswelt radikal verändern. Insbesondere die nachfolgend aufgeführten Themen zeichnen sich dadurch aus, dass sie durch den Digitalisierungsschub an Regelungsbedarf gewinnen, die Betriebsräte hier aber über zu wenige Mitbestimmungsrechte verfügen: Um mit schneller werdenden Veränderungen umgehen zu können, wird die Wichtigkeit von Weiterbildung noch einmal ansteigen, sowohl aus einer Wettbewerbsperspektive der Unternehmen als auch im Sinne einer Erhaltungs- oder Aufstiegsqualifizierung der Beschäftigten.
Erweiterte Mitbestimmungsrechte und insbesondere ein Initiativrecht des Betriebsrats, der durch seine Nähe zur Belegschaft und zum Arbeitsprozess und seiner Weiterentwicklung das Matching von Qualifikationsmaßnahmen und Beschäftigten optimieren kann, erscheinen hier geboten. Ähnlich deutlich auf der Hand liegen die Bedarfe nach Mitbestimmung bei der Datenerhebung und -verarbeitung. Digitalisierung, die Intensivierung der Zusammenarbeit von Mensch und Maschine, bedeutet fast zwangsläufig eine Erhöhung der Datenerhebung.
Als Gegengewicht zum gläsernen Beschäftigten muss das Thema Datenverarbeitung über die Gewährung von erweiterten Mitbestimmungs- und Initiativrechten auf die Agenda der Betriebs- und Personalräte gebracht werden. Auch beim Stichwort der 4. Industriellen Revolution, oder kurz Industrie 4.0, wird deutlich:

Ohne Änderungen im Arbeitsablauf geht das – auch außerhalb der industriellen Produktion – nicht. Die Mitbestimmungshürden gerade in diesem Punkt sind allerdings enorm.
Hier braucht es eine niederschwelligere Regelung. Mit den Arbeitsabläufen ändern sich auch die Personalstrukturen. Dieser Zusammenhang wird insbesondere auch beim Outsourcing deutlich. Es bedarf daher der deutlich erweiterten Mitbestimmungsrechte. Ein weiteres Thema von hoher praktischer Relevanz ist der Missbrauch von Werkverträgen. Es ist nicht erklärbar, warum Menschen, die oft über einen längeren Zeitraum die gleiche Arbeit tun, dies zu deutlich schlechteren Bedingungen machen müssen. In vielen Betrieben existieren die 2-Klassen-Gesellschaften zwischen tariflich bezahlten Kern- und deutlich schlechter bezahlten Randbelegschaften längst. Deutlich erweiterte Mitbestimmungsrechte und insbesondere ein Zustimmungsverweigerungsrecht von Betriebs- und PersonalrätInnen würde helfen, diesen Missbrauch nachhaltig zu unterbinden.
In diesem Zusammenhang sollte auch der ArbeitnehmerInnenbegriff erweitert werden, insbesondere um die sogenannten arbeitnehmerähnlichen Personen. Denn längst nicht alle schutzbedürftigen Personen gelten als ArbeitnehmerInnen. Gleiches gilt für den Betriebs- bzw. Dienststellenbegriff.
Grundsätzlich gilt, dass die Themengebiete, die in immer schnellerer Abfolge von den Betriebsparteien verhandelt werden müssen, vielfältiger und komplexer werden, dass aber nur die Unternehmensvertreter nach Bedarf externen Sachverstand hinzuziehen dürfen. Die ArbeitnehmervertreterInnen müssen vorher eine Vereinbarung mit dem Arbeitgeber abschließen. Diese künstliche Beschränkung gilt es abzubauen, um faire Verhältnisse herzustellen und um die Prozesse schneller und effektiver zu machen. Auch die Mitbestimmung bei Maßnahmen zur Geschlechtergleichstellung ist weiterzuentwickeln, insbesondere in Form eines ausgebauten Mitbestimmungs- und Initiativrechts bei den konkreten Maßnahmen und einer Erweiterung des gleichstellungsspezifischen Themenkatalogs, insbesondere bei Einstellung, Beschäftigung, Aus-, Fort- und Weiterbildung, beruflichem Aufstieg und schließlich der Vereinbarkeit von Familie und Erwerbstätigkeit.

4. Schlupflöcher für die Vermeidung der Unternehmensmitbestimmung stopfen

Aus Sicht des DGB ist die Mitbestimmung das demokratische Gestaltungsprinzip der sozialen Marktwirtschaft. Der Gesetzgeber ist dringend aufgefordert, 40 Jahre nach der Einführung des Mitbestimmungsgesetzes das Erfolgsmodell Mitbestimmung fit für die Zukunft zu machen. Dazu gehört insbesondere, die

Schlupflöcher zur Vermeidung der Unternehmensmitbestimmung zu stopfen. Nach Angaben der Hans-Böckler-Stiftung (HBS) bringen die diversen – aus den Schlupflöchern resultierenden – Strategien zur Vermeidung der Mitbestimmung derzeit mehr als 800 000 Beschäftigte um ihre Interessenvertretung durch einen paritätisch mitbestimmten Aufsichtsrat.[4] Die Nutzung dieser juristischen Tricks ist vielleicht legal, aber sicherlich nicht legitim. Mitbestimmungsvermeidung ist keine Frage cleveren juristischen Handwerks, sondern die Verweigerung eines Unternehmens gegenüber seiner gesellschaftlichen und sozialen Verantwortung.

Aus dieser Entwicklung erwächst die reale Gefahr, dass die Unternehmensmitbestimmung auf die derzeitig mitbestimmten Unternehmen beschränkt bleibt, während sich neue und wachsende Unternehmen der Mitbestimmung entziehen können. Der Wissenschaftler *Thomas Hoffmann* bringt diesen Sachverhalt auf den Punkt, in dem er ausführt: »*Folglich fehlt es dem Kreis paritätisch mitbestimmter Unternehmen an »Nachwuchs«, so dass sich im normalen Wirtschaftsprozess ergebende »natürliche« Abgänge aus der paritätischen Mitbestimmung nicht mehr ausgeglichen werden und die Zahl paritätisch mitbestimmter Unternehmen tendenziell sinkt. Neuzugänge in die paritätische Mitbestimmung finden heute vor allem noch durch abhängige Gesellschaften statt, die aus Konzernen stammen, an deren Spitze ohnehin schon eine paritätische Mitbestimmung besteht (…)*«.[5] Die drohende schleichende Erosion der Unternehmensmitbestimmung führt zu der Erkenntnis, dass bereits die Bewahrung des Status quo der Unternehmensmitbestimmung eine Weiterentwicklung der Mitbestimmungsgesetze notwendig macht. Das Ziel dabei ist klar: »*Kein Unternehmen soll durch geschickte Wahl der Rechtsform und Nutzung des europäischen Rechts seine Beschäftigten um ihre Mitbestimmungsrechte im Aufsichtsrat bringen dürfen.*«[6] Der DGB fordert die Bundesregierung in seiner aktuellen Beschlussfassung dazu auf, im SE-Beteiligungsgesetz klarzustellen, dass Mitbestimmung in einer SE neu verhandelt werden muss, wenn die Zahl der Beschäftigten in Deutschland über die Schwellenwerte der deutschen Mitbestimmungsgesetze steigt.

Außerdem fordert der DGB, die Mitbestimmungsgesetze auf in Deutschland operativ tätige Auslandsgesellschaften zu erstrecken. Manfred Weiss und Achim Seifert haben bereits 2009 gezeigt, dass ein sogenanntes Mitbestimmungserstreckungsgesetz unter der Beachtung bestimmter Anforderungen mit der europäi-

---

4 Vgl. Pressmitteilung der HBS vom 15.5.2016.

5 *Hoffmann, Thomas* (2016): 40 Jahre Mitbestimmungsgesetz 1976: Schleichende Mitbestimmungserosion in Deutschland, AG Report 11/2016, S. R167-R170.

6 *Kluge, Norbert / Sick, Sebastian* (2016): Mitbestimmung: Legaler Rückzug, einblick 8/2016 vom 9.5.2016.

schen Niederlassungsfreiheit vereinbar ist.[7] Weiterhin spricht sich der DGB dafür aus, die sog. »Lücke im Drittelbeteiligungsgesetz« zu beseitigen. Dazu bedarf es der Einführung einer Konzernzurechnung wie im Mitbestimmungsgesetz und der Erfassung der GmbH & Co. KG im Drittelbeteiligungsgesetz.

Von der Bundesregierung bzw. den Regierungsfraktionen wurden diese Forderungen in der vergangenen Legislaturperiode nicht aufgegriffen. Aktiv wurde hingegen der Deutsche Bundesrat, der in einer Entschließung vom 10.2.2017 u.a. feststellte, dass er mit großer Sorge betrachte, »*dass sich junge, wachsende Kapitalgesellschaften zunehmend dem Geltungsbereich der Gesetze zur Unternehmensmitbestimmung entziehen*« und damit »den gesellschaftlichen Konsens und die Zukunft der Sozialpartnerschaft in Deutschland in Frage« stellen. Weiter heißt es: »*Der Bundesrat fordert die Bundesregierung daher dazu auf, Lücken im deutschen Mitbestimmungsrecht zu schließen und gleichzeitig auf europäischer Ebene dafür einzutreten, dass entsprechende Schlupflöcher geschlossen und keine neuen Umgehungstatbestände geschaffen werden.*«[8]

5. Fazit

Gerade in unsicheren Zeiten von Digitalisierung, Transnationalisierung und Globalisierung ist mehr Mitbestimmung eine Forderung, die in die Zeit passt. Denn sie hat sich als demokratisches Gestaltungsprinzip für die soziale Marktwirtschaft bewährt. Wer den Ausbau von Mitbestimmung in Deutschland und in Europa will, der muss ihre gesetzlichen Grundlagen in Deutschland sichern und zukunftsgerecht weiterentwickeln. Die Ideen für das notwendige »*Update*« sowohl der betrieblichen Mitbestimmung als auch der Unternehmensmitbestimmung hat der DGB vorgelegt. Jetzt ist die Politik am Zug.

7 Vgl. *Weiss, Manfred/Seifert, Achim* (2009): Der europarechtliche Rahmen für ein »Mitbestimmungserstreckungsgesetz«,ZGR 4/2009, 542–580.

8 Deutscher Bundesrat, Drucksache 740/16 (Beschluss) vom 10.2.2017.

Sozialstaat 4.0 – Tarifliche Spielräume aktiv gestalten

Jörg Hofmann, Erster Vorsitzender der IG Metall

Wir kennen alle *Thomas Klebe* als exzellenten Juristen. Thomas ist dabei ein zutiefst politischer Mensch, der den Satz »Das muss politisch entschieden werden« auch so meint und nicht als Vorwand nutzt, sich einer rechtlichen Stellungnahme zu entziehen. Sein Miteinander von politischer Praxis und fachlicher Kompetenz, ob als Leiter der Betriebspolitik oder als Justitiar der IG Metall, ob als Institutsleiter oder als Anwalt, und sein Engagement für eine gelebte Mitbestimmungspraxis haben viele Impulse gesetzt und unser Bemühen zur Fortentwicklung und Bewahrung von Sozialstaatlichkeit unterstützt.

Sozialstaat im Wandel

Der deutsche Sozialstaat blickt auf eine lange Geschichte zurück. In dieser Geschichte hat er bemerkenswerte Entwicklungsschritte, aber auch Rückschläge erlebt. Er hat sich an veränderte Arbeits- und Lebensbedingungen angepasst – wenngleich mehrfach unzureichend.[1] Diese Entwicklung war von den jeweils herrschenden politischen Mehrheitsverhältnissen geprägt. Aber auch von der Stärke und Themensetzung der Gewerkschaften. Dies gilt auch für die letzten 40 Jahre. Man kann sie in drei Phasen aufteilen:[2]

Die erste Phase bis Mitte der 80er Jahre war durch einen regulierten Wohlfahrtsstaat geprägt. Zunehmend stand dieser unter dem Druck wachsender Arbeitslosigkeit. Die Arbeitsbeziehungen waren durch starke Gewerkschaften mit steigenden Mitgliederzahlen und einer stabilen Tarifbindung geprägt. Im Mittelpunkt stand der Typus des fordistischen Massenarbeiters. Dieser Zeitraum war der Hö-

1 *Hassel*, Wo stehen wir? Herausforderungen an das deutsche Sozialmodell, Vortrag auf dem Sozialstaatskongress der IG Metall am 27./28.10.2016 in Berlin, abrufbar auf www.igmetall.de.

2 *Hofmann/Smolenski*, Sozialstaat 4.0 – Tarifbindung und Arbeitszeit entscheiden, WSI-Mitteilungen 2015, 466 ff.

hepunkt, aber auch zugleich Wendepunkt des Fordismus. So erschien 1984 das Buch »Das Ende der Massenproduktion« von Piore/Sabel.[3]

Die Antwort der Gewerkschaften auf die steigende Massenarbeitslosigkeit war die kollektive Arbeitszeitverkürzung. Mit ihr begann eine Trendwende: Das Zeitalter der Flexibilisierung wurde eingeläutet.

Ganz anders die zweite Phase bis zur Finanzmarkt- und Wirtschaftskrise 2008/2009: Marktliberale Deregulierung unter dem Vorzeichen der Globalisierung diente als Begründung, sozialstaatliche Grundversprechen des Nachkriegsdeutschlands in Frage zu stellen. Prominente Beispiele sind die Hartz IV-Gesetzgebung und die Rente mit 67. Im Ergebnis führte diese Politik zu einer Spaltung des Arbeitsmarktes, z. B. durch Anstieg von Leiharbeit und prekärer Beschäftigung. Auch betriebsintern wurde die Flexibilität durch flexible Arbeitszeitsysteme und Mehrarbeit massiv ausgeweitet.

Diese Entwicklung traf auf Gewerkschaften in der Defensive: Abnehmende Mitgliederzahlen und Tarifbindung, die wachsende Kluft bezüglich Einkommen und Arbeitsbedingungen zwischen den Branchen prägten diesen Zeitraum. Eine erste Wende brachte 2004 das »Pforzheimer Abkommen«, das den Tarifvertragsparteien bei betrieblichen Entscheidungen über Flexibilität, Beschäftigung und Investitionen eine gestaltende Rolle zuweist. In diesem Kontext gewann auch eine stärkere direkte Beteiligung der Mitglieder bei den Verhandlungen an Bedeutung.[4]

In der dritten, bis heute andauernden Phase sind die Probleme am Arbeitsmarkt zwar nach wie vor nicht geheilt, es ist aber neue sozialstaatliche Gestaltungskraft erkennbar. Dies als Teil eines wettbewerblichen Entwicklungspfades, der nach der Erfahrung der Finanzmarkt- und Wirtschaftskrise, z. B. durch Initiativen zur Stärkung der Industrie und zur notwendigen Fachkräftesicherung, auch wieder mit einer Rückgewinnung sozialstaatlicher Handlungskraft verbunden ist. Insoweit weist auch der aktuelle Koalitionsvertrag Kontinuitäten auf.

Dazu gehört auch eine Tarifpolitik, die wieder stärker qualitative Elemente betont[5] und mit Regelungen, etwa zur Bildungsteilzeit, der Übernahmeverpflichtung Auszubildender, flexibler Altersübergänge oder zuletzt der Einführung einer Wahlarbeitszeit und der Beteiligung der Arbeitgeber durch zusätzliche freie Tage zur Förderung von Gesundheit und Vereinbarkeit, wieder sozialstaatliche Gestaltungskraft entwickelt. Gemein ist allen diesen Regelungen, dass durch den

---

3 *Piore/Sabel*, Das Ende der Massenproduktion: Studie über die Requalifizierung der Arbeit und die Rückkehr der Ökonomie in die Gesellschaft, 1984 (1985 auf Deutsch erschienen).

4 *Hofmann*, Tarifbindung – eine Frage der Gerechtigkeit, WSI-Mitteilungen 2016,143 ff.

5 *Hofmann*, Qualitative Tarifpolitik als Zukunftsaufgabe, in: Schröder/Urban (Hrsg.); Gute Arbeit Ausgabe 2015, S. 42 ff.

kollektiven Rahmen des Tarifvertrags allen Beschäftigten ein selbstbestimmteres Arbeitsleben ermöglicht wird.
Diese wieder gestärkte gewerkschaftliche Gestaltungskraft der IG Metall in der Fortentwicklung des Sozialstaats basiert auf stabilen Mitgliederzahlen und einer neuen Beteiligungskultur, die aus der wachsenden Diversität in den Belegschaften Stärke bezieht. Auch hier können die Tarifrunde 2018 und ihre Vorbereitung durch die Beschäftigtenbefragung 2017 als Beispiel gelten.[6] Aber auch der Arbeitsmarkt trägt, konjunkturell und durch den demografischen Wandel bedingt, dazu bei, dass sich die Verhandlungsposition der Beschäftigten verbessert hat.
Um den Anforderungen der Digitalisierung der Arbeitswelt und des demografischen Wandels gerecht zu werden, bedarf es jedoch einer Weiterentwicklung unseres Sozialstaatsmodells zu einem Sozialstaat 4.0.
Wie sieht unser Zielbild dafür aus? Es geht um die institutionelle Absicherung von Sicherheit, aber auch Selbstbestimmung und Teilhabe aller in einer Arbeitswelt, die sich sehr dynamisch und umfassend verändert. Die Transformation in die Arbeitswelt von Morgen erfordert mehr denn je schnelle und passgenaue Antworten. Daher ist, bezogen auf seine Akteure – Staat, Tarifparteien, Betriebe und Beschäftigte – ein integriertes Miteinander von Gesetzgebung, tarifvertraglicher Gestaltung und betrieblicher Aushandlung durch Mitbestimmung erforderlich.
Tarifverträge und Mitbestimmung sind hierbei eine erfolgreiche Form von Subsidiarität. Also Subsidiarität, mit dem Ziel passgenau und schnell die Transformation so zu gestalten, dass allen Beschäftigten Sicherheit und die Chance auf ein selbstbestimmtes Arbeitsleben gegeben wird. Dabei kann jede dieser Handlungsebenen den »Vorreiter« übernehmen. Doch kommt es darauf an, diese Handlungsebenen zu integrieren und sich verstärken ((??)).
Beispielhaft kann dies an der zentralen Rolle der Erwerbsarbeit und der Weiterentwicklung des Normalarbeitsverhältnisses betrachtet werden. Dem geht die Grundsatzfrage voraus, ob die klare Bezugnahme auf Erwerbsarbeit, die unseren Sozialstaat heute prägt, aufrechterhalten werden soll. Oder ist nicht die Vereinzelung, Herauslösung aus sozialversicherungsrechtlich und tariflich abgesicherten Arbeitsverhältnissen ein säkularer Prozess, den der Sozialstaat nur durch eine radikale Infragestellung seines Bezugs auf Erwerbsarbeit, etwa durch ein Konzept des bedingungslosen Grundeinkommens beantworten kann?[7]

---

6 IG Metall, Arbeitszeit – sicher, gerecht und selbstbestimmt, 2017, abrufbar auf www.igmetall.de.

7 *Smolenski/Mohr/Bothfeld*, Bedingungsloses Grundeinkommen – Gegenmodell des Sozialstaats 4.0, in Hofmann (Hrsg.), Arbeitspapier 4/2018 des IG Metall Vorstands, Funktionsbereich Grundsatzfragen und Gesellschaftspolitik, abrufbar auf www.igmetall.de.

Verneint man mit gutem Grund diese Frage, stellt sich aber in gleichem Umfang umfassend die Frage, was denn zu tun ist, um das Normalarbeitsverhältnis so weiterzuentwickeln, dass es Vereinzelung und Ausgrenzung entgegenwirkt.
Und dies in den Dimensionen Sicherheit, etwa durch eine Neuordnung des Arbeitsmarktes, die die bestehende Spaltung in wachsenden Teilen des Arbeitsmarktes überwindet. Durch mehr Selbstbestimmung für bessere Vereinbarkeit und Gesundheit, etwa durch Optionen einer an den Lebensphasen orientierten Arbeitszeitgestaltung und eine neue Arbeitszeit- und Leistungskultur. Durch mehr Gerechtigkeit, damit alle diese Chancen ergreifen können. Hierzu gehört auch ein Mehr an Verteilungsgerechtigkeit, indem Arbeitgeber auch in Zukunft zur Fortentwicklung des Sozialstaats ihren Beitrag leisten.
Dies kann nur gelingen, wenn sich alle Akteure diese Fortentwicklung des Sozialstaats zur Aufgabe machen und entsprechend Verantwortung übernehmen. Da kann es auch keinen Verschiebebahnhof von Verantwortung geben.
Der Gesetzgeber hat die Aufgabe, Mindestbedingungen und den Rahmen für alle festzulegen. Tarifvertragsparteien können dank der Tarifautonomie voranschreiten oder den gesetzlichen Rahmen verbessern. Dies gilt auch für die Betriebsparteien. An ihnen liegt es im Besonderen, sozialstaatlichen Fortschritt »auf die Straße zu bringen«, das heißt in den betrieblichen Kontext so einzufügen, dass der Einzelne seine Ansprüche auch wahrnehmen kann und dabei beraten und gefördert wird.
Wie oben benannt erhöht sich die Durchschlagskraft, wenn dies zwischen den Handlungsebenen integrativ und sich gegenseitig verstärkend geschieht. So können z. B. über Gesetzgeber und Tarifparteien Mitbestimmungsrechte und die Bedingungen zur Durchsetzung von Ansprüchen des Individuums konkreter geregelt werden, so dass sie wirksam auch bei konfliktären Interessenslagen im Betrieb umgesetzt werden können.

1. Sozialstaat 4.0 konkret – das Tarifergebnis in der Metall- und Elektroindustrie 2018

Bei dem Thema Arbeitszeit ist es der IG Metall erfolgreich gelungen, ihre aktive Gestaltungsrolle unter Beweis zu stellen.
Sie hat nicht nur einen tariflichen Anspruch auf befristete Reduzierung der Arbeitszeit auf bis zu 28 Stunden geregelt, sondern auch für durch Schicht, Kindererziehung und Pflege besonders belastete Beschäftigte eine Option für zusätzliche freie Tage geschaffen, an der sich die Arbeitgeber auch durch zusätzlich bezahlte freie Tage beteiligen. Damit wird dreierlei deutlich:

1. Eine Gewerkschaft wie die IG Metall, die den nötigen Rückhalt in Betrieben und in der Mitgliedschaft hat, kann gegen den massiven Widerstand der gesammelten Arbeitgeberverbände und ihrer Protagonisten sozialpolitischen Fortschritt, auch bei einem emotional stark aufgeladenen Thema wie der Arbeitszeit, durchsetzen.
2. Die tariflichen Regeln der Arbeitszeitgestaltung bieten so viele betriebsnahe und gleichzeitig die Interessen der Beschäftigten berücksichtigende Möglichkeiten, wie sie keine weitergehende Änderung des Arbeitszeitgesetzes auch nur annähernd abbilden könnte.
3. Eine Gewerkschaft kann tariflich Standards durchsetzen, die politisch (noch) nicht durchsetzbar sind: Nach dem Scheitern des gesetzlichen Rückkehrrechts aus Teilzeit am Widerstand der Arbeitgeber in der letzten Legislaturperiode war es die IG Metall, die diese Herausforderung angenommen und in einer beteiligungsorientierten Tarifrunde unter Einsatz von ganztägigen Warnstreikmaßnahmen[8] durchgesetzt hat. Nun wurde das Rückkehrrecht aus Teilzeit im neuen Koalitionsvertrag erneut vereinbart. Aber sollte dieses Gesetz kommen, greift die tarifliche Regelung weiter, weil die Ansprüche der Beschäftigten klarer und die Widerspruchsrechte des Arbeitgebers eingegrenzter sind, dem Betriebsrat eine aktive Rolle zugewiesen wird und die tarifliche Regelung für alle Betriebe, unabhängig der Betriebsgröße, gilt. Das Tarifergebnis ist der Beleg dafür, dass die – bei diesem Thema vom Gesetzgeber sicher nicht intendierte – Rollenteilung zwischen Staat und Gewerkschaft hervorragend funktionieren kann, wenn letztere über ausreichend Durchsetzungsmacht verfügt.

2. Organisationsstärke und Tarifbindung bleiben eine Herausforderung

Tarifbindung und Organisationsstärke sind die Voraussetzung für eine wirksame Gestaltung der Arbeits- und Wirtschaftsbedingungen und damit der Fortentwicklung des Sozialstaats durch tarifliches Handeln. Beides ist über alle Branchen hinweg betrachtet eher abnehmend, auf die zentrale Branche der IG Metall betrachtet stagnierend. Daneben wirkt natürlich der Arbeitsmarkt auf die Handlungsmacht der Gewerkschaften.[9]

8 Zur Rechtmäßigkeit *Greiner*, Das arbeitskampfrechtliche Verhältnismäßigkeitsprinzip, HSI-Schriftenreihe Band 25, 2018

9 *Rukwid*, Standortfaktor Fachkräfte, Herausforderungen und Handlungsfelder der Fachkräftesicherung, in: Hofmann (Hrsg.), Arbeitspapier 3/2018 des IG Metall Vorstands,

Für den Erhalt ihrer Organisationsstärke hat die IG Metall in den vergangenen Jahren viel getan. Seit nunmehr sechs Jahren gelingt es uns, stabil in den Betrieben zu wachsen, wenn auch nicht im Umfang des Beschäftigtenzuwachses. Die IG Metall hat für den Ausbau ihrer Organisationsstärke ihr betriebsnahes Handeln unter Beteiligung der Mitglieder vor Ort deutlich verbessert und mit zusätzlichen Ressourcen, auch an hauptamtlichen Funktionären, die gewerkschaftliche Durchschlagskraft dort erhöht.

Der Mitgliedererfolg am Ende jedes Jahres ist aber nicht nur die Summe aller erfolgreichen Einzelaktivitäten, sondern auch dem Auftreten und der Wahrnehmung der IG Metall als gesellschaftspolitisch einflussreicher Organisation geschuldet. Dies wurde gerade in der vergangenen Tarifrunde mehr als deutlich. Eine gelungene Themensetzung, die anschlussfähig zum öffentlichen Diskurs war,[10] eine hohe Beteiligung der Mitglieder durch die Beschäftigtenbefragung im Vorfeld der Tarifrunde und eine klare Zuschreibung der Rolle, mit der Solidarität der Belegschaften auch Konflikte um mehr Verteilungsgerechtigkeit sozialstaatlichen Fortschritt aufzunehmen, führten zu deutlichen Steigerungen in der Mitgliederentwicklung. Die IG Metall muss etwas zu sagen haben, und dies auch hörbar tun, ihre Rolle im Sozialstaat offensiv spielen, die Beschäftigten und Mitglieder beteiligen – dann wird sie wahrgenommen und erreicht auch Mitgliedererfolge. Dies gilt für die großen Tarifrunden in der Fläche, aber auch für den betrieblichen Kampf um Tarifbindung im einzelnen Betrieb, oder durch eine aktive, sichtbare Betriebspolitik durch Betriebsräte und Vertrauensleute der IG Metall.

Der Gesetzgeber kann die Tarifparteien unterstützen, um die Tarifbindung zu erhöhen und damit die Wirkmächtigkeit ihrer erzielten Tarifverträge zu stärken. Etwa durch die weitere Erleichterung der Allgemeinverbindlichkeit[11] oder des kollektiven Übergangs von Tarifbindung bei Ausgliederungen an das ausgegliederte oder aufnehmende Unternehmen[12].

Aber natürlich auch durch eine Besserstellung tarifvertraglicher Regelungen. Besserstellung, im Kontext einer Fortentwicklung des Sozialstaats, kann aber

---

Funktionsbereich Grundsatzfragen und Gesellschaftspolitik, abrufbar auf www.igmetall.de.

10 *Mohr*, Mehr Zeit zum Leben. Arbeitszeitwünsche und Vereinbarkeitsbedarfe von Beschäftigten, in Hofmann (Hrsg.), Arbeitspapier 2/2017 des IG Metall Vorstands, Funktionsbereich Grundsatzfragen und Gesellschaftspolitik, abrufbar auf www.igmetall.de.

11 Zur Zulässigkeit *Preis/Peramato*, Das neue Recht der AVE im Tarifautonomiestärkungsgesetz, HSI-Schriftenreihe Band 20, 2017.

12 *Hofmann*, Tarifbindung – eine Frage der Gerechtigkeit, WSI-Mitteilungen 2016, 143ff.; *Hofmann/Bsirske/Vassiliadis*, Tarifbindung ist unverzichtbar für Sozialstaatlichkeit in der Arbeitswelt von Morgen, Thesenpapier, 2016, abrufbar unter https://www.igmetall.de/docs_20160629_Tarifbindung_Thesenpapier_20_06_16_90b2aaa46b6d6ccd0a520faf4fac051942e2c5c0.pdf.

keine allein angebotsorientierte Tariföffnungsklausel (»mit Tarif wird's billiger«) sein, sondern muss entweder die Möglichkeiten für passgenaue Lösungen dem Tarifvertrag vorbehalten (Beispiel: Arbeitszeitgesetz, Arbeitnehmerüberlassungsgesetz) – allerdings ohne einzelvertragliche Bezugnahme – oder tarifliche Lösungen privilegieren, indem spezifische steuerliche oder andere finanzielle Begünstigungen tarifvertragliche Lösungen voraussetzen (z. B. Altersteilzeit).
Spielräume für tarifliche Ausgestaltung zu vergrößern und diese zu privilegieren, dafür gibt es im Rahmen der verfassungsrechtlichen Grenzen von Tarifautonomie noch viel Luft nach oben. Mit entsprechender gesamtgesellschaftlicher Begründung lässt sich ohne Weiteres rechtfertigen, dass Steuervorteile oder Sozialversicherungsfreiheit eben nur denjenigen gewährt werden, die sich über eine Tarifbindung an der ordnungspolitischen Funktion von Tarifverträgen beteiligen und nicht nur Ertragsoptimierung betreiben. Hier bedarf es mehr politischer Beherztheit zum Ausloten bestehender verfassungsrechtlicher Spielräume. Nicht umsonst unterliegt die Tarifautonomie in Art. 9 Abs. 3 GG keinem Gesetzesvorbehalt. Wo der Gesetzgeber tarifliche Abweichungen von gesetzlichen Regelungen – seien es nun Mindestbedingungen oder nicht – zulässt, öffnet er die Tür für Trittbrettfahrer und Wettbewerbsverzerrung, wenn dieselbe Abweichung auch von einem Arbeitgeber angewendet werden darf, der mangels Tarifbindung deutlich günstiger produzieren kann als seine tarifgebundene Konkurrenz.
Der Gesetzgeber hat es jederzeit in der Hand, auf sozialpolitisch wichtigen Themenfeldern die Nutzung von gesetzlichen Öffnungsklauseln den Tarifvertragsparteien der jeweiligen Branche vorzubehalten. Dabei geht es nicht darum, Experimentierräume, wie derzeit zur Öffnung des Arbeitszeitgesetzes propagiert, zu eröffnen, sondern schlicht darum, den in der realen Wirtschaft bestehenden Umgehungsmechanismen Einhalt zu gebieten und die ohnehin bestehenden Wettbewerbsvorteile von tarifscheuen Arbeitgebern nicht noch zu belohnen, indem man ihnen eine Nutzung der Öffnungsklausel durch einzelvertragliche Bezugnahme ermöglicht.
Die IG Metall wird sich bei der Gestaltung des Sozialstaats 4.0 deshalb weiterhin aktiv einmischen, um zu erreichen, dass das im Grundgesetz und auch in der EU-Grundrechtecharta verankerte System der Tarifautonomie zur Regelung der Arbeits- und Wirtschaftsbedingungen insgesamt wieder stärker genutzt und vom Gesetzgeber ausreichend flankiert wird. Eine solidarische Tarifpolitik braucht gesetzliche Rahmenbedingungen im Sinne von Leitplanken, die weder Innovationen behindern noch Regellosigkeit zulassen. Hier gibt es noch viel zu entwickeln, und für die Zunft des Jubilars dürfte es beruhigend sein, dass damit die Arbeit für kreative Juristinnen und Juristen in den Gewerkschaften so schnell nicht ausgehen wird.

Mit Würde und Anstand

Dr. Christine Hohmann-Dennhardt, Richterin am Bundesverfassungsgericht a. D., ehemaliges Vorstandsmitglied bei der Daimler AG und beim Volkswagen-Konzern

Was könnte näherliegen, als in einem Beitrag für *Thomas Klebe* mit *Hugo Sinzheimer* zu beginnen, ist *Thomas Klebe* doch in all den Stationen seines beruflichen Schaffens dem Impetus dieses herausragenden Kämpfers für eine rechtliche Fundierung der Emanzipation der Arbeitnehmerschaft und maßgeblichen Mitbegründers der Arbeitsrechtswissenschaft gefolgt und nun seit geraumer Zeit auch Leiter des Instituts, das den Namen dieses großartigen Mannes trägt.
Wie kein anderer hat *Hugo Sinzheimer* in den ersten Jahrzehnten des letzten Jahrhunderts präzise herausgearbeitet, dass die Aufklärung und auf ihr bauend das bürgerliche Recht zwar jedem das Recht zugebilligt hat, in individueller Freiheit und Selbstbestimmung wie Verantwortung, sein Dasein zu sichern, dabei aber in abstrakter Betrachtung die Lebensumstände derjenigen ausgeklammert hat, die nicht über Eigentum insbesondere an Produktionsmitteln verfügen und insofern nicht selbstbestimmt, sondern fremdbestimmt in Abhängigkeit von anderen ihr Dasein zu bewältigen haben. Dem hat er damals das Arbeitsrecht als soziales Recht entgegengesetzt, das angesichts der Wirklichkeit sozialer Lagen auf die Beherrschung der ökonomischen Machtverhältnisse gerichtet ist und versucht, die freie individuelle Betätigung der Kapitaleigner durch Schaffung sozialer Grundrechte der Arbeit, durch Arbeiterschutz, Versicherungsansprüche und Kollektivrechte einer sinnvollen Sozialordnung zu unterwerfen.
Allerdings hat *Sinzheimer* unter dem Eindruck der Ende der zwanziger Jahre grassierenden Weltwirtschaftskrise beklagt, dass das Arbeitsrecht allein nicht ausreiche, um ökonomische Macht zu begrenzen und Menschen eine Daseinsabsicherung zu geben. Man müsse konstatieren, dass das Wirtschaftssystem trotz aller arbeitsrechtlichen Sicherungen versagt habe. So schrieb er 1933 zur Krisis des Arbeitsrechts:

»Die das geltende Wirtschaftssystem beherrschenden Mächte haben es nicht geschafft, das elementarste Lebensrecht des Menschen, durch Arbeit sein Brot zu verdienen, zur Geltung zu bringen. Während Milliardenbeträge zur Stützung der Privatwirtschaft aufgebracht werden und sich fast ein groteskes Paradox vor unseren Augen vollzieht (nämlich die Aufrechterhaltung des individualistischen Wirt-

schaftsbetriebs mit sozialistischen Mitteln, indem das Einkommen und Vermögen des gesamten Volkes dazu herangezogen werden, private Einzelbetriebe aufrechtzuerhalten, und zwar ohne eine durchgreifende Kontrolle übergeordneter Instanzen über die Verwendung dieser Subventionen), ist bis heute noch kein wirksamer Weg zu öffentlicher Arbeitsbeschaffung gefunden, obwohl doch kein Mittel sichtbar ist, auf andere Weise jenes menschliche Lebensrecht sicherzustellen.«

Wie ähnelt diese Beschreibung doch dem, was sich ungefähr 80 Jahre später bei der Bewältigung der Finanz- und Wirtschaftskrise am Ende des ersten Jahrzehnts dieses Jahrhunderts leider nochmals abgespielt hat: die Rettung des privaten (Finanz-)Kapitals bei Sozialisierung der Kosten dieser Krise und Hinnahme von Massenarbeitslosigkeit vor allem auch von jungen Menschen, insbesondere in südeuropäischen Ländern. Eine Arbeitslosigkeit, die dort immer noch nicht beseitigt ist.
Ein Grund dafür mag sein, dass sich nicht realisiert hat, was *Hugo Sinzheimer* sich einst erhoffte: eine Weiterentwicklung des Rechts über das Arbeitsrecht hinaus hin zu einem Wirtschaftsrecht, das alle wirtschaftlichen Kräfte in einem Gemeinwesen der Wirtschaft zusammenfasst, in dem der arbeitende Mensch nicht mehr als Einzelwesen, als Gattungsmensch, auch nicht mehr als Klassenwesen, als Mensch in seiner realen Existenz, vielmehr als Gesamtwesen, als Mitglied der Wirtschaftsgemeinschaft angesehen und behandelt wird, in dem also, wie er sagte, »*nicht sein Wille, auch nicht sein Zustand, sondern seine Funktion*« das Teilhaberecht des arbeitenden Menschen am Wirtschaftsprozess bestimmt. Zwar gab es in der Weimarer Zeit Ausarbeitungen, wie eine solche Wirtschaftsdemokratie konkret ausgestaltet werden könnte sowie erste rechtliche Umsetzungen von betrieblicher und Unternehmens-Mitbestimmung. Und nach dem zweiten Weltkrieg in der Anfangsphase des Aufbaues einer neuen Staatlichkeit im Westteil Deutschlands strebten die Gewerkschaften und die Sozialdemokratie zunächst an, eine Wirtschaftsverfassung mit paritätisch besetzten Selbstverwaltungskörperschaften der Wirtschaft in Form von Wirtschaftsausschüssen, -kammern und -räten auf Unternehmens, regionaler , Landes- und Bundesebene zu etablieren. Diese Pläne fanden jedoch keine Realisierung. Zwar kam es zum Kompromiss, im Grundgesetz, der neuen Verfassung der Bundesrepublik, keine bestimmte Form der Wirtschaftsverfassung vorzugeben, doch zugleich wurden im Faktischen die Weichen in Richtung auf eine Marktwirtschaft gestellt, die mit der Anerkennung der Tarifautonomie, mit einer vor allem sozialen Mitbestimmung im Betrieb und im Unternehmen und mit einem weiter ausgebauten Arbeits- und Sozialrecht sozial umfriedet wurde. Hierbei ist es mehr oder weniger bis heute geblieben. Und es zeichnet sich nicht ab, dass sich daran in absehbarer Zukunft etwas ändern wird. Im Gegenteil, die Einbindung Deutschlands in die EU mit ihrer marktliberalen Ausrichtung verfestigt den Status quo und lässt eher die Be-

fürchtung aufkommen, dass hierzulande erworbene soziale Rechte im europäischen Reigen und Wettbewerb nivelliert werden könnten.
Dies sollte jedoch nicht dazu führen, die Hände in den Schoß zu legen und zu resignieren. Vielmehr gilt es umso mehr, neben der Forderung nach einem Ausbau der Mitbestimmung vor allem das Instrument des Arbeitsrechts hochzuhalten, es zu schärfen, fortzuentwickeln und so zum Einsatz zu bringen, dass es auf die Herausforderungen unserer Zeit Antworten gibt und Regeln setzt, die Arbeitnehmern auch künftig hinreichend sozialen Schutz durch soziale Rechte bieten – insbesondere auch dort, wo Tarifverträge nicht (mehr) hinreichen, um für soziale Absicherung zu sorgen.
Es würde diesen kleinen Festschriftbeitrag sprengen, alle Problemfelder heutiger Arbeitswirklichkeit aufzulisten, in denen sich durch die Globalisierung und technologische Entwicklung gesetzgeberischer Handlungsbedarf auftut. Ich möchte mich deshalb auf drei davon beschränken:

1. Weltweit agierende Unternehmen müssen sich auf politische, gesellschaftliche und technologische Entwicklungstrends einstellen, um auch in Zukunft bestehen zu bleiben und Erfolg zu haben. Dabei sind sie, was die Frage ihrer Standorte betrifft, dank heutiger weltweiter Kommunikations-, Transport- und Verkehrsmöglichkeiten flexibler geworden, können insofern leichter ihren jeweiligen Märkten folgen oder Standorte aufgeben, weil andere für sie kostengünstiger sind oder weil sie anderenorts neue Technologien für neue Produkte zum Einsatz bringen wollen. Das ist nicht generell zu verurteilen, kann es doch helfen, die Arbeitsplätze im Unternehmen insgesamt langfristig zukunftssicherer zu machen. Werden jedoch Standorte dichtgemacht, obwohl sie Gewinne einfahren, und kommt es dadurch nicht nur zum Verlust des Arbeitsplatzes für viele, sondern betrifft dies zudem eine ganze Region, die eh schon strukturschwach ist und in der es für die Arbeitnehmer jedenfalls auf absehbare Zeit so gut wie keine Chance auf einen neuen, gar adäquaten Arbeitsplatz gibt, dann ist hier neben dem Wohl der Arbeitnehmer auch das Gemeinwohl betroffen. Will der Staat in einem solchen Fall gleichwohl nicht direkt auf die unternehmerische Entscheidungsfreiheit einwirken und eine solche Arbeitsplatzvernichtung untersagen, dann sollte er jedenfalls über bessere rechtliche Instrumentarien nachdenken, die Kündigungen in solchen Fällen erschweren und den Arbeitgeber verpflichten, im Falle einer Standortschließung die Kosten für eine berufliche Neuorientierung der betroffenen Arbeitnehmer sowie für deren längerfristige finanzielle und soziale Absicherung bei eintretender Arbeitslosigkeit zu tragen. Solche Folgekosten könnten durchaus für die Frage, ob ein Standort aufgegeben werden soll, entscheidungsrelevant sein und dazu führen, dass man hiervon Abstand nimmt, womit dem gemeinen Wohl, wenn auch aus Kostengründen, Rechnung getragen würde. Eine Verteuerung der Vernichtung von Arbeitsplätzen ist übrigens auch dort ein

adäquates Mittel, wo künftig menschliches Denken und Arbeiten durch IT ersetzt werden soll. Die einst geforderte »Maschinensteuer« ist nur im Namen ein wenig verstaubt. Über ihren Einsatz in neuer Ausrichtung nachzudenken, ist durchaus lohnenswert.

2. Ein weiteres Beispiel: Zu verzeichnen ist eine zunehmende Verabschiedung von Unternehmen aus der Tarifbindung mit der Folge, dass es die Gewerkschaften nicht mehr so weitgehend wie früher in der Hand haben, auf die Löhne und sonstigen Arbeitsbedingungen Einfluss zu nehmen und die Arbeitgeber infolgedessen hier freier schalten und walten und die Lohnhöhen nach ihrem Gusto bestimmen können. Nun ist hier zwar seit einiger Zeit mit der Einführung des Mindestlohns der Lohndrückerei jedenfalls rechtlich eine Untergrenze gesetzt worden. Aber der Umstand, dass in den tariflich nicht gebundenen Unternehmen der Lohn für gleiche Arbeit im Durchschnitt 18 Prozent niedriger als der Tariflohn liegt, ganz zu schweigen vom Nichtvorhandensein tariflich abgesicherter weiterer Leistungen, macht deutlich, dass es hier zu einem Abbau von Rechten und Leistungen für betroffene Arbeitnehmer gekommen ist. Einem solchen »Herausstehlen« aus der Verantwortung für sozial angemessene Arbeitsbedingungen, wie sie das Grundgesetz den Tarifvertragsparteien von Arbeitgebern und Gewerkschaften anvertraut hat, sollte deshalb mehr noch als bisher mit verbesserten und schneller greifenden Allgemeinverbindlichkeitsregelungen für Tarifverträge entgegengewirkt werden.
3. Und schließlich möchte ich auf eine ebenfalls besorgniserregende Entwicklung hinweisen: Seit Jahren ist in Unternehmen die Tendenz festzustellen, Aufgaben outzusourcen. Dabei werden diese nicht allein auf Subunternehmen übertragen, sondern es erfolgt in einer Kette von Sub-Sub-Vergaben schlussendlich ein Ausverkauf von Arbeitsplätzen an die Arbeitnehmer, die sich infolgedessen selbst ihren Arbeitsplatz schaffen und sichern sollen. »Jeder sein eigener Arbeitgeber« lautet die zynische Devise, wofür Werk- und Dienstverträge als rechtliche Mittel zum Einsatz gebracht werden. Mit Hilfe derer wird aber keine Selbständigkeit gefördert, vielmehr eine neue Art Vogelfreiheit für Arbeitnehmer begründet und der Ausbeutung, nur in »moderner« Form, wieder Tür und Tor geöffnet. Man kann solche Auslagerungen von Arbeit in allen Branchen finden, sei es im Baugewerbe, bei Zustellungsdiensten, in der Zuliefererindustrie, im Dienstleistungsgewerbe, im Gesundheits- und Transportwesen oder in der IT in Form des Crowdworking, um nur einige Bereiche zu nennen. Ihnen allen ist gemeinsam, dass sie Selbständigkeit vorgaukeln, wo keine ist, weil die Abhängigkeit vom jeweiligen Auftraggeber und wiederum dessen Auftraggebern, von deren Vorgaben wie Anweisungen sowie von den zumeist diesen gehörenden Arbeitsmitteln bestehen bleibt, nur noch verschärft durch den Umstand, dass das Entgelt für die Arbeit, weil kein

Lohn, vor einem Fall in Untiefen nicht mehr durch Tarife gestoppt werden kann, auch eine betriebliche Einbindung nicht mehr besteht und der vermeintlich Selbständige damit weder mitbestimmungs- und arbeitsrechtlichen noch sozialversicherungsrechtlichen Schutz erfährt: Er bleibt sich und seinem Schicksal selbst und allein überlassen. Um solcher Freisetzung von arbeitenden Menschen aus dem Schutz des Arbeitsrechts einen Riegel vorzuschieben, ist nicht nur die »Abhängigkeit« einer Beschäftigung neu zu definieren. Erforderlich ist vor allem auch, die Verantwortlichkeit für eine in Auftrag gegebene Arbeit nach dem »Cui bono-Prinzip« zuzuordnen und arbeits- wie sozialrechtlich abzusichern, also nach der Frage, wem die Arbeit letztlich maßgeblich nutzt.

Die Beispiele verdeutlichen, dass das Arbeitsrecht zwar nicht zurückgebaut worden ist, aber durch die Globalisierung und den technologischen Fortschritt mittlerweile deutliche Löcher erhalten hat, die sich weiter vergrößern, wenn sie nicht beseitigt und zugestopft werden mit Hilfe eines weiterentwickelten sozialen Arbeitsrechts, das bei aller Diskontinuität von Arbeit den auf Arbeit Angewiesenen soziale Kontinuitäten für deren menschenwürdige und angemessene Daseinsbewältigung schafft.

Der Staat ist hier gefordert, gesetzgeberisch tätig zu werden. Nicht aus Mildtätigkeit oder um der Gefahr vorzubeugen, dass Armut und die Angst, alleingelassen und vom Leben abgehängt zu werden, sich gegen ihn aufbäumen könnte. Vielmehr aus seiner Verpflichtung heraus, dem verfassungsrechtlichen Sozialstaatsgebot Rechnung zu tragen, das ihn vor allem auch dazu anhält, Menschen zu ermöglichen, durch Arbeit für sich selbst sorgen zu können; Arbeit, bei der Menschen nicht wie Freiwild behandelt werden.

Je mehr aber der Gesetzgeber auf diesem rechtlichen Terrain Regeln setzt, desto mehr kommt dadurch auch das zum Tragen, was man heutzutage in Adaption des Amerikanischen als »Compliance« bezeichnet: die Verpflichtung von Unternehmen resp. Arbeitgebern, dafür zu sorgen, dass in ihrem Verantwortungsbereich die bestehenden Gesetze auch tatsächlich eingehalten werden.

Wer hier glaubt, dass Compliance sich nur auf das Wirtschaftsstrafrecht bezieht und damit vornehmlich auf die Korruptions-, Kartell- und Geldwäscheverbote, der täuscht sich. Zwar ist Compliance als ein Bündel von vorbeugenden Maßnahmen gegen das Risiko im Unternehmen stattfindender Gesetzesverstöße im Kontext großer Korruptionsskandale in den USA entstanden. Unternehmen wollten sich damit vor drohenden Strafen und Schadensersatzansprüchen bei potentieller Nichtbeachtung der hier einschlägigen gesetzlichen Bestimmungen schützen. Doch beschränkt sich die Notwendigkeit einer solchen Sorgetragung keineswegs auf die Einhaltung dieser Strafgesetze, sondern erstreckt sich auf alle Rechtsnormen, die sich auf das Handeln des Unternehmens, im Unternehmen und für das Unternehmen beziehen, also auch auf die Normvorgaben des sozia-

len Arbeitsrechts. Und zwar nicht nur aufgrund gesetzlicher Verpflichtung, sondern auch wegen der sozialen Verantwortung, die ein Unternehmen trägt. In Deutschland ist sie mit der Gemeinwohlverpflichtung des Eigentums nach Art. 14 des Grundgesetzes sogar verfassungsrechtlich festgeschrieben.
An diese Verantwortung von Unternehmen hat Kofi Annan, der damalige Generalsekretär der Vereinten Nationen angeknüpft, als er 1999 den »Global Compact« schuf und weltweit Unternehmen dazu aufrief, sich freiwillig den in dieser Vereinbarung aufgestellten Prinzipien zu unterwerfen. Was hier als Mindestbedingungen eines verantwortlichen unternehmerischen Handelns festgehalten ist und seine weitere Konkretisierung in den Vorschriften der ILO findet, hat auch in die UN-Leitprinzipien für die Wirtschaft, die OECD-Leitsätze für multinationale Unternehmen sowie in die CSR-Strategie der EU Eingang gefunden. Allen diesen supranationalen Vorgaben und Richtungsweisungen gemeinsam ist, dass sie einerseits die nationalen Gesetzgeber auffordern, entsprechende konkrete Arbeitnehmerrechte im Rahmen eines zeitgemäßen sozialen Arbeitsrechts zu schaffen, und andererseits die Unternehmen dazu anhalten, diese Rechte zu beachten, aber auch aus eigener Verantwortung sozial zu handeln und darüber Rechenschaft abzulegen.
Menschen ihrer Würde nicht zu berauben, sondern ihnen diese auch und gerade in abhängiger Arbeit zu sichern, ihnen Achtung mittels Schutz- und Beteiligungsrechten sowie sozialen Leistungsansprüchen entgegenzubringen, ist also nicht nur Aufgabe des gesetzgebenden Staates, sondern auch ureigene Sache von Unternehmen. Es kommt darauf an, im Unternehmen soziales Verantwortungsbewusstsein zu schaffen und eine Unternehmenskultur zu etablieren, in der nicht allein der Profit zählt, sondern auch die Interessen der Arbeitnehmer ausreichend Berücksichtigung finden und in der nicht nur das gesetzliche Muss, sondern auch der Anstand die Geschäfte und die Behandlung der Mitarbeiter leitet.
Dies sind keine Wohltaten, sondern wichtige Garanten für einen nachhaltigen wirtschaftlichen Erfolg. Wie sagte Robert Bosch einst: *»Die anständigste Art der Geschäftsführung ist die beständigste«*. Er hat damit nach wie vor Recht.

Einfluss von Matrixstrukturen auf das Arbeitsrecht

Jochen Homburg, Rechtsanwalt

1. Werden alle Arbeitnehmer zu Leiharbeitnehmern?

Die Veränderungen in der Arbeitswelt durch die Digitalisierung sind für alle sichtbar und für viele Arbeitgeber und Beschäftigte bereits jetzt erfahrbar. Nicht wenige (ältere) Beschäftigte in den Betrieben hoffen, dass sich die Arbeitsinhalte Ihrer Tätigkeiten nicht so schnell verändern, sodass sie die letzten 5–10 Jahre noch in Ihrem angestammten Arbeitsbereichen und Inhalten die Zeit bis zur Rente überbrücken können.

Umso wichtiger ist es, die Veränderungen, die auf uns alle zukommen oder schon vorhanden sind, zu gestalten und nicht nur zu erdulden. Viele Themen sind schon angefasst und diskutiert worden, eine Umsetzung in das tägliche Arbeitsrecht ist jedoch nur verzögert wahrzunehmen.[1]

Ein besonderes Wesensmerkmal der digitalisierten Arbeitswelt ist jedoch ihre Schnelligkeit, die in vielen Fällen die Gefahr in sich birgt, dass die Rechtsprechung zeitlich zu spät kommt, um noch wirksam sein zu können.

Diese Problematik soll an Hand von zwei realen Bespielen zu Matrixorganisationen in den Betrieben, Unternehmen und Konzernen sowie Konzernverbünden näher beleuchtet werden.

Eine Matrixorganisation ist ein Strukturprinzip in der Organisation eines Betriebes, nach dem Zuständigkeit und Verantwortlichkeit aufgebaut werden können. Dabei wird die Leitungsfunktion auf zwei voneinander unabhängige, gleichberechtigte Dimensionen (z. B. Verrichtung und Produkte) verteilt. Die Mitarbeiter stehen in zwei gleichrangigen Weisungsbeziehungen, z. B. sind sie den Leitern der *verrichtungsbezogenen* Abteilungen Beschaffung, Produktion und Absatz und gleichzeitig den *objektbezogenen* Produktmanagern unterstellt. Eine Matrixorganisation ist damit eine Form der Mehrlinienorganisation[2]. Die Matrixorganisa-

1 Intensiv hat sich der 71. Deutsche Juristentag im September 2016 mit dem »Arbeitsrecht 4.0« befasst. Die Beschlüsse sind insbesondere durch den Gesetzesgeber jedoch noch nicht umgesetzt worden.

2 https://de.wikipedia.org/wiki/Matrixorganisation.

tion ist als Organisationsform aber keineswegs nur auf den Betrieb begrenzt. Nach diesem Organisationsprinzip können und werden Unternehmen und Konzerne organisiert.

In der Regel unterscheidet man zwischen den fachlichen und disziplinarischen Vorgesetzten. Während die disziplinarischen Vorgesetzten meist beim Vertragsarbeitgeber beschäftigt werden, stammen die fachlichen Vorgesetzten in vielen Fällen nicht mehr vom Vertragsunternehmen, welches die übrigen Arbeitnehmer beschäftigt, sondern von einem Dritten, der aus dem Unternehmen, Konzern oder einem anderen Unternehmen, wie einer Beratungsfirma stammen kann.

Diese Konstruktion erinnert stark an die arbeitsrechtliche Situation von **Leiharbeitnehmern**, die ihre fachlichen Weisungen ebenfalls in den meisten Fällen von Beschäftigten eines Dritten, dem Entleiher, erhalten. Ein Wesen der Leiharbeit ist das Auseinanderfallen des disziplinarischen Weisungsrechtes des Vertragsarbeitgeber und dem fachlichen Weisungsrecht des Entleihers, bei dem der Leiharbeitnehmer seine Arbeitsleistung zu erbringen hat.

Im Fall der Matrixorganisation ist nur die Gruppe der Leiharbeitnehmer größer, aber die tatsächliche Situation ist für den Arbeitnehmer quasi identisch. Die fachlichen Weisungen für seine tägliche Arbeit stammen von einem Vorgesetzten, der nicht bei dem gleichen Vertragsarbeitgeber beschäftigt ist. Allerdings sei dieses Vorgehen grundsätzlich keine Arbeitnehmerüberlassung.[3]

Die Folgen für den Beschäftigten sind jedoch sehr ähnlich. In aller Regel hängt der berufliche Erfolg eines Arbeitnehmers von seinen fachlichen Leistungen im täglichen Arbeitsleben ab. Nur in seltenen Fällen werden Verhaltensweisen eines Arbeitnehmers auf der persönlichen Ebene, wie sie mit disziplinarischem Handeln beeinflusst werden sollen, Grundlage für den weiteren Erfolg im Unternehmen sein. Dies bedeutet für den Beschäftigten, dass ein Vorgesetzter eines anderen Unternehmens über Wohl und Wehe seines weiteren Vorankommens bei seinem Vertragsarbeitgeber entscheiden wird. Allerdings sieht man diesen »Matrixmanager« sehr viel seltener, da er ja eigentlich bei einem anderen Unternehmen beschäftigt ist. Hinzu kommt in vielen Fällen, dass der »Matrixmanager« des Öfteren aus einem anderen Kulturkreis stammt und viele Verhaltensweisen gar nicht richtig bewerten kann, weil er eine andere betriebliche und gesellschaftliche Sozialisation erfahren hat.

Dabei ist es unerheblich, ob sich diese kulturellen Unterschiede zwischen Bayern und Norddeutschland abspielen oder zwischen Bayern und Japan bzw. den USA. In vielen Fällen wird man sich erst mal nicht verstehen, oder gar nie verstehen.

3 *Claudia Schubert* in HSI-Schriftenreihe Band 23, S. 27.

In der täglichen Praxis führt dies dazu, dass sich ein spanischer Matrixmanager eines weltweit agierenden Sitze-Herstellers, der ein Team mit Mitgliedern aus Deutschland, Frankreich und Spanien zu führen hat, zunächst alle deutschen Mitglieder seines Teams schlechter bewerten wird, weil sie auf Grund des »vielen Urlaubes«, den sie nehmen können, nie da sind, wenn er sie braucht. Diese Hypothek wird man auch durch eine möglichere größere Effizienz nicht wieder bereinigen können. Darüber hinaus wird er von seinem Einsatzort Spanien gar nicht in der Lage sein, den täglichen Ablauf zu steuern. Allein die Urlaubsbeantragung oder ein »früheres Gehen« wird der Matrixmanager von Japan aus nicht bearbeiten können. Eine Anfrage beim disziplinarischen Vorgesetzten des Vertragsarbeitgebers wird hier wenig bringen, weil ihm die Abläufe in dieser Abteilung gar nicht bekannt sind.
Ein ebenfalls häufig auftretendes Phänomen bei Matrixorganisationen ist, dass der Matrixmanager häufiger wechseln kann. Auch dieses stellt für den Vertragsarbeitnehmer ein Problem dar, weil er sich ständig neuen Vorgesetzten anpassen muss, die am Ende doch in weiten Teilen auch disziplinarische Weisungsmacht ausüben, ohne diese Vorgesetzten persönlich näher zu kennen. So ist es schon mehrfach zu gerichtlichen Auseinandersetzungen gekommen, ob diese Matrixmanager überhaupt Beschäftigte des Betriebs sind, in dem Sie mindestens die Aufgabe eines Fachvorgesetzten ausüben.[4]
Die Frage, ob ein Fachvorgesetzter eines Betriebes auch Beschäftigter dieses Betriebs ist, stellt sich nach diesseitiger Ansicht nicht. Jemand, der eine Abteilung in fachlicher Hinsicht führen, der neue Teammitglieder auswählen (eingestellt natürlich vom Vertragsarbeitgeber) und gegebenenfalls sogar abmahnen oder kündigen soll (ausgeführt natürlich vom Vertragsarbeitgeber), muss in den Betriebsablauf eingegliedert sein, oder er kann seine Aufgabe gar oder zumindest nicht richtig ausfüllen. Nach der Aufgabe der zwei Komponenten-Lehre des BAG genügt auch diese Eingliederung in den Betriebsablauf, um die Anhörungspflicht beim Betriebsrat nach § 99 BetrVG auszulösen. Den Abschluss eines Arbeitsvertrages mit dem »Einsatzunternehmens« bedarf es dazu nicht.
Unabhängig von der juristischen Auseinandersetzung, ob ein Vorgesetzter in einem Betrieb eingliedert ist, ist das Signal an die Mitarbeiter und den Betriebsrat ein denkbar schlechtes. Insbesondere dem Betriebsrat gegenüber ist es die klare Ansage, dass man mit Ihm die möglichen Probleme in dieser Abteilung nicht mehr besprechen möchte.
Dies führt zur Problematik, dass bei Matrixorganisationen auf der kollektiven Regelungsebene die betriebliche Mitbestimmung[5] ins Leere läuft. Wie beschrie-

4 LAG Baden-Württemberg 28.5.2014 – 4 TaBV 7/13 oder ArbG Hannover 2.2.2016 – 10 BV 25/15.

5 In vielen Fällen trifft dies auch auf die Unternehmensmitbestimmung zu.

ben, ist in einer Matrixorganisation der fachvorgesetzte Matrixmanager nicht mehr am Standort, an dem der Betriebsrat gebildet worden ist, anwesend. Der Matrixmanager wird sich diesem Standort gar nicht zugehörig fühlen und wird sich schon deshalb auch den Konfliktregelungsmechanismen an diesem Standort entziehen (müssen). Wendet sich der Betriebsrat mit einer Beschwerde an den fachvorgesetzten Matrixmanager, wird er diesen, da er in aller Regel nicht oder nur selten am Standort ist, nicht zu fassen bekommen. Der Versuch, die Problematik mit dem disziplinarischen Vorgesetzten zu lösen, wird ebenfalls in vielen Fällen nicht zum Erfolg führen, weil dieser die Abteilung und die Vorgänge, die zur Beschwerde geführt haben, nicht kennen wird. Seine Aufgabe ist ja gerade nicht die Führung dieser Abteilung.

Schon an diesem kleinen lokalen Beispiel wird deutlich, welche Herausforderung eine Matrixorganisation an die Mitbestimmung darstellt. In einem solchen Konzernverbund wird zwischen den Unternehmen arbeitsteilig gearbeitet, und die miteinander verbundene Auftragserledigung zwingt zum abgestimmten Arbeiten. Das führt, in einer Ablaufkette gedacht, beispielsweise für die Produktion dazu, dass es in weiten Bereichen nicht viel geben wird, was mitzubestimmen ist. Die Entscheidung wird in der zentralen Einheit getroffen, die dann von den juristisch voneinander getrennten Unternehmen im Konzern auszuführen ist. Eine Wahl besteht wegen der wirtschaftlichen Abhängigkeit in der Regel nicht. Diese wirtschaftliche Abhängigkeit existiert aber nicht nur im Rahmen eines Konzernverbundes, sondern auch in der aufeinander abgestimmten Zuliefererkette. Als einfaches Beispiel sei die Frage genannt, wann eine Betriebsversammlung stattfindet. Man sollte doch meinen, dass diese Frage jeder Betriebsrat in Absprache mit dem Arbeitgeber in »seinem Betrieb« selbst festlegen kann.

Ist man jedoch Zulieferer für einen Automobilhersteller und stellt Sequenzierungsteile, wie die Stoßstange oder das Armaturenbrett oder die Sitze her, so stellt sich die Situation in anderer Weise dar. Dann muss die Betriebsversammlung in diesen Betrieben zur gleichen Zeit wie die Betriebsversammlung beim Automobilhersteller stattfinden. Würde man sie auf einen anderen Zeitpunkt legen, wird vermutlich beim Endhersteller das Fertigungsband abreißen, was in aller Regel eine Konventionalstrafe zur Folge hätte. Schon aus diesem Grund liegt die Möglichkeit zur Bestimmung des Zeitpunktes für die Versammlung nicht mehr beim Zulieferer, der in einer derartigen Anhängigkeit steht. Und wo es nichts zu bestimmen gibt, gibt es in aller Regel auch wenig mitzubestimmen für den Betriebsrat.[6]

Für diese Produktionsketten, die den örtlichen Unternehmen in diesen Ketten nur wenig an Freiraum lassen, benötigt man die Möglichkeit, die örtlichen wie

6 *Hanau*, NJW 2016, 2614.

die überörtlichen Mitbestimmungsgremien den sich teilweise schnell ändernden Gegebenheiten anzupassen. Andernfalls würde die Mitbestimmung tatsächlich ins Leere laufen.

2. Strukturtarifverträge nach § 3 BetrVG

Eine Hilfe könnten Strukturtarifverträge darstellen. Dazu benötigt man aber die gesetzliche und tatsächliche Möglichkeit für die Anpassung der Mitbestimmungsgremien.

Als gesetzliche Grundlage für eine Anpassung der Mitbestbestimmungsstrukturen kann der im Jahr 2001 geänderte § 3 BetrVG dienen. Dieser gibt insbesondere im Wege eines Tarifvertrages die Möglichkeit, die örtlichen und die überörtlichen Mitbestimmungsgremien an schnelllebige Änderungen anzupassen. Grundsätzlich ist dies innerhalb eines Unternehmens oder Konzerns oder auch darüber hinaus nach § 3 Abs. 1 Nr. 3 BetrVG per Tarifvertrag möglich. Auf Grund der wirtschaftlichen Zusammenhänge sind Lösungen innerhalb eines Unternehmens oder Konzerns aber die stabileren Lösungen und darüber hinausgehende Lösungen eher selten.[7] Die Norm des § 3 Abs. 5 BetrVG spricht auch nicht gegen diese Verträge, gleich, ob als Betriebsvereinbarung oder Tarifvertrag. Die Norm ist unglücklich formuliert, sodass man missverständlicher Weise interpretieren könnte, dass nur eine örtliche Regelung möglich ist. So ist der Beschluss des 71. Deutschen Juristentages richtig, die Formulierung anzupassen,[8] um Fehlinterpretationen zu vermeiden. Richtigerweise ist die Vorschrift aber heute schon dahingehend auszulegen, dass die über einen Tarifvertrag angepasste örtliche und überörtliche Mitbestimmungsstruktur die gesetzliche ersetzt, und zwar auf allen Ebenen[9].

Neben dieser rechtlichen Grundlage braucht man aber auch die tatsächliche Möglichkeit, einen solchen Tarifvertrag abzuschließen. Denn warum sollte ein Arbeitgeber, der als Matrixorganisation schon uneinheitlich aufgestellt ist, die Mitbestimmung per Tarifvertrag wieder einführen, wenn er sie auf Grund der Matrix doch gerade losgeworden ist?

Eine wichtige Grundlage ist die Überzeugung der Belegschaft, dass man die Mit-

7 Im Zuständigkeitsbereich der IG Metall wurden Tarifverträge nach § 3 BetrVG für mehr als 1,3 Mio. Beschäftigte abgeschlossen.

8 Beschluss des 71. DJT: »§ 3 Abs. 1 und Abs. 5 BetrVG sollten geändert werden, mit dem Ziel, dass durch Tarifverträge von Vorschriften des BetrVG zur Organisationsstruktur abgewichen werden kann.«

9 *Fitting* zu § 3 Rn. 76ff.

bestimmungsgremien an die geänderte Situation anpassen muss. Dazu muss der zuständigen Gewerkschaft aber bekannt sein, welches die Betriebe sind, die zur Matrix gehören und wer dort beschäftigt ist. Zu denken wäre also an eine Verpflichtung der Unternehmen, der jeweils zuständigen Gewerkschaft auf betrieblicher Ebene einen Mailverteiler zur Verfügung zu stellen. Auf diesem Weg könnte die Gewerkschaft die Problematik der wechselnden Beschäftigten lösen und sich direkt an die »richtigen« Beschäftigten wenden. Dies ist vor dem Hintergrund der Digitalisierung auch ein wichtiger Schritt in Richtung Informationsmöglichkeit. Das »Schwarze Brett« und Flugblätter haben zwar noch nicht ausgedient, sind aber in vielen Fällen nicht mehr in der Lage, alle Beschäftigten zeitnah zu erreichen.

Ein weiterer Schritt wäre eine gesetzliche Fiktion, ähnlich der des § 1 Abs. 2 BetrVG, dass Betriebe die einem Konzern angehören, unabhängig davon, ob die Eigentümerschaft in Deutschland oder im Ausland zusammenläuft, auch ein Konzern im Sinne des Aktiengesetzes in Deutschland sind. Sollte dieses zu unpraktikablen Konzernverbünden führen, so könnte man dann einen entsprechenden Tarifvertrag nach § 3 BetrVG schließen, der die Struktur der Mitbestimmungsgremien anpasst.

Auf diese Weise hätten Arbeitgeber wie Arbeitnehmerseite ein gleichgewichtiges Interesse an einer praktikablen Mitbestimmungsstruktur nach § 3 BetrVG, sofern eine Anpassung der gesetzlichen Regelung von Nöten ist.

3. Fazit

Durch die sich schnell verändernde Arbeitswelt auf Grund der Digitalisierung, aber nicht nur deswegen, muss man auf der örtlichen wie auf der überörtlichen Ebene schneller reagieren können. Dazu muss der Gesetzgeber die Normen entsprechend anpassen und seinerseits auf Trends schneller reagieren.

Dazu gehört eine Stärkung der Rechte des einzelnen Arbeitnehmers bei unübersichtlichen Matrixstrukturen. Dazu gehört aber auch eine Verbesserung der gesetzlichen Möglichkeiten, der hiesigen Betriebsverfassung in einem immer internationalen Umfeld wieder mehr Geltung zu verschaffen.

Thomas Klebe und das Hugo Sinzheimer Institut für Arbeitsrecht

Berthold Huber, Erster Vorsitzender der IG Metall von 2007 bis 2013

Ich fange diesen Beitrag zur Festschrift für meinen Freund *Thomas Klebe* mit etwas jedenfalls für einen solchen Anlass eigentlich Unhaltbarem an: einem massiven Eigenlob!

Als ich im Jahre 2007 zum 1. Vorsitzenden der IG Metall gewählt wurde, musste die Stelle ihres Justiziars neu besetzt werden. Und da – der Grund für mein Eigenlob – kam mir der Gedanke, *Thomas Klebe* darum zu bitten. Das lag nämlich deshalb eigentlich nicht nahe, weil er schon – wenig vor seinem 60sten Geburtstag – mit der IG Metall einen Vertrag über das vorzeitige altersbedingte Ausscheiden geschlossen hatte. Er wollte nach über 30 Jahren hauptamtlicher Arbeit als Gewerkschaftsjurist nochmals etwas Neues, nach eigenen Vorgaben, anfangen. Davon konnte ich ihn abbringen, wir machten seinen Vorruhestandsvertrag rückgängig, und *Thomas* fing ab Januar 2008 erneut bei der IG Metall an, nunmehr als deren Justiziar, und bekleidete diese Funktion dann noch für etwa 6 Jahre.

Als *Thomas Klebe* dann zum Jahresende 2013 nach Vollendung des 65. Lebensjahres endgültig aus dem aktiven Dienst der IG Metall ausschied, war das Anlass für ein vom Vorstand der IG Metall veranstaltetes, hochrangig besetztes und besuchtes Symposium.[1] Bei dieser Gelegenheit durfte (und wollte) ich die Laudatio auf *Thomas* halten. Ein für sein Wirken in der unmittelbar vorangegangenen Zeit zentraler Punkt war dabei die im Jahre 2010 erfolgte Gründung und das seitherige Wirken des »*Hugo Sinzheimer Instituts für Arbeitsrecht*«. Ich nannte es bereits zum damaligen Zeitpunkt ein »*Meisterstück*«.[2] Und wenn ich heute, bei Gelegenheit des 70. Geburtstages von *Thomas Klebe* etwas zu der Festschrift zu seinen Ehren beizutragen gebeten bin, gibt es nichts Näherliegenderes und Schöneres, als mit den Erfahrungen weiterer fünf Jahre nochmals darauf zu sprechen zu kommen.

---

1 Vgl. *Heuschmid*, Symposium anlässlich des 65. Geburtstages von Thomas Klebe, AuR 2013, 383.

2 *Huber*, Thomas Klebe zum 65. Geburtstag, AuR 2013, 380, 382.

1. Die Gründung des Instituts im Jahre 2010

Nachdem *Thomas Klebe* sich ein gutes Jahr in die ihm ja nicht grundsätzlich fremde Welt des IG Metall-Justiziars eingearbeitet hatte, kam er auf etwas, wie es ihm zunächst vielleicht abstrakt als Betätigungsfeld für ein »Leben nach der IG Metall« vorgeschwebt haben mag: die Erweiterung der rechtspolitischen Gestaltungsmöglichkeiten durch Gründung eines gewerkschaftlichen arbeitsrechtswissenschaftlichen Instituts. Dieser Gedanke lag eigentlich auf der Hand, wenn man sich das Überwiegen arbeitgebernaher Positionen in der deutschen Arbeitsrechtswissenschaft in und außerhalb der Universitäten in Deutschland vor Augen führt. Auf der Veranstaltung zur Gründung des Instituts am 29. April 2010 sprach ich von *»einer zusätzlichen Plattform für die nötige Weite und Pluralität des wissenschaftlichen Diskurses«*.[3]

2. Der »Patron« Hugo Sinzheimer

In den ersten Gesprächen über die Gründung war schnell klar, wie das neue Institut heißen sollte: »Hugo Sinzheimer Institut für Arbeitsrecht« nach dem »Vater des deutschen Arbeitsrechts«. Dabei konnten wir an eine langjährige Praxis der *Sinzheimer*-»Traditionspflege« seitens der IG Metall anknüpfen. Denn die Otto-Brenner-Stiftung hatte seit einer Feier zum 100sten Geburtstag *Sinzheimers* im Jahre 1975 für den gesammelten Wiederdruck seiner wichtigsten Einzelschriften und eine erste Biografie durch den japanischen (!) Wissenschaftler *Kubo* gesorgt und außerdem zusammen mit der Universität Frankfurt und der Akademie der Arbeit regelmäßige *Sinzheimer*-Vorlesungen veranstaltet und einen *Hugo Sinzheimer-Preis* für die beste arbeitsrechtliche Dissertation eines Jahres initiiert (beide Aktivitäten hat das HSI wieder aufgegriffen).
Hugo Sinzheimer erschien, wie kein anderer, nicht nur als plakativer Namensgeber, sondern zugleich inhaltlicher Leitstern prädestiniert. Er, der Schöpfer unseres modernen Tarifvertrages, der Neugestalter des kollektiven Arbeitsrechts in der Weimarer Republik und lebenslange Anwalt der arbeitenden Menschen stand und steht für das im HSI-Statut verankerte Leitbild gewerkschaftlicher Arbeitsrechtspolitik: *»Freiheit und Würde des arbeitenden Menschen.«* Unsere Erwartung an die künftige Arbeit des zu gründenden Instituts zielte auf den »Kampf ums Recht«, das Ringen um Beteiligung und die Emanzipation der ar-

3 *Huber*, Hugo Sinzheimer und wir – Warum ein arbeitsrechtliches Institut unter seinem Namen hier und heute?, AuR 2010, 280.

beitenden Menschen als zeitlose Motive für Arbeitsrechtswissenschaft unter dem Namen *Hugo Sinzheimers*.

Besonders gefreut und geehrt hat uns die Reaktion der Enkelin *Sinzheimers* auf unsere Bitte, seinen Namen für unser Institut nutzen zu dürfen. Die über 90jährige *Dinca Wertheim* schrieb uns aus den USA: »*All the members of the Sinzheimer family are very, very happy with your plan. We are very honoured all of us.*«[4] Solch nobler Vertrauensvorschuss nahm das neue Institut natürlich zugleich in die Pflicht.

3. Das HSI als »Ermöglichungs-Institut«

Das Institut ist in jeder Hinsicht ein schlankes Konstrukt: Seine Organe sind Leitung und Wissenschaftlicher Beirat. Von Anfang an war *Thomas Klebe* Leiter des Instituts als primus inter pares zusammen mit *Marlene Schmidt* als Arbeitsrechtlerin aus der Universität Frankfurt (eine enge Kooperation mit den Arbeitsrechtlern dieser Universität, aktuell dem Direktor des entsprechenden Instituts, *Bernd Waas*, sieht das HSI als fundamental für seine Arbeit). Im Beirat sind prominente »Freunde des Hauses« versammelt, insbesondere herausragende Vertreter der Arbeitsrechtswissenschaft (*Wolfgang Däubler, Michael Kittner, Ulrich Preis, Monika Schlachter, Spiros Simitis, Bernd Waas, Astrid Wallrabenstein*). Dazu kommen die wichtigsten Arbeitsrechtler der Einzelgewerkschaften und des DGB. Als Beiratsvorsitzender konnte *Manfred Weiss* gewonnen werden, der der Stiftung unermüdlich mit seinem breit gespannten Netzwerk dient und für viele, inzwischen in der ganzen Welt, als das Gesicht des HSI gilt. Für die eigentliche Institutsarbeit gibt es Johannes Heuschmid als stellv. Leiter und Daniel Hlava als Referenten sowie den dazugehörenden Verwaltungsunterbau.

Mit diesem geringen Personalbestand hat das HSI die ganzen seitherigen Aktivitäten »gestemmt«. Das war nur möglich dank des bewussten Auftretens als »Ermöglichungs-Institut«. Das heißt: Das Institut betreibt keine Forschungsarbeit durch eigene wissenschaftliche Mitarbeiter, sondern ermöglicht solche durch Zurverfügungstellung von finanziellen Mitteln und Organisation. Das Ergebnis kann sich sehen lassen und bestätigt die Richtigkeit des Konzepts.

4 AuR 2010, 280.

4. HSI und »Frankfurt-Cluster«

Zentrale Aktivitäten des HSI waren und sind die Förderung wissenschaftlicher Untersuchungen und deren anschließende Publikation (in einer Buch-Schriftenreihe und elektronischen »working papers«) und die Eröffnung von Gelegenheiten für den fachlichen Gedankenaustausch. Dabei gedachte es von Anfang an, die Gunst der geografischen Lage zu nutzen. Denn Frankfurt am Main mit der Universität als gewissermaßen natürlicher Kooperationspartnerin beherbergt eine Reihe anderer dem Arbeitsrecht gewidmeter gewerkschaftlicher Institutionen. Mit allen unterhält das HSI zunehmend intensivere Arbeitsbeziehungen:

- Die DGB Rechtsschutz GmbH und das HSI kooperieren am prominentesten bei der im 2-Jahres-Rhythmus zusammen mit der Universität stattfinden Großveranstaltung »Campus Arbeitsrecht«. Hier diskutieren Arbeitsrechtler des gewerkschaftlichen Rechtsschutzes mit Richtern, Rechtsanwälten und Wissenschaftlern der Universität. Schon für die dritte Veranstaltung gab es einen (zweischneidigen) Erfolgsbeweis: Es mussten Interessenten wegen Platzmangels zurückgewiesen werden!
- Der Bund Verlag bietet dem HSI die Plattform für seine inzwischen auf 25 Titel angewachsene Schriftenreihe. Bei ihm hat auch ein weiteres »HSI-Kooperations-Baby« seine Heimat gefunden, die von *Olaf Deinert* und *Rüdiger Krause* von der Universität Göttingen herausgegebene Zeitschrift »Soziales Recht« (ein absichtsvoll in *Sinzheimer*'scher Tradition formulierter Titel).
- Von dieser Zusammenarbeit profitiert auch die große arbeitsrechtliche Zeitschrift des DGB, die in Frankfurt erscheinende »Arbeit und Recht«. Ihre Beiratsarbeit wird mitgeprägt durch Vertreter des HSI, namentlich und besonders intensiv von *Thomas Klebe.*
- Mit der Europäischen Akademie für Arbeit stehen vertiefte gemeinsame Aktivitäten noch aus. Das ist nicht zuletzt deren Umbruchsituation auf dem Gelände der Universität Frankfurt geschuldet. Der Neubau eines »House of Labour« auf deren Campus Westend lässt jedoch Attraktives erwarten.

5. Gutachten und Vortragsveranstaltungen

Naturgemäß betätigt sich das HSI in weiten Teilen auch außerhalb lokaler Frankfurter Bahnen. Eine Kooperation besonders großen Zuschnitts ist das seit einigen Jahren gemeinsam mit der Hans-Böckler-Stiftung veranstaltete »Böckler-Forum« für Arbeits- und Sozialrecht. Diese Veranstaltung hat sich als eine Art gewerkschaftlicher Juristentag mit (zuletzt über 800) hochrangigen Teilnehmerinnen und Teilnehmern aus allen Arbeits- und Lebensbereichen entwickelt. Darüber hinaus bietet das HSI Foren für den Gedankenaustausch mit spezifischen Themen für spezifische Personengruppen:

- Arbeitskreis junger Arbeitsrechtswissenschaftler;
- Austausch mit Betriebsräten in Zusammenarbeit mit dem Funktionsbereich »Mitbestimmung« des Vorstands der IG Metall;
- Vorträge für Richter der Arbeitsgerichtsbarkeit aus der Region Rhein-Main;
- gemeinsame Veranstaltungen mit arbeitsrechtlichen Lehrstühlen ausgewählter Universitäten.

Dazu kommen die jährlichen, nach der Begründung durch die Otto-Brenner-Stiftung wieder belebten Formate der »Sinzheimer-Vorlesung« und der Verleihung des »Hugo Sinzheimer-Preises«.

6. Kooperationen mit anderen Instituten

Eine der großen Stärken des HSI ist, wie gezeigt, seine Kooperationspraxis. Institutionell vertieft betreibt es sie vor allem mit drei der auch international namhaftesten Institutionen:

- Mit dem Hugo Sinzheimer Institut in Amsterdam bemüht es sich in regelmäßigen Treffen vor allem um deutsch-niederländische rechtsvergleichende Studien.
- Mit dem Max-Planck-Institut für europäische Rechtsgeschichte in Frankfurt am Main hat es eine »Initiative Arbeitsrechtsgeschichte« ins Leben gerufen, die nunmehr erstmals eine Plattform für dieses zu Unrecht etwas in den Hintergrund geratene Rechtsgebiet bietet. Sie unterstützt auch die maßgeblich vom HSI getragene regelmäßige Publikation von Texten zur Arbeitsrechtsgeschichte in der Zeitschrift »Arbeit und Recht«.
- Schließlich führt das HSI mit dem Institut für Arbeitsrecht und Arbeitsbeziehungen in der Europäischen Union in Trier regelmäßige Veranstaltungen zum Arbeitsvölkerrecht durch. Mit ihm zusammen wird auch ein höchst erfolgreicher »Newsletter zum Europäischen Arbeitsrecht« herausgegeben, der inzwischen regelmäßig in der »Neuen Zeitschrift für Arbeitsrecht« abgedruckt wird.

Um das HSI »zukunftsfest« zu machen, ist es schließlich seit 1. 1. 2018 Bestandteil der Wissenschaftsorganisation der Hans-Böckler-Stiftung – eine letzte wichtige Leistung *Thomas Klebes* vor der Stabübergabe an Jüngere.

7. Blick nach vorn

Die bisherige, demnächst 10jährige Tätigkeit des HSI kann nur als Erfolgsgeschichte begriffen werden. Hinsichtlich des Arbeitsrechts als solchem entgehen dem besorgten Blick bei Rückgriff auf die fundamentalen Parameter *Hugo Sinzheimers* freilich die großen zeitgenössischen Probleme nicht. Sie stellen sich mehr denn je hinsichtlich seiner Reichweite für die vielen unter »falscher Flagge« Tätigen (bis hin zu aktuellen Formen des »Crowd-Working«).[5] Verwiesen werden muss aber auch auf den nachlassenden Impetus zur Erweiterung der Mitbestimmung auf allen Ebenen. *Sinzheimers* Programm ist auch nach hundert Jahren noch unvollendet. Für das HSI gibt es weiterhin viel zu tun.

Ich selbst erlaube mir zum Abschluss erneut nochmals den Ausdruck persönlicher Gefühle: Zufriedenheit und Stolz darüber, in der aktiven Zeit einer so wichtigen und erfolgreichen Institution ins Leben geholfen zu haben. Vielen Dank, lieber *Thomas*, für diese Gelegenheit!

5 Vgl. *Waas, Liebman, Lyubarsky, Kezuka*, Crowdwork – A Comparative Law Perspective, 2017, HSI-Schriftenreihe Nr. 22.

Die Betriebsratsvergütung nach § 78 Satz 2 BetrVG im arbeits- und im strafgerichtlichen Verfahren

Prof. Dr. Matthias Jacobs/Dr. Tino Frieling, Wiss. Ass., Bucerius Law School, Hamburg

Die Betriebsratsvergütung ist ein arbeitsrechtlicher Dauerbrenner, der den Jubilar, dem dieser Beitrag in persönlicher und fachlicher Verbundenheit zugeeignet ist, seit jeher interessiert. Grundsätzlich schützt § 37 Abs. 4 BetrVG die Mitglieder des Betriebsrats vor einer benachteiligenden Vergütung. Er soll die Durchsetzung des Benachteiligungsverbots durch »einfach nachzuweisende Anspruchsvoraussetzungen« erleichtern.[1] Ein Anspruch auf eine höhere Vergütung kann sich jedoch auch aus § 611a Abs. 2 BGB i. V. m. § 78 Satz 2 BetrVG ergeben.[2] Er setzt voraus, dass die aktuelle Vergütung das Betriebsratsmitglied wegen seiner Betriebsratstätigkeit benachteiligt.[3]

1. Drei Wege zur Darlegung einer Benachteiligung des Betriebsratsmitglieds wegen unterbliebener Beförderung im arbeitsgerichtlichen Urteilsverfahren

Der Arbeitgeber ist verpflichtet, den Mitgliedern des Betriebsrats eine berufliche Entwicklung zu gewährleisten, die derjenigen entspricht, die sie ohne ihre Amtstätigkeit durchlaufen hätten. Die Rechtsprechung beschäftigt sich mit einer solchen »hypothetischen Karriere« aus der Perspektive des Betriebsratsmitglieds, das sich durch seine Betriebsratstätigkeit in seinem beruflichen Fortkommen benachteiligt sieht und eine höhere Vergütung, berechnet auf Grundlage fiktiver Beförderungen, geltend macht. Im arbeitsgerichtlichen Urteilsverfahren gilt der Beibringungsgrundsatz, und grundsätzlich trägt der Anspruchsteller die Darle-

1 BAG 17. 8. 2005, NZA 2006, 448 Rn. 18; 17. 8. 2005, NZA 2006, 448 zu 2a.
2 BAG 4. 11. 2015, NZA 2016, 1339 Rn. 30; 17. 8. 2005, NZA 2006, 448 Rn. 18.
3 BAG 4. 11. 2015, NZA 2016, 1339 Rn. 30.

gungs- und Beweislast für die Anspruchsvoraussetzungen.[4] Dementsprechend muss das Betriebsratsmitglied in diesen Fällen darlegen und beweisen, dass es wegen seiner Betriebsratstätigkeit benachteiligt wird. Dafür zeigt das BAG drei Wege auf.

Der erste Weg besteht darin, hinsichtlich einer *tatsächlich erfolgten* Bewerbung darzulegen, dass sie gerade wegen der Freistellung oder der Betriebsratstätigkeit erfolglos geblieben ist.[5] Das setzt voraus, dass der Arbeitgeber eine Stelle besetzt hat, die aus Sicht des Betriebsratsmitglieds ein beruflicher Aufstieg ist und auf die es sich beworben hat.

Der zweite Weg geht von einer *unterlassenen* Bewerbung aus. Das Betriebsratsmitglied muss darlegen, dass es die Bewerbung wegen der Freistellung unterlassen hat, etwa weil es weiterhin sein Amt ausüben möchte *und* eine Bewerbung ohne Freistellung erfolgreich gewesen wäre.[6]

Der dritte Weg ermöglicht ihm, trotz unterlassener Bewerbung *und* Erfolglosigkeit einer fiktiven Bewerbung darzulegen, dass seine Bewerbung nur deswegen erfolglos gewesen wäre, weil ihm wegen der Freistellung aktuelle Fachkenntnissen und/oder fachliche und berufliche Qualifikationen fehlen.[7] Es muss also darlegen, dass es sich wegen Betriebsratstätigkeit nicht beworben hat, welche für die Bewerbung relevanten Fähigkeiten wegen seiner Betriebsratstätigkeit nicht entsprechend ausgeprägt sind und dass es bei der Bewerbung erfolgreich gewesen wäre, wenn man diese Fähigkeit hinzudenkt.

Die Anforderungen sind hoch.[8] Das BAG betont zudem, dass bei der fiktiven Nachzeichnung des beruflichen Werdegangs darauf zu achten ist, dass insbesondere freigestellte Betriebsratsmitglieder im Verhältnis zu den übrigen Arbeitnehmern nicht bevorzugt werden.[9]

Aus der bisherigen Rechtsprechung ergibt sich vor allem, welche Darlegungen des Betriebsratsmitglieds *nicht* genügen, um den Anspruch auf Nachvollzug der »fiktiven Karriere« zu begründen.

Nicht ausreichend ist, dass eine »Beförderungschance« dargelegt wird und der Arbeitgeber nicht erklären kann, warum das Betriebsratsmitglied nicht befördert worden ist.[10] Es ist ebenfalls unzureichend, dass ein diesem vergleichbarer Arbeitnehmer entsprechend befördert worden ist.[11]

---

4 BAG 19.8.2010, NZA 2010, 1412 Rn. 77.
5 BAG 4.11.2015, NZA 2016, 1339 Rn. 31; 27.6.2001, NZA 2002, 106 zu B II 1b aa.
6 BAG 4.11.2015, NZA 2016, 1339 Rn. 31.
7 BAG 4.11.2015, NZA 2016, 1339 Rn. 31.
8 Etwa BAG 14.7.2010, NZA 2016, 1339 Rn. 21.
9 BAG 29.10.1998, ZTR 1999, 235 zu I 2.
10 BAG 14.7.2010, NZA 2016, 1339 Rn. 25.
11 BAG 14.7.2010, NZA 2016, 1339 Rn. 23ff.

Ebenfalls ungenügend ist der Vortrag, dass das Betriebsratsmitglied grundsätzlich für die Beförderungsstelle geeignet und vom Arbeitgeber zu einer Bewerbung aufgefordert worden ist.[12] Das BAG deutet zwar an, dass ein Anspruch begründet werden kann, wenn Personen mit bestimmter Qualifikation nach feststehenden Maßstäben befördert werden.[13] Eine Praxis, nach der andere Betriebsratsmitglieder regelmäßig ohne Rücksicht auf das Vorhandensein einer konkreten Stelle befördert wurden, kann als typische Beförderungspraxis jedoch keinen Anspruch begründen, weil aus einer rechtswidrigen Handhabung keine Rechte hergeleitet werden können.[14]
Das Argument, dass es dem Betriebsratsmitglied durch ein unterlassenes Bewerbungsgespräch nicht möglich war, den amtsbedingt geringen Kenntnisstand des Arbeitgebers über die eigene Leistungsfähigkeit auszugleichen, genügt ebenfalls nicht, weil dadurch nicht feststeht, dass das Unterbleiben des Bewerbungsgesprächs ursächlich für dessen Nichtberücksichtigung gewesen ist.[15]
Auch der Umstand, dass der Arbeitgeber ein Auswahlverfahren mit persönlichen Gesprächen wählt, benachteiligt das Betriebsratsmitglied nicht wegen seiner Amtstätigkeit.[16] Die durch das Auswahlverfahren ermittelte persönliche Qualifikation wird jedenfalls dann benachteiligungsfrei beurteilt, wenn auf die ggf. langjährige Unterbrechung der Berufstätigkeit bei Betriebsratsmitgliedern Rücksicht genommen wird.

2. Perspektivwechsel im Strafverfahren: Begünstigung des Betriebsratsmitglied bei freiwillig erfolgter Beförderung?

Eine andere Frage ist, ob aus der restriktiven Handhabung der Rechtsprechung im arbeitsgerichtlichen Urteilsverfahren auf eine durch § 78 Satz 2 BetrVG verbotene Begünstigung des Betriebsratsmitglieds geschlossen werden kann, wenn es *freiwillig* durch den Arbeitgeber befördert wird. Diese Frage wird vor allem im strafgerichtlichen Verfahren relevant (§ 119 Abs. 1 Nr. 3 BetrVG, § 266 Abs. 1 StGB). Erfolgt eine Beförderung, obgleich das Betriebsratsmitglied der skizzierten Darlegungs- und Beweislast nicht nachkommen kann, spricht das auf den ersten Blick dafür, dass das Betriebsratsmitglied begünstigt worden ist.

---

12 BAG 27.6.2001, NZA 2002, 106 zu B II 2a aa.
13 BAG 27.6.2001, NZA 2002, 106 zu B II 2c.
14 BAG 27.6.2001, NZA 2002, 106 zu B II 2d.
15 *BAG* 26.9.1990, NZA 1991, 694 zu II 1 und 2.
16 BAG 29.10.1998, NZA 1999, 717 zu II 4a.

2.1 Allerdings gelten im Strafverfahren nicht die Darlegungs- und Beweislastgrundsätze des Arbeitsgerichtsverfahrens. Nach dem Grundsatz »in dubio pro reo« *muss* das Gericht freisprechen, wenn trotz Ausschöpfung aller Beweismittel nicht behebbare Zweifel an einer für die Entscheidung erheblichen *Tatsache* verbleiben.[17]

Die Frage, ob eine höhere Vergütung des Betriebsratsmitglieds, gestützt auf dessen »fiktive Karriere«, strafbarkeitsbegründend gegen § 78 Satz 2 BetrVG verstößt, unterfällt demnach dem Grundsatz »in dubio pro reo«. Es kommt darauf an, ob das Betriebsratsmitglied eine solche Karriere durchlaufen hätte, wenn es sein Amt nicht ausgeübt hätte, also auf eine *Tatsache.*

Wegen dieser Unterschiede in beiden Verfahren können aus der Rechtsprechung des BAG allein die abstrakten Rechtssätze übernommen werden, die dafür maßgeblich sind, ob das Betriebsratsmitglied bei einer »fiktiven Karriere« entsprechend befördert worden wäre. Eine Beförderung verstößt *nicht* gegen § 78 Satz 2 BetrVG, wenn das Betriebsratsmitglied bei einer tatsächlichen Bewerbung wegen seiner Betriebsratstätigkeit erfolglos war oder wenn es sich nur wegen der Betriebsratstätigkeit nicht beworben hat und bei einer fiktiven Bewerbung im Vergleich zu anderen Bewerbern erfolgreich gewesen wäre oder jedenfalls dann erfolgreich hätte sein müssen, wenn man die betriebsratsbedingt nicht erworbenen Fähigkeiten hinzudenkt.

Mit Blick auf die Darlegungs- und Beweislast findet aber ein *Perspektivwechsel* statt.[18] Es geht nicht darum, eine Beweislastentscheidung zulasten des Betriebsratsmitglieds zu treffen, sondern darum, ob anhand der tatsächlichen Umstände ohne verbleibende Zweifel ein Verstoß gegen § 78 Satz 2 BetrVG angenommen werden kann. Nicht der Arbeitgeber muss nachweisen, dass das Betriebsratsmitglied im Rahmen der »hypothetischen Karriere« befördert worden wäre, sondern der Staat das Gegenteil. Im Einzelnen ist allerdings zu differenzieren.

2.2 Wird ein Betriebsratsmitglied im Laufe der Zeit im Wege einer Beförderung in eine höhere Entgeltstufe eingruppiert, sind mehrere Fallgruppen zu unterscheiden. Dabei ist in Bezug auf das beförderte (und möglicherweise begünstigte) Betriebsratsmitglied zwischen zwei Grundkonstellationen zu differenzieren: dem Nachvollzug der Vergütung parallel zur tatsächlich erfolgten Besetzung der Beförderungsstelle mit einem anderen Arbeitnehmer und der Beförderung ohne eine solche Parallele.

2.2.1 In der ersten Fallgruppe gibt es wiederum fünf Konstellationen.

In der ersten Konstellation ist das Betriebsratsmitglied im Hinblick auf die sachlichen Anforderungen für die Beförderung objektiv besser geeignet als der tatsächlich beförderte Arbeitnehmer und kommt für die Beförderung aufgrund der

17 BVerfG 6.11.1974, MDR 1975, 468.

18 In diese Richtung auch *Bayreuther,* NZA 2014, 235, 237.

von ihm ursprünglich ausgeübten Tätigkeit in Betracht. Es gibt keine Anhaltspunkte für eine Begünstigung aufgrund der Betriebsratstätigkeit. Der Arbeitgeber hat das Betriebsratsmitglied nur deswegen nicht befördert, weil es sein Amt ausübt. Der Nachvollzug der parallel tatsächlich erfolgten Beförderung ist im Hinblick auf § 78 Satz 2 BetrVG und die sich daraus ergebenden Anknüpfungspunkte für eine Strafbarkeit unproblematisch.

In der zweiten Konstellation ist das Betriebsratsmitglied gegenüber dem tatsächlich beförderten Arbeitnehmer nicht objektiv besser geeignet, aber jedenfalls gleich geeignet. Unterschiede, die entweder für den tatsächlich beförderten Arbeitnehmer oder aber für das Betriebsratsmitglied sprechen, sind nicht feststellbar. Diese Konstellation begründet ebenfalls keinen strafrechtlich relevanten Verstoß gegen § 78 Satz 2 BetrVG. Die Ungewissheit hinsichtlich der hypothetischen Tatsache, ob der Arbeitgeber zwischen zwei gleich geeigneten Arbeitnehmern das Betriebsratsmitglied ausgewählt hätte, darf angesichts des Grundsatzes »in dubio pro reo« nicht zulasten der für den Arbeitgeber handelnden Person gehen.

In der dritten Konstellation ist das Betriebsratsmitglied objektiv schlechter geeignet als der tatsächlich beförderte Arbeitnehmer. Der Eignungsunterschied beruht aber auf einer Weiterqualifizierung, die der tatsächlich beförderte Arbeitnehmer aufweist, die das Betriebsratsmitglied wegen seiner Betriebsratstätigkeit nicht wahrnehmen konnte. Wäre das Betriebsratsmitglied ebenfalls entsprechend weiterqualifiziert, wäre es besser oder gleich geeignet wie der tatsächlich beförderte Arbeitnehmer. Ein Verstoß gegen § 78 Satz 2 BetrVG ist ebenfalls zu verneinen, weil auch die Fachkenntnisse und beruflichen Qualifikationen zugunsten des Betriebsratsmitglieds berücksichtigt werden dürfen, die es wegen seiner Betriebsratstätigkeit nicht erwerben konnte.

In der vierten Konstellation ist das Betriebsratsmitglied ebenfalls objektiv schlechter geeignet als der tatsächlich beförderte Arbeitnehmer. Ob der Eignungsunterschied darauf beruht, dass das Betriebsratsmitglied wegen seiner Betriebsratstätigkeit Fachkenntnisse und berufliche Qualifikationen nicht erwerben konnte, lässt sich allerdings weder bejahen noch verneinen. Es ist einerseits möglich, dass in der nachvollzogenen Beförderung des Betriebsratsmitglieds eine nach § 78 Satz 2 BetrVG verbotene Begünstigung liegt, andererseits aber auch möglich, dass diese Beförderung gerade der Pflicht des Arbeitgebers entspricht, das Betriebsratsmitglied nicht wegen seiner Amtstätigkeit in seiner beruflichen Entwicklung zu benachteiligen. Diese tatsächliche Ungewissheit ist in einem Strafverfahren wegen des Grundsatzes »in dubio pro reo« zugunsten der für den Arbeitgeber handelnden Person zu berücksichtigen und schließt einen strafrechtsrelevanten Verstoß gegen § 78 Satz 2 BetrVG aus.

Problematisch ist die fünfte Konstellation, in der das Betriebsratsmitglied objektiv schlechter geeignet ist als der tatsächlich beförderte Arbeitnehmer und diese Eignungsunterschiede ausdrücklich nicht auf Fähigkeiten oder beruflichen Qualifikationen beruhen, die das Betriebsratsmitglied nur aufgrund seiner Amtstätigkeit nicht besitzt.

2.2.2 Insgesamt problematisch ist die zweite Fallgruppe, in der das Betriebsratsmitglied befördert wird, die Beförderungsstelle aber nicht besteht. Eine tatsächlich erfolgte Beförderungsentscheidung kann hier nicht nachvollzogen werden. Ein Vergleich, der aufgrund der objektiven Eignung von Betriebsratsmitglied und tatsächlich befördertem Arbeitnehmer vorzunehmen wäre, ist nicht möglich. Für die Argumentation, dass eine entsprechende Beförderung erfolgt wäre, wenn das Betriebsratsmitglied in seiner ursprünglichen Tätigkeit weitergearbeitet hätte, fehlen dokumentierbare Anhaltspunkte. Ob für die Bildung einer hypothetischen Karriere, die nicht auf tatsächlich erfolgte Beförderungen oder tatsächlich existierende Stellen gestützt werden kann, ein Wertungsspielraum besteht, ist fraglich. Es ist schwer einzuschätzen, ab welchem Ausmaß von Beförderungen eine Begünstigung nach § 78 Satz 2 BetrVG anzunehmen ist.

Arbeit 4.0 – einmal anders betrachtet: Ein Blick in die Zukunft eines Arbeitsgerichts

Gabriele Jörchel, Präsidentin des Hessischen Landesarbeitsgerichts

Die Zahl der Vorträge und Aufsätze, die sich mit dem Thema Digitales Zeitalter – Arbeit 4.0 befassen, ist unendlich. Nicht nur die Arbeitswissenschaften, sondern auch das Arbeitsrecht haben ein Thema für sich entdeckt, das viel Neues, viele Chancen, aber auch viele Veränderungen und damit einhergehend viel neues Denken allen am Arbeitsleben Beteiligten abverlangt.

Dr. Thomas Klebe kennt Arbeitsgerichte nicht nur aus seiner Tätigkeit als Gewerkschaftsjurist oder im Arbeitsrecht tätiger Rechtsanwalt. Er hat vielmehr über viele Jahrzehnte auch als ehrenamtlicher Richter mit an Richterbänken von Arbeitsgerichten, bis hin zu denen des Bundesarbeitsgerichts gesessen. Damit hat er selbst die höchstrichterliche Rechtsprechung mit seinen Erfahrungen und seinem Wissen mitgeprägt. Von daher sei es gestattet, das Thema der digitalisierten Arbeitswelt nicht unter dem Blickwinkel der notwendigen Anpassungen des Arbeitsrechts zur Aufrechterhaltung bzw. Schaffung von Arbeitnehmerschutzrechten zu betrachten, sondern an dieser Stelle einen Blick auf die Welt der Arbeitsgerichte zu werfen, gibt es eben die für einen Festschriftbeitrag notwendige Verbindung zum Jubilar.

Veränderungen lassen sich nur aufzeigen, wenn man den Blick von dem, was war, auf das, was ist bzw. kommen wird, richtet. Was bedeutet Arbeit 4.0 für die Justiz, ganz besonders für die Arbeitsgerichtsbarkeit? Genau wird dies heute niemand sagen können. Sicher ist aber, vieles, was in den gerichtlichen Arbeitsabläufen über Jahre gegolten hat, geschätzt oder manches Mal auch kritisiert wurde, wird sich ändern. Es ist auszuschließen, dass sich die betriebliche Arbeitswelt den neuen Herausforderungen stellen und entsprechend anpassen wird, wir – die Justiz selbst – aber in unserem Gerichtsbetrieb an allem Alten festhalten und nur in den gewohnten Formen weiterarbeiten werden.

Überblickt man den Zeitraum, in dem *Thomas Klebe* in seinen verschiedenen Funktionen beruflich gewirkt hat, kann man feststellen, dass sich in der Welt eines Arbeitsgerichts viel getan, viel verändert hat. Als *Thomas Klebe* in den 1980er Jahren in sein Berufsleben gestartet ist, gab es in den hessischen Arbeitsgerichten Geschäftsstellenmitarbeiterinnen und -mitarbeiter, die die Akten ihrer Kammern nicht nur geführt, sondern den Prozess in seinem Werdegang auch inhaltlich begleitet haben. Man kannte die Fälle seiner Kammer, wusste genau, auf welche tatsächlichen Probleme es in dem Verfahren ankam. Es war üblich, sich auch einen persönlichen Eindruck von den Parteien zu machen. Der Richter und die Richterin wurden in die Verhandlungen begleitet, eine Protokollführung mit dem Diktiergerät undenkbar. Aber es gab auch Kehrseiten dieser schönen Gerichtwelt: jedes Rubrum musste manuell mit der Schreibmaschine geschrieben werden. Urteil und Beschlüsse, die mit bis zu fünf Durchschriften mittels Blaupapier erstellt wurden, ließen – einmal getippt – wirklich nur noch sehr geringfügige Änderungen zu, wollte man die Arbeitsbelastung der Geschäftsstelle nicht ins Unermessliche steigern. Die Entscheidungen waren streng sachverhaltsbezogen, auf die wesentlichen Punkte des Verfahrens konzentriert. Textbausteine in der heutigen Form waren unbekannt und damit die Ausführungen vielleicht noch fallbezogener. Die Material- und Entscheidungssammlung der Richter befand sich nicht selten auf Karteikarten. Kommentare, Handbücher, Fundhefte und Entscheidungssammlungen der Bundesgerichte in der Bibliothek waren häufig die einzige Recherchemöglichkeit.

Dann hielten die ersten Computer Einzug in die Arbeitsgerichte. Die Ausstattung der Justiz wurde erst allmählich, dann aber Ende der 1980er/Anfang der 1990er Jahre immer schneller den neuen technischen Möglichkeiten angepasst. Erste Versuche, mittels der neuen Computerausstattung durch eine Automatisierung von Verfahrensprozessen zeitraubende Arbeitsschritte zu optimieren, wurden gestartet. Man wuchs in die erste digitale Gerichtswelt hinein, meist mittels von technikaffinen Angehörigen der Gerichtsbarkeit selbst entwickelten Programmen, die damit aber sehr nah an den gewohnten Arbeitsweisen angelehnt waren und so auf große Akzeptanz stießen.

Hatte man so einen Standard erreicht, bei dem das alte Gute im Gerichtsalltag erhalten blieb, die als nachteilig empfundenen Aufgaben aber dank einer immer besser werdenden Fachanwendung zunehmend wegfielen, haben sich dann – sukzessive schleichend und damit kaum zu verhindern – immer mehr auch veränderte Abläufe bei den Dingen eingestellt, die an sich nicht zwingend als veränderungsbedürftig angesehen wurden. Die hohen Verfahrenseingänge in der zweiten Hälfte der 1990er Jahre ließen es dann eben nicht mehr zu, dass Protokollführer/innen mit in die Sitzung gingen. Das Diktiergerät begleitete stattdessen nunmehr die Richterschaft. Musste wirklich noch jede Entscheidung diktiert werden? Nein, dank Computer schrieben am Anfang nur wenige, später immer mehr Richterinnen und Richter ihre Urteile und Beschlüsse selbst. Aber, und das ist bezogen auf das heutige Thema Arbeit 4.0 entscheidend, die Arbeit wurde im Gericht erledigt. Heimarbeit war mit Ausnahme einiger Richterinnen und Richter praktisch ein Fremdwort. Man ging ins Gericht, um dort zu arbeiten, denn dort waren die Akten.

Aufgrund der gesetzgeberischen Aktivitäten der Jahre 2013 und 2017 im E-Justice-Komplex, insbesondere mit dem Gesetz zur Einführung der elektronischen Akte, ist mit dem elektronischen Rechtsverkehr und der notwendiger Weise kommenden elektronischen Gerichtsakte vielfältige Bewegung in den gerichtlichen Geschäftsbetrieb gekommen. Gerichtliche elektronische Kommunikationswege im Hause und natürlich auch gegenüber den Prozessbeteiligten lassen es in einem alles in allem überschaubaren Zeitraum zu, sich von der Papierakte zu trennen. Die führende elektronische Akte muss – und zwar möglichst bald – in den Gerichten zur Verfügung stehen. Natürlich werden die elektronischen Plattformen, auf denen diese Akten laufen, sehr gut sein. Die Akzeptanz, die bei allen Beteiligten für diese Veränderungsprozesse geschaffen werden muss, gebietet das. Und leider zeigen die aktuellen Entwicklungen beim besonderen elektronischen Anwaltspostfach (beA), wie schwierig es werden kann, wenn die Technik oder die Programme, aus welchen Gründen auch immer, nicht verfügbar sind. Heute am Anfang des Jahres 2018 können wir alle immer noch auf die herkömmliche Papierakte zurückgreifen, ein Arbeiten ist also möglich. Irgendwann wird dies nicht mehr funktionieren, und ab diesem Zeitpunkt darf es keine IT-bedingten Ausfälle in den Arbeitsabläufen mehr geben. Aber neben diesen technischen Herausforderungen werden sich auch wieder mehr oder minder schnell die Arbeitsabläufe, die um die eigentliche Aktenbearbeitung angesiedelt sind, ändern.

Ist es bald Realität oder eine – vielleicht zum Glück nie wirklich werdende – Utopie: Die Beschäftigten der Serviceeinheiten einschließlich der Rechtspflegerinnen und Rechtspfleger erledigen von ihren häuslichen Arbeitsplätzen aus mittels gesicherter Zugänge alle anfallenden Arbeiten. Richterinnen und Richter rufen regelmäßig – natürlich ebenfalls von ihrem häuslichen Arbeitsplatz aus – ihre Posteingänge ab, bearbeiten sie und stellen diese zur weiteren Nacharbeitung durch die Geschäftsstellen in den elektronischen Funktionsräumen zur Verfügung. Werden Sitzungen dann wirklich noch in den Gebäuden des jeweiligen Arbeitsgerichts abgehalten oder lässt sich dies nicht auch mittels Konferenzschaltungen anders lösen?

Gibt es dann noch Besprechungen im Kollegenkreis im Gericht? Jeder kennt die Runden, in denen man seine eigene Rechtsauffassung gerne auch von Kolleginnen und Kollegen hinterfragen lässt bzw. sich über Fälle austauscht. Kann man auf Weichenstellungen durch den »Kantinensenat« wirklich verzichten? Wird es dann noch möglich sein, neuen Proberichterinnen und Proberichtern bei der Urkundenaushändigung zu sagen, sie können zu jedem kommen, alle Türen stehen offen und sie finden immer einen Ansprechpartner? Oder heißt es dann einfach, rufen sie doch mal an?

Generationen von Richterinnen und Richtern sind auch durch den sozialen und fachlichen Austausch in ihren Gerichten geprägt worden. Dies hat der Arbeitsgerichtsbarkeit und ihrer Rechtsprechung gut getan. Wir, die Justiz, werden es schwerer haben, die mit der Digitalisierung einhergehenden negativen Abläufe aufzufangen, leben wir doch mit einem schmaleren Budget als viele private Unternehmen. Aber wir sollten optimistisch, offen und kreativ versuchen, das gute Alte an unserer Arbeit mit in die neuen Zeiten zunehmen und uns das Gute der neuen schönen Arbeitswelt bestmöglich zu Nutze zu machen. Wir werden neue Arbeitsstrukturen einführen, die allen Belangen gerecht werden, die mögliche Flexibilität gewinnbringend für alle Berufsgruppen im Gericht nutzen.

Ach – eins habe ich vergessen zu erwähnen: Auf die Poststelle im Gericht und die Personen, die dort unsere papiernen Eingänge bearbeiten, werden die Arbeitsgerichte nicht verzichten können. Wir haben es zum Glück auch mit Menschen zu tun, die ihre Prozesse selbst führen. Für diese wird es sicherlich noch sehr lange die Möglichkeit geben, ihren Schriftverkehr mit dem Gericht auf herkömmlichem Wege abzuwickeln. Aber eben nur soweit, bis das Kuvert geöffnet und der Schriftsatz gestempelt ist. Dann wird alles gescannt und man bewegt sich wieder in der neuen digitalisierten gerichtlichen Arbeitswelt.

Und nun schließt sich der Kreis zum Grund meines Beitrags: Der Austausch der Kammervorsitzenden mit ihren ehrenamtlichen Richterinnen und Richtern wird über alle Digitalisierungswellen hinweg fortbestehen. Das ist gut, bleibt damit doch die arbeitsrechtliche Rechtsprechung bestens aufgestellt.

Vom Reisen und Ankommen in der Betriebsverfassung

Boris Karthaus, Rechtsanwalt, Fachanwalt für Arbeitsrecht, IG Metall Vorstand, FB Betriebspolitik, Frankfurt a. M.

Reisen bildet bekanntlich. Der Jubilar beschreitet viele andere Wege des Erkenntnisgewinns, aber er reist auch.

Als gewerkschaftlicher Jurist[1], zwischenzeitlich sogar in der internationalen Abteilung beschäftigt, hat Thomas Klebe vermutlich mehr Dienstreisen absolviert als Prinz Philipp Staatsbesuche. Und dies bietet durchaus Lernchancen: Wenn nach einer durchverhandelten Nacht morgens um 5 Uhr die Sonne über den Gleisen des Siegener Bahnhofs aufgeht, erkennt man, dass Deutschland auch seine schönen Seiten hat – halt eben nicht dort.

Unbestritten hat *Thomas Klebe* über »seine IG Metall« hinaus eine große Außenwirkung, aber »Außendienstmitarbeiter« war er eher nicht,[2] denn einen festen Arbeitsort im 20. Stock in der IG Metall Vorstandsverwaltung gab es durchaus. Lässt man außen vor, dass es sich bei der IG Metall um einen Tendenzbetrieb i. S. v. § 118 BetrVG handeln könnte, und blendet man auch den leitenden Einfluss von *Thomas Klebe* so weit aus, dass man § 5 Abs. 3 BetrVG schlicht vergisst, kann man sich die Frage stellen, ob seine Reisezeiten Arbeitszeit waren.

Die Erwartung an einen gewerkschaftlichen Juristen ist, diese Frage eben nicht völlig zutreffend mit »es kommt darauf an, ob es sich um vergütungspflichtige Reisezeit, um Arbeitszeit im arbeitsschutzrechtlichen oder im betriebsverfassungsrechtlichen Sinne handelt«,[3] zu beantworten, sondern eine »Lösung« vorzuschlagen.

Wenn die Dienstreisen des *Thomas Klebe* Arbeitszeit sein sollten, müsste er gelegentlich Arbeit geleistet haben. Arbeit ist jede Tätigkeit, die als solche der Befriedigung eines fremden Bedürfnisses dient.[4] Das gilt zunächst für Aktenstudium im Zug oder auch Tätigkeiten am Zielort, z. B. Tarifverhandlungen führen.

---

1 *Boris Karthaus*, RA, FAArbR, IG Metall, zum Jubilar siehe Huber, AuR 2013, 380 ff.
2 BAG 22.4.2009 – 5 AZR 292/08, juris.
3 BAG 10.11.2009 – 1 ABR 54/08, Rn. 14, juris.
4 BAG 20.4.2011 – 5 AZR 200/10, Rn. 21, BAGE 137, 366.

1. Reisezeiten als vergütungspflichtige Arbeitszeit

Zur vergütungspflichtigen Arbeit zählt nicht nur die eigentliche Tätigkeit, sondern jede vom Arbeitgeber im Synallagma verlangte sonstige Tätigkeit oder Maßnahme, die mit der eigentlichen Tätigkeit oder deren Art und Weise der Erbringung unmittelbar zusammenhängt. Durch das Anordnen der Fahrten macht der Arbeitgeber diese zur arbeitsvertraglichen Verpflichtung.[5] Diese zumindest konkludente Anordnung unterscheidet die Dienstreise von »mobilem Arbeiten«, bei dem der Ort der Arbeitsleistung nicht einmal mittelbar »direktionsrechtsinduziert« ist. Dass die Tarifvertragsparteien den Preis der Arbeitsleistung »durch Reisen« abweichend festlegen, etwa in Form von Auslösen oder Begrenzung der vergütungspflichtigen Stunden, setzt das Synallagma »Arbeit gegen Geld« voraus. Es ändert nichts daran, dass eben Arbeitsleistung erbracht wird. Es ist auch unerheblich, ob neben dem Reisen selbst z. B. das Führen eines Kraftfahrzeuges angeordnet wird. Schon das Besteigen eines Zuges ist eine »Maßnahme, die mit der eigentlichen Tätigkeit oder der Art und Weise deren Erbringung unmittelbar zusammenhängt.«
Demnach sind Reisezeiten vergütungspflichtig.

2. Reisezeiten als mitbestimmungspflichtige Arbeitszeit

Gleichwohl sollen reine Reisezeit nicht zu den nach § 87 Abs. 1 Nr. 2 BetrVG mitbestimmungsrelevanten Arbeitszeiten gehören. Gegen diese bislang ganz herrschende Auffassung[6] stellt sich allen voran der Jubilar[7]. Ihm ist beizupflichten.
Diese herrschende Auffassung stützt sich auf folgende Argumentation des BAG[8]:
Reisen gehöre regelmäßig nicht zu den vertraglichen Hauptleistungspflichten, es sei denn, der betreffende Arbeitnehmer könnte – etwa als Außendienstmitarbeiter ohne festen Arbeitsort – seine vertraglich geschuldete Tätigkeit ohne dauernde Reisetätigkeit gar nicht erfüllen. Der Umstand, dass eine Dienstreise im Interesse des Arbeitgebers unternommen werde, mache die dafür aufgewendete

---

5 BAG 12. 12. 2012 – 5 AZR 355/12, Rn. 17, juris.
6 *Fitting*, § 87 BetrVG Rn. 96; *Düwell*, § 87 BetrVG Rn. 41, *Kohte; Richardi*; § 87 BetrVG Rn. 257, *Richardi*; ErfK, § 87 BetrVG Rn. 25, *Kania;* GK, § 87 BetrVG R. 301, *Wiese.*
7 DKKW-*Klebe,* § 87 BetrVG Rn. 83; Kittner/Zwanziger/Deinert/Heuschmid – *Heuschmid,* § 28 Rn. 56.
8 BAG 14. 11. 2006 – 1 ABR 5/06, BAGE 120, 162–172, Rn. 29.

Zeit nicht automatisch zu einer solchen, während derer Arbeit geleistet würde. »Arbeit« ist eine Tätigkeit, die als solche der Befriedigung eines fremden Bedürfnisses diene, Reisen als solches sei keine Tätigkeit, die im Interesse des Arbeitgebers ausgeübt werde.
Solange der Arbeitgeber das Direktionsrecht nicht dahingehend ausübe, dass eine Tätigkeit wie etwa das Führen eines Kraftfahrzeuges zu erbringen sei, liege im Reisen keine Arbeitsleistung, die der Arbeitgeber entgegennähme. Der Umstand, dass selbst dann, wenn während der Fahrt keine Arbeitsaufgaben zu erledigen seien, Arbeitnehmer in der Gestaltung ihrer Freizeit eingeschränkt sind, rechtfertige keine andere Beurteilung.
Das Mitbestimmungsrecht nach § 87 Abs. 1 Nr. 2 BetrVG beträfe die Lage der Grenze zwischen Freizeit und »Arbeitszeit«. Ihm unterlägen nicht Einschränkungen der Freizeit durch ein Verhalten des Arbeitnehmers, das keine Arbeitsleistung zum Gegenstand habe.
Zunächst ist auffällig, dass das »Verhalten des Arbeitnehmers«, nämlich »zu reisen«, durch das Anordnen der Fahrten seitens des Arbeitgebers zur arbeitsvertraglichen Verpflichtung gemacht wird,[9] gleichwohl aber keine Arbeitsleistung zum Gegenstand haben soll.[10] Mithin besteht eine Vergütungspflicht; es liegt aber keine Arbeitsleistung vor. Das erschließt sich, wenn überhaupt, nur, wenn man zwischen Neben- und Hauptpflichten differenziert.

3. Reisen und Umkleiden – Parallelen

Hinsichtlich der Vergütung von Umkleidezeiten hat der 5. Senat die Rechtsprechung, nach der der Arbeitgeber sich regelmäßig nur zur Vergütung der eigentlichen Tätigkeit (i. S. v. Hauptpflicht) verpflichte, aufgegeben. Nunmehr geht er davon aus, dass der Arbeitgeber regelmäßig die Vergütung für alle Dienste, die er dem Arbeitnehmer aufgrund seines arbeitsvertraglich vermittelten Direktionsrechts abverlangt, verspricht.[11]
Es liegt daher nahe, »Reisezeiten« und »Umkleidezeiten« im Hinblick auf die betriebsverfassungsrechtliche Bewertung zu vergleichen. Beides sind Tätigkeiten, die der Vorbereitung der eigentlichen Arbeitsleitung dienen und beide sind vom Direktionsrecht erfasst und vergütungspflichtig.
Außer für Mannequins und Dressmen dürfte das Umkleiden in den meisten Fällen eher zu den arbeitsvertraglichen Nebenpflichten gehören. Gleichwohl sind

9 Siehe Fn. 5, BAG 12.12.2012 – 5 AZR 355/12, Rn. 17, juris.
10 Siehe Fn. 8.
11 BAG 19.9.2012 – 5 AZR 678/11, BAGE 143, 107–118, Rn. 28.

Umkleidezeiten Teil der vertraglich geschuldeten Arbeitsleistung, wenn das Umkleiden einem fremden Bedürfnis dient und nicht zugleich ein eigenes Bedürfnis erfüllt, etwa weil die unauffällige Kleidung auf dem Arbeitsweg getragen werden könnte.[12]

Die Dienstreise müsste also ein fremdes Bedürfnis erfüllen, ohne zugleich auch ein eigenes Bedürfnis des Arbeitnehmers zu erfüllen. Ein solches eigenes Bedürfnis könnte darin zu sehen sein, dass er sich ggf. »den Weg in den Betrieb« spart, es entfällt aber immer dann, wenn die Dienstreise vom Betrieb aus angetreten wird. Ein eigenes Bedürfnis wäre auch dann gegeben, wenn der Arbeitnehmer z. B. den Aufenthalt am Zielort der Dienstreise »über das Wochenende« verlängern will (Besichtigung des Siegener Bahnhofes). Von diesen Konstellationen abgesehen ist aber regelmäßig kein eigenes Bedürfnis erkennbar, sondern Dienstreisen sind fremdnützig.

Das Mitbestimmungsrecht bezweckt nach § 87 Abs. 1 Nr. 2 BetrVG, die Interessen der Arbeitnehmer an der Lage ihrer Arbeitszeit und damit zugleich ihrer freien und für die Gestaltung ihres Privatlebens nutzbaren Zeit zur Geltung zu bringen.[13]

Der Aufenthalt im ICE Sprinter von Berlin nach Frankfurt an einem sonnigen Freitagnachmittag entspricht nur dann einem eigenen Bedürfnis, wenn der Zweck der Reise ein privater ist. Die Fahrzeit mag zwar nicht mit der Verpflichtung zur eigentlichen Arbeitsleistung i. S. einer Hauptpflicht verbunden sein (entgegen weit verbreiteter Auffassung scheitert die ggf. schon an Vertraulichkeitserfordernissen), es handelt sich aber nicht um freie, selbstbestimmte für die Gestaltung des Privatlebens nutzbare Zeit. Die direktionsrechtsvermittelte Ortsvorgabe »im Zug« ist kein »Freizeitopfer«,[14] weil auf Anweisung geopferte Freizeit eben keine mehr ist.

Ein weiterer Aspekt einer am Normzweck orientierten Auslegung spricht dafür, Reisezeiten als Arbeitszeit im Sinne des Mitbestimmungsrechtes anzusehen. Es erfasst auch die Zuordnung der einzelnen Arbeitnehmer zu einem mitbestimmten Dienstplan.[15] Dies ermöglicht, soziale Aspekte bei der Schichtplaneinteilung zu berücksichtigen. Dienstreisen sind mit den Öffnungszeiten von Kindertagesstätten genauso inkompatibel wie Spät- und Nachtschichten.

Wenn sowohl Umkleidezeiten wie auch Reisezeiten ausschließlich fremdnützig aufgebracht werden können, dieses durch das Direktionsrecht angewiesen wer-

---

12 BAG 10. 11. 2009 – 1 ABR 54/08, Rn. 15, juris; BAG 12. 11. 2013 – 1 ABR 59/12, BAGE 146, 271–283, Rn. 34.

13 BAG 10. 11. 2009 – 1 ABR 54/08, Rn. 14, juris; BAG 30. 6. 2015 – 1 ABR 71/13, Rn. 22 mwN.

14 So aber BAG 11. 7. 2006 – 9 AZR 519/05, BAGE 119, 41–52, Rn. 35.

15 Jüngst BAG 22. 8. 17 – 1 ABR 4/16, Rn. 19.

den kann und Reisezeiten ebenso die Lage der Grenze zwischen Arbeitszeit und Freizeit betreffen, wie es bei Umkleidezeiten der Fall ist, spricht sehr viel dafür, das Mitbestimmungsrecht des Betriebsrates nach § 87 Abs. 1 Nr. 2 BetrVG hierauf auszudehnen.

4. Europarecht

Selbstverständlich setzt das Mitbestimmungsrecht die Einordnung von Zeiten als Arbeitszeit im Sinne des Art. 2 Abs. 1 der Richtlinie 2003/88 nicht voraus[16]. Wie das Mitbestimmungsrecht, dient diese EU-Regelung aber ausweislich ihres Erwägungsgrundes 4 dem Schutz der Sicherheit und Gesundheit der Arbeitnehmer. Deshalb sollte die Einordnung von Reisezeiten als mitbestimmungsrelevante Arbeitszeit dem europäischen arbeitsschutzrechtlichen Arbeitszeitbegriff zumindest nicht widersprechen.

Nach der Arbeitszeitdefinition der Richtlinie ist es entscheidend, dass der Arbeitnehmer verpflichtet ist, sich an einem vom Arbeitgeber bestimmten Ort aufzuhalten und sich zu dessen Verfügung zu halten, um gegebenenfalls sofort seine Leistungen erbringen zu können. Dagegen spricht es nach der Rechtsprechung des Gerichtshofs dafür, dass der betrachtete Zeitraum keine Arbeitszeit im Sinne der Richtlinie 2003/88 ist, wenn die Arbeitnehmer ohne größere Zwänge über ihre Zeit verfügen und ihren eigenen Interessen nachgehen können[17].

Von den beiden positiven Merkmalen, Bestimmung des Aufenthaltsortes und Verpflichtung zur Arbeitsaufnahme im Bedarfsfalle, ist nur das erste eindeutig erfüllt. Durch die angeordnete Dienstreise wird mindestens der Aufenthalt in dem Verkehrsmittel vorgegeben. Die zu erbringende Arbeitsleistung, ggf. mittels »mobile device«, scheint »verkehrsüblich«. Nach deutschem Verständnis wird die Reisezeit zur Arbeitszeit, wenn Arbeitsleistung (Aktenstudium etc. …) angeordnet wird. Nach dem europäisch/arbeitsschutzrechtlichen Begriff reicht aber schon die rechtliche Möglichkeit der Anordnung zur Arbeitsaufnahme. Sofern diese nicht ausdrücklich erfolgt, sondern nur erfolgen kann, bleibt es dabei, dass es sich um Arbeitszeiten handelt. Kulturell stellt sich die Frage, ob die Verbreitung mobiler Arbeitsmittel nicht eine latente Arbeitsanordnung darstellt[18].

Das negative Merkmal »ohne größere Zwänge über die Zeit verfügen« in Abgrenzung zur Ruhezeit wird zumindest während des Aufenthaltes in einem Verkehrs-

16 BAG 11.7.2006 – 9 AZR 519/05, BAGE 119, 41–52, Rn. 35.

17 EuGH 10.9.2015 – C-266/14, Rn. 37, juris; betreffend Außendienst; siehe auch *Buschmann/Ulber*, § 2 ArbZG Rn. 31.

18 *Klebe*, NZA-Beilage 20/2017, S. 77, 81.

mittel erfüllt sein. Dass manche im Zug schlafen können, schließt die Einordung als Arbeitszeit genauso wenig aus wie der Schlaf des Arztes im Bereitschafszimmer.
Demnach spricht mehr für die Einordnung von Reisezeiten als Arbeitszeit im Sinne der Arbeitszeitdefinition des Art. 2 Abs. 1 der RL 2003/88 als dagegen. Jedenfalls steht dies der Annahme, dass Reisezeiten betriebsverfassungsrechtlich als Arbeitszeit im Sinne des § 87 Abs. 1 Nr. 2 BetrVG zu gelten haben, nicht entgegen.

5. Überstunden bei Zugverspätung

Einem regelmäßigen Passagier der deutschen Bahn drängt sich umgehend die Frage auf, ob, wenn Reisezeiten als Arbeitszeiten im Sinne des § 87 Abs. 1 Nr. 2 BetrVG anzusehen sind, mit einer Zugverspätung die Anordnung von Überstunden i. S. v. § 87 Abs. 1 Nr. 3 BetrVG verbunden ist. Der für das Mitbestimmungsrecht erforderliche kollektive Tatbestand scheidet zwar nicht schon dann aus, wenn nur ein Arbeitnehmer betroffen ist[19], Voraussetzung bleibt aber ein Entscheidungsspielraum darüber, wer in welchem Umfang Überstunden zu leisten hat. Da sich die Verspätung zwingend erst nach Beginn der Dienstreise einstellt, ist dem Arbeitgeber jegliche Gestaltungsmöglichkeit entzogen (sofern es sich nicht um die deutsche Bahn handelt), womit auch das Mitbestimmungsrecht nach § 87 Abs. 1 Nr. 3 BetrVG ausscheidet.

6. Zusammenfassung

Mit dem Jubilar und entgegen der noch herrschenden Auffassung in Literatur und Rechtsprechung[20] sind Reisezeiten nach § 87 Abs. 1 Nr. 2 BetrVG Arbeitszeiten, die der Mitbestimmung des Betriebsrates unterliegen. Entsprechend der Erwartung an einen gewerkschaftlichen Juristen hat er eine Lösung vorgeschlagen. Und die ist überzeugend.

19 DKKW-*Klebe*, § 87 BetrVG Rn. 121.
20 Siehe Fn. 6 und 8.

Lohngerechtigkeit – eine konkrete Frage für die Rechtsgeschichte?

Prof. Dr. Thorsten Keiser, Universität Gießen

1. Lohngerechtigkeitsmodelle in der Rechtsordnung

Reflexionen über einen gerechten Arbeitslohn lassen sich seit der Antike auf verschiedenen Diskursebenen beobachten. Sucht man darin nach normativen Elementen, kann man meist ethisch-moralische Prinzipien ausmachen, wie Bedarfs-, Qualifikations-, Leistungs-, oder Marktgerechtigkeit.[1]
Lohngerechtigkeitsmodelle prägen aber auch konkrete juristische Entscheidungen. Sie beeinflussen etwa von der Gesetzgebung beeinflusste Rahmenbedingungen von Märkten, rechtfertigen die Intensität staatlicher Eingriffe oder sind mitprägend für gesellschaftsnahe Regulierungsformen. Sie können auch in dieser Form erforscht und im Hinblick auf ihre Folgen für die jeweilige Rechts- und Wirtschaftsordnung bewertet werden. Historische Erfahrungen, etwa mit bestimmten Ausprägungen von Tarifautonomie, Preisbindungen etc., könnten zudem als Orientierungswissen für die Gegenwart nutzbar gemacht werden. Lohngerechtigkeit ist also nicht nur eine philosophische Frage, die man als abstrakte Wertungsfrage im Hinblick auf Austauschgerechtigkeit in Arbeitsverhältnissen erörtern kann. Sie hat durchweg bestimmte historische Konkretisierungen im Rechtssystem erfahren. Eine rechtshistorische Aufarbeitung des Themas Lohngerechtigkeit scheint also nahe zu liegen. Hier wird der Frage nachgegangen, warum sie bislang noch nicht stattgefunden hat. Dazu wird zunächst ein Überblick über den Forschungsstand gegeben, wobei gleichzeitig bestimmte Schwerpunkte historischer und aktueller Lohngerechtigkeit-Debatten gekennzeichnet werden. In einem zweiten Schritt soll dann kurz ein möglicher rechtshistorischer Forschungsansatz skizziert werden.

---

1 Zu solchen Prinzipien als ethische Normen *Elisabeth Göbel*, Unternehmensethik, 3. Aufl., Konstanz 2013, S. 220 ff.

2. Mehr als nur Mindestlohn: Stand der Forschung

Relevant für den Forschungsstand ist zunächst eine Reihe von Studien, die sich dem Thema Lohngerechtigkeit explizit widmen. Sofern es sich um juristische Schriften handelt, fällt eine bestimmte Fokussierung auf:

Lohngerechtigkeit wird meist gleichgesetzt mit Mindestlohn[2] oder der Thematik der Entgeltgleichheit zwischen Männern und Frauen.[3] In den Mittelpunkt der Analyse rückt somit die aktuell-rechtspolitische Bewertung bestimmter Regulierungsmodelle. Historische Betrachtungen in diesem Bereich beschränken sich meist auf Vorgeschichten und greifen nicht weiter aus als bis in die Zeit nach dem Zweiten Weltkrieg.[4]

Gerechtigkeitserwägungen im weiteren Sinne spielen auch eine Rolle im juristischen Schrifttum, das sich mit Managervergütungen beschäftigt. Normativer Bezugspunkt sind hier die entsprechenden Vorschriften im Aktiengesetz (§ 87 AktG) über die Herabsetzung der Vorstandsvergütung.[5] Jedoch geht es hier primär um die »Angemessenheit« der Vergütung, welche einzelfallabhängig nach den Maßstäben des jeweils aktuellen Rechts und der aktuellen wirtschaftlichen Situation bestimmt wird. Eine Brücke zum Gerechtigkeitsdiskurs und zur Historie wird nicht geschlagen.

Geht man vom Schrifttum zum geltenden Recht aus, lassen sich zwar viele Anknüpfungspunkte zur historischen Vertiefung finden. Betrachtungen zum Thema Lohngerechtigkeit, ganz zu schweigen von historischen Analysen, finden sich jedoch kaum. Überraschend ist das nicht, denn das Recht des 20. Jahrhunderts hat anscheinend den gerechten Lohn in das Reich der philosophischen

---

2 Zuletzt die Beiträge einer Konferenz *Diethelm Klesczewski/Steffi Müller-Mezger/Frank Neuhaus* (Hrsg.), Mindestlohn (k-)ein gerechter Lohn?, Münster 2017; monographisch zuletzt *Martin Hejma*, Deutsche Wege zur Lohngerechtigkeit, Berlin 2016, S. 220ff. Zur Entwicklung des Mindestlohns in Frankreich *Achim Seifert*, Der salaire minimum interprofessionel de croissance (SMIC): Rechtliche Gestaltung und Erfahrung, in: *Richard Giesen, Abbo Junker, Volker Rieble*, Vorwort, in: dies Hrsg.), Mindestlohn als politische und rechtliche Herausforderung, München 2011, S. 75–102 (80).

3 Vgl. *Anna-Maria Jordan*, Entgeltdiskriminierung in Frauenberufen, München 2011.

4 Beim Mindestlohn bedeutet das z. B., dass Studien oft erst im Jahr 1952 ausführlicher ansetzen, wo mit dem Gesetz über die Mindestarbeitsbedingungen erste Schritte für eine politische, flächendeckende Lohnregulierung identifiziert werden. Siehe etwa *Anke Naujoks*, Die Rechtsformen gesetzlicher Mindestlöhne und ihre zivilrechtlichen Sanktionen, Baden-Baden 2010, S. 89–92. Die Rechtsgeschichte fehlt auch in dem philosophisch und theoretisch dominierten Tagungsband von 2017 (siehe Fn. 5) über Mindestlohn.

5 *Thorsten Keiser*, Die Herabsetzung von Managergehältern in der Krise als Organpflicht des Aufsichtsrats, RdA 2010, 280–287.

Ideale oder der politischen Wertungen verwiesen.[6] Das BGB scheint sich zurückzuziehen auf die »übliche Vergütung« (§ 612 BGB), das Tarifvertragsrecht auf die Aufstellung prozeduraler Regelungen zum Aushandeln eines Lohns, dessen Gerechtigkeit zwar prinzipiell nach eigenen Maßstäben zu beurteilen wäre, dennoch aber durch die bloße Möglichkeit kollektiver Rechtsgestaltung gewissermaßen indiziert ist.[7]
Dass es hier um eine neuere Entwicklung geht und das Verhältnis von Recht und Gerechtigkeit historisch eventuell anders bestimmt wurde, dass sich historisch eine Ausdifferenzierung von Gerechtigkeitskriterien in verschiedenen Rechtsbereichen beobachten lässt, macht den Reiz einer Studie zu diesem Thema aus. Umso erstaunlicher ist es, dass ein rechtshistorischer Forschungsstand zum Thema nicht existiert. Die Rechtsgeschichte der Lohngerechtigkeit wurde zwar gelegentlich thematisiert, etwa in Frankreich um 1900. Diese Ausführungen dienten jedoch lediglich als Vorgeschichte und Legitimationskontext eines zeitgenössischen Arbeitsvergütungsrechts, de lege lata oder de lege ferenda.[8] Entstanden sind die Geschichtsbetrachtungen im Rahmen einer Suchbewegung nach dem »juste salaire«, die historische Argumente entwickelte, um die in der zweiten Hälfte des 19. Jahrhundert formulierte »soziale Frage« zu beantworten. Antworten suchte man vor allem in der scholastischen Literatur des Spätmittelalters, spannte aber auch den Bogen zur gegenwärtigen Gesetzgebung. Solche Studien sind wegen ihrer klaren Verortung in einem bestimmten, nun ebenfalls historisch relevanten Kontext (d.h. der Zeit um 1900) eher den Quellen zuzurechnen.

3. Philosophische Ansätze zur Lohngerechtigkeit

Ein anderes Bild ergibt sich auf Seiten der Rechtsphilosophie. Gängige Sammelwerke zur Rechtsphilosophie behandeln das Thema des Arbeitslohns im Zusammenhang mit allgemeinen philosophischen Gerechtigkeitserwägungen.[9] Sie bie-

---

6 Vgl. dazu die Reflexion von *Alfred Hueck*, Der gerechte Lohn in arbeitsrechtlicher Sicht, in: Th. Heckel (Hrsg.), Der gerechte Lohn. Vorträge gehalten auf der Tagung evangelischer Juristen 1963, München 1963, S. 18–33 (19).

7 Signifikant zur Assoziation von kollektiver Rechtsgestaltung und Gerechtigkeit im Arbeitsrecht *Konrad Grillberger*, Arbeitsrecht und Gerechtigkeit, in: M. Beck-Mannagetta/H. Böhm/G. Graf (Hrsg.), Der Gerechtigkeitsanspruch des Rechts, Festschrift für Theo Mayer-Maly zum 65. Geburtstag, Wien-New York 1996, S. 257–274 (263ff.).

8 *Georges Tixier*, L'idée du juste salaire. En droit Francais Contemporain, Paris 1909.

9 Als jüngste Beispiele aus der Lehrbuchliteratur zu Gerechtigkeitstheorien allgemein etwa *Matthias Mahlmann*, Rechtsphilosophie und Rechtstheorie, 4. Aufl., Baden-Baden 2017,

ten wichtige Orientierung bei der Erarbeitung überzeitlicher Kategorien für die historische Analyse.[10] Schnittmengen zur Rechtsphilosophie weist die Wirtschaftsethik auf,[11] die oft in populärwissenschaftlicher Form erscheint, wobei ein christlich-theologischer Rahmen nicht selten ist.[12] Andere Studien wiederum sind explizit wirtschaftswissenschaftlich und im Bereich der empirischen Sozialforschung angesiedelt.[13] Solche Forschungen aus anderen Disziplinen schärfen ein analytisches Sensorium für Prinzipien der Lohngerechtigkeit, welche möglicherweise nur implizit normative Muster mitgeprägt haben.

4. Forschungsansatz: Verbindung von Rechtsgeschichte und Rechtsphilosophie

Wenn der Befund also feststeht, dass es einen philosophischen, aber keinen historischen Forschungsstand zum Thema gibt, sind Lösungsansätze in der Verbindung beider Disziplinen zu sehen. Dabei kann von abstrakten Erörterungen ausgegangen werden. In einem nächsten Schritt kann dann das Lohngerechtigkeitsthema konkret in Bezug auf normativ typisierte Rollenbilder (Gesellen, Lehrlinge, Fabrikarbeiter, Landarbeiter etc.) reflektiert werden. Auf der anderen Seite kann von rechthistorischen Diskursebenen ausgegangen werden, um dann die Statusverhältnisse arbeitender Menschen in den Blick zu nehmen. Als Quellengattung besonders interessant erscheint die scholastische Literatur des Mittelalters. Hier waren Recht, Philosophie, Moral und Theologie noch nicht eindeutig voneinander getrennt. Es findet sich also ein reichhaltiger Fundus von Wertungen, die Arbeitsverhältnisse unabhängig von modernen juristischen Kategorien wie »Dienstvertrag« reflektieren. Besonders diese Literaturgattung kann den Blick für branchen- oder rollenspezifische Gerechtigkeitsmuster schärfen, die in

---

S. 188ff.; mit speziellem Bezug zur Lohngerechtigkeit *Karl Engisch*, Auf der Suche nach der Gerechtigkeit. Hauptthemen der Rechtsphilosophie, München 1971, S. 166ff. und Bernd Rüthers/Christian Fischer, Rechtstheorie, 5. Aufl. München 2010, S. 238ff.

10 Genauer zur Methodik unten 2.2.1.

11 Ein Beispiel wirtschaftswissenschaftlicher Ethik findet sich bei *Ulrich van Suntum*, Die unsichtbare Hand. Ökonomisches Denken gestern und heute, 4. Aufl., Heidelberg-New York, 2011, S. 53ff., auch mit Verweis auf Kapitaltheorie.

12 So Oswald von *Nell-Breuning*, Kapitalismus und gerechter Lohn, Freiburg 1960. Zu Prinzipien der Lohngerechtigkeit aus Sicht eines auf die Gegenwart bezogenen Naturrechts Johannes Messner, Das Naturrecht. Handbuch der Gesellschaftsethik, Staatsethik und Wirtschaftsethik, 7. Aufl., Berlin 1984, S. 1038–1056.

13 Z.B. mit Bezug auf die Verhältnisse in England *Wilhelm Baldamus*, Der gerechte Lohn. Eine industriesoziologische Analyse, Berlin 1960.

vertikaler und horizontaler Perspektive vergleichbar sind. Der Vorteil bei dieser Vorgehensweise liegt in der Abstraktionsleistung: Wenn man konkrete historische Situationen im Blick hat (etwa die Lage der Gesellen im alten Handwerk, die Lage des Gesinde im 19. Jahrhundert), diese aber gleichzeitig auf normative Kriterien und Maßstäbe zeitgenössischer Gerechtigkeitsdebatten, wie Billigkeit, Sittlichkeit, Gleichheit, soziale Gerechtigkeit etc. untersucht, lassen sich am historischen Anschauungsbeispiel Probleme erfahrbar machen, die sich auch in anderen Epochen oder in der Gegenwart ähnlich stellten. So kann die Rechtsgeschichte auch zu aktuellen Debatten über Arbeit und Soziales Beiträge leisten.

As time goes by

Ulrich Koch, Vorsitzender Richter am Bundesarbeitsgericht

Nein, die folgenden Zeilen sollen *Thomas Klebe* nicht mit dem *(jedenfalls uns Älteren)* bekannten Musical-Song von Herman Hupfeld aus dem Film-Klassiker »Casablanca« in Verbindung bringen. »Time« spielt – und nur darum geht es in den folgenden wenigen Zeilen, die uns Autoren von den Herausgebern zugebilligt worden sind – auch im Arbeitsrecht eine bedeutende Rolle, insbesondere bei Fragen der Verjährung und beim Eingreifen von Ausschlussfristen.

Thomas Klebe und mich verbindet (auch) unsere gemeinsame Tätigkeit als Mitglieder des Ersten Senat des Bundesarbeitsgerichts. Wir haben erstmals am 22. September 2009 – einem wunderschönen und sonnigen Herbsttag – gemeinsam auf der Richterbank Platz genommen. Der Erste Senat hatte an diesem Tag drei Revisionsverfahren zu verhandeln. Neben einer »Brot und Butter«-Sozialplanauslegung[1] ging es im zweiten Verfahren um die Rechtmäßigkeit einer streikbegleitenden »Flashmob-Aktion« im Einzelhandel, die von einer im Deutschen Gewerkschaftsbund organisierten Dienstleistungsgewerkschaft initiiert wurde. Der Erste Senat hat die Unterlassungsklage des Arbeitgeberverbands, mit der dieser vergleichbare Aktionen zukünftig unterbinden lassen wollte, abgewiesen. Über sein in dieser Sache ergangenes Urteil[2] ist nahezu von *»allen«* *»fast alles«* in Aufsatz- oder Beitragsform veröffentlicht worden, so dass an dieser Stelle keine Veranlassung besteht, dem noch etwas hinzuzufügen.

Publizistisch nicht (und schon gar nicht medial) wahrgenommen wurde die dritte an diesem Tag ergangene Entscheidung des Ersten Senats.[3] In dieser ging es um einen Sozialplananspruch einer bei einem bayrischen Busunternehmen beschäftigten Sachbearbeiterin. Diese hatte zunächst gegen die Kündigung geklagt, ihre Kündigungsschutzklage aber noch während des Verfahrens vor dem Arbeitsgericht zurückgenommen. Im Arbeitsvertrag dieser Angestellten war u. a. die Geltung des MTV für alle »arbeiterrentenversicherungspflichtigen Arbeitnehmer des privaten Omnibusgewerbes in Bayern« vereinbart. Nach dessen § 17

1 1 AZR 316/08.
2 1 AZR 635/08.
3 1 AZR 635/08.

Nr. 2 Satz 1 erlöschen Ansprüche von oder gegen ausgeschiedene Arbeitnehmer beiderseits einen Monat nach Beendigung des Arbeitsverhältnisses, sofern sie nicht vorher schriftlich geltend gemacht worden sind. Die Parteien stritten darüber, ob der Sozialplananspruch von der Klägerin fristgerecht geltend gemacht worden war. Der Erste Senat legte den Sozialplan dahingehend aus, dass der Abfindungsanspruch erst mit der wirksamen Rücknahme der Kündigungsschutzklage fällig war. Die so berechnete Monatsfrist hatte die Klägerin unstreitig gewahrt, sodass ihre Zahlungsklage auch letztinstanzlich erfolgreich war.
Der Erste Senat musste daher nicht entscheiden, ob durch die unvollständige Inbezugnahme eines nicht einschlägigen Tarifvertrags eine einmonatige Ausschlussfrist wirksam vereinbart werden kann. Nach § 77 Abs. 4 Satz 4 Hs. 1 BetrVG sind Ausschlussfristen für die Geltendmachung von Rechten aus einer Betriebsvereinbarung nur insoweit zulässig, als sie in einem Tarifvertrag oder einer Betriebsvereinbarung vereinbart werden. Nach der Rechtsprechung des Ersten Senats sind als tarifliche Ausschlussfristen nicht nur solche anzusehen, deren Geltung auf beiderseitiger Tarifgebundenheit gem. § 3 Abs. 1, § 4 Abs. 1 TVG beruht. Auch bei einer einzelvertraglichen Bezugnahme auf den Tarifvertrag könne die Ausschlussfrist iSv. § 77 Abs. 4 Satz 4 BetrVG »in einem Tarifvertrag« vereinbart sein. Der Erste Senat hat dies – unabhängig von der Tarifbindung des Arbeitgebers – dann angenommen, wenn der Tarifvertrag einzelvertraglich insgesamt in Bezug genommen war, weil in diesem Fall davon auszugehen sei, dass die beiderseitigen Interessen durch die tarifvertragliche Regelung angemessen und ausgewogen berücksichtigt sind. Er hat offen gelassen, ob diese Auslegung des § 77 Abs. 4 Satz 4 BetrVG auch bei einer auf die tarifliche Ausschlussfrist beschränkten einzelvertraglichen Bezugnahme gilt.[4]
Nach meinem Dafürhalten ist allerdings fraglich, ob auch bei nur einzelvertraglicher Inbezugnahme eines Tarifvertrags die in ihm enthaltenen Ausschlussfristen Ansprüche aus Betriebsvereinbarungen erfassen können. Vorrangiger Ausgangspunkt muss die Auslegung des Begriffs »Tarifvertrag« in § 77 Abs. 4 Satz 4 BetrVG sein. Die »angemessene und ausgewogene Berücksichtigung der beiderseitigen Interessen« ist als Auslegungsmerkmal dafür schwerlich von Bedeutung. Vielmehr ist die Hierarchie der Rechtsquellen maßgeblich. Dass Verfallfristen eines (einschlägigen) Tarifvertrags Ansprüche aus Betriebsvereinbarungen erfassen können, steht für den Fall seiner normativen Geltung kraft beiderseitiger Tarifgebundenheit *(§ 3 Abs. 1, § 4 Abs. 1 TVG)* oder Allgemeinverbindlicherklärung *(§ 5 Abs. 1 TVG)* außer Frage. Hingegen können einzelvertraglich vereinbarte Ausschlussfristen schon nach dem Wortlaut von § 77 Abs. 4 Satz 4 BetrVG Ansprüche aus Betriebsvereinbarungen nicht erfassen. Die Gleichstellung der bei-

4 BAG 27.1.2004 – 1 AZR 148/03 – zu III 1 der Gründe, BAGE 109, 244.

den Rechtsquellen *(Tarifvertrag/Betriebsvereinbarung)* im Wortlaut der vorgenannten Norm spricht dafür, dass es sich in beiden Fällen um eine normativ geltende Rechtsquelle handeln muss, in der die Ausschlussfrist enthalten ist. Für die Beschränkung auf normativ geltende Ausschlussfristen spricht die vergleichbare Regelung über das Verhältnis von tariflichen Rechten und Ausschlussfristen in § 4 Abs. 4 Satz 3 TVG. Danach können Ausschlussfristen für die Geltendmachung tariflicher Rechte nur im Tarifvertrag vereinbart werden. Der Wortlaut von § 4 Abs. 4 Satz 3 TVG ist insoweit mit § 77 Abs. 4 Satz 4 BetrVG identisch *(»… in einem Tarifvertrag … vereinbart werden«)*. Der Gesetzgeber hat im BetrVG auch keine Gleichstellungsmöglichkeit von vertraglichen Abreden mit Regelungen in einem Tarifvertrag durch eine individualrechtliche Vereinbarung vorgesehen. Dafür, dass ihm diese Regelungsoption auch bereits im Jahr 1972 bekannt war, spricht § 622 Abs. 3 BGB idF. 14. August 1969.[5] Für die Auslegung des § 77 Abs. 4 Satz 4 BetrVG iS. einer jedweden Erstreckung auf arbeitsvertragliche Inbezugnahmen spricht schließlich nicht der Zweck der Verweisungsklausel. Diese bewirkt eine Gleichstellung zwischen tarifgebundenen und nicht-/andersorganisierten Arbeitnehmern in Bezug auf die Rechte und Pflichten aus dem in Bezug genommenen Tarifwerk. Ansprüche aus Betriebsvereinbarungen werden von ihr nicht erfasst.

Von dieser, auf den Geltungsgrund der Rechtsquelle, in der die Ausschlussfrist enthalten ist, abstellenden Sichtweise muss zur Vermeidung von Wertungswidersprüchen nur dann eine Ausnahme gelten, wenn der Arbeitgeber tarifgebunden ist und die Arbeitsvertragsparteien den einschlägigen Tarifvertrag insgesamt in Bezug genommen haben. Nur so kann eine ansonsten nicht zu rechtfertigende Ungleichbehandlung zwischen tarifgebundenen und anders-/nichtorganisierten Arbeitnehmern vermieden werden. Gölte eine im Tarifvertrag enthaltene Ausschlussfrist nur für die tarifgebundenen Arbeitnehmer, würden die sich aus Betriebsvereinbarungen ergebenden Ansprüche durch die Ausschlussfrist im Tarifvertrag zeitlich begrenzt, während dies bei der anderen Arbeitnehmergruppe nicht der Fall wäre. Ist der Arbeitgeber hingegen nicht tarifgebunden, gilt der Tarifvertrag nicht normativ, sofern nicht die Voraussetzungen des § 5 Abs. 1 TVG vorliegen. Etwaige Ausschlussfristen finden stets nur kraft einzelvertraglicher Bezugnahme Anwendung. Eine Ungleichbehandlung »wegen der Tarifgebundenheit« kann hier angesichts der fehlenden normativen Bindung des Arbeitgebers an einen Tarifvertrag nicht eintreten. Die nur einzelvertraglich vereinbarte Ausschlussfrist kann sich in diesem Fall nicht gegen einen Anspruch aus einer Be-

5 *»[3] Kürzere als die in den Absätzen 1 und 2 genannten Kündigungsfristen können durch Tarifvertrag vereinbart werden. Im Geltungsbereich eines solchen Tarifvertrages gelten die abweichenden tarifvertraglichen Bestimmungen zwischen nicht tarifgebundenen Arbeitgebern und Arbeitnehmern, wenn ihre Anwendung zwischen ihnen vereinbart ist.«*

triebsvereinbarung durchsetzen. Akzeptiert man, dass Ansprüche aus Betriebsvereinbarungen nicht einzelvertraglich vereinbarten Ausschlussfristen unterfallen können, ist es deshalb ohne Bedeutung, ob der gesamte Tarifvertrag arbeitsvertraglich in Bezug genommen wird oder nur einzelne Teile.

Folgt man indes der vom Ersten Senat vertretenen Auffassung und stellt auf *die »angemessene und ausgewogene Berücksichtigung der beiderseitigen Interessen«* ab, liegen die (kaum lösbaren) Folgeprobleme auf der Hand. Dies würde die Frage aufwerfen, »wie viel Tarifvertrag darf/muss es denn sein?«. Reicht es bereits aus, wenn die Ausschlussfrist inhaltlich übereinstimmend, aber in redaktionell geänderter Form im Arbeitsvertrag enthalten ist? Muss sie nicht zumindest im Wortlaut mit der tariflichen Zeitbestimmung übereinstimmen? Oder ist auf sie im Arbeitsvertrag konkret Bezug zu nehmen? Muss es vielleicht nicht doch etwas mehr »Tarifvertrag« sein? Aber wie viel mehr? Eine Übernahme von »Sachgruppen« eines Tarifvertrags kann das Gesetz nicht meinen, da ein Nebeneinander von tariflichen und betrieblichen Reglungen (auch) vom Gesetzgeber des BetrVG 1972 eher nicht gewollt ist. Müssen dann »wesentliche« oder »gewichtige« Teile des Tarifvertrags arbeitsvertraglich vereinbart worden sein? Aber auch diese Sichtweise scheint in eine Sackgasse zu weisen, wie sollten solche Anforderungen denn rechtssicher zu bestimmen sein? Die Merkmale »überwiegende« bzw. »nahezu vollständige« Übernahme des Tarifinhalts sind dazu kaum besser geeignet. Stellt man wie der Erste Senat zudem auf die »angemessene und ausgewogene Berücksichtigung der beiderseitigen Interessen« ab, dürfte auch die Inbezugnahme eines nicht einschlägigen Tarifvertrags nicht ausreichen? Insoweit unterscheiden sich die beiden Ansätze nicht: ein nicht einschlägiger Tarifvertrag kann nie ein solcher iSd. § 77 Abs. 4 Satz 4 BetrVG sein; denn selbst bei beiderseitiger Tarifgebundenheit gilt der »fremde« Tarifvertrag nicht in dem betreffenden Arbeitsverhältnis.

Hätte der Erste Senat die vorliegend vertretene Sichtweise in seiner Entscheidung vom 22. September 2009 vertreten, das Ergebnis wäre kein anderes gewesen. Der Sozialplananspruch der Klägerin wäre – unabhängig von seiner Fälligkeit – nicht verfallen. Der MTV hat wegen der fehlenden Tarifbindung ihres Arbeitgebers nur einzelvertraglich gegolten und wäre kein Tarifvertrag iSd. § 77 Abs. 4 Satz 4 BetrVG. Überdies war die Klägerin nicht von seinem persönlichen Geltungsbereich erfasst, denn dieser erstreckt sich nur auf »gewerbliche Arbeitnehmer«.

Und damit bin ich auch schon am Ende meines Beitrages. Ich danke *Thomas Klebe* noch einmal ganz herzlich für unsere gemeinsame Zeit im Ersten Senat und die vielen Begegnungen an anderer Stelle, die aus meiner Sicht aber stets dadurch gekennzeichnet waren, dass ihnen eines fehlte. Zeit (Time). Aber: »*We'll always have Erfurt*«.

Wissenschaft: unabhängig und gesellschaftlich relevant?

Prof. Dr. Eva Kocher, Europa-Universität Viadrina, Frankfurt (Oder)

Wer im institutionellen Kontext der IG Metall erfolgreich ein Institut gründet und leitet, das »Raum für […] arbeits- und sozialrechtliche Forschung« bieten soll, schätzt es offensichtlich, wenn Arbeitsrecht als Forschung, also als Wissenschaft betrieben wird. Aber welchen Mehrwert bringt es denn für gewerkschaftliche Akteure, nicht Berater*innen, sondern Forscher*innen zu beauftragen? Suchen solche Auftraggeber unabhängige Wahrheit statt eigener Vorteile? Jedenfalls müssen sie vorsichtig agieren: Die Beauftragung gefährdet die glaubwürdige Darstellung von Unabhängigkeit durch die Beauftragten – die doch wohl gerade Grund für den Auftrag ist. Das Hugo Sinzheimer Institut (HSI) ist Teil eines Spiels, über dessen Regeln dieser Text nachdenkt.

1. Wer braucht sie?

Wissenschaft ist teuer. Wozu sollte man sich das leisten? Und wozu braucht eine Gewerkschaft die (Rechts-)Wissenschaft? Offensichtlich wird Wissenschaft vielseitig genutzt: »Wissenschaftler und Wissenschaftlerinnen [sind] kraft ihrer Expertise […] maßgeblich in die Entscheidungsprozesse von Legislative, Exekutive und Jurisdiktion eingebunden.«[1] Das beantwortet aber noch nicht die Frage, weshalb Wissenschaftler*innen in Entscheidungsprozesse eingebunden werden *sollten*. Sind sie nicht im Elfenbeinturm viel besser aufgehoben? Aber weshalb sollte die Gesellschaft sich einen Elfenbeinturm leisten wollen?

Nun: Der gesellschaftliche Wert der Wissenschaft liegt gerade in ihrer Unabhängigkeit bzw. Unparteilichkeit: »Die Gesellschaft vertraut zu Recht auf die Unparteilichkeit des wissenschaftlichen Urteils.«[2] Oder, in den Worten des Wissenschaftsforschers Jürgen Mittelstraß: »Die Theorie der Universität hat stets etwas

1 DHV, Resolution vom 20.3.2012, https://www.hochschulverband.de/1498.html#_ (Abruf 8.1.2018).

2 DHV (Fn. 1).

mit der Durchsetzung wissenschaftlicher Universalität gegenüber gesellschaftlichen Partikularitäten zu tun.«[3] Also: Überall anders werden irgendwelche Partikularinteressen vertreten; nur in der Wissenschaft und an den Gerichten hat man von Berufs wegen frei davon zu sein.[4] Wir haben es also mit einem gesellschaftlichen Mechanismus zur Reduktion von Komplexität zu tun: Die Gesellschaft schreibt der Wissenschaft Unabhängigkeit zu und bekommt dafür die Möglichkeit, sich auf Erkenntnisse zu beziehen, die vertrauenswürdig und wahr sind – oder zumindest ein »*nach Inhalt und Form [...] ernsthafter planmäßiger Versuch der Wahrheitsermittlung*«.[5]

Es bringt gesellschaftlichen Akteur*innen also mindestens in zweifacher Hinsicht Vorteile, auf wissenschaftliche Erkenntnisse verweisen zu können: Erstens kann man etwas lernen. Zweitens erhält man etwas, das von der Aura der Universalität und Wahrheit umkleidet ist und so über dem täglichen Meinungskampf steht. Für beide Ziele mag es sinnvoll sein, wenn gesellschaftliche Akteure Forschungsinstitute gründen oder Forschungsaufträge vergeben, die ihnen bei der Beantwortung eigener Fragen oder der gesellschaftlichen Kommunikation eigener Positionen helfen – kann man doch nie sicher sein, dass unabhängige Wissenschaft im Elfenbeinturm von selbst auf die Fragen stößt, die man für relevant hält.

Die Hans-Böckler-Stiftung (HBS) formuliert diese handlungsorientierte Zielsetzung sehr deutlich: »*Um für die Gestaltung einer fairen Arbeitswelt eintreten zu können, benötigen gesellschaftliche und politische Akteure Argumente, die auf wissenschaftlich belastbaren Fakten beruhen.*« Dem schließt sich das HSI an: Es »*behandelt [...] aktuelle, für Arbeitnehmer, Gewerkschaften sowie Betriebs- und Personalräte praktisch wichtige Themen. Es leistet einen aktiven Beitrag zu den rechtspolitischen Debatten rund um Fragen des Arbeits- und Sozialrechts [...].*« Im Vergleich mit diesen Aussagen äußert sich das Institut der deutschen Wirtschaft (IW) Köln deutlich zurückhaltender, aber ebenfalls mit einem handlungsorientierten Interesse: »*Entscheidend ist, ob und wie ein wissenschaftlicher Ansatz bei der Suche nach handlungsrelevanter Erkenntnis weiterführt.*«[6]

---

3 *Mittelstraß*, Wissenschaft als Lebensform, 1982, Vorwort, S. 7.

4 Dies ist die normative Ebene; zur empirischen Ebene siehe unten 5.

5 Vgl. BVerfG 29.5.1973, BVerfGE 35, 79, 113: »Bemühen um Wahrheit als ›etwas noch nicht ganz Gefundenes und nie ganz Aufzufindendes‹ (Wilhelm von Humboldt).«

6 Alle Zitate stammen von den Homepages der Institute (Stand Mitte Januar 2018).

2. Wodurch ist sie bedroht?

Diese Handlungsorientierung stellt eine Gefahr für die wissenschaftliche Unabhängigkeit dar. Jürgen Mittelstraß meinte bereits 1982, dass »unter dem Paradigma technischer Rationalität [...] kritische und Orientierungspotenziale [degenerieren]«.[7] Wissenschaftsorganisationen beschreiben die Gefahren konkreter: »Solange Einwerbungserfolge bei Drittmitteln reputations- bzw. karrierefördernd wirken, finanziell belohnt werden und sich immer mehr zum Fetisch und zur Währung des Wissenschaftsbetriebs entwickeln, wächst die Gefahr sachfremder Einflüsse auf die Wissenschaft.«[8] Aus dieser Perspektive spielt es also auch keine Rolle, ob Wirtschaftsvertreter*innen gezielt Einfluss auf die Forschung nehmen wollen oder Gewerkschaften nach Handlungsorientierung suchen. Die Gefahren bestehen an allen Institutionen, an denen Wissenschaft betrieben wird – auch an staatlichen Universitäten.[9]
Die Rechtswissenschaft ist diesen Gefahren besonders ausgesetzt, denn: »*Die Rechtswissenschaft gehört wie die Theologie und die Medizin zu den sogenannten Professionsfakultäten. Als akademische Fächer kennzeichnet sie eine enge Theorie-Praxis-Verklammerung, durch die sie als Teil des Wissenschaftssystems zugleich in besonderer Weise auch an das betreffende gesellschaftliche Teilsystem gekoppelt sind.*«[10] Der Deutsche Juristen-Fakultätentag findet: »*Einflüsse und Einflussnahmeversuche auf den Meinungsbildungsprozess in der Rechtswissenschaft als einer auf Wertungen aufbauenden Wissenschaft [sind] normal*«.[11]
Dennoch beansprucht die Rechtswissenschaft, eine akademische Disziplin zu sein, d. h., nach rational überprüfbaren Verfahren vorzugehen, um mit Hilfe bestimmter Denkmethoden und auf der Grundlage eines bestimmten Kenntnisstandes geordnete Erkenntnisse zu gewinnen. Immerhin: Rechtswissenschaftler*innen stehen nicht unter Entscheidungsdruck und müssen deshalb auch nicht die Verantwortung für irgendwelche Folgen ihrer Erkenntnisse übernehmen. Die Freiheit von solchen gesellschaftlichen Anforderungen ist eine wichtige

---

7 *Mittelstraß* (Fn. 3), S. 7.

8 DHV (Fn. 1); vgl. auch DFG, Sicherung guter wissenschaftlicher Praxis. Denkschrift 2013, S. 31.

9 *Fischer-Lescano*, Ironie der Autonomie. Die Rechtswissenschaft im Pakt mit der ökonomischen Macht, KJ 2014, 414 ff.

10 Wissenschaftsrat, Perspektiven der Rechtswissenschaft in Deutschland, 2012, Drs. 2558-12.

11 Empfehlungen des Deutschen Juristen-Fakultätentages zur wissenschaftlichen Redlichkeit bei der Erstellung rechtswissenschaftlicher Texte, Beschluss II/92. DJFT; siehe auch Leitsätze Gute wissenschaftliche Praxis im öffentlichen Recht, Beschluss der Vereinigung der Deutschen Staatsrechtslehrer vom 3. 10. 2012, Nr. 47.

institutionelle Voraussetzung für Unabhängigkeit, Freiheit und damit für Wissenschaft.

Die Förderung von Rechtswissenschaft zum Zwecke der Handlungsorientierung wird damit zu einem Paradox. Sie beruht auf Voraussetzungen, die sie selbst zu unterminieren droht. Wer Wissenschaft nutzen will, ohne sie zu korrumpieren (d.h.: durch den Einfluss von Partikularinteressen zu verderben), wird die Voraussetzungen, auf denen Wissenschaft beruht, aktiv schützen müssen – »Unabhängigkeit« muss also gewährleistet werden. Aber wie soll das gehen?

3. Was ist das überhaupt: wissenschaftliche Unabhängigkeit?

Über die Praxis guter Wissenschaft wurde vor einigen Jahren anlässlich der »Guttenberg«- und »Vroniplag«-Skandale intensiv diskutiert.[12] Unabhängigkeit ist dabei allerdings nur selten ein Thema gewesen. Da der Dachverband wissenschaftlicher Gesellschaften der Agrar-, Forst-, Ernährungs-, Veterinär- und Umweltforschung (DAF) schon 2004 ein Papier zum Thema verabschiedet hat, sei dieses exemplarisch erwähnt; es benennt insbesondere Handlungsfelder des Wissenschaftsbetriebs, auf denen Unabhängigkeit von Bedeutung sei:[13]

(1) Schlussfolgerungen/wissenschaftliche Erkenntnisse (»Ergebnisoffenheit«);
(2) Methodenwahl;
(3) Wahl des Forschungsthemas;
(4) Publikation von Methoden und Ergebnissen;
(5) Berufungen.

HBS, WSI, HSI wollen die Wahl von Forschungsthemen nicht ganz der wissenschaftlichen Eigendynamik überlassen. Ob sie aber darüber hinaus Wissenschaft ergebnisoffen fördern wollen, dazu äußern sie sich allenfalls implizit. Zumindest indirekt werden Zielsetzungen angedeutet: Es gehe um die »Gestaltung einer fairen Arbeitswelt« – während das IW sich zu einem Verständnis bekennt, wonach »offene, freiheitliche und demokratische Gesellschaften nach einer freiheitlichen und wettbewerbsorientierten Wirtschaftsordnung [verlangen], die Selbstverantwortung wie Mitverantwortung zu ihren konstitutiven Elementen zählt.«

Allerdings scheint sich das IW des Paradoxes einer Wissenschaftsförderung zugunsten von Partikularinteressen deutlicher bewusst zu sein. Es bekennt sich auf

12 Siehe z.B. den Überblick im Anhang (S. 46 ff) des Positionspapiers des Wissenschaftsrats »Empfehlungen zu wissenschaftlicher Integrität« vom 24.4.2015, Drs. 4609-15.

13 DAF, Positionspapier »wissenschaftliche Unabhängigkeit« vom 15.12.2004; siehe auch BVerfGE 35, 79, 113f.

seiner Website zu einer wissenschaftlichen Arbeit, die »*unabhängig, lösungsorientiert und gesellschaftlich relevant, methodisch offen und interdisziplinär angelegt*« ist. Auch das Münchener Zentrum für Arbeitsbeziehungen und Arbeitsrecht (ZAAR), das hinsichtlich seiner normativen Ziele sehr deutlich wird, kompensiert dies mit einem ausführlichen Statement zur wissenschaftlichen Unabhängigkeit: Einerseits heißt es dort, das Arbeitsrecht solle »*seiner wirklichen Bedeutung entsprechend und vor dem Hintergrund der ökonomischen Folgenanalyse ordnungspolitisch strukturiert werden*«; andererseits: »*Die wissenschaftliche Unabhängigkeit des Zentrums für Arbeitsbeziehungen und Arbeitsrecht basiert auf drei Säulen: Individuelle Unabhängigkeit, organisatorische Unabhängigkeit und finanzielle Unabhängigkeit.*«

4. Wie wird Unabhängigkeit organisiert?

Damit wird auf finanzielle und organisationale Grundlagen verwiesen, was im Prinzip herkömmlichen Ansätzen entspricht, also erst einmal eine gute Idee ist. Es gilt allgemein für eine Voraussetzung von (wissenschaftlicher) Freiheit und Autonomie, wenn finanzielle Sicherheiten unbefristet und bedingungslos gewährleistet werden, und wenn die Forschenden die institutionelle Herrschaft und Kontrolle über Themen, Methoden, Ergebnisse und Kommunikation haben. In der Drittmittelvergabe ließe sich solches durch vertragliche Gestaltungen zumindest teilweise herstellen.

Aber da ist ja noch die persönliche Seite: Auch »wissenschaftliche Unabhängigkeit« scheitert – genau wie andere normative Versprechungen[14] – fast notwendig immer wieder an der gesellschaftlichen Wirklichkeit.[15] Der Mensch ist auch Körper. Kommunikation, die Gesellschaft herstellt, ist an Körper gebunden, und diese sind gesellschaftlich konstituiert, d.h. durch Erfahrungen geprägt, bzw. durch die Art und Weise, wie Erfahrungen erlebt und (gesellschaftlich) bewertet werden. Das macht es für alle so schwer, von den je eigenen persönlichen Erfahrungen, politischen Überzeugungen, sozialen Zugehörigkeiten und wirtschaftlichen Verhältnissen abzusehen – ganz abgesehen von den gewollten institutionellen Einbindungen und Rollenzuweisungen.

Im Wissenschaftssystem werden solche Widersprüche – oder gar Machtprozesse – in der Regel nicht thematisiert; Selbstreflexivität wird als gefährlich abgewehrt. Allenfalls im Zusammenhang mit Drittmitteln – im Zusammenhang mit

14 Siehe z.B. *Kocher*, »Rechtssoziologie«, in: Rechtswissenschaft 2/2017, S. 153 ff für die Rechtspraxis.

15 *Bourdieu*, Homo Academicus, deutsch 1988.

nicht unbefristet und nicht bedingungslos gewährten Geldern – hält man wissenschaftsfremde Einflüsse öffentlich für möglich. Man meint aber, eine recht simple Lösung für dieses Problem gefunden zu haben: Transparenz! Die Staatsrechtslehrer meinen: »*Wenn aus Gutachten [...] Publikationen hervorgehen, ist die Beziehung zu einem Auftraggeber in einer Fußnote offenzulegen. [...] Interessenkonflikte, die die Besorgnis der Befangenheit begründen können, sind offenzulegen.*«[16]
Das heißt: Die Selbststeuerung des Wissenschaftsbetriebs wird es schon richten.

5. Über die Macht, Unabhängigkeit zuzuweisen

Diese Selbststeuerung funktioniert aber über Reputation. Das Reputationssystem der Wissenschaft entscheidet darüber, ob etwas hinreichend unabhängig und »wahr« ist, um Anerkennung zu finden. Unabhängigkeit wird zugeschrieben – durch die epistemische Gruppe des jeweiligen Wissenschaftszusammenhangs, durch die soziale »Community« der Rechtswissenschaftler*innen. Man erkennt sich gegenseitig im Habitus, der Zugehörigkeit markiert; die Darstellung und Inszenierung von Unabhängigkeit ist ein Aspekt eines eingeübten Habitus.
Ein geheimnisvoller Mechanismus. Er muss geheimnisvoll bleiben, denn im Habitus wirken zwar gesellschaftliche Machtverhältnisse; sie bleiben aber den Beteiligten verborgen, solange diese sie und sich nicht reflektieren (und sich damit weigern, ihre eigene Position im Wissenschaftssystem in Frage zu stellen). Selbstreflexivität ist typischerweise eine soziale Praxis von Außenseiter*innen, die sich fragen, was sie zu Außenseiter*innen macht. Alle anderen wissen intuitiv, vermittelt durch den Habitus, wer dazugehört (und unabhängig ist) – und wer gewerkschaftsnah und damit nicht unabhängig ist. Und wer ahnt, dass die sozialen Machtverhältnisse, die im Wissenschaftssystem untergründig wirken, eine enge Verbindung zu den Machtverhältnissen in der Arbeits- und Wirtschaftsordnung aufweisen, wird sich nicht wundern, wenn vor allem solche Positionen als Bedrohung für die wissenschaftliche Unabhängigkeit gelten, die als machtkritisch oder auch nur »gewerkschaftsnah« markiert werden.
Das HSI spielt also mit – es macht jedoch nicht die Regeln. Ob man es schon als Distanzierung von den Regeln lesen darf, dass es sein Wissenschaftsverständnis nicht öffentlich reflektiert? Oder bleibt das Institut bewusst eher am Rande des Spielfelds – in der Hoffnung, nicht aufzufallen? Das wäre allerdings schade. Sol-

16 Nrn. 47 und 48 des Positionspapiers von 2012 (Fn. 11); vgl. DJFT, Beschluss II/92. DJFT (Fn. 11).

che Institute bieten doch wichtige Chancen, die Wissenschaft mit ihren eigenen Paradoxien zu konfrontieren – indem sie zu zeigen versuchen, wie Kollisionen von wissenschaftlichen, gesellschaftlichen und ökonomischen Rationalitäten produktiv gewendet werden können, wie Prozesse der Selbstreflexion also organisiert werden könnten.[17]

17 Vgl. auch *Hensel/Teubner*, Matrix Reloaded, KJ 2017, 152 ff.

Solidarity in Crisis – »agency fees« before the Supreme Court

Prof. Dr. Thomas C. Kohler, Boston College

In this little tribute to *Thomas Klebe* and his remarkably rich and productive life's work, I will reflect briefly on the themes of solidarity, crisis, labor law and human work. As chief legal counsel to the largest and most sophisticated union in the world, IG Metall, as a »Honorary Judge« on the Federal Labor Court, as an influential legal scholar and as a practicing lawyer, Thomas Klebe has played an important role in shaping German labor law. As his work with the Hugo Sinzheimer Institut reveals, *Klebe*'s interests go well past the doctrinal. An astonishingly deep understanding of and broad engagement with the law as well as the social, political and economic issues that drive other legal systems illuminates his work and characterize his method, which has served as a model to me and many others. Consequently, a comparative approach to my themes seem fitting. After some introductory words, we will examine a matter pending before the US Supreme Court that exemplifies the American problem with solidarity, and then turn to consider my themes in broader perspective.

1. Solidarity, crisis and labor law

Solidarity, as we know, lies at the heart of any labor movement, regardless of place. Its existence sets the conditions required to sustain any possibility of private ordering through the practice of collective bargaining. Without a sense of common commitment, shared values, reciprocity and a willingness to sacrifice individual interest for the greater good of others, no association of employees, nor any other sort of voluntary association, can long exist. Solidarity, however, has broader reach. Just as it grounds the possibility for mediating institutions that stand between the individual and the large institutions of the market or state, so it grounds any sort of flourishing democracy.

Solidarity is a modern word that appeared in the wake of the wrenching political, social and economic changes introduced by the French Revolution and the doctrinaire individualism that informed it. The word stood as a replacement for the

sort of specifically political friendship that pre-Enlightenment thinkers insisted formed the basis for society, but whose possibility modern thinkers denied. Even a casual glance at the present situation reveals that the United States currently suffers from a considerable »solidarity gap,« one that afflicts every aspect of the society. This shortfall extends to Europe, not to mention other regions of the world, which also exhibit a considerable and growing »solidarity drought.«
This drought constitutes a serious crisis. Labor law, as we know it, is the product of crisis. Modern German labor law, through the careful and creative midwifery of *Philipp Lotmar* and *Hugo Sinzheimer*, took form in the tumultuous period surrounding World War I and during the tragic Weimar era, only to reemerge out of the rubble and existential uncertainty of the *Stunde Null*. In the United States, the National Labor Relations Act (NLRA)[1] gained passage in 1935 in the midst of the Great Depression and the gathering darkness that enveloped Europe and much of Asia as authoritarian regimes sank their poisonous roots. Absent these crises, it seems unlikely that the NLRA would have been enacted. Similarly, the U.S. Civil Rights Act of 1964 and its Title VII, outlawing employment discrimination, came out of a period of heroic struggle and often bloody sacrifice. The realization of all these ordering arrangements ultimately rested upon solidarity. What happens to labor and employment law, not to mention the greater social order, when solidarity, or more properly, its lack, is the crisis?

2. Solidarity and association

Will associational freedom undo the freedom to associate? Unions and collective bargaining have been in crisis in the U.S. for decades, for numerous reasons. Key among them is the fact that the NLRA, which is the only major statute that encourages the formation and maintenance of groups, never fit well in the highly individualistic American legal and social scheme. The American sociologist, *Nathan Glazer*, accurately has pointed out that »fraternity and solidarity are not familiar words for us.« Not a surprise perhaps, given that Americans are both the most individualistic (and, research shows, the loneliest) people on earth. Their distinctly different understandings of work and community explain why union membership among Jews and Catholics historically has been vastly disproportional to their numbers in the U.S. population.
The NLRA's core »exclusivity principle,« that makes the union chosen by a majority the representative of all, exemplifies this »lack of fit,« and it is a feature that

1 See *Kohler*, Der Wagner Act, AuR 2017, G.9ff.

surprises even supposedly more »communitarian« Europeans. Subject to the union's »duty of fair representation,« which the *US Supreme Court* read as a required analogue to the union's statutorily privileged status as the exclusive employee representative, even those employees not wishing union representation are bound by the terms of the collective agreement negotiated by the majority union, which also has the authority to adjust all grievances arising under that contract. The Act's related »union security« provisions present similar issues. Although framed to permit a union to require employee membership, a series of *Supreme Court* decisions, answering claims of unconstitutionally compelled speech and association, have limited the obligation of dissenting employees to paying fees equal to the costs of their representation – so called »agency fees.« The objectors need not assume actual union membership, and the obligations that come with it. These cases forbid unions from collecting fees for ideological causes to which dissenters object.

Recent opinions have questioned this long-established doctrine, and the Court now seems poised to find it an unconstitutional infringement of associational freedoms for public unions to charge agency fees as well. The Court has made clear that, at least in the public sector, arguments that a union's comprehensive duty of fair representation justify agency-fee arrangements to prevent inequitable »free-riding« by non-members are »insufficient to overcome« Constitutional objections. Although not yet directly ruled upon, recent *obiter dicta* in the cases strongly suggest that legislative concerns about stabilizing labor-management relations and industrial peace, which previous Courts partially relied on in upholding agency fees,[2] also will fail of »exacting First Amendment scrutiny.«

If, as expected, the Court finds agency fee arrangements for public sector unions unconstitutional, an eventual assault on the exclusivity principle seems likely. This may come from unexpected directions. Some in the labor movement have suggested that, if agency fee arrangements be found unlawful, unions should have no duty to represent non-fee-paying employees in grievance proceedings. Objectors, some suggest, may either pay the costs the union incurs in pursuing their grievance, or hire their own counsel. This threatens to undermine the American model: the collective agreement is a contract between the union and the employer. Any grievance alleges that the employer breached the agreement. The union »owns« the grievance, and subject to the duty of fair representation, can decide to pursue it or settle it, taking into account the impact on the good of the whole. Employees do not have individually enforceable rights under the agreement, but the suggested approach moves toward making the collective agreement a »third party beneficiary« contract – but one without a *Günstigkeits*

2 See e.g. Friedrichs v. California Teachers Association, *US Supreme Court* 29.3.2016 – 578 U.S., AuR 2016, 299.

principle, or the framework for it. Others go further and suggest that public employers should pay the costs of representation, essentially making the union an arm of government. One wonders if even unions understand their character and roles today. *Samuel Gomper's* warning, »Don't feed the lions,« *i.e.*, do not replace self-organization and self-ordering with statist employment law regimes, seems forgotten, at least in some quarters.

Forecasting is tricky, but the Court seems likely to move *seriatim* here, finding agency fees for public, and thereafter, private sector unions to be unlawful. While various aspects of the NLRA raise significant constitutional questions, such as union free speech rights, to date the Court has gone to great lengths not to find any portion of it unconstitutional – a rare example of judicial deference to Congress. Finding the exclusivity principle unconstitutional would be a bold step, since it would bring down the structure of the NLRA. The handwriting on the wall is not wholly discernable, but quotes in the Court's most recent decision in this area from dissenting opinions by the great individualist, Justice *Douglas*, who warned in various dissents dealing with exclusivity about making individuals »a prisoner of the union,« or allowing legislatures to put »people into goose-stepping parades« may presage what is to come. »Solidarity Forever,« the hymn of the union movement, seems an unlikely outcome.

3. Soluble Solidarity?

In the Author's Introduction to his work, Democracy in America, *Alexis de Tocqueville* remarked that »the gradual progress of equality is something fated,« and the »effort to fight democracy appears as a fight against God Himself.« Perhaps he lived too soon – individualism seems the ineluctable force. In any event, he neither met *Max Weber* nor could he foresee the »iron cage.« Inequality, something every writer on democracy from the ancients forward warned would undermine democracies, plagues every modern polity, and markets, once thought to support democratic ordering, threaten to swallow them whole. If labor law stands as a product of crisis, the following represent some instances where the evaporation or transformation of solidarity presents existential challenges to labor law and democracy itself.

3.1 The disappearing employment bond

Emile Durkheim, Tocqueville's intellectual successor, believed the employment bond would remain the sole stable bond in modern society, and that workplace ties would stand as replacement for the traditional bonds that grounded individuals and society alike. In recent times, that bond is as evanescent as any other. Just as marriage is disappearing as a social bond, the »gig economy« characterizes the working life of increasing numbers of people. The instability of this sort of work leaves those performing it unable to make any sort of life plan, which in turn, undermines marriage and other long-term commitments, such as buying a home, raising children, etc. The market alone sets the terms for the »gig.« It rests on no stable form of solidarity, and is beyond any ordering except individual contract. It is the disappearing point for labor law except in possibly its barest forms, but even here, American law presently shows little inclination to step in. Not *de jure,* but *de facto,* the French Revolution's *Loi Le Chapelier,*[3] which forbad any but individual bargaining between master and servant, returns. Individual freedom in its most abstract and formalistic form, triumphs!

3.2 Disappearing work

Properly conceived and ordered, work embodies solidarity: vertically, among those performing the work and those who »consume« its benefits, and horizontally, as the discoveries developed and transferred through generations. Work is a distinctly human activity. It implies community and it is more than instrumental. We make ourselves to be what we habitually do, so we truly are the subject of work. Technology threatens to displace increasing numbers of people from work, and thereby from participation in a key human activity – another crisis of solidarity.

3.3 Disappearing Nation-State

Decentralization of labor law was a theme in Germany 15 or so years ago, and it now assumes a new direction. The slow shift of influence from nation states and perhaps trans-national structures (think Brexit or the fraying national bonds in the U.S. and the E.U.) to cities and regions is well underway. Typically, labor law has been a matter of national, not regional law. Transformations of the political order will require conscious efforts to reconceive the bonds of solidarity, and to address the other themes spoken about here.

Solidarity, one German commentator remarked, »once appeared to be old-fashioned, but it again has become a cutting-edge topic.« Crises call forth re-evaluation of set ideas. Sometimes, everything old becomes new again.

3 Loi Le Chapelier, named after Isaac René Guy Le Chapelier, was enacted by the French Constituent on 14 June 1791.

Vertane Chancen im Bereich des § 87 BetrVG: Beobachtungen aus der Praxis

Dr. Silke Kohlschitter, Richterin am Arbeitsgericht

§ 87 BetrVG ist das Herz des Betriebsverfassungsrechtes. Er räumt dem Betriebsrat im Bereich seiner Regelungsgegenstände Mitbestimmungs-, Mitgestaltungs- und Initiativrechte ein. Zweck des § 87 BetrVG ist nicht, dem Arbeitgeber einen Co-Manager zur Seite zu stellen, sondern in einem Kernbereich gesellschaftlichen Zusammenwirkens, nämlich den Arbeitsbeziehungen, einseitige Machtstellungen abzubauen und Subordinationsverhältnisse durch Kooperationsverhältnisse abzulösen. Dies hat zum einen etwas mit Selbstbestimmung zu tun, zum anderen befördert es interessengerechte und Interessengegensätze ausgleichende Lösungen zum persönlichen und wirtschaftlichen Wohl der Arbeitnehmer und des Betriebs.
Wie und mit welchen Folgen für beide Betriebspartner § 87 BetrVG in Einzelfällen zweckentfremdet oder sinnentleert wird, will ich im Folgenden anhand der Beschreibung zweier typischer Konfliktkonstellationen aufzeigen.

1. Kompensatorische Konflikte

Ich verwende diesen Terminus für Streitigkeiten, in denen ein unbestrittenes Recht geltend gemacht wird, um auf einem anderen Konfliktfeld eine Forderung durchzusetzen, auf die entweder kein Anspruch besteht oder deren Durchsetzung trotz formal bestehendem Recht an der betrieblichen Wirklichkeit scheitert. Der kompensatorische Konflikt ist ein Konflikt, der ausgetragen wird, um eine unterlegene Verhandlungsposition an anderer Stelle auszugleichen. Er ist zugleich ein inkongruenter Konflikt, weil die Erfüllung des formal geltend gemachten Anspruchs nicht zur Zielerreichung und zur Befriedung führt. Beispiele hierfür finden sich im Bereich des § 87 BetrVG häufig. Der Betriebsrat stimmt Dienstplänen nicht zu, weil er eine geplante Betriebsänderung oder den Einsatz von Leiharbeitnehmern grundsätzlich verhindern will, er lehnt konsequent beantragte Überstunden ab, weil er (höhere) Überstundenzuschläge im Betrieb oder die Vergütung nicht vergütungspflichtiger Wegezeiten durchsetzen will. Vor

Gericht mündet vor allem die erste Fallkonstellation häufig in Anträge auf Erlass einer einstweiligen Unterlassungsverfügung durch den Betriebsrat.

2. Dissipative Konflikte

Konflikte sind dissipativ, wenn der Gegenspieler zu ihrer Austragung und Lösung sich zurückgezogen, zerteilt, verflüchtigt hat. Beim dissipativen Konflikt bleiben die Antagonismen bestehen, aber sie können nicht adäquat bearbeitet werden, weil dem Betriebsrat ein entscheidungsbefugtes betriebsverfassungsrechtliches Gegenüber abhanden gekommen ist. Diese Dissipation erfolgt dabei in der Regel nicht in der Absicht, dem Betriebspartner den Verhandlungspartner zu entziehen, sondern ist strukturell bedingt und Konsequenz einer bestimmten Unternehmensorganisation. Sie tritt vor allem im Zusammenhang von Matrixstrukturen global agierender Konzerne auf. Der Führungsverantwortliche ist weder Arbeitnehmer des Vertragsarbeitgebers noch auf dem Gebiet der Bundesrepublik Deutschland dienstansässig. Fachliche und disziplinarische Führungsverantwortung sind nicht klar voneinander getrennt. Der vorbeschriebene Führungsverantwortliche ist nicht kündigungsberechtigt, aber er ordnet die – zu Überstunden führende – Erledigung eines Auftrags an. Er führt ausschließlich in englischer Sprache. Entscheidungen etwa über die Ausgestaltung leistungsabhängiger variabler Entgeltsysteme werden auf Konzernebene getroffen, Code of Conducts dort entwickelt. Die Betriebs-/Unternehmensleitung als Gegenüber des zuständigen betriebsverfassungsrechtlichen Gremiums hat keine relevante Leitungsmacht. In der Einigungsstelle führt dies zu stark eingeschränkten Verhandlungsspielräumen.

3. Folgen kompensatorischer und dissipativer Konflikte

Es ist herrschende Meinung, dass in Fällen wie unter 1. Rechtsmissbrauch nicht vorliegt und – bei fehlender Zustimmung des Betriebsrates bzw. fehlendem zustimmungsersetzendem Spruch der Einigungsstelle – in der Regel ein Unterlassungsanspruch auf Durchführung der mitbestimmungspflichtigen Maßnahme besteht. § 87 BetrVG ist so konzipiert, dass der Arbeitgeber in den dort aufgeführten Fällen auf eine Einigung mit dem Betriebsrat angewiesen ist.
Es ist ebenfalls unstreitig, dass es in Fällen wie unter 2. Teil der unternehmerischen Freiheit ist, das Unternehmen in einer Matrixstruktur zu organisieren. An die arbeitgeberseitig vorgegebene Organisationsstruktur müssen die betriebs-

verfassungsrechtlichen Strukturen anknüpfen. Das Unternehmen ist nicht verpflichtet, sich in die bestehenden betriebsverfassungsrechtlichen Strukturen zu integrieren.

Ungeachtet des Rechts, das ihnen bei ihrem Handeln jeweils zur Seite steht, begeben sich Betriebsräte und Unternehmen Chancen, wenn sie es zulassen, dass eine Blockadepolitik an die Stelle einer nüchternen, auf Ausgleich bedachten Interessenpolitik und strategischer Kompromissbildung tritt oder Dissipation eine solche verhindert.

Die Zusammenarbeit von Betriebsrat und Arbeitgeber ist antagonistisch angelegt. Zwischen beiden bestehen unterschiedliche, teilweise gegensätzliche Interessen, zum Mindesten eine unterschiedliche Gewichtung von gemeinsamen Interessen. Das darin begründete Konfliktpotential durch Herstellung einer Win-win-Situation zu entschärfen, ist das Ziel.

Das Mitbestimmungsrecht nach § 87 BetrVG stellt für die Arbeitnehmer sicher, dass deren Interessen Gehör und Berücksichtigung finden, verleiht ihnen das Recht, an der Findung sie betreffender Entscheidungen gleichberechtigt mitzuwirken. Es eröffnet dem Arbeitgeber die Möglichkeit, seine Überlegungen im Spiegel des Gegenübers zu überprüfen, eine Alteritätserfahrung zu machen und das kreative Potential eines Perspektivenwechsels zu erleben. Fehlentscheidungen, die aus der Unkenntnis der Interessen und Ängste der Arbeitnehmer resultieren und auf deren Seite zu einem Verlust an Vertrauen und Leistungsbereitschaft führen, können so vermieden, die Chancen auf eine in der Belegschaft akzeptierte – weil ausgehandelte und nicht einseitig umgesetzte – Entscheidung erhöht werden.

Wird der betriebsverfassungsrechtliche Unterlassungsanspruch primär nicht zur Sicherung der Mitbestimmung, sondern als Instrument einer Blockadepolitik genutzt, ist das in mehrfacher Hinsicht problematisch: Zum Einen setzt der Betriebsrat auf diesem Weg in der Regel nicht durch, was er »eigentlich« will, zum Zweiten – ich nehme Bezug auf die Beispiele oben – erzielt er nicht einmal einen kurzfristigen Nutzen. Die Unterlassung der Beschäftigung von Leiharbeitnehmern wegen fehlender Zustimmung zum Dienstplan beispielsweise führt in der jeweiligen Situation zu einer erhöhten Belastung der Stammbelegschaft, zu Nicht-Einsatzzeiten bei den betroffenen Leiharbeitnehmern sowie zu Betriebsablaufstörungen und Terminschwierigkeiten beim Arbeitgeber. Sämtliche dieser Folgen liegen nicht im Interesse der Beschäftigten. Vor allem aber begibt sich der Betriebsrat durch eine Blockadepolitik der Möglichkeit, den Arbeitgeber in eine Kommunikation einzubinden, aus der konsensfähige Initiativen der Betriebspartner und befriedende Gesamtlösungen erwachsen können.

Die betriebspartnerschaftliche Gestaltung von Arbeitsbeziehungen als Kern der Betriebsverfassung findet ebenfalls nicht statt, wenn der Verhandlungspartner des Betriebsrates faktisch über keine Entscheidungsspielräume verfügt. Verhandeln bedeutet, in Alternativen zu denken, Offenheit für die Argumente des Gegenübers, Ausgleich von Interessen, Entwicklung unterschiedlicher Handlungsoptionen, prinzipielle Ergebnisoffenheit. Eine Veranstaltung, die dem Gegenüber nur die Möglichkeit belässt, einem unterbreiteten Angebot zuzustimmen, ist kein Verhandeln. Dass dabei die wichtige Ressource der »anderen Meinung«, in der ernsthaften Auseinandersetzung, mit der eine für das Unternehmen (vor Ort) bessere Lösung entwickelt werden kann, vergeudet wird, ist das Eine. Das Andere ist, dass dadurch gerade bei engagierten, das Recht auf Mitgestaltung ernst nehmenden, initiativ tätig werdenden und Alternativen entwickelnden Betriebsräten das Gefühl der Ohnmacht entsteht. Bestimmt dieses dauerhaft den Diskurs mit dem Arbeitgeber, besteht die Gefahr, dass Motivation in Resignation umschlägt.

Verschärft werden die oben beschriebenen Konfliktsituationen, wenn 1. die Beziehungsebene der handelnden Akteure durch Misstrauen und fehlende Wertschätzung geprägt ist und 2. nicht mehr ein Ausgleich im Interesse des Betriebes und der dort arbeitenden Menschen gesucht wird, sondern es primär darum geht, eigene Positionen durchzusetzen, zu gewinnen, während das Gegenüber verliert. Prozesse der Konsensfindung zwischen Betriebspartnern gestalten sich dann besonders mühsam und zeitaufwendig.

Die beschriebenen Konflikte und ihre Verschärfung sprechen nicht gegen die Konzeption des § 87 BetrVG. Denn die antagonistischen Konflikte zwischen Arbeitnehmern und Unternehmen bestehen als begründet in der Wirtschaftsverfassung, losgelöst von § 87 BetrVG. Nicht losgelöst von diesem besteht indessen die Institution zur Beilegung dieser Konflikte.

§ 26 BDSG n. F. – ein erweitertes Provisorium für den Beschäftigtendatenschutz

Prof. Dr. Marita Körner, Universität Hamburg

1. Hintergrund

Wenn am 25. Mai 2018 die Datenschutzgrundverordnung der EU (DS-GVO)[1] Geltung erlangen wird, wirkt der europäische Datenschutz ab diesem Zeitpunkt unmittelbar, also ohne mitgliedstaatliche Umsetzungsakte und ersetzt den bis dahin geltenden nationalen Datenschutz. Rechtsvereinheitlichung und Rechtssicherheit sind die obersten Ziele des Regelungsinstruments Verordnung in Art. 288 AEUV.

Da die Datenschutzrichtlinie von 1995[2] dieses Ziel, nicht zuletzt wegen der Umsetzungsspielräume für die Mitgliedstaaten, nicht erreicht hatte, griff die Kommission zum Instrument der Verordnung, um zügig einheitliche Datenerhebungsbefugnisse sowie einen einheitlichen Datenschutzstandard in der EU zu gewährleisten. Dabei war auch der Kommission von vornherein klar, dass ein komplexer, hochdynamischer Bereich, wie die Generierung und der Umgang mit personenbezogener Information in unzähligen Verarbeitungszusammenhängen, nicht in 99 Verordnungsartikeln abschließend geregelt werden kann. Daher hatte sie sich im ersten Verordnungsentwurf von 2012 zunächst selbst erhebliche Ausfüllungsbefugnisse für die weitgehend generalklauselartig formulierten Artikel der Verordnung eingeräumt. Diese Befugnisse sind dann im weiteren Gesetzgebungsprozess bis zur schließlich 2016 in Kraft getretenen Version der Verordnung wieder weitgehend entfallen.

Da das Bedürfnis nach Ausfüllung aber blieb, und manche Mitgliedstaaten nationale Datenschutzstandards in etlichen Bereichen erhalten wollten – insbesondere Deutschland war hier treibende Kraft –, sind im politischen Verhandlungsprozess immer mehr Öffnungen für nationale Ausfüllungs- und Regelungsbefugnisse aufgenommen worden, bis zuletzt an die 40 (manche zählen auch 70) Öffnungsklauseln in die Verordnung aufgenommen wurden, was ihren Charakter als Verordnung durchaus in Frage stellt, auch wenn die Öffnungen unter-

1 Verordnung (EU) 2016/679.
2 Richtlinie 95/46/EG.

schiedlichen Rechtscharakter aufweisen.[3] Jedenfalls ist das Rechtsvereinheitlichungsziel auf diese Weise schwerer zu erreichen als mit einer »reinen« Verordnung.

2. Öffnung für den Beschäftigtendatenschutz

Schon im ersten Verordnungsentwurf war in Art. 82 DS-GVO-E als eine der umstrittensten Regelungen des Entwurfs eine Öffnung für nationale Regeln zum Beschäftigtendatenschutz vorgesehen und dann schließlich in Art. 88 DS-GVO in leicht modifizierter Version in Kraft gesetzt worden. Der nationale Gesetzgeber darf »spezifischere Regelungen« treffen, d.h. die weitgehend generalklauselartigen Artikel der DS-GVO für den Beschäftigtendatenschutz konkretisieren und damit auch schärfen. Art. 88 Abs. 2 DS-GVO liefert dafür mit einer Liste von Anhaltspunkten und Maßstäben eine Orientierung dergestalt, dass Abs. 2 bei jeder nationalen Regelung eingehalten werden muss. Konkret ist dieser Katalog allerdings nicht. Es ist viel Raum für Auslegungsvarianten eröffnet.

3. § 26 BDSG n.F.

In § 26 BDSG n.F. eine »mittlere Lösung« für die Ausfüllung der Öffnungsnorm Art. 88 DS-GVO zu sehen,[4] ist zwar zu großzügig, aber immerhin hat der deutsche Gesetzgeber nicht einfach den schon bei seinem Erlass 2009 als symbolische Gesetzgebung kritisierten § 32 BDSG a.F.[5] unverändert übernommen, was zunächst als Minimallösung geplant war, sondern wichtige Einzelpunkte in § 26 BDSG n.F. neu geregelt, wenn auch Konzeption und Wortlaut von § 26 BDSG n.F. insgesamt stark an § 32 BDSG a.F. angelehnt sind.

Gleich geblieben sind die drei von der Norm erfassten Phasen des Beschäftigungsverhältnisses – Begründung, Durchführung und Beendigung – sowie die Erforderlichkeit der Datenerhebung. Dieses schon in § 32 BDSG a.F. vage Kriterium wird in der neuen Fassung nicht konkretisiert. Allerdings ergibt sich aus der

3 Dazu ausführlich *Körner*, Wirksamer Beschäftigtendatenschutz im Lichte der Europäischen Datenschutz-Grundverordnung (DS-GVO), HSI-Schriftenreihe Bd. 18, Frankfurt 2017.

4 *Kort*, ZD 2017, 319, 320.

5 *Thüsing*, NZA 2009, 865, 870.

Gesetzesbegründung, dass wohl im Wesentlichen die bisherige Rechtsprechung des Bundesarbeitsgerichts beibehalten werden kann.

Auch fortgeführt wird § 32 Abs. 1 Satz 2 BDSG a. F. in § 26 Abs. 1 Satz 2 BDSG n. F. Es bleibt also dabei, dass bei Verdacht auf Straftaten des Beschäftigten Daten nur zu deren »Aufdeckung« erhoben werden dürfen und nicht etwa schon aus präventiven Gründen. Damit wurden Vorschläge nicht aufgegriffen, dass Überwachung auch zur Aufdeckung gravierender Pflichtverletzungen zulässig sein sollte.[6]

Erfreulich ist der weite Beschäftigtenbegriff in § 26 Abs. 8 BDSG n. F. Auch die Einbeziehung nicht dateimäßig verarbeiteter Beschäftigtendaten in § 26 Abs. 7 n. F. ist zu begrüßen. Bislang waren nach § 32 Abs. 2 BDSG a. F. nur Daten mit einbezogen, die nicht automatisiert verarbeitet wurden; um eine Datei musste es sich aber handeln. Das ist jetzt nicht mehr erforderlich.

Eine datenschutzrechtliche Verbesserung bringt auch § 26 Abs. 2 BDSG n. F., der die Einwilligung des Betroffenen anspricht. Bisher galt auch für das Beschäftigungsverhältnis nur die allgemeine Einwilligungsnorm des BDSG in § 4a a. F. Den Abhängigkeiten im Beschäftigungsverhältnis trug diese Norm nicht Rechnung. Daher hatte die DS-GVO in ihrem Entwurfsstadium zunächst sogar den völligen Ausschluss von Einwilligungen als Rechtfertigung von Datenerhebung und -verarbeitung in Abhängigkeitsverhältnissen vorgesehen. Diese Einschränkung ist im Laufe des politischen Einigungsprozesses dann wieder entfallen und in Erwägungsgrund 155 die Beschäftigteneinwilligung als Datenverarbeitungsrechtfertigung ausdrücklich genannt. Immerhin greift aber § 26 BDSG n. F. den ursprünglichen Gedanken auf und legt in Abs. 2 Satz 1 die Bedingungen für die Freiwilligkeit einer Einwilligung im Beschäftigungsverhältnis fest. Danach muss die Abhängigkeit der beschäftigten Person berücksichtigt werden, die Freiwilligkeit ausschließen kann. Wenn Beschäftigten lediglich ein rechtlicher oder wirtschaftlicher Vorteil gewährt wird, soll von Freiwilligkeit auszugehen sein, ebenso wenn Arbeitgeber und beschäftigte Person gleichgelagerte Interessen verfolgen. Was das genau zu bedeuten hat, wird auszulegen sein. Satz 3 sieht darüber hinaus und entgegen der allgemeinen Norm zur Einwilligung in Art. 7 Abs. 2 DS-GVO ein Schriftformerfordernis vor.[7]

Klarer geschützt als bisher wird in § 26 Abs. 3 BDSG n. F. auch die Verarbeitung sensibler Beschäftigtendaten i. S. v. Art. 9 Abs. 1 DS-GVO, der die Zulässigkeitsvoraussetzungen für die Verarbeitung von besonderen Kategorien personenbezogener Daten besonders streng regelt. Jedenfalls ist das systematisch eine bessere Regelung als bisher, wo § 32 BDSG a. F. sensible Beschäftigtendaten gar nicht an-

---

6 *Gola/Thüsing/Schmidt*, DuD 2017, 244.

7 Dessen Zulässigkeit wird z. T. abgelehnt, u. a. *Maschmann*, in: Kühling/Buchner, DS-GVO, 2017, Art. 88 Rn. 32ff.

sprach und deren Erhebung und Verarbeitung nach der allgemeinen Norm § 28 Abs. 6–9 BDSG a. F. beurteilt wurden. Durch eine gerade den Beschäftigungskontext adressierenden Norm kann dem Schutzbedürfnis der Beschäftigten hinsichtlich ihrer sensiblen Daten besser Rechnung getragen werden als durch eine allgemeine Regelung.
Mit diesen Regelungen verbessert der deutsche Gesetzgeber den Schutz für Beschäftigtendaten im Vergleich zur allgemeinen DS-GVO. Eine solche Regelung nach oben lässt Art. 88 DS-GVO auch zu.[8] Noch im Entwurfsstadium enthielt die Öffnungsnorm die Einschränkung, dass sich die nationalen Vorschriften »in den Grenzen der Verordnung« halten müssen; in der verabschiedeten Fassung ist diese Einschränkung entfallen. Ohne Öffnung für bessere Beschäftigtendatenschutzregeln wäre die Befugnis für nationale Regelungen auch nicht viel wert, weil dann ohnehin die allgemeinen Regeln der Verordnung gelten würden.

4. Rolle der Kollektivparteien

Vor dem Hintergrund der zentralen Rolle des deutschen Betriebsrats für den Beschäftigtendatenschutz war es Deutschland in den Verhandlungen besonders wichtig, die Bedeutung der Kollektivparteien für den zukünftigen Beschäftigtendatenschutz auch in der DS-GVO zu erhalten. Das ist mit Art. 88 Abs. 1 DS-GVO gelungen, der erlaubt, dass auch in Kollektivvereinbarungen »spezifischere« nationale Vorschriften zum Beschäftigtendatenschutz erlassen werden dürfen. Erwägungsgrund 155 stellt darüber hinaus klar, dass dazu neben Tarifverträgen gerade auch Betriebsvereinbarungen gehören. Das hat der deutsche Gesetzgeber in § 26 Abs. 4 BDSG n. F. aufgegriffen. § 32 BDSG a. F. hatte das nicht ausdrücklich geregelt; in ständiger Rechtsprechung war das Bundesarbeitsgericht allerdings davon ausgegangen, dass auch Betriebsvereinbarungen ein eigenständiger Rechtfertigungstatbestand i. S. v. § 4 BDSG a. F. sein können.[9] Daran ändert sich nun durch die Neuregelung nichts. Allerdings bleibt in Art. 26 Abs.4 BDSG n. F. unbeantwortet, inwieweit Betriebsvereinbarungen nach oben oder unten von der DS-GVO abweichen dürfen. Nach bisherigem Recht war eine Abweichung nach oben unproblematisch und nach unten, wenn auch nicht ganz ausgeschlossen, so doch nur in engen Grenzen möglich.[10] Da Art. 88 DS-GVO ein besseres nationales Schutzniveau für den Beschäftigtendatenschutz erlaubt als die DS-GVO, gilt

8 *Körner*, a. a. O., S. 53; a. A. *Maschmann*, a. a. O., Rn. 40.
9 Kritisch dazu *Seifert*, in: Simitis (Hrsg.), Bundesdatenschutzgesetz, 8. Aufl. 2014, § 32 Rn. 167.
10 Dazu *Kort*, ZD 2016, 3, 6.

das auch für die nach derselben Norm zulässigen Kollektivereinbarungen. Eine Abweichung nach unten wird aber vor dem Hintergrund der Mindestanforderungen in Art. 88 Abs. 2 DS-GVO nicht mehr möglich sein. Das führt dazu, dass alte, noch geltende Betriebsvereinbarungen am Maßstab der DS-GVO überprüft werden müssen.
Darüber hinaus führt § 26 Abs. 6 BDSG n. F. zu keiner anderen Bewertung als der bisherige wortgleiche § 32 Abs. 3 BDSG a. F. Beide Normen erhellen das Verhältnis zwischen Betriebsrat und Arbeitgeber in Fragen des Beschäftigtendatenschutzes nicht über die allgemeinen Grundsätze hinaus. Daher dürfte die bisher h. M. weiter gelten, wonach der Betriebsrat i. d. R. nicht als eigene verantwortliche Stelle zu sehen ist, sondern als Teil der datenverarbeitenden Stelle des Arbeitgebers. Bei eigener Datenverarbeitung des Betriebsrats könnte das aber in Zukunft anders aussehen.

5. Betrieblicher DSB

Wenn auch nicht in § 26 BDSG n. F. geregelt, sondern in § 38 BDSG n. F., so soll auch der betriebliche DSB auf der Haben-Seite des Beschäftigtendatenschutzes verbucht werden. Er war ein deutsches Anliegen. In den anderen EU-Mitgliedstaaten unbekannt, hatten die sich zunächst gegen seine europaweite Einführung gewehrt bzw. nur eine im Vergleich zum bisherigen deutschen Modell eingeschränkte Version zulassen wollen. Im Laufe des Verhandlungsprozesses hat sich aber im Wesentlichen die bisherige deutsche Variante in Art. 37ff. DS-GVO durchgesetzt, mit einer Öffnungsklausel in Art. 37 Abs. 4 DS-GVO, von der Deutschland Gebrauch gemacht hat. Daher sind im deutschen Kontext keine großen Änderungen zu erwarten. So bleibt es bei der Benennungspflicht ab zehn Personen, die ständig mit automatisierter Datenverarbeitung beschäftigt sind, ohne dass die DS-GVO den Begriff der Benennung rechtlich einordnet Im Beratungsbereich sind die Aufgaben des betrieblichen Datenschutzbeauftragten sogar erweitert worden. Auch ein Konzerndatenschutzbeauftragter ist gem. Art. 37 Abs. 2 DS-GVO jetzt möglich.

6. Ausblick

§ 26 BDSG n. F. stellt eine Verbesserung auf Sparflamme dar, die aber wieder den Löwenanteil der Probleme der Rechtsprechung überlässt. Das muss zwar für aktuelle, praxistaugliche Lösungen nicht der schlechteste Weg sein, lässt aber außer

Acht, dass für die Auslegung der DS-GVO das letzte Wort nicht mehr bei den nationalen Gerichten, sondern beim EuGH liegt.
Für die Zukunft ist ein ausgefeiltes nationales Beschäftigtendatenschutzgesetz nach wie vor nicht ausgeschlossen, da Art. 88 Abs. 1 DS-GVO ganz allgemein spezifischere nationale Regelungen erlaubt, sofern die Grundsätze des Art. 88 Abs. 2 DS-GVO eingehalten werden. In absehbarer Zeit allerdings wird ein solches spezifischeres Gesetz wahrscheinlich nicht auf der politischen Agenda stehen. Jede nächste Bundesregierung dürfte den (Beschäftigten-) Datenschutz derzeit als abgearbeitet ansehen.

§ 90 BetrVG – Wegweiser zur beteiligungsorientierten Gestaltung in der digitalen Arbeitswelt

Prof. Dr. Wolfhard Kohte, Universität Halle/S.

Die Digitalisierung der Arbeitswelt konfrontiert uns mit neuen Herausforderungen. Die digitale Form der Steuerung industrieller Produktion wird als eine Kommunikation zwischen Werkstücken, Maschinen, Beschäftigten und Kunden beschrieben.[1] Diese Kommunikation findet in »Echtzeit« statt,[2] sodass diese Prozesse in wachsendem Tempo erfolgen. Eine spezifische Beschleunigung ergibt sich aus der neuen Form der Datensammlung, mit der nicht nur explizit geplante Prozesse stattfinden, sondern neue Prozesse initiiert werden. Das kurzfristig verfügbare Wissen wird deutlich erhöht, sodass bisher schwierige Aufgaben realisiert werden können.[3]

Es scheint, dass die Technik die maßgebliche Kraft ist, die die Gestaltung der Arbeit voranbringt. Dies ist eine optische Täuschung; in der sozialwissenschaftlichen Diskussion ist bereits vor 30 Jahren das »Ende des Technikdeterminismus« proklamiert worden.[4] Bereits die damals proklamierten »menschenleeren Fabriken« erwiesen sich als komplexe arbeitspolitische Handlungsräume, die unterschiedlich gestaltet werden können und Raum für Gruppenarbeit und andere Konstellationen ließen, die in keiner Weise »menschenleer« waren. In der sozial- und arbeitswissenschaftlichen Diskussion besteht heute Übereinstimmung, dass die als »Arbeit 4.0« bezeichnete Form der Arbeitsorganisation unterschiedliche Gestaltungsmöglichkeiten zur Verfügung stellt. Ich will daher der Frage nachgehen, ob und wie mit den Möglichkeiten des Betriebsverfassungsrechts eine beteiligungsorientierte Gestaltung erfolgen kann.

Hier kommt § 90 BetrVG ins Spiel.[5] Diese Norm dient der rechtzeitigen Gestaltung und Realisierung menschengerechter Arbeit, indem prozedurale und ma-

---

1 *Günther/Böglmüller*, NZA 2015, 1025.

2 Dazu *Klebe*, NZA-Beilage 2017, S. 77; vgl. *Kohte*, NZA 2015, 1417, 1418.

3 *Hirsch-Kreinsen* in Hirsch-Kreinsen/Ittermann/Niehaus (Hrsg.), Digitalisierung industrieller Arbeit, 2015 S. 18ff.

4 *Lutz*, Das Ende des Technikdeterminismus, Verhandlungen des 23. Soziologentages, 1987, S. 34ff.

5 Dazu *Däubler/Klebe*, NZA 2015, 1032, 1040.

terielle Anforderungen gestellt werden. Prozedural wird eine rechtzeitige Unterrichtung und Beratung der Betriebsräte bei der Planung von Arbeitsverfahren und Arbeitsplätzen vorgeschrieben. Materiell wird verlangt, dass diese Planung an den Kategorien der menschengerechten Gestaltung der Arbeit gemessen wird. Dieses Programm ist außerordentlich selten Gegenstand arbeitsgerichtlicher Auseinandersetzungen. Dies allein ist nicht beunruhigend, denn es ist natürlich denkbar, dass die betrieblichen Akteure auch ohne arbeitsgerichtliche Intervention geeignete Formen finden, um diese Herausforderungen zu bewältigen. Eine aktuelle sozialwissenschaftliche Untersuchung, die von der Hans Böckler-Stiftung 2014 in Auftrag gegeben worden ist, dokumentiert allerdings ein differenziertes Bild. Der Abschlussbericht[6] enthält in 8 Fallstudien ein materialreiches Bild der Chancen und Schwierigkeiten der Beteiligten. Ausgewählt wurden Betriebe und Betriebsräte, die mit großer Kompetenz Beteiligungsverfahren nutzen, sodass es nicht um einen repräsentativen Querschnitt[7] im Bundesgebiet geht, sondern um die Erfahrungen der »Trendsetter«. Für alle untersuchten Betriebe ist kennzeichnend, dass sie sich seit einigen Jahren unter einem permanenten Restrukturierungsdruck befinden. Die einzelnen Maßnahmen sind schwierig voneinander abzugrenzen; sind Lösungen für bestimmte Anforderungen gefunden, dann schaffen sie wiederum neue Herausforderungen, die wiederum nach neuen Lösungen verlangen. Die ist ein Kennzeichen der aktuellen arbeitspolitischen Situation. Zutreffend hat Thomas Klebe vor kurzem die Begründung einer BAG-Entscheidung kritisiert, in der solche »ergebnisoffenen Verfahren« nicht als Betriebsänderung, sondern jeweils nur als Vorbereitungshandlungen ohne Mitbestimmungsrechte gedeutet wurden.[8]

In der Untersuchung des sozialwissenschaftlichen Projekts, an dem ich beteiligt war, wurde herausgearbeitet, dass § 90 BetrVG noch teilweise Anwendung fand, während § 91 BetrVG ein Schattendasein fristete. Auch bei der Anwendung von § 90 BetrVG zeigten sich diverse Planungs-und Kommunikationsprobleme. Regelmäßig beklagten die Betriebsräte, dass die Informationen nicht frühzeitig erfolgten. Die dann vorgelegten Informationen betrafen vor allem technische Informationen, mit denen die arbeitspolitischen und gesundheitlichen Implikationen nur schwer erfasst und noch weniger gestaltet werden konnten. Gefährdungsbeurteilungen wurden nicht selten erst auf Initiative der Betriebsräte in Angriff genommen, obgleich inzwischen gesundheitliche Gefährdungen durch die neue Arbeitsorganisation bekannt sind. In mehreren Betrieben wurden

---

6 *Dechmann* u.a., Betriebsratshandeln zwischen Prävention und Innovation. www.boeckler.de.

7 Zu den ernüchternden Querschnittergebnissen aus der GDA-Evaluation *Fergen* in Cernavin/Schröter/Stowasser, Prävention 4.0., 2018, S. 121, 123 m.w.N.

8 *Klebe*, NZA 2017, 226 zu BAG, NZA 2016, 894.

»Denkwerkstätten« und Arbeitsgruppen gebildet, die in unterschiedlicher Form versuchten, mit Beteiligung von Beschäftigten mögliche Gefährdungen und Gestaltungsaufgaben zu erfassen. Dies war nicht einfach, weil die Vernetzung der Lieferketten, z. B. für Automobilzulieferer, von außen wirkende Anforderungen stellten, auf die eher reaktiv geantwortet wurde. Zum anderen erwies sich das Tempo der Veränderungen als so hoch, dass mögliche Konsequenzen schwer erfasst werden konnten. Es hatte sich als schwierig erwiesen, mögliche Gestaltungsoptionen bereits zu einem Zeitpunkt zu erfassen, in dem konkretes Anschauungsmaterial noch fehlt. Damit ist eine Herausforderung auch für Kommentatoren von § 90 BetrVG[9] hinreichend beschrieben.

Das Normprogramm des § 90 BetrVG ist einsichtig und überzeugend. Wer Arbeitsplätze gestalten will, muss dies rechtzeitig planen. In einem beteiligungsorientierten Arbeitsrecht sind daher eine Unterrichtung des Betriebsrates und eine gemeinsame Beratung erforderlich. Der Planungsgegenstand ist in § 90 Abs. 1 BetrVG in vier Varianten hinreichend deutlich beschrieben. Die in § 90 Abs. 1 Nr. 4 BetrVG genannte Kategorie des Arbeitsplatzes fungiert als Auffangtatbestand,[10] sodass Planungslücken vermieden werden können. Der Beratungsmaßstab ist auch in § 90 Abs.2 BetrVG hinreichend deutlich beschrieben. Es geht um die Auswirkungen auf die Arbeitnehmer, insbesondere die Anforderungen, die in Zukunft an sie gestellt werden sollen. Diese sind zu messen an den gesicherten arbeitswissenschaftlichen Erkenntnissen über die menschengerechte Gestaltung der Arbeit.

Die Gesetzgebung hat diesen Begriff 1996 in § 2 ArbSchG als geeignete Kategorie zur Umsetzung der RL 89/391/EWG übernommen. Damit steht zur weiteren Auslegung auch die Konkretisierung durch die Regeln der nach § 18 Abs. 2 Nr. 5 ArbSchG gebildeten Ausschüsse zur Verfügung. Schließlich verlangt § 90 BetrVG, dass die Unterrichtung rechtzeitig stattfindet. Rechtzeitig ist sie nur, wenn auf die Planung und Gestaltung eingewirkt werden kann. Dem Betriebsrat soll ermöglicht werden, auf die Willensbildung des Arbeitgebers Einfluss zu nehmen und seine Erwägungen im weiteren Planungs- und Entscheidungsprozess einzubringen.[11]

Das HBS-Projekt hat dokumentiert, dass dies schwierig ist. Eine arbeitsrechtliche Antwort besteht im Einsatz des Unterlassungsanspruchs, wenn Maßnahmen ohne hinreichende Unterrichtung und Beratung durchgesetzt werden sollen. Die Möglichkeit eines solchen Unterlassungsanspruchs ist umstritten. Thomas Klebe hat bereits früh in seiner Kommentierung auf Entscheidungen verwiesen, dass

9 Dies ist eine der Tätigkeiten und Erfahrungen, die *Thomas Klebe* und mich verbindet.

10 HK-BetrVG/*Kohte/Schulze-Doll*, 5. Aufl. 2018, § 90 Rn. 5; vgl. DKKW-*Klebe*, 15. Aufl. 2016, § 90 Rn. 16; Richardi/*Annuß*, BetrVG 15. Aufl. 2015, § 90 Rn. 16.

11 BAG, NZA 1992, 850, 852; *Fitting*, 28. Aufl. 2016, § 90 Rn. 34.

die beabsichtigten Maßnahmen des Arbeitgebers ohne Unterrichtung und Beratung gestoppt werden können.[12] Inzwischen ist der Unterlassungsanspruch auch auf Art. 8 der RL 2002/14/EG zu stützen, weil die Unterrichtung nach § 90 BetrVG auch der Umsetzung von Art. 4 dieser Richtlinie dient.[13] Während im Rahmen des § 87 BetrVG und zunehmend auch im Rahmen des § 111 BetrVG[14] von dieser Rechtsfigur Gebrauch gemacht wird, findet sie auch unter den Lesern unserer Kommentare kaum praktische Gefolgschaft. Im Rahmen des HBS-Projekts ist zu dieser Rechtsschutzlücke als arbeitspolitische Antwort auf die »Notwendigkeit der Neuausrichtung der Vorstellungskraft im Changeprozess«[15] hingewiesen worden, denn im Planungszeitpunkt erweisen sich die Herausforderungen und Gestaltungsoptionen noch als undeutlich. Dies gilt im digitalen Kontext mit noch größerer Intensität.[16]

Zur besseren Konkretisierung kommt uns das neuere Arbeitsschutzrecht zu Hilfe. Die 2015 neu konzipierte Betriebssicherheitsverordnung (BetrSichV) verlangt eine frühzeitige Gefährdungsbeurteilung und Gestaltung. Arbeitsmittel dürfen nach §§ 3, 4 BetrSichV erst eingesetzt werden, wenn eine Gefährdungsbeurteilung der physischen und psychischen Belastungen erfolgt ist und die erforderlichen Schutzmaßnahmen durchgeführt worden sind. In der BetrSichV hat der Begriff des Arbeitsmittels eine spezifische Bedeutung. Er reicht vom Kugelschreiber bis zur komplexen Fertigungsstraße.[17] Damit fällt die aktuelle digitale Arbeitsorganisation mit ihren Konfigurationen mit Maschinen, Werkstücken und Datenverbindungen unter diese Kategorie und bedarf der frühzeitigen Gefährdungsbeurteilung und Planung.[18] Zur weiteren Konkretisierung kann auf die Regeln des Ausschusses für Betriebssicherheit zurückgegriffen werden. In der TRBS 1151 zu »Gefährdungen an der Schnittstelle Mensch-Arbeitsmittel-ergonomische und menschliche Faktoren, Arbeitssystem« vom März 2015[19] werden die Anforderungen an die Ermittlung und Bewertung dieser Gefährdungen an-

12 DKKS-*Klebe*, 3. Aufl. 1992, § 90 Rn. 32.

13 DKKW-*Klebe*, § 90 Rn. 49;. HK-BetrVG/*Kohte/Schulze-Doll*, 5. Aufl. 2018, § 90 Rn. 31 und RL 2002/14/EG Rn. 45; *Bonin*, AuR 2004, 321, 327; ausführlich *Klocke*, Der Unterlassungsanspruch in der deutschen und europäischen Betriebs- und Personalverfassung, 2013, S. 263ff.

14 LAG Berlin, NZA 1996, 1284; LAG Hamm, AuR 2008, 117; LAG München, AuR 2009, 142. Zum aktuellen Meinungsstand ErfK/*Kania*, 18. Aufl. 2018, § 111 BetrVG Rn. 27a und Richardi/*Annuß*,BetrVG, § 111 Rn. 166ff.

15 *Georg/Peter*, Selbstwertgefühl, 2016, S. 85ff.

16 *Georg/Guhlemann/Katenkamp*, Interessenvertretungen und Beschäftigte in der digitalen Transformation, in Cernavin/Schröter/Stowasser, Prävention 4.0., 2018, S. 355, 372.

17 BR-Drs. 301/02, S. 82; *Wilrich*, DB 2002, 1553, 1554; HK-ArbSchR/*Pauli*, 2. Aufl. 2018, BetrSichV, Rn. 28.

18 Zur Bedeutung der BetrSichV für die digitale Ergonomie *Kohte*, NZA 2015, 1417, 1419.

19 GMBl 2015 S. 340.

schaulich konkretisiert. Das Problem der mangelnden Vorstellungskraft aller Beteiligten wird offen angesprochen. Als arbeitswissenschaftlich bewährtes Konzept wird die Beteiligung der Beschäftigten eingebracht. In A1.4 der Anlage 1 wird als ein mögliches Modell das »DGUV Ideentreffen« vorgestellt, mit dem die rechtzeitige Kommunikation über gesundheitsrelevante Themen verbessert werden kann. Die Beschäftigten werden systematisch in die Planung einbezogen, weil sie die Verhältnisse vor Ort genau kennen und weil mit ihrer Hilfe nicht nur die Probleme erfasst, sondern auch Ideen zur Lösung entwickelt werden können. Diese Verfahren ist in den letzten Jahren entwickelt und erprobt worden[20] und kann daher als gesicherte arbeitswissenschaftliche Erkenntnis eingestuft werden. Da es hier um die Konkretisierung der in §§ 3, 4 BetrSichV normierten Anforderungen geht, ist eine solche Regelung dem Mitbestimmungsrecht nach § 87 Abs. 1 Nr. 7 BetrVG zuzuordnen und daher auch mit Hilfe des Initiativrechts der Betriebsräte durch die Einigungsstelle umsetzbar. Das HBS-Projekt zeigt Beispiele, in denen vergleichbare Beteiligungsformen zwischen den betrieblichen Akteuren auch ohne Einigungsstelle realisiert worden sind.
Die Kombination von § 90 und § 87 BetrVG ist in der Literatur anerkannt.[21] Sie ist geeignet, in der schwer überschaubaren digitalen Planungswelt rechtzeitig die Kategorien der digitalen Produktsicherheit und der digitalen Ergonomie einzuführen und auf diese Weise zur menschengerechten Gestaltung der digitalen Arbeitswelt beizutragen.

20 Näher dazu DGUV Information 206–007, 2014.
21 DKKW-*Klebe*, § 90 Rn. 3; *Fitting*, § 90 Rn. 4.

Tarifeinheit – Urteil des Bundesverfassungsgerichts wichtiges Signal

Ingo Kramer, Präsident der Bundesvereinigung der Deutschen Arbeitgeberverbände

Das Tarifeinheitsgesetz hat die Probe aufs Exempel bestanden. Die Tarifeinheit ist verfassungsgemäß! Das ist die entscheidende Aussage des Ersten Senats des Bundesverfassungsgerichts in seinem am 11. Juli 2017 verkündeten Urteil.[1] Die Tarifautonomie ist eine wesentliche über Jahrzehnte bewährte Grundlage der Sozialen Marktwirtschaft. Für eine funktionierende Tarifautonomie ist der Grundsatz der Tarifeinheit unerlässlich. Dabei ist der Tarifvertrag das Kernelement der Tarifautonomie und fördert die Verantwortungspartnerschaft von Arbeitgebern, Arbeitgeberverbänden und Gewerkschaften. Der Grundsatz der Tarifeinheit sichert in Fällen der Tarifkollision, dass in einem Betrieb nur ein Tarifvertrag Geltung beanspruchen kann. Er verhindert eine Zersplitterung des Tarifvertragssystems, eine Spaltung der Belegschaften und eine Vervielfachung kollektiver Konflikte. Arbeitgeber und Arbeitnehmer müssen wissen, woran sie sind und welche Regelungen aus welchem Tarifwerk auf sie Anwendung finden.

1. Tarifeinheit über Jahrzehnte zentrales Element der Tarifordnung

Die Tarifeinheit wurde vom Bundesarbeitsgericht seit den 1950er Jahren in ständiger Rechtsprechung als ein zentraler Baustein in der Tariflandschaft immer wieder bestätigt. So wurden Rechtssicherheit und Rechtsklarheit hergestellt und eine funktionsfähige Tarifautonomie gewährleistet. In dieser Entwicklung hatte der Grundsatz der Tarifeinheit zwar im TVG keinen Niederschlag gefunden, wurde aber als Folge von übergeordneten Prinzipien der Rechtssicherheit und Rechtsklarheit und zur Vermeidung von rechtlichen und tatsächlichen Unzuträglichkeiten begründet, die sich aus Kollisionen von Tarifverträgen in einem

1 BVerfG 11.7.2017 – 1 BvR 1571/15 – 1 BvR 1588/15 – 1 BvR 2883/15 – 1 BvR 1043/16 – 1 BvR 1477/16.

Betrieb ergeben. Diesen wichtigen Grundsatz hat das Gericht mit einer Entscheidung im Juli 2010 ohne Not aufgegeben und damit die Akzeptanz der Tarifautonomie erheblich gefährdet.
Bereits während der Rechtsentwicklung ab dem Jahr 2000 konnte eine Zerfaserung der Tariflandschaft und eine Gefährdung der Tarifautonomie beobachtet werden, die sich nach ausdrücklicher Aufgabe des Grundsatzes der Tarifeinheit durch die Rechtsprechung vervielfachte. Es begann eine Phase zunehmender Streiks von Berufsgruppengewerkschaften. Auf Grund des hohen Blockadepotenzials solcher Berufsgruppen konnten sich diese Gewerkschaften bilden und Arbeitsbeziehungen nur zu deren Gunsten erkämpfen. Erwähnt sei in diesem Zusammenhang zum Beispiel die Gründung der Deutschen Feuerwehr-Gewerkschaft (DFeuG) mit dem augenscheinlichen Ziel der Verhandlung von Tarifverträgen ausschließlich für Feuerwehrleute, die in Berufs-, Werks-, Betriebs-, Flughafen- oder hauptamtlichen Feuerwehren beschäftigt sind. Bis zu diesem Zeitpunkt galt auch für diese Berufsgruppe der jeweilige Branchentarifvertrag. Eine ordnungsgemäße Tarifanwendung war nicht mehr sichergestellt, und es kam zu Abgrenzungsproblemen zwischen unterschiedlichen betrieblichen Tarifnormen.
Daraus folgende Tarifkonkurrenzen und tarifplurale Regelungen stellten Funktionsfähigkeit, Belastbarkeit und Akzeptanz der Tarifautonomie in Deutschland grundsätzlich in Frage.

2. Gesetzliche Wiederherstellung sichert Tarifautonomie

Im Juli 2015 trat die gesetzliche Regelung in Kraft. Der neue § 4a TVG ist die zentrale Vorschrift zur Auflösung von Tarifkollisionen. Diese wurden durch die gesetzliche Wiederherstellung der Tarifeinheit im Rahmen des TVG einer befriedigenden Lösung zugeführt. § 4a Abs. 2 Satz 2 TVG bestimmt für den Fall, dass in einem Betrieb mehrere Tarifverträge Geltung beanspruchen, dass nur der Tarifvertrag derjenigen Gewerkschaft angewendet werden muss, die in diesem Betrieb die meisten Mitglieder hat.
Den Grundsatz der Tarifeinheit gesetzlich wieder herzustellen, war notwendig, um die Tarifautonomie für die Zukunft zu sichern. Die Tarifautonomie gehört nicht nur zu den im Grundgesetz verankerten Prinzipien der Sozialen Marktwirtschaft. Sie hat sich in der Geschichte unseres Landes als zentrale Säule für Wachstum, Wohlstand und sozialen Ausgleich bewährt. Sie ist eine wesentliche Grundlage für die Fortsetzung der erfolgreichen und stabilen Vertrauenspart-

nerschaft zwischen Arbeitgeberverbänden und Gewerkschaften und unerlässlich, um die Verlässlichkeit der Tarifpolitik auch in Zukunft sicherzustellen. Die Tarifeinheit befriedet und ordnet die Arbeitsbeziehungen.

Voraussetzung für eine erfolgreiche Tarifautonomie ist, dass Arbeitgeber und Arbeitnehmer wissen, woran sie sind, was für sie gilt und dass sie sich auf diese Geltung auch verlassen können. Widersprüchliche Regelungen aus unterschiedlichen Tarifverträgen stehen einer Ordnung der Arbeitsbeziehungen entgegen. Wenn in einem Betrieb beispielsweise drei verschiedene tarifvertragliche Vereinbarungen für dieselbe Arbeitnehmergruppe zur Arbeitszeit existieren, ist für keinen der Beteiligten verständlich, welche Regelungen für ihn gelten. Sich widersprechende verschiedene Regelungen lassen sich nicht in die Praxis umsetzen. Das bedeutet eine massive Rechtsunsicherheit für Arbeitgeber und Arbeitnehmer und damit auch Unfrieden im Betrieb.

Tarifautonomie und Koalitionsfreiheit sind durch den Flächentarifvertrag geprägt. Dieser ist ein Markenzeichen der Wirtschaftsordnung in Deutschland. Deshalb hat er sich auch bei der Ordnung der Arbeitsbeziehungen durchgesetzt. Der große Vorteil des Flächentarifvertrags liegt darin, dass er den Streit um Arbeitsbedingungen aus den Betrieben heraushält. In den vergangenen Jahren wurden immer mehr Öffnungsklauseln und Abweichungsmöglichkeiten in die Tarifverträge hineinverhandelt und so die Tarifautonomie insgesamt moderner gestaltet. Dadurch haben Betriebe die Möglichkeit, auf der Grundlage des Flächentarifvertrags abweichende, den betrieblichen Verhältnissen angepasste Vereinbarungen zu treffen.

3. Urteil des BVerfG stärkt Tarifautonomie

Die gegen das Tarifeinheitsgesetz eingelegten Verfassungsbeschwerden blieben erfolglos. Die entscheidende Aussage des Ersten Senats ist: Die Tarifeinheit ist verfassungsgemäß.[2]

Das bedeutet Rechtsicherheit und Rechtsklarheit für viele Betriebe und Arbeitnehmer, auf die sie lange gewartet haben. Damit sind Spekulationen darüber aus der Welt, ob und wie Regelungen zur Herstellung eines belastbaren tariflichen Rahmens für die Betriebe möglich sind. Das stärkt die Koalitionsfreiheit und untermauert an entscheidender Stelle die Tarifautonomie.

Auch die zentralen Elemente des Gesetzes entsprechen den Vorgaben des Grundgesetzes. Welche Angriffe sind nicht gegen das Mehrheitsprinzip und den Be-

2 BVerfG 11.7.2017 – 1 BvR 1571/15 – 1 BvR 1588/15 – 1 BvR 2883/15 – 1 BvR 1043/16 – 1 BvR 1477/16.

triebsbegriff als Grundlage der gesetzlich wiederhergestellten Tarifeinheit ins Feld geführt worden? Der Betrieb könne beliebig »zurechtgeschnitten« werden, die Mehrheit sei kein geeignetes Instrument, Tarifeinheit herzustellen. All diesen Angriffen der Kritiker wurde jetzt der rechtliche Boden entzogen.

Das *Mehrheitsprinzip* ist vom BVerfG gebilligt worden. In diesem Kontext aufgeworfene Zweifel haben sich als obsolet erwiesen. Das gilt insbesondere für die These, das sogenannte Spezialitätsprinzip (als Prinzip der Sachnähe bezeichnet) sei viel besser als das Mehrheitsprinzip geeignet, Tarifeinheit herzustellen. Das verkennt zweierlei: Das Sachnäheprinzip war schon immer betriebsbezogen. Schon immer galt: Der Tarifvertrag, der für eine möglichst große Zahl von Arbeitnehmern gilt, ist der dem Betrieb sachnähere. Und wenn Tarifverträge »auf der gleichen Ebene« miteinander kollidierten, war als Kriterium für die Auswahl des maßgeblicheren Tarifvertrags ebenfalls immer schon das Mehrheitsprinzip entscheidend. Nur in einem einzigen Fall kamen Spezialitätsprinzip und Repräsentativität selbst zur Kollision, nämlich im Verhältnis von Haus- zu Flächentarifvertrag. Die Auflösung dieses Verhältnisses hat jetzt der Gesetzgeber abschließend getroffen. Kollidieren Haus- und Flächentarifvertrag mit unterschiedlichen Gewerkschaften (Restrukturierungstarifverträge bleiben unbenommen), dann gilt die Mehrheit; nicht etwa gilt der Grundsatz Haustarifvertrag schlägt Flächentarifvertrag. Das ist in sich systematisch und damit auch richtig.

Ebenso sind das Notariatsverfahren und die übrigen Vorschriften zur Zählung der Mehrheit vom Gericht gebilligt worden. Einmal abgesehen davon, dass das Ziel des Gesetzes gerade nicht das Zählen, sondern das Zusammenarbeiten und das Zusammenfinden unterschiedlicher Tarifakteure ist, unterstreicht auch dies: Die Verfahrensregeln, an denen nicht wenige Kritik geübt haben, sind verfassungs- und grundrechtskonform.

Bezugspunkt für die Feststellung der Mehrheit bleibt der *Betrieb.* Tarifverträge verwirklichen sich und schaffen einen Regelungsrahmen für den Betrieb. Natürlich, man hätte auch auf das Unternehmen oder den Arbeitgeber abstellen können, aber der Gesetzgeber ist nicht gehindert – wie die Rechtsprechung bis zum Juli 2010 –, den Betrieb als Maßstab für die Ermittlung der Tarifeinheit heranzuziehen. Davon unbenommen ist die Frage, ob nicht im Einzelfall auch das Unternehmen hätte herangezogen werden sollen. Es gibt durchaus Konstellationen, wo sich dies anbieten würde. Die gesetzliche Grundentscheidung ist aber zu Gunsten des Betriebsbegriffs gefallen.

Das Gericht hat darüber hinaus den Arbeitsgerichten Auslegungshinweise an die Hand gegeben, die diesen helfen sollen, das Gesetz anzuwenden. Diese *Auslegungshinweise des Bundesverfassungsgerichts* sind nicht überraschend. Sie entsprechen wesentlichen Grundgedanken, die man bereits aus der Gesetzesbegründung und dem Gesetzeskontext ableiten kann. Das gilt auch für den Punkt, in dem das Gericht einen Nachbesserungsbedarf gesehen hat. Ein Tarifvertrag soll

danach Tarifeinheit für den Betrieb nicht begründen können, wenn er die Interessen einzelner Berufsgruppen nicht berücksichtigt.
Diese Aussage des Gerichts darf nicht fehlinterpretiert werden. Sie soll den Arbeitsgerichten nicht den Weg zur Inhaltskontrolle von Tarifverträgen weisen. Hierzu sind Arbeitsgerichte vor dem Hintergrund von Koalitionsfreiheit und Tarifautonomie nicht befugt. Diese Aufforderung unterstreicht vielmehr, dass Tarifverträgen eine innere Richtigkeitsgewähr innewohnt, wie das Gericht dies auch mehrfach zu Recht betont. Wie sich den Urteilsgründen entnehmen lässt, ist offensichtlich im Wesentlichen der Fall gemeint, in dem eine Gewerkschaft Tarifverträge schließt, obwohl sie fast oder tatsächlich niemanden der betroffenen Berufsgruppe organisiert.
Das Tarifeinheitsgesetz greift nicht ein, wenn sich Tarifverträge nicht überschneiden. Das ist z. B. dort der Fall, wo Gewerkschaften ihre jeweiligen Zuständigkeiten abstimmen und ihre Tarifverträge für unterschiedliche Arbeitnehmergruppen gelten. Eine Kollisionsregelung ist ebenfalls nicht notwendig, wo Gewerkschaften gemeinsam ihre Tarifverträge in einer Tarifgemeinschaft verhandeln oder inhaltsgleiche Tarifverträge abschließen. Die Gewerkschaft, deren Tarifvertrag nicht zur Anwendung kommt, hat einen Anspruch auf Nachzeichnung des vorrangigen Tarifvertrages. Nachgezeichnet werden Rechtsnormen, nicht der schuldrechtliche Teil eines Tarifvertrags. Die nachzeichnenden Gewerkschaften bleiben daher weiterhin an die Friedenspflicht aus ihrem Tarifvertrag gebunden.[3]
Der Grundsatz der Tarifeinheit greift als *Kollisionsregelung* mithin nur *subsidiär.* Eine nach dem Grundsatz der Tarifeinheit auflösungsbedürftige Tarifpluralität liegt nur vor, soweit sich die Geltungsbereiche unterschiedlicher Tarifverträge mehrerer Gewerkschaften überschneiden. In Einzelfällen müssen durch Tarifvertrag garantierte Leistungen, auf die sich der Arbeitnehmer typischerweise einstellt, erhalten bleiben.

4. Funktionsfähigkeit der Tarifautonomie in der Zukunft

Das Bundesverfassungsgericht hat den Ermessensspielraum des Gesetzgebers beim Tarifrecht betont und Geeignetheit, Erforderlichkeit und Angemessenheit des Tarifeinheitsgesetzes und der Tarifeinheit bestätigt. Davon geht ein gutes Signal für Koalitionsfreiheit und Tarifautonomie aus.

3 BT-Drs 18/4062 S. 14.

Sicher: Tarifeinheit und ihre gesetzliche Wiederherstellung lösen nicht alle Fragen und Probleme des Tarifrechts, sie sind aber ein entscheidender Beitrag, die Arbeitsbeziehungen zu ordnen und zu befrieden.
Wir brauchen in Zeiten der digitalen Revolution und der Individualisierung der Arbeitswelt mehr flexible Gestaltungsmöglichkeiten. Dies erfordert klare, verlässliche und berechenbare Spielregeln. Gerade eine solche Spielregel ist die Tarifeinheit. Der Grundsatz der Tarifeinheit ist durch die Bestätigung der Verfassungsmäßigkeit weiter gestärkt worden. Er ist erforderlich, um auch in Zukunft die Funktionsfähigkeit der Tarifautonomie zu gewährleisten. Nur so können die Tarifpartner flexible und verlässliche Rahmenbedingungen für eine sich stetig wandelnde Arbeitswelt gestalten.

Neue Herausforderungen für die Unternehmensmitbestimmung durch *Polbud*?

Prof. Dr. Rüdiger Krause, Georg-August-Universität Göttingen

1. Einführung

Die Unternehmensmitbestimmung kann mit Fug und Recht als ein tragender Pfeiler der deutschen Sozialordnung bezeichnet werden.[1] Schon seit einer Reihe von Jahren sieht sie sich allerdings vor besondere Herausforderungen gestellt, die aus Entwicklungen auf der Ebene des europäischen Rechts resultieren. Den Frontalangriff in Gestalt einer angeblichen Unionsrechtswidrigkeit der unternehmerischen Mitbestimmung aufgrund der Nichteinbeziehung von Auslandsbelegschaften in das aktive und passive Wahlrecht hat der EuGH in der Rechtssache *Erzberger* zwar abgewehrt.[2] Mit der nur rund drei Monate später ergangenen Entscheidung in der Rechtssache *Polbud* hat der EuGH aber ein neues Kapitel in seiner Judikatur zur Niederlassungsfreiheit aufgeschlagen,[3] das auch aus mitbestimmungsrechtlicher Perspektive Aufmerksamkeit verdient, weil dem ohnehin schon reichhaltigen Arsenal von Mitbestimmungsvermeidungsstrategien[4] hierdurch ein weiteres Instrument zugeführt wird. Die folgenden Überlegungen dürfen daher auf das Interesse von *Thomas Klebe* hoffen, der die Unternehmensmitbestimmung nicht nur wissenschaftlich begleitet,[5] sondern auch über lange Zeit praktisch an bedeutsamer Stelle mitgestaltet hat.

2. Die Rechtssache Polbud

In der Rechtssache *Polbud* ging es um einen grenzüberschreitenden Rechtsformwechsel. Konkret wollte eine nach polnischem Recht gegründete GmbH ihren

1 In diesem Sinne auch die Bundesregierung, BT-Drucks. 18/8354, S. 4.
2 EuGH, ZIP 2017, 1413 = JZ 2017, 1001 m. Anm. *Krause*.
3 EuGH, ZIP 2017, 2145.
4 Dazu etwa *Bayer*, NJW 2016, 1930, 1931 ff.
5 Vgl. *Klebe/Köstler*, FS Wißmann, 2005, S. 443 ff.

Satzungssitz nach Luxemburg verlegen, wobei der EuGH seiner Entscheidung die Prämisse zugrunde legt, dass nicht zugleich auch der Verwaltungssitz nach Luxemburg verlagert werden sollte. Nachdem *Polbud* im luxemburgischen Handelsregister als GmbH luxemburgischen Rechts eingetragen worden war, beantragte die Gesellschaft ihre Löschung im polnischen Handelsregister, die vom Registergericht indes abgelehnt wurde, weil *Polbud* sich weigerte, die im polnischen Recht für diese Fälle vorgesehene vorherige Auflösung und Liquidation durchzuführen.

Die Große Kammer des EuGH hält die Ablehnung der Löschung für unionsrechtswidrig und hat auf entsprechende Vorlagefragen entschieden, dass die Niederlassungsfreiheit von Gesellschaften gemäß Art. 49 i.V.m. Art. 54 AEUV die Freiheit umfasst, den Satzungssitz einer nach dem Recht eines Mitgliedstaats gegründeten Gesellschaft (hier Polen) in einen anderen Mitgliedstaat (hier Luxemburg) unter Umwandlung in eine dem Recht des Aufnahmemitgliedstaats unterliegenden Gesellschaft zu verlegen, ohne dass gleichzeitig auch der tatsächliche Sitz verlagert werden muss. Dabei soll der Aufnahmemitgliedstaat (hier Luxemburg) zwar autonom darüber entscheiden dürfen, welches Maß an Verbundenheit mit der eigenen Rechtsordnung für eine Inkorporation vorliegen muss, ob also etwa die Verlegung des Verwaltungssitzes oder zumindest die Gründung einer Zweigniederlassung erforderlich ist.[6] Dagegen soll es dem Herkunftsmitgliedstaat (hier Polen) untersagt sein, die grenzüberschreitende Verlegung des Satzungssitzes pauschal von der Auflösung der Ursprungsgesellschaft abhängig zu machen.[7]

3. Grundsätzliche Bedeutung des Urteils

Mit der Entscheidung in der Rechtssache *Polbud* kann kein ernsthafter Zweifel mehr daran bestehen, dass der EuGH nunmehr auch die sog. isolierte grenzüberschreitende Satzungssitzverlegung als von der Niederlassungsfreiheit gedeckt ansieht.[8] Der EuGH treibt damit seine liberale Konzeption dieser Grundfreiheit bzw. Marktfreiheit, die er mit der Entscheidungstrilogie *Centros*,[9] *Überseering*[10] und *Inspire Art*[11] begonnen hat, auf die Spitze. Allerdings kann das Urteil weder

6 EuGH, ZIP 2017, 2145 Rn. 29ff.

7 EuGH, ZIP 2017, 2145 Rn. 45ff.

8 *Bayer/J. Schmidt*, ZIP 2017, 2225, 2228; *Behme*, ZHR 182 (2018), 32, 43ff.; *Kieninger*, NJW 2017, 3624, 3626f.; *Kovács*, ZIP 2018, 253, 255ff.; *Schollmeyer*, ZGR 2018, 186, 192; *Teichmann/Knaier*, 2017, 1314, 1317ff.

9 EuGH, ZIP 1999, 438.

10 EuGH, ZIP 2002, 2037.

11 EuGH, ZIP 2003, 1885.

methodisch[12] noch sachlich überzeugen. Während die Niederlassungsfreiheit als Faktorfreiheit durch die Gewährleistung der freien Wahl des Standorts von Unternehmen und Betrieben an sich darauf abzielt, die tatsächliche wirtschaftliche Durchdringung des Binnenmarktes zu fördern,[13] wird sie durch den EuGH von der Realwirtschaft vollständig abgekoppelt und mutiert im Falle großzügiger Aufnahmemitgliedstaaten zu einer reinen Rechtswahlfreiheit, was von GAin *Kokott* in ihren Schlussanträgen noch ausdrücklich abgelehnt worden war.[14] Damit ermöglicht der EuGH im Ergebnis eine Art Rosinentheorie, indem Kapitaleigner die gesamte Infrastruktur eines bestimmten Standorts zum eigenen Vorteil nutzen, gleichzeitig aber in das aus ihrer Sicht günstigere Rechtskleid eines anderen Standorts hineinschlüpfen können, um hierdurch den am tatsächlichen Ort der Markttätigkeit getroffenen politischen Entscheidungen über die sozial angemessene normative Einbettung für wirtschaftliches Handeln auszuweichen. Mit der Ausdehnung der Niederlassungsfreiheit auf eine rein künstliche Mobilität im Binnenmarkt forciert der EuGH zugleich den Wettbewerb der verschiedenen mitgliedstaatlichen Gesellschaftsrechtsordnungen,[15] weil die Kapitaleigner nun nicht nur bei Neugründungen, sondern für die gesamte Lebensdauer ihrer Unternehmen als Nachfrager von Gesellschaftsrechtsformen auftreten können.[16] Dabei wird ein derartiger Wettbewerb der Regelgeber häufig dahingehend stilisiert, dass sich durch ein Regime Shopping langfristig das »beste« Gesellschaftsrecht herausbildet.[17] Tatsächlich geht es aber eher um eine richterrechtlich verfügte Machtverschiebung zugunsten von marktstarken Akteuren, denen eine zusätzliche Option verschafft wird, ihre partikularen ökonomischen Interessen weitgehend ungehindert durchzusetzen, auf Kosten mitgliedstaatlicher Politiken, die stets die Interessen aller Stakeholder auszutarieren haben.[18]

12 Dazu näher *Heuschmid*, AuR 2018, 96, 98; *Kindler*, NZG 2018, 1, 3ff.; *Mörsdorf*, ZIP 2017, 2381, 2382ff; *Schollmeyer*, ZGR 2018, 186, 193. Zur Notwendigkeit der Rechtfertigung insbesondere von rechtsfortbildenden Judikaten des EuGH durch eine transparente und rationale Begründung eindringlich *W.-H. Roth*, RabelsZ 75 (2011), 787, 838ff.

13 So zutreffend EuGH, ZIP 2006, 1817 Rn. 51 – Cadbury Schweppes; EuGH, ZIP 2012, 1394 Rn. 34 – Vale.

14 Schlussanträge v. 4. 5. 2017, Rn. 38. Dagegen auch *Stiegler*, AG 2017, 846, 850f.

15 Zum Regulierungswettbewerb als gleichsam zwingende Folge von Mobilität und dezentraler Gesetzgebung anschaulich *Kerber*, 23 Fordham International Law Journal S217ff. (2000).

16 Vgl. *Kieninger*, NJW 2017, 3624, 3627; *Wicke*, DStR 2017, 2690, 2691.

17 *Verse*, ZEuP 2013, 458, 489; näher *Eidenmüller*, JZ 2009, 641ff.; *Grundmann*, ZGR 2001, 783ff.; *Klöhn*, RabelsZ 76 (2012), 276ff.

18 Zur generellen Rolle des EuGH im Rahmen der Politischen Ökonomie der europäischen Integration aufschlussreich *Höpner*, MPIfG Discussion Paper 14/8 (2014); siehe auch *Hoffmann/Wixforth*, AuR 2018, 4, 6f.: »Radikalisierung der Binnenmarkintegration«.

4. Folgen für die Unternehmensmitbestimmung

Auch wenn Arbeitnehmerinteressen in der Rechtssache *Polbud* keine Rolle spielten, sind die mitbestimmungsrechtlichen Konsequenzen der Zulassung einer isolierten Satzungssitzverlegung doch mit Händen zu greifen. Denn wenn man mit der ganz h. M. die Unternehmensmitbestimmung am Gesellschaftsstatut anknüpft,[19] bedeutet dies, dass die Umwandlung in eine ausländische Rechtsform im Grundsatz dazu führt, dass künftig nur noch das Mitbestimmungsrecht des Aufnahmemitgliedstaats anwendbar ist. Sofern der Aufnahmemitgliedstaat keine Unternehmensmitbestimmung kennt wie etwa Estland oder Malta, ließe sich durch die bloße Gründung einer Briefkastenfirma somit nahezu mühelos eine von den Kapitaleignern bzw. dem Management ungeliebte unternehmerische Mitbestimmung vermeiden bzw. abschütteln.[20] Falls das Recht des Aufnahmemitgliedstaats zwar beim Überschreiten bestimmter Schwellenwerte eine Mitbestimmung vorsieht, hierbei aber die im Herkunftsmitgliedstaat tätigen Beschäftigten nicht mitzählt, könnte es sogar zu dem bizarren Effekt kommen, dass durch das bloße Jonglieren mit juristischen Bällen möglicherweise große Arbeitnehmerzahlen um Mitbestimmungsrechte gebracht werden, die ihnen nach beiden berührten Rechtsordnungen eigentlich zustehen. Indem der EuGH unter Berufung auf die Niederlassungsfreiheit einen weiteren Weg zur Abwahl der Mitbestimmung öffnet, wirken die Grundfreiheiten bzw. Marktfreiheiten somit wieder einmal als eine Art »Anti-Arbeitsrecht«.[21]

Nun haben das europäische und das deutsche Recht für verschiedene Konstellationen Vorkehrungen getroffen, um einem »Klassenkampf über das Handelsregister« entgegenzuwirken. Dabei geht es im Wesentlichen um die Strukturänderung bei der SE[22] sowie um die grenzüberschreitende Verschmelzung[23]. In beiden Fällen sehen die einschlägigen Regelungen unter bestimmten Voraussetzungen vor dem Hintergrund einer gesetzlichen Auffangregelung ein Verhandlungsverfahren zwischen der Unternehmensseite und der Arbeitnehmerseite vor (»bargaining in the shadow of the law«), das nach Möglichkeit zu einer Vereinbarung über die künftige Ausgestaltung der Unternehmensmitbestimmung führen soll. Für die grenzüberschreitende Sitzverlegung fehlt es zwar an jeglichen Vorschriften, was primär darauf beruht, dass das Vorhaben einer Sitzverlegungsrichtlinie

---

19 Dazu nur UHH/*Ulmer/Habersack*, Mitbestimmungsrecht, 3. Aufl., 2013, § 1 MitbestG Rn. 6ff. m. w. N.

20 Siehe *Heuschmid*, AuR 2018, 96, 99; *Kindler*, NZG 2018, 1, 4; *Korek/Thelen*, IPRax 2018, 248, 253f.

21 Vgl. *Heuschmid*, AuR 2017, 229.

22 Erwägungsgrund 18 RL 2001/86/EG; §§ 1 Abs. 4, 18 Abs. 3 SEBG.

23 Ursprünglich Art. 16 RL 2005/56/EG, nunmehr Art. 133 RL 2017/1132/EU; §§ 1ff. MgVG.

bislang nicht verwirklicht worden ist.[24] In Betracht kommt aber bereits de lege lata, das Verhandlungsmodell mit Auffanglösung auf die isolierte Satzungssitzverlegung zu übertragen und hierfür im Einzelnen entweder auf die entsprechenden Vorschriften zur internationalen Fusion[25] oder aber zur SE[26] im Wege der Analogie zurückzugreifen. Mehr als eine Aufrechterhaltung des bisherigen Mitbestimmungsniveaus lässt sich hierdurch realistischer Weise indes nicht bewerkstelligen. Insbesondere erscheint es vor dem Hintergrund der durch das geltende Recht zugewiesenen Machtressourcen praktisch ausgeschlossen, dass es der Arbeitnehmerseite gelingt, den aus dem Recht der SE bekannten Effekt des »Einfrierens« des Status quo zu verhindern und stattdessen für den Fall eines künftigen Überschreitens bestimmter Schwellenwerte ein Hineinwachsen in die Mitbestimmung zu vereinbaren.
Daher fragt sich, ob das Mitbestimmungsstatut schon nach geltendem Recht nicht an den vergleichsweise leicht manipulierbaren Satzungssitz, sondern besser an den Verwaltungssitz[27] oder – wie die gegenüber gesellschaftsrechtlichen Maßnahmen weniger anfällige betrieblicher Mitbestimmung – sogar an den Arbeitsort[28] angeknüpft werden sollte. Eine Arbeitsortanknüpfung würde dem Umstand Rechnung tragen, dass es bei der Unternehmensmitbestimmung materiell um Mitwirkungsrechte der Arbeitnehmerschaft und nicht nur darum geht, dass dem Aufsichtsrat auch solche Person angehören sollen, die Arbeitnehmerinteressen vertreten. Für das Eingreifen der Mitbestimmung käme es dann ohne Rücksicht auf Satzungs- oder Verwaltungssitz darauf an, ob der maßgebliche Schwellenwert im Inland überschritten wird. Ein solcher Modellwechsel bedarf freilich noch näherer Diskussion, wobei es insbesondere um die Entwicklung angemessener Kollisionsregeln für den Fall geht, dass die Mitbestimmungsrechte verschiedener Mitgliedstaaten innerhalb desselben Rechtsträgers aufeinanderstoßen.

---

24 Zur bisherigen Entwicklung etwa WKS/*Kleinsorge*, Mitbestimmungsrecht, 5. Aufl., 2017, EU-Recht Rn. 252 ff. m. w. N.

25 So *Korek/Thelen*, IPRax 2018, 248, 253 f.; *Stiegler*, KSzW 2014, 107, 115; *Teichmann/Ptak*, RIW 2010, 817, 820; ebenso der Arbeitskreis Europäisches Unternehmensrecht, NZG 2011, 98 (These 12).

26 So *Heckschen*, ZIP 2015, 2049, 2060 f.; *Hushahn*, RNotZ 2014, 137, 144.

27 *Franzen*, RdA 2004, 257, 258 ff.

28 So ansatzweise vor dem Hintergrund des *Polbud*-Urteils *Teichmann/Knaier*, GmbHR 2017, 1314, 1321; ferner bereits *Hommelhoff/Krause/Teichmann*, GmbHR 2008, 1177, 1281 f.

5. Rechtspolitische Perspektiven

Da die europarechtliche Gewährleistung einer isolierten Satzungssitzverlegung letztlich nur eine – wenn auch besonders schlagkräftige – Variante zur Herbeiführung einer Scheinauslandsgesellschaft darstellt, gehört das schon vor Jahren diskutierte Thema eines Mitbestimmungserstreckungsgesetzes[29] als eine Maßnahme auf der Ebene des deutschen Rechts wieder auf die Agenda, wie es der Koalitionsvertrag jetzt auch in Aussicht stellt.[30] Die unionsrechtliche Zulässigkeit eines solchen Gesetzes sollte im Grundsatz nicht zweifelhaft sein. So ruft der EuGH in der *Polbud*-Entscheidung ausdrücklich in Erinnerung, dass der Arbeitnehmerschutz zu den zwingenden Gründen des Allgemeininteresses zählt, die eine Beschränkung der Niederlassungsfreiheit rechtfertigen.[31] Dabei sind Beschränkungen vor allem dann statthaft, wenn es um »rein künstliche Gestaltungen« geht, wie der EuGH im Zusammenhang mit Steuervermeidungsstrategien ausgeführt hat.[32] Zum selben Ergebnis gelangt man, wenn man unter Berufung auf die Rechtssache *Erzberger* mit guten Gründen schon die Anwendbarkeit des Beschränkungsverbots ablehnt, weil die Anknüpfung arbeitnehmerschützender Vorschriften an den Verwaltungssitz von vornherein nur objektiv (im Sinne von nicht willkürlich) und nichtdiskriminierend (im Sinne von kollisionsrechtlich allseitig) sein muss, um unionsrechtlich unbedenklich zu sein.[33] Denn wenn ein Mitgliedstaat sein kollektives Arbeitsrecht auf das eigene Staatsgebiet beschränken darf, muss es folgerichtig auch zulässig sein, das kollektive Arbeitsrecht auf dem eigenen Staatsgebiet lückenlos zur Anwendung zu bringen.

Darüber hinaus sind auch auf der europäischen Ebene klare und eindeutige Regelungen für die Absicherung der Unternehmensmitbestimmung zu fordern. Hierbei geht es zum einen darum, im Rahmen einer nachdrücklich zu fordernden Sitzverlegungsrichtlinie Vorschriften zu schaffen, wie sie für die Umwandlung einer Gesellschaft nationalen Rechts in eine SE gelten, sprich ein Verhandlungsverfahren mit Auffanglösung zu installieren.[34] Zum anderen sollte die problematische Trennung von Satzungssitz und Verwaltungssitz durch einen zwingend vorgeschriebenen Gleichlauf beider Sitze nach dem Vorbild von Art. 7 Satz 1 SE-VO unterbunden werden,[35] wobei die Niederlassungsfreiheit einer sol-

---

29 Hierzu *Weiss/Seifert*, ZGR 2009, 542, 547ff.; aus jüngerer Zeit *Weller*, FS Hommelhoff, 2012, S. 1275, 1283ff.

30 Vgl. Koalitionsvertrag zwischen CDU, CSU und SPD v. 12.3.2018 unter V 1, S. 52.

31 EuGH, ZIP 2017, 2145 Rn. 54.

32 Vgl. EuGH, ZIP 2006, 1817 Rn. 51 – Cadbury Schweppes.

33 Dazu näher *Rödl*, EuZA 2018, 88, 95ff.

34 Ebenso *Heuschmid*, AuR 2018, 96, 99.

35 So die Forderung des EGB v. 13./14.12.2017, www.etuc.org. Siehe auch *Sick*, FS Kempen, 2013, S. 361, 376f.; *Thannisch*, AuR 2017, 480, 484 m.w.N.

chen Entscheidung des europäischen Gesetzgebers wohl nicht entgegenstünde.[36] Noch effektiver wären europaweit einheitliche Mindeststandards für die Unternehmensmitbestimmung, um die Sogwirkung in Richtung mitbestimmungsfreier Rechtsordnungen zu verringern. Eine solche Perspektive erscheint derzeit allerdings utopisch. So zeigen die Vorschläge der Europäischen Kommission zu einer »Europäischen Säule sozialer Rechte«[37] sowie zum »EU Company Law package«[38], dass eine substantielle Weiterentwicklung auf dem Feld der unternehmerischen Mitbestimmung trotz aller Lippenbekenntnisse für ein soziales Europa derzeit nicht einmal ansatzweise geplant ist. Dies sollte freilich kein Hindernis für entsprechende Initiativen sein, war die Unternehmensmitbestimmung doch niemals ein Selbstläufer, sondern musste stets gegen widerstrebende Kräfte errungen werden. *Thomas Klebe* wird sich über jeden Fortschritt auf diesem Wege freuen.

36 *König/Bormann*, NZG 2012, 1241, 1243; *Stelmasczyk*, EuZW 2017, 890, 894; *Zimmer*, ZHR 168 (2004), 355, 363f.; zweifelnd aber *Heuschmid*, AuR 2018, 96, 99.

37 COM(2017) 250 final und COM(2017) 251 final. Zum Gesamtpaket *Lörcher*, AuR 2017, 387ff.

38 COM(2018) 239 final und COM(2018) 241 final.

Einige Bemerkungen zur Rechtsgewinnung durch Analogie – oder: Die Leere der Lücke

Burghard Kreft, Vorsitzender Richter am Bundesarbeitsgericht a. D.

Urteile des Bundesarbeitsgerichts mit Erwägungen zur Analogie enthalten Passagen wie diese: »Eine Analogie kommt regelmäßig nur in Betracht, wenn die normative Regelung planwidrig lückenhaft erscheint und zur Ausfüllung der Lücke die Übertragung der Rechtsfolge eines normativen Tatbestands auf einen vergleichbaren, aber in der Norm nicht geregelten Tatbestand erforderlich ist«[1]; »Eine entsprechende Anwendung kommt im Hinblick auf die abgeschlossene Systematik des Betriebsverfassungsrechts nicht in Betracht. Es fehlt an einer Regelungslücke, die Voraussetzung für eine solche Analogie wäre«[2]; »Analoge Gesetzesanwendung setzt voraus, dass der gesetzlich ungeregelte Fall nach Maßgabe des Gleichheitssatzes und zur Vermeidung von Wertungswidersprüchen nach der gleichen Rechtsfolge verlangt wie die erfassten Fälle … Es muss allerdings eine positiv festzustellende Gesetzeslücke im Sinne einer planwidrigen Unvollständigkeit des Gesetzes vorliegen«[3]. Die Ausführungen legen die Annahme nahe, es gelte zunächst, eine Lücke im Gesetz festzustellen, um anschließend zu prüfen, ob sie mit Hilfe eines Analogieschlusses gefüllt werden dürfe. Kritisch betrachtet ist dagegen die Feststellung, es liege (k)eine Lücke im Gesetz vor, gerade das Ergebnis der Prüfung, ob eine Analogie (oder eine teleologische Reduktion) geboten ist oder nicht.

1. Die rechtsprechende Gewalt ist an »Gesetz und Recht« gebunden. Das gebietet Art. 20 Abs. 3 GG. Rechtsprechung heißt Entscheidung des Falls unter Anwendung von Gesetz und Recht und – gedanklich dem vorgelagert und mit ihm verwoben – Feststellung dessen, was denn »der Fall« ist. Die Rechtsanwendung ist Rationalitätsanforderungen verpflichtet. Andernfalls vermöchte sie ihre »Verbindung« mit Gesetz und Recht nicht auszuweisen. Die Rationalitätsstandards liefert die juristische Methodenlehre. Methodenfragen sind damit in zweierlei Hinsicht zugleich Verfassungsfragen: Sie betreffen die Bindung der Gerichte nach Art. 20 Abs. 3 GG, und sie betreffen die Teilung der Staatsgewalt in Gesetz-

1 BAG 23.6.2016 – 10 AZR 806/14.
2 BAG 20.8.2014 – 7 ABR 60/12.
3 BAG 5.6.2014 – 6 AZN 267/14.

gebung und Rechtsprechung, die Abgrenzung ihrer beider Kompetenzen nach Art. 20 Abs. 2 GG. Aus der richterlichen Gesetzesbindung folgt der staatsrechtliche Vorrang der Gesetzgebung bei der Normsetzung, dieser seinerseits gegründet auf deren unmittelbare demokratische Legitimation. Primat der Gesetzgebung und Bindung der Gerichte ans Gesetz bedeuten, dass die Lösung des im Streitfall zutage getretenen sozialen Konflikts nach Maßgabe der zum Gesetz gewordenen Konfliktlösungsregel zu erfolgen hat. Es mag gute Gründe für eine andere Regelung gegeben haben und noch geben: Solange die zum Gesetz gewordene Konfliktlösungsregel nach Auffassung des zur Entscheidung berufenen Gerichts zwar womöglich »unzweckmäßig«, aber nicht verfassungswidrig ist, ist sie die maßgebende, bindende Regelung[4]; andernfalls gilt Art. 100 Abs. 1 GG.

2. Der Gesetzgeber ist zur Offenbarung der von ihm beschlossenen Konfliktlösungsregel verwiesen auf das Medium der Sprache. Gesetzesbindung setzt folglich das Verstehen des im Gesetz mittels sprachlicher Begriffe Gesagten voraus. Nun sind (gesetzliche) Begriffe, von Zahlen abgesehen, selten eindeutig. Die Suche nach dem vom Gesetzgeber mit den verwendeten Begriffen Gemeinten, die Suche also nach dem »richtigen« Verständnis der gesetzlichen Begriffe verlangt deshalb nach deren Auslegung. »Auslegung« ist der methodisch angeleitete Prozess einer Klärung der Bedeutung/des Sinns von Begriffen. Eine »Auslegung gegen den Wortsinn« ist keine Auslegung. Eine »Auslegung gegen den Wort*laut*« erscheint gar als zweifach unsinnige Figur: Der Wort*laut* wird überhaupt nicht ausgelegt, sondern steht phonetisch/graphisch fest.[5] Die methodische Anleitung der Wort*sinn*-Ermittlung dient der Gewähr einer möglichst weitgehenden Rationalität dieses Prozesses. Die juristische Methodenlehre stellt dazu die von ihr entwickelten – nicht mehr nur »klassischen« vier[6] – Auslegungs-»canones« zur Verfügung. Wie weit diese tatsächlich in der Lage sind, die geforderte Rationalität herzustellen, d. h. »echte« Gesetzesbindung durch bloße Feststellung der Bedeutung eines Begriffs zu garantieren, indem sie autonome richterliche Bedeutungsfestsetzung ausschließen und ob sie den Stand der analytischen Sprachphilosophie bei der Ermittlung der Wortbedeutung hinreichend berücksichtigt, sei hier dahingestellt.[7] Die Auslegung präsentiert als ihr Ergebnis das »richtige« Verständnis der Bedeutung/des Sinns eines Begriffs, also den »wirklichen« Inhalt des vom Gesetzgeber im Gesetz Gesagten.

---

4 BVerfG 15. 1. 2009 – 2 BvR 2044/07 – (abw. Mng.)

5 Gleichwohl verwenden (zumindest) BVerfG und BGH diese Wendung, auch wenn sie sachlich wohl jeweils teleologische Reduktion bzw. Analogie meinen; vgl. etwa BVerfG 25. 4. 2016 – 1 BvR 1147/12; BVerfG 27. 1. 1998 – 1 BvL 22/93; BGH 26. 4. 2017 – XII ZB 3/16.

6 Vgl. nur *Koch/Rüßmann*, Juristische Begründungslehre, § 17, § 18.

7 Kritisch *Koch/Rüßmann*, aaO, S. 166f.

3. Nach einem streng positivistischen Norm- und Rechtsverständnis entscheidet das Ergebnis der Auslegung den Fall: Ein Sachverhalt, der von der Bedeutung/dem Sinn der Begriffe/der Worte des gesetzlichen Tatbestands nicht erfasst wird, fällt nicht unter die gesetzliche Rechtsfolgenanordnung, und umgekehrt – die Verfassungsmäßigkeit des Gesetzes jedenfalls für seinen unstreitigen Anwendungsbereich vorausgesetzt. Ein in diesem Sinne positivistisches Normverständnis ist nicht das des Grundgesetzes. Dies zeigt nicht zuletzt die Bindung der Gerichte an Gesetz »und Recht«. Der Vorrang des Gesetzes verbietet den Gerichten nicht, das Recht über Auslegungsgrenzen hinaus fortzuentwickeln.[8] Dafür bedarf es freilich eines »Anstoßes«. Es muss einen Grund geben, den Streitfall nicht nach Maßgabe des Ergebnisses der Auslegung zu entscheiden. Dass deren Ergebnis »unzureichend« sei, versteht sich nicht von selbst.[9] Die Annahme, die gesetzeskonforme Lösung sei »unbefriedigend«, setzt notwendig einen kritischen Standpunkt zu der durch Auslegung ermittelten Reichweite des Gesetzes und zu dessen wortsinn-geleiteter Anwendung voraus. Woher stammt der?

4. Für die Interessen- und Wertungsjurisprudenz als die seit langem vorherrschende Theorie der Normsetzung und Rechtsgewinnung ist das Gesetz Ausdruck und Ergebnis gesetzgeberischer Wertungen. Diese beziehen sich auf bestimmte Interessenkonflikte und liegen deren normativer Auflösung zugrunde. Wegen der begrenzten Fähigkeit des Gesetzgebers, alle möglichen Konstellationen und Konflikte zu erkennen und sie gar im Vorgriff auf den sozialen Wandel zu prognostizieren, kann die Legislative nicht sämtliche tatsächlichen Interessenkonstellationen ausdrücklich bewerten.[10] »Der Gesetzgeber kann seine Absichten nur verwirklichen und die Lebensbedürfnisse nur befriedigen, wenn der Richter … nicht nur die Worte und Gebote beachtet, sondern in die Absichten des Gesetzgebers eindringt und die Werturteile des Gesetzes auch für die nicht geregelten Sachlagen aufgrund eigener Interessenprüfung verwirklicht«.[11] Ein »Hinausgehen« über Auslegungsgrenzen ist dann zulässig, wenn die Ähnlichkeit zweier Tatbestände in der »Gleichheit der Interessenlage« besteht, einer Gleichheit, die »die gleiche Bewertung durch die Interessen der Rechtsgemeinschaft fordert«.[12] Die gedanklichen Schritte einer solchen »Ergänzung« des Gesetzes sind die Diagnose der Interessen, auf denen der vom Gesetz nicht erfasste Konflikt im Streitfall beruht, der Vergleich dieses Konflikts mit gesetzlich ausdrücklich geregelten Konflikten, die bewertende Erkenntnis, dass die jeweilige Interes-

8 BVerfG 11. 7. 2012 – 1 BvR 3142/07 – 1 BvR 1569/08; BVerfG 15. 1. 2009 – 2 BvR 2044/07 – (abw. Mng.); BVerfG 14. 2. 1973 – 1 BvR 112/65.
9 Vgl. nur *Kelsen*, Reine Rechtslehre, 2. Aufl., S. 251 f.
10 *Heck*, Das Problem der Rechtsgewinnung, S. 13.
11 *Heck*, Begriffsbildung und Interessenjurisprudenz, S. 144.
12 *Heck*, Gesetzesauslegung und Interessenjurisprudenz, S. 117.

senkonstellation »die gleiche« ist, und – darauf gegründet – die Übertragung des Gesetz gewordenen Werturteils auf den zu entscheidenden Fall. Die gedankliche Operation entspricht dem Analogieschluss. Juristische Analogie ist die »Übertragung von Werturteilen«[13] durch Anwendung der Rechtsfolge des Gesetzes auf den von ihm sprachlich nicht erfassten Fall. Ihre eigentliche Legitimation erhält sie aus der wertend erkannten Gleichheit der betroffenen Interessen. Geltungsgrund des nicht subsumtiv gewonnenen, analogen Rechtsfolgenausspruchs ist die Gleichheit der ihm zugrunde liegenden Interessenkonstellation mit einer solchen, die ausdrücklich gesetzlich geregelt und bewertet ist – letztlich also das Universalisierbarkeitsprinzip und der »Gleichbehandlungsgrundsatz«[14] als Grundbedingungen jeder Rechtsordnung.

5. Der kritische Standpunkt und die Skepsis gegenüber einer am Ergebnis der Auslegung orientierten Streitentscheidung beruhen deshalb auf der Vermutung möglicher Wertungswidersprüche. Sie entstünden, wenn die Auslegung, also der Wortsinn des Gesetzes eine Entscheidung nicht zulässt, die der Gleichheitssatz fordert. Der Skepsis nachzugehen heißt zu prüfen, ob ein solcher Wertungswiderspruch, ein Verstoß gegen den Gleichheitssatz bei wortsinngemäßer Anwendung des Gesetzes tatsächlich aufträte. Die Prüfung erfolgt anhand des aufgezeigten gedanklichen Dreischritts der Interessen- und Wertungsjurisprudenz. Das Ergebnis der Prüfung ist entweder das Bestehen oder das Nichtbestehen des vermuteten Widerspruchs. Jetzt erst lässt sich sagen, es bestehe eine »planwidrige Lücke im Gesetz« oder eine solche Lücke bestehe mangels Wertungswiderspruchs nicht. »Das Wort Lücke ... drückt aus, dass etwas fehlt, dessen Vorhandensein gewünscht oder erwartet wird«.[15] Davon kann die Rede erst sein, wenn dargetan wurde, dass mehr als das Vorhandene »erwartet« wird, dass »etwas« über das Vorhandene hinaus »wünschenswert« ist. Eine Lücke lässt sich nicht unabhängig von einer Bezugsordnung feststellen, an der gemessen sich die wortsinnkonforme Gesetzesanwendung als unbefriedigend erweist.[16] Schon die Feststellung einer Lücke erfordert die Bewertung, dass der »Geist der Rechtsordnung« und die »immanente Teleologie des Gesetzes«[17] eine Regelung verlangen.[18] Das Feststellen einer Gesetzeslücke setzt damit diejenige Erkenntnis schon voraus, die anschließend zur Lückenschließung durch Analogie führen soll, nämlich die Feststellung einer nach dem Gleichheitssatz nicht gerechtfertigten wortsinngetreuen Anwendung des Gesetzes. Das Verneinen einer Lücke beruht

---

13 *Heck*, Gesetzesauslegung, S. 131.
14 *Koch/Rüßmann*, aaO, S. 260; *Canaris*, Die Feststellung von Lücken im Gesetz, S. 21.
15 *Heck*, Gesetzesauslegung, S. 104.
16 *Klug*, FS Nipperdey, S. 798 f; *Koch/Rüßmann*, aaO, S. 254; *Pawlowski*, KTS 2004, 229, 233.
17 *Canaris*, aaO, S. 17.
18 Ähnlich *Larenz*, Methodenlehre der Rechtswissenschaft, 3. Aufl., S. 388.

auf der Erkenntnis, dass es auch mit Blick auf Gleichheitssatz und Wertungskonsistenz der Rechtsordnung bei der wortsinngetreuen Anwendung des Gesetzes verbleiben kann. Der Begriff der Gesetzeslücke hat in diesem gesamten Prozess keinen eigenständigen Erkenntniswert. Er illustriert nur. Er sollte als selbständiges Begründungselement aufgegeben werden.

6. Mit der wertenden Feststellung, dass der Gleichheitssatz die Übertragung der Rechtsfolge des Gesetzes auf den von ihm nicht erfassten Streitfall verlangt, ist die Zulässigkeit der Analogie nicht abschließend belegt. Es gilt auch jetzt der Primat der Gesetzgebung. Er wirkt sich dahin aus, dass eine Übertragung der gesetzlichen Rechtsfolge auf den ungeregelten Fall nicht dem (klaren) »Willen des Gesetzgebers« widersprechen darf.[19] Mit Hilfe des Analogieschlusses kann das vom Gesetzgeber Gewollte gegen das vom Gesetz Gesagte zur Geltung gebracht werden. Wo das vom Gesetz Gesagte dem vom Gesetzgeber erkennbar exklusiv Gewollten entspricht und doch nach Maßgabe des Gleichheitssatzes nach »Ergänzung« verlangt, ist diese ausgeschlossen. Zwar ist die Exklusivität dann verfassungswidrig. Die Fachgerichte aber sind an die Grenze ihrer Kompetenz gelangt, und selbst das Bundesverfassungsgericht kann eine verfassungsgemäße Norm nicht von sich aus schaffen.

19 BVerfG 11.7.2012 – 1 BvR 3142/07 – 1 BvR 1569/08.

Der Europäische Betriebsrat – Die Auswirkungen des neuen Gesetzes über Europäische Betriebsräte[1] auf EBR-Vereinbarungen

Olaf Kunz, Tarifsekretär, IG Metall Bezirk Küste

1. Anzahl von EBR-Vereinbarungen

Auch gut 23 Jahre nachdem die EBR Richtlinie im September 1994 (EBR-RL a. F.)[2] aus der Taufe gehoben wurde, hat der »Zauber« von Vereinbarungen für die Errichtung und Arbeit eines Europäischen Betriebsrates nichts an seiner Bedeutung verloren. Ende 2017 sind von etwa 1000 aktuell nach der EBR-Richtlinie existierenden Europäischen Betriebsräten lediglich 22 nach den subsidiären Vorschriften errichtet worden und damit als »Europäischer Betriebsrat kraft Gesetzes« tätig.[3] Während die Handlungsmöglichkeiten bei Europäischen Betriebsräten kraft Gesetzes den im (jeweiligen nationalen) Gesetz festgelegten Regelungen folgen, wurde und wird die Errichtung und Arbeitsweise der Europäischen Betriebsräte kraft Vereinbarung zwischen den Arbeitnehmervertretern (in der Regel durch das besondere Verhandlungsgremium) und dem Management ausgehandelt. Grundlage der Arbeit des Europäischen Betriebsrats kraft Vereinbarung sind die ausgehandelten und schriftlich in der Vereinbarung festgelegten wesentlichen Rahmenbedingungen wie die Zusammensetzung des Gremiums, der Ort, die Häufigkeit und Dauer der Sitzungen und insbesondere seine Aufgaben und Befugnisse sowie das Verfahren zu seiner Unterrichtung und Anhörung. Die beachtliche Anzahl der Europäischen Betriebsräte kraft Vereinbarung liegt an der starken Ausprägung des Subsidiaritätsprinzips der EBR-Richtlinie (alter und neuer Fassung). In einer ersten Phase (1994 bis 1996) ermöglichte es Art. 13 EBR-RL a. F. durch nur geringfügige Reglementierungen und somit unter erleichterten Bedingungen, eine EBR-Vereinbarung abzuschließen. Diese »praktische Effektivität der EBR-RL a. F.« führte innerhalb von nur 2 Jahren zum Abschluss von ca. 431 sogenannten

---

1 EBRG v. 7. 12. 2011, BGBl. I S. 2650.

2 Richtlinie 94/45/EG des Rates v. 30. 9. 1994, ABl. L 254, S. 64.

3 Vgl. The european works councils data base, http://www.ewcdb.eu/de/stats-and-graphs, Abruf: 15. 1. 2018, Daten ohne SE-Betriebsräte.

»Art. 13 EBR-Vereinbarungen« und somit zu einem rasanten Anstieg von Gremien, die ihre Arbeit schon vor dem Ablauf der Umsetzungsfrist (22.9.1996) der EBR-RL a.F. in die nationalen Rechtsordnungen aufnahmen.[4] Von den aktuell aktiven Europäischen Betriebsräten sind 315 nach Art. 13 EBR-RL a.F. errichtet worden und 49, die durch die Erstreckung der EBR-RL a.F. auf Großbritannien und das Königreich Nordirland ebenfalls nach den Regularien des Art. 13 EBR-RL a.F. eine EBR-Vereinbarung abgeschlossen haben. 564 Europäische Betriebsräte wurden in Verhandlungen nach Art. 6 EBR-RL a.F. gegründet. In 10 Unternehmen existiert lediglich ein Informations- und Anhörungsverfahren.[5] 22 Gremien sind Europäische Betriebsräte kraft Gesetzes.

2. Fortgeltungsvorschriften für EBR-Vereinbarungen

Am 5.6.2009 trat die EBR-RL n.F. in Kraft.[6] Art. 16 dieser RL verpflichtet die Mitgliedstaaten, sie innerhalb von zwei Jahren in nationales Recht umzusetzen. Mit Wirkung zu diesem Zeitpunkt, also am 6.6.2011, wurde gem. Art. 17 Unterabs. 1, die EBR-RL a.F. aus dem Jahr 1994 aufgehoben. Die Umsetzung der EBR-RL n.F. erfolgte durch das »2. EBRG-Änderungsgesetz« vom 14.6.2011[7], das am 18.6.2011 in Kraft getreten ist. Besondere Beachtung verdienen insbesondere die Vorschriften zur Fortgeltung von bereits vor Inkrafttreten des EBRG n.F. abgeschlossenen Vereinbarungen, die in § 41 EBRG n.F. geregelt sind.

3. EBR-Vereinbarungen nach dem neuen EBRG

Für »neue« EBR-Vereinbarungen, die nach dem 5.6.2011 abgeschlossen wurden bzw. abgeschlossen werden, gelten die Vorschriften des § 18 EBRG n.F. Diese neuen Regelungen über die Ausgestaltung eines Europäischen Betriebsrats kraft Vereinbarung sind gegenüber dem EBRG a.F. erheblich modifiziert worden. Die Änderungen in § 18 Abs. 1 Satz 2 Nr. 3 (ergänzter Regelungsgegenstand zur Abstimmung des Verfahrens einer Unterrichtung und Anhörung des Europäischen Betriebsrats auf die Beteiligungsrechte der nationalen Arbeitnehmervertretun-

4 Vgl. HaKo-BetrVG/*Kunz*, Einl. EBRG Rn. 7.
5 Vgl. The european works councils data base, http://www.ewcdb.eu/de/stats-and-graphs, Abruf: 15.1.2018, Daten ohne SE-Betriebsräte.
6 Richtlinie 2009/38/EG des EP und des Rates v. 16.5.2009, ABl. EU L 122, 28.
7 BGBl. I S. 1050.

gen), Nr. 5 (neu eingefügte Regelung über die Modalitäten der Einrichtung eines »engeren Ausschusses« des Europäischen Betriebsrats) und Nr. 7 (ergänzter Regelungsgegenstand über die Anpassung der Vereinbarung bei Strukturänderungen) dienen der Umsetzung des Art. 6 Abs. 2 lit. c), e) und g) in Verbindung mit Art. 12 Abs. 2 Satz 2 der EBR-RL n. F., die den Katalog der Regelungsinhalte einer Vereinbarung über einen Europäischen Betriebsrat erweitert haben.

4. »Alte Art. 6-EBR-Vereinbarungen« nach dem neuen EBRG

Für »alte Art. 6-Vereinbarungen«, die zwischen dem 22.9.1996 und dem 5.6.2009 abgeschlossen wurden, findet das neue Recht, also die Vorschriften des EBRG n. F. Anwendung.[8] Das ergibt sich im Umkehrschluss aus § 41 Abs. 8 EBRG, der festlegt, dass für EBR-Vereinbarungen, die in dem Zeitraum vom 5.6.2009 bis zum 5.6.2011 überarbeitet oder neu abgeschlossen wurden, nur das EBRG a. F. gilt und wird des Weiteren in der Begründung zum Gesetzentwurf der Bundesregierung[9] eindeutig klargestellt. Dies betrifft insbesondere die verbesserten Definitionen zur Unterrichtung und Anhörung, aber auch den Qualifizierungsanspruch, der in diesen Unternehmen oder Unternehmensgruppen unabhängig vom Vereinbarungstext für alle EBR-Mitglieder besteht. Die verbesserten Rechte gelten also selbst dann, wenn in diesen bestehenden EBR-Vereinbarungen ungünstigere oder keine Bestimmungen enthalten sind.[10] Hervorzuheben sind hier die folgenden wesentliche Vorschriften in der Umsetzung der EBR-RL n. F.:
Die Definition »länderübergreifende Angelegenheiten« in § 1 Abs. 2 EBRG n. F. (Art. 1 Abs. 4 EBR-RL n. F.), die erstmalige Definition des Begriffs »Unterrichtung« in § 1 Abs. 4 EBRG n. F. (Art. 2 Abs. 1 lit. f EBR-RL n. F.), die präzisierte Definition des Begriffs »Anhörung« in § 1 Abs. 5 EBRG n. F. (Art. 2 Abs. 1 lit. g EBR-RL n. F.), die Verbesserung des Anhörungsrechts für Europäische Betriebsräte einschließlich des Rechts auf eine »mit Gründen versehene Antwort nach Stellungnahme« in § 1 Abs. 5 Satz 2 EBRG n. F. (Anhang I/Subsidiäre Vorschriften Nr. 1 lit. a EBR-RL n. F.), die Festlegung von Modalitäten und Verzahnung der Informationsebene zwischen dem Europäischen Betriebsrat und den nationalen Arbeitnehmervertretungen mit zeitlicher Abfolge der Unterrichtung und Anhörung in § 1 Abs. 7 EBRG n. F. (Art. 6 Abs. 2 lit. c, 12 Abs. 3 EBR-RL n. F.), die

8 Vgl. amtliche Begründung zum Regierungsentwurf, BT-Drucksache 17/4808 v. 17.2.2011, S. 13; DKKW-*Däubler*, EBRG, § 41 Rn. 26.
9 BT-Drucks. 17/4808 v. 17.2.2011, Begr. BT zu Art. 1 Nr. 27, S. 13.
10 Vgl. HaKo-BetrVG/ *Hayen*, Einl. EBRG Rn. 31.

Berichtspflicht von EBR-Mitgliedern gegenüber nationalen Interessenvertretungen in § 36 Abs. 1 EBRG n. F. (Art. 10 Abs. 2 EBR-RL) und der Schulungsanspruch für Mitglieder des Europäischen Betriebsrates ohne Lohn- und Gehaltseinbußen in § 38 EBRG n. F. (Art. 10 Abs. 4 EBR-RL).
Nach der Fortgeltungsvorschrift des § 41 Abs. 8 EBRG n. F. gilt für sogenannte »alte Art. 6-Vereinbarungen«, die nach Inkrafttreten des EBRG a. F. und dem 5. 6. 2009 abgeschlossen wurden und die in dem Zeitraum vom 5. 6. 2009 bis zum 5. 6. 2011 überarbeitet wurden, dass das EBRG a. F. Anwendung findet. Das gleiche gilt für EBR-Vereinbarungen, die zwischen dem 5. 6. 2009 und dem 5. 6. 2011 neu abgeschlossen wurden. Für diese beiden Arten sogenannter »Interimsvereinbarungen« (Überarbeitung einer bereits bestehenden EBR-Vereinbarung oder Neuabschluss einer EBR-Vereinbarung in dem genannten 2-jährigen Zeitfenster) gilt die Privilegierung der Geltung des EBRG a. F. Damit finden seit Inkrafttreten des EBRG n. F. zwei EBRG-Fassungen parallel Anwendung, wobei das EBRG a. F. nur für die sogenannten »Interimsvereinbarungen« gilt.
Eine Ausnahme hiervon ist nach dem EBRG n. F. allerdings in den Fällen wesentlicher Strukturänderungen im Sinne des § 37 Abs. 1 vorgesehen. Die Herausnahme der Fälle des § 37 aus § 41 Abs. 1, 7 und 8 EBRG n. F. bewirkt entsprechend Art. 14 EBR-RL n. F., dass unter den in § 37 genannten Voraussetzungen in allen Fällen die Regelungen des EBRG in seiner aktuellen Fassung anzuwenden sind unabhängig davon, ob in den betroffenen Unternehmen eine Vereinbarung galt, auf die das EBRG nicht oder lediglich in seiner bis zum Inkrafttreten dieses Gesetzes geltenden Fassung Anwendung fand.[11]

5. »Alte Art. 13-EBR-Vereinbarungen« nach dem neuen EBRG

Ein großer Teil der aktiv tätigen Europäischen Betriebsräte basiert auf einer Vereinbarung nach Art.13 EBR-RL a. F. Danach war alleinige Grundlage für die Arbeit des Europäischen Betriebsrates die abgeschlossene EBR-Vereinbarung. Die Vorschriften der EBR-RL a. F. und dementsprechend auch nicht das EBRG a. F. fanden auf diese Vereinbarungen keine Anwendung.
In Umsetzung des Art. 14 EBR-RL n. F. bestimmt § 41 Abs. 1 EBRG n. F., in welcher Weise die sogenannten Art. 13 EBR-RL a. F. Vereinbarungen weiterhin den Geltungsbereich des EBRG (alter und neuer Fassung) ausschließen. Danach findet das EBRG n. F. keine Anwendung für EBR-Vereinbarungen, die vor dem

11 BT-Drucks. 17/4808 v. 17. 2. 2011, Begr. BT zu Art. 1 Nr. 27, S. 13.

22.9.1996 abgeschlossen wurden. Dies gilt, solange die Vereinbarung wirksam ist, sich auf alle in den Mitgliedstaaten beschäftigten Arbeitnehmer erstreckt und den Arbeitnehmern aus denjenigen Mitgliedstaaten eine angemessene Beteiligung an der Unterrichtung und Anhörung ermöglicht, in denen das Unternehmen oder die Unternehmensgruppe einen Betrieb hat. Der Anwendung dieser Regelung steht nicht entgegen, dass die Vereinbarung auf Seiten der Arbeitnehmer nur von einer im Betriebsverfassungsgesetz vorgesehenen Arbeitnehmervertretung geschlossen worden ist. Das gleiche gilt, wenn für ein Unternehmen oder eine Unternehmensgruppe anstelle einer Vereinbarung mehrere Vereinbarungen geschlossen wurden. Eine Ausnahme besteht nach § 41 Abs. 1 Satz 1 EBRG n. F. allerdings dann, wenn sich die Struktur des gemeinschaftsweit tätigen Unternehmens oder der gemeinschaftsweit tätigen Unternehmensgruppe, für die die sogenannte Art. 13-Vereinbarung abgeschlossen wurde, wesentlich ändern und hierzu keine Regelungen in der Vereinbarung getroffen wurde (oder sich geltenden Vereinbarungen widersprechen).
Danach behalten sogenannte Art. 13 EBR-RL a. F.-Vereinbarungen ihre Privilegierung im Falle von wesentlichen Strukturänderungen nur, wenn in diesen Vereinbarungen der betroffenen Unternehmen oder Unternehmensgruppen das Verfahren für den Fall der wesentlichen Strukturänderung geregelt ist.

6. Zusammenfassung

Ist für einen Europäischen Betriebsrat eine Vereinbarung Grundlage für seine Arbeit, was in der Regel der Fall ist, so lohnt es sich einen Blick darauf zu werfen, wann die Vereinbarung abgeschlossen wurde. Denn danach richtet sich, welches Recht anzuwendenden ist, das neben den in der Vereinbarung festgelegten Regelungen gilt. Handelt es sich um eine klassische sogenannte Art. 13-Vereinbarung, die vor dem 22.9.1996 abgeschlossen wurde, dann gilt grundsätzlich weder das EBRG a. F. noch das EBRG n. F., es sei denn, das Unternehmen oder die Unternehmensgruppe unterlag einer wesentlichen Strukturveränderung im Sinne des § 37 EBRG n. F. Alte wie neue EBR-Vereinbarungen, die nach dem 22.9.1996 abgeschlossen wurden, unterfallen den neuen Regelungen des EBRG n. F. Eine Ausnahme hiervon bilden allein Vereinbarungen, die im Zeitraum vom 5.6.2009 bis zum 5.6.2011 abgeschlossen oder in diesem Zeitraum geändert wurden. Die Anwendung des neuen Rechts nach dem EBRG n. F. beinhaltet wesentlich mehr und bessere Rechte für Europäische Betriebsräte. Daher lohnt sich sowohl ein Blick auf die Inhalte und das Abschlussdatum der EBR-Vereinbarung als auch auf die Regelungen des neuen EBRG, die für die meisten EBR-Vereinbarungen, die nach dem 22.9.1996 abgeschlossen wurden, gelten dürften.

Lead With Optimism!

Prof. Wilma B. Liebman, Former Member and Chairman, National Labor Relations Board (1997–2011), USA

I am delighted to contribute to this celebration of *Thomas Klebe*'s distinguished legal career and his unflagging dedication to shaping a labor law that serves working people. Over the last three years, I was privileged to collaborate on a comparative law study of crowdwork sponsored by the Hugo Sinzheimer Institut, which Thomas now leads. I applaud him (and his forward thinking and wonderful wife Christiane Benner) for envisioning that study. Earlier, while he served as general counsel of the IG Metall, we discussed the ongoing struggle by the United Auto Workers to represent Volkswagen's employees and create a works council at the Chattanooga, Tennessee facility. Sadly, those efforts are still unfulfilled, complicated by politics.

1. Troubling times

These are undoubtedly troubling times. The election of *Donald Trump* (with European parallels) exposed deep levels of frustration with the prevailing political and economic order. The roots of the discontent are many, but center on the erosion of a middle-class lifestyle for average Americans and growing doubt that the next generation will live better than its parents. The first year of *Trump's* presidency has done nothing to ease that discontent. Indeed, the divisions between Americans seem deeper than ever, with basic democratic institutions and norms threatened, and political culture poisoned with ugly and dishonest rhetoric.

Trump ran as a populist, exploiting discontent, but he has governed as a plutocrat. He has filled his administration with billionaires, and most recently he endorsed a sweeping tax reform bill that was rushed through Congress, favoring the super-rich, likely raising taxes for millions of middle and low-income households and repealing a key aspect of Obamacare. Vacancies on the federal courts have been filled at lightning speed with far-right extremists, some without any relevant experience. Newly installed *Trump* appointees at the National Labor Relations Board have signaled that fewer workers will have fewer rights. Muslims and immigrants have been placed in fear. Protesters, the press and the courts are viciously attacked.

2. Working people join together to improve life on the job

For those committed to economic fairness and workplace justice, it would be easy to react with alarm and abandon hope. But that would be a mistake, and this *Festschrift* is hardly the occasion for despair. Rather, these are times when inspiration is required. Even at this disturbing and uncertain historical moment, we must remain hopeful, and I believe there are reasons to remain optimistic.First, there are the countless individuals with the imagination, integrity, and courage to inspire progress towards a democratic way of life. Leaders who refuse to be silenced, notwithstanding rancor and vilification, who can foster a sober dialogue about serious challenges and kindle conviction and commitment. The course of history is, after all, shaped by the combined values and voices of the people – individuals making a difference in workplaces and communities all over the world. While I served as a member of the National Labor Relations Board (NLRB), I repeatedly saw cases involving working people in every sort of workplace who, despite the odds and the obstacles, joined together to improve life on the job. Sometimes they had unions to help them, but other times they acted spontaneously to help each other – a reminder that solidarity is part of who we are.

3. The 1935 National Labor Relations Act

And that leads to a second reason for maintaining hope. The 1935 National Labor Relations Act is unique in American law in protecting *collective* rights. It establishes the rights of working people to organize and form unions or »to engage in other concerted activities for the purpose of collective bargaining or *other mutual aid and protection.*«[1] The law protects those workers who come together to improve life on the job, with *or without* a union. And notwithstanding deeply divided beliefs about this law, its values remain living values, even after eight decades.

1 Section 7 NLRA, 29 U.S.C. 157 (emphasis added).

Academics have long declared U.S. labor law dead or dying, or at best »an anachronism irrelevant for most workers and firms.«[2] That assessment is fair, but incomplete. The New Deal era labor law was the product of fierce struggle and remains controversial. It is in urgent need of updating to better fit a radically changed economy and to allow new ways of achieving worker bargaining power, but it has been hugely resistant to legislative reform. In our hyper-partisan climate, there is no consensus about how to modernize the law, let alone about its basic legitimacy. But for all the shortcomings of the labor law, and despite persistent challenges, its underlying values endure: the rule of law as a substitute for often-bloody labor battles; the principle of freedom of association; the goal of economic advance through collective bargaining; and a commitment to a system of industrial democracy. The National Labor Relations Act is the foundation of our commitment to the fundamental rights at work recognized around the world as core principles of a democracy, even if sometimes honored in the breach.

4. New initiatives of mobilization

A third reason for optimism is that labor questions have grabbed the public's attention in the past few years, after decades on the fringes of policy discourse. Americans have finally become aware of just how »lousy the past several decades have been for the average U.S. worker …«[3] Following years of quiescence[4] and more than three decades of stagnant wages and growing income inequality, workers are beginning to mobilize, and committed journalists are bringing their stories to life in an array of media outlets.

The struggles of fast food and other low wage workers for livable wages and their one-day strikes in cities across the nation and abroad exemplify this discontent and escalating activism. Their campaign has triggered a wave of state and local minimum wage hikes around the country, even in so-called »red« states. It has also, step by step, introduced thousands of workers to organizing for improved conditions.

2 RB *Freeman, What Can We Learn from the NLRA to Create Labor Law for the Twenty First Century?* 26 A.B.A. J. Lab. & Emp. L. 327, 330 (2011).

3 ZA *Goldfarb, Why the Economy Isn't Doomed,* Wash. Post, 15 Feb. 2014.

4 S *Greenhouse, In America, Labor Has an Unusually Long Fuse,* The New York Times, 4 Apr. 2009 (in »recent decades, American workers have increasingly steered clear of such militancy,« especially in contrast to European counterparts, »even as unemployment soars and companies cut wages and benefits.«)

Gradually, people in a wide range of occupations are joining together. There is a growing union movement at more than a dozen digital publishers, such as Vox Media, HuffPost, ThinkProgress, and Vice Media.[5] Drivers who transport Silicon Valley entrepreneurs have voted to join the Teamsters Union, a striking symbol of confronting inequality. Workers have struck at West Coast ports, Texas oil refineries, and against a nationwide telecommunications company. On campuses across the nation, including the prestigious Ivy League, college football players, adjunct faculty and graduate teaching assistants have sought to unionize.

Even workers excluded from the basic labor law's coverage, including farmworkers, domestic and home healthcare workers, fashion models, and others treated as independent contractors have mobilized for better pay, improved working conditions, and legislative reforms. Some have joined traditional labor unions and some have allied with »alt-labor« groups.[6] Taking advantage of new technologies, gig economy workers have developed app-based platforms and online forums that provide a »meeting place« to build community, form networks, facilitate communication and organize.

Uber drivers (treated as independent contractors) have embraced a range of collective action strategies. Some have engaged in protest demonstrations; some have sought to unionize as »employees;« some are seeking to deal or bargain with Uber as »independent contractors« (even successfully lobbying for legislation in Seattle to permit collective bargaining as independent contractors); and some are demanding »employee« status in lawsuits. Whether they will ultimately choose and achieve union representation on any scale remains to be seen, but their efforts – and similar efforts by other gig economy workers – are impressive.

These experiments are occurring largely outside the framework of federal labor law and traditional collective bargaining, but in harmony with their promise. Although these evolving initiatives may be limited in scale, resource capacity, and long-term sustainability, and may be modest by comparison with labor struggles of the 1930s or civil rights protests of the 1960s, they cannot be ignored. They perhaps foretell opportunities that we cannot today anticipate.

5. Growing strength of women in workplaces

Perhaps the most remarkable and sudden surge of collective action is the #MeToo digital campaign that went viral globally after accusations of sexual harassment

5 *M Sedacca, Unions Are Gaining a Foothold at Digital Media Companies,* The New York Times, 26 Dec. 2017.

6 *J Eidelson, Alt-Labor,* American Prospect, Jan./Feb. 2013.

and assault were made public last October against Hollywood film producer Harvey Weinstein. While the full consequences of this campaign are as yet unknown, tens of thousands of women from scores of countries have made their voices heard, increasing public awareness of sexual assault and demonstrating »the power of women as a group, and the power of social media in building a global movement.«[7]

For women laboring as domestic or restaurant workers, or in other vulnerable occupations, collective action may be more suitable than shaming their non-famous bosses on Twitter or reporting them to the media. As one commentator has urged, »women can put an end to this not just by organizing their own workplaces but also by supporting others who are organizing or transforming unions. The growing strength of women in workplaces … means a new sort of solidarity is possible across sectors.«[8] Honoring this campaign, Time Magazine named the »Silence Breakers« as its 2017 »Person of the Year«:

»The women and men who have broken their silence span all races, all income classes, all occupations and virtually all corners of the globe. They might labor in California fields, or behind the front desk at New York City's regal Plaza Hotel, or in the European Parliament. They're part of a movement that has no formal name. But now they have a voice.«[9]

6. Collective action as a critical element of social change

Voice is, of course, what labor law encourages. In 2004, an NLRB majority decided that an individual woman was *not* engaged in »mutual aid and protection,« within the meaning of the National Labor Relations Act, when she asked a co-worker to be a witness in her sexual harassment claim against a supervisor.[10] I dissented, arguing that the majority's decision »encourages victims of sexual harassment to remain silent.« Ten years later, the NLRB overruled that decision, with my dissent becoming the basis for the new majority opinion.[11] Whether that opinion will stand under a Trump NLRB remains to be seen, and whether Ameri-

7 *C Powell, #MeToo Goes Global and Crosses Multiple Boundaries,* ForeignAffairs.com, 14 Dec. 2017.

8 *S Leonard, How to Stop the Predators Who Aren't Famous,* The New York Times, 16 Nov. 2017.

9 *S Zacharek, E Dockterman & HS Edwards,* »Person of the Year 2017: The Silence Breakers, Time Magazine, 18 Dec. 2017.

10 *Hollins Press, Inc.,* 343 NLRB 301 (2004).

11 *Fresh & Easy,* 361 NLRB No. 12 (2014).

can women engaged in the #MeToo campaign actually know they have rights under federal labor law is not clear. Regardless, acting in solidarity, they are no longer silent. And, »there is probably no reversing the trend of employees' piping up en masse in the workplace.«[12]

Naïve as it may sound, I believe there is reason not to abandon hope. Re-energized worker activism will in turn catalyze progress in fighting for democracy and building a new political order, especially at the state and local levels. At the same time, it will revive the public's understanding of collective action and its value as a policy goal and a critical element of social change. In short, this is a moment to lead with optimism.

12 *N Scheiber, N.F.L. Players May Have an Ally in their Protests: Labor Law,* The New York Times, 12 Oct. 2017.

Europäische Menschenrechtskonvention und elektronische Überwachung am Arbeitsplatz

Klaus Lörcher, ehemaliger Justiziar des Europäischen Gewerkschaftsbundes und Wissenschaftlicher Referent am Gericht für den Öffentlichen Dienst der EU

Eine Persönlichkeit wie *Thomas Klebe* mit einem (wenn auch nur kleinen) Beitrag ehren zu wollen, kann nur unvollkommen gelingen. Mit seinen verschiedenen beruflichen Aktivitäten und rechtswissenschaftlichen Arbeiten hat er einen so weiten Rahmen abgesteckt, der sich sicher nicht angemessen ausfüllen lässt. Bekanntlich kreis(t)en die meisten seiner Aktivitäten um das Betriebsverfassungsrecht in all' seinen unterschiedlichen (bis hin zu den europäischen) Ausprägungen. Diese kollektivrechtliche Orientierung wurde sicher auch durch die Tätigkeit als ehrenamtlicher Richter im 1. Senat des BAG verstärkt und hat sich nicht zuletzt auch mit der Übernahme der Funktion als Justitiar der IGM noch deutlicher ausgedehnt. Neben der engeren beruflichen Tätigkeit hat er auch umfangreich wissenschaftlich gewirkt, bis hin zum internationalen Arbeitsrecht.[1] Er hat sich aber auch – und das sei besonders hervorgehoben – mit wichtigen anderen und besonders zukunftsträchtigen Problemen befasst, wie z. B. dem Datenschutz, noch bevor er sich dem Crowdworking in allen seinen Facetten zugewandt hat.
Vor diesem Hintergrund erscheint es nicht unangemessen, ihn mit einem Beitrag zu aktuellen völkerrechtlichen Entwicklungen eines besonderen Aspekts des Datenschutzes am Arbeitsplatz zu bedenken: die menschenrechtliche Perspektive bei den Zulässigkeitsanforderungen an eine Überwachung am Arbeitsplatz mit elektronischen Mitteln. Anlass dazu bieten die neueren bis neuesten Urteile des Europäischen Gerichtshofs für Menschenrechte (EGMR).

---

1 *Klebe/Heuschmid*, Die Normen der Internationalen Arbeitsorganisation und ihre Bedeutung im Richterrecht des Europäischen Gerichtshofs, in: Däubler/Zimmer (Hrsg.), Arbeitsvölkerrecht, 2013, S. 338 ff.

1. Zu den aktuellen EGMR-Urteilen

Zwar setzt sich der EGMR schon seit längerem mit Problemen des Datenschutzes allgemein und der Überwachung am Arbeitsplatz im Besonderen auseinander.[2] Dennoch ist die aktuelle Häufung von Urteilen gerade zum Schutz von Arbeitnehmern bemerkenswert, denn der EGMR hat innerhalb der relativ kurzen Zeitspanne von nur knapp fünf Monaten fünf Urteile zu diesem Themenkomplex gefällt – dabei aber auf ganz unterschiedliche Vertragsstaaten bezogen.[3] In vier Urteilen ist er zu einer Verletzung von Art. 8 Europäische Menschenrechtskonvention (EMRK), der das Recht auf Achtung des Privatlebens schützt, gekommen.

In der genannten Urteilsserie sticht zunächst das erste Urteil *Bărbulescu*[4] insbesondere deshalb hervor, weil es von der Großen Kammer (GK) des EGMR stammt, die – im direkten Gegensatz zur (Kleinen) Kammer, die mit 6:1 Stimmen Artikel 8 als nicht verletzt angesehen hatte[5] – eine Menschenrechtsverletzung angenommen hat. Der Sache nach handelte es sich vor allem um die Überwachung des privaten E-Mail-Verkehrs vom Arbeitsplatzrechner aus, der vom Arbeitgeber jedoch untersagt worden war. Auch das ›jüngste‹ Urteil in dieser Reihe (*Libert*[6]) betrifft die ebenfalls verdeckte Überwachung von auf einer CD gespeicherten Daten, die als zulässig angesehen wurde. Dagegen ist es bei den weiteren Urteilen wiederum zu einer Verletzung von Art. 8 EMRK gekommen. Sie behandeln verschiedene Aspekte der Videoüberwachung am Arbeitsplatz, zum einen aus Gründen der Aufdeckung von Straftaten (*Akhlyustin*,[7] *Ló-*

2 Vgl. als Übersicht das vom EGMR zu seiner Rspr. veröffentlichte ›Fact sheet‹ ›Personal data protection‹.

3 EU: Rumänien, Spanien, Frankreich; Nicht-EU: Russland, Montenegro.

4 Urt. (GK) v. 5.9.2017 – Nr. 61496/08 – *Bărbulescu / Rumänien.* In diesem Verfahren hatte der EGB als Drittintervenient Stellung genommen, s. Rn. 8 und 107; näher zu diesem Urteil, *Sagan,*HSI-Newsletter3/2017, Anm. unter III.

5 Urt. (4. Sektion) v. 12.1.2016 – Nr. 61496/08 – *Bărbulescu / Rumänien* (dieses Urteil wird hier nicht in die ›Reihe‹ mit aufgenommen, weil es vom nachfolgenden Urteil der Großen Kammer ersetzt wurde); zu diesem Urteil, *Buschmann,* HSI-Newsletter 1/2016, Anm. unter III.

6 Urt. (5. Sektion) v. 22.2.2018 – Nr. 588/13 – *Libert / Frankreich.* Dieses Urteil ebenso wie die anderen genannten Urteile einer (kleinen) Kammer sind zum Zeitpunkt der Abfassung dieses Beitrags noch nicht rechtskräftig, könnten also theoretisch noch zu einem Urteil der GK führen (z.B. hat im Fall *Akhlyustin,* s. Fn. 7, die russische Regierung einen Antrag auf Zulassung für eine Entscheidung der GK gestellt, der jedoch zurückgewiesen wurde.

7 Urt. (3. Sektion) v. 7.11.2017 – Nr. 21200/05 – *Akhlyustin / Russland.*

pez Ribalda u. a.[8]), zum anderen aus Gründen der Verhaltenskontrolle (*Antović u. a.*)[9].

	Datenüberwachung	Videoüberwachung	
Zweck d. Überwachung	Beweissicherung (für evtl. strafrechtl. Verfolgung)		Verhaltenskontrolle
Offene Überwachung			Antović u. a.
Verdeckte Überwachung	Bărbulescu, Libert	Akhlyustin, López Ribalda u. a.	

Im Rahmen eines so kurz bemessenen Beitrags lassen sich nur einige wenige Schlaglichter auf die vielfältigen Probleme und Fragen werfen, die in diesen Urteilen (nicht)[10] behandelt werden.

2. Zu Elementen des Prüfungsprogramms

Als Ausgangspunkt ist wichtig, dass alle fünf Urteile die elektronische Überwachung am Arbeitsplatz in den Schutzbereich von Art. 8 EMRK einbeziehen. Soweit das von den betroffenen Regierungen in Zweifel gezogen wurde, hat der EGMR dies zurückgewiesen und einen Eingriff in das geschützte Privatleben bejaht.

Für die Prüfung der Eingriffsrechtfertigung insbesondere der Kommunikationsüberwachung hat die Große Kammer des EGMR einen sechs Punkte umfassenden Kriterienkatalog erarbeitet, der die vorherige Information über die Möglichkeit einer Überwachung, Grad des Eingriffs in die Privatsphäre, Vorliegen von Rechtfertigungsgründen durch den Arbeitgeber, weniger einschneidende Mittel als Kommunikationsüberwachung, Folgen der Überwachung und Verfahrenssicherungen beinhaltet. Gleichzeitig muss ein Rechtsbehelf existieren, durch den

8 Urt. (3. Sektion) v. 9. 1. 2018 – Nr. 1874/13 u. 8567/13 – López Ribalda u. a. / Spanien. Auch in diesem Verfahren hatte der EGB eine Stellungnahme als Drittintervenient Stellung abgegeben, s. Rn.5 und 79f. Dieses Verfahren ist inzwischen vor der Großen Kammer des EGMR anhängig.

9 Urt. (2. Sektion) v. 28. 11. 2017 – Nr. 70838/13 – *Antović und Mirković / Montenegro;* s. *Lörcher*, HSI-Newsletter 4/2017, Anm. unter III.

10 Z.B. werden internationale Normen nur in den Fällen Bărbulescu (dortige Rn. 37 – 51) und *López* Ribalda (Rn. 34–39) dargestellt, in den anderen Fällen jedoch nicht angesprochen.

die Einhaltung dieser Punkte wenigstens dem Grunde nach geprüft werden kann.[11] Diese Prüfungsanforderungen wurden jedoch in den nachfolgenden Urteilen nicht 1:1 umgesetzt. Besonders auffällig ist dieser Mangel im Urteil *Libert*. Im Hinblick auf die (strenge) Rspr. des französischen Kassationsgerichtshofs war davon ausgegangen worden, dass die überwachten Daten nicht hinreichend klar als »privat« bezeichnet worden seien und deshalb die Vermutung einer Zulässigkeit der Überwachung durch den Arbeitgeber bestehe.
Ein bisher vom EGMR nicht angesprochenes Problem liegt in vom Arbeitgeber einseitig festgelegten Regeln im Umgang mit persönlichen Daten. So hat er z. B. im Fall *Libert* im Rahmen der Prüfung der Rechtfertigung u. a. auch auf einen – nicht näher hinterfragten – ›Ehrenkodex‹[12] verwiesen. Dabei wäre nämlich die (*Thomas Klebe* sicher »am Herzen« liegende Frage) zu klären, ob die Gewerkschaften bzw. betriebliche Interessenvertretung an deren Erstellung (und ggf. in welcher Form) beteiligt waren und ob sie – darüber hinaus – vor der Überwachungsmaßnahme wenigstens informiert worden sind.[13]

3. Zu den jeweiligen Ergebnissen

Ein etwas näherer Blick nicht nur auf das Ergebnis, sondern auch auf es tragende Begründung spricht letztlich doch für eine einzelfallbezogene Betrachtungsweise (und diese war häufig immer noch umstritten, wie sich aus den Stimmenverhältnissen im jeweiligen Spruchkörper ergibt). Bei den Fällen zur *Beweissicherung* in Form der Datenüberwachung war im Fall *Bărbulescu* (11 : 6 Stimmen) besonders wichtig, dass die Überwachung trotz des Verbots des Arbeitgebers zur privaten Nutzung des Internets als konventionswidrig eingestuft wurde. Im Gegensatz dazu hielt der EGMR die Überwachung im Fall *Libert* (6 : 1 Stimmen) für vereinbar mit Art. 8 EMRK, weil der betroffene Arbeitnehmer die Daten auf einer CD des Arbeitgebers nicht ausdrücklich als »privat« gekennzeichnet hatte. Bei den Fällen zur Videoüberwachung fehlt es nach dem Urteil *Akhlyustin* (einstimmig) bereits mangels rechtsstaatlicher Garantien an den notwendigen gesetzlichen Vorgaben. Schließlich ist der *López Ribalda* deshalb besonders interessant, weil das Urteil aufgrund des sehr weiten Überwachungsumfangs (und in deutlicher

11 Dortige Rn. 121 f.; diese Liste wird in den Rn. 133 – 138 auf den konkreten Fall hin überprüft.

12 ›code de de déontologie‹ sowie weitere interne Regelungen (›référentiels internes‹) Rn. 51.

13 In den Fällen *Bărbulescu* und *López Ribalda* hatte der EGB im Rahmen der erforderlichen Verfahrensgarantien in seinen Drittinterventionen auf die Notwendigkeit der vorherigen Information der betrieblichen Interessenvertretungen aufmerksam gemacht.

Abgrenzung zum ›deutschen‹ Fall *Köpke*[14]) zu einer Verletzung von Art. 8 EMRK kommt (6 : 1 Stimmen).

Nach dem Urteil *Antovic* (4 : 3 Stimmen) sind für eine (letztlich anlasslose) allgemeine *Verhaltenskontrolle* (von Lehrenden an einer Universität) auch im Fall einer angekündigten Videoüberwachung hohe Anforderungen zu stellen, die jedoch im konkreten Fall nicht einmal im Hinblick auf das innerstaatliche Gesetz erfüllt wurden.

In den vier Verfahren mit einem Verstoß gegen Art. 8 EMRK gelangt der EGMR zu recht unterschiedlichen Ergebnissen im Hinblick auf eine *gerechte Entschädigung* (Art. 41 EMRK). Während er im Fall *Barbulescu* die Feststellung der Verletzung ausreichen ließ, sprach er in den Fällen *Antovic u. a.* je 1000 € sowie *López Ribalda u. a.* je 4000 € und im Fall *Akhlyustin* sogar 7500 € zu. Auch wenn sich mangels näherer Begründung[15] nicht einfach nachvollziehbare Kriterien für diese doch recht unterschiedliche Bewertungen erkennen lassen, so ist doch zumindest ein gewisser Trend zur Festsetzung einer Entschädigung erkennbar.

4. Auswirkungen auf das EU-Recht

Die Auswirkungen der EGMR-Rspr. auf das EU-Recht sollten nicht unterschätzt werden. Die wesentliche Verbindung zwischen der EMRK einerseits und dem EU-Recht andererseits besteht v. a. auf grundrechtlicher Ebene; konkret bildet Art. 52 Abs. 3 EU-GRC das »Scharnier«. Dieser stellt – zumindest für den harmonisierten Bereich des EU-Rechts – eine Mindestgarantie sicher. Für korrespondierende EMRK-Rechte in der EU-GRC darf der gewährleistete Schutz den durch die EMRK und die entsprechende Rechtsprechung des EGMR gewährten Schutz nicht unterschreiten.[16] Dies gilt dementsprechend für den Schutz des Privatlebens (Art. 7 EU-GRC) und den Datenschutz (Art. 8 EU-GRC) im Hinblick auf Art. 8 EMRK.[17]

---

14 S. inbes. in Rn. 67 und 68 die Abgrenzung zur Entscheidung v. 5. 10. 2010 – Nr. 420/07 – *Köpke / Deutschland.*

15 Selbst die zwei (insoweit) dissentierenden Richter im Fall *López* Ribalda gaben keine nähere Begründung für ihre Auffassung, dass eine Feststellung der Verletzung als ›Entschädigung‹ ausreichend gewesen wäre (dortige Rn.3).

16 Vgl. z. B. NK-GA/*Heuschmid/Lörcher*, GRCh, Art. 52 Rn. 23.

17 Daran ändert der Umstand nichts, dass Art. 8 EMRK nicht ausdrücklich in den Erläuterungen zu Art. 8 EU-GRC genannt ist, weil letzterer nur eine spezielle Ausprägung von Art. 7 EU-GRC darstellt (für den die Erläuterungen sowohl zu Art. 7 EU-GRC als auch zu Art. 52 Abs. 3 EU-GRC ausdrücklich auf Art. 8 EMRK als »korrespondierend« verweisen) und auch in der EuGH-Rspr. in den entscheidenden Urteilen jeweils gemeinsam genannt

Speziell für den Bereich des Datenschutzes ist durch die DSGVO grundsätzlich eine Vollharmonisierung im Verhältnis zum Recht der EU-Mitgliedstaaten angestrebt und mit einigen – insbesondere bereichsspezifischen – Besonderheiten auch bewirkt worden.[18] Dabei bildet der Beschäftigtendatenschutz insoweit eine bereichsspezifische Ausnahme, als er (»nur«) einen Mindeststandard sichert, während den Mitgliedstaaten aber die Möglichkeit eröffnet wird, strengere Anforderungen innerstaatlich festzulegen.
Da (bisher) noch keine gesetzliche (Spezial-)Regelung zum Beschäftigtendatenschutz erfolgt ist, kommt diesem Urteil eine besondere Bedeutung zu. Zumindest der Gesichtspunkt der »Grundrechte der betroffenen Person« (Art. 88 Abs. 2 DSGVO) wird durch die EGMR-Rechtsprechung zu Art. 8 EMRK (als Mindestschutzniveau) konkretisiert.

5. Ausblick

Dass der Datenschutz zunehmend durch die EU-Regelungen bestimmt wird, ist eher eine »Binsenweisheit«. Mit dem kleinen Beitrag sollte vielmehr auf den Zusammenhang zu den menschenrechtlichen Vorgaben, wie sie sich aus der aktuellen Rspr. des EGMR zu Art. 8 EMRK ergeben, kurz hingewiesen werden.
Allgemein gesprochen haben diese Urteile noch nicht die neuen und erst recht nicht die zukünftigen (Generationen von) Überwachungstechnologien, die den modernen EDV-Anlagen inhärent sind, zum Gegenstand. Es ist abzusehen, dass sie den EGMR in Zukunft beschäftigen werden.
Im Rahmen seiner zukünftigen Arbeiten wird sich also auch für *Thomas Klebe* das Betätigungsfeld erweitern bzw. vertiefen. Dafür, vor allem aber auch im Privaten sei ihm das Allerbeste gewünscht.

---

wird (s. z. B. EuGH 8. 4. 2014 – C-293/12 – Digital Rights Ireland u. a., Rn. 32 ff., insbes. Rn. 35 mit Verweisen auf die EGMR-Rspr).

18 Die unmittelbare Wirkung der DSGVO beginnt am 25. 5. 2018. Zum Problem des Verhältnisses von EuGH und BVerfG für den grundrechtlich garantierten Datenschutz, s. *Buchholtz,* DÖV 2017, 837 ff.

100 Jahre Tarifautonomie in Deutschland – Gedanken zu einem bedeutenden Jubiläum

Prof. Dr. Luitwin Mallmann, Hauptgeschäftsführer METALL NRW / unternehmer nrw

Man kann die Geburtsstunde der Tarifautonomie in Deutschland genau auf den 15. November 1918 datieren. Sicherlich hatte die Tarifautonomie eine Vorgeschichte, gab es schon vorher Tarifverträge. Im sog. Stinnes-Legien- oder Novemberabkommen von diesem Tage aber wurde die Tarifautonomie von den Verbänden der Arbeitgeber erstmals verbindlich anerkannt und zum Prinzip des Umgangs miteinander erhoben. Der lange Jahre ausgetragene Streit über den Charakter und die rechtliche Wirkung von Tarifverträgen wurde unter dem Druck der militärischen, vor allem aber der politischen Ereignisse beendet. Von da an sollten die Arbeitsbedingungen in Deutschland weitgehend ohne staatliche Beteiligung vertraglich festgelegt werden. Das Stinnes-Legien-Abkommen, das die Wirtschaftsverfassung der im Entstehen begriffenen Weimarer Republik weitgehend vorbestimmen sollte, fand Eingang in die Reichsverfassung von 1919 und in das Grundgesetz der Bundesrepublik Deutschland.
Nun steht das Gebäude Tarifautonomie seit 100 Jahren nicht ohne jede Veränderung. Um- und Anbauten haben nicht zuletzt durch die Rechtsprechung stattgefunden und werden, um den modernen Anforderungen genügen zu können, auch weiterhin stattfinden. Dabei sollte aber allen Beteiligten die Gefahr bewusst sein, die sich ergeben kann, wenn die tragende Konstruktion der Tarifautonomie verändert wird. Die Versuchung, nur die Fassade des 100 Jahre alten Gebäudes zu erhalten, ansonsten aber zu entkernen, ist immer gegeben.
Anders als in den allermeisten europäischen Ländern ist die Tarifautonomie in Deutschland 1918 in einem nahezu staatsfreien Raum entstanden. Im November 1918 haben sich die Vertragspartner die Tarifautonomie genommen, sie wurde ihnen nicht verliehen. Die Weimarer Reichsverfassung hat diesen Akt nachträglich bestätigt. Diese besondere Genese der deutschen Tarifautonomie ist im europäischen Rechtsvergleich nicht zu unterschätzen. Aus ihr folgt eine erhöhte Eingriffsschwelle für jeden staatlichen Versuch, die Tarifautonomie zu gestalten.

1. Tarifautonomie: Die Krise nach der Krise

Die Tarifautonomie in Deutschland ist in einer existenziellen Bedrohungssituation für das Gemeinwesen entstanden. Sie verwirklicht die einfache Erkenntnis, dass nicht die Konfrontation, sondern der nach Verhandlung gefundene und akzeptierte Kompromiss, aus den natürlichen Interessengegensätzen heraus, den Weg aus der Krise zeigt. Nun findet Tarifautonomie in Deutschland nicht nur in extremen Krisenzeiten statt. Die Akzeptanz für die Tarifautonomie in prekären Lagen scheint noch vorhanden. So zuletzt in der Wirtschaftskrise 2008 – 2010. Damals hatten sich die Tarifparteien darauf verständigt, der Kurzarbeit den Vorzug vor einem umfangreichen Personalabbau zu geben. Das Zusammenwirken der Tarifvertragsparteien, flankiert durch die staatliche Arbeitsverwaltung und die Politik, war ohne Durchsetzungskraft der Tarifparteien bei einer hohen Akzeptanz durch die Mitglieder nicht denkbar. Die war im Jahre 2010 gegeben. Ob das in einer vergleichbaren Situation in der Zukunft noch so sein wird, ist nicht sicher. Die Akzeptanz für die Tarifautonomie in der normalen, sich wiederholenden Auseinandersetzung um Entgelt und Arbeitszeit scheint zu schwinden. Mitgliederverluste bei den tarifbindenden Arbeitgeberverbänden können deren Charakter als Branchen umfassende Organisation verändern. Arbeitgeberverbände, die sich zunehmend darauf beschränken, allein die Abwehr gewerkschaftlicher Forderungen zu betreiben und die Auffangposition einer Mitgliedschaft ohne Tarifbindung propagieren, höhlen zudem die Tarifautonomie aus. Sie fallen in gewisser Weise auf ein Weltbild zurück, das vor 1918 herrschend war. Damals verstanden sich die Verbände nicht als Gestalter der Arbeitswelt. Sie waren »Antistreikvereine« und sahen ihr wichtigstes Ziel darin, den Einfluss der Gewerkschaften zurückzudrängen.

Es ging, um es einmal in einem martialischen aber immer noch geläufigen Bild zu sagen, um den »Häuserkampf um die Betriebe«. Mit dem Novemberabkommen von 1918, mit der Anerkenntnis der Tarifverträge und mit der Einführung der Mitbestimmung im Betriebsrätegesetz war diese ideologisch motivierte Auseinandersetzung für viele Jahrzehnte zurückgedrängt.

Für die aktuelle Abkehr vieler Arbeitgeber von den korporativen Strukturen gibt es eine Reihe von Erklärungen. Die schwindende Macht von Gewerkschaften oder eine zunehmende Individualisierung der Gesellschaft werden immer wieder genannt. Diese Ansätze sind schwer zu widerlegen. Sie bieten allerdings nur eine oberflächliche Begründung. Zielführender dürfte es sein, nach Gründen im System der Tarifautonomie selbst zu suchen.

Hier ist z.B. festzustellen, dass die Flächentarifverträge ihren ehemaligen Charakter als Bestimmung von Mindestnormen für die Arbeitsbedingungen zunehmend verloren haben. Bei so heterogenen Branchen, wie etwa der Metall- und Elektroindustrie, hatte das zur Folge, dass der lange vorhandene Puffer übertariflicher Entgeltbestandteile weit gehend aufgezehrt wurde.

Wenn aber Tarifbedingungen zu Höchstbedingungen werden, dann muss der »Tarifgeleitzug« von großen und starken Unternehmen auf der einen Seite und den im Zweifel kleineren, wirtschaftlich hart ringenden Unternehmen auseinanderfallen. Wer im »Geleitzug« nicht mehr mithalten kann, der hat oft keine andere Wahl, als sein Heil in der »Einzelfahrt« zu suchen.

2. Reform der großen Branchentarife

In einigen Branchen haben die Tarifparteien das Problem erkannt. Die in der Metall- und Elektroindustrie verbreitete Praxis der Sondertarife in prekären Situationen für einzelne Unternehmen ist ein pragmatischer Ansatz, der allerdings nur die Symptome der Entwicklung kurieren kann. Effektiver könnten Versuche sein, differenzierte Tarifabschlüsse anzubieten, die systemimmanent mehr auf die wirtschaftliche Lage des einzelnen Unternehmens Rücksicht nehmen.
Die Probleme, die eine solche Entwicklung gerade für die um Mitglieder kämpfende Gewerkschaft brächten, liegen auf der Hand. Differenzierende Elemente in bestehenden Tarifverträgen sind für sie nicht der Königsweg, sie sind aber wahrscheinlich alternativlos, wenn man das die Tarifautonomie tragende System der großen Korporationen stabilisieren will. Ob das allerdings reicht, muss angesichts einer anderen Entwicklung in Frage gestellt werden, der sich die großen Industriebranchen auch in jüngerer Zeit vermehrt ausgesetzt sehen.
Eine letztlich dem Wettbewerb auf den Weltmärkten geschuldete Entwicklung war die des Outsourcens von Personalkosten und ein immer ausgeprägterer Einsatz von Zulieferern und Dienstleistern. Die Folge ist, dass immer mehr Arbeitsaufgaben aus dem Unternehmen ausgelagert werden oder dritte Dienstleister in die Unternehmen geholt werden, um dort Arbeiten im Produktionsprozess zu übernehmen.
Nicht nur an der Peripherie der Metall- und Elektroindustrie arbeiten inzwischen viele Betriebe, die von den Tarifverträgen der Stammarbeitnehmer nicht erfasst werden und sinnvollerweise auch nicht erfasst werden können. Ihnen den großen Flächentarif überzustülpen würde diese Unternehmen in ihrer Existenz bedrohen. Der große alte Flächentarif der Metall- und Elektroindustrie passt eben nicht für IT-Dienstleister, Kontraktlogistiker oder andere, die sich im Umfeld der Branche erfolgreich angesiedelt haben.
Die Tarifparteien täten gut daran, diese Entwicklung als Akteure zu begleiten, d. h. diesen Unternehmen ein eigenes auf deren Bedürfnisse zugeschnittenes Tarifangebot zu machen.
Vielleicht erinnert man sich in diesem Zusammenhang an die Situation von tarifschließenden Arbeitgeberverbänden in den Jahren 1919/1920. Auch damals

schlossen sich die Unternehmen zunächst auf regionaler, teilweise lokaler Ebene zusammen, um die Tarifautonomie mit Leben zu erfüllen. Erst später wurde der Flickenteppich der regionalen und lokalen Tarifverträge zu großen Einheiten zusammengeführt.
Nun könnte man schließen, dass die Auflösung der großen Flächentarifeinheiten und die Rückbesinnung auf ein kleinteiligeres System die Akzeptanz für die Tarifverträge und damit die Tarifautonomie wieder stärken könnte. Für diese Annahme spricht die Erfahrung, dass der Betrieb, der sich mit seiner individuellen Situation im Tarifvertrag wiederfindet, den Tarifparteien, die für ihn konkret verhandelten, mehr Wertschätzung entgegenbringt. Davon weiß jeder Praktiker zu berichten, der schon einmal Sonderkonditionen für ein Unternehmen verhandelt hat.
Ob sich diese Erfahrung bei einem nach Branchen und Regionen aufgesplitterten Tarifsystem einstellt, ist nicht garantiert. Letztlich kommt es ja auf die Situation der einzelnen Unternehmen an. Eine Atomisierung der Tarifverträge hätte zudem Auswirkungen, die nur schwer zu beherrschen wären. So stellt sich die Frage, wie eine einheitliche Friedenspflicht für die alten Großbranchen in einem solchen System sichergestellt werden kann.
Tarifverträge, wie groß oder klein die Einheit der erfassten Betriebe auch immer sein mag, müssen dem Gesamtinteresse der Mitglieder gerecht werden. Sie können nicht die Einzelinteressen zum Maßstab erheben. Diese Feststellung gilt für die Arbeitnehmer- wie Arbeitgeberorganisationen gleichermaßen. Die Renaissance von Spartengewerkschaften in den letzten Jahren und deren auf die Interessen kleinster Mitgliedergruppen fokussiertes tarifpolitisches Agieren bestätigt diese Feststellung. Eine rücksichtslose Klientelpolitik ist in der Tarifautonomie, wie sie 1918 konzipiert wurde, nicht vorgesehen. Das Tarifeinheitsgesetz von 2015 hat dieses tragende Element der Tarifautonomie zuletzt bestärkt, auch wenn es nur Kollisionsregeln für Fälle der Tarifkonkurrenz im Unternehmen aufstellt.

3. Tarifautonomie und Digitalisierung

Mit der Globalisierung und vor dem Hintergrund der schnell voranschreitenden Digitalisierung der Wirtschaft sind große gemeinwohlrelevante Herausforderungen für die Tarifpartner erkennbar. Wie jede industrielle Revolution zuvor wird auch die Digitalisierung den Arbeitsmarkt und die Arbeitsbedingungen nachhaltig verändern. Verwerfungen sind absehbar, Arbeitsplätze werden sich grundlegend ändern, die Beschäftigten müssen sich den veränderten Bedingungen anpassen. Diesen Anpassungsprozess zu begleiten und zu fördern und wo

nötig ordnend einzuwirken, wird die Aufgabe sein, der sich die Tarifparteien zu stellen haben. Dabei werden die Partikularinteressen eher von nachrangiger Bedeutung sein. Die Begleitung und Gestaltung des Umwälzungsprozesses verlangen nach einer Berücksichtigung der Gesamtinteressen. Auch in diesem Zusammenhang kann die Erinnerung an das Novemberabkommen von 1918 hilfreich sein. Es schrieb nicht nur die Rechte der Tarifparteien fest, sondern schuf auch das institutionelle Instrument der Zusammenarbeit. Die Zentralarbeitsgemeinschaft und die Branchenarbeitsgemeinschaften, die sich nach 1918 bildeten und teilweise bis 1933 bestanden. Sie sollten die Herkulesaufgabe bewältigen, die Kriegswirtschaft auf Friedensverhältnisse umzustellen. Im Zentrum stand die Aufgabe, die aus dem Feld heimkehrenden Soldaten in die Betriebe zu integrieren. Es soll hier nicht erörtert werden, wie groß der Einfluss der Arbeitsgemeinschaften in diesem Prozess war. Es sei nur auf das Prinzip hingewiesen, große gemeinwohlrelevante Aufgaben jenseits von Individualinteressen gemeinsam anzugehen. Schließlich ist nicht ausgeschlossen, dass Umwälzungen auf dem Arbeitsmarkt im Zuge der Digitalisierung ein solches gemeinsames Agieren der Verbände erneut notwendig machen. Ansätze für ein konzertiertes Vorgehen hat es zu der Wirtschaftskrise 2008 bis 2010 zuletzt erfolgreich gegeben.
Damit spricht einiges dafür, dass sich die wichtigsten Akteure der Tarifautonomie in einer strategisch vordenkenden gemeinsamen Einrichtung auf die Herausforderungen der Zukunft vorbereiten und Konzepte entwickeln, die eine schnelle und effiziente Reaktion auf Verwerfungen erlauben. Für den voraussichtlich sehr großen Bedarf an Qualifizierung und Umqualifizierung können tarifliche Rahmenbedingungen im Zusammenwirken mit der Arbeitsverwaltung vor allem aber mit den Unternehmen entwickelt werden.
Der Interessengegensatz von »Kapital und Arbeit« kann so nicht aufgehoben werden. Das heißt aber nicht, dass gemeinsame Lösungsansätze für erkannte Probleme, die die Interessen beider Seiten berücksichtigen, nicht möglich sind. Die soziale Marktwirtschaft der Bundesrepublik Deutschland ist letztlich die Ausformung dieses Prinzips. Im Kern geht es um die Kunst, Kompromisse zu schließen. Eine Fähigkeit, die zurzeit nicht mehr hoch im Kurs steht. Von den Rändern des politischen Spektrums her werden diejenigen, die in einem Ausgleich der Interessen nicht nur in der Tarifpolitik ringen, diffamiert. Der Kompromiss wird als »schlechter Deal« abgetan. Das war 1918 und danach in den Jahren der Weimarer Republik nicht anders.
Die Tarifparteien in Deutschland haben in den vergangenen einhundert Jahren Kompromisse geschlossen, die dem Land und seiner Wirtschaft und den Menschen eher genutzt haben. Sie haben sicherlich Fehler gemacht, aber per saldo sind sie dem Auftrag, den sie sich am 15. November 1918 gegeben haben, gerecht geworden. Zu wenig allerdings haben sich die Tarifparteien zu ihren Kompromissen bekannt. Das hat die Akzeptanz für das System nicht befördert. So lassen

sich aus der Erinnerung an 1918 für die Zeit nach 2018 folgende Konsequenzen ziehen:
Die Akzeptanz für die Tarifautonomie und den Flächentarif kann eine Renaissance erleben, wenn die Tarifbedingungen den im Wandel befindlichen Verhältnissen durch Differenzierung und Spezialisierung angepasst werden. Gleichzeitig kann es gerade in Deutschland gelingen, übergeordnete Lösungsmodelle für die das Gemeinwohl betreffenden großen Herausforderungen zu entwickeln, die in eine dann deutlich vielfältigere Tarifwelt übertragen werden können. Dies unterstellt, kann man den Bestand der Tarifautonomie über deutlich mehr als 100 Jahre hinaus voraussagen.

Das Projekt Faire Mobilität – ein Beitrag zu fairer Mobilität

Dorothee Müller-Wenner, Rechtsanwältin, Redakteurin Arbeit und Recht

Faire Mobilität ist ein vom DGB-Bundesvorstand 2011 ins Leben gerufenes Projekt, gefördert durch Mittel des BMAS und seit 1/2016 auch des BMWi. Ziel ist es, mobile Beschäftigte aus Mittel- und Osteuropa bei der Durchsetzung gerechter Löhne und fairer Arbeitsbedingungen in Deutschland zu unterstützen.[1] Sie erhalten an 8 Standorten und in mehreren Sprachen Informationen über ihre Rechte und wie sie durchgesetzt werden können. Der Beratungsbedarf wächst kontinuierlich. 2016 waren es 6274 Personen, 63 % Männer und 37 % Frauen.[2] Die Beschäftigung verteilt sich auf das Baugewerbe (21 %), Transport/Logistik (19 %), Fleischindustrie (9 %), Metall/Elektro (8 %), Gastronomie (8 %) und häusliche Pflege (7 %). Unabhängig von ihren Qualifikationen werden die Arbeitnehmer überwiegend als ungelernte oder angelernte Arbeitskräfte eingesetzt.[3]

1. Situation mobil Beschäftigter

Mobil Beschäftigte sind idR. nur kurz oder vorübergehend in Deutschland. Sie sprechen überwiegend kein oder nur unzureichendes Deutsch. Sie kennen sich weit weniger mit deutschem Arbeitsrecht aus als deutsche oder ausländische Beschäftigte, die länger in Deutschland leben und arbeiten. Ihnen fehlt ein soziales Netzwerk, das sie bei Problemen im Arbeitsverhältnis mit Informationen unterstützen könnte. Häufig stellt der Arbeitgeber Wohnraum zur Verfügung, was soziale Isolation verstärkt, u. U. eine Umgehung des Mindestlohns kaschiert und bei Verlust des Arbeitsplatzes zur Wohnungslosigkeit führt.

1 Vgl. www.faire-mobilitaet.de; dazu ausf.: *Kempten/Rupp/Empen/John*, AuR 2018, 23ff.
2 *Kempten/Rupp/Empen/John*, aaO., S. 24.
3 *Kempten/Rupp/Empen/John*, aaO., S. 24; *Gutmann*, AuR 2008, 81.

2. Typische Problemlagen und Lösungsansätze

2.1 Sprachproblem bei Abschluss des Arbeitsvertrages

Mobilen Beschäftigten wird – wie deutschen Beschäftigten idR. auch – bei der Einstellung ein vorformulierter Arbeitsvertrag vorgelegt. Aufgrund fehlender Sprachkenntnisse verstärkt sich jedoch ihre unterlegene Position, wenn der Arbeitsvertrag in deutscher Sprache abgefasst ist. Nach der *BAG*-Rechtsprechung trägt der sprachunkundige Arbeitnehmer das Risiko misslungener Verständigung beim Vertragsschluss.[4] Es kommt ein wirksamer Arbeitsvertrag mit dem vereinbarten Inhalt zustande. AGB sind nicht deshalb intransparent, weil sie ohne deutsche Sprachkenntnisse unverständlich sind.

Die überwiegende Meinung in Rechtsprechung und Literatur lehnt einen Anspruch sprachunkundiger Beschäftigter ab, eine Übersetzung der Vertragsurkunde in der Muttersprache oder die Hinzuziehung eines Dolmetschers beim Vertragsschluss verlangen zu können.[5] Oft unterzeichnen ausländische Beschäftigte ungünstige Regelungen, ohne sie zur Kenntnis zu nehmen. Bei Problemen im Arbeitsverhältnis nehmen sie dann Rechte nicht oder zu spät wahr. Das gilt z. B. bei Befristungsabreden, deren Unwirksamkeit in der Klagefrist des § 17 TzBfG geltend zu machen ist. Wer nicht verstanden hat, dass der Arbeitsvertrag eine Befristung enthält, sieht keinen Anlass, deren Wirksamkeit gerichtlich überprüfen zu lassen. Das Gleiche gilt für Ausschlussfristen. Schon vielen deutschen Arbeitnehmer ist deren Bedeutung unklar. Erst recht gilt das für sprachunkundige Beschäftigte.

Zumindest beim Vorliegen besonderer Umstände sind Arbeitgeber gemäß § 241 Abs. 2 BGB verpflichtet, eine Übersetzung der Vertragsurkunde vorzulegen oder für eine Übersetzung mittels Dolmetscher beim Vertragsschluss zu sorgen.[6] Solche Umstände liegen vor, wenn der Arbeitgeber ganz überwiegend ausländische Arbeitskräfte beschäftigt, sie z. B. im Ausland anwirbt oder ihnen Wohnunterkünfte zur Verfügung stellt. Verletzt der Arbeitgeber diese Pflichten, kann er dem Arbeitnehmer zum Schadensersatz verpflichtet sein.[7]

---

4 BAG 19.3.2014 – 5 AZR 252/12, AuR 2014, 343.

5 BAG 19.3.2014 – 5 AZR 252/12, aaO.; LAG Rheinland-Pfalz 18.8.2014 – 2 Sa 100/14: der Anwendung tariflicher Verfallfristen stehen mangelnde Sprachkenntnisse nicht entgegen; LAG Hessen 1.4.2003 – 13 Sa 1240/02: wirksame Ausgleichsquittung trotz fehlender Sprachkenntnisse; LAG Hamm 7.9.1992 – 19 Sa 531/92; LAG Hessen 11.9.1986 – 9 Sa 421/86; LAG Rheinland-Pfalz 16.3.2004 – 5 Sa 3/04; LAG Niedersachsen 18.3.2005 – 10 Sa 1990/04; Schaub/*Linck*, ArbR-HdB § 32 Rn. 4; *Rieble* in FS Löwisch, 229, 234ff.; *Gutmann*, AuR 2008, 81, 83; *Moll/Reichel*, RdA 2001, 308, 314ff.

6 *Bepler*, FS Höland, S. 452, 473ff.

7 *Müller-Wenner*, AuR 2016, 449, 451f.

2.2 Pflegekräfte in Privathaushalten

Die Betreuung pflegebedürftiger Menschen durch Pflegekräfte vor allem aus Mittel- und Osteuropa ist mehr als verbreitet. Schätzungsweise sollen es 300 000 Menschen sein. Das hängt zum einen damit zusammen, dass immer mehr ältere Menschen in heimischer Umgebung gepflegt werden wollen. Zum anderen können sie oder ihre Verwandten die notwendigen finanziellen Mittel für eine heimische Rund-um-die-Uhr-Pflegekraft nicht aufbringen oder es fehlt die Bereitschaft, diesen hohen Aufwand unter Einsatz evtl. Ersparnisse zu finanzieren. Da wird lieber – zu unfairen und ausbeuterischen Arbeitsbedingungen – auf billigere ausländische Pflegekräfte zurückgegriffen. Diese werden idR. über private Agenturen in Deutschland an Privathaushalte vermittelt, die mit ausländischen Partneragenturen zusammenarbeiten. Die Pflegekraft wird den Familien über ein ausländisches Unternehmen zur Verfügung gestellt, an das diese Zahlungen leisten.[8] Auch, wenn der Vertrag zwischen ausländischem Unternehmen und Pflegekraft den gesetzlichen Mindestlohn vorsieht, erreicht das monatliche Gehalt diesen regelmäßig nicht, da es auf Basis einer 40-Std.-Woche berechnet ist, während der Rund-um-Einsatz Arbeitszeiten weit darüber hinaus erfordert, zumal auch Bereitschaftszeiten zu vergüten sind.[9]

Unternehmen mit Sitz im Ausland, die Pflegeaufgaben mit Hilfe ihrer Mitarbeiter in deutschen Haushalten durchführen, sind als Pflegebetrieb iSd. § 10 Satz 2 AEntG, § 1 Abs. 2 Sätze 1 u. 2 PflegeArbbV anzusehen. Da es nicht auf das zugrunde liegende Rechtsverhältnis ankommt, sind auch Verleiher einbezogen.[10] Es ist daher der Mindestlohn der Pflegebranche zu zahlen. Dagegen spricht nicht, dass sich die Unternehmen teilweise nur als Vermittlungsagenturen für selbständige Pflegekräfte verstehen.[11] Weisungsabhängigkeit und Eingliederung in die privaten Haushalte machen deutlich, dass keine selbständige, sondern abhängige Beschäftigung vorliegt. Sollten ausländische Unternehmen – wie sie vorgeben – tatsächlich reine Vermittlungsagenturen sein, liegt mangels Selbständigkeit der Pflegekräfte ein Arbeitsverhältnis zwischen ihnen und dem pflegebedürftigen Menschen bzw. dessen Angehörigen vor. Überwiegend wird angenommen, dass in diesem Fall der Mindestlohn in der Pflege nicht gilt, da private Haushalte kein Betrieb sind und damit auch kein Pflegebetrieb iSd. § 10 Satz 2 AEntG, § 1 Abs. 2 Sätze 1 u. 2 PflegeArbb.[12] Pflegekräfte in Privathaus-

---

8 Dazu ausf.: *Kempten/Rupp/Empen/John*, aaO., S. 26.

9 BAG 19. 11. 2014 – 5 AZR 1101/12, AuR 2014, 484, 488.

10 *Heinlein*, AuR 2013, 469, 471.

11 *Kempten/Rupp/Empen/John*, aaO., S. 26.

12 LAG Düsseldorf 10. 5. 2016 – 14 Sa 82/16; LAG Rh.-Pfalz 11. 2. 2016 – 2 Sa 378/15; ErfK/*Kiel*, § 23 KSchG, Rn. 4; a. A. LAG Bad.-Württ. 26. 6. 2015 – 8 Sa 5/15, AuR 2016, 297; *Kocher*, NZA 2013, 929.

halten vom Mindestlohn in der Pflege auszunehmen, widerspricht jedoch Art. 11 des von Deutschland am 27.6.2013 ratifizierten ILO-Übereinkommens Nr. 189, menschenwürdige Arbeit für Hausangestellte. Danach ist sicherzustellen, dass auch Hausangestellte vom Mindestlohnschutz erfasst werden. Mit der Ratifizierung hat das Übereinkommen gemäß Art. 59 Abs. 2 Satz 1 GG innerstaatliche Wirksamkeit erlangt. Ihm kommt der Rang eines innerstaatlichen Gesetzes zu.[13] Das Übereinkommen gilt damit auch für in deutschen Privathaushalten eingesetzte Pflegekräfte. Es sind die in der Pflege geltenden Mindestlöhne zu zahlen, zumindest aber der gesetzliche Mindestlohn.

Art. 9 des Übereinkommens sieht vor, dass Pflegekräfte frei vereinbaren können, wo sie wohnen möchten; Art. 10 sichert Ruhezeiten, Überstundenvergütung und Jahresurlaub. Die Praxis zeigt, dass die Arbeitsbedingungen der Pflegekräfte diese Vorgaben nicht einhalten. Da Pflege Präsenz und jederzeitige Abrufbarkeit erfordert, setzt sie zwingend das gemeinsame Wohnen mit dem zu pflegenden Menschen voraus. Die Wahl einer eigenen Wohnung scheidet aus. Auch Höchstarbeitszeiten und Mindestruhezeiten werden idR. nicht eingehalten, zumal auch Bereitschaftszeiten in der Pflege zur Arbeitszeit zählen.[14]

Es gilt nicht die Ausnahme des § 18 Abs. 1 Nr. 3 ArbZG. Der *EuGH* hat klargestellt, dass die in Art. 17 Abs. 1 Arbeitszeit-RL 2003/88/EG erlaubte Abweichung von Arbeitszeitvorschriften auf das »unbedingt Erforderliche« zu begrenzen ist.[15] § 18 Abs. 1 Nr. 3 ArbZG, hier vor allem das Merkmal »eigenverantwortlich«, ist daher unter Berücksichtigung der *EuGH*-Rechtsprechung eng auszulegen. Da 24-Std.-Pflegekräfte in Privathaushalten sich zeitlich nach den Bedürfnissen der zu pflegenden Person und den objektiven Notwendigkeiten der Pflege richten müssen, entscheiden sie über den zeitlichen Umfang ihrer Tätigkeiten nicht selbst. Eigenverantwortlichkeit iSd. § 18 Abs. 1 Nr. 3 ArbZG liegt nicht vor.[16]

Pflegekräfte, die in deutschen Privathaushalten rund um die Uhr eingesetzt werden, hätten durchaus gute Chancen, ihre Rechte durchzusetzen. Nach Angaben des Projekts Faire Mobilität nehmen Pflegekräfte allerdings Beratungsmöglichkeiten zu wenig wahr.[17] Da Behörden im privaten Bereich kaum Kontrollen über Einhaltung von Arbeitszeiten und Mindestlöhnen durchführen, handelt es sich um einen »rechtsfreien Raum« und moderne Sklaverei mitten in Deutschland.

---

13 BVerfG 13.10.2016 – 2 BvE 2/15, Rn. 114.

14 BAG 19.11.2014 – 5 AZR 1101/12, aaO.

15 EuGH 26.7.2017 – C-175/16, Kinderdorf, AuR 2017, 421 m. Anm. *Müller-Wenner.*

16 *Heinlein*, AuR 2013, 469, 475; *Kocher*, NZA 2013, 929, 933; Scheiwe/*Schwach*, NZA 2013, 1116, 1118f.

17 *Kempten/Rupp/Empen/John*, aaO., S. 26.

2.3 Ausbleibende Lohnzahlungen der Entsendebetriebe

Zum Arbeitseinsatz nach Deutschland entsandte Beschäftigte wenden sich an Beratungsstellen der Fairen Mobilität, wenn sie von ihrem Arbeitgeber keinen Lohn erhalten. Es handelt sich häufig um Subunternehmer, die zahlungsunfähig, nicht auffindbar oder Briefkastenfirmen sind.[18] In diesem Fall greift zwar unter den Voraussetzungen des § 14 AEntG die Auftraggeberhaftung. Häufig scheitert die Durchsetzung des Anspruchs jedoch an der mangelnden Dokumentation der geleisteten Arbeitsstunden. Der insoweit darlegungs- und beweispflichtige Beschäftigte ist dann nicht in der Lage, die beim Subunternehmer verrichtete Arbeit gegenüber dem Auftraggeber nachzuweisen. Zur Effektivierung der Anspruchsdurchsetzung wären hier Beweiserleichterungen bzw. die Einführung von Dokumentationspflichten auch des Auftraggebers erforderlich. Jedenfalls kann sich der Auftraggeber nicht seiner Haftung dadurch entziehen, dass er die geleisteten Stunden mit Nichtwissen gemäß § 138 Abs. 4 ZPO bestreitet, wenn er sich durch den Einsatz von Subunternehmen einer arbeitsteiligen Organisation bedient. In diesem Fall ist er vielmehr verpflichtet, Erkundigungen über die Arbeitsstunden einzuholen.[19]

Zur Verbesserung der Situation entsandter Arbeitnehmer wird in Trilogverhandlungen zwischen Europaparlament, Ministerrat und Kommission eine Reform der Entsenderichtlinie angestrebt. Nach Vorschlägen des Parlaments sollen zur Mindestentlohnung weitere Lohnbestandteile, z. B. Zuschläge und Sonderzahlungen zählen sowie Reise-, Unterkunfts- und Verpflegungskosten, künftig gezahlt werden müssen. Die Mitgliedstaaten können auch repräsentative Tarifverträge einbeziehen. Überdies können zwingende nationale Regelungen bei der Unterauftragsvergabe auf ausländische Subunternehmer ausgeweitet werden, wie etwa Tariftreueklauseln.[20] Diese Vorschläge tragen wesentlich dazu bei, Missbräuche und Sozialdumping bei der Entsendung nach Deutschland einzudämmen. Sie lösen allerdings nicht das Problem mangelnder Durchsetzbarkeit berechtigter Ansprüche.

3. Fazit

Mobile ausländische Beschäftigte sind eher als deutsche Benachteiligungen im Arbeitsleben ausgesetzt. Die Durchsetzung berechtigter Ansprüche ist vielfach

18 *Kempten/Rupp/Empen/John*, aaO., S. 25.
19 BAG 17. 8. 2011 – 5 AZR 490/10.
20 Vergl. Brüsseler Bericht in AuR 2017, 450, 492 f.

erschwert. Einen gewissen Ausgleich leistet das Projekt Faire Mobilität durch Information, Übersetzung sowie Vermittlung kompetenter Rechtsberatung und Prozessführung durch Gewerkschaften und Rechtsanwälte.

Thomas Klebe – eine wichtige Stimme in der Arbeitsrechtsdebatte

Andrea Nahles, Vorsitzende der SPD und der SPD-Bundestagsfraktion

Wenn mich jemand fragt, wie ich *Thomas Klebe* beschreiben sollte, würde ich sagen: freundlich radikal. Radikal im Sinne von »das Problem an der Wurzel packen«.

In der politischen und theoretischen Debatte trifft man oft auf zwei Typen von Menschen. Zum einen diejenigen, die meinen, sie hätten die theoretische Lösung eines Problems gefunden und die jeden Zentimeter des Abweichens von ihrem gefundenen Lösungsansatz fast schon als Verrat empfinden. Damit sind es aber sie selbst, die oftmals erste praktische Schritte in die Richtung ihres Ansatzes aufgrund ihres Dogmatismus verhindern.

Auf der anderen Seite gibt es die Superpragmatiker, die sich nur am Machbaren im Hier und Jetzt orientieren, theoretische Debatten eher als Zeitverschwendung sehen und damit ebenfalls Lösungen, die »das Problem an der Wurzel packen« nicht mehr entwickeln können. Letztere werden oftmals als rein taktische Akteure angesehen.

Umso wichtiger sind diejenigen Personen, die beides zusammenbringen. Die theoretisch fundierte Positionen entwickeln können, gleichzeitig aber fähig sind, diese unablässig mit den täglichen Zwängen der politischen und gesellschaftlichen Debatte abzugleichen. Thomas Klebe hat in seiner langen Karriere bewiesen, dass er beides kann. Für *Thomas Klebe* ist und war vor allem die Verbindung von Praxis, Wissenschaft und Rechtspolitik immer wichtig. Denn er weiß ganz genau, dass jede für sich einzeln und isoliert, wirkungslos bleiben muss. Eine Wissenschaft, die losgelöst von der Praxis agiert, muss sich zu Recht den Vorwurf des Elfenbeinturms gefallen lassen. Eine Praxis, die nicht die Erkenntnisse der Wissenschaft über sich verändernde betriebliche Trends aufnimmt, wird nicht die richtigen Antworten auf neue betriebliche Herausforderungen liefern können. Eine Rechtspolitik, die nicht auf den Erfahrungen von Praxis und Wissenschaft aufbaut, kann keine guten Ergebnisse liefern.

Mit dem Hugo Sinzheimer Institut leitet er eine Institution, die genau diesen Anspruch, die Verbindung von Praxis, Wissenschaft und Rechtspolitik einlöst. Denn neben der Grundsatzforschung leistet das Institut für Arbeitnehmer, für Betriebs- und Personalräte und auch die Gewerkschaften fundierte aktuelle Hil-

festellung. Durch die Verzahnung mit der betrieblichen Praxis kann es einen aktiven Beitrag in den brennenden Debatten zum Beispiel zur betrieblichen Mitbestimmung aber auch des Arbeitnehmer-Datenschutzes geben. Ich hatte selbst schon die Gelegenheit, 2016 auf einem Symposium des HSI zur Unternehmensmitbestimmung zu diskutieren und empfand vor allem die sachliche und lösungsorientierte Debatte als sehr bereichernd.
Auch die Diskussionsansätze zum Thema Crowdwork haben die Debatte in Deutschland befruchtet. In meiner Amtszeit als Arbeits- und Sozialministerin hat mich das Thema der Digitalisierung der Arbeit oder Arbeiten 4.0, wie wir es genannt haben, intensiv beschäftigt. Mir ging es immer darum, weder die Gefahren und Risiken, die die Veränderung der Arbeit mit sich bringt, aus dem Blick zu lassen, noch zukunftseuphorisch nur die Vorteile zu sehen. Denn ob die Mitarbeiterinnen und Mitarbeiter von den Veränderungen profitieren oder nur weiter unter Druck geraten, hängt vor allem von der betrieblichen und politischen Gestaltung der Digitalisierung ab. Das betrifft zum einen die Metafragen des digitalen Kapitalismus, wie zum Beispiel Wettbewerbsrecht oder das Zurückdrängen der Steuervermeidungstricks der Betreiber von digitalen Plattformen. Aber auch auf der Ebene der betrieblichen Praxis und des Arbeitsschutzes einzelner Arbeitsnehmer und Solo-Selbstständiger müssen wir eine Debatte darüber führen, wie wir zukünftig leben und arbeiten wollen.
Ich bin *Thomas Klebe* und dem Hugo Sinzheimer Institut dankbar für ihre Beiträge, u. a. der 2017 erschienenen Studie »Crowdwork – A Comparative Law Perspective«, die Crowdwork in den drei Ländern Deutschland, USA und Japan in den Blick nimmt. Wichtig an dieser Studie ist vor allem, dass sie neben der reinen Darstellung des Phänomens auch Reformoptionen beschreibt, um Schutzrechte von in der oder durch die Plattfom-Ökonomie Beschäftigten zu sichern und auszubauen, ohne wirtschaftliche Innovationen zu behindern. Auch die Frage, wie die kollektive Organisierung von Menschen in diesen individualisierten Arbeitsformen gelingen kann, nimmt eine wichtige Stellung ein. Ich bin überzeugt, dass die kollektive Organisation von Clickworkern notwendig ist, um diese Arbeit in der globalisierten Plattformökonomie auch nachhaltig zu guter und sicherer Arbeit hin zu entwickeln.
Dieser Ansatz, wie wir ihn bei der Analyse des Phänomens Crowdwork sehen, leitet *Thomas Klebe* immer. Neben der reinen Beschreibung eines Zustands oder eines Problems hat er auch im Blick, wie sich das Tarif- und Arbeitsrecht weiterentwickeln muss, um Arbeitnehmerrechte auf den Stand der Zeit zu bringen, zu erhalten und auszubauen. Das Erkennen von Fehlentwicklungen und Rückschritten gehört dabei ebenso dazu. Durch seinen Bezug zur Praxis ist er einer der ersten, der in der Politikberatung Tendenzen der Unterhöhlung durch Tricks von Arbeitsrechtskanzleien erkennt und anprangert. Dies führt in der Folge dazu, dass wir Akteure aus der Politik, vorhandene parlamentarische Mehrheiten

und politischer Wille vorausgesetzt, diese Lücken schließen und damit real etwas für Arbeitnehmerinnen und Arbeitnehmer bewirken können.
Für mich ist Thomas Klebe eine wichtige Stimme in der Arbeitsrechtsdebatte. Nicht zuletzt deshalb schätze ich seinen Rat. Ganz besonders wichtig war sein beratender Beitrag zum Beispiel bei den Koalitions-Verhandlungen 2013 zur Bildung einer Großen Koalition, wo er mit seiner fachlichen Expertise mitgeholfen hat, einige der arbeitsrechtlichen und sozialpolitischen Erfolge der SPD in der Koalition 2013 – 2017 zu entwickeln und abzusichern.
Wie es ihm neben seinen Forschungen, Beratungen und Beiträgen als außerordentlich gewitzter Gesprächspartner noch gelungen ist, auch noch 25 Jahre als ehrenamtlicher Richter am Bundesarbeitsgericht dieser Gesellschaft über seine berufliche Tätigkeit hinaus etwas zurückzugeben, das bleibt wohl sein Geheimnis.
Ich bin froh, dass es Menschen wie *Thomas Klebe* gibt, die die Debatte in Deutschland und darüber hinaus prägen. Dafür möchte ich ihm meinen außerordentlichen Dank aussprechen und freue mich auf die weitere gemeinsame Zusammenarbeit.

Übergänge im Erwerbsleben – tarifvertragliche Gestaltungsverantwortung für einen inklusiven Arbeitsmarkt

Prof. Dr. Katja Nebe, Universität Halle

1. Gewerkschaften – all inclusive?

Arbeitswelt und soziale Vorsorgesysteme stehen nicht nur angesichts des technologischen Fortschritts (»Arbeiten 4.0«) vor gewaltigen Herausforderungen. Ebenso anspruchsvoll sind die Aufgaben auf dem Weg zu einem inklusiven Arbeitsmarkt.[1] Gewerkschaften sind als Teil einer Gesellschaft auch Spiegel dieser selbst. Es verwundert deshalb nicht, dass vergleichbar den allgemeinen Kontroversen über Vielfalt, Öffnung und gleichberechtigte Teilhabe nicht nur *mit* Gewerkschaften, sondern auch *in* Gewerkschaften debattiert und neu gedacht werden muss. In diesem kurzen Beitrag bietet sich die Gelegenheit für einige Gedanken zum Inklusionsreformprozess und der Rolle der Gewerkschaften.
Ausgangspunkt der Überlegungen über die tarifliche Gestaltung inklusiver Arbeitsbedingungen sind bisherige Grundannahmen zur im Juristischen unverzichtbaren Begriffsbestimmung. Wen können Gewerkschaften repräsentieren und für wen können sie mit normativer Wirkung regeln? Bislang wird der Gewerkschaftsbegriff hinsichtlich seiner personellen Struktur vor dem Hintergrund der Gegnerfreiheit durch den allgemeinen Arbeitnehmerbegriff determiniert. Für die Reichweite der grundrechtlich geschützten Koalitionsfreiheit wird zugleich eine Erweiterung auf alle am Arbeitsmarkt abhängig Beschäftigten bzw. als solche schutzbedürftige Personen befürwortet.[2]
Schwieriger wird es schon angesichts von § 1 TVG. Der Abschluss normativ wirkender Tarifverträge für andere Personen als Arbeitnehmer im klassischen Sinn ist wegen der in § 1 Abs. 1 TVG allein genannten Arbeitnehmer jedenfalls nicht selbstverständlich. Mehrheitlich wird mangels eines speziellen tarifrechtlichen auf den allgemeinen Arbeitnehmerbegriff verwiesen. Dies führt dazu, dass sich die Überlegungen zur tariflichen Regelungsbefugnis von Tarifvertragsparteien weitgehend mit der Diskussion um die Anwendung von Arbeitsrecht für spezielle Beschäftigungsverhältnisse decken. Für diejenigen, die keine Arbeitnehmer

1 So schon Entwurf des Bundesteilhabegesetzes, BR-Drs. 428/16, S. 1.
2 Vgl. nur *Kocher/Berg* in: Berg/Kocher/Schumann (Hrsg.), TVG, 5. Aufl., § 2 Rn. 21 ff.

im klassischen Sinn oder arbeitnehmerähnliche Person sind, wird die normative Geltungskraft von Tarifverträgen nicht einfach zu bejahen sein. Als solche Ausnahmegruppen werden z.B. sozialrechtlich geregelte Beschäftigungen oder von auf öffentlich-rechtlicher Grundlage beschäftigte Praktikanten genannt. Immerhin wird deren Ausschluss von der normativen Tarifwirkung teilweise als (verfassungs-)rechtlich problematisch erachtet.[3] Damit ist allerdings die Grundprämisse, dass Tarifverträge für Arbeitnehmer (und gem. § 12a TVG für arbeitnehmerähnliche Personen) und nur ausnahmsweise für andere Beschäftigungsverhältnisse gelten, gesetzt.

Diese Grundprämisse muss im Lichte des eingangs skizzierten Wandels der Arbeitswelt kritisch beleuchtet werden. Abstrakt und methodisch korrekt müsste nun der tarifrechtliche Arbeitnehmerbegriff vor dem Hintergrund veränderter Einflüsse durch Unions-, Völker- und nationales (Verfassungs-)Recht ausgelegt werden. Dies kann an dieser Stelle in der gebotenen Gründlichkeit nicht ansatzweise geleistet werden, ist aber zumindest langfristig unumgänglich.[4] Hier kann zumindest gezeigt werden, inwieweit im geltenden Recht Wechselwirkungen angelegt sind, die erst durch komplementäre tarifliche Regelungen deutlich effektiviert werden. Der Fokus richtet sich auf konkrete Regelungen im Sozialrecht, die auf die Öffnung des allgemeinen Arbeitsmarktes auch für jene Personen zielen, die bislang typischerweise vom allgemeinen Arbeitsmarkt ausgegliedert worden sind (z.B. langzeiterkrankte oder erwerbsgeminderte Menschen) oder deren Eingliederung gar nicht erst praktiziert worden ist (z.B. erheblich behinderte Menschen).

Es liegt wohl nicht auf der Hand, diese Thematik zum Gegenstand eines Festschriftbeitrages für *Thomas Klebe* zu machen. Und doch spricht einiges dafür. Seit 2016 sieht die Satzung der IG Metall vor, die gleichberechtigte Teilhabe behinderter und von Behinderung bedrohter Menschen am Leben in der Gesellschaft und insbesondere am Arbeitsleben zu vertreten und zu fördern. Daran ausgerichtete Tarifpolitik ist eine der Konsequenzen, die zu den eingangs skizzierten neuen Fragen führt. In der vergleichsweise kurzen Zeit, in der ich *Thomas Klebe* begegnet bin, habe ich ihn stets als Impulsgeber und Vordenker erlebt. Auf neueste Entwicklungen hat er in der arbeitsrechtswissenschaftlichen Community hingewiesen, auf gründliche Analyse gedrungen und diese auch selbst betrieben. Hervorzuheben sind dabei aus meiner Erfahrung vor allem die Themen »Transnationale Unternehmensvereinbarungen«, »Leiharbeit«, »Plattformökonomie und Crowdwork« sowie »Mitbestimmung in der digitalen Arbeitswelt«.

3 Vgl. *Heilmann/Schoof* in: Berg/Kocher/Schumann (Hrsg.), TVG, 5. Aufl., § 1 Rn. 119.

4 Zu den verbindlichen verfassungs-, unions- und völkerrechtlichen Vorgaben für eine Modernisierung des »Normalarbeitsverhältnisses« als Leitbild eines zeitgemäßen und teilhabeorientierten Arbeitsrechts *Kohte*, Referat zum 68. DJT, Band II/1, 2011, S. M 25, 32.

Seine Anstöße hierzu als publizistischer Pionier ebenso wie als vernetzender Akteur haben in Wissenschaft und Praxis nachhaltigen Widerhall ausgelöst. Für mich persönlich sind die kollegialen Diskussionsrunden beim alljährlichen Treffen der »jungen Arbeitsrechtswissenschaftlerinnen und -wissenschaftler« auf Einladung des Hugo Sinzheimer Instituts inspirierende Gelegenheit zum Austausch und Erkenntnisgewinn. Zwar liegen die nun folgenden Überlegungen zum inklusiven Arbeitsmarkt nicht in diesem unmittelbaren Arbeitsfeld des Jubilars, doch brauchen auch sie Pioniergeist und Inspiration. Ich bin sicher, sie wecken das Interesse des geschätzten Kollegen.

2. Inklusiver Arbeitsmarkt – Ziele, Fakten und Barrieren

Mit der Ratifikation der UN-BRK ist Deutschland gem. deren Art. 27 verpflichtet, auch für Menschen mit Behinderungen den gleichberechtigten Zugang zu einem inklusiven Arbeitsmarkt zu gewährleisten. Es gelten bereits zahlreiche gesetzliche Detailregelungen, die behinderungsbedingte Diskriminierungen verbieten, zum Abbau von Barrieren und zu angemessenen Vorkehrungen verpflichten.[5] Allerdings müssen diese Rechte an der Wirklichkeit gemessen werden. Soweit behinderte Menschen tatsächlich häufiger als nicht behinderte Menschen vom allgemeinen Arbeitsmarkt ausgeschlossen bleiben, sind auch Tarifvertragsparteien in der Verantwortung, bestehende Rechte zu ermöglichen und zu gewähren, vgl. nur § 17 AGG.

Die vergleichsweise größeren Schwierigkeiten behinderter Menschen, ihr Recht auf berufliche Teilhabe zu verwirklichen, sind belegt. Behinderte Menschen sind häufiger und länger arbeitslos, ihre Erwerbsquote auf dem allgemeinen Arbeitsmarkt ist deutlich niedriger als die nicht beeinträchtigter Menschen. Die steigenden Beschäftigtenzahlen im Arbeitsbereich der Werkstätten für behinderte Menschen und der kaum sichtbare Übergang aus der Werkstatt auf den allgemeinen Arbeitsmarkt belegen die für sie schlechtere Zugänglichkeit des allgemeinen Arbeitsmarktes. Die Ursachen reichen lebensbiografisch gesehen weit zurück. Insgesamt dominieren getrennte Bildungswege. Nur 22 % der behinderten SchülerInnen besuchen gemeinsam mit nicht behinderten SchülerInnen allgemein bildende Schulen. Von den FörderschülerInnen beginnt nur jede/r Vierte eine duale Ausbildung. Auch die Barrieren für einen Wiedereinstieg, z. B. nach Langzeiter-

5 Ausführlich *Porsche*, Bedeutung, Auslegung und Realisierung des Konzepts der positiven Maßnahmen nach § 5 AGG im unionsrechtlichen Kontext, 2015; *Rabe-Rosendahl*, Angemessene Vorkehrungen für behinderte Menschen im Arbeitsrecht, Artikel 5 der Richtlinie 2000/78/EG und seine Umsetzung in Deutschland und Großbritannien, 2017.

krankung, sind inzwischen bekannt. Das Teilhaberisiko ist umso höher, je länger die Beschäftigungslosigkeit gedauert hat.[6]

3. Leitbild: Komplementarität zwischen Arbeits- und Sozialrecht durch betriebliche bzw. betriebsnahe Rehabilitation

Auf der Suche nach Lösungen richtet sich der Blick auf betriebliche Perspektiven. Realitätsnähe bei jeder Form des Fähigkeitserwerbs ist nicht nur Grund für den Erfolg dualer Ausbildung, sondern auch wesentlicher Erfolgsfaktor für medizinische und berufliche Rehabilitationsmaßnahmen. Es entspricht heute allgemein anerkannten Erkenntnissen, dass Rehabilitationsprozesse soweit wie möglich betrieblich oder betriebsnah ausgeführt werden sollen.[7] Zudem wird sich die im Ersten Staatenbericht zur Umsetzung der UN-BRK stark kritisierte »Segregation auf dem Arbeitsmarkt«[8] nur überwinden lassen, wenn sich Einstellungen, Prozesse und das Bewusstsein ändern und Ressourcen in den Arbeitsstätten der »normalen« Lebenswelt gestärkt werden.

Es geht um einen Leitbildwechsel: Deutlich formulierte Leitbilder leisten einen wichtigen Beitrag, gesetzgeberisch vorgegebene Umstrukturierungen zu effektivieren. Auch Tarifverträge können und müssen dazu beitragen, dass behinderte Menschen mittels sozialrechtlicher Leistungsansprüche ihr Recht auf Arbeit verwirklichen können. Im Sozialrecht sind zahlreiche Leistungsansprüche für eine gleichberechtigte Teilhabe behinderter Menschen am Erwerbsleben normiert, die sich wiederum überwiegend nur im Betrieb realisieren lassen. Exemplarisch zu nennen sind

- die Stufenweise Wiedereingliederung (vgl. § 44 SGB IX),
- betriebliche Praktika während der außerbetrieblichen Aus- oder Weiterbildung (vgl. § 51 Abs. 2 SGB IX) und
- das Budget für Arbeit (§ 61 SGB IX).

Diese Leistungen zielen jeweils auf Personen mit großen Hemmnissen für eine Ausbildung bzw. Beschäftigung am allgemeinen Arbeitsmarkt entweder wegen längerer Arbeitsunfähigkeit oder wegen der Art oder Schwere ihrer Behinderung. Soll das hiergegen vorgehaltene breite Leistungsspektrum nicht ins Leere laufen, bedarf es sinnvoller Verzahnung, damit in den Betrieben nicht nur die Beschäf-

6 Teilhabebericht der Bundesregierung über die Lebenslagen von Menschen mit Beeinträchtigungen vom 31.7.2013, BT-Drs. 17/14476.

7 *Alexander Gagel* sprach schon vom »Rehaort Betrieb« in NZA 2001, 988.

8 Dazu *Giese*, RP-Reha 3/2015, S. 51 ff.

tigung behinderter Menschen auf sozialversicherungspflichtigen Arbeitsplätzen erreicht wird, sondern damit Arbeitgeber auch angehalten werden, die hier skizzierten Vorstufen hin zu einer sozialversicherungspflichtigen Beschäftigung zu ermöglichen. Ohne die Betriebe/Dienststellung und Arbeitgeber ist diese Form der sozialrechtlichen Leistungserbringung nicht zu realisieren.

Aber auch die eingliederungsfördernde Ausgestaltung eines betrieblichen Rehabilitationsverhältnisses kann tariflich geregelt werden. Dass ein pauschaler Ausschluss von (Wieder-)Eingliederungsverhältnissen aus dem individuellen Arbeitsrecht nicht mehr zeitgemäß ist, zeigen verschiedene Judikate.[9] Leicht auszumalen sind vielfältige Gestaltungsmöglichkeiten der Tarifvertragsparteien zur Stärkung sozialrechtlicher Institute, wie bspw. der StW oder betrieblicher Praktika. So lässt sich beispielsweise ein tariflich vereinbarter Kontrahierungszwang zur Sicherung der Mitwirkungspflicht des Arbeitgebers vereinbaren; die Regelung verschiedener Aufstockungs- oder Erstattungsansprüche oder des Urlaubsanspruchs für Langzeiterkrankte während einer StW könnte die Attraktivität der beiden Arbeitsvertragsparteien nutzbringenden StW erhöhen.[10]

Die Öffnung des Arbeitsrechts für Beschäftigungsverhältnisse, die sich nach altklassischem Verständnis nicht dem Normalarbeitsverhältnis zuordnen lassen, macht vor dem kollektiven Arbeitsrecht nicht Halt. Auch die Kollektivparteien müssen den Geltungsbereich ihrer Regelwerke überprüfen, ggf. erweitern und durch besondere Abreden ihrer Verantwortung für inklusive Arbeitsmärkte gerecht werden.[11] Die von den europäischen Sozialpartnern ausgehandelte autonome Vereinbarung über inklusive Arbeitsmärkte gibt wichtige Anstöße.[12] Mit ihrer Sachnähe sollten die Tarifvertragsparteien vorangehen und ihre Regelwerke inklusiv gestalten und für das Ziel der Inklusion effektivieren. Die für den Leitbildwechsel notwendigen Erfahrungen können die Schwerbehindertenvertretungen in den Betrieben beisteuern.

---

9 EuGH 4.2.2015 – C-647/13, Rs. Fenoll, RP-Reha, 2015, Heft 3, S. 34.

10 Dazu FKS/*Nebe*, SGB IX, 4. Aufl., 2018, § 44 Rn. 25.

11 *Nebe* in: Däubler, TVG, 4. Aufl., § 1 Rn. 237ff., 275ff.

12 Der Interpretationsleitfaden des EGB, unter http://www.yumpu.com/de/document/view/3885731/ein-interpretationsleitfaden-des-egb-etuc, benennt Maßnahmen, mit denen Inklusionshindernissen begegnet werden soll.

Flexibler Übergang in den Ruhestand

Helga Nielebock, Ass. jur., langjährige Leiterin der Abteilung Recht im DGB-Bundesvorstand

1. Einführung

Der Übergang von abhängiger Arbeit in den Ruhestand scheint für den Jubilar gut gelöst zu sein – er stellt seine allseits geschätzte Expertise gerne in Praxis, Wissenschaft und Politik weiterhin zur Verfügung und setzt als Leiter des HSI neue Impulse.

Ein problemloser Übergang ist dem Großteil der Beschäftigten nicht vergönnt: Gesundheitliche Probleme[1] und/oder finanzielle Restriktionen verhindern das. Die hohen Abschläge bei vorgezogener Rente und bereits sinkendem Rentenniveau sind dabei mit entscheidend. Erwerbstätigkeit nach Erreichen der Regelaltersgrenze wird wegen geringer Rente immer wahrscheinlicher. Beide Übergangsphasen gestaltet das Flexirentengesetz. Es hat zum einen das Ziel, das flexible Arbeiten bis zum Erreichen der Regelaltersgrenze bei besserer Gesundheit zu erleichtern und zu fördern und zum anderen das Weiterarbeiten über die Regelaltersgrenze hinaus attraktiver zu machen[2].

2. Übergang bis zum Erreichen der Regelaltersgrenze

Nur 42 % der Beschäftigten gehen davon aus, dass sie bis Erreichen der Regelaltersrente arbeitsfähig sind, im Baubereich nur 31 %, in der Gastronomie nur 23 % – die Korrelation mit körperlich anstrengender Arbeit (nur 18 %) und

1 Fast Verdreifachung der psychischen Erkrankungen bei EM-Rentnern in 22 Jahren; DGB-Index Gute Arbeit 2012/2014: 59 Millionen Arbeitsunfähigkeitstage aufgrund psych. Belastungen in 2014 in Deutschland – 2008 waren es 41 Millionen.

2 BT-Drucks. 18/9787, A. Probleme und Lösungen S. 2 am Ende; BGBl. I, 2838; nach OECD-Bericht, zit. nach FAZ v. 6. 12. 2017, kombinieren in Europa Arbeit und Rente ca. 10 % der Beschäftigten im Alter von 60–69 in Europa.

schlechten Arbeitsbedingungen wie Hetze (nur 33 %) und Nacht- Schichtarbeit (ca. 20–25 %) ist offensichtlich.[3]
2015 hatten 50,2 % der Rentner weniger als 800 €/Monat. Das allein spricht schon für die Anhebung des Rentenniveaus auf etwa 50 %. Die hohen Abschläge – auch bei der Betriebsrente[4] – sind für viele nicht machbar. Nur ca. ein Viertel kann das wahrnehmen; sie scheiden zwischen 63 und 64 Jahren aus.
Aufgrund des finanziellen Drucks ist der Anteil der sozialversicherungspflichtigen Beschäftigung von 60–65-Jährigen von derzeit 2,05 Mio. im Vergleich zu vor 11 bzw. 10 Jahren um fast 1,3 Mio., auf 39,4 % gestiegen.[5] Die Weiterbildungsbeteiligung von Älteren ist dagegen unterdurchschnittlich und für Niedrigverdiener unbefriedigend[6].
In Betrieben mit mehr als 20 Beschäftigten[7] wurde in gut jedem zweiten Betrieb Altersteilzeit angeboten,[8] aber Langzeitkonten oder andere Modelle nur in 6–14 % der Betriebe. Jede vierte Firma bot gar nichts an. Die Nutzung der Beschäftigten sinkt tendenziell mit der Qualifikation und dem Status, da sie sich einen solchen Ausstieg finanziell einfach nicht leisten können.
Das bisherige Übergangsmodel wegen Strukturwandel und zunehmender Massenarbeitslosigkeit war Altersteilzeit. Sie wurde bis 2010 von der Bundesagentur für Arbeit bezuschusst, wenn für Ältere Jüngere eingestellt wurden. Der Arbeitgeber hat einen Aufstockungsbetrag und eine Höherversicherung der Rente zu zahlen. Für Teilzeitbeschäftigte und Niedrigverdiener war dies finanziell nur machbar, wenn tariflich deutlich bessere Bedingungen galten.

3. Die Neuregelungen des Flexirentengesetzes

In § 15 Abs. 1 SGB VI wird erstmals ein Präventionsanspruch gegenüber der Rentenversicherung begründet, der allerdings noch ausgeformt werden soll. Zur Verbesserung der Weiterbildung Älterer übernimmt die Bundesagentur für Ar-

3 DGB-Index Gute Arbeit 2012/2014.
4 BAG 15. 5. 2012 – 3 AZR 11/10.
5 BA-Bericht zit. nach FAZ v. 7. 10. 2017; OECD-Bericht zit. nach FAZ v. 6. 12. 2017, sogar 56 %.
6 BMBF, Weiterbildungsverhalten in Deutschland – AES Trendbericht 2014, 27–32: Jüngere werden deutlich häufiger (nämlich 53 bzw. 58 %) als Ältere (mit nur 39 %) weitergebildet.
7 *Fröhler*, WSI-Mitt. 2/2015; IAB Betriebspanel unter Berücksichtigung aller Betriebsgrößenklassen wird Altersteilzeit nur in 8 % der Betriebe und Langzeitkonto nur in 0,5 % der Betriebe angeboten, zit. nach Fröhler Boecklerimpuls 5/2015.
8 Zuschuss wurde 2010 abgeschafft, Altersteilzeit ging von ca.700 000 auf 428 000 zurück nach Fröhler, Boecklerimpuls 5/2015.

beit die vollen Kosten der Weiterbildungsmaßnahme für Betriebe mit unter zehn Beschäftigten.[9]

Der Rückkauf von Abschlägen kann jetzt bereits ab einem Alter von 50 Jahren statt bisher 55 Jahren erfolgen. Dies ist etwas für Gutverdienende, denn bei nur 1000 € Rente mit 14,4 % (für ab 1964 Geborene) Abschlägen ist ein Betrag von ca. 32 000 € erforderlich. Abfindungen könnten vom Arbeitgeber direkt in die Rentenversicherung eingezahlt werden.[10]

Der gleitende Hinzuverdienst einer Teilrente gem. § 34 SGB VI ermöglicht nun eine stufenlose Rentengewährung gegenüber dem bisherigen starren 4-stufigen Teilrentensystem mit eigenen Hinzuverdienstgrenzen.

Da nur auf die Teilrente Abschläge berechnet werden, der andere Teil ruht und später ohne Abschläge bezogen werden kann, liegt darin ein Anreiz. Der Hinzuverdienst wirkt zudem rentensteigernd – ab dem Erreichen der Regelaltersgrenze-, da nunmehr zwingend Versicherungspflicht besteht, die nur bei geringfügiger Beschäftigung noch abwählbar ist. Der Paradigmenwechsel ist offensichtlich

Im Einzelnen: Der einkommensunabhängige Brutto-Zuverdienst von 6300 € wird auf das Kalenderjahr bezogen (statt bisher 12+2 × 450 € /Monat). Es ist gleichgültig, in welchem Monat wieviel hinzuverdient wird. Wenn die Hinzuverdienstgrenze überschritten wird, werden 40 % des Verdienstes auf die Brutto-Teilrente angerechnet, die dann entsprechend gekürzt wird oder sogar entfallen kann.[11] Zudem wird die Hinzuverdiensthöhe gedeckelt und der überschießende Teil voll angerechnet. Günstiger als bisher wird erst das höchste Einkommen der letzten 15 Jahre vor Bezug einer ersten Rente herangezogen.[12] Alternativ kann auch eine feste Teilrente gewählt werden, und daran orientiert ergibt sich der Zuverdienst.[13]

Zum Hinzuverdienst zählen nur Arbeitseinkommen und damit auch einbringbares Wertguthaben sowie betriebliche Altersversorgung.[14] Die Inanspruchnahme ist erst ab 63 Jahren möglich, obwohl ein gesundheitsschonender langsamer Ausstieg früher ansetzen müsste.

---

9 § 82 Satz 2 SGB III.

10 *Growe, Tallafuss*, AiB 6/2016, 28 ff; 7-8/2016, 42 ff.

11 Sie kann später wieder beantragt werden

12 Beispiel: Bei 1000 € Rente und einem jährlichen Hinzuverdienst von 10 000 € wird zunächst der Freibetrag von 6300 € abgezogen = 3700 €. 40 % von 3700 € = 1480 €. 1480: 12 zur Ermittlung des Monatsbetrag = 123,33 €. 1000 € Rente – 123,33 €= Teilrente von 876,67 €. Der Deckel beliefe sich auf 3000 €, er wird hier nicht erreicht. Wertguthaben, die vorher aufgelöst wurden, werden nicht bei der Einkommensbetrachtung für den Hinzuverdienstdeckel berücksichtigt.

13 § 42 Abs. 2 SGB VI.

14 § 14 I SGB IV nur Entgeltumwandlung oberhalb der jährlichen 4 %; a. A. *Rolfs/Witschen/Veit/Hoff*, Recht und Praxis der Arbeitszeitkonten 3. Aufl. 2017, E, Rn. 20.

4. Weiterarbeit nach Erreichen der Regelaltersgrenze

Mehreren Studien[15] zufolge sind knapp 1 Mio., ca. 5,6 % der Erwerbstätigen im Rentenalter tätig[16] – 70 % in einer unbefristeten geringfügigen Beschäftigung – mit steigender Tendenz. Deutlich überproportional sind sie als Selbständige tätig (statt 10 % fast die Hälfte), darunter mehr Frauen als Männer.
Diese Beschäftigten verfügen im Vergleich zu ihren Altersgenossen über überdurchschnittlich gute Qualifikation und über einen deutlich besseren Gesundheitszustand. Bei den Motiven spielen Armutsvermeidung, Lebensstandardsicherung und temporäre zusätzliche Ausgaben sowie immateriell soziale Kontakte, Freude an der Arbeit, Weitergabe von Wissen, Erhalt der geistigen Fitness – unterschiedlich gewichtet – eine Rolle. Gegenwärtig übt noch ein Drittel aller Erwerbstätigen im Rentenalter eine Tätigkeit aufgrund von gravierenden materiellen Nöten aus. Die Prognose ist, dass dieser Anteil stetig wächst.[17] Bei insgesamt hoher Bereitschaft zur Weiterarbeit ist sie bei denen, die ihre materielle Lage als schlecht einschätzen, noch höher.[18]
52 % der Männer und 2/3 der Frauen arbeiten in Betrieben mit bis zu 19 Beschäftigten; in Betrieben mit bis zu fünf Beschäftigten sogar 1/4 der Männer und 1/3 der Frauen! – überproportional gegenüber der übrigen Beschäftigtenstruktur. Ca. 1/3 der Betriebe in Deutschland werden absehbar ein Demographie-Problem haben, was sich aus ihrer Personalstruktur ableitet.[19]

5. Sozialversicherungsrechtliche Seite

Bisher musste der Arbeitgeber bei Beschäftigung von Rentnern Beiträge in alle Sozialversicherungszweige entrichten. Nun entfällt sein Beitrag zur Arbeitslosenversicherung befristet für fünf Jahre. Das senkt seine Kosten und fördert Konkurrenz zwischen Beschäftigtengruppen; es nimmt zudem der Bundesagentur für Arbeit finanzielle Mittel zur frühzeitigen Beschäftigungsförderung Älterer. Das ist kontraproduktiv.

---

15 *Schmitz/Zink*, WSI-Mitt. 2/2017, 108 ff. m. w. N.

16 Nach OECD-Bericht, zit nach FAZ v. 6.12.2017, S. 17, liegt Deutschland unter dem OECD-Durchschnitt.

17 *Brenke* 2013, S. 3, *Schmitz* 2015 S. 118 zit. nach *Schmitz/Zink*, WSI-Mitt. 2/ 2017, 108,109.

18 *Fassbender et al* 2015,S. 133 zit. nach Schmitz/Zink, WSI-Mitt. 2/ 2017,108,109.

19 *Wiekert* et al, 2013 zit. nach *Schmitz/Zink*, WSI-Mitt. 2/ 2017, 108,109.

6. Hinausschieben des Arbeitsendes eines Arbeitsverhältnisses

Bereits 2014 wurde § 41 Satz 3 SGB VI[20] so geändert, dass bei Altersgrenzenregelungen durch eine vor diesem Zeitpunkt erfolgte schriftliche Vereinbarung das Ende des Arbeitsverhältnisses ohne Änderung der Arbeitsbedingungen mehrfach hinausgeschoben werden kann. Es war strittig, ob dies gerechtfertigte Alters- und Befristungsdiskriminierung ist. Es sind nur Menschen im rentennahen Alter betroffen, die Wissenstransfer vermitteln, der aber nicht mehrfach erfolgen muss. Bezüglich der Mehrfachbefristung sind die Vorgaben der Befristungsrichtlinie aber laut EuGH eingehalten.[21]
Da der befristeten Beschäftigung bei einem anderen Arbeitgeber Sachgründe mit einem entsprechenden Personalkonzept bzw. entsprechende Personalplanung erfolgen kann, hat das BAG[22] zurecht die reine Rentnerbeschäftigung als Sondergrund abgelehnt.
Kritisch zu betrachten ist die Entscheidung des 2. Senats[23] bezüglich der Nichtbeachtung des höheren Lebensalters ab der Rente bei der Sozialauswahl. Denn die Notwendigkeit einer Tätigkeit kann sich, wie oben dargestellt, durchaus aus handfesten materiellen Gründen ergeben. Dies müsste dann zumindest auch Berücksichtigung finden und nicht allein auf den möglichen Bezug einer Regelaltersrente abgestellt werden. Nur dann kann den Intentionen des Flexirentengesetzes Rechnung hinreichend getragen werden[24].

7. Weiterarbeit mit Rentenbezug

Durch einen schriftlichen Verzicht für die ZUKUNFT für den jeweiligen Arbeitsvertrag kann nunmehr eine Rentenversicherungspflicht begründet werden (opt-in), sodass dadurch eine Erhöhung der Rente erfolgt. Folglich hat neben dem – wie bisher – beitragspflichtigen Arbeitgeber der arbeitende Rentner entsprechende Beiträge zu entrichten.

20 1.7.2014, BGBl. I 2014, S. 787.
21 *Bader*, NZA 2014, 749, 752; EuGH 28.2.2018 – C 46/17.
22 11.2.2015 – 7 AZR 17/13.
23 27.4.2017 – 2 AZR 67/17.
24 Das gilt dann auch für andere Rentenmöglichkeiten, wie etwa vorgezogene Altersruhegelder wie Rente mit 63.

8. Weiterarbeit ohne Rentenbezug

Bei einer Weiterarbeit nach Erreichen der Regelaltersgrenze ohne gleichzeitigem Rentenbezug erhöhen sich die in dieser Zeit erworbenen monatlichen Beitragspunkte mit dem Zugangsfaktor 0,5 %.[25] Davon machen derzeit bereits 216 550 Menschen Gebrauch.[26]

9. Fazit

Eine Reform der gesetzlichen Rente auch in Bezug auf ein höheres Rentenniveau ist überfällig. Bessere Prävention und mehr Gesundheitsschutz sind für eine alternde Gesellschaft ein Muss ebenso wie lebenslange Weiterbildung für alle Altersgruppen gleichermaßen. Nur dann kann ein langes Leben mit einer hinreichenden Rente erreicht werden. Ein gleitender Übergang mit Teilzeitarbeit muss finanziell unterstützt werden, damit das allen Beschäftigtengruppen möglich wird. Mit einen befristeten Teilzeitanspruch könnten zeitliche Anpassungen durchgesetzt werden. Für die Arbeit nach Erreichen der Regelaltersgrenze darf es zur Vermeidung von Konkurrenzdruck keine arbeits- oder sozialversicherungsrechtlichen Erleichterungen für Arbeitgeber geben.

25 § 77 Abs. 2 Satz 1 Nr. 2 lit. b SGB VI.
26 BA – Bericht zit. nach FAZ v. 7. 10. 2017.

Konzept eines Wahlarbeitszeitgesetzes

Prof. Dr. Heide Pfarr, Geschäftsführerin der Hans-Böckler-Stiftung i.R.

Die IG Metall hat mit einer eindrucksvollen Befragung die vielfältigen Forschungen bestätigt, wonach Beschäftigte mehr Selbstbestimmung über ihre Arbeitszeit haben wollen.[1] Für sie spielt es eine wichtige Rolle, wie viel und welche Zeit die Erwerbsarbeit in der jeweiligen Lebensphase einnimmt. Viele Unternehmen verlangen inzwischen von Beschäftigten zeitliche Flexibilität; Unternehmen jedoch, die ihre Personalpolitik und betriebliche Organisation auf Flexibilitätsbedürfnisse von Beschäftigten einstellen, sind Ausnahmen geblieben. Mit der Vernachlässigung der Bedürfnisse von Beschäftigten werden große Teile der qualifizierten Erwerbsfähigen vom Arbeitsmarkt ausgeschlossen, insbesondere Frauen und diejenigen Männer, die gleichberechtigte Partnerschaften leben möchten. Die IG Metall hat 2017 als Tarifforderung eine garantierte Wahloption für alle Beschäftigten, die Arbeitszeit temporär zu reduzieren, aufgestellt. Wird die Arbeit wegen Kindererziehung oder Pflege und bei belastenden Arbeitszeiten wie Schichtarbeit reduziert, soll es einen Entgeltzuschuss geben.

Die IG Metall ist eine starke und streikfähige Gewerkschaft, und es ist zu hoffen und zu erwarten, dass sie sich gegen den heftigen Widerstand der Arbeitgeberseite durchsetzt. Die Voraussetzung dafür ist allerdings nicht bei allen Gewerkschaften gegeben, vor allem nicht in jenen größer werdenden Bereichen, die von Tarifbindung nicht mehr erreicht werden. Das Anliegen einer Arbeitszeitflexibilität bedarf daher einer Unterstützung durch den Gesetzgeber – einer Unterstützung, die die Gewerkschaften nicht aus ihren genuinen Handlungsfeldern verdrängen darf. Die Debatte um den Mindestlohn und die Erfahrungen und Erfolge nach seiner Einführung können hier ein Beispiel bilden.

Das Bemühen um ein Recht nach bedürfnisadäquater Arbeitszeitverkürzung kann nicht einer Forderung nach allgemeiner Verkürzung der Arbeitszeit entgegengehalten werden, vielmehr ergänzen sie sich. Eine allgemeine Verkürzung der Arbeitszeit in Richtung auf 30 Stunden hätte zur Folge, dass sich viele Erfordernisse aus den Lebensbedingungen der Menschen besser mit den Anforderungen

1 Arbeitspapier 2/2017 der IG Metall.

aus der Erwerbsarbeit vereinbaren ließen. Würde sie realisiert, würde jener Effekt vermieden oder wenigstens minimiert, dass die Wahlfreiheit in der Arbeitszeit geschlechtsspezifisch verschoben wahrgenommen werden würde, nämlich, wie die Erfahrung zeigt, mehrheitlich von Frauen. Eine allgemeine Arbeitszeitverkürzung kann aber das Bedürfnis nach flexiblen Arbeitszeitregimen nicht ersetzen. Denn es ist unbestreitbar, dass auch eine kürzere Vollzeitarbeit nicht alle im Lebensverlauf auftretenden Erfordernisse abweichender Arbeitszeiten abdecken kann.

Die Novellierung des Arbeitszeitrechts ist Thema auf der politischen Bühne. Die Entwicklungen von Arbeit 4.0 mit Digitalisierung, Globalisierung und Crowdworking schlagen sich auch in der Arbeitszeitdebatte nieder. Es ist zwingend, in diese Debatten die Zielsetzung selbstbestimmter bedürfnisgerechter Wahlarbeitszeiten hineinzutragen.

Die Kommission für Arbeits-, Gleichstellungs- und Wirtschaftsrecht des Deutschen Juristinnenbundes hat ein nachhaltiges rechtspolitisches Konzept entwickelt und in eine praktikable, wirklich umsetzbare Regulierungsform gegossen.[2] Das BMAS hat dieses Konzept 2016 im Weissbuch Arbeiten 4.0 positiv aufgenommen.[3] Der djb geht davon aus, dass durch eine solche Ausarbeitung sowohl die Schwierigkeiten der Regulierung eines so komplexen Themenbereichs ebenso wie realistische Lösungsmöglichkeiten deutlich werden. Dabei ist selbstverständlich mitgedacht, dass – anders als der Gesetzgeber – Gewerkschaften in Tarifverträgen aus guten Gründen schrittweise Lösungen anstreben würden.

Eine gesetzliche Regulierung von beschäftigtenfreundlicher Arbeitszeitflexibilität ist durchaus komplex. Denn es müssen nicht nur die Bedürfnisse von Beschäftigten mit den berechtigten Interessen der Betriebe in Einklang gebracht werden, sondern auch die Interessen der Beschäftigten untereinander. Diejenigen, die heute mit je eigenen tatsächlichen und rechtlichen Instrumentarien die Arbeitszeitregime auf der Ebene der Betriebe, Unternehmen und Branchen prägen, müssen in ihren Rechten respektiert und in die Konzeption eingebunden werden. Nur zusammen mit den Arbeitgeber_innen, den Gewerkschaften und den Mitbestimmungsorganen kann es gelingen, die betriebliche Wirklichkeit entsprechend umzugestalten.

Ein gewisser Ausbau individueller Rechtsansprüche auf Wahlarbeitszeit für einzelne Arbeitnehmer_innen ist erforderlich, dies würde aber die Arbeitszeitkultur der Unternehmen nicht ausreichend ändern. Auch darf ein Wahlarbeitszeitgesetz (WAZG) für die Rechtsdurchsetzung nicht allein auf individuelle Klagen vor den Arbeitsgerichten setzen. Beschäftigte gehen typischerweise den Rechtsweg erst dann, wenn es anders überhaupt nicht mehr erträglich ist oder die Sorge vor dem

2 www.djb.de/themen/wahlarbeitszeit/wazg-konzept/.
3 S. 120.

Verlust des Arbeitsplatzes entfällt, eben weil er schon verloren ist. Der Gesetzgeber muss vielmehr dahin wirken, dass in den Betrieben Optionen für lebensphasenorientierte Arbeitszeitgestaltungen bereitgestellt werden. Denn nur dann, wenn durch eine entsprechende Arbeitszeitkultur im Betrieb Zeitsouveränität selbstverständlich wird, werden alle durch Angebote der Wahlarbeitszeit angesprochen werden. Auch die Rechtsdurchsetzung kann so effektiver gemacht werden.

Wahlarbeitszeitkonzepte für alle Betriebe kann der Gesetzgeber nicht vorformulieren und vorschreiben, denn ein Gesetz vermag nicht die Vielfalt betrieblicher Organisationen in den Branchen und Unternehmen wie auch die unterschiedlichen Bedürfnisse von Beschäftigten und ihre Interdependenzen regelhaft abzubilden. Starre gesetzliche Ansprüche von Arbeitnehmer_innen, die nicht in die betriebliche Wirklichkeit mit ihren je unterschiedlichen Möglichkeiten und Begrenzungen rückvermittelt werden, greifen gleichzeitig zu weit, aber auch zu kurz. Weiche Generalklauseln hingegen geben keine Rechtssicherheit und können schon deshalb zur Realisierung einer Wahlarbeitszeit in der betrieblichen Praxis nichts beitragen. Mindestbetriebsgrößen haben den Effekt, gerade die Betriebe auszuschließen, in denen der größte Teil der Frauen arbeitet.

Individuelle Wahlarbeitszeiten in Betrieben verursachen organisatorischen Aufwand – auch für Betriebsräte! – und stoßen an Grenzen. Die gestalterischen Möglichkeiten der Unternehmen sind ganz unterschiedlich. Dennoch ist es nicht notwendig, das Wahlarbeitszeitrecht an unterschiedlichen Betriebsgrößen festzumachen. Große Betriebe können erhebliche Spielräume nutzen. Wahlarbeitszeiten in Klein- und Mittelbetrieben generell für unmöglich zu erklären, entspricht nicht der Realität. In bestimmten Branchen könnten sie zwar schwer lösbare organisatorische Probleme machen, die aber in einer anderen Branche, zum Beispiel im Dienstleistungsbereich, selbst in Klein- und Mittelbetrieben nicht auftreten.

Ein Wahlarbeitszeitgesetz muss daher alle Betriebe aller Branchen und aller Größen erfassen, allerdings überall differenzierte Lösungen zulassen, die weder die Unternehmen überfordern noch das Bedürfnis der Beschäftigten nach Arbeitszeitsouveränität leerlaufen lassen. Das Gesetz muss flexible Lösungen ermöglichen, gleichzeitig muss es vorhersehbar, planbar, verlässlich und rechtssicher sein.

Ein Gesetz, das dem Konzept einer regulierten Selbstregulierung folgt, kann dies leisten. Regulierte Selbstregulierung bedeutet, dass diejenigen, die die betriebliche Wirklichkeit gestalten, innerhalb eines gesetzlichen Rahmens selbst entscheiden und aushandeln, also: selbst regulieren, was im konkreten Fall in ihrem Betrieb bei der Festlegung und den Spielräumen der Arbeitszeit möglich ist. Das Konzept einer Selbstregulierung kann aber nicht nur auf Vertrauen setzen, dass die Vertragspartner_innen und Tarif- oder Betriebsparteien sich schon in adäquater Weise einigen werden. Denn beim Arbeitsvertragsverhältnis sind beide Seiten strukturell nicht gleichermaßen sozial durchsetzungsstark. Auch bei kollektiven Verhandlungen werden nicht immer alle Interessen gleichermaßen Gehör finden und sich in Verhandlungen durchsetzen können. Es bedarf daher einer gesetzlichen Regulierung, die durch die Ausgestaltung der Ansprüche und der Verfahren dafür sorgt, dass es zu einer angemessenen Selbstregulierung mit dem Ziel der Wahlarbeitszeit kommt. Selbstverantwortliches Handeln im Schatten des Gesetzes also.

In einem solchen Ansatz spielen die Tarifvertragsparteien wie auch die Betriebsparteien eine bedeutsame, ja ausschlaggebende Rolle. Schon die Geschichte lehrt, dass die Arbeitszeit ein Kernthema der Interessenvertretung der Beschäftigten ist. Das WAZG muss daher Beteiligungs- und Mitbestimmungsverfahren vorsehen, um sicherzustellen, dass kollektive Arbeitszeitkonzepte entwickelt werden, die betriebliche Interessen mit denen der Beschäftigten wie auch der Kolleg_innen untereinander angemessen ausgleichen. Ein WAZG formuliert dafür Zielsetzungen und Rahmenbedingungen, gibt Formen und Fristen, Verfahren und Beteiligungsrechte vor und zählt Themenkomplexe auf, die für ein betriebliches Wahlarbeitszeitkonzept geprüft werden müssen. Ein individueller Rechtsanspruch, wie ihn das geltende Recht ja im Ansatz bereits kennt, ist so auszugestalten, dass nicht nur der Veränderungswunsch durchgesetzt werden kann, sondern dadurch zugleich die Betriebsparteien bzw. der Arbeitgeber bewegt werden, eigenständig Wahlarbeitszeitkonzepte zu entwickeln. Dazu müssen Veränderungswünsche und Einwände des Arbeitgebers in einem geregelten Verhandlungsverfahren geklärt werden, das das Gesetz vorschreibt.

Ein Wahlarbeitszeitgesetz muss durch sozialversicherungsrechtliche Finanzierungsregelungen begleitet werden, weil es nicht nur ein Angebot an diejenigen enthalten darf, die sich eine Verminderung ihres Erwerbseinkommens durch die Reduzierung der Arbeitszeit leisten können (sei es durch ein ausreichendes Erwerbseinkommen auch bei reduzierter Arbeitszeit, sei es durch Alimentierung innerhalb einer Partnerschaft). Für die Frage sozialversicherungsrechtlicher und anderer begleitender Finanzierungsregelungen ist zu entscheiden, wie und welche Einkommensausfälle, die mit Erwerbsunterbrechungen oder -einschränkungen verbunden sind, finanziell abgesichert oder abgemildert werden. Möglichkeiten für individuelles Ansparen von Geld und Zeit in Langzeitarbeitskonten können zwar hilfreich sein, wirken aber in der Praxis selektiv. Mehr noch: Die hierin liegende finanzielle Überantwortung allein an die Betroffenen bzw. deren Familien ist dann ungenügend, wenn die Arbeitszeit reduziert wird, um gesellschaftlich notwendige oder unterstützenswerte Aufgaben wahrzunehmen. Menschen haben unterschiedliche Bedürfnisse nach erwerbsfreier oder erwerbsgeminderter Zeit und dies zu unterschiedlichen Zeiten. Bei einigen häufen sich z. B. Sorgearbeiten, während sie bei anderen keine Bedeutung entfalten. Die ungleiche Betroffenheit der Geschlechter ist evident und anhand von Rentendaten empirisch nachweisbar. Ein sozialer Ausgleich ist insofern unverzichtbar. Eine lebenslauforientierte Sozialpolitik muss daher über kollektive Systeme für eine finanzielle Abfederung sorgen, die ausreichend intertemporal und interpersonell verteilt.

Die Tarifforderung der IG Metall 2016/2017 gibt einen guten Hinweis dafür, welche Ansprüche auf Arbeitszeitverkürzung durch einen Entgeltzuschuss finanziell unterstützt werden sollten, nämlich bei Kindererziehung oder Pflege, aber auch bei belastenden Arbeitszeiten wie Schichtarbeit. Hier verbindet die IG Metall eine gute Tradition zur Minderung belastender Arbeitsverhältnisse mit familien- und frauenpolitischen Forderungen, wie sie es bisher nicht gegeben hat.

Kurz zusammengefasst sieht das Konzept eines Wahlarbeitszeitgesetzes des djb Folgendes vor:

- Durch die Einbeziehung der kollektivrechtlichen Ebene wird nicht nur ad hoc ein individueller Bedarf an Arbeitszeitänderung rechtlich durchsetzbar, sondern es werden garantierte Optionalitäten bereitgestellt.
- Das Gesetz vermeidet jede Bürokratie und schreibt den Betrieben nicht im Einzelnen vor, welche und wie viel Zeitsouveränität sie ermöglichen müssen. Das entscheiden diejenigen, die bereits nach geltendem Recht die betrieblichen Regeln bestimmen. Der Rückgriff auf die Selbstregulierung erlaubt die Geltung des Gesetzes für alle Betriebe aller Größen und aller Branchen.
- Das Gesetz regelt Ziel, Beteiligte und Verfahren bei der Entwicklung von Wahlarbeitszeitkonzepten. Es setzt auf die Tarifparteien und die Interessenvertretungen der Beschäftigten.
- Das Gesetz ergänzt die Mitbestimmungsrechte des Betriebsrats.
- Das Gesetz erweitert das bestehende individuelle Recht zur Veränderung der Arbeitszeit in Bezug auf Erhöhung, Verteilung und Lage der Arbeitszeit und des Arbeitsortes. Die Einwände des Arbeitgebers müssen sich auf dringende betriebliche Gründe stützen. Gilt im Betrieb ein mitbestimmtes Wahlarbeitszeitkonzept, kann sich die Ablehnung auf die Unvereinbarkeit mit diesem Konzept stützen.
- Wird in Betrieb kein Wahlarbeitszeitkonzept erarbeitet und ein Wunsch auf Arbeitszeitänderung nicht erfüllt, liegen die Durchsetzung und Beweislast für seine Einwände sowie die Kostentragungspflicht allein beim Arbeitgeber. Darüber hinaus bestehen dann für den Betriebsrat wie für eine im Betrieb vertretene Gewerkschaft die Rechte aus § 23 Abs. 3 BetrVG, die folglich ein betriebliches Wahlarbeitszeitkonzept durchsetzen können.

The Gig Economy before the Court of Justice: from digital service provision to work intermediation

Prof. Jeremias Prassl, Magdalen College, University of Oxford

I first met *Thomas Klebe* at a labour law conference on the shores of beautiful lake Traunsee. Over the course of our discussions, I was struck by his emphasis on seeing the implications of employment law far beyond the theoretical bubble, as well as his perceptive and thoughtful approach to ongoing developments and future challenges. Indeed, it was in this context that I had first encountered his work on digitalisation and the labour market, including in particular the future of work in what has become known as ›crowdwork‹ in the ›gig economy‹.[1]
Thomas Klebe's work was among the very first wave of scholarship to grasp the significance and manifold challenges raised by digital labour intermediation. Litigation has begun to catch up, with cases brought by workers and trade unions challenging platforms' characterisation of their services as mere digital matchmaking between consumers and independent contractors.[2] With a large number of pending cases and on-going appeals it is not yet possible to offer a definitive account – not least given variations in gig economy business models and domestic employment law norms across the world – but for the time being, the emerging picture seems to point in the direction of employment status for gig economy workers – and thus employer responsibilities for platforms.[3] The legal challenges are by no means limited to employment law alone. Indeed, the under-

1 See, for example, *T Klebe and J Neugebauer*, ›Crowdsourcing: Für eine Handvoll Dollar oder Workers of the crowd unite?‹ AuR 2014, 4ff.; *T Klebe*, ›Workers of the Crowd Unite?‹ in C Benner (ed), *Crowdwork – zurück in die Zukunft* (Bund Verlag 2015) 277.

2 Courts and tribunals around the world have been grappling with the legal classification of gig economy services: perhaps the highest profile decision to date was the London ET's 2016 decision (AuR 2016, 516, with note Walter; confirmed by Employment Appeals Tribunal November 10, 2017, AuR 2017, 506) that Uber drivers were employed as the platform's workers. See *Aslam v Uber BV* (available at https://www.judiciary.gov.uk/wp-content/uploads/2016/10/aslam-and-farrar-v-uber-reasons-20161028.pdf)

3 *J Prassl and M Risak*, ›*Uber, TaskRabbit*, and Co.: platforms as employers? Rethinking the legal analysis of crowdwork‹ (2016) 37(3) Comparative Labor Law & Policy Journal 619. That picture, however, is by no means uniform: see e.g. recent litigation in Australia (http://www.afr.com/news/policy/industrial-relations/uber-winsfair-work-commission-case-over-drivers-employment-rights-20180105-h0duqq)

lying issue is directly relevant to areas as diverse as competition law, tax law, and consumer protection: in a world of phone ›apps‹ and digital service provision, who should be identified as the service provider – the individual worker, or the platform? The rise of Uber, a global ›ridesharing platform‹ or ›transportation network company‹, has brought these challenges to national courts across the EU – including the Court of Justice.

On December 20, 2017, the Grand Chamber of the Court of Justice of the European Union handed down its long-awaited decision in Case C-434/15 *Asóciacion Profesional Elite Taxi v Uber Systems Spain SL.*[4] In litigation concerning domestic (taxi) transport rules, the referring Spanish court had enquired whether Uber's offering should be ›regarded as transport services, information society services or a combination of both‹ in order to determine the legality of local regulation. [15] The dispute arose from a series of claims brought by Elite Taxi, a Barcelona Taxi Drivers' group, against UberPOP, a low-cost transportation service operating through a phone app – but without ›the licences and authorisations required‹ by local law [AG 16]. In this contribution, I briefly explore the Court's decision, as well as the earlier opinion by Advocate General Maciej Szpunar. Whilst the legal issues turn on a technical point of EU internal market law (*viz*, the division of regulatory competence between the Union and Member States insofar as digital service providers are concerned), I hope to suggest that the Court's understanding of the underlying business model of so-called ›gig economy‹ platforms is crucial to determine legal questions in a range of different areas, including notably employment law.

1. Digital Services in EU law: the Advocate General's opinion

At first glance, the question before the court is fairly technical, and of little relevance to employment law: is Uber, a self-styled ›ride-sharing‹ platform an ›information society service‹ for purposes of the EU's electronic commerce directive?

In the opinion preceding the Court's decision, the Advocate General had noted ›some confusion‹ as regards the detailed claims; the essence of the argument can nonetheless be summarised relatively easily: if Uber's entire operation is classified as an ›information society service‹ for purposes of Directive 2000/31/EC, in-

4 CJEU December 20, 2017, C-434/15, AuR 2018, 106; following Advocate General Maciej Szpunar's opinion of May 11, 2017, C-434/15, AuR 2017, 270, with note *Müller-Wenner.*

dividual Member States' regulatory powers will be severely hampered: subject to narrow derogations, national laws could not ›restrict the freedom to provide information society services‹ due to internal market rules in general, and the e-commerce Directive in particular.[5] The implications of this question are far-reaching: the case goes to the very core of Uber's business model. Does the company provide transportation services – or is it merely in the business of introducing consumers to independent ›driver partners‹? The Advocate General's answer was clear: Uber, he found, was ›a traditional transport service.‹ [AG 42]
This finding stood in stark contrast with Uber's submissions, repeated in similar form in lawsuits around the world: the platform had argued ›that it simply matches supply (the supply of urban transport) to demand‹. AG Szpunar however found that this was ›an unduly narrow view of its role. Uber actually does much more than match supply to demand‹. [AG 43] He furthermore highlighted the platform's sophisticated mechanisms of (indirect) control: ›without exerting any formal constraints over drivers, Uber is able to tailor supply to fluctuations in demand‹. [AG 47]

2. Indivisibility of Intermediation and Control: the Grand Chamber's Decision

After a considerable deliberative period, in December 2017 the Grand Chamber of the Court of Justice arrived at the same conclusion as the Advocate General. The judgment begins by noting that the digital intermediation between passengers and no-professional drivers could, ›in principle‹ be ›a separate service from a transport service‹ [34] and thus subject to different regulatory regimes as envisaged in the Treaty on the Functioning of the European Union and secondary legislation [35–36].
That distinction, however, was not applicable to operators whose service ›is more than an intermediation service consisting of connecting, by means of a smartphone application‹, drivers and passengers [37]. Applying this legal test to the fact of the case, and drawing on the Advocate General's earlier detailed analysis of Uber's operations, the Grand Chamber explains how the platform's ›intermediation service simultaneously offers urban transport services‹ through its app [38]. The core of the Court's findings deserve to be set out in full:

5 Directive 2000/31/EC of the EP and of the Council of 8 June 2000 on certain legal aspects of information society services, in particular electronic commerce, in the Internal Market (›Directive on electronic commerce‹) (OJ 2000 L 178, p. 1), Art 3(2).

... the intermediation service provided by Uber is based on the selection of non-professional drivers using their own vehicle, to whom the company provides an application without which (i) those drivers would not be led to provide transportation services and (ii) persons who wish to make an urban journey would not use the services provided by those drivers. On the latter point, it appears, inter alia, that Uber determines at least the maximum fare by me as of the eponymous application, that the company receives that amount from the client before paying part of it to the non-professional driver of the vehicle, and that it exercises a certain control over the quality of the vehicles, the drivers and their conduct, which can, in some circumstances, result in their exclusion. [39]

In the absence of Union legislation on non-public transport services, Member States thus retained full regulatory authority over Uber's transportation platform [46] – [47].

3. Unravelling the Platform Paradox: Work as a Digital Service

The immediate impact of the *CJEU's* decision will of course be limited to the relatively technical question of regulating digital services in the internal mark. What are the implications for labour law? In his opinion, the Advocate General had been markedly careful to emphasise that his conclusions were confined to the questions of EU law at stake, noting that his opinion did not imply that ›Uber's drivers must necessarily be regarded as its employees. The company may very well provide its services through independent traders who act on its behalf as subcontractors. The controversy surrounding the status of drivers with respect to Uber, which has already resulted in court judgments in some Member States, is wholly unrelated to the legal questions before the Court in this case.‹ [AG 54]

With utmost respect, however, it is not necessarily clear that the divide can be drawn quite as easily: indeed, a similar discussion is notably absent from the Grand Chamber's (short) opinion. The clear emphasis on broad control and a deep involvement in the day-to-day minutiae of the transportation service as set out in paragraph [39], above, will be of interest to employment lawyers in most jurisdictions. This is not least because it tackles head-on a problem which I have identified in forthcoming work as the *Platform Paradox.*[6]

6 J Prassl, *Humans as a Service* (OUP 2018) 5.

According to most platforms' terms and conditions, their business model is to operate powerful software applications (apps) designed to match consumers who need a task done with entrepreneurs in search of their next ›gig‹. The underlying quest is to remove as much ›friction‹ as possible from each interaction. Beautifully designed apps, with clever functionalities, offer swift introductions, and make the gig economy fun and easy to use for both parties: drivers and passengers can see each other on their phones before a trip has begun; if you need help assembling new furniture, an algorithm will swiftly find the best – or cheapest – available handyman in the vicinity.

Upon closer inspection, however, it quickly emerges that many platforms offer much more than mere matchmaking services: they are in the business of *digital work intermediation*. To deliver tightly curated products and services to customers, gig-economy operators actively shape the entire transaction by means of close control over their workers: from setting terms and conditions, and checking relevant qualifications, to ensuring proper performance and payment. Gig-economy apps do not only make it quick and easy to find workers and tasks; user ratings also provide quality control and feedback, and digital payment systems render the entire transaction cashless.

This is the ›platform paradox‹: gig-economy operators present themselves as marketplaces, even though, in reality, they often act like traditional employers. Instead of passive matchmaking, platforms rely on rating systems and algorithmic control to ensure that each aspect of the worker's task is completed in compliance with company policy and customer instructions. Invisible though it might be, labour is central to the gig economy: without access to large pools of on-demand workers, it would be impossible for platforms and apps to deliver any of the gigs, tasks, and rides they offer.

The Court of Justice's decision in *Elite Taxi* goes a long way towards resolving this paradox – by emphasising the indivisibility of the algorithmic matchmaking from the underlying service, a clear space is opened up for the ascription of responsibility to operators who are closely involved in their workers' daily lives: expect to see this decision to reverberate far beyond its narrow original context.

Mitbestimmung und neue Technologien

Prof. Dr. Dr. h.c. Ulrich Preis

An den Verfasser wurde die Bitte gerichtet, eine Laudatio auf den so jugendlich erscheinenden Jubilar zu halten. Das ist einerseits ganz einfach, soweit ich in den letzten Jahren *Thomas Klebe* persönlich näher kennen lernen durfte. Seine Persönlichkeit ist leicht zu beschreiben: stets freundlich, engagiert, sachbezogen, diskussionsfreudig, kritisch und neuer Erkenntnis stets aufgeschlossen. Über die stets angenehmen und erfrischenden persönlichen Begegnungen hinaus ist es mir aber leider andererseits nur möglich, sein wissenschaftliches Schrifttum zu würdigen. Anekdoten aus seinem Berufsleben, in dem er für DGB und IG-Metall in verschiedenen Funktionen tätig war und dabei viel für die Mitbestimmung in Recht und Praxis erreicht hat, kann ich leider nicht bieten.

Wendet man sich nunmehr dem Schrifttum zu, gibt es zwei ganz eindeutige Schwerpunkte: Es sind zum einen die betriebliche und unternehmerische Mitbestimmung und zum anderen die juristische Bewältigung neuer Technologien, einschließlich des Datenschutzes. Sichtbar wird dies durch die Mitarbeit an zwei großen Kommentaren: dem *Däubler/Kittner* zum Betriebsverfassungsgesetz[1] und dem Kompaktkommentar zum BDSG.[2]

Ein Markenzeichen der Abhandlungen von Thomas Klebe ist, dass stets aktuelle Entwicklungstrends im jeweiligen Industrie- oder Dienstleistungsbereich aufgegriffen werden. Die Strategien der Arbeitgeber und ihre Auswirkungen auf Arbeitnehmer und Mitbestimmung werden minutiös offengelegt. Nach der tatsächlichen und rechtlichen Analyse folgt zumeist ein Ausblick auf die gewerkschaftlichen Handlungsmöglichkeiten.[3]

---

1 *Däubler/Kittner/Klebe/Wedde*, Betriebsverfassungsgesetz – Kommentar, 15. Aufl. 2016.
2 *Däubler/Klebe/Wedde/Weichert*, Kompaktkommentar zum BDSG, 5. Aufl. 2016.
3 Beispielhaft bei *Klebe/Roth*, CR 1990, 677; WSI-Mitteilungen 1998, 442; AiB 2000, 749 (alle zur Automobilindustrie).

1. Anfänge

Doch wie fing alles an? Das rechtswissenschaftliche Schrifttum nimmt seinen Ausgangspunkt, wie kann es anders sein, in seiner Doktorschrift, die isoliert nicht veröffentlicht zu sein scheint, aber mittelbar in dem Werk von Thomas Klebe und Manfred Schumann, »Das Recht auf Beschäftigung im Kündigungsschutzprozess« (1981) das Licht der Fachöffentlichkeit erblickt hat.
In dieser Qualifikationsschrift setzt sich der Verfasser vertieft mit der Realität des Kündigungsschutzes und der Notwendigkeit eines vorläufigen Beschäftigungsanspruches nach § 102 Abs. 5 BetrVG auseinander. Insiderinformationen zufolge hat *Thomas Klebe* den zweiten Teil des Buches verfasst (S. 29–249). Sein Mitautor *Schumann* fertigte dagegen den dritten Teil, überschrieben mit: »*Der Beschäftigungsanspruch des Arbeitnehmers nach Kündigung.*« Unterstellen wir die Richtigkeit der Information, so lässt sich konstatieren, dass der junge Autor *Klebe* ganz in der großen Sorgfalt und Akribie eines aufstrebenden Juristen verfangen war. Er konnte sich an den Tatbestandsvoraussetzungen der Normen des BetrVG unter Ausschöpfung von Literatur und Rechtsprechung juristisch austoben und insbesondere unter Beweis stellen, dass er die juristischen Methoden beherrscht. Nach dem Urteil *Kittners* wurde die gemeinsam mit Manfred Schumann erstellte Dissertation »ein ganzes Jahrzehnt ein in Kommentaren und Gerichtsurteilen zitiertes Standardwerk«.[4] Seine Zusammenfassung zeugt nicht von großen Worten und pathetischer Überhöhung. Vielmehr fasst er zusammen: »*Im Ergebnis lässt sich feststellen, dass die Interpretation des § 102 Abs. 3 und 5 BetrVG in den meisten Streitpunkten restriktiver erfolgt, ohne dass hierfür überzeugende Gründe vorliegen.*«[5] Unabhängig davon sei jedoch festzustellen, dass die Norm einen objektiv begrenzten Anwendungsbereich habe. An dieser Zusammenfassung erkennt man einerseits den kritischen Geist, aber andererseits auch den gehörigen Teil Realismus und Gesetzestreue.
Der »frühe« *Klebe* publiziert, wie es viele Doktoranden ihm gleichtun, zunächst um sein Doktorthema herum. Kurz und gut publiziert er mit *Schumann* über die Informationspflicht des Arbeitgebers gegenüber dem Betriebsrat bei Kündigung eines Arbeitsverhältnisses von unter sechs Monaten Dauer.[6] Mit einem weiteren Beitrag – zur Unwirksamkeit der Kündigung von Organen der Betriebsverfassung bei fehlender Zustimmung des Betriebsrats[7] – und einigen weiteren Kurz-

4 *Kittner*, AiB 2008, 441.
5 *Klebe/Schumann*, a. a. O., S. 249.
6 DB 1977, 1276.
7 DB 1978, 1591.

beiträgen[8] verlässt er allerdings den Themenkreis seiner Doktorschrift und wendet sich neuen Themen zu.

2. Datenschutz und neue Technologien

Für *Thomas Klebe* öffnet sich die weite Welt der neuen Technologien. Die technologischen Neuerungen und deren Gefährdungspotenzial für Arbeitnehmerinnen und Arbeitnehmer werden ab Beginn der 1980er Jahre zu dem bestimmenden Thema. »Thomas Klebe hat sich frühzeitig den praktischen und rechtlichen Problemen der Informationstechnologie befasst. Er gehört zu den gewerkschaftlichen Pionieren auf diesem neuen und schwierigen Feld«.[9] In der Tat: *Thomas Klebe* arbeitet sich immer wieder in neue technische Fortentwicklungen ein. Schon als es nur wenige Bildschirmarbeitsplätze gab, besetzte *Klebe* die Themen neue Technologien,[10] Mitbestimmung bei der Einführung von Bildschirmarbeitsplätzen,[11] Personalinformationssysteme,[12] Computertechnologie am Beispiel CAD/CAM,[13] Just-in-time-delivery[14] u. a.m. Eine umfassende empirische Analyse – vor allem aus der Automobilindustrie – enthält die Schrift von Thomas Klebe und Siegfried Roth »Informationen ohne Grenzen – Computernetze und internationale Arbeitsteilung« aus dem Jahre 1987. Richtig elektrisiert haben *Thomas Klebe* dann die technischen Möglichkeiten und arbeitsrechtlichen Herausforderungen der Plattformökonomie in allen Spielarten.
Wo neue Technologien auftauchen, sind *Thomas Klebe* und die Frage nach dem Datenschutz nicht weit. Vor diesem Hintergrund war es konsequent, dass ein Autor mit diesem Potential sich auch nicht davor scheut, die etwas sperrige Materie des Datenschutzes in sein Portfolio aufzunehmen.[15]

---

8 AiB 1982, 160; AiB 1980,2, 7 sowie BlStSozArbR 1980, 161.

9 So *Berthold Huber*, AuR 2013, 380.

10 So bereits 1981, AiB 11, 170 und 1999: *Klebe/Wedde*, Festschrift zum 50-jährigen Bestehen der Arbeitsgerichtsbarkeit in Rheinland-Pfalz, S. 345. Stets auch mit Fokus auf die Rechte des Betriebsrates bei neuer Technologie, vgl nur: *Klebe/Kunz*, NZA 1990, 257.

11 AiB 1981, 109 (Teil 1), 127 (Teil 2).

12 *Klebe/Schumann*, AuR 1983, 40.

13 *Klebe/Roth*, AiB 1984, 70.

14 *Klebe/Roth*, CR 1990, 677.

15 AiB 1985, 131.

3. Mitbestimmung

Durchgängig besetzt hat *Thomas Klebe* – sicher auch durch den Hauptberuf bedingt – das Thema der betrieblichen und unternehmerischen Mitbestimmung.[16] Das beginnt mit der mitbestimmungsrechtlichen Variante des Beschäftigungsanspruchs, den er in seiner Doktorschrift aufgearbeitet hat. Stets hat er die Rechtsprechung des Bundesarbeitsgerichts kritisch begleitet. Er stellte sich dem seinerzeit neuen Thema der Mitbestimmung des Betriebsrats bei der Einführung und Anwendung von Personalinformationssystemen ebenso wie der Mitbestimmung bei der Einführung anderer technischer Einrichtungen. Die Themen von *Klebe* werden zusammengeführt in zahlreichen Beiträgen, die den Betriebsrat als Hüter des Datenschutzes zum Gegenstand haben. So widmet er sich insbesondere dem Mitbestimmungstatbestand nach § 87 Abs. 1 Nr. 6 BetrVG.[17]
Klebe ist Mitverfasser eines Beitrags mit dem Schlachtruf: »*Hardware, Software, Gegenware*«.[18] An dieser Stelle sei aber darauf hingewiesen, dass der Schein, Klebe stünde neuen Technologien grundsätzlich ablehnend gegenüber, trügt. Vielmehr sind seine Schriften von der notwendigen Erkenntnis getragen, dass neue Technologien sozial zu beherrschen sind. In seinen ersten Beiträgen zur IT-Nutzung, zum Internet und zum Mailverkehr erkennt er sehr genau, dass die Schnelligkeit digitaler Vernetzung neben Gefahren auch Chancen für die gewerkschaftliche Organisation bedeuten können.[19] Internet und Co. lassen sich nicht aufhalten. Es sind aber auch die neuen Chancen zu berücksichtigen, die Beschäftigten der New Economy zu erreichen. In diesem Sinne kritisiert er in seiner Anmerkung zur ersten Entscheidung des BAG über die Verwendung moderner Kommunikationsmittel im Jahre 1993 vorausschauend, dass das BAG zu wenig die wachsende Bedeutung der Kommunikation und die Veränderung ihrer Struktur berücksichtige.[20] 1999 kann *Klebe* noch beklagen, dass sich das BAG noch immer nicht habe dazu durchringen können, die Nutzung des PC als Grundausstattung des Betriebsrates anzuerkennen.[21] Dass der Jubilar seiner Zeit oft ein Stück voraus ist, zeigt sich auch in frühen Publikationen zu europäischen Betriebsräten.[22] Globalisierung und das Vorantreiben von Internationalisierung standen für *Klebe* ganz im Lichte eines notwendigen Fortschrittes im Recht und

16 Vgl. *Thomas Klebe/Roland Koestler*, Festschrift für Helmut Wissmann 2005, S. 443.
17 *Klebe*, DB 1986, 380; NZA 1985, 44.
18 AiB 1993, 525.
19 *Klebe/Wedde*, AuR 2000, 401.
20 DB 1993, 1418; DB 1999, 1954.
21 *Klebe/Wedde*, Festschrift zum 50-jährigen Bestehen der Arbeitsgerichtsbarkeit in Rheinland-Pfalz, S. 345 (367).
22 AiB 1995, 558.

der Arbeitswelt.[23] Die Bedeutung des internationalen Rechts ist schließlich in den vergangenen Jahren, wie damals von *Klebe* schon vorausgesehen, immer mehr in den rechtlichen und politischen Mittelpunkt gerückt.
Richtig aufgedreht hat *Thomas Klebe* allerdings erst in den letzten fünf Jahren, indem er sich mit prekären Arbeitsformen von der Abrufarbeit, Werkverträgen über die Leiharbeit bis hin zu den Beschäftigten im Netz befasst hat. Plattformökonomie und Crowdwork sind seine Themen.

4. Missbräuche durch Scheinwerkverträge

In den Jahren 2012/2013 spießt *Klebe* zunächst die Problematik der Flucht aus dem regulären Arbeitsrecht in Leiharbeit und Werkverträge auf.[24] In einem Editorial[25] prangert *Klebe* den Missbrauch von Werkverträgen mit Soloselbstständigen an. Er kritisiert, dass Berater den Unternehmern empfehlen, selbst aus Leiharbeitsverträgen auszubrechen und (billigere) Werkverträge zu begründen. Das Problem sind die unklaren Abgrenzungskriterien; die Forderung an den Gesetzgeber, solche zu schaffen, ist aber gerade eben imposant gescheitert. Man versucht, mit der die alte Rechtslage festschreibenden Norm des § 611a BGB die Missbräuche zu bekämpfen. Wie soll das gelingen, wenn eine Abgrenzungsnorm geschaffen wird, die das bisherige Recht fortschreibt, das die Missbräuche eben nicht verhindern konnte? Die ausführlichen Beiträge zu der Thematik zeichnen sich wiederum durch ein Markenzeichen von *Thomas Klebe* aus: Erst werden die Fakten ermittelt, dann rechtliche und tatsächliche Auswirkungen analysiert, um aus dieser Analyse schließlich Handlungsanleitungen für Betriebsräte und Gewerkschaften zur Verfügung stellen zu können.[26] Der Wunsch des Jubilars, durch eine Vermutungsregelung ein praxistaugliches Instrument zu offerieren,[27] ist nicht in Erfüllung gegangen! Was bleibt nunmehr anderes übrig, als die Behörden zu intensiverer Kontrolle missbräuchlicher Scheinwerkverträge anzuhalten? Schließlich fordert *Klebe* eine Ausweitung der Mitbestimmungsrechte nach §§ 87, 99 BetrVG, um das Outsourcing in freie Werkverträge möglichst zu verhindern.[28]

23 AiB 2006, 558 (563).
24 AiB 2012, 559.
25 NZA Editorial, Heft 13 2013.
26 AiB 2012, 559; NZA 2012, 417.
27 AiB 2012, 559 (563).
28 AiB 2012, 559 (563).

5. Plattformökonomie

In den Jahren 2014/2015 widmet sich der Verfasser, den Finger wie stets am Puls der Zeit habend, dem Thema des Crowdsourcing und der Plattformökonomie.[29] Hier erreicht der Verfasser mit seinen Co-Autoren die Meinungshoheit. Insbesondere besticht die Darstellung der komplexen technischen Zusammenhänge. Die Schlüsselfrage, und damit schließt sich der Kreis zum Forschungsprojekt Werkverträge, liegt freilich darin, dass die Beschäftigten Selbstständige sein sollen mit allen negativen Auswirkungen auf das soziale Sicherungssystem und ihrer sozialen Absicherung. Die Agenda, die der Jubilar aufruft, ist beeindruckend und trifft den Kern der Sache: Er fragt danach, ob nicht der Arbeitnehmerbegriff de lege lata weiterentwickelt werden kann.[30] Ebenso fordert er eine Verbesserung der Rechtsstellung der arbeitnehmerähnlichen Person.[31] Er befürwortet die Sozialversicherungspflicht für Soloselbstständige,[32] eine Forderung, die ich vollauf teile.

6. Betriebsrat 4.0 in einer Industrie- und Arbeitswelt 4.0

Das Schrifttum wird abgerundet durch Beiträge zur Zukunft der Betriebsratsarbeit.[33] Erkennbar ist geworden, dass die Globalisierung, Digitalisierung und die damit verbundene Individualisierung der Beschäftigten neue Herausforderungen an die Arbeit der Betriebsräte und Gewerkschaften stellen. Materiell sollen die Arbeitsbedingungen der atypisch Beschäftigten verbessert werden. Ferner fordert Klebe eine intensivere Mitbestimmung des Betriebsrats bei Fremdfirmenarbeit, bei der Sicherung der Beschäftigung und beim Datenschutz.[34] Soweit sich neue Arbeitsformen nicht verhindern ließen, sei es jedoch notwendig, bei deren Ausgestaltung mitzubestimmen.

29 *Klebe/Neugebauer*, AuR 2014, 4.
30 AuR 2016, 277 (281).
31 *Däubler/Klebe*, NZA 2015, 1032 (1041).
32 AuR 2016, 277 (280).
33 AiB 2014, 33; SR 2/2015, 37.
34 AiB 2000, 29.

7. Schluss

Das hier vorzustellende Schrifttum findet eine Abrundung in dem Grundlagenbeitrag Betriebsrat 4.0 – digital und global?[35] Nach einer komprimierten Analyse aller Erscheinungsformen der Digitalisierung und Globalisierung zeigt der Verfasser Handlungsfelder des Betriebsrates auf. Er nennt hierbei Beschäftigung und Qualifizierung, Arbeitszeit und Arbeitsweise, Arbeits-und Gesundheitsschutz, Datenschutz und Mitbestimmung. Veränderte Rahmenbedingungen, so sein Fazit, hätten Auswirkungen auf alle Bereiche der Unternehmen und auf alle Beschäftigtengruppen. Dabei entstünden insbesondere durch die Plattformökonomie neue Beschäftigungsformen, wie beispielsweise das Crowdworking. Es sei unverzichtbar, dass Gewerkschaften und Betriebsräte den Wandel sozial mitgestalten und die Arbeitswelt 4.0 mitdefinierten. Hierfür bestünden bereits Rechte, die aber dringend einer Erweiterung bedürfen. In diesem Sinne gelingt es dem Verfasser, sein eigenes wissenschaftliches Werk abzurunden.

Als Fazit kann festgehalten werden, dass *Thomas Klebe* zeitlebens sich selbst und seinen Themen treu geblieben ist. Er hat wesentlich dazu beigetragen zu zeigen, dass Modernität, Mitbestimmung und Datenschutz zwar in einem Spannungsverhältnis stehen, aber eben durch Mitbestimmung sinnvoll gestaltet werden können.

35 NZA Beilage 3/2017, S. 77.

Mehr Fairness für Plattformarbeitende: Ein Plattformarbeitsgesetz als Strategie für faire Arbeitsbedingungen in der Plattformökonomie

Prof. Martin Risak, Universität Wien

1. Die Herausforderungen

Thomas Klebe hat sich in zahlreichen Beiträgen in verdienstvoller Weise sehr früh mit dem Phänomen der Plattformökonomie sowie dem sogenannten *Crowdwork* beschäftigt und damit wesentlich zur einschlägigen rechtswissenschaftlichen Diskussion beigetragen.[1] In guter gewerkschaftlicher Tradition hat er dabei besonders auf einen wichtigen Aspekt hingewiesen: Niedrige Entgelte mögen für Personen, für die die Plattformarbeit u. U. nur ein Zuverdienst zu einem sonstigen Einkommen ist, auf einer individuellen Ebene nicht unmittelbar problematisch sein.[2] Aber sie haben einen darüber hinausgehenden negativen Effekt, da dadurch auch Druck auf Personen entsteht, die in regulären Arbeitsverhältnissen beschäftigt werden. Plattformarbeit bietet sich so als kostengünstige Alternative an. Wie *Klebe* treffend ausführt, »*sind solch schlechte Arbeitsbedingungen keine Privatsache. Denn dadurch geraten andere Crowdworker und auch die in einem Arbeitsverhältnis Beschäftigten stark unter Druck.*«[3]

Es stellt sich daher auch unter diesem Gesichtspunkt die Frage, wie faire Arbeitsbedingungen auch in der Plattformökonomie sichergestellt werden können. Dafür ist die Erkenntnis von grundlegender Bedeutung, dass die Nutzung technischer Möglichkeiten, *in concreto* die Digitalisierung der Arbeitswelt und die neuartige Organisation von Arbeit im Wege des *Crowdsourcing* allein noch nicht zu negativen Folgen für die in der Plattformökonomie Arbeitenden führt. Schlechte

1 *Klebe/Neubauer*, Für eine Handvoll Dollar oder Workers of the crowd unite?, AuR 2014, 4; *Däubler/Klebe*, Crowdwork: Die neue Form der Arbeit – Arbeitgeber auf der Flucht?, NZA 2015, 1032; *Klebe*, Crowdwork: Amazonisierung der Arbeit oder Selbstbestimmung mit sozialen Schutzrechten?, in Tomandl/Risak (Hrsg.), Wie bewältigt das recht Moderne Formen der Arbeit (2016) 72ff.

2 So z. B. *Thüsing*, Digitalisierung der Arbeitswelt, Soziales Recht 2016, 87 (90).

3 Interview vom 23.11.2016, verfügbar unter https://www.igmetall.de/interview-mit-arbeitsrechtler-thomas-klebe-zum-thema-14335.htm (9.1.2018).

Arbeitsbedingungen sind nicht die zwangsläufige Folge des plattformbasierten Arbeitens, sondern der Entscheidungen der als CrowdsourcerInnen agierenden LeistungsempfängerInnen und der PlattformbetreiberInnen, die diese Möglichkeiten nutzen, um insbes. die Arbeitskosten zu drücken und den Wettbewerbsdruck der Arbeitenden untereinander zu erhöhen. Welche Möglichkeiten bestehen nun, diesen Tendenzen entgegenzuwirken?
In der Folge wird eine Lösungsstrategie[4], nämlich die *Schaffung eines speziellen Gesetzes*, eines »*Plattformarbeitsgesetzes*« skizziert, das sich – ähnlich dem Arbeitnehmerüberlassungsgesetz (AÜG) – den speziellen Problemen des plattformbasierten Arbeitens widmet. Dieses sollte idealerweise auch von einer entsprechenden Europäischen Richtlinie flankiert werden, damit europaweit einheitliche rechtlichen Rahmenbedingungen für die Plattformökonomie bestehen.[5] Dabei sind freilich immer auch die der Selbstorganisation der Arbeitenden, die betriebliche Mitbestimmung und die kollektive Rechtssetzung auch in der Plattformökonomie mit zu bedenken.

2. Mögliche Inhalte eines »Plattformarbeitsgesetzes«

Die Plattformökonomie hat einen gemeinsamen Nenner, der grundsätzliche Probleme aufwirft, nämlich die Zwischenschaltung von Plattformen zwischen LeistungserbringerInnen (den Plattformarbeitenden) und LeistungsempfängerInnen (den CrowdsourcerInnen). Diese nehmen zumeist eine herausragende Rolle bei der Leistungsabwicklung ein, die jedoch bisweilen verschleiert und gegenüber den Arbeitenden nicht immer in allen Details offengelegt wird. Damit ist es schon aufgrund der mehrere Personen umfassenden und oft intransparenten Vertragsbeziehungen schwierig, VertragspartnerInnen und Verantwortlichkeiten zu definieren, und es besteht das Risiko für die in der Plattformökonomie Arbeitenden, dass sie am Ende ohne Schutz zurückbleiben.
Es ist daher naheliegend hinsichtlich des plattformbasierten Arbeitens – ähnlich wie bei der Leiharbeit mit dem AÜG –, eine eigene gesetzliche Grundlage zu schaffen, die die spezifischen Probleme in diesem Zusammenhang anspricht und

4 Zu weiteren komplementären Lösungsstrategien siehe *Risak/Lutz*, Gute Arbeitsbedingungen in der Gig-Economy – was tun?, in Lutz/Risak (Hrsg.), Arbeit in der Gig-Economy (2017), S. 352ff.

5 Dazu *Risak*, Fair Working Conditions for Platform Workers – Possible Regulatory Approaches at the EU Level (2018).

regelt.[6] Aus meiner Sicht sollte dabei die (widerlegliche) *Vermutung eines Arbeitsverhältnisses zur Plattform* eine Kernbestimmung sein. Letztlich hat nämlich nur die Plattform als jene VertragspartnerIn, die die Leistungsabwicklung organisiert und bei der alle Fäden zusammenlaufen, die faktischen Möglichkeiten, sowohl die konkreten Vertragsgefüge hinsichtlich der VertragspartnerInnen und der Vertragsinhalte bzw die gelebte Vertragspraxis nachzuweisen. Dies rechtfertigt eine Abweichung von der herkömmlichen Beweislastverteilung, die es Plattformarbeitenden in vielen Fällen einfach unmöglich machen würde, ihren ArbeitnehmerInnenstatus nachzuweisen. Vieles würde auch für die Schaffung eines Indizienkataloges sprechen, der klare Kriterien festlegt, unter denen in der Plattformökonomie jedenfalls Arbeitsverhältnisse vorliegen. Diese gesetzlichen Maßnahmen würden auch – zumindest vorerst – eine Anknüpfung an das Arbeitsrecht und den Gerichtsstand des gewöhnlichen Arbeitsortes ermöglichen, d.h. an jenen Staat, in dem physisch gearbeitet wird (Art. 8 Rom I-Verordnung; Art. 22 EGVVO).

Daneben könnten folgende weitere Punkte in ein Plattformarbeitsgesetz aufgenommen werden, die über weite Bereich auch auf arbeitnehmerInnenähnliche Personen Anwendung finden sollten:

- *Informationspflichten* analog der Informationspflicht gemäß dem Nachweisgesetz unabhängig von der Dauer des Vertragsverhältnisses zumindest hinsichtlich der VertragspartnerInnen und deren Adresse (sobald ein Benutzerkonto eröffnet wird), ansonsten die Plattform jedenfalls für offene Ansprüche der Plattformarbeitenden haftet,
- Klarstellung, dass der *Arbeitsort* insbes. auch bei virtuellem online-Crowdwork jedenfalls der Ort ist, an dem die Plattformarbeitenden physisch arbeiten,
- *Anwendung des Gleichbehandlungsrechts* auf Plattformen auch dann, wenn Arbeitsverhältnisse bzw. Vertragsverhältnisse als arbeitnehmerInnenähnliche Personen nur zu den LeistungsempfängerInnen vorliegen, womit insbes. diskriminierenden Auftragszuteilungen und Deaktivierung des BenutzerInnenkontos begegnet werden kann,
- *Equal Pay-Pflicht* ähnlich § 8 AÜG (Grundsatz der Gleichstellung), d.h. Verpflichtung zur Zahlung zumindest des tarifvertraglichen oder sonst festgelegten Mindestentgelts, das bei den jeweiligen LeistungsempfängerInnen zur Anwendung kommt, um eine Unterwanderung der dort geltenden Tarifverträge zu verhindern. Alternativ könnte zumindest jenes tarifvertragliche Mindest-

6 Diese Punkte gehen nicht unwesentlich auf bislang unveröffentlichte Überlegungen des Europäischen Gewerkschaftsbundes hinsichtlich eines »Rough Draft Summary for a Proposal for an EU Directive to provide for the Effective Enforcement of Employment Rights and the Protection of Workers in the Online/Platform /Gig Economy« aus 2016 zurück.

entgelt zur Anwendung kommen, das für DienstleisterInnen gilt, die die konkrete Tätigkeit der Plattformarbeitenden als Hauptgeschäftszweig erbringen (zB Gebäudereinigung, IT-Dienstleistung).

- Klarstellung, dass *Suchzeiten* bei virtuellem Crowdwork ebenso wie die *Stand-by-Zeiten* bei Crowdworkmodellen, die eine sofortige (faktische) Annahmeverpflichtung bei eingeschalteter App vorsehen, bzw deren Geschäftsmodell diese voraussetzt, Arbeitszeit ist,
- *Verbot bestimmter Vertragsklauseln* (vgl. § 9 AÜG)
  - Bei echten Vermittlungsplattformen das Verbot, Tätigkeiten zu vermitteln, bei denen unter dem anwendbaren Tarifvertragslohn gezahlt wird,
  - Verbot von Konkurrenzverboten während und nach der Tätigkeit auf einer Plattform, insbes. das Verbot von Exklusivitätsklauseln, die es Plattformarbeitenden untersagen, direkt mit LeistungsempfängerInnen zu kontrahieren,
  - Verbot der geldlosen Bezahlung, insbes. in Form von Gutscheinen oder *bitcoins*,
  - Verbot des unbegründeten Ausschlusses der Zuteilung von Aufträgen bzw. der unbegründeten Deaktivierung des BenutzerInnenkontos,
  - Verbot von Klauseln, die eine unbegründete Ablehnung von Arbeitsergebnissen ermöglichen, insbes. dann, wenn nicht sichergestellt ist, dass das Arbeitsergebnis nicht dennoch verwertet wird (z. B. zur Qualitätskontrolle anderer Arbeitsergebnisse),
- Offenlegung gegenüber den Plattformarbeitenden und auch den CrowdsourcerInnen/AuftraggeberInnen, wie *Ratings* zu Stande kommen und wie sie u. U. gewichtet werden,
- Möglichkeiten der Anfechtung und Richtigstellung »falscher« *Ratings*,
- Möglichkeit der Übertragung von *Ratings* auf andere Plattformen (Portabilität),
- Verpflichtung zur Etablierung eines für Plattformarbeitende kostenfreien Schlichtungsverfahrens zur Beilegung von Streitigkeiten,
- Klarstellung der *Verantwortlichkeiten* für die Einhaltung von ArbeitnehmerInnenschutz, Mindestentgeltregelungen sowie die Abfuhr von Lohnsteuer und Sozialversicherungsbeiträgen, wobei auch LeistungsempfängerInnen mitverantwortlich gemacht werden sollten, wenn ein Arbeitsverhältnis zur Plattform besteht,
- *Informationspflichten* der Plattformen gegenüber Behörden und SozialversicherungsträgerInnen auch dann, wenn keine Arbeitsverhältnisse zu diesen, sondern zu den LeistungsempfängerInnen vorliegen,
- Verbot des Crowdsourcing von Arbeit für von *Streik oder Aussperrung* betroffene Betriebe.

Weitere wesentliche Aspekte sind in diesem Zusammenhang auch die Rechtsdurchsetzung und die Informationsweitergabe von Plattformen an Arbeitsinspektorate, Steuerbehörden sowie Sozialversicherungsträger, damit die korrekte Abfuhr von Steuern und Beiträgen gesichert ist. Eine äußerst effektive Form der Rechtsdurchsetzung wäre eine Verpflichtung, von InternetproviderInnen den Zugang zu Plattformen für NutzerInnen aus bestimmten Staaten zu blockieren, wenn diese nicht regelungskonform handeln und insbes. nicht mit staatlichen Stellen kooperieren.

3. Ergebnis

Dem Schutzbedürfnis der in der Plattformökonomie Arbeitenden kann auf unterschiedliche Weise begegnet werden, wobei sich die einzelnen Lösungswege nicht unbedingt ausschließen, sondern kombiniert werden sollen. In diesem Beitrag wurde die Schaffung eines Plattformarbeitsgesetzes propagiert, das auf die besonderen Konstellationen und Probleme dieser Form der Arbeitsorganisation reagiert und dabei aber auch ausreichend flexibel ist, um die unterschiedlichen Aspekte der Plattformökonomie zu berücksichtigen. Plattformarbeit kann nämlich einerseits spezialisierten KleinunternehmerInnen die Möglichkeit bieten, einer lukrativen, erfüllenden und flexiblen Beschäftigung nachzugehen, oder aber andererseits auch eine Prekaritätsfalle sein, in der »virtuelle Sklaven« zu niedrigen Entgelten dauernd *online* sind und nur *on demand* arbeiten. Ob das eine oder das andere stattfindet ist kein der Technikentwicklung immanenter Automatismus, sondern die Folge von Entscheidungen insbes. auch der Gesetzgebung, die die Rahmenbedingungen schafft. Nur ein differenzierter und flexibler Ansatz, der sich beiden Polen der Plattformökonomie nicht verschließt, wird in der Lage sein, gute Arbeitsbedingungen für jene zu gewährleisten, die diese nicht alleine ausverhandeln können. Gleichzeitig soll aber die Kreativität und Innovationskraft nicht erstickt werden, die teilweise auch in diesen neuen Geschäftsmodellen steckt. Dabei darf freilich nicht vergessen werden, dass prekäre Arbeitsbedingungen nicht innovativ sind und dass Geschäftsmodelle, die nur dann funktionieren, wenn die Lohnkosten auf ein Minimum gedrückt werden, somit nicht förderungswürdig sind, sondern ihnen vielmehr regulatorisch entgegengetreten werden muss.

Kollektives Arbeitsrecht als Privatrecht. Hier: betriebliche Mitbestimmung

Prof. Dr. Florian Rödl, Freie Universität Berlin

Die klassische Frontstellung in der Theorie des Arbeitsrechts ist diejenige zwischen einer privat- und einer sozialrechtlichen Lesart. Dabei ist der gemeinsame Ausgangspunkt beider Lesarten: Gearbeitet wird auf privatrechtlicher Grundlage.

Für die privatrechtliche Lesart fangen die Probleme jedoch unmittelbar an. Verbot des Lohnwuchers, Mindestarbeitsbedingungen etwa zum Urlaub, Kündigungsschutz, AGB-Kontrolle: All das hat kein Arbeitgeber je gewollt, trotzdem sind die Vorschriften verbindlich. Als Grund dafür wird seit Langem vorgebracht, der Schutz des Schwächeren sei ein Prinzip des modernen Privatrechts. Gewährsmann ist bis heute Werner Flume, der behauptet hatte, die Machtasymmetrie zwischen Vertragsparteien führe nicht etwa zu ungerechten Verträgen, sondern stelle ein Problem für die Freiheit der schwächeren Vertragspartei dar.[1] Denn nur so ließ sich aufrechterhalten, dass die Privatautonomie doch das allein herrschende Prinzip im Vertragsrecht sei. Es demonstriert die erstaunliche Kraft der Anrufung der Privatautonomie, dass dem eine Unzahl von Privatrechtslehrern gefolgt ist, obgleich Flumes Schlussfolgerung evident inkohärent ist: Die Freiheit der schwächeren Vertragspartei wird dadurch gesichert, dass wesentliche Teile eines Vertrags gesetzlich vorgegeben werden. Was hier für die geschützte Vertragspartei wohl Freiheit noch bedeutet?

Die Probleme der privatrechtlichen Lesart gehen weiter. Schließlich gibt es Tarifautonomie, deren Wahrnehmung zu Rechtsnormen führt. Die Setzung von Rechtsnormen gehört nun eigentlich nicht zu dem, was Privatautonomie vermag. Privatautonomie ermächtigt zu Rechtsgeschäften, darunter Austauschverträge, bei denen Leistung gegen Geld getauscht wird. Rechtsgeschäfte können zwar rechtliche Bindung schaffen, aber eben nur eine Bindung, die durch die Kreation subjektiver Rechte durch Austauschvertrag entsteht. Rechtsnormen hingegen, die Erwerb und Schutz subjektiver Rechte regeln, können ihrerseits gerade nicht durch Rechtsgeschäft geschaffen werden. Rechtssubjekte unterstehen

---

1 *Flume*, Allgemeiner Teil des Bürgerlichen Rechts, Band 2: Das Rechtsgeschäft, 1979, S. 10.

Rechtsnormen und vermögen sie nicht zu kreieren. Das Gegenteil mag behaupten, wer – wie Hans Kelsen[2] – Privatautonomie als eine staatliche Ermächtigung zur Rechtssetzung zwischen den Parteien versteht. Das ist freilich eine Ansicht, in der die Idee privatrechtlicher Freiheit durch die Idee öffentlich-rechtlicher Befugnis ersetzt ist.

Die privatrechtliche Lesart ignoriert also, dass ein Tarifvertrag Rechtsnormen enthält. Sie verkauft den Tarifvertrag als Austauschvertrag, in dem die Verbände stellvertretend für ihre Mitglieder Austausch von Leistung gegen Entgelt verabreden. Hier ist zwar nicht erklärlich, warum der Vertretene den geschlossenen Vertrag nicht auch zu seinen Ungunsten abändern kann. Die Darstellung hat aber den großen Vorteil, dass man auch den Tarifvertrag als Resultat von Privatautonomie hinstellen kann.[3] Die Mitglieder haben durch privatautonomen Beitritt zur Koalition diese zum Vertragsschluss bevollmächtigt, die Koalitionen schließen miteinander einen privatautonomen Austauschvertrag. Das hat den weiteren Vorteil, dass man die Allgemeinverbindlicherklärung von Tarifverträgen beklagen kann oder die Nachwirkung von Tarifverträgen und vieles andere mehr, weil all diese Wesenszüge des geltenden Tarifvertragssystems sich eben nicht durch eine Verknüpfung privatautonomer Rechtsgeschäfte erläutern lassen.

Besonders anspruchsvoll für die privatrechtliche Lesart aber ist die zwingende betriebliche Mitbestimmung. Denn die Geschichte zum Tarifvertrag kann man hier nicht einfach übertragen. Zwar kommen auch Betriebsvereinbarungen durch Konsens zustande, und so könnte man auch hier behaupten, es handle sich um einen Vertrag. Anders als beim Tarifvertrag aber liefert eine Betriebsvereinbarung nicht einmal dem oberflächlichen Anschein nach einen Austausch. So fällt dann auch die Bestimmung des Vertragstyps schwer. Aber man könnte sich behelfen mit der Behauptung, dass die Vertragsfreiheit doch auch typenfreie Verträge erlaube (was wiederum nicht stimmt, aber das kann hier nicht aufgeklärt werden). Es türmen sich weitere Ungereimtheiten: Der Betriebsrat hat keine Rechtspersönlichkeit, soll aber trotzdem Verträge schließen können. Der Betriebsrat handelt stellvertretend für die Belegschaft, obgleich man dieser nicht gesondert beitritt und den Betriebsrat darüber zur Vertretung beauftragt hätte.

Die privatrechtliche Lesart hat darum vor der Betriebsverfassung kapitulieren müssen: Die Betriebsvereinbarung soll eine rechtsgeschäftliche Vereinbarung sein, die sich aber nicht in das Modell der Privatautonomie einordnet. Am Ende steht das hübsche Oxymoron einer »rechtsgeschäftlichen Fremdbestimmungs-

---

2 *Kelsen*, Reine Rechtslehre, 1960, insbes. S. 130ff. und 284ff.

3 Gerade auch die BAG-Rechtsprechung prägend: *Dieterich*, in: FS Schaub, 1998, S. 117ff.

regel«.[4] Man könnte auch sagen: die privatrechtliche Lesart weiß hier endgültig nicht mehr weiter. Aber sie versucht tapfer, sich davon nicht beirren zu lassen.
Das Problem der hier vorgestellten privatrechtlichen Lesart des kollektiven Arbeitsrechts liegt in ihrer Festlegung darauf, dass im Privatrecht nichts Anderes zähle als Privatautonomie. Das ist im Vertragsrecht eine dramatische Verkürzung. Vertrag bedeutet nämlich Erwerb fremder Leistung durch Konsens über einen fairen Austausch von Leistung und Gegenleistung.[5] Anders als die hier vorgestellte privatrechtliche Lesart es gerne hätte, ermächtigt Privatrecht nicht zum Abschluss beliebiger Verträge, sondern nur zum Abschluss fairer Verträge. Fairer Austausch bedeutet Austausch zum gerechten Preis zu fairen Bedingungen. Was das für das Verständnis von Tarifvertrag und Arbeitskampf bedeutet, ist bereits an anderer Stelle dargelegt.[6] Hier sollen die Konsequenzen für die zwingende betriebliche Mitbestimmung skizziert werden – um damit eine Verbindung zu einem wissenschaftlichen und praktischen Kerninteresse des Jubilars[7] herzustellen.
Das Arbeitsverhältnis ist gekennzeichnet durch das Weisungsrecht des Arbeitgebers. Das Weisungsrecht des Arbeitgebers begründet die persönliche Abhängigkeit, die den Arbeitsvertrag vom Dienstvertrag unterscheidet. Das Weisungsrecht ermöglicht es dem Arbeitgeber, über die vom Arbeitnehmer versprochene Arbeitsleistung so zu verfügen, als wäre es seine eigene. Denn er kann die Arbeitsleistung kraft Weisungsrecht nach Inhalt, Ort und Zeit genauer bestimmen (§ 106 GewO).
Die Bestimmung steht allerdings nicht in seinem Belieben. Sie muss sich im Rahmen der Billigkeit halten. Die Grundlage für diese Vorgabe ist vor langer Zeit in § 315 BGB gesehen worden.[8] Doch das ist falsch. § 315 BGB betrifft den Fall einer nicht bestimmten Hauptleistung. Es geht also um den Fall, in dem die Parteien eine Hauptleistung (den Preis der zu bauenden Geige, die Anzahl Kartoffeln) nicht bei Vertragsschluss festlegen, sondern dies einer Partei überlassen. Hält man sich dies vor Augen, sind die in § 315 BGB getroffenen Regelungen stimmig: Wer seine Befugnis zur Bestimmung ausgeübt hat, ist daran gebunden. Wenn es dem anderen Teil zu hoch ist, kann er das Gericht anrufen, damit dieses eine angemessene Bestimmung vornimmt. Das Gericht kann auch angerufen werden,

4 *Waltermann*, Rechtssetzung durch Betriebsvereinbarung, 1996, S. 131 ff.
5 *Rödl*, Gesetzlicher Mindestlohn und Vertragsgerechtigkeit, in: Klesczewski u. a. (Hg.), Mindestlohn – (k)ein gerechter Lohn?, 2017, S. 11 ff.
6 Zum Arbeitskampf *Rödl*, Kampfmaßnahmen des Arbeitgebers, in: Däubler (Hg.), Arbeitskampfrecht, 2017, § 21.
7 Vgl. nur die ausführliche Kommentierung von § 87 BetrVG in: *Däubler* u. a., Betriebsverfassungsgesetz, 2016.
8 *Alfred Söllner*, Einseitige Leistungsbestimmung im Arbeitsverhältnis, 1966.

wenn die Bestimmung nicht erfolgt. Man kann auch vereinbaren, dass die Bestimmung nach freiem Belieben erfolgen soll.

Für das Arbeitsverhältnis passt das alles nicht: Die Billigkeitsgrenze ist nicht abdingbar. Wenn keine Weisung erfolgt, tritt Annahmeverzug ein. Der Arbeitnehmer muss nicht das Gericht anrufen, die unbillige Weisung ist einfach so unverbindlich.[9] Der Arbeitgeber kann seine Weisungen jederzeit ändern, er ist also gerade nicht an sie gebunden.

Tatsächlich ist Grundlage des Billigkeitsgrundsatzes nicht § 315 BGB, sondern § 242 BGB. Auch die Befugnis des Arbeitgebers zur Weisung darf nicht treuwidrig ausgeübt werden, das Gebot der Billigkeit ist nur eine andere Ausdrucksweise dafür. Versteht man die Billigkeitsgrenze in § 106 GewO als Artikulation des Gebots von Treu und Glauben für das arbeitsvertragliche Weisungsrecht, ergibt sich alles zwanglos: Der Arbeitgeber kann Weisungen ändern, wenn die Änderung ihrerseits der Billigkeit entspricht. Die unbillige Weisung ist unverbindlich. Wenn keine Weisung erfolgt, muss kein Gericht einschreiten. Als Artikulation von Treu und Glauben ist der Billigkeitsgrundsatz natürlich auch nicht abdingbar.

Die Kontrolle der Ausübung ist, auch wenn man den Billigkeitsgrundsatz auf § 242 BGB zurückführt, im Streitfall zunächst einmal den Gerichten überantwortet. Die Gerichte kontrollieren die Billigkeit einer Weisung etwa im Zusammenhang mit einer verhaltensbedingten Kündigung. Es ist eine materielle Kontrolle. Genau an dieser Stelle setzt die zwingende Mitbestimmung ein. Denn unter den Tatbeständen von § 87 BetrVG geht es vielfach um Aspekte der Arbeitsleistung, die ohne einen Betriebsrat zum Gegenstand von Weisungen des Arbeitgebers werden würden: Ordnung im Betrieb, Lage der Arbeitszeit, Überstunden und Kurzarbeit (sofern kraft Vertrag oder Tarifvertrag möglich) etc.[10] Diese Gegenstände erfordern keine individuellen, sondern kollektive Weisungen, also vielfache Anweisungen gleichen Inhalts. Für diese kollektiven Weisungen wird die Billigkeitskontrolle durch zwingende Mitbestimmung prozeduralisiert: Der Billigkeit entspricht nur, was mit dem Betriebsrat vereinbart wurde oder von der Einigungsstelle bestimmt ist.

Das erklärt einiges: Weil durch die Betriebsvereinbarung der Maßstab der Billigkeit artikuliert wird, hat die Betriebsvereinbarung ebenso wie die gesetzliche Billigkeitsgrenze in § 106 GewO rechtsnormativen Charakter, sie wirkt unmittelbar und zwingend (§ 77 Abs. 4 Satz 1 BetrVG). Weil die Betriebsvereinbarung kein Austauschvertrag und auch kein Rechtsgeschäft ist, sondern eine Billigkeitsbe-

9 Auch beim BAG wieder eingesehen mit abschließend BAG-Urt. v. 18.10.2017, in: NZA 2017, 1452.

10 Darüber hinaus geht es unter § 87 BetrVG häufig um Leistungen, die der Arbeitgeber freiwillig ins Austauschverhältnis stellt. Auch dieser Akt unterliegt dem Billigkeitsmaßstab aus § 242 BGB, und es gilt das im Haupttext Folgende entsprechend.

stimmung, stört es nicht, dass der Betriebsrat keine juristische Person ist. Es ist auch ohne Belang, ob der Betriebsrat privatautonom durch Beitritt legitimiert ist, denn es geht um Legitimation durch gleichberechtigte Partizipation der Betroffenen. Insofern die Betriebsvereinbarung den Maßstab der Billigkeit bestimmt, kann sie selbst nicht am Maßstab der Billigkeit gemessen werden.[11]

Es wird weiterhin klar, warum die Konzeption der Mitbestimmung als Wirksamkeitsvoraussetzung[12] völlig richtig ist: Eine unbillige Weisung muss der Arbeitnehmer nicht befolgen. Eine Weisung im Bereich eines Mitbestimmungstatbestands, die ohne Betriebsrat erfolgt ist, ist eben unbillig und damit unwirksam. Die Prozeduralisierung des Billigkeitsmaßes steht nicht zur Disposition des Arbeitgebers.

Schließlich wird auch die herrschende Meinung zum Verhältnis von § 77 Abs. 3 BetrVG und § 87 Abs. 1 BetrVG[13] zwingend: Der Billigkeitsgrundsatz ist mithilfe zwingender Mitbestimmung nach § 87 Abs. 1 BetrVG prozeduralisiert, es sei denn, die Tarifvertragsparteien haben einen Bereich dem Weisungsrecht durch Tarifierung entzogen. Ist das nicht der Fall, kommt das Weisungsrecht zum Tragen, und daher muss auch die zwingende Mitbestimmung greifen.

So zeigt sich auch für die betriebliche Mitbestimmung: Eine privatrechtliche Lektüre des kollektiven Arbeitsrechts ist möglich und erhellend – wenn man die hergebrachte interessierte Verkürzung des Vertragsrechts auf Privatautonomie hinter sich lässt.

---

11 Gegen etwa BAG 30. 1. 1970, AP BGB § 242 Nr. 142 Ruhegehalt.

12 Vgl. *Kania*, in: Erfurter Kommentar, 2018, § 87 BetrVG Rn. 136.

13 Vgl. *Kania*, in: Erfurter Kommentar, 2018, § 77 BetrVG Rn. 53 ff.

Indienstnahme Privater für öffentliche Aufgaben

Prof. Dr. Rainer Schlegel, Präsident des Bundessozialgerichts

1. Phänomenologie

Die Indienstnahme Privater ist in Deutschland ein weit verbreitetes, dogmatisch kaum aufbereitetes Phänomen.[1] Der Staat nimmt dabei in Ermangelung oder zur Schonung verwaltungseigener Mittel die persönlichen oder sächlichen Kräfte Privater kraft Gesetzes in Anspruch, um durch sie öffentliche Aufgaben erledigen zu lassen. Die bedeutendsten Anwendungsfälle sind das Lohnsteuerabzugsverfahren[2], der Einbehalt der Versicherungs- und Kapitalertragsteuer, aber auch Arbeitgeberpflichten im Zusammenhang mit dem Gesamtsozialversicherungsbeitrag – kurz alle Fälle, in denen es um eine wirksame »Erhebung einer Abgabe an der Quelle« geht.

Die Betroffenen können sich – wie ein kurzer Blick in die Rechtsprechung des BVerfG zeigt, gegen ihre Indienstnahme kaum wehren. So zahlt der Staat für die *unentgeltliche Beförderung Schwerbehinderter im öffentlichen Personennahverkehr* den Verkehrsunternehmen lediglich eine Pauschale, welche die Fahrgeldausfälle des Personennahverkehrs offenbar nicht in allen Fällen deckt. Das BVerfG sieht darin eine die Unternehmen unterschiedlich treffende, gleichwohl zulässige Berufsausübungsregelung. Die Erstattungsregelung belaste die betroffenen Verkehrsunternehmen nicht schwerwiegend, da der Anteil schwerbehinderter Menschen am Gesamtfahrgastaufkommen nur gering ist und die Unternehmen ihre Beförderungspflicht im Zuge der von ihnen ohnehin durchgeführten Fahrten erfüllten.[3]

Ebenso ist die *Bestellung eines Rechtsanwalts als Pflichtverteidiger* eine besondere Form der Indienstnahme Privater zu öffentlichen Zwecken. In Strafsachen besonderen Umfangs, die die Arbeitskraft des Pflichtverteidigers für längere Zeit ausschließlich oder fast ausschließlich in Anspruch nehmen, ohne dass er sich

1 Allgemein dazu *Schlegel*, FS 50 Jahre BSG, 2004, S 265–288.
2 BVerfG Kammerbeschluss vom 17.3.2014 – 2 BvR 736/13, Rn. 22
3 BVerfG Kammerbeschluss vom 19.3.2014 – 1 BvR 1417/10.

dieser Belastung entziehen könnte, gewinnt die Höhe des Entgelts für den betroffenen Rechtsanwalt existenzielle Bedeutung.[4]
Die *Vorratsdatenspeicherung*[5] ist nach Ansicht des BVerfG für Telekommunikationsunternehmen hinsichtlich der damit verbundenen finanziellen Lasten ebenfalls nicht unzumutbar. Eine kategorische Trennung von »Staatsaufgaben« und »privaten Aufgaben« mit der Folge der grundsätzlichen Unzulässigkeit einer Indienstnahme für Gemeinwohlzwecke von Privaten auf deren Kosten lasse sich der Verfassung nicht entnehmen. Der Gesetzgeber habe einen weiten Gestaltungsspielraum, welche Pflichten zur Sicherstellung von Gemeinwohlbelangen er Privaten im Rahmen ihrer Berufstätigkeit auferlegt.[6] Er könne Lasten und Maßnahmen zur Wahrung von Gemeinwohlbelangen, die als Folge kommerzieller Aktivitäten regelungsbedürftig sind, den entsprechenden Marktakteuren auferlegen, um die damit verbundenen Kosten auf diese Weise in den Markt und den Marktpreis zu integrieren.
Unbedenklich ist aus Sicht des BVerfG auch die privaten Versicherungsunternehmen auferlegte Pflicht, einen *Basistarif in der privaten Krankenversicherung* anzubieten,[7] desgleichen die *Banken und Versicherungen* auferlegte Pflicht, die *Versicherungssteuer sowie die Kapitalertragssteuer* einzubehalten und Freistellungsaufträge zu verwalten.[8] Gastwirte werden zur *Durchsetzung des Rauchverbots in Gaststätten* in Dienst genommen. Auch das hält das BVerfG angesichts der Bedeutung des Gesundheitsschutzes für gerechtfertigt: »Ein Gastwirt trägt nicht nur für das gesundheitliche Wohl seiner Gäste Verantwortung (vgl. etwa § 5 Abs. 1 Nr. 1 GastG), er ist aufgrund seines Hausrechts auch ohne Weiteres dazu in der Lage, Maßnahmen zu ergreifen, um Verstöße gegen das Rauchverbot zu verhindern.«
Eng mit der Indienstnahme verbunden ist die Frage, ob und ggf. welche *Vergütung an Sachverständige oder Insolvenzverwalter* hierfür zu zahlen ist, denn Art. 12 Abs. 1 GG schützt den Grundrechtsträger auch davor, dass ihm durch staatliche Regelung eine unangemessen niedrige Vergütung zugemutet wird.[9] Dies bedeutet jedoch nicht, dass der Staat bei der Indienstnahme Privater für öffentliche Aufgaben, wie etwa für Sachverständigentätigkeit, eine Vergütung in der auf dem freien Markt für vergleichbare Leistungen erzielbaren Höhe vorzusehen hätte.[10]
Letztlich mutet das BVerfG einzelnen Personengruppen im Interesse des Allgemeinwohls gewisse »*Sonderopfer*« zu.

---

4 BVerfG Kammerbeschluss vom 1.6.2011 – 1 BvR 3171/10.
5 BVerfG 2.3.2010 – 1 BvR 256/08, BVerfGE 125, 260.
6 Vgl. BVerfGE 109, 64, 85.
7 BVerfG 10.6.2009 – 1 BvR 706/08, BVerfGE 123, 186, Rn. 187.
8 BVerfG 28.8.2000 – 1 BvR 1821/97.
9 Vgl. BVerfGE 101, 331 (350).
10 Vgl. BVerfGE 33, 240 (247); 85, 329 (334)

Soweit ersichtlich hat das BVerfG nur die auf Männer beschränkte *Feuerwehrabgabe* für verfassungswidrig erklärt, weil die Beschränkung auf Männer gegen das Diskriminierungsverbot des Art. 3 Abs. 3 GG verstoße. Die Feuerwehrdienstpflicht sei nicht deshalb auf Männer beschränkt worden, um frauenspezifische Nachteile zu kompensieren, sondern weil Frauen nach überkommener Vorstellung für diesen Dienst als weniger geeignet galten. Sondern sie verfestigt überkommene Rollenverteilung.[11]

2. Arbeitgeberpflichten in der Sozialversicherung

Das Beitragsrecht verpflichtet den Arbeitgeber stillschweigend zur Prüfung, ob seine Beschäftigten der *Versicherungs- und Beitragspflicht* unterliegen, vor allem ihr Arbeitsentgelt die Geringfügigkeitsgrenze überschreitet und weder Versicherungsfreiheit noch eine Befreiung von der Versicherungspflicht vorliegen. Gelangt der Arbeitgeber zu dem Schluss, dass Versicherungs- und Beitragspflicht besteht, hat er den Arbeitnehmer anzumelden, die nach dem Arbeitsentgelt bemessenen Beiträge selbstständig zu berechnen, nachzuweisen und an die jeweils zuständige Beitragseinzugsstelle zu zahlen. Dabei hat er es in der Regel nicht nur mit einer Einzugsstelle zu tun, sondern als Folge der Kassenwahlrechte der Versicherten mit allen Krankenkassen, die in seinem Betrieb als Versicherer seiner Arbeitnehmer vertreten sind. Die Einzugsstelle nimmt die Beiträge ungeprüft entgegen und leitet diese an die zuständigen Versicherungsträger weiter; sie erhält hierfür – im Gegensatz zum Arbeitgeber – von den beteiligten Sozialversicherungsträgern eine Vergütung. Flankierend treffen den Arbeitgeber darüber hinaus Melde-, Dokumentations- und Aufbewahrungspflichten sowie die Pflicht, die ordnungsgemäße Wahrnehmung seiner Pflichten im Wege routinemäßiger Arbeitgeberprüfungen stichprobenartig überprüfen zu lassen.

Die *Schwelle zur Erfüllung staatlicher Aufgaben* ist überschritten, wenn vom Arbeitgeber über die Mitteilung und Anzeige von Tatsachen hinaus rechtliche Erwägung und Maßnahmen verlangt werden, die außerhalb des Beschäftigungsverhältnisses regelmäßig unmittelbar von den Trägern der Sozialversicherung gegenüber den Versicherten selbst vorgenommen werden. Eine Wahrnehmung von Verwaltungsaufgaben durch den Arbeitgeber ist – gleichsam als Kontrollüberlegung – dort anzunehmen, wo bei Hinwegdenken der Dienstleistung des Arbeitgebers die Verwaltung selbst ermittelnd, handelnd und regelnd tätig wird, wo sie anhand festgestellter Tatsachen weitergehende rechtliche Schlussfolgerungen ziehen und Regelungen treffen müsste.

---

11 BVerfGE 24. 1. 1995 – 1 BvL 18/93, Rn. 76.

Der Arbeitgeber benötigt zur Erledigung der ihm übertragenen Aufgaben neben der erforderlichen Organisation fundiertes Wissen über Grundsätze und Einzelheiten des Versicherungs- und Beitragsrechts abhängig Beschäftigter. Das insoweit einschlägige Recht ist hoch komplex und zudem ständig im Fluss, sodass der Arbeitgeber den erforderlichen Kenntnisstand sowie eventuelle Hilfsmittel (Software; Mitarbeiterschulung usw.) laufend aktualisieren muss. Er kann die ihm übertragenen Aufgaben entweder mit dem eigenen sächlichen persönlichen Verwaltungsapparat, seiner »*Personalabteilung*«, erledigen oder sich hierauf spezialisierter Dienstleistungsunternehmen bedienen (z. B. Steuerberater; DATEV). Die *Kosten* hierfür hat er in beiden Fällen selbst zu tragen.

3. Verhältnismäßigkeit – Übermaßverbot

Zwar dient die Indienstnahme im Beitragsrecht der effizienten Erhebung des Gesamtsozialversicherungsbeitrags »an der Quelle« und damit im Grundsatz wichtigen »Gemeinwohlbelangen« bzw. einem *rechtlich wesentlichen Ziel der Sozialversicherung*. Ebenso ist die Indienstnahme ein grundsätzlich *geeignetes Mittel* zur Erreichung dieses Ziels. Die darüber hinaus erforderliche *Proportionalität* (Verhältnismäßigkeit im engeren Sinne) setzt jedoch weiter voraus, dass die Beeinträchtigungen nicht außer Verhältnis zu dem angestrebten Zweck stehen, sie bei einer Gesamtbewertung angemessen und deshalb für den Betroffenen zumutbar sind.
Diese *Prüfung* kann sich indessen nicht auf eine nur pauschale Sichtweise und »Floskeln der Rechtfertigung« beschränken. Vielmehr ist z. B. »das Beitragsrecht« einer differenzierteren Betrachtung zu unterziehen, sind konkrete Einzelpflichten zu den gerade damit verfolgten Zielen in Beziehung zu setzen. Es ist zu prüfen, ob die ordnungsgemäße Erfüllung dieser Aufgaben von Arbeitgebern generell erwartet werden kann und es einfachere, weniger belastendere Mittel gäbe. Insoweit sei beispielhaft auf § 23b SGB IV hingewiesen. Zwar ist die Flexibilisierung der Arbeitszeit aus verschiedenen Gründen rechtspolitisch erwünscht und Arbeitnehmer haben ein berechtigtes Interesse an der Sicherung erarbeiteter Wertguthaben (z. B. Arbeitszeitkonten). Die Sonderbehandlung der beitragspflichtigen Einnahmen bei flexiblen Arbeitszeitkonten übersteigt den Aufwand der Behandlung regulären Arbeitsentgelts jedoch um ein Vielfaches. Ähnliches gilt für die Führung eines »baustellenspezifischen« Lohnkontos für Arbeitnehmer des Baugewerbes (vgl. § 28f Abs. 1a SGB IV). Beide Vorschriften können ohne spezifische Kenntnisse des Versicherungs- und Beitragsrechts (z. B. § 7 Abs. 1a SGB IV) kaum umgesetzt werden.
Vom Gesetzgeber wird m. E. nicht hinreichend beachtet, dass *Normadressat* im

Bereich der Indienstnahme in erster Linie Arbeitgeber sind, nicht die speziell ausgebildete Sozialverwaltung. Arbeitgeber kann im Grundsatz jeder werden; der Staat verlangt hierfür keine speziellen Rechtskenntnisse. Damit können bei Arbeitgebern aber auch keine Kenntnisse vorausgesetzt werden, die allenfalls nach einer Ausbildung zum Sozialversicherungsfachangestellten vorliegen.
Der Gesetzgeber darf, wenn er eine generalisierende Regelung für alle Arbeitgeber trifft, m. E. allenfalls *einfache kaufmännische Kenntnisse* und die Fähigkeit voraussetzen, mit einer übersichtlichen Zahl von Normen über das Versicherungs- und Beitragsrecht im Beschäftigungsverhältnis umzugehen. Diese Normen müssen klar und für den Adressaten aus sich heraus verständlich sein. Das geltende Recht ist davon bei vielen seiner Einzelregelungen weit entfernt.
Eine Indienstnahme, bei der das dabei anzuwendende Recht keine Rücksicht mehr auf den *speziellen Empfängerhorizont* dessen nimmt, der es in der Praxis umzusetzen hat, und ihn dadurch überfordert, ist unverhältnismäßig. Das Gesetz unterstellt in diesen Fällen zu Unrecht die Geeignetheit des Mittels (Fähigkeit des Arbeitgebers zur Erledigung der übertragenen Aufgaben) zur effizienten Erreichung des angestrebten Zwecks (einfachere Erledigung einer Aufgabe, als wenn diese von der Verwaltung selbst wahrgenommen würde).

4. Fazit

Die Indienstnahme Privater ist für den Staat eine feine Sache. Er spart Geld und Personal und hat zudem den Vorteil, dass er die privaten Dritten zum Aufbau effektiver und effizienter Verwaltungsstrukturen verpflichtet. Und die Indienstnahme ist in vielen Bereichen ein Garant für das »Funktionieren des Staates«. So sorgt das Quellenabzugsverfahren bei Steuern und Beiträgen dafür, dass der Staat das ihm zustehende Geld auch tatsächlich erhält. Die Neigung, sich dieses Prinzips und der Indienstnahme privater in immer größerem Umfang zu bedienen, ist groß. Die Indienstnahme Privater hat jedoch Grenzen: eine natürliche und eine rechtliche.
Eine natürliche Grenze ist z. B. dem Quellenabzugsverfahren dort gesetzt, wo der Indienstgenommene nicht an der Quelle sitzt. So kann man den Arbeitgeber nicht verpflichten, auf Mieteinnahmen oder Zinseinkünfte seines Arbeitnehmers Sozialversicherungsbeiträge oder Steuern abzuführen. Solche Grenzen aufzuzeigen, ist Aufgabe der Rechtsprechung. Aber auch die Wirtschaft und die Sozialpartner sind gefordert, »Stoppzeichen« aufzustellen. Eine rechtliche Grenze bildet der Verhältnismäßigkeitsgrundsatz.

Der mühsame Weg zur Entgeltgleichheit

Ingrid Schmidt, Präsidentin des Bundesarbeitsgerichts

1. Einleitung

Noch immer hat das Thema Geschlechtergerechtigkeit nicht an gesellschaftlicher und rechtspolitischer Bedeutung verloren. Das gilt vor allem in Fragen der geschlechtsbezogenen Entgeltgleichheit. Für *Thomas Klebe* war immer klar, dass deren Herstellung im betrieblichen Alltag auch nach Betriebsratsgremien verlangt, in denen sich die betriebliche Zusammensetzung der Geschlechter widerspiegelt. Hieran hat die Einführung der geschlechtsbezogenen Mindestquote des § 15 Abs. 2 BetrVG maßgeblichen Anteil. Sie hat bewirkt, dass »Frauen als gleichberechtigter Teil der Belegschaft an der Betriebsratsarbeit beteiligt werden«.[1] Das schafft die Grundlage für die kompetente Wahrnehmung gleichstellungsbezogener Betriebsratsaufgaben. Dazu zählt im Entgeltbereich nicht nur die betriebliche Lohngestaltung nach § 87 Abs. 1 Nr. 10 BetrVG, sondern künftig auch die Mitwirkung des Betriebsrats im Verfahren der Auskunftserteilung nach dem Entgelttransparenzgesetz (EntgTG). Dieser Anspruch soll Beschäftigten die individuelle Durchsetzung des geschlechtsbezogenen Lohngleichheitsgebots erleichtern. Die hierfür unabdingbare Entlohnungstransparenz soll kollektivrechtlich mittels Einschaltung des Betriebsrats in das Verfahren der Auskunftserteilung gewährleistet werden.

2. Auskunftserteilung durch den Betriebsrat

§ 13 Abs. 1 EntgTG bestimmt die Durchsetzung der geschlechtsbezogenen Entgeltgleichheit als weiteren Anwendungsfall der in § 80 Abs. 2a BetrVG geregelten Aufgabe des Betriebsrats.[2] Dazu wird er in das Verfahren der Auskunftserteilung zur betriebsinternen Verwirklichung der Entgeltgleichheit eingebunden (§ 6

1 *Homburg/Klebe* in: Festschrift Pfarr (2010), S. 209.
2 BT-Drs. 18/11133 S. 62.

Abs. 1 EntgTG), sofern ein entsprechendes Auskunftsverlangen in Textform an ihn gerichtet wird, das diejenige Tätigkeit benennt, die mit der des Antragstellenden für gleich oder gleichwertig gehalten wird und angibt, auf welches Entgelt oder Entgeltbestandteil sich die Auskunft beziehen soll (§ 10 Abs. 1 Satz 2 EntgTG).

Allerdings kann der Arbeitgeber die Auskunftspflicht im Einzelfall (§ 14 Abs. 1 EntgTG) oder generell an sich ziehen. Macht er von seinem Übernahmerecht Gebrauch, bleibt er dennoch gegenüber dem Betriebsrat zur Information verpflichtet und muss ihn auch über seine konkrete Antwort unterrichten (§ 14 Abs. 2 Satz 3 EntgTG). Erteilt der Betriebsrat die Auskunft, sind die Kriterien und Verfahren der Entgeltfindung (§ 11 Abs. 2 EntgTG) sowie das Vergleichsentgelt (§ 11 Abs. 3 EntgTG) mitzuteilen. Wie detailgenau die Angaben im Antwortschreiben ausfallen müssen, unterscheidet sich danach, ob der Arbeitgeber tarifgebunden ist bzw. einen Tarifvertrag anwendet (§ 5 Abs. 5 EntgTG) oder tariffrei ist.

Bei einem tarifgebundenen/tarifanwendenden Arbeitgeber sowie im Falle gesetzlicher Regelungen genügt nach § 11 Abs. 2 EntgTG die Nennung der Regelungen, nach denen sich die Entgeltfindung für den anfragenden Beschäftigten und die Vergleichstätigkeit vollzieht. Weiter ist anzugeben, wo diese Regelungen einzusehen sind. Hinsichtlich des Vergleichsentgelts ist nur das Vergleichsentgelt der Beschäftigten des anderen Geschlechts angeben, die in der gleichen Entgeltgruppe eingruppiert sind wie die Auskunft verlangende Person (§ 11 Abs. 3 Nr. 1 EntgTG). In den Genuss dieser Auskunftsprivilegierung kommt auch der bloß tarifanwendende Arbeitgeber iSd. § 5 Abs. 5 EntgTG. Voraussetzung ist jedoch, dass er dem Betriebsrat gegenüber nach § 13 Abs. 5 EntgTG schriftlich oder in Textform erklärt, dass er tarifanwendend nach Maßgabe des § 5 Abs. 5 EntgTG ist. Der Betriebsrat bestätigt gegenüber den Beschäftigten die Abgabe dieser Erklärung schriftlich oder in Textform (§ 13 Abs. 5 Satz 2 EntgTG). Diese Erklärungen haben aber betriebsöffentlich und nicht nur anlassbezogen zu erfolgen,[3] etwa durch Rundschreiben, Aushang am Schwarzen Brett oder im Intranet.

Wesentlich umfangreicher muss die Auskunft beim tariffreien Arbeitgeber ausfallen. Hier muss der Betriebsrat zunächst die konkreten Kriterien und Verfahren der Entgeltfindung beim Auskunftsersuchenden sowie die der Vergleichstätigkeit benennen (§ 11 Abs. 2 Satz 1 EntgTG). Das gilt auch, auch wenn sich die Entgeltfindung im Betrieb auf der Grundlage einer Betriebsvereinbarung vollzieht.[4] Weiter ist das Vergleichsentgelt mitzuteilen. Dieses ist anzugeben als auf Vollzeitäquivalente hochgerechneter statistischer Median des durchschnittlichen monatlichen Bruttoentgelts oder Entgeltbestandteils je zurückliegendem Kalenderjahr (§ 11 Abs. 3 EntgTG). Zu Bildung des Medians verhält sich das Gesetz nicht.

---

3 ErfK-*Schlachter*, § 13 EntgTranspG Rn. 8.

4 *Franzen*,NZA 2017, 814.

Bei einem statistischen Median ist kein Durchschnitt zu errechnen, sondern der Mittelwert festzustellen.[5] Dazu sind die Entgelte innerhalb einer Gruppe ungerader Zahl nach der Größe ihrer Werte (aufsteigend) zu sortieren und der an mittlerer Stelle stehende Wert zu nehmen. Bei einer Gruppe gerader Zahl ist der Median aus der Hälfte der Summen der beiden in der Mitte liegenden Werte zu bilden.[6] Die Angabe des Vergleichsentgelts hat zu unterbleiben, sofern die Vergleichstätigkeit von weniger als sechs Beschäftigten des anderen Geschlechts ausgeübt wird (§ 12 Abs. 3 Satz 2 EntgTG). In diesem Fall beschränkt sich die Auskunft auf Kriterien und Verfahren der Entgeltfindung.[7] Bei der Auskunft sind nur die im jeweiligen Betrieb praktizierten Entgeltregelungen zu berücksichtigen (§ 12 Abs. 2 Nr. 1 EntgTG). Außer Acht bleiben zudem regionale Unterschiede anderer Betriebe des Arbeitgebers (§ 12 Abs. 2 Nr. 2 EntgTG). Beschäftigtengruppen nach § 5 Abs. 2 EntgTG sind nicht zu vergleichen (§ 12 Abs. 2 Nr. 3 EntgTG). Halten Betriebsrat und Arbeitgeber die vom Auskunftsersuchenden genannte Vergleichstätigkeit für unzutreffend, sind sie zu einer eigenen Gleichwertigkeitsprüfung verpflichtet. Deren Ergebnis ist in der Auskunft plausibel und nachvollziehbar darzulegen. In diesem Fall muss nicht auf die vom Antragsteller benannte Vergleichstätigkeit eingegangen werden.[8] Das Gesetz regelt allerdings nicht, wie zu verfahren ist, wenn sich die Auffassungen der Betriebsparteien zur Vergleichstätigkeit unterscheiden. Da der Arbeitgeber Schuldner der Auskunft ist, hat der Betriebsrat seiner Auskunft die vom Arbeitgeber benannte Vergleichstätigkeit und die darauf bezogenen Angaben zu Grunde zu legen. Er ist allerdings nicht gehindert, auf die aus seiner Sicht maßgebende Vergleichstätigkeit hinzuweisen.

Die Auskunftsanforderungen für tariffreie Arbeitgeber gelten auch in Betrieben tarifgebundener/tarifanwendender Arbeitgeber für solche Entgeltbestandteile, die nicht tariflich geregelt sind.[9] Das betrifft etwa über- oder außertarifliche Leistungen oder die Entgelte für AT-Angestellte. Diese Gehaltsbestandteile oder Entgelte nehmen nicht an der Angemessenheitsgewähr tarifautonomer Regelungen teil, auf denen die Privilegierung tarifgebundener/tarifanwendender Arbeitgeber beruht.[10] Sie schließen auch typischerweise eine geschlechtsbezogene Ungleichbehandlung nicht aus. Daher fehlt es an Anhaltspunkten für die Annahme, das

---

5 *Oberthür,* NJW 2017, 2228.

6 *Bauer/Romero,* NZA 2017, 409.

7 *Franzen,* NZA 2017, 814.

8 ErfK-*Schlachter,* § 15 EntgTranspG Rn. 8; *Oberthür,* NJW 2017, 2228.

9 BT-Drs. 18/11133 S. 59; dazu *Franzen,* NZA 2017, 814.

10 BT-Drs. 18/11133 S. 53.

Gesetz halte auch für diese Entgeltbestandteile an den Begründungserleichterungen für tarifgebundene/tarifanwendende Arbeitgeber fest.[11]

3. Informationsansprüche

Mit der Verlagerung der Auskunftspflicht auf den Betriebsrat korrespondiert ein entsprechender Informationsanspruch gegenüber dem Arbeitgeber, der die in § 80 BetrVG geregelten Befugnisse auf die Wahrnehmung von Aufgaben nach dem EntgTG erweitert. Nach § 13 Abs. 3 Satz 2 EntgTG hat der Arbeitgeber zunächst die Gehaltslisten geschlechtsbezogen und differenziert nach Entgeltbestandteilen aufzuschlüsseln. Auf welcher Rechtsgrundlage die Entgeltbestandteile beruhen, ist unerheblich; auch einzelvertraglich vereinbarte Entgelte sind anzugeben. Sofern der Arbeitgeber über eine solche Liste nicht verfügt, hat er sie zu erstellen.[12] Das geht über die in § 80 Abs. 2 Halbs. 2 BetrVG geregelte Pflicht hinaus. Weiter müssen die Listen mit sämtlichen Angaben so aufbereitet sein, dass sie den Betriebsrat in die Lage versetzen, seiner Auskunftspflicht genügen zu können (§ 13 Abs. 3 Satz 3 EntgTG). Dazu zählen insbesondere diejenigen, die er zur Berechnung des Vergleichsentgelts iSv. § 11 Abs. 2 EntgTG braucht.[13] Benötigt der Betriebsrat weitere Angaben, um prüfen zu können, ob die im Auskunftsverlangen benannte Vergleichstätigkeit eine solche iSd. § 4 EntgTG ist, sind auch diese vom tariffreien Arbeitgeber zur Verfügung zu stellen (§ 15 Abs. 4 EntTG). Legt sich der tariffreie Arbeitgeber gegenüber dem Betriebsrat auf eine Vergleichstätigkeit fest, schuldet er nur die darauf bezogenen Informationen. Zu weitergehenden Auskünften zu der vom Betriebsrat für richtig gehaltenen Vergleichstätigkeit ist er nicht gehalten.[14]

Nach § 13 Abs. 3 Satz 1 EntgTG ist der Arbeitgeber verpflichtet, die aufbereiteten Gehaltslisten dem Betriebsausschuss zur Einsichtnahme vorzulegen. Dieser wie auch ein von jenem gebildeter Ausschuss mit selbständiger Entscheidungskompetenz ist spiegelbildlich dazu zur Einsichtnahme berechtigt. Die Konzentration des Einsichtsrechts auf den Betriebsausschuss dient dem Schutz der Vertraulichkeit der Information und ist der Ausgestaltung des allgemeinen – in § 80 Abs. 2 BetrVG geregelten – Einsichtsrechts in Bruttoentgeltlisten nachgebildet, weshalb die hierfür entwickelten Prinzipien grundsätzlich übertragbar sind. Dementsprechend bestimmt § 13 Abs. 2 Satz 1 EntgTG kein Recht auf Aushändigung der

11 BeckOK-*Roloff*, § 11 EntgTranspG Rn. 2; **a. A.** *Franzen*, NZA 2017, 814.
12 *Kania*, NZA 2017, 819.
13 *Kania*, NZA 2017, 819.
14 ErfK-*Schlachter*, § 5 EntgTranspG Rn. 7.

Entgeltlisten. Vielmehr sind die einsichtsnehmenden Mitglieder gehalten, die Listen vor Ort auszuwerten.

4. Streitigkeiten

Verweigert der Arbeitgeber die Einsichtnahme in die Gehaltsliste oder nimmt er die von Gesetzes wegen geschuldete Aufschlüsselung nicht vor, ist der Betriebsrat außerstande, dem Auskunftsbegehren des Arbeitnehmers zu genügen. In einem solchen Fall kann er durch Beschluss vom Arbeitgeber verlangen, dass dieser die Auskunftsverpflichtung übernimmt. Kommt der Arbeitgeber dem nicht nach, greift zugunsten des betroffenen Arbeitnehmers die Beweislastumkehr des § 15 Abs. 5 EntgTG. Die Beantwortung des Auskunftsanspruchs nach dem EntgTG ist eine gesetzliche Aufgabe des Betriebsrats. Der einzelne Arbeitnehmer hat aber – wie auch bei der Wahrnehmung der allgemeinen Aufgaben des § 80 BetrVG – keinen gerichtlich durchsetzbaren Anspruch auf Tätigwerden des Betriebsrats. Vielmehr geht das Gesetz davon aus, dass der Betriebsrat die Auskunft lediglich »für« den Arbeitgeber erteilt.[15] Dieser ist Adressat des Auskunftsanspruchs und hierfür letztverantwortlich. Der Betriebsrat ist als Organ der Betriebsverfassung nicht Erfüllungsgehilfe des Arbeitgebers.[16] Weder der Betriebsrat noch einzelne seiner Mitglieder haften für fehlerhaft oder nicht erteilte Auskünfte. Hierfür fehlt es an einer gesetzlichen Grundlage. Aus der Rechtsprechung des BGH[17] folgt nichts anderes.[18] Diese betrifft rechtsgeschäftliches Handeln des Betriebsratsvorsitzenden und nicht die Erfüllung einer gesetzlichen Aufgabe des Betriebsrats als Gremium. Deren Wahrnehmung begründet keine individualrechtlichen Rechtsbeziehungen zum antragstellenden Arbeitnehmer. Schuldner des Auskunftsanspruchs und einer darauf gestützten Entgeltforderung ist der Arbeitgeber.[19] Allein aus der Klagbarkeit des Auskunftsanspruchs folgt keine Parteienstellung des Betriebsrats. Diese verbleibt beim Arbeitgeber.[20]

15 BT-Drs. 18/11133 S. 66.
16 *Holler*, NZA 2017, 822.
17 BGH 25.10.2012 – III ZR 266/11, NZA 2012, 1382.
18 a.A. *Holler*, NZA 2017, 822.
19 ErfK-*Schlachter*, § 13 EntgTranspG Rn. 2.
20 BeckOK-*Roloff*, § 10 EntgTranspG Rn. 3ff.

5. Ausblick

Ob der individuelle Auskunftsanspruch tatsächlich dazu taugt, einer geschlechtsbezogenen Entgeltdifferenz wirkungsvoll zu begegnen, wird sich erweisen müssen. Hingegen schafft die Beteiligung des Betriebsrats im Verfahren der Auskunftserteilung eine effektive Möglichkeit, in Betrieben tariffreier Arbeitgeber und im Bereich der übertariflichen Entgeltbestandteile bei tarifgebundenen/tarifanwendenden Arbeitgebern Entgelttransparenz herzustellen und auf den Abbau geschlechtsbezogener Entgeltunterschiede mit dem Mitteln des Betriebsverfassungsrechts hinzuwirken.

Die Regelungsbefugnis der Tarifvertragsparteien bei der Befristung von Arbeitsverhältnissen

Kristina Schmidt, Richterin am Bundesarbeitsgericht

»*Geburtstag ist noch lange kein Grund, älter zu werden.*«[1] Er kann aber, zumal wenn es sich um einen der in Zehnerschritten bemessenen Meilensteine handelt, zu einem Rückblick veranlassen. Ein solcher auf die langjährige Tätigkeit des Jubilars als ehrenamtlicher Richter beim Bundesarbeitsgericht führt zu einem Sitzungstag des für Verfahren über die Beendigung des Arbeitsverhältnisses aufgrund einer Befristung zuständigen Siebten Senats am 21. April 1993. Der Senat, dem Thomas Klebe seinerzeit als ehrenamtlicher Richter angehörte, befand an diesem Tag über die Wirksamkeit der Befristung eines Arbeitsvertrags im öffentlichen Dienst gemessen an der Protokollnotiz Nr. 2 Satz 1 zu Nr. 1 SR 2y des Bundes-Angestelltentarifvertrags (BAT).[2] Diese – heute weniger praxisrelevante[3] – Tarifnorm verbietet es, von vornherein einen Zeitvertrag für die Dauer von mehr als fünf Jahren abzuschließen. Das soll Anlass sein, einen Blick auf die Regelungsbefugnis der Tarifvertragsparteien im Zusammenhang mit befristeten Arbeitsverhältnissen unter der Geltung des am 1. Januar 2001 in Kraft getretenen Gesetzes über Teilzeitarbeit und befristete Arbeitsverträge (TzBfG) zu werfen. Für *Thomas Klebe* dürfte der Sitzungstag am 21. April 1993 übrigens fast schon ein prognostisches Element beinhaltet haben: In einem weiteren Rechtsstreit ging es um die Befristung einer Provisionsvereinbarung. In den Gründen des Urteils ist angemerkt, dass eine »Provisionsneuregelung unter Wahrung der Mitbestimmungsrechte des Betriebsrats aus § 87 Abs. 1 Nr. 10 BetrVG einvernehmlich mit dem Betriebsrat durch Betriebsvereinbarung getroffen wurde«.[4] Das wiederum betrifft eine Rechtsmaterie, die den Jubilar bereits kurze Zeit später sehr intensiv beschäftigen sollte und die seine Tätigkeit am Bundesarbeitsgericht bis heute

---

1 Nach Klaus Klages, Satiriker und Aphorismenschreiber.

2 BAG 21.4.1993 – 7 AZR 376/92, NZA 1994, 258.

3 Praktisch bedeutsamer sind nunmehr der ab dem 1. November 2006 geltende TV-L, welcher nach § 2 TVÜ-Länder den BAT im Bereich der Tarifgemeinschaft deutscher Länder abgelöst hat, sowie der am 1. Oktober 2005 in Kraft getretene TVöD. Nach § 30 Abs. 2 Satz 1 TV-L sind kalendermäßig befristete Arbeitsverträge mit sachlichem Grund nur zulässig, wenn die Dauer des einzelnen Vertrags fünf Jahre nicht übersteigt.

4 BAG 21.4.1993 – 7 AZR 297/92, NZA 1994, 476.

prägt, denn seit Mai 1993 gehört er als ehrenamtlicher Richter dem für das materielle Betriebsverfassungsrecht, die Tariffähigkeit und Tarifzuständigkeit sowie das Arbeitskampfrecht zuständigen Ersten Senat an.

1. Das Teilzeit- und Befristungsgesetz als grundsätzlich einseitig zwingendes Recht

Von den befristungsrechtlichen Vorgaben des TzBfG kann nach § 22 Abs. 1 TzBfG – außer im Fall des § 14 Abs. 2 Satz 3 und 4 TzBfG – nicht zuungunsten des Arbeitnehmers abgewichen werden. Die Norm differenziert nicht zwischen Abweichungen durch Individualvertrag, Tarifvertrag oder Betriebsvereinbarung; auch die Tarifvertragsparteien vermögen keine zuungunsten der Arbeitnehmer abweichenden Regelungen zu treffen.[5] Entsprechend bedürfen tarifliche Bestimmungen über die Beendigung von Arbeitsverhältnissen aufgrund von Befristungen zu ihrer Wirksamkeit eines sie rechtfertigenden Sachgrundes nach § 14 Abs. 1 TzBfG.[6] Dabei steht den Tarifvertragsparteien bei ihrer Normsetzung eine Einschätzungsprärogative zu, soweit es um die Beurteilung der tatsächlichen Gegebenheiten, der betroffenen Interessen und der Regelungsfolgen geht. Ferner verfügen sie über einen Beurteilungs- und Ermessensspielraum hinsichtlich der inhaltlichen Gestaltung der Regelung. Das Erfordernis eines die Befristung rechtfertigenden Sachgrundes i. S. v. § 14 Abs. 1 TzBfG entfällt dadurch aber nicht.[7] Ob tarifliche Bestimmungen den Anforderungen der arbeitsrechtlichen Befristungskontrolle genügen, ist Gegenstand zahlreicher Entscheidungen, etwa bei tariflichen Altersgrenzen[8] oder auflösenden Bedingungen für den Erwerbsminderungsfall.[9]

Tarifvertragliche Abweichungen zugunsten der Arbeitnehmer sind möglich.[10] Günstiger sind tarifliche Normen dann, wenn sie dem Arbeitnehmer einen gegenüber dem TzBfG höheren Bestandsschutz vermitteln. So kann ein Tarifvertrag den Abschluss befristeter Verträge an strengere Voraussetzungen als die gesetzlich geregelten knüpfen.[11] Ein Beispiel gibt die Tarifbestimmung der Nr. 2

5 ErfK/*Müller-Glöge*, 17. Aufl., § 14 Rn. 4.
6 BAG 21. 9. 2011 – 7 AZR 134/10, NZA 2012, 271.
7 BAG 2. 8. 2017 – 7 AZR 601/17.
8 BAG 8. 12. 2010 – 7 AZR 438/09, NZA 2011, 586.
9 BAG 27. 7. 2016 – 7 AZR 276/14, NZA-RR 2017, 84.
10 Eine Ausnahme bildet die zweiseitig-zwingende Ausgestaltung von § 17 TzBfG (vgl. z. B. *Sievers*, TK-TzBfG, 5. Aufl., § 22 Rn. 3).
11 MüKoBGB/*Hesse*, 7. Aufl., § 22 TzBfG Rn. 9.

Abs. 1 SR 2y BAT, wonach bei einer Befristung im Arbeitsvertrag zu vereinbaren ist, ob der Angestellte als Zeitangestellter, als Angestellter für Aufgaben von begrenzter Dauer oder als Aushilfsangestellter eingestellt wird. Dieses Erfordernis der Vereinbarung bestimmter Befristungsgrundformen dient der Rechtssicherheit und Rechtsklarheit und hat nach dem Tarifnormzweck zur Folge, dass der Arbeitgeber sich zur Rechtfertigung einer Befristung nicht auf Sachgründe berufen kann, die zu einer im Arbeitsvertrag nicht vereinbarten Befristungsgrundform gehören.[12] Neben einem solchen Zitiergebot betreffen tarifliche Befristungsbestimmungen etwa die Mindest- oder Höchstdauer befristeter Verträge[13] oder besondere Prüfpflichten.[14]
Soweit Tarifverträge abweichende Normen enthalten, handelt es sich um Abschluss- oder Beendigungsnormen. Die für die Frage der zwingenden Geltung des Tarifvertrags maßgebliche[15] Zuordnung zu der jeweiligen Normkategorie ist durch Auslegung zu ermitteln.[16] Abschlussnormen betreffen Fragen des wirksamen Zustandekommens von Arbeitsverträgen einschließlich einzelner inhaltlicher, bereits bei Vertragsschluss zu beachtender Abreden, also etwa die Bestimmung der Befristungshöchstdauer oder die Einschränkung zulässiger Gründe für eine Befristung. Für das Vorliegen von Beendigungsnormen spricht ein Regelungsgegenstand, der eine erst nach Vertragsschluss auftretende Voraussetzung der Beendigung des Arbeitsvertrags betrifft.

2. Die Tarifdispositivität der sachgrundlosen Befristung

Nach § 14 Abs. 2 Satz 1 TzBfG ist die kalendermäßige Befristung eines Arbeitsvertrags ohne Vorliegen eines sachlichen Grundes bis zur Dauer von zwei Jahren zulässig, wobei bis zu dieser Gesamtdauer die höchstens dreimalige Verlängerung zulässig ist. Nach der Öffnungsklausel des § 14 Abs. 2 Satz 3 TzBfG kann

12 Vgl. zuletzt BAG 24.9.2014 – 7 AZR 987/12, NZA 2015, 301.

13 Vgl. Rn. 3 oder § 30 Abs. 3 Satz 1 TV-L: »Ein befristeter Arbeitsvertrag ohne sachlichen Grund soll in der Regel zwölf Monate nicht unterschreiten; die Vertragsdauer muss mindestens sechs Monate betragen.«; zur Auslegung des inhaltsgleichen § 33 Abs. 3 TV-BA vgl. BAG 4.12.2013 – 7 AZR 468/12, NZA 2014, 632.

14 Nach § 30 Abs. 2 Satz 2 TV-L sind Beschäftigte mit einem sachgrundbefristeten Arbeitsvertrag bei der Besetzung von Dauerarbeitsplätzen bevorzugt zu berücksichtigen, wenn die sachlichen und persönlichen Voraussetzungen erfüllt sind; zum Verständnis des inhaltsgleichen § 30 Abs. 3 Satz 2 TVöD als Verfahrensnorm vgl. BAG 15.5.2012 – 7 AZR 754/10, NZA-RR 2013, 159.

15 Hierzu z.B. APS/*Backhaus*, 5. Aufl., § 22 TzBfG Rn. 4.

16 BAG 14.2.1990 – 7 AZR 68/89, NZA 1990, 737.

durch Tarifvertrag die Anzahl der Verlängerungen oder die Höchstdauer abweichend festgelegt werden. Dabei erweist sich die im Gesetzestext verwandte Konjunktion »oder« als interpretationsbedüftig. Fällt eine tarifliche Regelung, die beide Eckdaten – also die Anzahl der Verlängerungen und die Höchstdauer der Befristung – zuungunsten der Arbeitnehmer abändert,[17] unter § 14 Abs. 2 Satz 3 TzBfG? Der Siebte Senat hat diese Frage mit »Ja« beantwortet. Wie die an Sinn und Zweck orientierte Auslegung der Tariföffnungsklausel ergibt, erlaubt sie den Tarifvertragsparteien nicht nur, entweder Gesamtdauer oder Anzahl der Verlängerungen, sondern beides zugleich auch zuungunsten der Arbeitnehmer abweichend vom Gesetz zu regeln.[18] Man wird dem Gesetzgeber wohl auch keine sprachliche Ungenauigkeit vorhalten können: Die Öffnungsklausel wäre ebenso bei Verwendung der Konjunktion »und« interpretationsbedürftig gewesen. Sie hätte dann zu der Problematik geführt, ob ein Tarifvertrag, der etwa nur die Höchstdauer für eine zulässige sachgrundlose Befristung abweichend vom Gesetz regelt, von § 14 Abs. 2 Satz 3 TzBfG gedeckt ist.

Ausgehend vom Gesetzeswortlaut ist die durch § 14 Abs. 2 Satz 3 TzBfG eröffnete Regelungsbefugnis weder hinsichtlich der Höchstdauer noch hinsichtlich der Anzahl der Verlängerungen beschränkt. Dennoch besteht sie nach der Rechtsprechung des Bundesarbeitsgerichts nicht unbegrenzt. Der systematische Gesamtzusammenhang, Sinn und Zweck des TzBfG sowie verfassungs- und unionsrechtliche Gründe gebieten eine immanente Beschränkung.[19] Die neben spezialgesetzlichen Vorschriften[20] vor allem im TzBfG geregelten Voraussetzungen für die Zulässigkeit befristeter Arbeitsverträge sind unionsrechtlich[21] und verfassungsrechtlich[22] determiniert. Diese Vorgaben, denen die staatliche Rechtssetzung im Bereich der befristeten Arbeitsverhältnisse unterliegt, prägen auch das Verständnis der Tariföffnungsklausel.

Wo genau die Grenzen der tariflichen Dispositionsbefugnis liegen, hat der Siebte Senat zunächst offengelassen. Im Sinn einer Negativabgrenzung ist er davon ausgegangen, sie seien nicht überschritten bei einer tariflichen Höchstbefristungs-

17 Z.B. § 2 Nr. 6 des Mantelrahmentarifvertrag für das Wach- und Sicherheitsgewerbe für die Bundesrepublik Deutschland vom 30.8.2005, wonach kalendermäßige Befristungen ohne Vorliegen eines Sachgrundes bis zur Dauer von 42 Monaten bei viermaliger Verlängerungsmöglichkeit zulässig sind.

18 Ausf. BAG 15.8.2012 – 7 AZR 184/11, NZA 2013, 45; zuletzt BAG 14.6.2017 – 7 AZR 627/15.

19 BAG 26.10.2016 – 7 AZR 140/15, NZA 2017, 463; 18.3.2015 – 7 AZR 272/13, NZA 2015, 821; 15.8.2012 – 7 AZR 184/11, NZA 2013, 45.

20 Etwa WissZeitVG, BEEG, PflegezeitG.

21 EGB-UNICE-CEEP-Rahmenvereinbarung über befristete Arbeitsverträge im Anhang der Richtlinie 1999/70/EG des Rates vom 28. Juni 1999 (Rahmenvereinbarung)

22 Art. 2 Abs. 1, Art. 12 Abs. 1 GG.

dauer von 42 Monaten und viermaliger Verlängerungsmöglichkeit[23] sowie bei 48 Monaten Höchstbefristungsdauer und sechsmaliger Verlängerungsmöglichkeit.[24] Auch ein Tarifvertrag, der die sachgrundlose Befristung von Arbeitsverträgen bis zu einer Gesamtdauer von fünf Jahren bei fünfmaliger Verlängerungsmöglichkeit zulässt, hält sich im Rahmen des verfassungs- und unionsrechtlich zulässigen Gestaltungsrahmens.[25] In Anlehnung an seine Rechtsprechung zur Rechtsmissbrauchskontrolle bei der Sachgrundbefristung[26] zieht der Senat nunmehr die Grenze der tariflichen Regelungsbefugnis beim Dreifachen der gesetzlichen Werte für die Höchstdauer und die Anzahl der Vertragsverlängerungen.[27] Danach liegt die Befristungsgrenze einer tariflichen Regelung bei sechs Jahren und neun Verlängerungen.[28] Für diesen quantitativ konkret begrenzten Gestaltungsrahmen der Tarifvertragsparteien, bei dem es keiner besonderen Prüfung branchentypischer Besonderheiten bedarf, sprechen nicht zuletzt Gründe der Rechtssicherheit.
Befristete Arbeitsverhältnisse gehören zu den atypischen Beschäftigungsverhältnissen.[29] Der arbeitsrechtliche Schutz der von der Typik abweichenden Erwerbstätigkeit ist dem Jubilar ein besonderes Anliegen, wobei der Bogen seiner geschätzten Beiträge von Disputen über die sachgrundlose Befristung[30] bis hin zu aktuellen Diskussionen über Crowdworking als Arbeitsform der neuen digitalen Ökonomie gespannt werden kann.[31]

---

23 BAG 15.8.2012 – 7 AZR 184/11, NZA 2013, 45.
24 BAG 18.3.2015 – 7 AZR 272/13, NZA 2015, 821.
25 BAG 26.10.2016 – 7 AZR 140/15, NZA 2017, 463.
26 Grds. BAG 18.7.2012 – 7 AZR 443/09, NZA 2012, 1351.
27 BAG 26.10.2016 – 7 AZR 140/15, NZA 2017, 463; vgl. dazu *Krämer*, AiB 2017, 59.
28 Zust. *Bauer*, ArbR 2016, 551; *Barthel/Müller*, DB 2017, 1329; abl. *Frieling/Münder*, NZA 2017, 766; kritisch auch *Kamanabrou*, Anm. AP Nr. 147 zu § 14 TzBfG.
29 *Szuwart*, Atypische Beschäftigungsverhältnisse, 2008, S. 58ff.
30 Vgl. die von *Schunder* moderierte Diskussion zwischen *Klebe* und *Bauer* über die arbeitsrechtlichen Bereiche im Koalitionsvertrag vom 26.10.2009 zwischen CDU, CSU und FDP, zu denen befristungsrechtliche Themen gehörten (NZA 2009, 1190).
31 *Klebe*, AuR 2016, 277, vgl. auch das Interview »Schlechte Arbeitsbedingungen sind keine Privatsache« abgerufen unter: https://www.igmetall.de/interview-mit-arbeitsrechtler-thomas-klebe-zum-thema-14335.htm.

Gute Arbeitsbedingungen, Globalisierung und Digitalisierung der Wirtschaft

Olaf Scholz, Bundesminister der Finanzen und Vizekanzler

Was ist los in der Welt? In den Tageszeitungen oder den sozialen Medien gibt es tausende Antworten darauf. So unterschiedlich sie auch in der Einschätzung sind, zeugen sie doch alle davon, dass wir in einer Zeit großer Veränderungen leben. Auf dem Land oder in der Stadt, ein jeder erlebt auch in seiner persönlichen Welt, wie enorm die Herausforderungen der Globalisierung und Digitalisierung sind, sogar für eine moderne westliche Industriegesellschaft. Weil ihnen diese Werte und dieser Standard wichtig sind, verlangen Bürgerinnen und Bürger nach politischen und strategischen Konzepten. Sie wollen wissen, wie es weitergeht, fragen nach den Chancen für gute Jobs, nach Aufstiegsmöglichkeiten und der Zukunft ihrer Kinder.

Es ist an den politisch Verantwortlichen Lösungen vorzuschlagen, die gut für unser Land sind und zugleich den Zusammenhalt stärken. Dabei ist klar: Die Entwicklung ist noch lange nicht am Ende, nichts wird sich automatisch zum Besseren verändern. Wir müssen sicherstellen, dass jemand, der auf dem Bau arbeitet, in einer Fabrik oder in einem Supermarkt, eine gute Perspektive hat in einer Welt, die sich durch Globalisierung und Digitalisierung unvermeidbar verändert. Es muss sich lohnen, sich anzustrengen, in der Schule, in der Ausbildung und im beruflichen Alltag: Demokratie, Wohlstand und soziale Gerechtigkeit verlangen nach guten Arbeitsbedingungen.

Gerade die Arbeit, die grundlegende Dimension des Sozialen, die schöpferische Kraft und Quelle von Kultur und Wohlstand, und die damit notwendig verbundene Kooperation, die unsere Gesellschaft trotz aller Unterschiede zusammen hält, verändern sich stetig und immer mehr. Zuerst zeigte sich das in der Industrie: Durch die Globalisierung wurde ein Teil der Produktion verlagert, etwa nach Asien. Das schien bis in die späten 1990er Jahre unproblematisch, weil es nur Textilien und einfache Produkte betraf. Aber heute produzieren Niedriglohnländer auch komplexere Industrieprodukte. So manche Nation, die zunächst nur als Werkbank der Welt gesehen wurde, hat sich zu einem ernsthaften Konkurrenten entwickelt. Auch die Billiglohn-Konkurrenz, die Jobs in Industriestaaten bedroht, ist ein reales Problem: »China-Syndrom« lautet nicht zufällig der Titel der Untersuchung, in der das Massachusetts Institute of Technology entsprechende Daten für die USA erhoben hat, ähnliche Daten gibt es auch für europäische Staaten. Die Globalisierung kann auch in einem Land, das insgesamt von der internationalen Kooperation profitiert, die Erwerbschancen von Arbeitnehmern – und Unternehmern – gefährden.

Das Gefühl, die Folgen der Globalisierung nicht in den Griff zu bekommen, hat in den USA und anderen westlichen Staaten schon zu Verwerfungen geführt. »Arbeiter und Arbeitslose, die Unterprivilegierten, die Verunsicherten und nicht zuletzt die unteren Mittelschichten« wenden sich von »Parteien der rechten und linken Mitte ab, gehen entweder nicht mehr wählen oder schenken ihre Stimme Anti-Establishment-Parteien«, schreibt der Soziologe Oliver Nachtwey. Manche hätten sogar das Gefühl, in einer »Abstiegsgesellschaft« zu leben, weil das Versprechen auf steigenden Wohlstand und gute Arbeit in Gefahr sei.

Das Ganze bleibt ein lösbares Problem, solange die westlichen Volkswirtschaften ihr Know-how immer weiterentwickeln, ihr Beitrag zur Produktivität gewissermaßen kontinuierlich am oberen Ende der Wertschöpfungskette bleibt und dank Innovationen und neuen Technologien der Kuchen insgesamt größer wird. Das hat mit der Globalisierung lange funktioniert. Deshalb stehen auch die Länder, die die Globalisierung nutzen, aber deren negativen Folgen mit einem ausgeprägten sozialen System der Sicherung abfedern, deutlich besser da. Aber das ist nicht mehr leicht. Denn seit Jahrzehnten schwächelt die Weltwirtschaft und in allen Industriestaaten zeigen sich eher geringe Wachstumsraten. Eine der Ursachen liegt in den bislang viel zu schwachen global wirkenden Institutionen, die auf den Strukturwandel reagieren müssten, etwa durch Maßnahmen zur Sicherung der Finanzwirtschaft oder gegen Steuerflucht. Aber man sieht auch, dass sich selbst nach der Überwindung der Finanzkrise die Wachstumsraten nicht erholt haben. Der Schwung, den die Digitalisierung den Volkswirtschaften bringen sollte, ist bislang unter den Erwartungen geblieben: Den digitalen Technologien fehlt die wirtschaftliche Dynamik, die etwa die Erfindung des Automobils, elektrische Geräte oder der Wissenszuwachs im Gesundheitswesen hatten. Deswegen sind Investitionen für mehr digitales Know-how im Bildungswesen, in der Forschung und im Alltag unseres staatlichen Gefüges so wichtig.

Aber noch gibt es viele Hemmnisse: Gerade gegenüber der Digitalisierung der Arbeitswelt besteht eine ausgeprägte Skepsis und das auch bei denen, die ansonsten die Vorteile der neuen Technologien gerne nutzen. Denn es ist zu beobachten, dass Produktivitätssteigerung durch die Digitalisierung nicht automatisch denen zugutekommt, die arbeiten. Zudem entstehen durch Substituierung und Fragmentierung von Tätigkeiten zunehmend mehr prekäre Beschäftigungsverhältnisse. Das Normalarbeitsverhältnis wird abgelöst durch ein »digitales Normalarbeitsverhältnis«, so beschreibt Thomas Klebe den Veränderungsprozess. Die Ökonomen Brynjolfsson und McAfee glauben sogar, das »zweite Maschinenzeitalter« würde zwar mehr Wohlstand bringen, aber zudem auch das soziale

Gefälle anwachsen lassen, weil die Automatisierung zunimmt. Dass Tätigkeiten durch Rechenoperationen oder Maschinen ersetzt werden, ist übrigens nicht nur ein Phänomen, das nur minder qualifizierte Tätigkeiten betrifft: Schon heute können Programme Artikel über die Bundesliga schreiben, und auch die Landung eines Airbusses kann automatisiert erfolgen.
Deutschland steht bislang sehr gut da. Zwar gab es auch bei uns Jobverluste durch Globalisierung und Digitalisierung, aber das konnte durch die Erfolge der Industrie und die daraus resultierenden positiven Beschäftigungseffekte insgesamt aufgewogen werden. Viele Fabriken für Konsumgüter in Asien produzieren mit Maschinen aus Deutschland. Wegen unserer Stärke im Anlagenbau und bei industriebezogenen Dienstleistungen gehören wir zu den wenigen Industrienationen, bei denen der Saldo positiv ist. Die Wirtschaft wächst, es entstehen immer mehr Jobs und an vielen Stellen fehlen schon heute die Fachkräfte.
Ihre Dynamik und Stabilität verdankt die deutsche Wirtschaft ganz wesentlich der Sozialpartnerschaft, der Tarifautonomie und nicht zuletzt der Mitbestimmung. Die wirtschaftliche und betriebliche Mitbestimmung haben dazu beigetragen, dass Deutschland relativ gut durch die Finanzkrise gekommen ist. Das Betriebsverfassungsrecht, einer der Schwerpunkte der Arbeit von Thomas Klebe, ist, so könnte man es sagen, ein Standortvorteil. Wir haben ein System der Konfliktlösung, das Arbeitgeber und Arbeitnehmer in die Lage versetzt, nach konstruktiven Lösungen zu suchen. Die Zusammenarbeit hat sich auch bei der Einführung neuer Technologien bewährt. Die Betriebsräte haben Veränderungen verantwortungsvoll begleitet und die Weiterentwicklung der Betriebe möglich gemacht. Diese Fähigkeit müssen wir ausbauen. Denn gerade in den Betrieben weiß man sehr genau: Die Digitalisierung ist für wirtschaftliches Wachstum unerlässlich, aber sie hat – wie auch die Globalisierung – ein doppeltes Gesicht: Sie kann zu Steigerung der Produktivität, Wirtschaftswachstum und Wohlstand genutzt werden. Aber sie kann auch, wenn die damit verbundenen Veränderungen nicht eingehegt werden, zu Verschärfung von sozialen Unterschieden und gesellschaftlichen Spaltungen führen.
Individuelle Rechte können ausgehöhlt werden, wenn die klassische Arbeitsorganisation durch Crowdsourcing, Cloud- und Coworking ersetzt wird, Arbeitsformen, die nicht immer die Zugehörigkeit der die Leistung erbringenden Personen zu einem Unternehmen voraussetzen oder diesen ohne Weiteres einen Arbeitnehmerstatus bieten. Freelancer, Co-Worker sind arbeitsrechtlich und organisatorisch bislang zu oft Einzelkämpfer: Sie können sich gegenüber den Arbeitgebern nur schwer durchsetzen, erst recht, wenn diese im Wesentlichen als App oder Anfrage auf einer Plattform auftreten. »Im Augenblick herrscht auf den Plattformen Wilder Westen, was die Arbeitsbedingungen angeht«, beschreibt Thomas Klebe die Situation. Wenn der Strukturwandel die bislang rechtlich abgesicherten Arbeitsformen gefährdet und die Systeme der sozialen Sicherheit

sukzessiv unterlaufen werden, muss der Sozialstaat reagieren. Das stärkt letztlich auch den Zusammenhalt und die Wirtschaft, denn nur wer sich sicher fühlt, ist auch bereit, die weiteren Schritte der Veränderung der Gesellschaft mitzugehen. Deshalb müssen wir Mechanismen schaffen, die zeitgemäß die neue Arbeits- und Produktionssituation aufgreifen, den traditionellen Ausgleich der Sozialpartner ermöglichen und viele Formen der Partizipation bieten. Das Betriebsverfassungsrecht bietet dafür hervorragende Anknüpfungsmöglichkeiten.

Thomas Klebe war dabei, als Sozialdemokraten, Gewerkschaften, Betriebsräte und die rot-grüne Regierung das Betriebsverfassungsgesetz 2001 an die schon damals durch Globalisierung und technischen Fortschrift veränderten Arbeits- und Produktionsbedingungen anpassten. Wir haben die Trennung von Arbeitern und Angestellten aufgegeben, Möglichkeiten geschaffen, damit Betriebsräte in Konzernen oder outgesourcten Bereichen aktiv sein können, und auch Anknüpfungspunkte für Internetunternehmen wurden eingeführt. Aber damals gab es weder Apps, noch soziale Netzwerke und nicht einmal den Begriff »Industrie 4.0«. Sechzehn Jahre sind eine lange Zeit angesichts der rasanten technologischen Entwicklung. Es ist notwendig, das Gesetz weiterzuentwickeln und zwar so, dass es flexibel reagieren kann. Es muss Legaldefinitionen bieten, die für Entwicklungen der Arbeitsformen offen sind. Es bedarf eines weiter gefassten Verständnisses dessen, was ein Arbeitnehmer ist und auch dazu, was Betriebszugehörigkeit bedeutet, wenn es so viele Arbeitsformen gibt, die keinen klaren und kontinuierlich gleichen Beschäftigungsstatus haben. Wir müssen die Mitbestimmung von Arbeitnehmerinnen und Arbeitnehmern nicht nur erhalten, sondern auch ausbauen und an die neuen Erfordernisse von Digitalisierung und Globalisierung anpassen. Natürlich muss die Stärkung von Arbeitnehmerrechten immer auch auf europäischer Ebene ein Thema sein. Die EU ist auf globaler Ebene die zentrale Kraft, die sich für Arbeitnehmerrechte und Verbraucherinteressen einsetzen kann. Sie ist der Keilriemen, der die Mitgliedstaaten in die Lage versetzt, in der Weltpolitik mit großen Ländern wie China, den USA oder Russland auf Augenhöhe zu verhandeln. Sie ist eine Form der demokratischen Selbstverteidigung in der globalisierten Welt. Wir brauchen diese supranationale Zusammenarbeit, um die Aufgabe zu lösen, die der Ökonom Dan Rodrik das politische Trilemma nennt: Die Notwendigkeit, gleichzeitig Demokratie, nationale Selbstbestimmung und wirtschaftliche Globalisierung unter einen Hut zu bringen. Das Trilemma ist auch eine Herausforderung für die Mitbestimmung als deutschem Projekt der sozialen Demokratie.

In Deutschland gehören Demokratie, Marktwirtschaft und Mitbestimmungsrechte elementar zusammen. Die Geschichte des Betriebsverfassungsrechtes zeigt, jeder Schritt hin zu mehr Mitbestimmung, war auch ein Schritt zur Stärkung der Demokratie. Diese lange Tradition von Demokratie, Marktwirtschaft und Mitbestimmung in Deutschland ist durch Globalisierung und Digitalisierung erneut herausgefordert. Wir können klar sagen: Gäbe es das Betriebsverfassungsgesetz nicht schon, müsste es für die Arbeitswelt des 21. Jahrhunderts erfunden werden. Für ein solches Betriebsverfassungsrecht 4.0 hat Thomas Klebe mit seiner vielfältigen juristischen und politischen Expertise Grundlagen gelegt.

Tarifverträge zum Schutz von Crowdworkern trotz Kartellverbot?

Prof. Dr. Claudia Schubert, Universität Bochum

1. Einleitung

Thomas Klebe hat in leitender Funktion bei der IG Metall und bis 2013 als deren Justiziar in seiner Person arbeitsrechtliche Praxis mit seiner wissenschaftlichen Tätigkeit als Autor verbunden. Seit 2010 gehört er der Leitung des Hugo Sinzheimer Instituts an und hat in diesem Rahmen wesentliche Impulse zur Auseinandersetzung mit aktuellen nationalen und internationalen Themen des Arbeits- und Sozialrechts gegeben. In jüngster Zeit hat er sich vor allem mit der Rechtsstellung der Crowdworker beschäftigt, die als neue Beschäftigung infolge der Digitalisierung der Wirtschaft vermehrt auftreten.[1] Die IG Metall und das Hugo Sinzheimer Institut haben sich dieser Entwicklung angenommen.[2] Im Vordergrund stehen die Plattformen und deren Einfluss auf die Beschäftigungsbedingungen. Die IG Metall hat zudem ihre Satzung ergänzt, so dass sie Tarifverträge zum Schutz von arbeitnehmerähnlichen Personen schließen kann.[3] Wie zielführend dies sein wird, hängt nicht nur davon ab, ob Crowdworker Arbeitnehmer oder arbeitnehmerähnliche Personen sind. Der Tarifvertrag darf auch nicht gegen das Kartellverbot verstoßen.

Im nationalen Recht ist eine Ausnahme von § 1 GWB zum Schutz der arbeitnehmerähnlichen Personen zwar anerkannt, für Art. 101 AEUV ergibt sich dies gegenwärtig weder aus dem Unionsrecht noch aus der Rechtsprechung des EuGH eindeutig. In der Rechtssache FNV hat der Gerichtshof eine Ausnahme vom Kartellverbot für sog. Scheinselbständige bejaht.[4] Daraus wird zum Teil geschlussfolgert, dass dadurch arbeitnehmerähnliche Personen erfasst seien.[5] Scheinselb-

---

1 *Däubler/Klebe*, NZA 2015, 1032ff.; *Heuschmid/Klebe*, Festschrift Kohte, 2016, S. 73ff.; *Klebe/Neugebauer*, AuR 2014, 4ff.; *Klebe*, AuR 2016, 277ff.

2 Vgl. *Waas/Liebman/Lyubarsky/Kezuka*, Crowdwork – A Comparative Law Perspective, 2017.

3 Vgl. die geänderte Satzung der IG Metall § 3 Nr. 1 S. 5.

4 EuGH 4.12.2014 – C-413/13 Rn. 31 – FNV.

5 *Eufinger*, DB 2015, 192; *Heuschmid/Hlava*, AuR 2015, 194f.; vgl. *Junker*, ZfA 2017, 267, 284.

ständige sind aber eher Personen, die objektiv Arbeitnehmer sind und sich nur als Selbständige bezeichnen. Bezieht sich das Urteil nur auf diese,[6] enthält es zu den Arbeitnehmerähnlichen keine Aussage. Insofern bleibt offen, ob die Beschäftigungsbedingungen der Crowdworker einer kollektivvertraglichen Regelung zugänglich sind, obwohl sie regelmäßig keine Arbeitnehmer sind.[7]

2. Tarifverträge zum Schutz von arbeitnehmerähnlichen Personen

Die Zulässigkeit von Tarifverträgen sowie deren normative Wirkung für die arbeitnehmerähnlichen Personen und ihre Auftraggeber sind im deutschen Recht im Grundsatz geklärt. Die Tarifautonomie ist für die in Heimarbeit Beschäftigten und die Gleichgestellten in § 17 HAG einfach-rechtlich ausgestaltet. Für die übrigen arbeitnehmerähnlichen Personen mit Ausnahme der Handelsvertreter gilt das TVG, seitdem 1974 § 12a ins Gesetz eingefügt wurde.

Die Tarifautonomie der Arbeitnehmerähnlichen garantiert Art. 9 Abs. 3 Satz 1 GG.[8] Sein persönlicher Schutzbereich erfasst auch arbeitnehmerähnliche Personen. Für die Heimarbeiter hat das BAG dies bereits 1963 ausgesprochen,[9] für die übrigen arbeitnehmerähnlichen Personen erst 2005 nach einer Rechtsprechungsänderung.[10] Zweck der Tarifautonomie ist der Schutz strukturell unterlegener Beschäftigter durch die Kollektivierung ihrer Interessen, um ihrer sozialen Schutzbedürftigkeit entgegenzuwirken.[11] Der Tarifvertrag zum Schutz der Arbeitnehmer war zwar der Prototyp. Die deutsche Rechtsordnung hatte die arbeitnehmerähnlichen Personen aber bereits in den 1920-iger Jahren begrifflich er-

---

6 *Fuchs*, ZESAR 2016, 297, 302f.; *Goldmann*, EuZA 2015, 509, 517f.; vgl. auch Schlussanträge des GA *Wahl* v. 11.9.2014 – C-413/13 Rn. 52 – FNV.

7 Dazu z.B. *Däubler*, SR 2016, Sonderausgabe, 2, 8f.; *Däubler/Klebe*, NZA 2015, 1032ff.; *Deinert*, RdA 2017, 65ff.; *Günther/Böglmüller*, NZA 2015, 1025ff.; *Krause*, NZA 2017, Beilage, 53ff.; *Lingemann/Otte*, NZA 2015, 1042ff.; *Schubert*, RdA 2018, Heft 2.

8 Däubler/*Reinecke/Rachor*, TVG, 4. Aufl. 2016, § 12a Rn. 1; *Hueck/Nipperdey*, Arbeitsrecht, Bd. II/1, 7. Aufl. 1967, S. 103; *Löwisch/Rieble*, TVG, 4. Aufl. 2017, § 12a Rn. 2; *Nikisch*, Arbeitsrecht, Bd. II, 2. Aufl. 1959, S. 22; *Thüsing*, GRUR 2002, 203, 205; Wiedemann/*Oetker*, TVG, 7. Aufl. 2007, § 12a Rn. 24; *Wiese*, Buchautoren als arbeitnehmerähnliche Personen, 1980, S. 19ff.; *Zeuner*, RdA 1975, 84, 87; a.A. *Lieb*, RdA 1974, 257, 267; *Stolterfoht*, DB 1973, 1068, 1072f.

9 BAG, AP TVG, § 2 Nr. 14.

10 BAG, EzA § 12a TVG Nr. 3 m. Anm. *Schubert*; anders noch BAG, EzA § 12a TVG Nr. 1.

11 Vgl. BVerfGE 4, 96, 106; 20, 312, 317; 34, 307, 316; 50, 290, 369.

fasst,[12] und es gab erste Organisationen von Arbeitnehmerähnlichen. Für ihre Tarifverträge gilt daher ebenfalls eine Ausnahme vom Kartellverbot in § 1 GWB.[13]

3. Zum Verhältnis von Tarifautonomie und Art. 101 AEUV

Eine Einschränkung des Kartellverbots zugunsten der Tarifautonomie ist im Unionsrecht bisher nur für Arbeitnehmer anerkannt. Bereits vor Inkrafttreten der Grundrechtecharta der Europäischen Union, die das Recht auf Kollektivverhandlungen in Art. 28 GRC explizit garantiert, hatte der EuGH in den Rechtssachen Albany, Brentjens und Drijvende Bokken entschieden, dass Tarifverträge zwischen Arbeitnehmer- und Arbeitgebervereinigungen unter bestimmten Voraussetzungen vom Kartellverbot ausgenommen sind.[14] Der Tarifvertrag ist geschützt, wenn er seinem Gegenstand nach unmittelbar sozialpolitische Ziele verfolgt.[15] Die Einschränkung des Art. 101 AEUV ist ein Ausgleich zwischen dem Schutz des Wettbewerbs als zentralem Element des Binnenmarktes und dem Grundrecht auf Kollektivverhandlungen. Ebenso wie im nationalen Recht ist streitig, ob es sich dabei um eine Einschränkung des Tatbestands i. S. eines Ausnahmebereichs oder um eine Rechtfertigung des Verstoßes gegen das Kartellverbot handelt.[16] Vorzuziehen ist die Einordnung als Ausnahmebereich, was der Verwirklichung des Grundrechts aus Art. 28 GRC besser Rechnung trägt.[17]

---

12 Vgl. *Kreller*, AcP 122 (1924), 1, 5; *Melsbach*, Deutsches Arbeitsrecht, 1923, S. 24; *Potthoff*, Arbeitsrecht, 1928, S. 28 f.

13 *Kulka*, RdA 1988, 336, 342.

14 EuGH 21.9.1999 – C-67/96 Rn. 59 f. – Albany; 21.9.1999 – C-115/97 u.a. Rn. 56 f. – Brentjens; 21.9.1999 – C-217/92 Rn. 46 f. – Drijvende Bokken; 3.3.2011 – C-437/09 Rn. 29 – AG2R Prévoyance; aber nur Tarifverträge s. EuGH 12.9.2000 – C-180/98 Rn. 67, 68 f. – Pavlov; dazu *Fleischer*, DB 2000, 821, 822 ff.; *Schubert*, ZfA 2013, 1, 32.

15 EuGH 21.9.1999 – C-67/96 Rn. 63 – Albany; 21.9.2000 – C-222/98 Rn. 22, 25 – van der Woude; 3.3.2011 – C-437/09 Rn. 29 – AG2R Prévoyance; Franzen/Gallner/Oetker/*Schubert*, Europäisches Arbeitsrecht, 2. Aufl. 2018, Art. 28 Rn. 87; *Mohr/Wolf*, JZ 2011, 1091, 1099; *Schubert*, ZfA 2013, 1, 32.

16 Vgl. Franzen/Gallner/Oetker/*Schubert* (Fn. 15), Art. 28 Rn. 89; *Mohr/Wolf*, JZ 2011, 1091, 1097.

17 Franzen/Gallner/Oetker/*Schubert* (Fn. 15), Art. 28 Rn. 89; *Schubert*, ZfA 2013, 1, 33; vgl. auch *Höpfner*, Die Tarifgeltung im Arbeitsverhältnis, 2015, S. 558 f., 563 f., 572 ff.

4. Kein Schutz der arbeitnehmerähnlichen Crowdworker durch Art. 28 GRC

Eine vergleichbare Beschränkung des Kartellverbots für Tarifverträge lässt sich zugunsten der arbeitnehmerähnlichen Personen aus Art. 28 GRC ableiten, wenn sie vom persönlichen Schutzbereich des Grundrechts erfasst sind. Der Wortlaut der Norm beschränkt sich auf Arbeitnehmer. Das Unionsrecht kennt die arbeitnehmerähnlichen Personen nicht als eigene Beschäftigtengruppe.[18] Der Arbeitnehmerbegriff ist im Unionsrecht nicht einheitlich geregelt.[19] Für Art. 28 GRC gilt aber nichts anderes als für Art. 45 AEUV und für die Sozialpolitik in den Art. 151 ff. AEUV.[20] Danach ist Arbeitnehmer, wer für eine bestimmte Zeit für einen anderen nach dessen Weisung entgeltliche Leistungen erbringt. Lediglich wirtschaftlich abhängige Beschäftigte wie die arbeitnehmerähnlichen Personen erfasst der persönliche Schutzbereich des Art. 28 GRC nicht.[21] Für eine Erweiterung des Begriffsverständnisses spricht auch nicht die Rechtsprechung des EuGH zu den Fremdgeschäftsführern,[22] weil selbst in diesen Fällen auf die Weisungen durch die Gesellschafter abgestellt wurde[23].

---

18 Calliess/Ruffert/*Krebber*, EUV/AEUV, 5. Aufl. 2016, Art. 157 AEUV Rn. 14; *Pottschmidt*, Arbeitnehmerähnliche Personen in Europa, 2006, S. 54; *Rieble*, ZWeR 2016, 165, 171; *Schubert*, Der Schutz der arbeitnehmerähnlichen Personen, 2004, S. 156 f.; *Wank*, EuZA 2008, 172, 177.

19 Ausführlich dazu *Wank*, EuZA 2008, 172 ff.; *Ziegler*, Arbeitnehmerbegriffe im europäischen Arbeitsrecht, 2011.

20 Franzen/Gallner/Oetker/*Schubert* (Fn. 15), Art. 27 Rn. 18 ff., Art. 28 Rn. 17 f., dabei bleiben gezielte Erweiterungen der Sozialpolitik auf andere Beschäftigtengruppen außer Acht.

21 Franzen/Gallner/Oetker/*Schubert* (Fn. 15), Art. 28 Rn. 18; *Jarass*, GRC, 3. Aufl. 2016, Art. 28 Rn. 13; a. A. NK-Gesamtes Arbeitsrecht/*Heuschmid/Lörcher*, 2016, GRC Art. 28 Rn. 8. So auch zu Art. 45 AEUV *Pottschmidt* (Fn. 18), S. 197; *Schubert* (Fn. 18), S. 158; *Ziegler* (Fn. 19), S. 146 ff.; vgl. auch Streinz/*Franzen*, EUV/AEUV, 2. Aufl. 2012, AEUV Art. 45 Rn. 18; a. A. *Temming*, SR 2016, 158, 163, 168; so auch zu den Art. 151 ff. AEUV: *Schubert* (Fn. 18), S. 156, 159; *Thüsing*, EuZA 2008, 159, 165; *Ziegler* (Fn. 19), S. 194; a. A. *Pottschmidt* (Fn. 18), S. 513 f., 516 f.; Schwarze/*Rebhahn/Reiner*, EU-Kommentar, 3. Aufl. 2012, Art. 137 Rn. 13.

22 So aber *Temming*, SR 2016, 158, 163.

23 EuGH 11. 11. 2010 – C-232/09 – Danosa.

5. Sonstige Einschränkung des Kartellverbots aus Art. 101 AEUV?

Das unionsrechtliche Kartellverbot erfasst somit grundsätzlich die Tarifverträge zum Schutz der arbeitnehmerähnlichen Personen, wenn sie spürbar den Wettbewerb auf dem Binnenmarkt beschränken. Der Crowdworker ist Unternehmer i. S. des Kartellrechts. Etwas anderes gilt nach der Rechtsprechung des EuGH höchstens, wenn er sein Verhalten auf dem Markt nicht selbständig bestimmt, sondern vollkommen vom Auftraggeber abhängig ist und keine wirtschaftlichen Risiken aus der Geschäftstätigkeit trägt und damit wie ein Hilfsorgan eingegliedert ist.[24] Das wird wegen der Tätigkeit über die Plattform aber regelmäßig nicht der Fall sein.

Einschränkungen des Kartellverbots bedürfen einer unionsrechtlichen Grundlage. Auch wenn die EU nicht für die Regelung des Tarifrechts zuständig ist (Art. 153 Abs. 4 AEUV), fällt das Wettbewerbsrecht doch klar in deren Kompetenz. Zudem kann ein Ausnahmebereich vorgesehen werden, ohne das Tarifrecht selbst zu regeln, so dass auch kein Konflikt mit Art. 153 Abs. 4 AEUV besteht. Insofern kann § 12a TVG als nationale Regelung Tarifverträge nicht vom Kartellverbot freistellen.[25] Die Ausnahme in Art. 101 Abs. 3 AEUV erlaubt keine Einschränkung zum sozialen Schutz einer strukturell unterlegenen Vertragspartei.

Zum Teil wird eine teleologische Reduktion des Art. 101 Abs. 1 AEUV erwogen, weil die Entscheidung für einen Kollektivvertrag der Wiederherstellung des Verhandlungsgleichgewichts diene.[26] Der EuGH hat in der Rechtssache Albany in ähnlicher Weise unter Verweis auf die sozialpolitischen Zwecke eine Einschränkung des Kartellverbots vorgenommen.[27] Die Regelung des Grundrechts auf Kollektivverhandlungen in Art. 28 GRC, das sich auf Arbeitnehmer beschränkt, wird einen Rückgriff auf solche allgemeinen Überlegungen erschweren. Etwas anderes ergibt sich auch nicht daraus, dass das Unionsrecht die arbeitnehmerähnlichen Personen als Beschäftigtengruppe nicht kennt. Das führt nur zur Anwendung des Rechts der Selbständigen und damit zum Kartellverbot.

Die arbeitnehmerähnlichen Personen sind aber wegen ihrer wirtschaftlichen Abhängigkeit und sozialen Schutzbedürftigkeit durch die Berufsfreiheit aus Art. 15

---

24 Darauf verweisend EuGH 4.12.2014 – C-413/13 Rn. 33 – FNV unter Bezug auf EuGH 14.12.2006 – C-217/05 Rn. 43f. – Confederación/CEPSA; eine Ausnahme von Art. 101 AEUV erwägend *Mühlbach,* Tarifverträge in der europäischen Kartellkontrolle, 2007, S. 127, 133.

25 Anders *Fuchs,* ZESAR 2016, 297, 304.

26 *Grillberger,* DRdA 2015, 165, 167; zustimmend *Fuchs,* ZESAR 2016, 297, 306f.

27 EuGH 21.9.1999 – C-67/96 Rn. 59 – Albany.

GRC geschützt, aus der sich eine Schutzpflicht des Staates ableiten lässt. Diese gebietet – wie bei den Menschenrechtsgarantien der EMRK[28] – an sich nur, sinnvolle und angemessene Maßnahmen zu ergreifen.[29] Das kann bereits durch staatliche Schutzgesetze erreicht werden, hinsichtlich der Vergütung genügt das Verbot sittenwidriger Verträge. Allerdings sind die arbeitnehmerähnlichen Personen, indem ihnen die kollektiv-autonome Regelung der Beschäftigungsbedingungen versagt wird, trotz der vergleichbaren sozialen Schutzbedürftigkeit schlechter gestellt als die Arbeitnehmer im Unionsrecht. Das verstößt zumindest gegen den rechtsstaatlichen Gleichheitssatz aus Art. 20 GRC. Somit lässt sich jedenfalls über diesen Umweg eine Einschränkung des Kartellverbots legitimieren. Dogmatisch kommt dazu entweder eine Einschränkung des Unternehmensbegriffs oder ein Ausnahmebereich vom Kartellverbot in Betracht.

6. Zusammenfassung

Die Regelung der Beschäftigungsbedingungen durch Tarifverträge kann für Crowdworker ein geeignetes Instrument zur autonomen und differenzierten Ausgestaltung eines Sozialschutzes sein. Ob Tarifverträge einen nennenswerten Beitrag für ihre Rechtstellung leisten werden, hängt nicht nur davon ab, ob diese Beschäftigten arbeitnehmerähnlich sind und sich hinreichend organisieren. Auch das Unionsrecht wird sich zum Schutz der arbeitnehmerähnlichen Personen als kleinen Selbständigen weiterentwickeln müssen.

---

28 Franzen/Gallner/Oetker/*Schubert* (Fn. 16), EMRK, Art. 1 Rn. 31ff., 39; Grote/Marauhn/Dörr/*Krieger*, EMRK/GG, 2. Aufl. 2014, Kap. 6 Rn. 63f.; *Harris/O'Boyle/Warbrick*, Law of the European Convention on Human Rights, 3. Aufl. 2014, 21ff.

29 Calliess/Ruffert/*Ruffert*, EUV/AEUV, 5. Aufl. 2016, GRC, Art. 15 Rn. 6; Franzen/Gallner/Oetker/*Schubert* (Fn. 15) GRC, Art. 15 Rn. 19f.; vgl. auch *Meyer/Bernsdorff*, GRC, 4. Aufl. 2014, Art. 15 Rn. 16.

Betriebliche Mitbestimmung im Völkerrecht

Prof. Dr. Jens M. Schubert, Bereichsleiter Recht und Rechtspolitik ver.di-Bundesverwaltung, Berlin / Leuphana Universität Lüneburg

1. Völkerrecht und Betriebsverfassung

Einem Betriebsverfassungsrechtsexperten wie *Thomas Klebe* in einer Festschrift etwas zur betrieblichen Mitbestimmung zu schreiben, ist riskant. Überraschen wird man ihn wohl nicht können. Gleichwohl will es der Verfasser mit einem Thema versuchen, das möglicherweise noch nicht so im Fokus steht, und zwar dem Völkerrecht und dortiger Regelungen zur betrieblichen Interessenvertretung. Zugegeben, mehr als Splitter sind es nicht. Das breit ausgestaltete, wenn auch nicht immer zufriedenstellende nationale Recht[1] ist naturgemäß ergiebiger, das Völkerrecht bleibt bei Grundsätzen. Und doch kann man aus ihm vielleicht Honig saugen.

2. Recht der ILO

Betriebliche Mitbestimmung kennt das Völkerrecht schon einige Zeit, es ist aber nicht so verwurzelt und breit ausgestaltet wie individualrechtliche Fragen z. B. zum Schutz vor Diskriminierung oder im kollektiven Bereich Vorgaben zur Vereinigungsfreiheit. Mitbestimmung ist auch nicht Teil der ILO-Kernarbeitsnormen. Das heißt aber nicht, dass von einer völkerrechtlichen Bedeutungslosigkeit ausgegangen werden kann.
Im ILO-Übereinkommen 135 (1971) über Schutz und Erleichterungen für Arbeitnehmervertreter im Betrieb ist der Schutz der Interessenvertretungen prominent verankert (Art. 1).[2] Die Norm formuliert:

---

1 Diesbezügl. DKKW-*Klebe*, BetrVG, 15. Aufl., § 87 Rn. 166 zum Initiativrecht bei Nr. 6 sowie die vielfältigen Ausführungen zur Herausforderung Digitalisierung und BetrVG, *Klebe*, NZA 2017, 226; *ders.* AuR 2017, 309; *ders.*, NZA Beilage Nr. 3/2017, 77 ff.; *ders.*, SR 2015, 37.

2 Zustimmungsgesetz v. 23. 7. 1973, BGBl. II, 953.

»Die Arbeitnehmervertreter im Betrieb sind gegen jede Benachteiligung, einschließlich Kündigung, die auf Grund ihrer Stellung oder Betätigung als Arbeitnehmervertreter oder auf Grund ihrer Zugehörigkeit zu einer Gewerkschaft oder ihrer gewerkschaftlichen Betätigung erfolgt, wirksam zu schützen, sofern sie im Einklang mit bestehenden Gesetzen oder Gesamtarbeitsverträgen oder anderen gemeinsamen vereinbarten Regelungen handeln.«

In Art. 3 b) findet sich eine Definition »Arbeitnehmervertreter«, was gewerkschaftlich oder betrieblich ausgefüllt sein kann. Art. 2 bestimmt zuvor, freilich ohne konkrete Mitbestimmungsgegenstände zu benennen:

Abs. 1: Den Arbeitnehmervertretern sind im Betrieb Erleichterungen zu gewähren, die geeignet sind, ihnen die rasche und wirksame [promptly and efficiently] Durchführung ihrer Aufgaben zu ermöglichen.

Es geht also um das »Wie« einer Beteiligung. Erkennbar will das Übereinkommen zudem Friktionen mit der gewerkschaftlichen Ebene vermeiden (vgl. Art. 3b aE und Art. 5). Auch das »wirksame Funktionieren des Betriebs« (Art. 2 Ziff. 3) begrenzt den Spielraum.
Dieses als Bundesrecht wirkende Völkerrecht ist hinsichtlich des Begriffes der *Erleichterungen* interessant. Ergibt sich hieraus z. B. etwas zur Frage der Anzahl von Freistellungen oder zu Schulungen? Schwierig. Das BAG meinte in einem Fall zur Frage von Entgeltleistungen teilzeitbeschäftigter Betriebsratsmitglieder, die an einer ganztätigen Schulung teilgenommen hatten, dass das Übereinkommen zu unbestimmt sei, um Rechtsfolgen auszulösen.[3] Dies ist ein Vorwurf, der dem Völkerrecht regelmäßig entgegenschlägt. Eine völkerrechtsfreundliche Auslegung nationaler Vorschriften wird dadurch allerdings nicht entbehrlich.[4] Eine solche findet gleichwohl regelmäßig nicht statt, obwohl hier das Übereinkommen nicht einmal allein steht, sondern innervölkerrechtlich zusammen mit der Empfehlung Nr. 143 (1971) zu lesen ist, was sich wiederum auf die Auslegung deutscher Normen auswirken müsste. Die Empfehlung der Allgemeinen Konferenz der Internationalen Arbeitsorganisation (Art. 19 ILO-Verf.) erweitert z. B. den Schutzkreis auf Bewerber zu Wahlämtern, enthält konkretere Bestandsschutzbestimmungen und konkretisiert den Begriff der Erleichterungen mit Rahmenregelungen zu Freistellung bei Lohnfortzahlung, Schulungen und Kon-

3 BAG 3. 12. 1997 – 7 AZR 236/97, Rn. 20, juris. Das Übereinkommen wird bislang eher in Bezug auf die Rolle und Rechte der Gewerkschaftsvertreter im Betrieb gesehen, LAG BW 23. 12. 2014 – 11 TaBV 6/14, juris; BAG 22. 6. 2010 – 1 AZR 179/09, AuR 2011, 361 m. krit. Anmerkung *Däubler.*

4 *Schubert,* Arbeitsvölkerrecht, S. 63 ff.; zuletzt BVerfG 12. 6. 2018 – 2 BvR 1738/12 u. a.

taktrechten zur Betriebsleitung (letzteres kann § 2 Abs. 1 BetrVG ausgestalten). Die Kombination von Übereinkommen und Empfehlung und ihre Auswirkungen für das deutsche Recht sind bislang noch nicht vollständig ausgeleuchtet. In der Mehrheit wird wohl auch für diese, so ist anzunehmen, eine fehlende Bestimmtheit angeführt werden. Eine Verstärkung des Auslegungsinhalts für das Auslegungsobjekt nationales Recht dürfte aber nicht abzustreiten sein. Das Völkerrecht kann deshalb auch Kriterium in einer Prüfung des Bevorzugungsverbots nach § 78 BetrVG sein, wenn es in III Ziff. 6 Abs. 2 lit. f der Empfehlung heißt:

»Diese könnten Maßnahmen folgender Art einschließen: … f) Anerkennung eines Vorranges der Arbeitnehmervertreter hinsichtlich ihrer Weiterbeschäftigung im Fall einer Personalverminderung.«

Zur österreichischen Situation hat der ILO-Sachverständigenausschuss festgestellt:

»… violation of the confidentiality requirement and grave insult against the employer, are subject to a sufficiently narrow interpretation …«.[5]

Das berührt sowohl § 23 BetrVG als auch § 79 BetrVG.

3. Europäische Sozialcharta (ESC)

Neben dem UN-Arbeitsrecht der ILO findet sich auch etwas im europäischen Völkerrecht, konkret in der ESC in der revidierten Fassung. Diese hat Deutschland zwar unterzeichnet, aber bislang nicht ratifiziert.[6] Dies führt aber entgegen der ohnehin völkerrechtsskeptischen Literatur nicht zu ihrer Bedeutungslosigkeit. Brücke ist das Unionsrecht. Dieses enthält Mitbestimmungsvorschriften in Art. 27 GRC sowie in den Richtlinien zum EBR und in der RL 2002/14/EG. Das Unionsrecht hat sich damit im Verlauf der Zeit weiter ausdifferenziert, es verbleibt aber wie das Völkerrecht bei der Absicherung des »Wie« einer Beteiligung und der Interessenvertreter selbst und bietet in der Regel keine Auflistung der Gegenstände einer Mitbestimmung (so wie z.B. § 87 BetrVG). Ausnahme bildet der Anhang I zur EBR-Richtlinie 2009/38/EG, der Gegenstände beschreibt, wie sie aus §§ 106, 111 BetrVG bekannt sind. Mitbestimmungsrechte sind (nur) Un-

5 Direct request, published 105th ILC session (2016), Austria.

6 Dies wird immer wieder kritisiert, z.B. Kleine Anfrage BT-Drucksache 13/10460; Antrag im BT der Partei Die Linke, BT-Drucksache 18/4092.

terrichtung und Anhörung, also keine volle Mitbestimmung. Betrachtet man nun das Unionsrecht, so enthält dieses in der Präambel der GRC einen Verweis auf die »beschlossenen Sozialchartas«. Gemeint sind damit ESC und Gemeinschaftscharta der sozialen Grundrechte.[7] Die RESC als Weiterentwicklung der ESC ist aber wegen des weiten Wortlauts nicht ausgeschlossen. Entscheidend ist vielmehr, dass Art. 27 GRC ausweislich der Erläuterungen zur Charta der Grundrechte auf die revidierte ESC verweist und auf dieser beruht und damit das Verständnis von Art. 27 GRC und des sekundären Unionsrechts jedenfalls in den überschneidenden Teilen beeinflusst.[8] Dies hat Auswirkung auf das innerstaatliche Recht, weil damit das Völkerrecht in die unionskonforme Auslegung mit einzufließen hat.

Was sagen nun die drei Artikel der RESC (Art. 21, 28, 29) und die Spruchpraxis des Europäischen Ausschusses für Soziale Rechte aus? Alle drei Normen – Art. 21 RESC (Unterrichtung und Anhörung); Art. 28 RESC (Schutz der Arbeitnehmervertreter); Art. 29 RESC (Mitbestimmung bei Massenentlassung) – bilden quasi das Zwischenglied zwischen ILO-Übereinkommen 135 und GRC bzw. Richtlinien. Da nun z.B. auch in Art. 28 RESC das Wort *Erleichterungen* vorkommt, dieses über die unionale Brücke Gewicht erhält, stellt sich schon die Frage, ob sich nicht daraus konkrete Ansprüche ergeben könnten. Insbesondere in Phasen einer Unternehmenskrise könnte sich eine frühere Einbindung des Betriebsrates ergeben, vor allem, wenn kein Wirtschaftsausschuss existiert. *Erleichterungen* kann schließlich ein wichtiges Wort beim Thema Digitalisierung werden. Auch in der »modernen Welt« haben Beteiligungsstrukturen effektiv ausgestaltet zu sein. Art. 21 RESC ist wiederum interessant, weil der Europäische Ausschuss für Soziale Rechte auch den öffentlichen Sektor von der ESC erfasst sieht. Die Personalvertretungsrechte des Bundes und der Länder, möglicherweise auch das Recht kirchlicher Mitarbeitervertretungen, stehen damit auf dem Prüfstand.[9] Interessant ist überdies die Forderung des Ausschusses: »*These rights must be effectively guaranteed. In particular, workers must have legal remedies when these rights are not respected.*«[10] Nicht nur der Betriebsrat kann nach diesem Verständnis rechtlich gegen den Arbeitgeber bei Mitbestimmungsverstößen vorgehen, sondern auch der einzelne Beschäftigte. Dies ist quasi eine völkerrechtliche Grundlage der Theorie der Wirksamkeitsvoraussetzung.

---

7 *Meyer*, in GRC, 4. Aufl., Präambel, Rn. 45. Mitbestimmung findet sich in der Gemeinschaftscharta in den Art. 17 u. 18, die in EG 10 auf ILO und ESC verweist und worauf EG 2 der RL 2002/14/EG Bezug nimmt.

8 ABl.EU 2007/C 303/02, 14. 12. 2007, S. 26; a. A. EUArbR/C. *Schubert*, GRC, Art. 27 Rn. 13.

9 Vgl. Digest of the case law of the Euopean Committee of social rights, 2008, 144ff.

10 Conclusions 2003, Romania, S. 420.

4. Folgerungen

Ob Völkerrecht self executing ist, möglicherweise noch mit der Gewährung von Rechten für Einzelne, oder dies wegen offener Formulierungen ohne konkrete Rechtsfolge nicht der Fall, ist anhand der Völkerrechtsquelle im Einzelfall zu beleuchten. Auswirkungen auf das nationale Recht bestehen aber über das Auslegungsgebot in jedem Fall, zumal es sich bei umgesetzten Völkerrecht um Bundesrecht handelt, also mindestens ein Abgleich iS des Gebots der Vermeidung von Wertungswidersprüchen innerhalb des Bundesrechts vorzunehmen ist. Völkerrecht wird überdies verstärkt, wenn es unionsrechtlich inkorporiert oder jedenfalls als maßstabsbildend im Unionsrecht verstanden wird. Dann kann sich Völkerrecht auch in einer unionskonformen Auslegung wiederfinden. Für das Betriebsverfassungsrecht wird man im Großen und Ganzen annehmen können, dass das Völkerrecht im BetrVG bereits verwirklicht ist. Immer wieder stößt man aber an Stellen, in denen dieses zur Verstärkung einer Rechtsposition herangezogen werden kann.[11] Üblicherweise findet dies im Bereich der Art und Weise der Beteiligung einer Interessenvertretung statt, weniger bei den Mitbestimmungsgegenständen. Das Wort der »Erleichterungen« spielt dabei als ausfüllungsbedürftiger Rechtsbegriff eine besondere Rolle.

Weil das Völkerrecht aber ganz grundsätzlich den Gedanken der Teilhabe und Interessenvertretung im Betrieb stützt, kann dieses auch an Stellen angeführt werden, die so gar nicht im Blick sind. In der Übertragung von Kaiser's Tengelmann an EDEKA und Rewe finden sich in der Ministererlaubnis, die die Kartellamtsentscheidung überstimmte, Textstellen dahingehend, dass nicht nur Arbeitnehmerrechte Gemeinwohlcharakter haben, sondern auch Beteiligungsstrukturen über Betriebsräte.[12] Diese Neuheit lässt sich – obzwar dies in der Ministererlaubnis nicht angeführt wurde – auch völkerrechtlich begründen. Sowohl ILO als auch RESC gehen bei den Beteiligungsstrukturen davon aus, dass diese nicht einfach (vertraglich) ausgehebelt, schlicht unterlassen oder durch gesellschaftsrechtliche Übertragungen substantiell geändert werden können.

Also, Völkerrecht ist im Betriebsverfassungsrecht vielleicht nicht der erste Zugriff auf ein Thema, wohl aber ist es ernst zu nehmen, vor allem, wenn es um Grundsatzfragen geht. Es stellt eine Haltelinie für nationale Verschlechterungs-

---

11 *Wiese* spricht bezüglich des ILO-Übereinkommens 135 von »erheblicher Bedeutung« für die konkrete Ausgestaltung des Betriebsverfassungsrechts, GK-BetrVG, 10. Aufl., Einleitung Rn. 35.

12 Ministererlaubnis vom 9. 3. 2016, Geschäfts-Z.: I B 2 – 22 08 50/01, unter 1.1.1 und S. 74ff. (78, 80).

absichten dar.[13] Wer mit dem BetrVG spielen möchte (Erhöhung von Schwellenwerten, Aufweichung von § 77 Abs. 3 BetrVG, Verschlechterungen der Arbeitsgrundlagen für Betriebsräte), hat auch das Völkerrecht gegen sich.

13 *Schubert*, Arbeitsvölkerrecht, S. 183.

Der Betriebsübergang und das betriebliche Eingliederungsmanagement

Prof. Dr. Achim Schunder, Rechtsanwalt, Schriftleiter der NZA

Ein Festschriftbeitrag zu Ehren von *Thomas Klebe* ist eine besondere Herausforderung, hat er doch als Justiziar der IG Metall und Mitglied der Leitung des HSI sämtliche Facetten des Arbeitsrechts bearbeitet. Ich möchte daher mit diesem Beitrag einen Aspekt aufgreifen, der literarisch noch nicht erörtert worden ist: Geht beim Betriebsübergang ein betriebliches Eingliederungsmanagement vom Veräußerer auf den Erwerber über? So banal wie die Frage auf den ersten Blick aussieht, liegen die Dinge indes nicht.

1. Einleitung

Das betriebliche Eingliederungsmanagement spielt in der Betriebspraxis eine immer größere Rolle, denn die Krankenstände sind in den letzten Jahren erheblich angewachsen. So lagen aktuell nach dem Fehlzeitenreport 2017 der größten deutschen gesetzlichen Krankenversicherung AOK im Schnitt die statistisch erfassten Krankheitstage bei 19,4 Tagen, d. h. diejenigen, die durch Arbeitsunfähigkeitsbescheinigung ausgewiesen wurden.[1] Die Krankheitstage sind in den letzten vier Jahren um rund sieben Tage jährlich angestiegen, was insgesamt zu einer erheblich größeren Krankheitsquote geführt hat. Allem voran weisen psychische Erkrankungen eine erhebliche Steigerung auf.[2]

1 AOK Fehlzeitenreport 2017.
2 AOK Fehlzeitenreport 2017.

2. Zweck, Systematik und Inhalt des BEM

2.1 Zweck

Sind Beschäftigte innerhalb eines Jahres länger als sechs Wochen ununterbrochen oder wiederholt arbeitsunfähig, klärt der Arbeitgeber nach § 167 Abs. 2 SGB IX mit der zuständigen Interessenvertretung, bei schwerbehinderten Menschen zudem mit der Schwerbehindertenvertretung, mit Zustimmung und Beteiligung der betroffenen Person die Möglichkeiten, wie die Arbeitsunfähigkeit möglichst überwunden werden und mit welchen Leistungen oder Hilfen erneuter Arbeitsunfähigkeit vorgebeugt und der Arbeitsplatz erhalten werden kann (Betriebliches Eingliederungsmanagement – BEM). Mit dieser Legaldefinition hat der Gesetzgeber nur ein Minimumquantum an Voraussetzungen festgelegt, die der betreffende kranke Arbeitnehmer erfüllen muss, um dadurch ein BEM arbeitgeberseitig zu veranlassen. Gleichwohl haben sich in der Praxis durch die seit mittlerweile 14 Jahren existente Rechtsprechung die Konturen verfestigt und relativ valide herausgebildet.[3] *Thorsten Beck*[4] spricht in seinem Beitrag noch davon, dass kurz nach der Verabschiedung des seinerzeit neuen § 84 Abs. 2 SGB IX (jetzt § 167 Abs. 2 SGB IX) in den ersten Jahren diese Vorschrift einer »Dunkelnorm« gleichkam und das BEM gleichsam ein Schattendasein führte.
Die Schaffung dieses Rechtsinstituts war einem ganzen Bündel von Aspekten geschuldet. Zum einen die hohe Zahl der Übergänge von Krankheit in die Arbeitslosigkeit und die generelle Zunahme von Langzeiterkrankungen. Treiber war auch die Heraufsetzung des Renteneintrittsalters mit einer längeren Lebensarbeitszeit bis zum 67. Lebensjahr, womit das Thema »Krankheitsprävention« stärker in den Vordergrund rückte. Weil es in der Vergangenheit zu vielen Abgängen in die Arbeitslosigkeit aus Krankheitsgründen ohne vorherige Prüfung präventiver Maßnahmen gekommen sei, sollte, so die Gesetzesbegründung, ein Klärungsverfahren geschaffen werden, das durch die gemeinsame Anstrengung aller Beteiligten und geeigneter Gesundheitsprävention das Arbeitsverhältnis möglichst dauerhaft sichert[5].

2.2 Systematik

Ob die Voraussetzung für ein BEM Vorliegen, ist nach Maßgabe des jeweils zurückliegenden Jahres zu beurteilen. Ein BEM ist durchzuführen, wenn die krankheitsbedingten Fehlzeiten insgesamt mehr als 6 Wochen betragen. Nach über-

---

3 *Beck*, NZA 2017, 81; *Kempter/Steinat*, NZA 2015, 840.
4 NZA 2017, 81.
5 BT-Drs. 15/1783.

wiegender Meinung ist dazu nicht auf das Kalenderjahr abzustellen, sondern es sind 42 Kalendertage bei einer 6-Tage-Woche oder bei einer 5-Tage-Woche, wie es der Gesetzeswortlaut vorgibt, 30 Tage.[6] Umstritten ist zudem, ob das BEM auch im Kleinbetrieb (§ 23 KSchG) durchzuführen ist. Nach richtiger Ansicht ist der Arbeitgeber zur Durchführung des BEM nur im Rahmen der Anwendbarkeit des Kündigungsschutzgesetzes verpflichtet.[7] Dies ist von der Gesetzesintention sicherlich richtig, wenngleich dogmatisch daran deshalb Zweifel bestehen, weil ein ausdrücklicher Bezug zum Kündigungsschutzgesetz in § 167 Abs. 2 SGB IX fehlt.

2.3 Inhalt und Ablauf BEM

Die gesetzliche Regelung verhält sich sehr zurückhaltend zum Inhalt eines BEM. Nach der Rechtsprechung des BAG liegt dem BEM kein formalisiertes Verfahren zu Grunde, es stellt vielmehr einen rechtlich regulierten Suchprozess dar, der individuell angepasste Lösungen zur Vermeidung künftiger Arbeitsunfähigkeit ermitteln soll.[8] Dennoch lassen sich aus dem Gesetz und dessen Zweck gewisse Mindeststandards ableiten.

Ausgangspunkt des BEM ist die Überwachung der BEM-Fälle durch den Arbeitgeber, im positiven Falle ferner die Information einer bestehenden Interessenvertretung und die ordnungsgemäße Einladung des Betroffenen. Das BEM startet mit der Einladung des Betroffenen; es handelt sich um den zentralen Punkt für die Rechtmäßigkeit dieses Verfahrens. Daher sollte die Einladung unter Berücksichtigung folgender Aspekte erfolgen:

- Information, dass innerhalb der letzten 12 Monate Arbeitsunfähigkeitszeiten über 6 Wochen vorliegen.
- Das Angebot eines gemeinsamen Gesprächs zur Durchführung des BEM-Verfahrens.
- Hinweis auf das Ziel (gemeinsame Suche nach Lösungen, die Arbeitsunfähigkeit zu überwinden) und die Freiwilligkeit des BEM.
- Aufklärung über die Art und Umfang der zu erhebenden und verwendeten Daten sowie ausdrücklich die Einholung einer schriftlichen datenschutzrechtlichen Einwilligung des Betroffenen.

Nicht ausreichend ist es indes, dass der Beschäftigte zunächst zu einem Gespräch eingeladen wird und erst im BEM-Gespräch informiert werden soll. Der Arbeitgeber läuft hier die Gefahr, dass sich der Beschäftigte, der auf die unzureichende

6 *Fuhlrott/Mückl*, Praxishandbuch Low-Performance, Krankheit und Schwerbehinderung, 2013, Kap. 6; *Kempter/Steinat*, NZA 2015, 840.

7 *B. Schmidt*, Gestaltung und Durchführung des BEM, 2. Aufl. 2017, Rn. 13.

8 BAG, NZA 2010, 398.

Einladung das Gespräch ablehnt, im Kündigungsschutzprozess darauf beruft, er hätte am BEM teilgenommen, wenn er ordnungsgemäß aufgeklärt worden wäre. Ebenfalls fehlt es an einem ordnungsgemäßen BEM, wenn der Arbeitgeber wegen der Dauer der Erkrankung lediglich ein Gespräch mit dem Beschäftigten unter Hinzuziehung eines Betriebsratsmitglieds führt und die Beschäftigte nicht ordnungsgemäß belehrt wurde.[9]

Nachdem der Beschäftigte ordnungsgemäß zum BEM eingeladen wurde und diesem zugestimmt sowie die entsprechende Datenschutzerklärung abgegeben hat, beginnt das eigentliche Verfahren.

In dem nach Festlegung des BEM-Teams (betriebliche Interessenvertretung, Schwerbehindertenvertretung, Werks- und Betriebsarzt sowie mögliche örtliche Servicestellen, Integrationsamt) erfolgenden Erstgespräch muss geklärt werden, ob es betriebliche Ursachen für die Ausfallzeiten des Beschäftigten gibt. Hier ist es ratsam, dass der Arbeitgeber die Gefährdungsbeurteilung nach § 5 ArbSchG vorliegen hat und auch eine mögliche betriebsärztliche Untersuchung. An möglichen Maßnahmen, die im Rahmen eines Handlungsplans zu dokumentieren sind, um die Arbeitsunfähigkeit zu überwinden, kommen etwa im Betracht: Neujustierung des Arbeitsplatzes, gegebenenfalls zusätzliche technische Hilfsmittel, Veränderung des Arbeitsplatzes, Einrichtung eines leidensgerechten Arbeitsplatzes, Home-Office, Versetzung auf einen anderen (leichteren) Arbeitsplatz, Arbeitszeitreduzierung sowie eine stufenweise Wiedereingliederung nach Reduzierung der Arbeitszeit.[10]

Das BEM ist zum einen beendet, wenn der Beschäftigte das Verfahren nicht weiterbetreiben will oder die Durchführung widerruft. Dies kann er in jedem Stadium des Verfahrens tun, oder wenn das BEM durchlaufen worden ist und am Ende erfolgreich eine »Wiedereingliederung«, eine Arbeitsplatzveränderung etc. erfolgt ist.

3. BEM und Betriebsübergang

Nunmehr stellt sich die Frage, wie der Konnex zwischen BEM und Betriebsübergang herzustellen ist. Dazu soll von folgender Fallkonstellation ausgegangen werden: Ein größeres Unternehmen mit 2000 Beschäftigten im produzierenden Gewerbe veräußert einen Betriebsteil, nehmen wir an, die Gießerei, in der rund 100 Mitarbeiter arbeiten, an einen neuen Inhaber, der diesen Betrieb in seiner Gesamtstruktur des ebenfalls produzierenden Gewerbes zunächst identitätswah-

9 *Kempter/Steinat*, NZA 2015, 840; *Schiefer*, RdA 2016, 1.
10 S. dazu *Kempter/Steinat*, NZA 2015, 840.

rend integriert. Dennoch will der neue Arbeitgeber sukzessive aus der Integration Synergie-Effekte ziehen und überlegt nach einer gewissen Zeit, die Strukturen zu straffen. Einer der Mitarbeiter der übergegangenen Arbeitnehmer war länger als 6 Wochen beim Veräußerer krank, und es wurde mit einem BEM-Team ein BEM vereinbart. Vor dem Beginn des BEM lag der Betriebsübergang, und es stellt sich die Frage, ob nunmehr das BEM vom Erwerber durchzuführen ist. Eine weitere Konstellation betrifft den Fall, dass das BEM bereits begonnen hatte, und nach dem Beginn vor Ende des BEM der Betriebsübergang lag, sodass sich insoweit die Frage stellt, ob ein bereits begonnenes BEM vom Erwerber etwa weiterzuführen ist, es endet oder ggf. von neuem starten muss.

3.1 Normzweck und Voraussetzungen des Betriebsübergangs

Nach unbestrittener Meinung verfolgt § 613a BGB die Ziele: Schutz der bestehenden Arbeitsverhältnisse, Gewährleistung der Kontinuität des amtierenden Betriebsrats, Regelung der Haftung des alten und neuen Arbeitgebers sowie die Aufrechterhaltung der kollektiv-rechtlich geregelten Arbeitsbedingungen.[11] Nach dem obigen Ausgangsfall soll davon ausgegangen werden, dass die Voraussetzungen eines echten Betriebsübergangs vorliegen.

3.2 Rechtsfolge

3.2.1 Übergang von Rechten und Pflichten

Kraft Gesetzes tritt der neue Betriebsinhaber in die Rechte und Pflichten aus den im Zeitpunkt des Übergangs bestehenden Arbeitsverhältnissen ein. In Folge des gesetzlich angeordneten Parteiwechsels nach § 613a Abs. 1 Satz 1 BGB wird der neue Betriebsinhaber Schuldner sämtlicher arbeitsvertraglicher Ansprüche der übergehenden Arbeitnehmer. Folgt nach aus dem beim Veräußerer mit dem BEM-Team festgelegten BEM eine Verpflichtung des neuen Betriebsinhabers, dieses durchzuführen und damit einhergehend korrespondierend ein Anspruch des Arbeitnehmers auf Durchführung oder Fortsetzung des BEM gegenüber dem neuen Arbeitgeber? Aus dem Gesetzeswortlaut des §§ 167 Abs. 2 SGB IX ergibt sich, dass die Durchführung des BEM nicht Inhalt des Arbeitsvertrags ist und damit korrespondierend kein Anspruch des Arbeitnehmers und keine arbeitsvertragliche Pflicht des Arbeitgebers ist. Vielmehr eröffnet diese Norm, wie das *BAG* regelmäßig betont, einen Prozess, der zur Überwindung der Arbeitsunfähigkeit des betreffenden Arbeitnehmers führen soll und der, bei Nichtdurch-

11 *Willemsen* in: *Willemsen/Henssler/Kalb*, Arbeitsrechts-Kommentar, 7. Aufl. 2016, § 613 ABGB, Rn. 5–8; ErfK/*Preis*, 17. Aufl. 2017, § 613 BGB Rn. 1–3, *Ahrendt/Koch* in: *Schaub*, ArbR Hdb., 16. Aufl. 2016, S. 1231.

führen, aufgrund des Verhältnismäßigkeitsprinzips negative kündigungsrechtliche Relevanz haben kann.[12]

3.2.2 § 167 Abs. 2 SGB IX als öffentlich-rechtliche Vorschrift

§ 167 Abs. 2 SGB IX ist eine öffentlich-rechtliche Norm, die keinen arbeitsvertraglichen Anspruch des Arbeitnehmers gegen den Arbeitgeber auf Durchführung des BEM statuiert. Daher könnte die Situation vergleichbar der Bestellung eines Datenschutzbeauftragten nach § 4f BDSG sein, der dem Arbeitgeber ebenso eine öffentlich-rechtliche Pflicht auferlegt. Dazu hat das LAG Berlin-Brandenburg[13] Folgendes festgestellt: Die Ausgliederung eines Betriebsteils im Wege des Betriebs(teil-) Übergangs führt nicht dazu, dass der betriebliche Datenschutzbeauftragte nunmehr der Datenschutzbeauftragte des ausgegliederten Betriebes ist. Das LAG Berlin-Brandenburg stellt insofern fest, dass aus der öffentlich-rechtlichen Bestellung des Datenschutzbeauftragten nach § 4f Abs. 1 Satz 1 BDSG als solche weder ein Recht noch eine Pflicht aus dem Arbeitsverhältnis resultiere, die mit auf den neuen Betriebsinhaber übergehen kann. Vielmehr ende automatisch mit dem Betriebsübergang diese öffentlich-rechtliche Bestellung, sodass ein Übergang dieser Funktion nicht erfolge.[14] Überträgt man diese Argumentation auf die öffentlich-rechtliche Verpflichtung zur Durchführung des BEM, endet dies mit einem Betriebsübergang, was bei dem Ausgangsfall zur Folge hätte, dass ein eingeleitetes oder auch teildurchgeführtes BEM beendet wird und nicht auf den neuen Betriebsinhaber übergeht. Dieser wäre erst wieder in der (öffentlich-rechtlichen) Verpflichtung, wenn der betreffende Arbeitnehmer wiederum länger als 6 Wochen krank ist.

3.2.3 BEM und Fürsorgepflicht

Allerdings wird vertreten, dass § 167 Abs. 2 SGB IX zwar eine öffentlich-rechtliche Pflicht statuiere, der Arbeitnehmer aber gleichwohl einen Individualanspruch auf Durchführung des BEM nach § 241 Abs. 2 BGB als Konkretisierung der Fürsorgepflicht hat.[15] Aufgrund der gesetzlichen Obliegenheit des Arbeitgebers bei Vorliegen der Voraussetzungen für ein BEM könnte ein pflichtwidriges Unterlassen Schadensersatzansprüche des Betroffenen nach §§ 280 I, 241 Abs. 2 BGB bzw. § 823 Abs. 2 BGB iVm § 167 Abs. 2 SGB IXB begründen.[16] Legt man diese Gedanken zugrunde, so folgt aus der öffentlich-rechtlichen Norm ein die

---

12 BAG, NZA 2016, 1283, s. auch *Hoffmann-Remy*, NZA 2016, 1261.

13 ZD 2016, 31.

14 So auch *Gussen*, BeckOK Arbeitsrecht, 45. Edition, Stand 1.9.2017, § 613a BGB Rn. 101a.

15 *Beck*, NZA 2017, 81 (86); *Deinert*, NZA 2010, 973; LAG Hamm, BeckRS 2015, 65817; a.A. *Schiefer*, RdA 2016, 201.

16 *Beck*, NZA 2017, 81 (86).

Fürsorgepflicht des Arbeitgebers konkretisierendes Recht des Arbeitnehmers, das mithin als übergangsfähiges Recht im Sinne von § 613a Abs. 1 BGB betrachtet werden kann. Dieser Ansicht zufolge müsste in dem Ausgangsfall der Betriebserwerber das beim Veräußerer eingeleitete oder bereits teildurchgeführte BEM gleichsam als übergegangene Pflicht vollziehen.

3.2.4 Funktionale Betrachtung und Arbeitsplatzbezug

Die eben dargestellten unterschiedlichen Ansätze führen einmal dazu, dass ein BEM in Folge eines Betriebsübergangs untergeht, nach anderer Ansicht jedoch als Recht aus Fürsorgepflichtgedanken mit auf den neuen Betriebsinhaber übergeht. Indessen liegt, wie so oft, die berühmte Wahrheit in der Mitte. Zweck des BEM ist es, die »angeschlagene« Gesundheit des betreffenden Arbeitnehmers, die häufig arbeitsplatzbezogene Gründe hat, wiederherzustellen. Aus diesem Grunde muss auch bei einem Betriebsübergang gefragt werden, ob bei einem identitätswahrenden Betriebsübergang die funktionale Einheit genauso wie beim Betriebsveräußerer erhalten bleibt. Sollte dies der Fall sein, so spricht vieles dafür, auch ein angelegtes oder bereits begonnenes BEM als übergangsfähiges Recht zu qualifizieren. Ist allerdings nach funktionaler Betrachtung der Arbeitsplatz beim neuen Arbeitgeber, trotz Identitätswahrung, in einer andere Umgebung, vielleicht auch mit neuen Mitarbeitern und sukzessive eine andere Organisation eingebettet, so ergeben sich daraus neue Anforderung für den länger krank gewesenen Arbeitnehmer, sodass die ursprüngliche Intention nicht mehr aufrechtzuerhalten ist. In diesem Falle spricht vieles dafür, dass das BEM kein übergangsfähiges Recht ist, und ein solches erst dann wieder zum Tragen kommt, wenn der Arbeitnehmer durch persönliche oder arbeitsplatzbezogene Umstände wieder länger als sechs Wochen krank ist.

4. Ausblick

Ein BEM kann als übergangsfähiges Recht qualifiziert werden, mit der Folge der Relevanz für den Betriebsübergang. Im Einzelfall ist jeweils abzuwägen, in welchem Kontext der Betriebsübergang steht und danach zu entscheiden, ob es sich bei dem angelegten oder bereits teildurchgeführten BEM, das einer öffentlichrechtlichen Obliegenheit entspringt, überhaupt ein übergangsfähiges Recht handelt und mithin dem betroffenen Arbeitnehmer einen korrespondierenden Anspruch vermittelt.

Kollektiver Rechtsschutz im Beschäftigten-datenschutz

Prof. Dr. Achim Seifert, Universität Jena

1. Einführung

Eines der Interessengebiete von *Thomas Klebe* bildet seit Jahrzehnten das Recht des Beschäftigtendatenschutzes. Er hat nicht nur über lange Jahre in dem von ihm selbst zusammen mit *Wolfgang Däubler*, *Michael Kittner* und *Peter Wedde* herausgegebenen Kommentar zum BetrVG mit § 87 Abs. 1 Nr. 6 die Kernnorm der Mitbestimmung des Betriebsrates im Bereich des Arbeitnehmerdatenschutzes tiefschürfend und praxisnah bearbeitet, sondern hat außerdem auch maßgeblich an dem neben ihm selbst von *Wolfgang Däubler*, *Thilo Weichert* und *Peter Wedde* herausgegebenen Kommentar zum BDSG[1] mitgearbeitet und durch eine Reihe von kleineren Veröffentlichungen die Entwicklung des Beschäftigtendatenschutzes mitgestaltet. Dieses besondere Interesse von *Thomas Klebe* am Beschäftigtendatenschutz mag es rechtfertigen, zu einer Festschrift zu seinen Ehren einen Beitrag zur Bedeutung des kollektiven Rechtsschutzes für den Beschäftigtendatenschutz beizusteuern. Dabei soll mit der datenschutzrechtlichen Verbandsklage ein allgemeines Rechtsinstitut im Mittelpunkt stehen und auf seine potentielle Bedeutung für den Beschäftigtendatenschutz untersucht werden, das in Art. 80 Abs. 2 Datenschutzgrundverordnung (DSGVO)[2] erstmals auf unionsrechtlicher Ebene normiert worden ist.

Der mit »Vertretung von betroffenen Personen« überschriebene Art. 80 DSGVO behandelt die Beteiligung von Einrichtungen, Organisationen oder Vereinigungen ohne Gewinnabsicht, deren satzungsmäßige Ziele im öffentlichen Interesse liegen und die zum Schutze betroffener Personen auf dem Gebiet des Datenschutzrechtes tätig sind, bei der Durchsetzung datenschutzrechtlicher Rechte. Während Abs. 1 nur die Vertretung von betroffenen Personen bei deren Geltendmachung durch Verbände *im Auftrag* von betroffenen Personen regelt und hierzu eine vollharmonisierende Vorschrift vorsieht, erlaubt Abs. 2 der Vor-

---

1 Vgl. zuletzt *Däubler/Klebe/Wedde/Weichert*, Kompaktkommentar zum BDSG, 5. Auflage (2016).

2 ABl. EU 2016 Nr. L 119/1.

schrift den Mitgliedstaaten, eine eigene Klagebefugnis dieser Einrichtungen, Organisationen oder Vereinigungen durch nationales Recht einzuführen.

2. Vertretung individueller Interessen durch Vereinigungen

Art. 80 Abs. 1 DSGVO gewährleistet das Recht von betroffenen Personen, zur Durchsetzung bestimmter datenschutzrechtlicher Rechte kollektiven Rechtsschutz in Anspruch zu nehmen. Betroffene Personen können danach »eine Einrichtung, Organisationen oder Vereinigung ohne Gewinnerzielungsabsicht, die ordnungsgemäß nach dem Recht eines Mitgliedstaats gegründet ist, deren satzungsmäßige Ziele im öffentlichem Interesse liegen und die im Bereich des Schutzes der Rechte und Freiheiten von betroffenen Personen in Bezug auf den Schutz ihrer personenbezogenen Daten tätig ist,« damit beauftragen, in ihrem Namen eine Beschwerde einzureichen, ihr Recht auf Beschwerde bei der Aufsichtsbehörde, auf Einlegung eines gerichtlichen Rechtsbehelfes gegen die Aufsichtsbehörde oder gegen Verantwortliche oder Auftragsverarbeiter wahrzunehmen sowie Schadensersatzansprüche geltend zu machen, sofern dies im Recht der Mitgliedstaaten vorgesehen ist.

Eine solche Durchsetzung individueller Rechte mithilfe von Verbänden ist bereits nach geltendem deutschem Recht zulässig. So können betroffene Personen ohne Weiteres Verbände, die nach ihrer satzungsmäßigen Zwecksetzung (auch) auf dem Gebiet des Datenschutzes tätig sind, bevollmächtigen, ihre datenschutzrechtlichen Rechte gerichtlich durchzusetzen. Ist die betroffene Person auch Mitglied des Verbandes, kann im rechtsgeschäftlichen Verbandsbeitritt zugleich die Einräumung einer gewillkürten Prozessstandschaft liegen: Nach der ständigen Rechtsprechung des BGH ist hierfür allerdings Voraussetzung, dass der gewillkürte Prozessstandschafter ein eigenes schutzwürdiges Interesse am geltend gemachten Recht vorweisen kann.[3] Ein solches Eigeninteresse wird jedoch eng ausgelegt und soll nur dann bestehen, wenn die gerichtliche Entscheidung die eigene Rechtslage des Prozessführungsbefugten beeinflusst;[4] daran wird es im Regelfall fehlen.

Diese allgemeinen Grundsätze gelten auch für den Beschäftigtendatenschutz. Ist betroffene Person ein Beschäftigter, kann dieser selbstverständlich eine Gewerkschaft mit der Durchsetzung seiner datenschutzrechtlichen Rechte gegenüber seinem Arbeitgeber bevollmächtigen. Für arbeitsgerichtliche Verfahren erlaubt

3 Vgl. zuletzt BGH, NJW 2017, 487, 488 mwN.
4 Statt vieler *Hüßtege*, in: Thomas/Putzo, ZPO, 38. Auflage (2017), § 51, Rn. 34 mwN.

§ 11 Abs. 2 Nr. 4 u. 5 ArbGG eine solche Beauftragung von Gewerkschaften durch Arbeitnehmer sogar ausdrücklich. Sie können aber im Regelfall nicht als gewillkürte Prozessstandschafter für ihre Mitglieder handeln.[5]
Mit der Befugnis zur kollektiven Durchsetzung individueller Rechte nach Art. 80 Abs. 1 DSGVO ist indessen oftmals wenig gewonnen. Denn die Rechtskraft von gerichtlichen Urteilen ist auf die Parteien des Rechtsstreits nach § 325 Abs. 1 ZPO beschränkt. Dies gilt auch für die Durchsetzung datenschutzrechtlicher Ansprüche von Beschäftigten vor den Arbeitsgerichten mithilfe einer Gewerkschaft.[6] Gerade in Fällen einer systematischen Verletzung der Verarbeitungsgrundsätze des Art. 6 DSGVO sind der Effektivität des Art. 80 Abs. 1 DSGVO somit enge Grenzen gezogen.

3. Die datenschutzrechtliche Verbandsklage nach geltendem Recht

Wegen dieser Unzulänglichkeiten einer Durchsetzung individueller Rechtsansprüche durch Verbände ist die Schaffung einer datenschutzrechtlichen Verbandsklagebefugnis, die unabhängig von einer individuellen Rechtsdurchsetzung besteht, von besonderer Bedeutung. Art. 80 Abs. 2 DSGVO bewirkt hierzu im Unterschied zu den meisten Vorschriften der DSGVO keine Vollharmonisierung,[7] sondern erlaubt den Mitgliedstaaten, eine solche Verbandsklage »unabhängig von einem Auftrag betroffener Personen« in ihrem nationalen Recht einzuführen. Die Vereinigungen müssen die Voraussetzungen von Art. 80 Abs. 1 DSGVO erfüllen (vgl. oben 2.). Gegenständlich kann sich eine national eingeführte Verbandsklage auf das Recht betroffener Personen, bei der zuständigen Aufsichtsbehörde Beschwerde einzulegen oder Klage zu erheben erstrecken, wenn nach Ansicht der Vereinigung die Rechte einer betroffenen Person gemäß der DSGVO infolge einer Verarbeitung verletzt worden sind.
Der deutsche Gesetzgeber hat von der Öffnungsklausel des Art. 80 Abs. 2 DSGVO bereits kurz vor deren Inkrafttreten durch die Schaffung eines neuen § 2 Abs. 2 Satz 1 Nr. 11 UKlaG Gebrauch gemacht.[8] Die Vorschrift ermächtigt iVm

5 Ablehnend mit Blick auf Arbeitgeberverbände BAG, RdA 1985, 52, 56.
6 Vgl. § 46 Abs. 2 Satz 1 ArbGG iVm §§ 495, 325 Abs. 1 ZPO.
7 Zur vollharmonisierenden Wirkung der DSGVO siehe deren Erwägungsgründe Nr. 10, 11, 13.
8 Eingeführt durch das Gesetz zur Verbesserung der zivilrechtlichen Durchsetzung von verbraucherschützenden Vorschriften des Datenschutzrechts (BGBl. 2016 I S. 233); dazu im Überblick Halfmeier, NJW 2016, 1126ff.

§ 2 Abs. 1 Satz 1 UKlaG die nach § 3 UKlaG anspruchsberechtigten Stellen (z. B. Verbraucherverbände oder Verbraucherzentralen), im Interesse des Verbraucherschutzes Unternehmen auf Unterlassung und Beseitigung in Anspruch zu nehmen, die den datenschutzrechtlichen Vorschriften über die Erhebung von Verbraucherdaten und deren Verarbeitung oder Nutzung zuwider handeln, sofern die Datenerhebung, -verarbeitung oder Nutzung zu Zwecken der Werbung, der Markt- und Meinungsforschung erfolgt. Die Verarbeitung von Verbraucherdaten, die ausschließlich für die Begründung, Durchführung oder Beendigung eines rechtsgeschäftlichen Schuldverhältnisses erfolgt, ist hingegen nicht von der datenschutzrechtlichen Verbandsklagebefugnis erfasst.[9]

Die neue datenschutzrechtliche Verbandsklage erstreckt sich somit nur auf einen engen Bereich der Datenverarbeitung und besitzt schon aufgrunddessen für den Beschäftigtendatenschutz praktisch keine Bedeutung. Überdies findet das UKlaG nach der ausdrücklichen Regelung des § 15 UKlaG auf das Arbeitsrecht keine Anwendung. Somit sind weder die in § 3 UKlaG aufgelisteten qualifizierten Einrichtungen noch Gewerkschaften aufgrund des UKlaG befugt, datenschutzrechtliche Rechte von Arbeitnehmern im Wege der Verbandsklage durchzusetzen.

4. Schaffung einer eigenständigen Regelung für den Beschäftigtendatenschutz?

Diese Unzulänglichkeiten werfen die Frage nach den bestehenden rechtspolitischen Optionen auf, um einen effektiven kollektiven Rechtsschutz im Beschäftigtendatenschutz sicherzustellen. Eine Möglichkeit könnte in der Schaffung einer besonderen Regel für den kollektiven Rechtsschutz bei der Verarbeitung von Beschäftigtendaten liegen, welche Gewerkschaften oder auch Betriebs- und Personalräten einen Unterlassungs- und Beseitigungsanspruch gegen datenschutzrechtlich verantwortliche Arbeitgeber einräumt, die gegen Vorschriften der DSGVO verstoßen.

Diese rechtspolitische Handlungsmöglichkeit ist dem nationalen Gesetzgeber aber inzwischen versperrt. Art. 88 Abs. 1 DSGVO erlaubt den Mitgliedstaaten zwar, spezifischere Vorschriften des Beschäftigtendatenschutzes vorzusehen, doch müssen diese der Kommission bis zum 25. Mai 2018 mitgeteilt worden sein (Art. 88 Abs. 3 DSGVO);[10] der spätere Erlass solcher nationalen Vorschriften ist ausgeschlossen, es sei denn, die Vorschriften ändern nur bereits notifizierte spe-

9 Vgl. § 2 Abs. 2 Satz 2 UKlaG.
10 Vgl. Art. 88 Abs. 3 DSGVO.

zifischere Vorschriften iSv Art. 88 Abs. 1 DSGVO ab.[11] Schon deshalb ist die Einführung eines Unterlassungs- und Beseitigungsanspruches des Betriebsrates für den Beschäftigtendatenschutz nach dem Modell des § 17 Abs. 2 Satz 1 AGG iVm § 23 Abs. 3 Satz 1 BetrVG[12] ausgeschlossen.[13] Überdies erlaubt Art. 80 Abs. 2 DSGVO eine Verbandsklagebefugnis nur für *frei gebildete* Vereinigungen, nicht hingegen für Arbeitnehmervertretungen wie Betriebs- und Personalräte, die aufgrund gesetzlicher Anordnung zu errichten sind.[14]

5. Einführung einer allgemeinen Verbandsklage

Der deutsche Gesetzgeber kann aber nach wie vor eine allgemeine Verbandsklage für den Datenschutz einführen, welche die Durchsetzung datenschutzrechtlicher Ansprüche von Beschäftigten einschließt. Denn in diesem Falle würde er von der Öffnungsklausel des Art. 80 Abs. 2 DSGVO Gebrauch machen und wäre nicht durch den Ablauf der Frist des Art. 88 Abs. 3 DSGVO daran gehindert, da es sich dann nicht um eine spezifischere Vorschrift des Beschäftigtendatenschutzes iSv Art. 88 Abs. 1 DSGVO, sondern um eine allgemeine Vorschrift handeln würde.

Eine solche allgemeine datenschutzrechtliche Verbandsklage wäre sinnvollerweise aus dem UKlaG herauszulösen und in die §§ 20f. BDSG n. F. (»Rechtsbehelfe«) aufzunehmen. Trotzdem sollte sich die Regelung am Modell des UKlaG orientieren. Denn auf Grund eines Unterlassungs- und Beseitigungsanspruchs nach dem Modell des § 2 UKlaG können die berechtigten Verbände mit einer Unterlassungs- oder Beseitigungsklage gegenüber einzelnen Verantwortlichen auf einen Schlag u. U. eine Vielzahl von Verstößen abstellen und sind nicht auf die Geltendmachung individueller Rechte von betroffenen Personen beschränkt, bei der gerichtliche Entscheidungen nur zwischen den Parteien Rechtskraft entfalten. Ferner bietet es sich an, auch für eine solche datenschutzrechtliche Verbandsklage die Anhörung der zuständigen Datenschutzbehörde[15] sowie die Veröffentlichungsbefugnis der Verbände[16] vorzusehen.

Auch Gewerkschaften könnten sich einer solchen Verbandsklage bedienen, um

11 Dazu näher *Seifert*, in: Simitis/Hornung/Spiecker, DS-GVO, Baden-Baden 2018 (im Erscheinen), Art. 88 Rn. 46ff. m. w. N.

12 Für einen solchen Anspruch des Betriebsrates wohl *Weichert/Schuler*, Die EU-DSGVO und die Zukunft des Beschäftigtendatenschutzes, Bonn u. Kiel 2016, S. 21f.

13 So auch *Kort*, DB 2016, 711 (716).

14 In diesem Sinne auch *Körner*, Wirksamer Beschäftigtendatenschutz im Lichte der Europäischen Datenschutz-Grundverordnung (DS-GVO), Frankfurt a. M. 2017, S. 877.

15 § 12a UKlaG.

16 § 7 UKlaG.

Beschäftigtenrechte aus der DSGVO oder dem BDSG geltend zu machen. Dabei wäre ohne Bedeutung, dass der Datenschutz nicht alleiniger oder hauptsächlicher Zweck von Gewerkschaften ist: Es reicht vielmehr aus, dass sich die Tätigkeit der Vereinigung auch auf den Datenschutz bezieht, was angesichts des satzungsmäßigen Zwecks von Gewerkschaften, insbesondere die wirtschaftlichen und sozialen Interessen der Arbeitnehmer wahrzunehmen,[17] wozu die Regelung der Arbeitsbedingungen gehört, für diese unproblematisch ist.[18]
Es ist deshalb zu hoffen, dass der deutsche Gesetzgeber von Art. 80 Abs. 2 DSGVO Gebrauch macht und eine allgemeine datenschutzrechtliche Verbandsklage einführt, welcher sich auch Gewerkschaften bedienen können.

17 Vgl. z.B. § 2 Abs. 1 Satz 1 der Satzung der IG Metall.
18 Im Ergebnis ebenso *Karg*, in: Wolff/Brink, Beck-OK Datenschutzrecht, Art. 80 DSGVO, Rn. 11u. 11.1.

Braucht der Fußball ein eigenes Arbeitsrecht?

Horst Thon, Rechtsanwalt und Fachanwalt für Arbeitsrecht

Diese Ausgangsfrage wurde schon oft – zurecht – verneint.[1] Warum dann noch ein weiterer Beitrag zu diesem Thema und was verbindet ausgesprochene Betriebsverfassungsrechtler und Befürworter kollektiv geregelter Arbeitsbedingungen mit dieser Frage oder den Antworten? Die Beantwortung der Ausgangsfrage wirft nur weitere Fragen auf und gibt die Richtung vor, in der Lösungswege gesucht werden müssen. Die erste Schnittmenge ist der – gemeinsame – aktive (Fußball) Sport und die auch als Zuschauer ständig aktive Beteiligung an der durch die aktuelle Entwicklung im Berufsfußball andauernden Diskussion. Die Frage nach weiteren Schnittmengen soll dieser Beitrag beantworten.

Sowohl Arbeitnehmerbegriff als auch Betriebsbegriff sind in Gesetzen nicht definiert, sondern werden vorausgesetzt, obwohl eine zentrale Bedeutung von ihnen ausgeht. Dies bringt eine gewisse Unsicherheit bei der Beantwortung aufgeworfener arbeitsrechtlicher Fragen mit sich, andererseits bieten sich aber auch Möglichkeiten, wirtschaftlichen und gesellschaftlichen Entwicklungen Rechnung zu tragen. Dies sind nicht unerhebliche Chancen in Anbetracht eines zähen Gesetzgebungsprozesses. Dem Vorwurf, zum Ersatzgesetzgeber zu mutieren, begegnet vor allem die arbeitsrechtliche Rechtsprechung in der Sache mit wohl ausgewogenen und gut begründeten Entscheidungen. Dabei kommt auch den Prozessvertretern, die nicht nur den Tellerrand im Blickfeld haben, eine besondere Bedeutung zu. Da nicht anzunehmen ist, dass in absehbarer Zeit an der grundsätzlichen Wertung des Bundesarbeitsgerichts sich etwas ändert, dass es sich bei Lizenzfußballern um Arbeitnehmer handelt,[2] ist dies auch im vorliegenden Beitrag der Ausgangspunkt und wird nicht in Frage gestellt.

Arbeitsrecht ist seit jeher Arbeitnehmerschutzrecht. So formuliert *Däubler*[3] unter Zugrundelegung von Ausführungen des Soziologen *Max Weber* zur Vertragsfreiheit zwei untrennbar zusammengehörende Ziele des Arbeitsrechts:

---

1 S. generell *Walker*, ZfA 2016, 567 – 604 und *Beppler*, jM 2016, 105 – 111/151–154 m. w. N.

2 S. BAG 17. 1. 1979 – 5 AZR 498/77 – 8. 12. 1998 – 9 AZR 623/97 und 19. 1. 2000 – 5 AZR 637/98, AP Nr. 2, 15 und 19 zu § 611 BGB Berufssport.

3 *Däubler*, Arbeitsrecht 12. Auflage 2017, 1. Rn. 5.

Zum einen sorgt es dafür, dass die Bedingungen beim Austausch »Arbeitskraft gegen Geld« nicht beliebig zu Lasten der Arbeitnehmer verschlechtert werden. Diese sogenannte Schutzfunktion wird dadurch realisiert, dass der Staat bestimmte Mindeststandards verbindlich festlegt und dass er außerdem »kollektive Selbsthilfe« ermöglicht. Dem Arbeitnehmer steht das Recht zur Bildung von Gewerkschaften zu. Mit ihrer Hilfe können durch Tarifvertrag Mindestlöhne und Mindestarbeitsbedingungen festgelegt werden.
Zum zweiten schafft das Arbeitsrecht die Voraussetzungen dafür, dass die bisherigen ökonomischen und politischen Verhältnisse erhalten bleiben …
Das Schutzbedürfnis einzelner Beschäftigungsgruppen wird allerdings immer wieder aus aktuellem Anlass in Frage gestellt und führt dabei zugleich zu einer intensiven Auseinandersetzung über die Arbeitnehmereigenschaft dieser Beschäftigungsgruppen. Besondere Publizität erhält dabei die Gruppe der Berufssportler, vor allem der Fußballsport. So erhielt zuletzt der Torhüter des FSV Mainz 05, Heinz Müller, besondere Beachtung, weil er seinen befristeten Arbeitsvertrag durch die Arbeitsgerichtsbarkeit überprüfen lässt und hierzu das Bundesarbeitsgericht in Bestätigung der vorinstanzlichen Entscheidung klargestellt hat, dass die kritisierte Befristung des Arbeitsvertrages wegen der Eigenart der Arbeitsleistung nach § 14 Abs. 1 Satz 2 Nr. 4 TzBfG gerechtfertigt ist. Maßgebend für diese Betrachtung war wohl, dass im kommerzialisierten und öffentlichkeitsgeprägten Fußballsport von einem Lizenspieler im Zusammenspiel mit der Mannschaft sportliche Höchstleistungen erwartet und geschuldet werden, die dieser nur für eine begrenzte Zeit erbringen kann.[4]
Hohe Einkommen der Lizenzfußballer, noch höhere Ablösesummen, die Rolle und Einkommen von Spielerberatern, zunehmende Kapitalinteressen und die damit veränderte Rolle der (Fußball) Vereine mit ihren wirtschaftlichen Ausgliederungen sorgen für hinreichend Publizität. Dies bringt dann auch die arbeitsrechtlichen Fragestellungen wieder in den Vordergrund.
Neben der vom genannten Torhüter Heinz Müller zur arbeitsgerichtlichen Überprüfung gestellten Frage der wirksamen Befristung des Vertrages eines Berufsfußballers gibt es weiter nicht unerhebliche Fragestellungen wie vor allem auch die Anwendbarkeit des Mindestlohngesetzes im Bereich der Vertragsfußballer bzw. »Vertragsamateure«. Dabei hilft der Hinweis auf eine angeblich fehlende Arbeitnehmereigenschaft für die Fälle nicht, in denen eine ehrenamtliche sportliche Betätigung und nicht die finanzielle Gegenleistung für die Tätigkeit im Vordergrund stehen soll, wenn man sich die umfassenden Verpflichtungen ansieht, die insbesondere der mehrseitige Mustervertrag für Vertragsspieler in den unte-

4 ArbG Mainz 19. 3. 2015 – 3 Ca 1197/14, LAG Rheinland-Pfalz 17. 2. 2016 – 4 Sa 202/15, Juris und BAG 16. 1. 2018 – 7 AZR 312/16 (Pressemitteilung Nr. 2/18; Begründung noch nicht bekannt)

ren Klassen vorsieht, der von Mitgliedsverbänden des DFB zur Verfügung gestellt wird (Teilnahmeverpflichtung an allen Spielen, Lehrgängen und Training sowie Verpflichtung zum Tragen der zur Verfügung gestellten Vertragsprodukte des Ausrüsters usw.). All dies sind aber Fragen der Gestaltung des Inhaltes eines Arbeitsverhältnisses die, so vom Gesetzgeber gewollt, in Kollektivvereinbarungen geregelt werden können, sei es durch Betriebsräte oder Tarifvertragsparteien. Während allerdings Betriebsräte nicht nur die gesetzlichen Vorgaben, sondern auch tarifliche oder tarifübliche Regelungen zu beachten haben, ist den Tarifvertragsparteien durch das Tarifvertragsgesetz eine Rechtssetzungkompetenz über den Inhalt, den Abschluss und die Beendigung von Arbeitsverhältnissen zugewiesen (§ 1 Abs. 1 TVG). In einzelnen Gesetzen ist sogar ausdrücklich festgehalten, dass von den gesetzlichen Bestimmungen durch Tarifvertrag abgewichen werden kann. So hält insbesondere § 14 Abs. 2 Satz 3 TzBfG fest, dass durch Tarifvertrag die Anzahl der Verlängerungen oder die Höchstdauer der Befristung abweichend von den im Gesetz festgelegten zeitlichen Grenzen der Befristung ohne sachlichen Grund abgewichen werden kann (siehe auch § 7 Abs. 1 Nr. 1, 3 ArbzG, § 4 Abs. 4 EFZG und § 13 Abs. 1 BUrlG). § 1 Abs. 3 Satz 2 des MiLoG bezieht in den Vorrang der gesetzlichen Regelungen auch gemäß § 5 TVG für allgemeinverbindlich erklärte Tarifverträge mit ein.
Soweit ersichtlich bestehen zurzeit aber nur wenige kollektive Interessenvertretungen im Sport, insbesondere im Fußball. Zwar gibt es immer wieder Berichte über Initiativen zur Gründung von Betriebsräten, ohne dass bislang jedoch dem nennenswerte Relevanz bekannt geworden ist. Pressewirksam waren dagegen schon die angekündigten Betriebsratswahlen für Borussia Dortmund, FC Sankt Pauli und zuletzt Rot-Weiß Erfurt. Demgegenüber gibt es jedoch eine nach eigenen Angaben über 1300 Mitglieder umfassende tarifwillige und wohl auch tariffähige Spielergewerkschaft Vereinigung der Vertragsfußballspieler (VdV). Auch die Gewerkschaft ver.di zählt Berufsfußballspieler und Trainer zu ihren Mitgliedern.
Weder der Deutsche Fußballbund (DFB) noch die Deutsche Fußball Liga (DFL) haben sich als Arbeitgeberverband konstituiert bzw. eine entsprechende Unterorganisation gebildet. Dies stünde allerdings einem Tarifabschluss nicht entgegen, da ohne Weiteres Haustarifverträge mit einzelnen Vereinen oder den entsprechenden ausgegliederten Profiabteilungen abgeschlossen werden könnten. Nach § 2 Abs. 1 TVG sind Tarifvertragsparteien neben den Gewerkschaften auch einzelne Arbeitgeber sowie auch Vereinigungen von Arbeitgebern.
Die Verbandsstruktur im Fußballsport ist hierarchisch aufgebaut. Unter der im schweizerischen Handelsregister als Verein eingetragenen Fußballverband FIFA folgen sechs Kontinentalverbände, darunter als Dachverband für Europa die UEFA. Dieser sind die jeweiligen europäischen Nationalverbände, darunter auch der ins deutsche Handelsregister als Verein eingetragene DFB untergeordnet.

Dem DFB gehören der Ligaverband und zurzeit 5 Landes- und 21 Regionalverbände als Mitglieder an. Zur Erfüllung der operativen Aufgaben bedient sich der Ligaverband der von diesen gegründeten Deutsche Fußball Liga GmbH (DFL). Die DFL hat sich zwischenzeitlich zu einem Konzern mit mehreren Tochtergesellschaften entwickelt. Die Berufsfußballabteilungen der 1. und 2. Bundesliga werden in der Rechtsform von eingetragenen Vereinen oder als Kapitalgesellschaft geführt. Mit Blick auf Europa dürfte hier allerdings eine latente Umwandlungspflicht bestehen. Es zeichnet sich ab, dass auch die wenigen noch übrigen umgewandelt werden.

Auch Artikel 10.4 des Clublizenzierungreglements der FIFA sieht eine zwingende Behandlung von Fußballclubs wie Kapitalgesellschaften unabhängig von deren tatsächlich gewählter Rechtsform vor. All dies dokumentiert die wirtschaftliche Entwicklung und Bedeutung des Fußballsports, dem allerdings eine Reihe von Besonderheiten innewohnen.

Gerade diese Besonderheiten sind es, die das Landesarbeitsgericht Rheinland-Pfalz im Fall des Torhüters Müller veranlasst haben, den sachlichen Grund der Eigenart der Arbeitsleistung (§ 14 Abs. 1 Satz 2 Nr. 4 TzBfG) für dessen befristeten Vertrag als gegeben anzusehen.[5] Als typisch wurde dabei auf ein außergewöhnlich hohes Maß an Unsicherheit darüber abgestellt, wie lange der Spieler zur Verfolgung der sportlichen und damit der einhergehenden wirtschaftlichen Ziele des Vereins erfolgversprechend eingesetzt werden kann. Die Notwendigkeit einer ausgewogenen, der sportlichen Zielsetzung gerecht werdenden Altersstruktur des Spielerkaders, die Berücksichtigung des Abwechslungsbedürfnisses des Publikums im Hinblick auf die Zusammensetzung der Mannschaft als Ganzes, auf Seiten des Spielers eine relative Sicherheit des Arbeitsplatzes durch einen befristeten, aber ordentlich unkündbaren Arbeitsvertrag, das Eigeninteresse des Lizenzspielers am Erhalt der eigenen Freizügigkeit hinsichtlich eines späteren Vereinswechsels und auch die typischer Weise außergewöhnliche Höhe der im Profifußball an die Lizenzspieler gezahlten Vergütung lassen sich sicher nicht ohne Weiteres von der Hand weisen. Zurecht werden auch Paralellen zum Rundfunk- und Bühnenbereich gesehen, der die Rechtsprechung schon oft beschäftigt hat. Zumindest ein Blick auf diesen besonderen Beschäftigungsbereich muss man als gerechtfertigt ansehen. Dabei ist jedoch nicht außer Acht zu lassen, dass in diesem Zusammenhang der besondere Schutz dieses Beschäftigungsbereiches durch die verfassungsrechtlich durch Artikel 5 Abs. 3 GG geschützte Kunstfreiheit bestimmt und geprägt wird. In diesem Zusammenhang wurde darauf hingewiesen, dass der Gesetzgeber durch eine Ausdehnung des § 101 Abs. 2 ArbGG auch auf Berufssportler in Mannschaftssportarten oder auf den Fußballsport eine Rechts-

5 LAG Rheinland-Pfalz 17.2.2016 – 4 Sa 202/15, Juris.

findung durch besondere Speziallisten durch Abschluss von tarifvertraglichen Einzelschiedsvereinbarungen ermöglichen könnte.[6] Zusammen mit den den Tarifvertragsparteien durch den Abschluss von Tarifverträgen zugewiesenen Möglichkeiten (bspw. durch Definition besonderer Sachgründe bei der Befristung) erhielte man ein geschlossenes System, mit dem man zum einen die notwendige Rechtssicherheit und zum anderen eine lebende Berücksichtigung spezifischer Interessen erreichen könnte, die aber nicht vollständig einer arbeitsgerichtlichen Kontrolle entzogen wäre.

Sicherlich sind die tarifvertraglichen Möglichkeiten begrenzt.[7] Sind erst einmal die Arbeitsbedingungen der Berufsfußballspieler tarifvertraglich geregelt, eröffnen sich auch neue Betätigungsfelder für Betriebsräte im (Fußball) Sportbereich, zusammen mit den Geschäftsstellenangestellten, Platzwarten, Fahrern und anderen Beschäftigten, für die allein sich vielleicht noch nicht die Notwendigkeit einer betrieblichen Vertretung aufdrängen. Mit diesem Ausblick wird vielleicht deutlich, warum sich dieser Beitrag in dieser Festschrift findet. Bislang haben bzw. mussten sich nur wenige mit betriebsverfassungsrechtlichen und tarifvertraglichen Fragestellungen im (Fußball) Sport beschäftigen. Dies sollte anders werden.

6 Beppler, jM 2016, 151, 153.
7 S. insbesondere Walker, ZFA 2016, 567, 601/602.

From ›platform capitalism‹[1] towards a ›sharing economy‹

Prof. Dr. Darcy du Toit, University of Western Cape, Kapstad Südafrikat[2]

1. Introduction

In March 1975, on a boat from Cape Town to Southampton, I read Karl Marx's *Grundrisse*[3] from cover almost to cover. The passage known as the »Fragment on Machines« did not stick in my memory. Much happened in the next 40 years. The ›fourth industrial revolution‹ unfolded, including the rise of the internet. I became a labour lawyer, became interested in new forms of work, had the pleasure of meeting Thomas Klebe and discovered the Fair Crowd Work project. I also read Paul Mason's *Postcapitalism*[4] which alerted me to the »Fragment on Machines«. If labour is seen as the source of »value« in manufacturing, it forces a rethinking. In brief, it describes the transition from production by workers using tools to the automated assembly line where hardly any new labour is added. What this means, according to Marx, is that »the creation of real wealth comes to depend less on labour time [but] rather on the general state of science and on the

1 The phrase seems to have been coined by Lobo S. in »Auf dem Weg in die Dumpinghölle«, *Spiegel Online* 3. September 2014. See also *Klebe T. and Heuschmid J.* »Collective Regulation of Contingent Work: From Traditional Forms of Contingent Work to Crowdwork« in Ales E., Deinert O. and Kenner J. *Core and Contingent Work in the European Union* (Hart 2017) 195–196.

2 Der Autor möchte sich bei Mariam Sirkhotte, Rechtsanwältin und wiss. Mitarbeiterin, Social Law Project, University of the Western Cape, für die Unterstützung bei diesem Beitrag bedanken.

3 Karl Marx *Grundrisse: Foundations of the Critique of Political Economy* (Pelican 1973) = Grundrisse der Kritik der politischen Ökonomie, London 1857/58; Originaltext: »*Sie sind von der menschlichen Hand geschaffne Organe des menschlichen Hirns; vergegenständlichte Wissenskraft. Die Entwicklung des capital fixe zeigt an, bis zu welchem Grade das allgemeine gesellschaftliche Wissen, knowledge zur unmittelbaren Productivkraft geworden ist, und daher die Bedingungen des gesellschaftlichen Lebensprocesses selbst unter die Controlle des general intellect gekommen, und ihm gemäß umgeschaffen sind.*« MEGA (2). Abt. II, Bd. 1.2., p. 582; also MEW Bd. 42, p. 19–875, Dietz, Berlin 1983.

4 Paul Mason *Postcapitalism: A Guide to our Future* (Penguin 2015) 133–138.

progress of technology, or the application of this science to production«.[5] And then comes a statement which caught much scholarly attention. Machines, Marx wrote, »are *organs of the human brain, created by the human hand*; the power of knowledge, objectified. The development of fixed capital indicates to what degree general social knowledge has become a *direct force of production*, and to what degree … the conditions of the process of social life itself have come under the control of the general intellect and been transformed in accordance with it.«[6] When this was written, the notion of a »general intellect« or »general social knowledge« was an abstraction, which does not recur in Marx's later writings. Today, however, the growth of the platform economy[7] has put the question in a new light. This chapter does not try to engage with the literature on the subject[8] but focuses on one proposition*: in its ideal form, the platform economy embodies means of realising social knowledge most directly, with socially transformative potential.* »Ideal form« is understood in the sense of a »sharing economy« where individuals can freely use their assets and pool their knowledge to develop and market services or products via digital platforms. »Socially transformative potential« includes the capacity »to provide labour market access to large groups of previously excluded people, including workers in ›developing‹ countries, and to offer all workers unprecedented freedom and flexibility in their working lives«.[9] It is argued that the platform economy, provided it is geared to local conditions, could be a catalyst for this.[10]

5 *Grundrisse* 704–705. The text dates from 1858.
6 *Grundrisse* 706; emphasis in the original.
7 A distinction is drawn between the »physical« and »digital« platform economy, the former referring to »location-based service delivery«, the latter to »online outsourcing« ranging from »micro-work« to »crowdwork« and »online freelancing«: Heeks, R. *Decent Work and the Digital Gig Economy*, GDI Development Informatics Working Paper no.71 (University of Manchester, 2017) 3.
8 *E.g., Virno P.* »Notes on the »General Intellect« in Makdisi S, Casarino C and Karl R (eds) *Marx Beyond Marxism* (Routledge, 1996) 265ff; Fuchs C. *Reading Marx in the Information Age* (Routledge 2016) 364–367.
9 Frankfurt Paper on Platform-Based Work (6 December 2016) (»Frankfurt Declaration«, hereafter »FD«) at http://faircrowd.work/ 2.
10 An EU study shows that 39 international platforms had 52.6 million »contractors« working for them. It states: »platforms have grown exponentially over the last five years … [I]f they continue to grow at this pace, it is an empirically consequential hypothesis that they could encroach on traditional and long-term forms of employment«: Codagnone C., Abadie F. and Biagi F. *The Future of Work in the ›Sharing Economy‹* (EU, 2016) 6.

2. The problem

Yet, in practice, the platform economy is dominated by corporations which »insert themselves between those who offer services and others who are looking for them, thereby embedding extractive processes into social interactions«.[11] Typically, platform owners use the knowledge, assets and labour of workers to market their services or products; but, at the same time, they define those workers as independent contractors.[12] Thus they avoid an employer's duties, while workers are denied employee rights as well as the right of independent contractors to conduct their own businesses on their own terms. The whole idea is that they must conduct the platform owner's business on the latter's terms.

Court rulings in several countries have confirmed that platform workers are employees.[13] But, as the law stands, they remain marginalised even if they are classified as employees. Labour rights hardly address their situation, and they remain in the weakest of bargaining positions with little choice but to submit to »an unfair arrangement that disproportionately benefits clients and platform operators«.[14] This chapter looks at two strategies for resolving this unfairness: on the one hand, campaigning for legal rights for platform workers and, on the other hand, rejecting platform capitalism and developing a socially just alternative.

3. The Frankfurt Declaration

The Frankfurt Declaration reflects one of these strategies. It notes that crowdwork has come to encompass »a huge array of services.«[15] It insists, rightly, that »workers *on any platform* who are in practice employees are classified as employees«.[16] But it also identifies a range of rights which *all* platform workers

11 Scholz T *Platform Cooperativism* (Rosa Luxemburg Stiftung, 2016) 4. See also *Waas B., Liebman W.B., Lyubarsky A. and Kezuka K. Crowdwork – A Comparative Law Perspective* (Bund-Verlag GmbH, Frankfurt, 2017) 25.

12 *Scholz* (n 11) 3–5.

13 E.g., Uber *BV and others v Aslam and others* EAT/0056/17 (10 November 2017), AuR 2017, 506; *Dewhurst v CitySprint UK Ltd* ET/2202512/2016 (5 January 2017); *Pimlico Plumbers and another v Smith* [2017] IRLR 323 CA; *O'Connor et al v Uber Technologies, Inc* (No. 3:13-cv-03826-EMC). In South Africa the first arbitration ruling to this effect (CCMA 7 July 2017, AuR 2017, 507) was overturned on review in *Uber South Africa Technological Services (Pty) Ltd v NUPSAW and others* [2018] ZALCCT 1 (12 January 2018).

14 FD (n 9) 5.

15 Ibid 2. See also *Durward D., Blohm I. and Leimeister J.M. Principal forms of crowdsourcing and crowd work* (Foundation for European Progressive Studies, April 2016).

16 Ibid 5.

should enjoy regardless of their contractual status.[17] These include rights to organise and negotiate collectively with platform owners, minimum wages, social security protection, effective dispute resolution and »transparency« in the organisation and management of work.[18]

At the same time, the Declaration is mindful of the unique features of the platform economy.[19] Noting that some workers may value the autonomy of *not* being employees,[20] it envisages regulation that »offer clients, platforms and employees flexibility and freedom within the minimum standards of the employment relationship«.[21] It also proposes innovative mechanisms for determining rights such as minimum wages and social security benefits, based on the realities of the sector. Regulation, in other words, should be responsive to its context. Participation by all role-players in designing it can go a long way in promoting this.[22] The Declaration thus calls for a »cooperative turn«; that is, for workers, platform owners, policy makers, clients, investors and worker organisations to work together in formulating workers' rights.[23]

Can this happen? Platform owners, after all, have resisted workers' claims to some of the very rights asserted by the Declaration.[24] However, refusal to negotiate can be overcome.[25] Trade union and civil society campaigns could exert strong pressure for change. And the pressure of competition could be no less powerful: platforms offering comparable or better services combined with decent work could challenge the rationale of the dominant model. However, it would require a different model to do so. This leads to the second challenge mentioned above.

---

17 Similarly, s 23(1) of the Constitution of the Republic of South Africa, 1996 states that »[e]veryone has the right to fair labour practices«. This includes the right of »every worker« to organise, to engage in collective bargaining and to strike.

18 FD 8.

19 Cf Codagnone *et al* (n 10).

20 Presumably, those whose services are in demand.

21 FD 5.

22 *Hepple B »Negotiating Social Change in the Shadow of the Law«* (2012) 129 *SALJ* 248.

23 FD 3.

24 See the cases cited in n 12 above. The »Code of Conduct: Ground Rules for Paid Crowdsourcing / Crowdworking« adopted by eight German crowdsourcing companies in October 2017 likewise excludes the possibility of »employment«.

25 E.g., under pressure of litigation: see *Waas* et al 47–53 (n 11); Du Toit D. »Towards fairness in the ›sharing economy‹« in Ahlberg, K & Bruun N. (eds): *The New Foundations of Labour Law* (Peter Lang, 2017) 127 at 141–143.

4. ›Platform cooperativism‹

Much has been written about »platform cooperativism«.[26] It is described as »a growing international movement that builds a fairer future of work«.[27] A United Nations report explains:»*Instead of allowing intermediaries to extract rents, worker-owned labour platforms may help ensure that workers are paid fair wages and are not subject to unreasonable working conditions.*«[28]

This may seem to bypass the campaign for workers' rights in the commercial sector. However, there are important commonalities. Most fundamentally, the Frankfurt Declaration reaffirms that »labour is not a commodity«, linking this to workers' right to organise.[29] Cooperatives represent a form of worker organisation aimed precisely at realising the value of labour over and above its depreciated value as a commodity. Likewise, the idea of a »cooperative turn«, or inclusivity, is the very essence of cooperativism; the difference lies only in the absence of platform owners.[30] Finally, the Declaration argues that »information technology, shaped wisely, holds great promise for expanding access to good work«.[31] Similarly, it is argued that platform cooperatives »could clear a path toward efficient and convenient use of technology for consumers that simultaneously incorporated fair labour standards.«[32]

Yet cooperatives represent only a small part of the platform economy, mainly in the »physical« sector. The reasons are logistical. Expanding beyond service provision may require capital investment to which worker-owned platforms may not have access. In addition, established commercial platforms have a dominant market position, making it hard for cooperatives with limited resources to compete.[33] These gaps cannot be bridged by decent work alone.

---

26 See, e.g., *Scholz T. Uberworked and Underpaid: How Workers Are Disrupting the Digital Economy* (Polity Press, 2016) chapter 7 and sources cited there. The term is used to refer to any type of worker-owned platform; it is not confined to cooperatives in a legal sense.

27 »Platform Cooperativism« at https://platform.coop/

28 UNCTAD *Information Economy Report 2017* 58. It continues: »Some cooperatives already exist in the case of ›gig work‹, but examples in the cloud work sector are still lacking.«

29 FD 10.

30 World Economic *Forum Collaboration in Cities: From Sharing to ›Sharing Economy‹* (White Paper, 2017) 6.

31 FD 10.

32 Cherry M.A. »Legal and Governance Structures Built to Share« at http://ssrn.com/abstract=274

33 *Scholz Uberworked & underpaid* 180; *Scholz Platform cooperativism* 21; *Johnston H. and Landikazlauskas C. »On demand and organized: Developing collective agency, representation and bargaining in the gig economy«* (Paper for 5th RDW Conference, ILO, 3–5 July 2017) 7–8.

But a stronger source of competitive strength may reside in a sharing economy. Scientific and technical knowledge is the driving force of growth. Despite intellectual property laws, that knowledge is shared among millions. It has been argued that the platform economy creates »means of realising social knowledge most directly«. Platform cooperatives, freed of the imperative of private profit, could embody a »sharing economy« geared to sustainable development, not only by outsourcing tasks but by harnessing social knowledge (insourcing new ideas).[34]

This could also mean a convergence between individual and social interests. The freedom of workers to work when they want to[35] ties in with the freedom inherent in technological advance: the less time society requires to produce the goods and services it needs, the greater the freedom of the working population to develop the knowledge and culture reflected in the »social intellect«.[36] Platform capitalism obstructs this development by using new technology to increase profitability rather than freedom. Cooperativism allows an opposite dynamic: enabling worker-owners to embed social knowledge in the public domain, where it can be used for the social good as well as personal fulfilment.

5. Conclusion

Though marginal at present, a sharing economy is growing increasingly viable. Unlike 20th-century businesses »which needed investment capital to build factories ... and acquire equipment«, it has been noted that »›Internet startups don't require much in the way of physical assets beyond office space, and they can have global reach instantaneously.‹«[37]

34 *Schmidt F.A. The Design of Creative Crowdwork* (PhD thesis, Royal College of Art, 2015). See also Kolo@148lugil S. (2015) »*Digitizing Karl Marx: The New Political Economy of General Intellect and Immaterial Labor*« Rethinking Marxism, 27:1. Thus »general social knowledge« not only gets »reified« in the form of fixed capital; it can also manifest itself as »living« or productive labour: ibid 132.

35 FD 2.

36 One aspect of this process is the elimination of less-skilled jobs and the creation of more highly-skilled jobs through the advance of automation and artificial intelligence: see, eg, *Preisler M.* »Teaching Danes how to manage robots« *Nordic Labour Journal* 8 December 2017 at http://www.nordiclabourjournal.org/nyheter/news-2017/article.2017-12-07.9457476932, who concludes: »Education is the way to go.« See also McFarland M. »Robots: Is your job at risk?« *CNNtech* 15 September 2017.

37 Liebman, W.B and Lyubarsky, A. »Crowdworkers, the Law and the Future of Work: The U.S.« in Waas et al (n 11 above) 25, citing Lemann N. »Letter from Silicon Valley: The Net-

Realising its potential is unlikely to come about through the democratisation of platform capitalism or the development of cooperativism alone. But what we are seeing may be a convergence of the two. To the extent that commercial platforms derive their competitive advantage from exploiting workers, eliminating exploitation reduces that advantage. Conversely, to the extent that cooperatives can meet needs or make advances that platform capitalism does not find profitable, they could become centres of new growth. At the same time, initiatives for »restoring worker voice and power« in the commercial sector could stimulate the development of cooperativism,[38] just as decent work in the cooperative sector could set benchmarks for workers in the commercial sector to strive for. These hypotheses remain to be tested, but research is ongoing.

work Man« The New Yorker (12 October 2015). This is true of platform cooperatives as much as commercial platforms.

38 Cf Waas et al (n 11) 115ff.

Mitbestimmung bei »Facebook« – Zu den Konturierungen des § 87 Abs. 1 Nr. 6 BetrVG

Prof. Dr. Jürgen Treber, Richter am Bundesarbeitsgericht

1. Einleitung

Die Digitalisierung der Arbeitswelt führt zu neuen Fragestellungen im betrieblichen Alltag. Sie kann auch den Gesetzgeber vor Herausforderungen stellen.[1] Die nicht gänzliche neue Erscheinung, gelegentlich auch mit dem Stichwort »Arbeiten 4.0« bezeichnet,[2] wird auch vom hier zu ehrenden Jubilar aufmerksam verfolgt, wie seine zahlreichen Veröffentlichungen in diesem Bereich zeigen.[3]
Die Nutzung neuer Technologien hat schon den Gesetzgeber im Jahre 1972 dazu bewogen, bei der Einführung und Anwendung technischer Einrichtungen, die den Zweck haben, das Verhalten oder die Leistung der Arbeitnehmer zu überwachen, dem Betriebsrat ein Mitbestimmungsrecht nach § 87 Abs. 1 Nr. 6 BetrVG einzuräumen. Derartige Kontrolleinrichtungen greifen »stark in den persönlichen Bereich der Arbeitnehmer« ein.[4] Mittlerweile kann auf eine umfangreiche Rechtsprechung des Bundesarbeitsgerichts zu diesem Mitbestimmungsrecht zurückgegriffen werden, die *Thomas Klebe* im »DKKW« seit vielen Jahren umfassend kommentiert.[5] Die »Digitalisierung der Arbeitswelt« macht es weiterhin möglich, umfangreiche Datenerhebungen – »Big Data« – durchzuführen, die im Stande sind, auch Leistung und Verhalten der Beschäftigten nahezu umfassend abzubilden.[6]
Diese technische Entwicklung führt nach einhelliger Meinung zu einem Bedeutungszuwachs für das Mitbestimmungsrecht des Betriebsrats. Ein solcher wird

---

1 S. nur *Krause*, Digitalisierung der Arbeitswelt – Herausforderungen und Regelungsbedarf, Gutachten zum 71. DJT, 2016, insb. S. B 79ff.

2 BMAS, Weissbuch Arbeiten 4.0 – Arbeit weiter denken, 2017; s. auch www.arbeitenviernull.de.

3 Etwa jüngst *Klebe*, NZA 2017, Beilage zu Heft 2, S. 77ff.; *ders.*, NZA 2017, 216ff.

4 BT-Drucks. VI/1786, S. 48f.

5 Seit der 3. Auflage im Jahr 1992, derzeit *Däubler/Kittner/Klebe/Wedde*, BetrVG, 15. Auflage 2016.

6 S. nur BAG 25.4.2017 – 1 ABR 46/15, BAGE 159, 49; sowie *Klebe*, NZA 2017, Beilage zu Heft 2, S. 77 (82).

auch durch die »Facebook«-Entscheidung des Bundesarbeitsgerichts[7] verdeutlicht, die sich erstmal mit den mitbestimmungsrechtlichen Aspekten der Einrichtung und des Betriebs einer Facebook-Seite[8] durch den Arbeitgeber zu befassen hatte. Ob der Beschluss aus dogmatischen Gründen zugleich Anlass gibt, »einschränkende Konturierungen« des Mitbestimmungsrechts nach § 87 Abs. 1 Nr. 6 BetrVG durch die Rechtsprechung anzumahnen,[9] dem geht dieser Beitrag nach, der das Interesse von *Thomas Klebe* finden möge.

2. Die betriebliche Maßnahme

Zu entscheiden war über die Mitbestimmung bei Einrichtung und Betrieb einer konzernweiten Facebook-Seite durch ein herrschendes Unternehmen als Marketinginstrument. Der Konzernbetriebsrat wollte mit seinem Unterlassungsbegehren erreichen, dass die Facebook-Seite insgesamt nicht mehr betrieben wird (»abzumelden«).[10] Jedenfalls sollte – hilfsweise – den Nutzern von Facebook nicht mehr die Möglichkeit eingeräumt werden, sog. Besucher-Beiträge – »Postings« – auf der Seite einzustellen, solange nicht das Mitbestimmungsrecht des Konzernbetriebsrats nach § 87 Abs. 1 Nr. 6 BetrVG gewahrt ist.

3. Verfahrensrechtliche Aspekte

Mit dem Hauptbegehren drang der Konzernbetriebsrat nicht durch. Das Verlangen, die Seite – in der Terminologie von Facebook – zu »löschen«, stützte der Betriebsrat vor allem[11] auf die mit dem Betrieb der Seite untrennbar verbundenen Auswertungsmöglichkeiten für den Kontoinhaber, etwa auch ein vom Antragsteller angeführtes Tool »graph search«. Durch diese könnten umfassend Daten über das Verhalten von Arbeitnehmern zusammengeführt werden. Weil das ge-

---

7 BAG 13.12.2016 – 1 ABR 7/15, BAGE 157, 220; dazu etwa *Klebe*, AuR 2017, 307ff.

8 Zum näheren Aufbau einer Seite etwa *Grimm/Kühne*, JM 2017, 330 (331).

9 *Jacobs/Frieling*, JZ 2017, 961 (961); *Wisskirchen/Schiller/Schwindling*, BB 2017, 2105 (2105, 2108); so schon *Ludwig/Rancke*, BB 2016, 2293ff.: »Neuanfang«; anders *Klebe*, AuR 2017, 309 (309): »unspektakulär und überzeugend«; zu anderen Vorschlägen i.R.d. § 87 Abs. 1 Nr. 6 BetrVG s. *BMAS* (Fn. 2), S. 147, 149.

10 Zur Auslegung als Unterlassungsbegehren BAG (Fn. 7), Rn. 17.

11 Ein Mitbestimmungsrecht aufgrund einer möglichen Überwachung der Administratoren hatte die Vorinstanz bereits abgelehnt, ohne dass dies von der Rechtsbeschwerde angegriffen wurde. Zu diesem Aspekt etwa *Klebe*, AuR 2017, 307 (310).

nannte Tool für in deutscher Sprache betriebene Facebookseiten allerdings bis heute nicht zur Verfügung steht, und die derzeitigen von Facebook bereitgestellten Funktionen nur anonymisierte Auswertungen nicht zulassen, die zudem nicht Leistung oder Verhalten von Arbeitnehmern betreffen, war der Antrag schon deshalb abzuweisen. Auf die die vom Kontoinhaber beeinflussbare Posting- oder die von Facebook zwingend vorgegebene, im Verfahren aber unerwähnt gebliebene Kommentarfunktion musste der Senat an dieser Stelle nicht eingehen. Hierauf stützte der Konzernbetriebsrat ein den Unterlassungsanspruch rechtfertigendes Mitbestimmungsrecht nicht.[12] Und auch der Hilfsantrag verlangte lediglich, die Nutzung der Funktion »Besucher-Beiträge« zu deaktivieren. Daher kam es nicht darauf an, dass auch in der Funktion »Kommentare« Einträge über Verhalten oder Leistung der Arbeitnehmer eingestellt werden können.[13]

4. Bestandsaufnahme und Kontinuität

Der Senat konnte sich bei der Stattgabe des Hilfsbegehrens sowohl auf die über vierzig Jahre zurückliegende Begründung des Gesetzgebers[14] wie auch auf eine langjährige Rechtsprechung zurückgreifen.[15] Diese betraf anfangs »Produktographen (Nutzungsschreiber)«, die vom Arbeitnehmer durch vier unterschiedliche Tasten an der betreffenden Drehbank zu bedienen waren.[16] In den achtziger Jahren standen vor allem Mitbestimmungsrechte bei Betriebsdatenerfassungsgeräten oder Personalinformationssystemen im Focus der Rechtsprechung.[17] Mittlerweile ist über die Nutzung komplexer »Data-Marts« zu befinden.[18]
Auf Grund des vergleichsweise offen formulierten Gesetzestexts kann die Regelung des § 87 Abs. 1 Nr. 6 BetrVG auf betriebliche Angelegenheiten angewendet werden, an deren technologische Gegebenheiten bei ihrer Einführung im Jahre 1972 – wie das Aufkommen der »Social Media« im Internet – noch nicht zu denken war.

12 BAG (Fn. 7), Rn. 33. Diesen verfahrensrechtlichen Aspekt übersehen wohl *Grimm/Kühne*, JM 2017, 330 (331f.); *Nebeling/Klumpp*, DB 2017, 74 (75); *Weller*, Personalführung 9/2017, S. 70 (71).
13 Dazu *Klebe*, AuR 2017, 307 (310).
14 Fn. 4.
15 Zusammenfassend BAG (Fn. 7), Rn. 21f., 40.
16 BAG 9.9.1975 – 1 ABR 20/74, BAGE 27, 256.
17 BAG 11.3.1986 – 1 ABR 12/84, BAGE 51, 217; dazu bereits zuvor *Schumann/Klebe*, AuR 1983, 40ff.; *Klebe*, DB 1986, 380ff.
18 BAG 25.4.2017 – 1 ABR 46/15, BAGE 159, 49.

Das Mitbestimmungsrecht ist darauf ausgerichtet, »Arbeitnehmer vor Beeinträchtigungen ihres Persönlichkeitsrechts durch den Einsatz technischer Überwachungseinrichtungen zu bewahren, die nicht durch schutzwerte Belange des Arbeitgebers gerechtfertigt oder unverhältnismäßig sind«.[19] Eine Überwachung nach § 87 Abs. 1 Nr. 6 BetrVG liegt vor, wenn Informationen über das Verhalten und die Leistung von Arbeitnehmern erhoben, in der Regel aufgezeichnet werden, um sie späterer Wahrnehmung zugänglich zu machen. Dabei muss die Information durch die technische Einrichtung ermittelt und dokumentiert werden. Allerdings – und nicht nur dies führt zur kritischen Auseinandersetzung mit dem Senatsbeschluss – reicht es aus, wenn die technische Einrichtung hierzu objektiv geeignet ist und nur ein Teil des Überwachungsvorgangs, bestehend aus Erheben, Speichern und/oder Verarbeiten, durch sie erfolgt.[20]
Anhand dieser Grundsätze erfüllt die den Facebook-Nutzern eröffnete Funktion, auch Postings über Verhalten oder Leistung von Arbeitnehmern auf der vom Arbeitgeber »bereitgestellten« Facebookseite dauerhaft einzustellen, den Tatbestand des § 87 Abs. 1 Nr. 6 BetrVG. Ein als »Unmittelbarkeitskriterium« bezeichnetes Merkmal, verstanden als Eignung der technischen Einrichtung, im Kern selbst die Überwachung zur bewirken, hatte der Senat schon in der »Technikerberichts«-Entscheidung aufgegeben.[21] Ausreichend ist es, wenn – wie auch bei Facebook – die Daten manuell eingegeben und diese einer dauerhaften Speicherung sowie einer Zugriffsmöglichkeit zugeführt werden. Ein solches Unmittelbarkeiterfordernis wurde in einer vorangehenden Entscheidung zur Verwendung eines Routenplaners nicht neu »aktiviert«.[22] Die Verwendung von »Google Maps« führt lediglich zu Ermittlung der Entfernung zwischen zwei Orten, »nicht aber über die [vom Arbeitnehmer] tatsächlich zurückgelegte Wegstrecke«,[23] und noch weniger dazu, dass ein Verhalten oder eine Leistung eines Arbeitnehmers technisch erhoben oder gar gespeichert wird. Ein »Änderung« oder gar ein »neuer Rechtssatz« ist dann allerdings durch die »Facebook«-Entscheidung nicht auszumachen.[24]

---

19 BAG (Fn. 7), Rn. 21.

20 Treffend *Krause* (Fn. 1), S. B80, der sich mit Recht gegen »Katalogtatbestände« als bloße Momentaufnahme wendet.

21 BAG 14.9.1984 – 1 ABR 23/82, BAGE 46, 367; dazu *Klebe*, NZA 1985, 44 (45); bestätigt in BAG 23.4.1985 – 1 ABR 39/81, AuR 1986, 60; kritisch hierzu *Mues*, ArbRB 2017, 174 (175); anders noch BAG (Fn. 17).

22 Anders die Bewertung bei *Bieder*, NZA-RR 2017, 225; *Prinz*, SAE 2017, 91 (939); *Wahlers*, jurisPR-ITR 11/2017 Anm. 5; *Wisskirchen/Schiller/Schwindling*, BB 2017, 2105 (2106); s. auch – zweifelnd – *Däubler*, Gläserne Belegschaften, 7. Aufl. 2017, Rn. 757a.

23 BAG 10.12.2013 – 1 ABR 43/12, Rn. 22, NZA 2014, 429.

24 So aber *Jacobs/Frieling*, JZ 2017, 961 (963); ähnlich die Kritik bei *Wisskirchen/Schiller/Schwindling*, BB 2017, 2105 (2106). Siehe demgegenüber die in der Sache inhaltlich identischen Obersätze in BAG (Fn. 7), Rn. 22 einerseits und BAG (Fn. 23), Rn. 20.

5. Ein Ausblick

Es reicht nach den dargestellten Grundsätzen dann aus, wenn die von Nutzern manuell eingegebenen Daten in Verbindung mit weiteren gewonnen Erkenntnissen eine Beurteilung ermöglichen und aufgrund ihrer Speicherung – »Sammeln« – weiterverwendet werden können.[25] Für ein Mitbestimmungstatbestand kommt es nicht darauf an, dass die »Besucher-Beiträge« einer Facebook-Seite über das Internet öffentlich zugänglich sind. Dieser Umstand zeigt allerdings auf, dass ein Posting nicht, wie die Vorinstanz es angenommen hat, mit einem Beschwerdebrief vergleichbar ist.[26]
Ein Novum der Fallgestaltung ist sicherlich, dass hier ein »Dritter« tätig wird. Dies mag man in der Sache als eine »Erweiterung« des Mitbestimmungsrechts bewerten können.[27] Gleichwohl ist nach den von der Rechtsprechung entwickelten Grundsätzen der Anwendungsbereich des § 87 Abs. 1 Nr. 6 BetrVG eröffnet. Ob sich ein Arbeitgeber keine internetveröffentlichte Kritik wünscht,[28] ist dafür ebenso unerheblich wie die »Üblichkeit« von Feedback-Funktionen.[29] Ebenso müssen die Facebook-Nutzer nicht vom Arbeitgeber ausdrücklich aufgefordert werden, ein Posting zum Verhalten oder der Leistung von Arbeitnehmern einzustellen.[30] Maßgebend sind die Eröffnung und der Betrieb eines Kontos bei Facebook und die Nutzung der bereitgestellten Software, die dies ermöglicht. Es entspricht auf dieser Grundlage weiterhin dem genannten Zweck des Mitbestimmungsrechts – den Arbeitnehmer vor nicht gerechtfertigten Eingriffen in sein Persönlichkeitsrecht *durch* eine technische Überwachungseinrichtung zu schützen.[31] Die »Facebook«-Entscheidung reiht sich daher in die Dogmatik der bisherigen Rechtsprechung ein.
In der Zukunft sind weitere Beschlussverfahren über Mitbestimmungsrechte des Betriebsrats bei der Nutzung von »Social Media« oder anderen »neuen« Kommunikationsformen zu erwarten. Das zeigt etwa der Beschluss des Arbeitsgerichts Heilbronn über die Nutzung einer App mit »Feedback-Funktionen«.[32] *Thomas Klebe* wird die Entwicklung sicherlich mit großem Interesse und weiteren Veröffentlichungen verfolgen.

---

25 BAG (Fn. 7), Rn. 40, 41.
26 Anders auch *Fuhlrott*, EWiR 2017, 349 (350): »faktisch nichts anderes als ein offener Brief«. Zu dauerhaft gespeicherten »Beschwerde«-E-Mails *Grimm/Kühne*, JM 2017, 330 (339).
27 S. etwa *Joussen*, ZMV 2017, 285 (285).
28 So *Grimm/Kühne*, JM 2017, 331 (332)
29 *Wisskirchen/Schiller/Schwindling*, BB 2017, 2105 (2106).
30 Thematisiert etwa bei *Prinz*, SAE 2017, 91 (94).
31 Anders die Bewertung bei *Jacobs/Frieling*, JZ 2017, 961 (962).
32 ArbG Heilbronn 8.6.2017 – 8 BV 6/16, NZA-RR 2017, 476 (Beschwerde anhängig: LAG Baden-Württemberg, Az. 4 TaBV 5/17); dazu *Wisskirchen*, DB 2018, 70.

Tarifautonomie als Recht nicht Pflicht – Wieder eine Ordnungsaufgabe der Tarifvertragsparteien

Prof. Dr. Daniel Ulber, Martin-Luther-Universität Halle-Wittenberg

Thomas Klebe hat Tarifpolitik über viele Jahre als Justiziar des Vorstands der IG Metall an vorderster Front gelebt und gestaltet. Dabei hat die vom ihm mitgeprägte Tarifpolitik immer weit über die Grenzen des Tarifvertrags hinausgewirkt. Dass Tarifverträge über den Kreis der Mitglieder hinaus eine erhebliche Prägekraft für die Tarifautonomie haben, ist auch nicht zu bestreiten. Bezugnahmeklauseln, aber auch eine gewisse Orientierungswirkung im Bereich der nicht tarifgebundenen Betriebe sprechen dafür. Diese Effekte sind jedoch faktischer Natur und keineswegs rechtlich vorgegeben.

An diesem Befund konnte man allerdings neuerdings Zweifel haben, wenn man die Rechtsprechung des 4. Senats des BAG zur Unwirksamkeit tarifvertraglicher Differenzierungsklauseln in den Blick nimmt – ein Instrument, dessen Bedeutung für die Stabilisierung mitgliedschaftlich legitimierter Tarifautonomie auch Thomas Klebe stets betont hat.[1] Nach langem Ringen hat der 4. Senat des BAG zumindest einfache Differenzierungsklauseln für wirksam erklärt, ist aber mit einem Teil seiner Begründung in der Entscheidung vom 18. 3. 2009[2] auf Irrwege geraten.

Im Ergebnis zutreffend hält der Senat einfache Differenzierungsklauseln für zulässig. Zentral für die Entscheidung ist die Grundannahme, dass eine einfache Differenzierungsklausel bereits strukturell keinen unzulässigen unmittelbaren Druck auf Außenseiter ausüben könne und deshalb keinen grundsätzlichen rechtlichen Bedenken begegne.[3] Eine Prüfung der möglichen Verletzung von Rechten Dritter, insbesondere der negativen Koalitionsfreiheit von Außenseitern, sei allenfalls dann geboten, wenn die tariflichen Regelungen zumindest Drittwirkung entfalten sollen.[4] In Ermangelung einer solchen[5] suggeriert das

1 *Huber/Burkhard/Klebe*, WSI-Mitteilungen 2005, 656 (659).
2 BAG 18. 3. 2009 – 4 AZR 64/08, juris.
3 BAG 18. 3. 2009 – 4 AZR 64/08, Rz. 47, juris.
4 BAG 18. 3. 2009 – 4 AZR 64/08, Rz. 52, juris.
5 Das BAG geht hierzu kurz auf die Vertragsfreiheit und Vertragsgestaltung der Parteien ein, siehe auch Fn. 2.

BAG,[6] dass einfache Differenzierungsklauseln grundsätzlich unbeschränkt zulässig wären.[7] Auf die Problematik der fehlenden quantitativen Betrachtung der Differenzierungsklausel soll an dieser Stelle nicht weiter eingegangen werden;[8] ebenso wenig darauf, dass die vom BAG als neuralgisch identifizierte Drittwirkung ein untaugliches Element zur Unterscheidung von wirksamen und unwirksamen Regelungen ist.[9]

Zentraler Gegenstand dieses Beitrags soll stattdessen eine Hilfsüberlegung des Senats sein, deren rechtliches und politisches Sprengpotenzial sich allerdings antiproportional zu ihrer Entscheidungsrelevanz verhält: Der Senat stellt in Aussicht, dass die Tarifvertragsparteien möglicherweise eine von Rechts wegen zugewiesene Aufgabe dazu haben, Tarifverträge so zu gestalten, dass sie grundsätzlich geeignet sein müssen, alle Arbeitsverhältnisse in ihrem Geltungsbereich zu regeln.[10] Daraus leitet das Gericht die Pflicht ab, konkurrierende Rechte bei dem Abschluss eines Tarifvertrags mit zu berücksichtigen, wie etwa die Vertragsfreiheit des Arbeitgebers oder die negative Koalitionsfreiheit der Außenseiter. Des Weiteren müsse das Tarifwerk als Ganzes einer umfassenden Gestaltungsaufgabe gerecht werden.[11] Auf Basis dieser Erwägungen erwägt das BAG also eine Verhältnismäßigkeitsprüfung und kommt darüber hinaus zu dem Schluss, dass Differenzierungsklauseln in aller Regel nicht an den Regelungen des Austauschverhältnisses von Leistung und Gegenleistung anknüpfen dürfen und auch im Übrigen quantitativ betrachtet werden müssen.[12]

Diese Überlegung ist hoch problematisch. Zunächst ist zu beachten, dass die Tarifvertragsparteien private Grundrechtsträger sind. Ihre Aufgabe ist es, die Interessen ihrer Mitglieder zu vertreten. Ihnen bei Ausübung ihrer Tarifautonomie einen Zwang zur Berücksichtigung jeglicher konkurrierender Rechte aufzubürden, ist vor diesem Hintergrund verfassungsrechtlich jedenfalls nicht unbedenklich.[13]

Viel wesentlicher ist jedoch der Gedanke, dass eine Pflicht der Tarifvertragsparteien, stets im Gemeinwohlinteresse zu handeln, indem sie allseits Tarifverträge

---

6 Dies gilt umso mehr, als dass die Höhe der Sonderleistung als nicht erheblich angesehen wird, BAG 18.3.2009 – 4 AZR 64/08, Rz. 59, juris.

7 So auch: *Jacobs*, FS Bauer, S. 479 (487ff.).

8 Siehe dazu: *Ulber D./Strauß*, EzA GG Art. 9 Nr. EZA GG Artikel 104.

9 Ausf.: *Ulber D./Strauß*, EzA GG Art. 9 Nr. EZA GG Artikel 104.

10 BAG 18.3.2009 – 4 AZR 64/08, Rz. 60, juris.

11 BAG 18.3.2009 – 4 AZR 64/08, Rz. 78, juris; kritisch dazu: *Kamanabrou*, AP TVG § 3 Nr. 41.

12 BAG 18.3.2009 – 4 AZR 64/08, Rz. 79, juris; kritisch dazu: *Jacobs*, FS Bauer, S. 479 (489f.).

13 Siehe auch: ErfK/*Linsenmaier*, Art. 9 GG, Rz. 77ff.; *Seiwerth*, RdA 2017, 373 (377f.); *Ulber D.*, Tarifdispositives Gesetzesrecht im Spannungsfeld von Tarifautonomie und grundrechtlichen Schutzpflichten [2010], S. 421 fff.

abschließen, die geeignet sind, alle Arbeitsverhältnisse in ihrem Geltungsbereich zu regeln, gegen ihre Freiheit aus Art. 9 Abs. 3 GG verstieße. Denn die Tarifvertragsparteien sind nur gegenüber ihren Mitgliedern verpflichtet. Ansonsten würden sie von freien und autonomen Normsetzern für ihre Mitglieder zu Dienstleistern für den Staat und die Außenseiter degradiert werden. Ob etwas anderes dann gilt, wenn, wie im Falle der gesetzlichen Regelungen zur Tarifeinheit, anders Tarifgebundene ihrer Tarifbindung beraubt werden und durch ein Nachzeichnungsrecht auf einen Tarifvertrag angewiesen sind, der ihre Interessen zumindest mit abbildet, steht auf einem anderen Blatt.[14] Aber dies wäre jedenfalls Ausdruck einer Ausnahme und nicht des Regelfalles der Ausübung von Tarifautonomie.

Freilich kann der Staat den Tarifvertragsparteien durch seine Gesetzgebung gewisse inhaltliche Vorgaben machen. Ein Regelungsauftrag im Gemeinwohlinteresse erwächst aus dem Gesetz aber gerade nicht. Etwas anderes kann sich auch nicht aus den vom BAG aufgeführten Regelungen[15] ergeben.[16] Zutreffend erkennt der 4. Senat zunächst, dass die Möglichkeit der Allgemeinverbindlicherklärung nach § 5 TVG gerade keine Pflicht der Tarifvertragsparteien zur Normsetzung im gemeinen Interesse begründet, da das Bundesministerium für Arbeit und Soziales prüfen muss, ob die Allgemeinverbindlicherklärung im öffentlichen Interesse wäre.[17] Dies setzt im Umkehrschluss voraus, dass die Tarifvertragsparteien auch Regelungen treffen können, die nicht im öffentlichen Interesse sind. Unter anderem aus diesem Grund können bestimmte Regelungen im Einvernehmen aller Partien aus der Allgemeinverbindlichkeit ausgenommen werden. Ferner lässt sich auch kein gegenteiliger Schluss aus § 5 Abs. 1 Nr. 1 TVG ziehen – allein aus dem Umstand, dass ein Tarifvertrag in seinem Geltungsbereich überwiegende Bedeutung erlangt hat, lässt sich nicht folgern, dass die Tarifvertragsparteien verpflichten wären, immer und jederzeit Tarifverträge zu schließen, die alle Arbeitsverhältnisse in ihrem Geltungsbereich umfassend regeln können.[18] Das Konzept von § 5 TVG ist also nicht nur keine Unterstützung für den Ansatz des 4. Senats, es widerspricht ihm sogar.

Selbiges gilt für die vom Senat aufgeführte Herausnahme von Tarifverträgen aus der Inhaltskontrolle nach § 310 Abs. 4 BGB: die Freiheit der Tarifvertragsparteien soll dadurch gerade gewährleistet werden.[19] Obwohl der 4. Senat dies erkennt,

---

14 Vgl. dazu: BVerfG 11.7.2017 – 1 BvR 1571/15 u.a.

15 BAG 18.3.2009 – 4 AZR 64/08, Rz. 64ff., juris.

16 *Lobinger/Hartmann*, RdA 2010, 235 (240); a.A.: *Kalb*, jM 2015, 107 (111f.).

17 *Schubert*, ZTR 2011, 579 (580f.).

18 So aber: *Franzen*, ZfA 2016, 25 (42).

19 *Kamanabrou*, AP TVG § 3 Nr. 41 und *Greiner/Suhre*, NJW 2010, 131 (133) schließen daraus freilich, dass die Regelungen grundsätzlich auch für Außenseiter angemessen sein müssen.

schließt er aus der gewonnenen Freiheit auf eine Regelungsaufgabe der Tarifvertragsparteien und damit im Ergebnis auf eine Beschränkung der Freiheit. Dies ist widersprüchlich und vermag nicht zu überzeugen. Aus einem ähnlichen Grund können schließlich auch Tariföffnungsklauseln kein Argument für eine umfassende Regelungsaufgabe der Tarifvertragsparteien sein – die Regelungsaufgabe wurde bereits durch den Staat wahrgenommen. Zwar gestattet der Gesetzgeber bei tarifdispositiven gesetzlichen Vorschriften Außenseitern häufig, die tarifvertraglichen Regelungen per Bezugnahme zur Anwendung zu bringen. Die Tarifvertragsparteien sind aber nicht in der Verantwortung dafür, dass dies problemlos möglich ist. Die Möglichkeit der Arbeitsvertragsparteien, sich den Tarifvertrag zunutze zu machen, begründet keine Pflicht der Tarifvertragsparteien dafür zu sorgen, dass das auch funktioniert. Es ist auch nicht ihre Aufgabe Konflikte mit arbeitsvertraglichen Regelungen zu vermeiden, damit diese ungestört vollzogen werden können. Die Privatautonomie geht der Tarifautonomie nicht als besseres Grundrecht vor.

Zwar ist zuzugestehen, dass Tarifverträge durch häufige Bezugnahme von nicht tarifgebundenen Arbeitgebern in ihrer faktischen Wirkung gestärkt werden und damit ein gewisses Interesse der Tarifvertragsparteien an einer umfassenden Geltung besteht.[20] Dieses Interesse ist aber zum einen nicht immer oder nicht besonders ausgeprägt vorhanden und darf zum anderen nicht als Pflicht missverstanden werden.

Schließlich streiten entgegen der Ansicht des 4. Senats auch bereits § 3 Abs. 1 TVG und § 4 Abs. 1 TVG gegen eine umfassende Regelungsaufgabe der Tarifvertragsparteien. Nur die Tarifgebundenen können den Regelungen eines Tarifvertrags unterworfen werden, nur zwischen ihnen sollen diese unmittelbar und zwingend gelten. Wer an diesem Prozess nicht partizipieren will, beispielsweise durch einen Gewerkschaftseintritt, soll auch nicht ohne weiteres die Früchte der Arbeit anderer ernten können.

Im Ergebnis ist die Hilfserwägung des BAG daher strikt zurückzuweisen. Tarifautonomie muss weiterhin als Recht und nicht als Pflicht verstanden werden. Wer sich davor fürchtet, dass aus den hilfsweise geäußerten Überlegungen bald tragende Erwägungen werden, kann aber vorerst unbesorgt sein: Das BAG hat diese Rechtsprechung mittlerweile ausdrücklich aufgegeben.[21]

20 *Franzen*, ZfA 2016, 25 (43).

21 BAG 15.4.2015, NZA 2015, 1388 (1394).

On the applicability of the Temporary Agency Work Directive on platform labour[1]

Prof. Dr. Evert Verhulp, University of Amsterdam

1. Introduction

Many platforms explicitly present themselves as a labour mediator, as a kind of digital notice board where supply of and demand for services are matched. They do everything to avoid being seen as an employer. In that framework the names of parties to the agreement which is made are sometimes given a meaning which is different from the usual meaning, like calling an Uber driver a »customer«. The London Employment Tribunal called such wording in the Uber case »twisted language«.[2] With some of the platforms which offer labour, there seem to be sufficient reasons to assume the existence of an employment contract under civil law between the platform and the labour provider, certainly where the platform highly regulates, sets the value for and monitors the offer of labour. But even if this is not the case, this does not release the platform from the applicability of employment law rules. The scope of employment law is much broader and also relates to employment relationships which are not immediately based on a civil law employment contract. The question which I am studying in this contribution is whether the legal relationship between a worker and a platform that mediates for the worker's labour is subject to the Temporary Agency Work Directive (Directive 2008/104), even if the legal relationship between the worker and the platform is not an employment contract under civil law.

1 An earlier version of this contribution (geared to Dutch labour law) was first published in ArbeidsRecht January 2018. This contribution is based on my contribution to the meeting of the Hugo Sinzheimer Institute, Amsterdam 29 September 2017, which *Thomas Klebe* unfortunately could not attend. He can still take note of the contribution in this manner.

2 London Employment Tribunal, 28 October 2016, case no 2202555/15, Aslam vs Uber BV, AuR 2016, 516, with note Walter; followed by Employment Appeals Tribunal November 10, 2017, AuR 2017, 506.

2. The scope of the Temporary Agency Work Directive (Directive 2008/104)

European law has its own definition of employee and thus also its own definition of employment contract. If the effect of European employment law regulation were dependent on the definition of employment contract in the various member states, the effect could differ too much between the member states. This could also disrupt the working of the fundamental European law definitions. That is why terms such as »worker« and »activity as an employed person« in European regulations may not be interpreted in accordance with the national law of the member states but must be interpreted in accordance with EU law. The meaning and the scope of these terms must be interpreted in the light of the basic principles of the EU.[3] This applies all the more as these terms determine the scope of the working of fundamental rights of the community. That is why the interpretation may not be too limited.[4] The definition of employee in the EU is thus different from the definition of employee as defined in the national civil code. Various judgments have shown that in national legislation the term employee is sometimes interpreted more restrictively than is intended by the European legislator.[5] In addition, attention must be paid to the definition of the terms in the various directives, because every directive itself defines the scope. The definitions in the directives also differ from each other.

- Pursuant to Art. 1(1) of the Temporary Agency Work Directive, said directive applies to »workers with a contract of employment or employment relationship with a temporary-work agency who are assigned to user undertakings to work temporarily under their supervision and direction«.
- In Art. 2 the goal of the directive is described in further detail as safeguarding the principle of equal treatment and recognition of temporary-work agencies as employers.
- Art. 3(1) defines the various terms used in the Directive as follows:

1. For the purposes of this Directive:
(a) ›worker‹ means any person who, in the Member State concerned, is protected as a worker under national employment law;

3 ECJ 23 March 1982, C-52/81 (Levin).
4 ECJ 23 March 1982, C-52/81 (Levin).
5 ECJ 17 November 2016, C-216/15, ECLI:EU:C:2016:883 (Ruhrlandklinik), AuR 2017, 212, with note by *Heuschmid/Hlava,* and ECJ 4 December 2014, C-413/13, ECLI:EU:C:2014:2411, (FNV Kunsten Informatie en Media), NJ 2015/205, with notes by M.R. Mok (FNV Kiem), AuR 2015, 193, with note by Heuschmid/Hlava.

(b) ›temporary-work agency‹ means any natural or legal person who, in compliance with national law, concludes contracts of employment or employment relationships with temporary agency workers in order to assign them to user undertakings to work there temporarily under their supervision and direction;
(c) ›temporary agency worker‹ means a worker with a contract of employment or an employment relationship with a temporary-work agency with a view to being assigned to a user undertaking to work temporarily under its supervision and direction; …

The *CJEU*[6] considered with regard to the terms ›employee‹ and ›employment relationship‹ in the Temporary Agency Work Directive that it ensues from the wording of the relevant provision that ›employee‹ within the meaning of the aforementioned directive is every person who carries out labour and on the basis thereof is protected in the relevant member state. The *CJEU* considered in the same judgment that it ensues from article 1(1) of Directive 2008/104 and from article 3(1), under c, that this directive not only applies to employees who concluded an employment contract with a temporary-work agency, but also to those workers who have an employment relationship with such an agency.
The conclusion is that the applicability of the Directive does not require that an employment contract is agreed between the temporary agency worker and the temporary-work agency. The legal relationship of independent workers and the temporary-work agency which makes him available to a user undertaking to temporarily work there under the supervision and management of the latter undertaking is subject to the directive.

3. Can a platform fall under the Temporary Agency Work Directive?

Platforms come in various shapes and sizes. Some platforms offer no more than a digital notice board where supply of and demand for labour can meet each other. Many of the agreements made through these sites between the customer and the provider of labour will be contracts for services. The earnings model for such a platform is usually that a provider of and/or customer for labour pays a registration fee. The platform does not get involved with the content of the labour or the content of the agreement which is made. The above-discussed rules will not quickly apply to such platforms.

6 17 November 2016, case C-216/15, ECLI:EU:C:2016:883 (Ruhrlandklinik) ibid.

Other platforms do more than just facilitate contact between supply of and demand for labour. They wish to keep control over the labour provided, over the worker or over the user. This is often the case if the platform regularly makes agreements between the same parties and the quality of the performance delivered can in part influence the use of the platform. In such case the platform usually has a system for assessing the worker and often attaches consequences to an insufficient assessment in terms of the amount of work which is offered to the worker through the platform. With regard to assessing the question which employment law rules apply to the relationship between the platform and the worker, it is often necessary to review the way in which the site operates in greater detail. This concerns not only the general terms and conditions (which often make use of twisted language) but rather precisely the actual course of affairs. Because the actual course of affairs is sometimes generated by algorithms and does not require an explicit choice of the platform with regard to the worker, the course of affairs can often only be assessed by the worker and the user of the labour after they have experienced that course of affairs. It thus seems plausible that workers who are assessed insufficiently or who are not deemed adequate will not be the first choice when responding to an offer to provide labour. Whether the platform does indeed work like this, cannot immediately be determined by viewing the site and the general terms and conditions.

4. A platform

I have reviewed a more or less randomly selected platform (Helpling) because it has recently been advertising a lot in Amsterdam and is also active in Germany. I will assess whether that platform falls under the working of the Temporary Agency Work Directive. The Helpling site[7] states:

»Helpling is the leading cleaning platform in the Netherlands. We are not a cleaning company, we are a platform that links private cleaners to households. Via our platform you can book a cleaner in the neighbourhood within 60 seconds. All cleaners are experienced, screened extensively and in possession of a Certificate of Good Conduct. In addition, all cleaners have a profile with customer assessments.«

The site also provides access to the general terms and conditions which stipulate (Art. 1.2.) that the agreement for cleaning services is made directly between the

7 See www.helpling.nl and www.helpling.de. The Dutch and German texts do not deviate from each other to any noteworthy extent.

customer (the procurer of the labour) and the service provider (the provider of the labour, the cleaner). According to the general terms and conditions, Helpling itself is not a party to that agreement. The use of the Helpling services is free of charge for the customer. It is furthermore stipulated that the customer can give the cleaner instructions in so far as they fit within the framework of the agreement. In Art. 6 under 4 of the general terms and conditions for use of the platform www.helpling.nl concerning the service provider acting in a private capacity, Helpling is far more explicit:

»As the SERVICE PROVIDER does not work as an employee of HELPLING, but works for the CUSTOMER, the SERVICE PROVIDER himself or herself is responsible for the correct payment of taxes and social security premiums and the taking out of incapacity insurance.«

Helpling has a system for assessing the cleaner. Helpling insures cleaners with regard to damage which cleaners may cause during the work (third-party insurance). The payments for the labour are made to Helpling, which then pays the cleaner after deducting specific amounts. Those withholdings appear from the ›general terms and conditions for cleaners‹ which stipulate:

»On instruction of the SERVICE PROVIDER, HELPLING continually facilitates in the making of service agreements and receives commission from the SERVICE PROVIDER for every hour of work carried out under this service agreement.«

The withholding is approximately 20 % per hour worked. Helpling states on the site that the customer can easily change cleaners. If the customer states he wishes to change cleaners, Helpling will introduce that customer to a new cleaner. The worker cannot determine for himself with which customer he/she makes the contract, but may only refuse an offer made by Helpling which is difficult to reconcile with the general condition that by entering into a relationship with Helpling, the worker authorises Helpling to make a contract with customers. The customer can give instructions to the cleaner: the cleaner carries out the labour in the customer's home. In the general terms and conditions Helpling assumes that there is an employment relationship between the worker and the customer.

In my view, Helpling mediates in the making of employment contracts. This labour mediation, too, is regulated in the Netherlands. The Temporary Agency Work Directive has been implemented in the Netherlands in the Placement of Personnel by Intermediaries Act (*Wet Allocatie Arbeidskrachten door Intermediairs*; WAADI). Said statute arranges both mediation of labour and making workers available. With regard to the question whether there is mediation of la-

bour, it is important to determine whether an employment contract has been concluded between the worker and the customer. Even if Helpling itself would not assume this, in my opinion it is logical that an employment contract is concluded between the customer as employer and the worker as employee. First of all, because working as a cleaner in the customer's home requires a certain degree of subordination. I imagine – and the contract made by Helpling gives the scope to do so – that the customer can give instructions to the worker each time, which the worker then must follow. If the customer is not satisfied with the worker, the customer can have the worker replaced. By assuming there is an employment contract between the customer and the worker, it is a fact that Helpling is providing labour mediation as referred to in Art. 1(1) under c WAADI. Helpling's activities thus definitely fall under the WAADI. But do they also fall under the Temporary Agency Work Directive? That is why the answer to the question whether an employment relationship as referred to in Art. 3(1) under b of the Temporary Agency Work has been made between Helpling and the worker is important. I believe that the answer to that question is affirmative, as Helpling recruits and assesses the worker, introduces the worker to user undertakings and pays the worker. In my opinion, these aspects entail that the relationship between Helpling and the worker must be deemed an employment relationship. If I am right, the legal relationship between Helpling and the worker is subject to the Temporary Agency Work Directive.
The next conclusion is that Helpling is also de facto acting contrary to the provisions of the Temporary Agency Work Directive. Art. 6.3 of the Temporary Agency Work Directive stipulates:

»Temporary-work agencies shall not charge workers any fees in exchange for arranging for them to be recruited by a user undertaking, or for concluding a contract of employment or an employment relationship with a user undertaking after carrying out an assignment in that undertaking.«

A more or less coincidentally selected platform is thus not acting in accordance with the requirements of the Temporary Agency Work Directive. If this applies to more platforms, and I think it does, this means that workers are being shortchanged by many platforms. They pay a part of their wages to the platform, which according to the Temporary Agency Work Directive must be prevented by the member states.

Weckruf aus Karlsruhe – Zur Konzeption der Tarifautonomie nach der Entscheidung des Bundesverfassungsgerichts zum Tarifeinheitsgesetz

Prof. Dr. Uwe Volkmann, Goethe Universität Frankfurt

Wer wie *Thomas Klebe* viele Jahre Justitiar einer der großen Branchengewerkschaften war und immer noch einem nach Hugo Sinzheimer benannten Institut vorsteht, kommt an den Grundfragen der Koalitionsfreiheit und des Tarifrechts nicht vorbei. Hierzu liegt nun mit dem Urteil des Bundesverfassungsgerichts zur Verfassungsmäßigkeit des Tarifeinheitsgesetzes eine der wichtigsten Entscheidungen der letzten Jahre, wenn nicht Jahrzehnte vor, die auch bereits eine entsprechend kontroverse Debatte ausgelöst hat.[1] Die Resonanz fiel dabei überwiegend kritisch aus; beanstandet wurde vor allem der großzügige Umgang mit den Möglichkeiten verfassungskonformer Auslegung, die Abwälzung offener Fragen auf die Fachgerichtsbarkeit oder überhaupt die Unklarheit der Folgen der Entscheidung in vielen Einzelfragen.[2] Dabei ist deren eigentliche Bedeutung aber nur selten gesehen worden.[3] Diese liegt nicht in den vielen punktuellen Korrekturen, die das Gericht an der Wiedereinführung der Tarifeinheit vorgenommen hat, auch wenn man hier berechtigterweise über vieles streiten kann. Sie liegt auch nicht umgekehrt darin, dass diese Wiedereinführung in ihrem eigentlichen Kern unbeanstandet geblieben ist, auch wenn das schon im Minderheitsvotum selbst angegriffen worden ist.[4] Sie betrifft vielmehr die prinzipielle Ausrichtung und dogmatische Konzeptionierung der Tarifautonomie, die ihrerseits das Herzstück der in Art. 9 Abs. 3 GG gewährleisteten Koalitionsfreiheit bildet. Dazu aus der Sicht eines der Prozessbevollmächtigten im Verfahren ein paar grundsätzliche Bemerkungen[5]:

---

1 BVerfG 11.7.2017 – 1 BvR 1571/15 u.a., NZA 2017, 915ff., EzA § 4a TVG Nr. 1; bespr. etwa von *Berg*, AiB 2017, 28 ff.; *Bepler*, AuR 2017, 380ff.; *Wienbracke*, NJW 2017, 2506ff.; *Rieble*, NZA 2017, 1157ff.; *Löwisch*, NZA 2017, 1423ff.; *Franzen*, ZtR 2017, 571ff.

2 Siehe als Beispiel die »tarif- und kampfrechtliche Folgenanalyse« bei *Rieble*, NZA 2017, 1157.

3 Markante Ausnahme: *F. Rödl/A. Leidinger*, Tarifautonomie als Gerechtigkeit – und warum das TEG trotzdem hätte scheitern müssen, www.verfassungsblog.de vom 16.7.2017.

4 Siehe das Sondervotum *Baer* und *Paulus*, dort bereits Rn. 1.

5 Der Verf. hat die Bundesregierung vertreten.

1. Jede Bestimmung der Tarifautonomie muss die Frage beantworten, wie die Befugnis der Tarifvertragsparteien, die Arbeits- und Wirtschaftsbedingungen ihrer Mitglieder sowie in bestimmten Fällen auch von Dritten rechtsverbindlich zu regeln, erklärt werden kann und was diese Befugnis ihrerseits legitimiert. Als grundlegend dafür galt lange Zeit die von Hugo Sinzheimer entwickelte Theorie des »korporativen Arbeitsnormenvertrages«, die den Tarifvertrag wesentlich nicht als Rechtsgeschäft, sondern als Rechtsnorm einordnete und begründete.[6] Von hier führte ein an dieser Stelle nicht im Einzelnen nachzuzeichnender Weg zur lange Zeit herrschenden Delegationstheorie, nach der die grundsätzliche Legitimation in ihrem Kern auf einem staatlichen Verleihungsakt beruht: Der Staat habe seine Rechtsetzungsmacht in § 1 TVG auf die Tarifvertragsparteien delegiert, woraus sich dann für diese auch eine besondere öffentliche Verantwortung ergebe. Mehr als 40 Jahre war dies auch die ständige Rechtsprechung des Bundesarbeitsgerichts.[7] Gegen diese Lehre setzte allerdings um die Jahrtausendwende eine Gegenbewegung ein, die anschaulich als »Privatisierung des Tarifvertragsrechts« beschrieben worden ist und im jüngeren Schrifttum unter dem »Kampfruf« von der »Tarifautonomie als kollektiver Privatautonomie« vorangetrieben wurde.[8] In ihrem Kern zielte diese Gegenbewegung darauf, das Wesen und die Natur der Kollektivvereinbarung als Erscheinung des privaten Rechtsverkehrs zu erklären, die rein rechtsgeschäftlich, nämlich durch den Verbandsbeitritt der Mitglieder, legitimiert sein soll: Dieser Beitritt sei in Ausübung der privaten Autonomie der Mitglieder erfolgt, die dann vom Verband gleichsam nur gebündelt und kollektiv wahrgenommen werde; die gesetzliche Bindungswirkung, die den Tarifverträgen zukomme, sei letztlich nur eine Art staatliche Zu- oder Dreingabe[9].

2. Über die verschiedenen grundrechtsdogmatischen Folgewirkungen dieser Neuausrichtung ist an dieser Stelle nicht zu reden; sie liegen etwa darin, dass die früher angenommene Grundrechtsbindung der Tarifvertragsparteien entfällt oder auch die bisherige Deutung der Koalitionsfreiheit als echtes »Doppelgrundrecht«, das sowohl den Mitgliedern der Koalitionen als auch diesen selbst zusteht, unter Druck gerät.[10] Entscheidend ist gerade im Zusammenhang des Tarifeinheitsgesetzes, dass sich diese privatisierende Deutung auch für ein Konkur-

---

6 Maßgeblich insbes. *Sinzheimer*, Der korporative Arbeitsnormenvertrag, 2 Bde., 1907/1908. Die – privatrechtliche – Gegenposition bei *Lotmar*, Die Tarifverträge zwischen Arbeitgebern und Arbeitnehmern, Archiv für soziale Gesetzgebung und Statistik 1900, S. 1 ff.

7 Grundlegend BAG 23. 3. 1957 – 1 AZR 326/56, NJW 1957, 1376.

8 So *Wiedemann*, BB 2013, 1397; zust. *Waltermann*, RdA 2014, 86 (88).

9 S. etwa *Bayreuther*, Tarifautonomie als kollektiv ausgeübte Privatautonomie, 2005, insbes. S. 57 ff; zsfd. *Löwisch/Rieble*, Tarifvertragsgesetz, 3. Auflage 2012, Grundlagen Rn. 22 ff.

10 Vgl. *Löwisch/Rieble* (Fn. 9), Rn. 25 und 28.

renz- oder Wettbewerbsparadigma öffnet, in dem die Koalitionsfreiheit nicht mehr in erster Linie als ein Instrument zur solidarischen Interessenvertretung einer in ihren grundlegenden Zielen geeinten Arbeitnehmerschaft gegenüber wirtschaftlicher Übermacht begriffen wird, sondern auch die Durchsetzung spezifischer Interessen zur Seite hin, das heißt, in der Rivalität mit anderen Arbeitnehmergruppen und zur Not auch gegen diese, in stärkerem Umfang als bisher ermöglicht. Der bisher durchaus bekannte und vom Grundrecht her auch prinzipiell legitime Wettbewerb zwischen den Koalitionen erhält dadurch eine neue Qualität; es ist jetzt nicht mehr nur ein Wettbewerb verschiedener Koalitionen um die bestmögliche Vertretung von Arbeitnehmerinteressen, sondern ein Wettbewerb verschiedener Berufsgruppen oder zum Teil auch derselben Berufsgruppen gegeneinander um eine notwendig begrenzte Verteilungsmasse. Wird dieser, wie es in der Konsequenz der Vorstellung einer »kollektiven Privatautonomie« liegt, zum Modell erhoben, erscheint auch die Tarifpluralität als Geltung mehrerer Tarifverträge für ein- und denselben Betrieb nicht mehr als die rechtfertigungsbedürftige Ausnahme, als die sie durch lange Phasen der Geschichte hindurch galt, sondern es ist umgekehrt der in jahrzehntelanger Rechtsprechung praktizierte Grundsatz der Tarifeinheit, der nun seinerseits unter Rechtfertigungszwang gerät. Von daher war der Meinungsumschwung auch wesentlich verantwortlich für die Aufgabe dieses Grundsatzes durch das Bundesarbeitsgericht.[11] Mit alledem geht es der neuen Deutung, wie es von ihren maßgeblichen Vertretern auch in aller Klarheit formuliert wurde, zentral darum, die Tarifautonomie in die »Funktionslogik eines Marktsystems« einzufügen und als ein »Element der liberal-kapitalistischen Wirtschaftsverfassung« auszuweisen.[12]

3. Bei solchen Formulierungen ist schwer zu verstehen, warum das neue Leitbild auch von gewerkschaftsnahen Rechtswissenschaftlern bereitwillig übernommen wurde.[13] Tatsächlich handelt es sich um eine ganz unhistorische Betrachtungsweise, die den geschichtlichen Kern und das Wesen der Tarifautonomie wie der Koalitionsfreiheit selbst in allen entscheidenden Punkten verkennt. Diese entstand gerade aus der Opposition gegen die Funktionslogik eines Marktsystems, das zwar die Idee privater Autonomie formal proklamierte, aber blind dafür war, dass der Gebrauch dieser Autonomie von bestimmten materiellen Voraussetzungen abhing. Bei extremer Ungleichheit dieser Voraussetzungen gab es dem Stärkeren darüber hinaus einen Freibrief für die Durchsetzung seiner Interessen auf Kosten des Schwächeren, so wie es im 19. Jahrhundert gerade auf dem Arbeitsmarkt zu beobachten war. Dagegen wandte sich der Versuch der Arbeiterbewe-

11 Siehe BAGE 135, 80ff. Rn. 22f.

12 *Löwisch/Rieble* (Fn. 9), Rn. 25.

13 Z.B. *Däubler*, Tarifvertragsrecht, 4. Auflage 2016, Einleitung; kritisch aber *Kittner/Schiek*, in: Alternativkommentar zum Grundgesetz, 3. Auflage 2001, Art. 9 Abs. 3 Rn. 21.

gung, mit Hilfe von organisierter Interessenvertretung tatsächliche Gegenmacht aufzubauen und in der Folge die Arbeitsbedingungen nicht mehr individuell, sondern verbunden mit anderen und solidarisch auszuhandeln. Das ist dann aber gerade nicht Entfaltung, sondern im Gegenteil Zurückdrängung von Privatautonomie, ebenso wie man auch andere große Teile des Arbeitsrechts und des Sozialstaatsprinzips, in dem dieses seinen Rückhalt findet, als ein Misstrauensvotum gegen sie und ihren zentralen Regelungsmechanismus, den freien Vertrag, begreifen kann. Auch zu Markt und Wettbewerb, den anderen Grundelementen des liberalen Sozialmodells, geht die Koalitionsfreiheit auf Distanz und ersetzt sie in Gestalt der Tarifautonomie durch eine Art Kartelllösung, mit der eine bestimmte Gruppe vor dem Markt in Schutz genommen wird.[14] Von daher zielt sie gerade nicht auf eine Ordnung, in der im Sinne des Wettbewerbsprinzips jeder nur darauf bedacht ist, den für ihn größtmöglichen Vorteil herauszuholen, sondern auf eine gemeinsame Interessenvertretung unter dem Prinzip der Solidarität. Ihre verfassungsrechtliche und einfachgesetzliche Anerkennung wiederum trägt auch den damit verbundenen Gemeinwohlerwartungen Rechnung, so wie sie das Bundesverfassungsgericht in einer früheren Entscheidung einmal in der Formulierung zusammengefasst hat, die Tarifautonomie verfolge »den im öffentlichen Interesse liegenden Zweck, in dem von der staatlichen Rechtsetzung freigelassenen Raum das Arbeitsleben im Einzelnen durch Tarifverträge sinnvoll zu ordnen … und so letztlich die Gemeinschaft sozial zu befrieden«.[15]

4. Es war gerade dieses Verständnis der Tarifautonomie, das durch die Wiedereinführung des Grundsatzes der Tarifeinheit gestärkt werden sollte. Gestützt hat der Gesetzgeber seine Regelung auf die Ziele der Sicherung der Ordnungs-, der Verteilungs-, der Befriedungs- und der Schutzfunktion des Tarifvertrages, von denen es mindestens zwei – nämlich die Ordnungs- und die Verteilungsfunktion – nach dem alternativen Leitbild der »kollektiven Privatautonomie« gar nicht geben dürfte.[16] Hinsichtlich der Verteilungsfunktion, die auf die Sicherung einer innerbetrieblichen Lohngerechtigkeit unter den verschiedenen Beschäftigtengruppen eines Betriebs zielt, hatten die Beschwerdeführer insoweit argumentiert, der Gesetzgeber habe sich hier grundsätzlich herauszuhalten; eine sachgerechte Verteilung des Erwirtschafteten unter die verschiedenen Beschäftigtengruppen ergäbe sich vielmehr automatisch als Resultat des freien Marktgeschehens, in der Sache also aus der je unterschiedlichen Verhandlungsstärke der einzelnen Beschäftigtengruppen. In der Tat ist für die Annahme einer eigenstän-

14 Diese Überlegungen aus: *Volkmann,* Tarifautonomie in der Bundesrepublik Deutschland, in: Britz/Volkmann, Tarifautonomie in Deutschland und Europa, 2003, S. 3ff.

15 BVerfGE 18, 18 (28); ähnlich BVerfGE 20, 312 (317); 44, 322 (340f.).

16 Die entsprechenden Funktionen sind im § 4a Abs. 1 TVG ausdrücklich benannt, s. ferner die Gesetzesbegründung, BT-Drucksache 18/4062, S. 8f.

digen Verteilungsfunktion unter dem neuen Leitbild der »kollektiven Privatautonomie« kein Raum.[17] Gerade dem ist das Bundesverfassungsgericht jedoch klar entgegengetreten: Der Gesetzgeber, heißt es in der Entscheidung, sei berechtigt, Regelungen zum Verhältnis der Tarifvertragsparteien zu treffen, um strukturelle Voraussetzungen dafür herzustellen, dass Tarifverhandlungen einen fairen Ausgleich ermöglichten; ebenso dürfe er durch Schaffung entsprechender Rahmenbedingungen der isolierten Ausnutzung einer besonderen Blockademacht zu Lasten anderer Beschäftigtengruppen entgegenwirken.[18] Entsprechendes gilt für die auf eine »sinnvolle Ordnung« der Arbeits- und Wirtschaftsbeziehungen zielende Ordnungsfunktion, zu der bei den Vertretern des neuen Leitbildes zu lesen ist, sie wiederspreche der »privatautonom- mitgliedschaftlichen Legitimation« der Tarifautonomie, stehe für ein »berufsständisches oder zünftisches Verständnis« der Koalitionsfreiheit, am Ende gar für die »Gleichschaltung der Gesellschaft« insgesamt.[19] Auch diese Funktion ist indessen ebenso wie die anderen vom Gesetzgeber angeführten Zwecke vom Bundesverfassungsgericht unbeanstandet geblieben, wie sich nicht zuletzt aus der Gegenüberstellung mit der daran geübten Kritik im Minderheitsvotum ergibt.[20] Mit alledem ist die Kontroverse um die innere Ausrichtung der Tarifautonomie vom Bundesverfassungsgericht endgültig gegen alle Vorstellungen einer »kollektiven Privatautonomie« entschieden. Zusammenfassend zum Ausdruck kommt dies in dem Satz, dass die vom Grundrecht vermittelte Freiheit nicht nur durch äußere Intervention des Gesetzgebers beschränkt werden kann, sondern bereits in sich selbst notwendig begrenzt ist: Das Grundrecht, wird nun ausdrücklich gesagt, vermittele »kein Recht auf absolute tarifpolitische Verwertbarkeit von Schlüsselpositionen und Blockademacht zum eigenen Nutzen«.[21]

Man kann dies durchaus als einen Weckruf aus Karlsruhe sehen, von dem man gespannt sein darf, wie er von den Arbeitsgerichten und der Arbeitsrechtswissenschaft aufgenommen und verarbeitet wird. Möglicherweise lassen sich diese davon gar nicht irritieren, so wie man vieles, was von dort kommt, gern als unangemessene Einmischung in die eigene Zuständigkeit empfindet. Aber gerade wo es um die Auslegung von Grundrechten geht, hat das Wort des Bundesverfassungsgerichts schon Gewicht. Und vielleicht führen die verschlungenen Wege der Begründung und Legitimierung der Tarifautonomie so ja dann doch noch einmal auf Hugo Sinzheimer zurück.

---

17 *Rödl* (Fn. 3).
18 BVerfG a. a. O. (Fn. 1), Rn. 148, 155 ff.
19 *Löwisch/Rieble* (Fn. 9), Grundlagen Rn. 36 ff.
20 Minderheitsvotum *Baer* und *Paulus*, Rn. 5.
21 BVerfG a. a. O., Rn. 131 a. E.

Pause

Reinhard-Ulrich Vorbau, Geschäftsführer DGB-Rechtschutz GmbH

1. Einführung

Deutschland, ein Land ohne Pausenkultur?[1] Das verwundert und erstaunt zugleich. Soweit wir zurückdenken, haben wir es mit Pausen zu tun, im Kindergarten, in der Schule, im Studium, im Sport und selbstverständlich im Beruf. Es gibt die Kaffeepause, Frühstückspause, Mittagspause, die Zigarettenpause, Pipi Pause, Babypause, Sendepause, Regenpause, Aufwärmpause, Sommerpause, Sitzungspause, Betriebspause, Umkleidepause, Berufspause, Schneepause, Gebetspause und vieles mehr. Und zu allem gibt es sie, die Rechtsprechung, die Literatur und Kommentierungen und nicht zuletzt Gesetze, Verordnungen und Richtlinien. Damit liegt es auf der Hand: Die Pause gehört zu Deutschland, wie guter Wein, herbes Bier und Haxe. Und der Blick über die Landesgrenzen zeigt es eindeutig, ob Dänemark, England oder Frankreich, Pausen finden wir in Europa und in allen Teilen und Ecken der Welt. Und auch die Tierwelt ist davon nicht verschont:

Denn auch ein Gepard muss sich von der Jagd erholen und genießt die Pause und selbst den Versuchstieren wird eine Pause vom Leid zugesprochen.

Doch die Pause im Arbeitsrecht, gibt es sie?

Pause ist das Abwenden von einem zweckbestimmten Tun und die Hinwendung zu einer originären und eigenbestimmten Bedürfnisbefriedigung.[2]

Juristisch überzeugt diese Begriffsdefinition nicht ohne weiteres.

Im arbeitsrechtlichen Kontext können wir postulieren:

Pause ist die weisungsfreie Zeit für den Arbeitnehmer in der Arbeitsphase. Die Pause ist eigenbestimmt, also selbstbestimmte Zeit; sie steht nicht im Synallagma, wird grundsätzlich nicht vom Arbeitgeber vergütet (§ 2 ArbZG).

---

1 Zitat: Professor *Rainer Wieland*, Leiter des Arbeitsbereiches Arbeits- und Organisationspsychologie an der Universität Wuppertal im DLF, Campus und Karriere, vom 22.7.2017.

2 Prof. *Rainer Wieland*, aaO

Gerne wird der Pause eine weitere Funktion zugewiesen, nämlich die der Erholung.[3] Und die Erholung in Form einer Rekreation soll dem Zweck dienen, die Arbeitskraft zu erhalten, wiederherzustellen oder auch zu erneuern. Moderne Arbeitgeber[4] nehmen die Pause gerne zum Anlass, das Potential an Leistungsfähigkeit zu erweitern, zu stärken, zumindest zu fördern. Das geschieht mit Pausen-Angeboten zum gemeinsamen Joga, Fitnesstraining etc. Da ist es schwierig zu entweichen, der Gruppenzwang verführt zum Mitmachen, die selbstbestimmte Zeit wird von einem oktroyierten Handeln, wer sich den Vorgaben entzieht, entweicht der Gruppe, dem Hip sein und läuft Gefahr, in die Gruppe der Sonderlinge eingeordnet zu werden.
Wenn die Pause aber nicht mehr selbst, sondern offensichtlich der Fremdbestimmung unterliegt, ist sie dann noch Pause?
Und schon begegnet einem das unersättliche neoliberale Gespenst der schönen neuen Welt, das unermüdlich an der Entgrenzung der Arbeit herumwerkelt.

2. Die Begrifflichkeit

Wie in der Einleitung schon ausgeführt, werden vielfältige Begrifflichkeiten für die Pause verwendet. Diese Begrifflichkeiten verdeutlichen zumeist den Zweck der Arbeitsunterbrechung, Erholung, Mittag, Frühstück, Rauchen etc. Sie beschränken die Auszeit von der Arbeit auf ein bestimmtes menschliches Tun und verdichten die Entscheidungsfreiheit des Individuums und greifen in die Sphäre der Privatheit unmittelbar ein.
Doch wie ist dieses Sozialphänomen in der Rechtspraxis beschrieben?

2.1 Begriffsbestimmungen im Sinne des Arbeitszeitgesetzes und der Arbeitszeitverordnung

Das Arbeitszeitgesetz (ArbZG) vermeidet die Solo-Begrifflichkeit Pause und nutzt zusammengesetzte Nomen, wie Ruhepause, Ruhezeit, Sonn- und Feiertagsruhe und Ersatzruhetag. § 2 Abs.1 Satz 1 erwähnt die Ruhepause. Gem. dieser Vorschrift gehört die Ruhepause grundsätzlich nicht zur Arbeitszeit und liegt zwischen dem Beginn und dem Ende der Arbeitszeit.[5] § 4 regelt die Ruhepause,

3 Kraepelinsche Schule: Die Erörterung der Wirkung von Arbeitsunterbrechungen in *Max* Weber, Seine Schriften zur Soziologie und Sozialpolitik, Abschnitt V, Arbeitsunterbrechung in books.google.de
4 Prof. *Rainer Wieland*, aaO.
5 Ausnahme Bergbau § 2 Abs.1 Satz 2 ArbZG.

die im Voraus feststehen muss und eine Mindestdauer von 30 Minuten bei einer Arbeitszeit von 6 bis 9 Stunden hat. Ist die Arbeitszeit länger als 9 Stunden beträgt die Mindestdauer der Ruhepause 45 Minuten.
Von der Ruhepause ist die Ruhezeit abzugrenzen. Gem. § 5 Abs.1 Satz 1 beginnt die Ruhezeit nach Beendigung der täglichen Arbeitszeit.[6] Diese ist zeitlich definiert, sie beträgt mindestens 11 Stunden, und zwar ohne Unterbrechung. Der Ausnahmekatalog hierzu ist lang und nicht nur auf § 4 Abs.2 allein konzentriert, sondern effektiv erweitert in § 7. Den Tarifpartnern und Betriebsparteien wird es ermöglicht, die gesetzlichen Mindeststandards zu unterbieten und selbst wenn ein Betriebsrat nicht eingerichtet sein sollte, wird es ermöglicht, individuelle verschlimmernde Vereinbarungen zu treffen (§ 7 Abs. 3 Satz 1, 2. HS.). Der Gesetzgeber war bei der Regelung des Ausnahmekataloges sehr sorgfältig und hat noch weitere Konstellationen erwähnt, die Abweichungen vom Grundsatz der Ruhezeitenregelung zulassen[7].
Der Gesetzgeber grenzt von der Ruhezeit die Sonn- und Feiertagsruhe ab. In § 9 Abs.1 verbietet das Arbeitszeitgesetz die Beschäftigung an Sonn- und gesetzlichen Feiertagen. Um in der Systematik zu bleiben, hat der Gesetzgeber die kleineren Ausnahmen in § 9 Abs. 2 und 3 beschrieben, um in § 10 akribisch so viele Ausnahmen zu postulieren, dass der Grundsatz nahezu in der Bedeutungslosigkeit verschwindet. Folgerichtig nutzt der Gesetzgeber in § 11 erstmalig den Begriff des Ersatzruhetages. Der Ersatzruhetag ist der zu gewährende Tag für Arbeitnehmer, die an einem Sonntag oder an einem Feiertag, der auf einen Werktag gefallen ist, beschäftigt wurden. Auch der Ersatzruhetag kann unter bestimmten Voraussetzungen wegfallen.
Aber auch Beamte müssen Pausen machen. Das ArbZG findet hier keine Anwendung, sondern die Arbeitszeitverordnung ist einschlägig.[8]
Die AZV definiert die Ruhepause als den Zeitraum, in dem Beamtinnen und Beamte keinen Dienst leisten (§ 2 Ziffer 3 AZV). Damit ist diese Regelung im Vergleich zu § 2 Abs.1 Satz 1 ArbZG sehr viel weiter gefasst. Doch findet sich in § 5 Abs.1 Satz1 AZV eine wesentliche Einschränkung. Hiernach ist die Arbeit nach spätestens 6 Stunden durch eine Ruhepause von mindestens 30 Minuten zu unterbrechen. Fast könnte man meinen, hier läge eine identische Regelung zu § 4 ArbZG vor. Es gibt aber einen entscheidenden Unterschied: Das ArbZG postuliert, dass die Ruhepause im Voraus festgelegt sein muss. Diese Regelung setzt damit nicht nur eine Planbarkeit der Pause[9] für die Arbeitnehmer voraus, sondern

6 So auch: EUGH 10. 9. 2015 – C-266/14.
7 Siehe § 7 Abs. 3 bis Abs. 8 ArbZG.
8 Jeweils für Bund und Länder.
9 *Gaul*, NZA 1987, 649 – 658.

begründet eine Organisationspflicht für den Arbeitgeber.[10] Eine Planbarkeit der Pause und Organisationsverpflichtung des öffentlichen Arbeitgebers sieht die AZV nicht vor. Das ist eine Ungleichbehandlung, deren sachlicher Grund sich nicht erschließt. Nun könnte man die Auffassung vertreten, eine Gleichbehandlung sei nicht geboten, da Beamte eben gerade keine Angestellten sind. Doch dieser Hinweis geht fehl, da sowohl die Bundesverordnung als auch das ArbZG auf der Richtlinie 2003/88/EG basieren und der europäische Gesetzgeber im Anwendungsbereich sowohl die Beschäftigten im privaten als auch im öffentlichen Sektor umfasst und sie damit unter denselben Schutz gestellt sind. Personalräte und Tarifpartner im öffentlichen Dienst sollten daher zukünftig darauf achten, die notwendige Vorausregelung in den jeweiligen Dienstvereinbarungen oder Tarifverträgen zu implementieren.
Im Hinblick auf die Ruhezeiten definiert die AZV in § 5 Abs. 3 eine Mindestruhezeit von 11 Stunden. Durch die Wortwahl wird verdeutlicht, dass die AZV eine Mindestruhezeit regelt, eine allgemeine Begriffsregelung hierzu ist offensichtlich nicht vollzogen, erscheint auch angesichts der Begriffsregelung in § 2 Ziffer 3 AZV als nicht geboten. Der Ausnahmekatalog zur Mindestruhezeit verweist auf Art 17Abs.3 Buchstabe c und e sowie Abs. 4 der Richtlinie 2003/88/EG.

2.2 Rechtsprechung

Die Urteile und Beschlüsse zu dieser Thematik finden sich vornehmlich in der Arbeits- aber auch Verwaltungsgerichtsbarkeit und sind vielfältig. Betroffen sind Berufsgruppen, die typischerweise 24 Stunden an 7 Tagen der Woche an den Arbeitsplätzen oder zumindest mit einem Telefon in der Tasche dem Arbeitgeber zur Verfügung stehen. Dies sind unter anderem Polizisten, Feuerwehr- und Rettungskräfte, Krankenschwestern, Pflegekräfte, Ärzte, Piloten, Lokführer, Wachleute, Betreuer in Kinderdörfern, Taxi-, LKW- und Busfahrer. Krankenhäuser, Flugplätze und Bahnhöfe, Hotels, Kinder- und Altenheime, Kraftwerke, Radio- und TV Stationen und auch die guten alten Industrieanlagen sind betroffen. Und im Rahmen der Digitalisierung bietet auch Home-Office die Gelegenheit, der vorbestimmten Arbeitszeit zu entweichen. Immer geht es um die Abgrenzung zwischen Arbeitszeit und Pausen, und letztendlich geht es um die Frage, was ist wie zu vergüten? Und so ist zwischen Arbeitszeit und Nicht-Arbeitszeit der Kampf um die Abgrenzung seit Langem eröffnet, und neben der Arbeitszeit und der nicht zu vergütenden Pause finden sich Begrifflichkeiten wie der Bereitschaftsdienst und die Rufbereitschaft.

10 *Kohte*, juris PR-ArbR 17/2017 Anm.2.

Die Begriffsbestimmungen, die in der Rechtspraxis anzutreffen sind, reduzieren sich aber nicht nur auf das Arbeitsrecht.

Das OLG Rostock hat sich zum Thema Mittagspause geäußert. Es hat in einem Beschluss[11] im Hinblick auf die Auslegung der Gebührentatbestände der Nummern 4116 und 4117 VVG-RVG festgelegt, dass die Mittagspause nicht geeignet ist, einen Verlängerungszuschlag im Hinblick auf die Dauer einer Hauptverhandlung zu beanspruchen. Sie, die Mittagspause, unterscheide sich von den Gebührentatbeständen schon dadurch, dass sie planbar sei.[12] Im Übrigen sei zu bemerken, dass der Rechtsanwalt auch sonst Mittagspausen machen würde, mithin der besondere Bezug zur Hauptverhandlung im Sinne der vorgenannten Gebührentatbestände fehle.[13]

Die Entscheidungen der Arbeitsgerichtsbarkeit sind ebenso vielfältig. So musste im Jahre 2011 das BAG die Frage beantworten, ob ein Beifahrer in einem LKW pausiert oder arbeitet.[14]

Das BAG entschied: Muss der Arbeitnehmer am Arbeitsplatz anwesend sein, und kann er nicht frei über die Nutzung des Zeitraums bestimmen, hat er also weder eine Pause im Sinne des ArbZG noch Freizeit, ist dies kein Pausieren. Insofern können Fernfahrer, die sich auf einer längeren Strecke mit anderen Kollegen beim Fahren abwechseln, eine Vergütung ihrer als Beifahrer verbrachten Zeiten verlangen.[15]

Das ArbG Berlin[16] hatte im August 2017 zu entscheiden, ob Standzeiten und sonstige Zeiten, in denen ein Taxifahrer bereit ist, einen Fahrauftrag auszuführen, Pausenzeiten seien und daher nicht zu vergüten wären.

Das Arbeitsgericht sprach dem Taxifahrer für diese Zeiten den Mindestlohn zu mit dem Argument: Für den Mindestlohn bedarf es keiner genauen Unterscheidung von »Arbeitsbereitschaft« und »Bereitschaftsdienst«. »Arbeitsbereitschaft« wird vom BAG definiert »als Zeit wacher Aufmerksamkeit im Zustand der Entspannung«.[17]

Noch interessanter ist es, wenn in dieser Entscheidung auf ein weiteres Urteil des Arbeitsgerichtes Berlin verwiesen wird, in dem es heißt: »Der Arbeitgeber muss sich Arbeitsleistungen in Zeiten, in denen eine Ruhepause genommen werden soll, nicht aufdrängen lassen«.[18]

---

11 OLG Rostock 6.11.2017 – 20 Ws 282/17, juris.

12 So auch OLG Braunschweig 28.4.2014 – Ws 132/14, juris Rn.7.

13 OLG Braunschweig, aaO.

14 BAG 20.4.2011 – 5 AZR 200/10, juris Rn. 21, DB 2011, 1639–1640.

15 BAG 20.4.2011 – 5 AZR 200/10, juris Rn. 21, DB 2011, 1639–1640.

16 ArbG Berlin 10.8.2017 – 41 Ca 12115/16, juris.

17 BAG 12.12.2012 – 5 AZR 918/11, juris Rn19.

18 ArbG Berlin 22.2.2017 – 31 Ca 7720/16, zitiert nach ArbG Berlin 10.8.2017 – 41 Ca 12115/16, juris Rz 82.

3. Zusammenfassung und Schlussfolgerung

Die Grenze zwischen Arbeit und Nichtarbeit ist fließend.[19]

In der Arbeitswissenschaft findet seit einiger Zeit eine Diskussion über Ruhepausen und Ruhezeiten statt.[20] Sie wird tituliert mit Entgrenzung der Arbeit nach innen sowie nach außen.[21] Entgrenzung schon deswegen, weil nicht nur Arbeitgeber im öffentlichen oder auch privatrechtlichen Bereichen Pausenregelungen gerne übersehen, sondern auch Ruhezeiten zunehmend mit Bereitschaftsdiensten, Nullstundenverträgen oder auch Homeoffice-Verträgen unterlaufen. Gerne wird dabei übersehen, dass die der Arbeitszeitgesetzgebung zugrunde liegende EU Richtlinie RL 2003/88 keine Zwischenkategorie zwischen Arbeitszeit und Ruhepause vorsieht.[22]

Die Entgrenzung nach innen meint den Angriff auf Ruhezeiten innerhalb der Arbeitszeit; Entgrenzung nach außen meint die Einflussnahme auf Ruhezeiten der Beschäftigten.

Hier sind zwei Umstände insbesondere anzumerken. Nicht nur die mangelnde Ausübung der Organisationsverpflichtung durch Arbeitgeber, auch die wenig wirksame Überwachung durch die staatlichen Behörden ermöglichen erst die Entgrenzung. Insbesondere der Rückgang der Stellenbesetzungen in den staatlichen Aufsichtsbehörden[23] ermöglicht erst die unrechtmäßige Ausuferung der Eingriffe in den schon dürftig gestalteten gesetzlichen Gesundheits- und Arbeitsschutz der Beschäftigten.

Hier sei mit *Prof. Kohte*[24] daran erinnert, dass die Bundesrepublik das ILO Abkommen 81 ratifiziert hat. Dies verlangt von den Staaten, eine hinreichende Anzahl von Aufsichtsbeamten zu stellen. Um die Antwort, was hinreichend sein könne zu erleichtern, hat die ILO den Schlüssel von 1 zu 10 000 empfohlen. Das EU Parlament hat dem im Jahre 2014 zugestimmt.

Der Sachverständigenausschuss der Europäischen Sozialcharta hat hierzu festgestellt:

Die Anforderungen, die Art. 3 der ESC an eine effektive Aufsicht stellt, sind in Deutschland nicht mehr gewährleistet. Durch Bundesgesetz ist in Art 21 ArbSchG, § 17 ArbZG eine Anforderung an die zu bestellende Zahl der Aufsichtsbeamten zu

---

19 *Rudolf Buschmann*, juris Literaturnachweis zu Buschmann, Gesellschaftliche Bewegungen – Recht unter Beobachtung und in Aktion 2016, 417–434.

20 Nachweis: *Gaul, Kohte*, WSI-Mitteilungen 2015, 170.

21 Kohte, WSI-Mitteilungen 2015, 170.

22 EUGH 10.9.2015 – C266/14, juris

23 Kohte in WSI-Mitteilungen 2015, 170

24 Kohte, jurisPR-ArbR 17/2017 Anm 2.

stellen, die der Norm § 18 SGB VII entspricht. Dies ist dann auf der Ebene der Bundesländer umzusetzen.[25]

25 Zitiert nach Kohte, WSI-Mitteilungen 2015, 170.

Entlohnungsgrundsätze

Irma Vormbaum-Heinemann/Saskia M. Schmid, Rechtsanwältinnen und Fachanwältinnen für Arbeitsrecht, Köln

1. Rechtsprechung des BAG

Zum Mitbestimmungsrecht des Betriebsrats gem. § 87 Abs. 1 Ziffer 10 BetrVG bei Entgeltgrundsätzen im Betrieb eines nicht tarifgebundenen Arbeitgebers gibt es eine langjährige Rechtsprechung des BAG, insbesondere des 1. Senats. Sinn des Mitbestimmungsrechtes ist es danach, die Arbeitnehmer vor einer einseitig am Interesse des Arbeitgebers orientierten oder willkürlichen Lohngestaltung zu schützen.[1] Das Mitbestimmungsrecht bezieht sich auf die Einführung von Entlohnungsgrundsätzen und deren Änderung, unabhängig davon, ob ihr Geltungsgrund zuvor etwa ein bindender Tarifvertrag, eine Betriebsvereinbarung, eine einzelvertragliche Absprache oder eine vom Arbeitgeber einseitig praktizierte Vergütungsordnung war.[2]

Schon früh hatte der Große Senat des BAG sich mit Grundsatzfragen dieses Mitbestimmungsrechts zu befassen. In den Beschlüssen vom 19.9.1986[3] und vom 3.12.1991[4] wurde unter anderem die »Theorie der Wirksamkeitsvoraussetzung« in Bezug auf Entgeltgrundsätze entwickelt. Diese hat zum Inhalt, dass die Verletzung des Mitbestimmungsrechts im Verhältnis zwischen Arbeitgeber und Arbeitnehmer jedenfalls zur Unwirksamkeit von solchen Maßnahmen führt, die den Arbeitnehmer belasten.[5] Die Theorie der Wirksamkeitsvoraussetzung – so der Große Senat in beiden Entscheidungen – ist entwickelt worden, um zu verhindern, dass der Arbeitgeber dem Einigungszwang mit dem Betriebsrat durch Rückgriff auf arbeitsvertragliche Gestaltungsmöglichkeiten ausweicht. Die Rechtsunwirksamkeit dieser Abreden soll zugleich eine Sanktion dafür sein, dass der Arbeitgeber das Mitbestimmungsrecht verletzt hat. Allerdings darf dem Arbeitgeber umgekehrt aus einer betriebsverfassungsrechtlichen Pflichtwidrig-

---

1 DKKW-*Klebe*, § 87 Rn. 296 m.w.N.

2 *Klebe* a.a.O., Rn. 304, 305 m.w.N.

3 GS 1/82.

4 GS 1/90 und GS 2/90.

5 GS 1/90, Rn. 103; GS 1/82, Rn. 98.

keit kein Rechtsvorteil erwachsen. Derjenige der sich betriebsverfassungswidrig verhält, kann nicht berechtigt sein, sich Dritten – also den Arbeitnehmern – gegenüber auf diese Verletzung zu berufen.[6]
Durch Beschluss des 1. Senats vom 3.5.1994[7] wurde nach heftiger Diskussion in Rechtsprechung und Literatur der allgemeine Unterlassungsanspruch des Betriebsrats bei Verstößen gegen seine Mitbestimmungsrechte aus § 87 BetrVG anerkannt. In diesem Beschluss wird ausführlich geprüft und begründet, dass der Betriebsrat zur Sicherung seiner Beteiligungsrechte zum Schutz der Beschäftigten diesen Anspruch neben dem Anspruch aus § 23 Abs. 3 BetrVG benötigt.
In der folgenden Rechtsprechung wurde mehrfach erkannt, dass eine einseitig vom Arbeitgeber praktizierte Vergütungsordnung ohne Beteiligung des Betriebsrats nicht zum Nachteil der Beschäftigten geändert werden dürfe.[8] Dem Arbeitgeber wurde aufgegeben, es zu unterlassen, die Beschäftigten nach anderen als den bisher praktizierten, einseitig eingeführten Grundsätzen zu vergüten.[9]
Mit Beschluss vom 18.3.2014[10] hat der 1. Senat allerdings festgestellt, der Betriebsrat könne den allgemeinen Unterlassungsanspruch wegen Verstoßes gegen sein Mitbestimmungsrecht nicht geltend machen, wenn der Arbeitgeber einseitig von ihm eingeführte und praktizierte Entlohnungsgrundsätze verändert. Die Einführung des Entlohnungsgrundsatzes – es ging hier um Samstagszuschläge aufgrund einer Gesamtzusage – sei wegen Nichtbeachtung des Mitbestimmungsrechts rechtswidrig erfolgt, deshalb könne der Betriebsrat nicht die Aufrechterhaltung des rechtswidrigen Zustandes mit Hilfe des Unterlassungsanspruchs herbeiführen.
In weiteren Entscheidungen führt der Senat die Theorie der Wirksamkeitsvoraussetzung fort. Diese Fortführung hat zum Inhalt, dass ein Arbeitnehmer bei einer unter Verstoß gegen das Mitbestimmungsrecht vorgenommenen Änderung von im Betrieb geltenden Entlohnungsgrundsätzen Zahlung auf der Grundlage der zuletzt mitbestimmungsgemäß eingeführten Grundsätze verlangen könne.[11] Dies entspricht im Falle einer einseitigen Verschlechterung der mitbestimmten Entlohnungsgrundsätze der – dargestellten – Theorie der Wirksamkeitsvoraussetzung und wirkt sich zugunsten der Beschäftigten aus, da die Änderung unwirksam ist.[12] Allerdings greift dies nicht, wenn es bisher mitbestimmte Regelungen nicht gibt, die Ursprungsregelung also einseitig eingeführt war.

---

6 GS 1/82, Rn. 97, 98.
7 1 ABR 24/93.
8 BAG 15.4.2008 – 1 AZR 65/07, Rn. 29; 28.2.2006 – 1 ABR 4/05.
9 BAG 28.2.2006 a.a.O.
10 1 ABR 75/12.
11 Beispielhaft BAG 5.5.2015 – 1 AZR 435/13; 24.1.2017 – 1 AZR 772/14; 25.4.2017 – 1 AZR 427/15.
12 So schon BAG 22.6.2010 – 1 AZR 853/08; 17.5.2011 – 1 AZR 779/11; 25.4.2017 a.a.O.

Der Senat differenziert nun danach, ob der Arbeitgeber die Entgeltgrundsätze, die er zum Nachteil der Beschäftigten ändern will, ursprünglich mit oder ohne Zustimmung des Betriebsrats eingeführt hat. In den bereits zitierten Entscheidungen vom 5.5.2015 und 24.1.2017 ging es um für die Arbeitnehmer günstige Entlohnungsgrundsätze, die der Arbeitgeber einseitig eingeführt und praktiziert, später jedoch ebenso einseitig wieder abgeschafft bzw. geändert hat. Die dagegen gerichteten Klagen der Arbeitnehmer waren erfolglos.
Danach gilt nicht mehr, dass dem Arbeitgeber »aus einer betriebsverfassungsrechtlichen Pflichtwidrigkeit kein Rechtsvorteil erwachsen darf.«[13] Dem Arbeitgeber ist nicht mehr verwehrt, sich auf die Rechtswidrigkeit seines eigenen Verhaltens, nämlich die Nichtbeteiligung des Betriebsrats bei der Einführung des praktizierten Entgeltgrundsatzes zu berufen. Was vom Großen Senat noch als ausgeschlossen bezeichnet wurde, tritt faktisch ein, die Verletzung des Mitbestimmungsrechtes gereicht dem Arbeitgeber zum Vorteil.
Den Beschäftigten zugesagte bzw. zum Teil lang andauernd praktizierte, aber ohne Mitbestimmung eingeführte begünstigende Entlohnungsgrundsätze können ungehindert mitbestimmungswidrig wieder abgeschafft bzw. geändert werden.

2. Handlungsmöglichkeiten für Betriebsräte

Wenn der Betriebsrat nach der neueren Rechtsprechung des BAG die Verschlechterung oder gar Abschaffung eines für die Beschäftigten positiven und daher von ihm gutgeheißenen aber einseitig eingeführten Entlohnungsgrundsatzes mangels Unterlassungsanspruchs nicht verhindern kann und sich auch die Beschäftigten auf einen ihnen zugesagten Entlohnungsgrundsatz im Fall der Nichtbeteiligung des Betriebsrats bei seiner Einführung nicht berufen können, stellt sich die Frage, welche Möglichkeiten dem Betriebsrat zur Verfügung stehen, um solche Entlohnungsgrundsätze gegen einseitige Kürzungen durch den Arbeitgeber zu schützen.
Bei der erstmaligen einseitigen Einführung von Entlohnungsgrundsätzen steht dem Betriebsrat auch nach der neueren Rechtsprechung ein Unterlassungsanspruch zu. Dessen Geltendmachung stünde jedoch im diametralen Gegensatz zu den Interessen des Betriebsrats, der den Entlohnungsgrundsatz gerade sichern und nicht verhindern möchte.
Den Betriebsrat auf die Geltendmachung seines Mitbestimmungsrechts gegen-

13 BAG 16.9.1986 – GS 1/82 – Rn. 98.

über dem Arbeitgeber zu verweisen, stellte ihn vor praktische Schwierigkeiten. Insbesondere in kleineren und mittleren Betrieben besteht seitens der Betriebsräte oftmals die begründete Sorge, der Arbeitgeber werde die Geltendmachung des Mitbestimmungsrechts zum Anlass nehmen, den Vergütungsbestandteil mit der Erklärung an die Belegschaft, der Betriebsrat habe sich gegen dessen Einführung gewehrt, wieder zu streichen.

Auch auf die Anrufung der Einigungsstelle kann der Betriebsrat nicht verwiesen werden. Die Einigungsstelle ist gem. § 87 Abs. 2 Satz 1 BetrVG zuständig, wenn »eine Einigung über eine Angelegenheit nach Absatz 1« nicht zustande kommt. Für ihre Einschaltung ist also nur Raum, wenn zwischen Arbeitgeber und Betriebsrat Uneinigkeit über den Inhalt der mitbestimmungspflichtigen Maßnahme besteht.[14] Diese Situation liegt hier nicht vor. Denn über den Inhalt der Maßnahme (z. B. 25 % Samstagszuschlag) besteht zwischen den Betriebsparteien gerade Einigkeit.

Der Betriebsrat kann dem einseitig eingeführten Entlohnungsgrundsatz jedoch zustimmen.[15] Hierzu bedarf es eines Beschlusses des Gremiums (§ 33 BetrVG).

Diese Zustimmung würde an der Rechtswidrigkeit der einseitigen Einführung für die Vergangenheit nichts ändern, denn die Beteiligung des Betriebsrats hat zwingend im Vorfeld zu erfolgen. Eine Heilung bereits durchgeführter einseitiger Maßnahmen durch eine spätere Zustimmung des Betriebsrats ist daher ausgeschlossen.[16] Die nachträgliche Zustimmung wirkt also nur für die Zukunft.

Der Betriebsrat kann sein Mitbestimmungsrecht aus § 87 Abs. 1 Ziffer 10 BetrVG grundsätzlich nicht nur durch Abschluss einer Betriebsvereinbarung, sondern auch dadurch ausüben, dass er der Maßnahme des Arbeitgebers zustimmt oder eine Regelungsabrede mit ihm abschließt.[17] Diese Formen der Mitbestimmung müssen ihm auch zur Verfügung stehen, wenn der Arbeitgeber einen Entlohnungsgrundsatz bereits einseitig eingeführt hat. Andernfalls würde der Rechtsverstoß des Arbeitgebers zu einer Beschneidung der Mitbestimmungsmöglichkeiten des Betriebsrats führen. Bei für die Belegschaft positiven Maßnahmen mit Dauercharakter wie der Anwendung von Entlohnungsgrundsätzen wäre dies mit dem Sinn und Zweck des Mitbestimmungsrechts nicht vereinbar.

Stimmt der Betriebsrat einem einseitig eingeführten Entlohnungsgrundsatz zu und stellt so ex nunc einen mitbestimmungskonformen Zustand her, muss ihm bei einer einseitigen Änderung dieses nun mitbestimmten Grundsatzes auch nach der neueren Rechtsprechung ein Unterlassungsanspruch zustehen.

---

14 *Fitting*, § 87 Rn. 590.
15 Vgl. auch BAG 24.1.2017 – 1 AZR 772/14, Rn 45.
16 DKKW-*Klebe*, § 87 Rn. 20; BAG 20.2.2002 – 7 AZR 707/00, Rn. 20f.
17 BAG 8.8.1989 – 1 ABR 62/88, Rn. 26.

Schließlich kommt der Abschluss einer Regelungsabrede in Betracht, der auch konkludent erfolgen kann.[18] Erforderlich sind auf Seiten des Betriebsrats wiederum ein zustimmender Beschluss und dessen Mitteilung an den Arbeitgeber.[19]

Eine Regelungsabrede begründet die schuldrechtliche Verpflichtung der Betriebspartner, sich entsprechend der getroffenen Vereinbarung zu verhalten.[20] Fraglich ist allerdings, wie diese Vereinbarung hier zustande käme. Nach h. M. handelt es sich bei der Regelungsabrede um eine schuldrechtliche Vereinbarung zwischen Arbeitgeber und Betriebsrat.[21] Eine schuldrechtliche Vereinbarung kommt durch zwei übereinstimmende Willenserklärungen – Angebot und Annahme – zustande.

Ein ausdrückliches Angebot zum Abschluss einer Regelungsabrede unterbreitet der Arbeitgeber dem Betriebsrat in den hier diskutierten Fällen nicht. In Betracht käme allenfalls ein konkludentes Angebot durch schlüssiges Verhalten, etwa durch Aushang im Betrieb oder tatsächliche Zahlung an die Beschäftigten. Allerdings erfordert auch ein konkludentes Angebot einen Willen zur rechtlichen Bindung, hier gegenüber dem Betriebsrat. Ob einem Arbeitgeber, der den Vergütungsgrundsatz in der Regel wohl bewusst ohne Beteiligung des Betriebsrats einführt, ein solcher Bindungswille unterstellt werden kann, ist fraglich.

Ginge man davon aus, der Arbeitgeber wolle grundsätzlich rechtstreu handeln und nähme daher ein konkludentes Angebot zum Abschluss einer Regelungsabrede an, läge in der Mitteilung des zustimmenden Beschluss des Betriebsrats die Annahme des Angebots.[22]

Sieht man in dem Handeln des Arbeitgebers kein Angebot, so läge das Angebot auf Abschluss einer Regelungsabrede in der Mitteilung des zustimmenden Beschlusses durch den Betriebsrat.[23] Die Annahme dieses Angebots könnte konkludent in der fortgesetzten Anwendung des Vergütungsgrundsatzes durch den Arbeitgeber gesehen werden, wobei eine Erklärung der Annahme gegenüber dem Betriebsrat gem. § 151 Satz 1 BGB entbehrlich wäre.

Betriebsräten ist daher zu empfehlen, über einseitig vom Arbeitgeber eingeführte, von ihnen befürwortete Entlohnungsgrundsätze einen zustimmenden Beschluss herbeizuführen und diesen dem Arbeitgeber umgehend mitzuteilen.

---

18 BAG 16.12.2008 – 9 AZR 893/07, Rn 66.
19 DKKW-*Berg*, § 77 Rn. 165; BAG 18.3.2014 – 1 ABR 75/12, Rn. 33.
20 BAG 12.4.2017 – 7 AZR 446/15, Rn. 33.
21 BAG 10.3.1992 – 1 ABR 31/91, Rn. 34.
22 So wohl DKKW-*Berg*, § 77 Rn. 165.
23 So wohl GK-*Wiese*, § 87 Rn. 101; vgl. auch BAG 16.12.2008, a. a. O.

Der Schutz von Beschäftigten in der Plattformökonomie: Ein Blick auf die ILO-Standards

Prof. Dr. Bernd Waas, Goethe Universität Frankfurt am Main

1. Einleitung

Neue Beschäftigungsformen wie sie insbesondere im Zuge der Etablierung der sog. Plattformökonomie entstanden sind, haben den Blick auf die Frage gelenkt, ob und inwieweit für diese Beschäftigten ein Schutz durch das Arbeitsrecht verfügbar ist.[1] Betrachtet man diese Frage unter der Perspektive des deutschen Rechts, so mag es tröstlich erscheinen, dass hier – in Gestalt der arbeitnehmerähnlichen Personen – eine (Zwischen-) Kategorie existiert, welche die Folgen der Entscheidung des Rechtsanwenders, ob es sich im Einzelfall um einen Arbeitnehmer oder einen Selbständigen handelt, ein wenig abmildert. Darüber hinaus hat zuletzt auch das Heimarbeitsgesetz eine gewisse Aufmerksamkeit auf sich gezogen. Denn zwar ist dies etwa auf Crowdworker[2] kaum unmittelbar anwendbar. Und überdies handelt es sich dabei bestenfalls um ein »Arbeitsrecht light«. Doch darf man das Gesetz deshalb sicher nicht einfach ignorieren, da es durchaus für eine Regelung Pate stehen könnte, mit der man für bestimmte (kleine) Selbständige zumindest einen gewissen arbeitsrechtlichen Schutz herstellt.[3]
Bei alldem fragt sich nun, ob und inwieweit das internationale Recht Anstöße für die weitere Entwicklung geben kann. Auf eben diese Frage soll vorliegend ein Licht geworfen werden, wobei hier allerdings nur das Recht der ILO (kurz) diskutiert werden soll.

1 Vgl. nur *Däubler/Klebe*, NZA 2015, 1032 (1034ff.).
2 Vgl. hierzu etwa *Klebe*, AuR 2016, 277.
3 Vgl. hierzu etwa *Waas*, in: Waas/Liebman/Ljybarsky/Kezuka, Crowdwork – A Comparative Law Perspective, 2017, S. 142 (163ff.); zuletzt auch *Preis*, SR 2017, 173. Auf der internationalen Ebene spiegelt sich dies in Forderungen wider, für entsprechende Personen eine eigenständige Beschäftigtenkategorie zu etablieren; vgl. hierzu etwa ILO, Inception Report for the Global Commission on the Future of Work 2017, S. 33.

2. ILO-Standards

2.1 Geltendes Recht

Ein ILO-Übereinkommen, welches »Arbeitnehmer« und Arbeitgeber« und somit die Grundbegriffe des Arbeitsrechts definieren würde, existiert nicht. Immerhin gibt es die Empfehlung Nr. 198 betreffend das Arbeitsverhältnis aus dem Jahre 2006, welches auch mögliche »Indikatoren« für das Vorliegen eines Arbeitsverhältnisses aufführt. Zu diesen zählt neben der »Tatsache, dass die Arbeit nach den Weisungen und unter der Kontrolle einer anderen Person verrichtet wird« und »dass sie die Integration des Beschäftigten in die Organisation des Unternehmens mit sich bringt« (Nr. 13a) neben vielen anderen Kriterien auch »das Fehlen finanzieller Risiken für den Beschäftigten« (Nr. 13b).
Betrachtet man die ILO-Übereinkommen etwas genauer, so ist bemerkenswert, dass diese überwiegend nicht auf Arbeitnehmer beschränkt sind, sondern einen weiteren Anwendungsbereich haben. Dies trifft schon auf das allererste Übereinkommen, das Übereinkommen Nr. 1 über die Begrenzung der Arbeitszeit in gewerblichen Betrieben auf acht Stunden täglich und achtundvierzig Stunden wöchentlich aus dem Jahre 1919 zu. Dieses bestimmt, dass die Arbeitszeit der *»in allen öffentlichen oder privaten gewerblichen Betrieben oder ihren Nebenbetrieben beschäftigten Personen (...) acht Stunden täglich und achtundvierzig Stunden wöchentlich nicht überschreiten darf«* (Art. 2). Zwar enthalten nachfolgende Übereinkommen dann hinsichtlich des personalen Anwendungsbereichs differenziertere Regelungen als das noch im Übereinkommen Nr. 1 der Fall ist. Doch bleibt es dabei, dass die meisten Übereinkommen über den Bereich der Arbeitnehmer hinausweisen. Ein Blick auf die englischen Sprachfassungen der Übereinkommen macht dies besonders deutlich: Die meisten Übereinkommen sind nicht auf »employees«, sondern auf »worker« gerichtet.[4] Dies gilt etwa auch für das »berühmte« Übereinkommen Nr. 87 über die Vereinigungsfreiheit und den Schutz des Vereinigungsrechts aus dem Jahre 1948, dessen Art. 2 die Vereinigungsfreiheit für »Arbeitnehmer und die Arbeitgeber ohne jeden Unterschied« garantiert; in der englischen Fassung ist von »workers and employers, without distinction whatsoever« die Rede. Das schließt nach Auffassung des ILO-Sachverständigenausschusses sog. »self-employed workers« mit ein.[5] Auch hat der Ausschuss ex-

4 So ausdrücklich auch *Countouris*, The Changing Law of the Employment Relationship – Comparative Analyses in the European Context, 2007, S. 149. Auf dessen Darstellung wird hier für den Bereich der ILO ausdrücklich verwiesen.

5 Vgl. nur *Central African Republic* – CEACR, direct request, 2010; *Turkey* – CEACR, observation, 2010; vgl. auch ILO, Giving Globalization a Human Face, General Survey on the fundamental Conventions concerning rights at work in light of the ILO Declaration on Social Justice for a Fair Globalization, 2012, S. 26. Dies entspricht dem Standpunkt des

plizit darauf hingewiesen, dass die Existenz eines Arbeitsvertrags keine Voraussetzung für die Anwendung des Übereinkommens ist.[6] Dieser weite personale Anwendungsbereich ist umso bemerkenswerter, als in Übereinkommen aus derselben Zeit durchaus auch restriktivere Bestimmungen begegnen. Ein Beispiel bildet das Übereinkommen Nr. 95 über den Lohnschutz aus dem Jahre 1949, dessen Anwendungsbereich nun in der Tat (mittelbar) durch das Vorliegen eines »contract of employment« bestimmt wird.[7]

Doch bleibt es dabei: Die meisten ILO-Übereinkommen zielen auf den »worker«, nicht auf den »employee«. Dies gilt etwa auch für das Übereinkommen Nr. 98 über die Anwendung der Grundsätze des Vereinigungsrechtes und des Rechtes zu Kollektivverhandlungen aus dem Jahre 1949. Auch insofern hat der ILO-Sachverständigenausschuss wiederholt festgestellt, dass das Recht zum Abschluss von Tarifverträgen nicht auf Arbeitnehmer beschränkt ist, sondern bestimmte Selbständige mit einschließt.[8] In diesem Zusammenhang von besonderem Interesse sind vielleicht jüngere Stellungnahmen des Ausschusses zur Rechtslage in Irland, die übrigens auch eine kurze Auseinandersetzung mit der Entscheidung des EuGH vom 4. Dezember 2014 in der Rechtssache *FNV Kunsten Informatie en Media* v. *Staat der Nederlanden* enthalten.[9] Einen über den Bereich der Arbeitnehmer hinausweisenden Anwendungsbereich hat schließlich etwa auch das Übereinkommen Nr. 111 über die Diskriminierung in Beschäftigung und Beruf aus dem Jahre 1958. Dabei wurde über die Einbeziehung des »Berufs« und damit die Einbeziehung selbständiger Beschäftigung durchaus diskutiert. Dass das Übereinkommen einen weiteren Anwendungsbereich hat, ist somit Ausdruck einer bewussten Entscheidung.[10]

Committee on Freedom of Association; vgl. nur ILO, Freedom of Association – Digest of decisions and principles of the Freedom of Association Committee of the Governing Body of the ILO, 5. Aufl. 2006, S. 53.

6 *Poland* – CEACR, observation, 2011.

7 Nach Art. 2(1) findet das Übereinkommen Anwendung auf »all persons to whom wages are paid or payable. Art. 1 definiert wages als »remuneration or earnings (…) which are payable in virtue of a written or unwritten contract of employment by an employer to an employed person (…)«. Allerdings: In der deutschen Fassung ist von einem »Dienstvertrag« die Rede.

8 *Senegal* – CEACR, direct request, 2011; *Tunisia* – CEACR, direct request, 2011; vgl. – mit Blick auf »outsourced« bzw. »contract workers« – auch *Ecuador* – CEACR, observation, 2010; and *Netherlands* – CEACR, observation, 2011.

9 *Ireland* – CEACR, observation, 2015, wo es u. a. heißt: »As regards the self-employed, the Committee recalls (…) that the right to collective bargaining should also cover organizations representing the self-employed«; *Ireland* – CEACR, observation, 2017; vgl. auch *Netherlands* – CEACR, observation, 2017.

10 Vgl. General Survey (Fußn. 5), S. 137; vgl. aus der Spruchpraxis des ILO-Sachverständigenausschusses etwa Kenya – CEACR, observation, 2010; Malawi – CEACR, direct request, 2006; Zimbabwe – CEACR, direct request, 2007.

Wenn in ILO-Übereinkommen meist der Begriff des »worker« (und nicht der des »employee«) im Vordergrund steht, besagt dies nun allerdings für sich genommen noch nicht allzu viel, solange die Maßstäbe im Dunkeln liegen, nach denen sich entscheidet, ob eine Person das eine oder das andere ist.[11] Kriterien für die Abgrenzung von abhängiger zu selbständiger Beschäftigung liefert immerhin das ILO-Übereinkommen Nr. 177 über Heimarbeit aus dem Jahre 1996. Hier lohnt ein Blick auf Art. 1 des Übereinkommens, welcher Definitionen der wesentlichen Begriffe enthält. Art 1a) definiert »Heimarbeit« als »*Arbeit, die von einer als Heimarbeiter zu bezeichnenden Person verrichtet wird, i) in ihrer Wohnung oder in anderen Räumlichkeiten ihrer Wahl, ausgenommen die Arbeitsstätte des Arbeitgebers; ii) gegen Entgelt; iii) deren Ergebnis ein Erzeugnis oder eine Dienstleistung nach den Vorgaben des Arbeitgebers ist, unabhängig davon, wer die verwendeten Ausrüstungen, Materialien oder sonstigen Einsatzfaktoren bereitstellt*«. Doch gilt dies nicht, wenn diese Person »*den Grad der Selbständigkeit und der wirtschaftlichen Unabhängigkeit besitzt, der erforderlich ist, um gemäß der innerstaatlichen Gesetzgebung oder gemäß innerstaatlichen gerichtlichen Entscheidungen als selbständig erwerbstätig angesehen zu werden*«. Die letztgenannte Bestimmung ist insoweit bemerkenswert, als dabei sowohl auf »Selbständigkeit« als auch auf »wirtschaftliche Unabhängigkeit« abgehoben wird, sodass es – übersetzt in die Kategorien des deutschen Rechts – nicht allein auf die persönliche, sondern auch auf die wirtschaftliche Abhängigkeit einer Person von ihrem Vertragspartner ankommt; mit Blick auf das letztgenannte Kriterium denkt man unweigerlich an die »arbeitnehmerähnliche Person« des deutschen Rechts.

2.2 Kein Schutz von »contract labour«

Bemühungen in den 1990er Jahren, darüber hinaus einen gewissen Schutz für sog. »contract labour« zustande zu bringen,[12] war kein Erfolg beschieden. Und doch verdient gerade dieser Aspekt besonderes Interesse, wenn man die Frage nach dem Schutz von Beschäftigten in den rechtlichen Dreiecksverhältnissen der Plattformökonomie beantworten will. Zwar gelang es seinerzeit, den Entwurf eines Übereinkommens zum Schutz entsprechend Beschäftigter zu erarbeiten.[13] Doch kam es dann – angesichts zahlreicher, heftiger Widerstände[14] – nicht zu ei-

11 Überdies ist – auch im Bereich des EU-Arbeitsrechts – der nationale Arbeitnehmerbegriff nach wie vor von überragender Bedeutung; der Abstand zum Begriff des ILO-Begriffs des »worker« kann also von Land zu Land durchaus unterschiedlich ausfallen. Unentschieden insoweit übrigens mit Blick auf das englische Recht *Countouris* (Fußn. 4), S. 150: »possibly wider«.

12 Vgl. auch hierzu *Countouris* (Fußn. 4), S. 158ff.

13 Vgl. ILO, Report V (2B) – Contract labour, 1998.

14 Vgl. ILO, Report V – The Employment Relationship, 2003, S. 6.

ner Einigung.[15] Art. 1 des Übereinkommens enthielt eine Definition. Diese stellt darauf ab, dass der »contract worker« persönlich Arbeit für ein Beschäftigungsunternehmen verrichtet und zwar unter »arbeitsvertragsähnlichen« Umständen«. Dabei wurden zwei Situationen unterschieden: Zum einen das Bestehen einer vertraglichen Beziehung zwischen dem Beschäftigten und dem Beschäftigungsunternehmen und zum anderen die Einschaltung eines Drittunternehmens (»subcontractor«) oder Mittelsmanns (»intermediary«), welches dem Beschäftigungsunternehmen gegenüber verpflichtet ist, einen »contract worker« zu stellen.[16] In beiden Fällen sollte das Übereinkommen Anwendung finden; nicht anwendbar sein sollte es demgegenüber auf Arbeitnehmer des Beschäftigungsunternehmens sowie auf Leiharbeitnehmer.[17]

Mit dem ins Auge gefassten, letztlich aber gescheiterten Übereinkommen sollte der Schutz des Arbeitsrechts partiell über den Anwendungsbereich der geltenden Übereinkommen erweitert werden[18] und zwar insbesondere mit Blick auf die – in der Praxis immer häufiger auftretenden – Dreiecksbeziehungen.[19] Gedacht war daran, »contract workers« Arbeitsschutz angedeihen zu lassen (Art. 3), Ent-

15 Die Bemühungen mündeten in die Verabschiedung einer bloßen Empfehlung, nämlich der – oben bereits angesprochenen – Empfehlung Nr. 198.

16 »For the purposes of this Convention: the term »contract labour« means work performed for a natural or legal person (referred to as a »user enterprise«) by a person (referred to as a »contract worker«) where the work is performed by the contract worker personally under actual conditions of dependency on or subordination to the user enterprise and these conditions are similar to those that characterize an employment relationship under national law and practice and where either: the work is performed pursuant to a direct contractual arrangement other than a contract of employment between the contract worker and the user enterprise; or the contract worker is provided for the user enterprise by a subcontractor or an intermediary; the term »subcontractor« means a natural or legal person who undertakes by a contractual arrangement with a user enterprise to have work performed for that enterprise; the term »intermediary« means a natural or legal person who makes contract workers available to a user enterprise without becoming formally the employer of these workers«.

17 Vgl. Art. 2(1): »The Convention shall apply to all branches of economic activity and to all contract workers. It shall not apply to workers who, in accordance with national law and practice, have a recognized contract of employment with the user enterprise. It shall not apply to employees of private employment agencies who are made available to a user enterprise to perform contract labour«.

18 Vgl. ILO, Report V – The Employment Relationship, 2003, S. 6: »The original intention of the Conference discussion on »contract labour« was to protect certain categories of unprotected dependent workers through the adoption of a Convention and a Recommendation. (...) This category was understood to include workers in »triangular« relationships, as well as workers who perform work or provide services to other persons within the legal framework of a civil or commercial contract, but who in fact are dependent on or integrated into the firm for which they perform the work or provide the service in question«.

19 Vgl. insoweit insbes. ILO, Report V – The Employment Relationship, 2003, S. 37ff. u. 65ff.

geltanspruch und Abführung von Sozialversicherungsabgaben zu sichern (Art. 4) und sie, ganz allgemein, vergleichbaren Arbeitnehmern, soweit sachlich gerechtfertigt, so weit wie möglich gleichzustellen (Art. 5 u. 6). Die Entwicklung der Plattformökonomie verleiht diesen Überlegungen neue Aktualität.

3. Thomas Klebe

Thomas Klebe denkt stets voraus und schaut nach links und rechts. Als erster Arbeitsrechtler in Deutschland hat er das Phänomen crowdwork erfasst und die dadurch aufgeworfenen Probleme erkannt. Für Lösungen blickt er nicht allein auf das deutsche Recht, sondern bezieht stets auch das internationale Recht (und Erkenntnisse der Rechtsvergleichung) mit ein. In diesem Geist ist ihm der vorlegende Beitrag gewidmet.

Kick and rush

Prof. Dr. Astrid Wallrabenstein, Goethe Universität Frankfurt am Main

1. Schuster und ihre Leisten

Festschriftenbeiträge sind Momentaufnahmen eines Dialogs der Autorin mit dem Geehrten, und dieser Beitrag ist eine Momentaufnahme aus der Winterpause der Zweitligasaison 2017/18. Träfe ich heute mit *Thomas Klebe* zusammen, würden wir sicher erörtern, ob die Rückkehr des Trainers Schuster zu den Darmstädter Lilien und damit wohl die Rückkehr zur alten – bewährten, wenn auch nicht schönheitspreisverdächtigen – Spielweise auch Erfolg bringen wird (nicht jeder Verein hat das Glück einer langsam gewachsenen, aber umso konstanteren Trainerbeziehung wie Eintracht Braunschweig). Von dort würden wir wahrscheinlich den Bogen zur Bundespolitik schlagen und spekulieren, ob auch hier die Rückkehr zur bewährten, wenn auch nicht schönheitspreisverdächtigen, Groko ein erfolgreiches Konzept ist. Dabei wären wir uns wohl einig, dass so wenig, wie der SV Darmstadt 98 mit anderen Trainern erfolgreich war, Angela Merkel bisher überzeugend unter Beweis gestellt hat, dass sie mit anderen Partnern als der SPD gut regieren kann (ich hätte dafür mindestens das Rein und Raus bei der Atomenergienutzung angeführt). Schließlich könnten wir noch eine Dimension weiter ausgreifen und fragen, wie denn die Briten nach dem Brexit die Rückkehr zur natürlich auch nicht schönheitspreisverdächtigen Europäischen Union bewerkstelligen könnten.

Natürlich ist es eine ungesicherte Zukunftsprognose, aber manches spricht dafür, dass die Beziehung zwischen dem Vereinigten Königreich und der EU nach dem Brexit keinen stabilen Zustand darstellen wird, sondern nach der Trennung eine Wiederannäherung und am Ende ein Wiedereintritt in welcher Form und welchen Etappen auch immer erfolgen wird. Ein Aspekt, der dabei nach meiner Einschätzung eine nicht unwesentliche Rolle spielen wird, liegt in der Weiterentwicklung der europäischen Sozialrechtskoordinierung und damit einem veränderten Verständnis der Unionsbürgerschaft. Meine im Folgenden zu skizzierende These ist, dass in diesem Punkt die EU bereits begonnen hat, sich neu auszurichten und dass diese sich abzeichnenden Veränderungen den britischen Vorstellungen entgegenkommen.

2. Sozialrechtskoordinierung und der britische Welfare State

Die europäische Sozialrechtskoordinierung mit der VO (EG) 883/2004 geht auf die Verordnungen Nr. 3 (und 4) von 1958 und die diese ablösende VO (EWG) 1408/71 zurück. Alle drei koordinieren ihrem Ansatz nach Sozialversicherungssysteme – in der Begrifflichkeit des Unionsrechts Systeme sozialer Sicherheit. Kern und »Witz« dieser Systeme ist, dass sie soziale Kosten durch Beitragspflichten an den Lohn, also an die Kosten der Arbeit, knüpfen. Damit werden nicht nur Transaktionskosten des »Gutes« Arbeit in den »Marktpreis« für Arbeit internalisiert, sondern zugleich wird Arbeit innerhalb eines Sicherungssystems – und eben auch innerhalb der koordinierten europäischen Systeme – mobil. Daher dient die Sozialrechtskoordinierung der Ermöglichung von Arbeitnehmerfreizügigkeit.

Die Kehrseite dieses Konzepts ist der damit verbundene Harmonisierungsdruck: Eigentlich erfordert die Teilnahme an dem europäischen Markt von einem Mitgliedstaat ein Sozialversicherungssystem, das den Koordinierungsregelungen entspricht.[1] Genau dies ist aber insbesondere beim Vereinigten Königreich nicht der Fall. Stattdessen zeichnet sich der britische Welfare State durch steuerfinanzierte und allen Bürgern gewährte »Grundsicherungsleistungen« aus. Einerseits wird dadurch nicht unmittelbar Arbeit durch soziale Kosten belastet – sondern »nur«, soweit Steuern auf Arbeitseinkommen erhoben werden. Andererseits liegt der Anknüpfungspunkt für Leistungen nicht im Beschäftigungsverhältnis, sondern im Status als Bürger.[2] Mobilität ist dabei grundsätzlich nicht vorgesehen, was nicht zuletzt mit der territorialen Begrenzung der Steuerpflicht zusammen hängt.[3]

Zwar hat das europäische Koordinierungsrecht seit der VO 1408/71 auch den Anspruch einer systemübergreifenden Koordinierung. Allerdings bestanden und bestehen insoweit immer wieder Schwierigkeiten, die insbesondere auch den Europäischen Gerichtshof beschäftigt haben. Es entwickelte sich eine Art eigenes Koordinierungsregime für die sogenannten besonderen beitragsunabhängigen Leistungen, das territoriale Leistungsbeschränkungen akzeptiert und gewissermaßen im Gegenzug die Inländergleichbehandlung auch unabhängig vom Beschäftigungsverhältnis forciert.[4] Gleichwohl blieb der subtile Harmonisierungs-

1 Vgl. aus historischer Perspektive auch für die älteren Sozialversicherungsabkommen *Tanja Anette Glootz*, Alterssicherung im europäischen Wohlfahrtsstaat, 2005.

2 Vgl. zum Unterschied zwischen den Bismarck- und Beveridge-Systemen in der (alten) EU bei *Maurizio Ferrera*, The Boundaries of Welfare, 2005, S. 59 ff.

3 *Ferrera*, ebenda, führt die Etablierung »universalistischer« Regime insb. auf die Existenz eines auch in Bezug auf seine Grenze gefestigten und durchsetzungsstarken Staates zurück.

4 Vgl. *Wallrabenstein*, Enzyklopädie Europarecht, Bd. 7, § 22 Rn. 11 f. m. w. N.

druck in Richtung »kontinentaler« Sozialversicherungsstrukturen bestehen. Für die Gesundheitsversorgung wurde er zudem durch die Rechtsprechung zur (passiven) Dienstleistungsfreiheit[5] noch verstärkt – so war das britische System eines (rein) steuerfinanzierten Sachleistungssystems gezwungen, Kostenerstattungsansprüche bei Auslandsbehandlungen einzuführen.

Zugespitzt mag dieses Regelungssystem und insbesondere die Rechtsprechung des EuGH aus britischer Sicht bisweilen das Gefühl der Kolonialisierung vermittelt haben. Entsprechend gewichtig war die Befreiung von dem Joch des EuGH im Allgemeinen und der »Verfremdung« des britischen Welfare State im Besonderen im Rahmen der Brexit-Debatten.

3. ... und am Ende gewinnen die Deutschen: rechtmäßiger (Dauer-)Aufenthalt als Voraussetzung von Sozialleistungen

Die Einführung und Verschärfung sogenannter right to reside tests – also die Anknüpfung von Leistungen an eine anspruchsvolle Konzeption von Aufenthalt – in den vorausgehenden Jahren[6] lässt sich bereits als Akt des Aufbegehrens gegen diesen europäischen Druck interpretieren. Da Diskriminierungen aufgrund der Staatsangehörigkeit unionsrechtlich unzulässig sind, knüpfen die (neueren) right to reside tests an mobilitätsfeindliche Voraussetzungen an. Auch hier drohen zwar Restriktionen durch den EuGH, weil die Arbeitnehmerfreizügigkeit beschränkt wird. Aber immerhin besteht die Möglichkeit der Rechtfertigung und damit zumindest die Chance auf ein »Einsehen« des EuGH.

Es hat schon eine besondere Ironie, dass der EuGH ein solches Einsehen tatsächlich zwischen 2014 und 2016 entwickelt hat, allerdings nicht im Rahmen britischer Fälle, sondern anhand von Vorlagen zunächst aus Österreich und sodann vor allem aus Deutschland. Ein deutscher Rentner in Österreich und rumänische Roma sowie schwedische Ex-Jugoslawen in Deutschland bilden die Anschauungsbeispiele dafür, dass der EuGH es als zulässig ansieht, steuerfinanzierte Grundsicherungsleistungen an die Voraussetzung eines anspruchsvoll konkretisierten rechtmäßigen Aufenthalts zu knüpfen.[7]

---

5 Vgl. etwa *Wallrabenstein,* in: Enzyklopädie Europarecht, Bd. 8, § 8 Gesundheitspolitik, Rn. 45 ff.

6 Vgl. *Constanze Janda,* Sozial- und aufenthaltsrechtliche Reaktionen der EU-Mitgliedstaaten auf Zuwanderung bedürftiger Unionsbürger, in: Sozialrecht aktuell 2015, 16–27.

7 Vgl. etwa *Wallrabenstein,* Die Gleichheit der Freiheit, ZESAR 2016, 349–357; *Frank Schreiber,* Bereichsspezifische Begrenzung des sozialen Gehalts der Unionsbürgerschaft oder »Rückkehr zum Marktbürger«?, NZS 2016, 847–855.

Zwar mündete diese durchaus fundamentale Wende der Rechtsprechung noch in den letzten Sekunden vor dem Referendum auch in eine ausgesucht UK-freundliche Entscheidung über die britischen residence Voraussetzungen.[8] Aber durch den Brexit kommt es für das Vereinigte Königreich hierauf nicht mehr an. Stattdessen profitierte der deutsche Gesetzgeber nicht zuletzt auch von den britischen Ideen und führte für das deutsche Grundsicherungsrecht die unionsrechtlich denkbar schärfsten Aufenthaltsvoraussetzungen ein.[9]

4. Zwei Klassen-EU: Unionsbürger und Hintersassen

Versucht man, möglichst vereinfacht die Konzeption von Freizügigkeit und sozialen Rechten zu skizzieren, die in dieser Entwicklung aufscheint, dann ergibt sich folgendes Bild:

Die »Oberklasse« der Unionsbürger besteht aus den Erwerbstätigen, die zum einen »soziale Sicherheit« genießen und zum anderen freizügigkeitsberechtigt sind. Als Erwerbstätige kommen sie grundsätzlich in den Genuss sozialer Rechte, die sich am Lebensstandard orientieren: insbes. lastenausgleichende Familienleistungen, mehr oder weniger am Lebensstandard ausgerichtete Alterssicherung und Erwerbsausfallsicherung sowie umfassender Krankenversicherungsschutz. Diese »Sozialbürgerschaft« – social citizenship – ist durch Systeme abgesichert, deren Kosten im Rahmen des Erwerbstätigkeitsverhältnisses einbehalten werden. Die unionsweite Koordinierung der Systeme der sozialen Sicherheit, namentlich die Möglichkeit, Leistungen zu exportieren, macht diese Klasse der Unionsbürger mobil.

Daneben existiert eine »Unterklasse« aus Nichterwerbstätigen, die diesen Unionsbürgerstatus nicht besitzen. In Anlehnung an die Statusunterschiede vorindustrieller Gesellschaften kann man sie als moderne Hintersassen bezeichnen.[10] Sie erhalten soziale Rechte nur im Rahmen einer Grundsicherung: Existenzielle Bedarfe sowohl für die Lebenshaltung als auch bei Krankheit werden gedeckt; grundsätzlich ist damit das Leistungsniveau für alle gleich und niedrig. Im Unionskontext gilt, dass sie diese Leistungen nur in ihrem Herkunftsstaat erhalten und damit grundsätzlich immobil sind.

Ein sozial wichtiger Unterschied zu traditionellen Klassengesellschaften besteht darin, dass die Klassengrenzen – grundsätzlich – durchlässig sind: Bereits durch Aufnahme einer Erwerbstätigkeit erfolgt die Zugehörigkeit zur Unionsbürger-

8 EuGH 14.6.2016 – C-308/14, ECLI:EU:C:2016:436.
9 Gesetz vom 22.12.2016, BGBl. 2016 I 3155.
10 Zum Begriff vgl. http://www.hls-dhs-dss.ch/textes/d/D15998.php.

klasse. Allerdings gilt die Durchlässigkeit auch umgekehrt: Der Status ist nicht dauerhaft, sondern besteht nach Aufgabe der Erwerbstätigkeit – grundsätzlich – nur proportional zur Dauer des vorherigen Status fort: Kurze Erwerbstätigkeit wirkt nur kurz nach und für den lebenslangen Verbleib in der Unionsbürgerklasse ist eine weitgehend ununterbrochene Erwerbsbiografie erforderlich.

5. Semipermeable Grenzen statt allgemeiner Freizügigkeit

Vielleicht noch wichtiger als die Volatilität der Klassenzugehörigkeit ist aber der Konnex zwischen Klasse und Mobilität: Freizügigkeit steht nur den Unionsbürgern, nicht den Hintersassen zu. Wer auszieht, sein Glück zu versuchen, muss erwerbstätig sein; wem dies nicht gelingt, muss mit leeren Händen heimkehren. Ohne Grenzen kann dieses Konzept nicht funktionieren. Denn Hintersassen müssen in ihren Herkunftsstaaten bleiben, und notfalls muss dies auch durchgesetzt werden.

Die Ablehnung des Schengener Konzepts eines grenzfreien europäischen Binnenraumes durch das Vereinigte Königreich erfährt mit der Entwicklung des 2-Klassen-Modells der Europäischen Union gewissermaßen nachträgliche Rehabilitation. Umgekehrt könnte es sein, dass die Wiedereinführung der Grenzkontrollen in zahlreichen europäischen Staaten zwar aus Anlass der Flüchtlingsentwicklung im Sommer 2015 erfolgte, aber früher oder später auch ohne diesen Anlass stattgefunden hätte. In der deutschen Debatte war vor der Flüchtlingskrise die Armutsmigration das Schlagwort, unter dem bereits Fragen der (bayerischen) Grenzkontrolle verhandelt wurden. Jedenfalls erscheint die Prognose nicht abwegig, dass es eine Rückkehr zu kontrollfreien Binnengrenzen so schnell nicht geben wird.

Ausgehend von dem Szenario der 2-Klassen-Gesellschaft scheint es plausibler, nach Grenz- bzw. Rückführungsregimen zu schauen, die gewissermaßen semipermeabel möglichst reibungslose Mobilität für Unionsbürger und möglichst effektive Hindernisse für Hintersassen bieten. Die zukünftige EU-Grenze durch Irland könnte für die Entwicklung des Prototyps dienen. In diesem Sinne könnte auch am Ende der Geschichte über den Brexit eine Rückkehr zur vielleicht immer weniger schönheitspreisverdächtigen Europäischen Union stehen.

Tarifrunde in der Metall- und Elektroindustrie 2018: Rechtmäßigkeit der Tarifforderung zur Arbeitszeit oder »Rührei in Theorie und Praxis«

Sibylle Wankel, Justitiarin der IG Metall

Dieser Essay ist dem Jubilar gewidmet, dem es heute wie gestern in beeindruckender Weise gelingt, wesentliche rechtspolitische Fragestellungen aus gewerkschaftlicher Sicht auf höchstem argumentativem Niveau zur Geltung zu bringen. Persönlich sage ich Dir, Thomas, mit diesen Zeilen herzlichen Dank für mehr als 20 gemeinsame Jahre in unserer IG Metall. Aus unterschiedlicher und mitunter kontroverser Perspektive hatten und haben wir stets dasselbe Ziel vor Augen: Die Verbesserung der Arbeitsbedingungen und damit des Lebens der Menschen in unserem Land und über die Grenzen hinweg. Ad multos annos!

1. Die Tarifforderung zur Arbeitszeit

Bei der Debatte über die Arbeitszeitforderung für die Tarifrunde 2018 in der Metall- und Elektroindustrie hat die IG Metall die Ergebnisse[1] aktueller wissenschaftlicher Untersuchungen und der eigenen Beschäftigtenbefragung 2017 berücksichtigt. Bei aller Zufriedenheit mit tariflich und betrieblich geregelten Arbeitszeiten zieht sich durch alle Antworten das Bedürfnis von Vollzeitbeschäftigten, jedenfalls für eine Zeitlang kürzer treten und anschließend wieder zur vorherigen Arbeitszeit zurückkehren zu können.[2] Besonders belastet durch lange Arbeitszeiten, Mehrarbeit und mangelnde individuelle Flexibilität sind Beschäftigte in Schichtsystemen[3] und Beschäftigte mit Familienaufgaben wie Kinderbetreuung und Pflege.[4] Daher hat sich die IG Metall entschieden, einen individuel-

1 Für die Zulieferung geht mein Dank an *Katrin Mohr, Sophie Jänicke* und *Dr. Johanna Wenckebach.*

2 *IG Metall*, Arbeitszeit – sicher, gerecht und selbstbestimmt, 2017, S. 24, Abb. 7.1.

3 *Paul/Kuhlmann*, Schichtarbeit in der Beschäftigtenbefragung 2017 der IG Metall, 2017.

4 *Allmendinger/Haarbrücker*, Arbeitszeiten und die Vereinbarkeit von Beruf und Familie, WZB-Discussion Paper P 2017–002, 2017.

len Anspruch auf befristete Arbeitszeitreduzierung (»kurze Vollzeit«) in Verbindung mit einem finanziellen Zuschuss unter bestimmten Voraussetzungen zu fordern und in einer Zeit, die zunehmend von Entgrenzung von Arbeits- und Privatleben geprägt ist, als Vorreiterin für gesamtgesellschaftlich notwendige und sozialpolitisch innovative Verbesserungen anzutreten.
Die Forderung lautete auszugsweise: »*2.*[5] *Einen Anspruch zur Reduzierung der individuellen regelmäßigen wöchentlichen Arbeitszeit auf bis zu 28 Stunden für eine Zeitdauer von bis zu 24 Monaten. Dieser Anspruch kann in Stunden oder Blöcken genommen werden, erfordert keine Begründung und schließt ein Rückkehrrecht zur ursprünglichen Arbeitszeit ein. 2.1 Für die Beschäftigten, in deren Haushalt Kinder unter 14 Jahren leben oder die pflegebedürftige Familienangehörige haben, fordert die IG Metall einen tarifdynamischen Zuschuss (…), soweit sie ihre wöchentliche Arbeitszeit um 3,5 Stunden oder mehr reduzieren. Dieser tarifliche Zuschuss wird für bis zu 24 Monate für jedes Kind und für jeden Pflegefall für die Dauer der reduzierten Arbeitszeit gewährt. 2.2 Für die Beschäftigten im Schichtbetrieb und in anderen belastenden Arbeitszeitmodellen, die diese Wahloption nutzen, fordert die IG Metall einen tarifdynamischen Zuschuss (…). Auf diesen Zuschuss besteht solange Anspruch, wie die Beschäftigten in belastenden Arbeitszeitmodellen tätig sind und ihre Arbeitszeit entsprechend reduzieren. Dies beinhaltet auch, wie in Ziffer 2.1, einen Eigenbeitrag der Beschäftigten.*«
Die Arbeitgeber wiesen die Forderung wegen angeblicher Diskriminierung von Teilzeitbeschäftigten und Frauen als rechtswidrig zurück, weil die geforderte Regelung zur Erreichung der seitens der IG Metall formulierten Ziele »gänzlich ungeeignet« sei. Diese Sichtweise trifft nicht zu.
Die Möglichkeit der »kurzen Vollzeit«, verbunden mit einem finanziellen Anreiz unter bestimmten Voraussetzungen, ist gesundheitspolitisch begründbar. Dies gilt bei belastenden Arbeitszeitsystemen wie Schichtarbeit ebenso wie für Beschäftigte, die eine 5-Tage-Woche mit Familiensorgearbeit verbinden müssen. Sowohl physisch wie psychisch ist die Belastung signifikant höher, wenn Sorgearbeit parallel zu einer Vollzeittätigkeit geleistet wird: Wer seine Arbeitszeit wegen Kindererziehung oder Pflege reduziert, empfindet deutlich weniger Stress als diejenigen, die diese Aufgaben parallel zu einer Vollzeitstelle bewältigen.[6] Das als zeitlich befristete attraktive Alternative zur Teilzeitarbeit angelegte Modell soll und kann mittelfristig helfen, einer Benachteiligung von Frauen entgegenzuwirken. Durch eine »kurze Vollzeit« mit Entgeltzuschuss wird Frauen am Arbeitsmarkt der Weg in eine Beschäftigung eröffnet, die ihnen anders als heute[7] eine ei-

5 Ziffer 1 betraf die Forderung zur Entgelterhöhung.
6 *Allmendinger/Haarbrücker*, a. a. O.
7 *Bundesregierung*, 5. Armuts- und Reichtumsbericht, 2017.

genständige Versorgung im Alter sichert und dem »gender pension gap«[8] entgegenwirkt. Das Modell verbessert die Vereinbarkeit von Tätigkeiten in der Metall- und Elektroindustrie mit Familie signifikant und entspricht dem verbreiteten Wunsch nach einer stärker partnerschaftlichen Aufteilung der Sorgearbeit: Fast 80 Prozent der Väter wünschen sich mehr Zeit mit ihrer Familie.[9]
Die »kurze Vollzeit« wirkt dem in der Branche bestehenden Fachkräftemangel entgegen. Aus familiären Gründen nicht (voll) erwerbstätige Frauen stellen mit bis zu 3 Millionen Vollzeitäquivalenten das größte und am schnellsten zu mobilisierende Arbeitskräftepotenzial dar.[10] Laut IAB[11] sorgen die verfestigten Strukturen in technischen Berufen dafür, dass in diesem Bereich kaum weibliche Fachkräfte nachfolgen. Eine Frauenquote von 20 Prozent in der Branche bietet viel Potenzial, um durch familienfreundliche Angebote Fachkräfte zu halten und zu gewinnen. Nicht zuletzt müssen bestehende Beschäftigungskapazitäten angesichts der in der Branche anstehenden Umbrüche z. B. durch Digitalisierung und Elektromobilität möglichst gesundheits- und familienförderlich verteilt werden.

2. Arbeitskampfrechtliche Konsequenzen

Ein Grund, warum die IG Metall nicht zum (Warn-)Streik hätte aufrufen dürfen, ist nicht erkennbar. Die Prüfung der Rechtswidrigkeit eines Streiks durch das BAG[12] erfolgt anhand von drei Kriterien: Handelt es sich um ein tariflich regelbares Ziel und damit um die Wahrnehmung von Tarifautonomie im Sinne des Art. 9 Abs. 3 GG? Liegt ein Verstoß gegen die Friedenspflicht vor? Ist der Streik verhältnismäßig? Bezogen auf die Tarifforderung war nur die erste Frage relevant.
In den bisher vom BAG entschiedenen Fällen wurden Streiks für rechtswidrig erklärt, weil eine Tarifforderung die Tarifautonomie der Arbeitgeberseite beeinträchtigte[13], gegen eine bestehende Friedenspflicht verstieß[14] oder die Kompetenzgrenze des Art. 9 Abs. 3 GG aus anderen Gründen eindeutig überschritt[15].

8 *Wagner/Klenner/Sopp*, WSI Report 38, 2017.
9 *BMFSJ*: Familienreport 2017.
10 *BMFSJ/BDA/DIHK/ZDH/DGB*, Familie und Arbeitswelt, 2015.
11 Kurzbericht 9|14 und Regional 1|15.
12 BAG 24.4.2007 – 1 AZR 252/06; 26.7.2016 – 1 AZR 160/14.
13 BAG 10.12.2002 – 1 AZR 96/02, Rn. 42ff. (Eintritt in Arbeitgeberverband).
14 BAG 10.12.2002 a.a.O., Rn. 36ff.
15 BAG 4.5.1955 – 1 AZR 493/54, Rn. 28 (freie Lohnvereinbarungen als gewollte Regellosigkeit); 21.3.1978 – 1 AZR 11/76, Rn. 45 (Differenzierungs- mit Spannenklausel); 5.3.1985 – 1 AZR 468/83, Rn. 41ff. (Sympathiestreik); 7.6.1988 – 1 AZR 372/86, Rn. 31

Daran ändert auch die jüngste Entscheidung des BAG[16] zur Rechtswidrigkeit eines Streiks nichts. Das BAG hat sich zwar grundsätzlich mit den arbeitskampfrechtlichen Folgen einer rechtswidrigen Forderung auseinandergesetzt, jedoch betraf der zu entscheidende Fall ausschließlich die Konstellation einer Verletzung der Friedenspflicht. Wollte man die vom BAG aufgestellten Grundsätze nun auf sämtliche Fallgestaltungen einer *möglicherweise* rechtswidrigen Forderung übertragen, würde man weder der Systematik der Rechtsprechung zur Rechtswidrigkeit von Streiks noch den besonderen Umständen der erhobenen Arbeitszeitforderung gerecht.

Ein tariflich nicht regelbares Ziel liegt nur vor, wenn die Forderung einen Gegenstand betrifft, der der Regelung durch Tarifvertrag entzogen ist, weil etwa die Tarifautonomie der anderen Tarifvertragspartei verletzt ist[17], eine den Grundsätzen des Tarifvertragsrechts zuwider laufende Regelung angestrebt wird[18] oder eine nicht von Art. 9 Absatz 3 GG gedeckte Streikform gewählt wurde[19]. Soweit die Rechtsprechung des BAG zur tariflichen Regelbarkeit von Streikzielen dahingehend verstanden wird, dass die angestrebte tarifliche Regelung einen in jeder Hinsicht rechtmäßigen Inhalt haben muss, ist dem mit Vorsicht zu begegnen. Aufgrund der verfassungsrechtlich garantierten Tarifautonomie wird der Gewerkschaft bezüglich ihrer Tarifforderungen ein weiter Beurteilungs- und Handlungsspielraum eingeräumt. So braucht sie weder zweckmäßige noch gerechte Tarifforderungen aufzustellen, sondern kann ihre Forderung dem Gang der Verhandlungen anpassen, um am Ende ein rechtskonformes Tarifergebnis zu erzielen. Die Grenze der tariflichen Regelbarkeit dürfte erst dort zu ziehen sein, wo eine Tarifforderung so offensichtlich und aus jedem Blickwinkel rechtswidrig ist, dass auch unter Zugrundelegung des weiteren Verlaufs der Verhandlungen unter keinem denkbaren Gesichtspunkt damit zu rechnen ist, dass eine rechtmäßige Tarifregelung vereinbart werden kann. Alles anderes liefe auf eine verfassungswidrige Einschränkung des Streikrechts hinaus. Denn hier würde eine potenzielle Norm in Unkenntnis ihrer späteren Konkretisierung auf eine mögliche Rechtswidrigkeit überprüft, was nach der Rechtsprechung des BAG[20] zum Umfang einer Streikforderung als unzulässige Tarifzensur zu werten wäre: Eine Übermaßkontrolle ist weder geboten noch zulässig, der Umfang einer Streikforderung keine rechtlich bedeutsame Größe.

(wilder Streik; Regelung eines Individualrechtsstreits); 10.12.2002 a.a.O., Rn. 45ff. (Übernahme tariflicher Kündigungsschutz in Einzelarbeitsverträge).

16 26.7.2016 a.a.O.

17 BAG 10.12.2002 a.a.O., Rn. 42ff.

18 BAG 4.5.1955 a.a.O.; 21.3.1978 a.a.O.; 7.6.1988 a.a.O.

19 BAG 5.3.1985 a.a.O.; 7.6.1988 a.a.O.

20 BAG 24.4.2007 a.a.O., Rn. 95ff.; LAG Hessen 9.8.2011 – 9 SaGa 1147/11, Rn. 38.

Bei Anwendung dieser Grundsätze wird klar, dass es auch im vorliegenden Fall nur um eine *Umfang*kontrolle geht, und zwar im Sinne einer »Untermaßkontrolle«. Eine Tarifforderung des Inhalts, dass *alle* Beschäftigten in den Genuss des geforderten Anspruchs kommen sollten, wäre eindeutig rechtmäßig. Lediglich der Umstand, dass die IG Metall keine so weitgehende Tarifregelung, sondern unter Berücksichtigung betrieblicher Belange eine auf bestimmte Konstellationen beschränkte Teilregelung und damit ein »Weniger« gefordert hatte, soll zur Rechtswidrigkeit führen. Damit würde eine »Untermaßkontrolle« vorgenommen, die es aus verfassungsrechtlichen Gründen ebenso wenig geben kann wie die vom BAG abgelehnte Übermaßkontrolle.
Auf eine solche Konstellation ist die 2016 bestätigte[21] »Rührei-Theorie« des BAG nicht anwendbar. Das BAG begründet seine Auffassung, dass eine einzige rechtswidrige Forderung in einem Forderungspaket zur Rechtswidrigkeit des Streiks insgesamt führe, damit, dass jede verlautbarte Tarifforderung Einfluss auf die Verteidigungsmöglichkeiten und die Kampfstrategie der Arbeitgeberseite habe. Wenn sie ihre Verhandlungsmacht dafür einsetzen müsse, eine durch Art. 9 Abs. 3 GG nicht gedeckte Forderung abzuwehren, liege darin eine unzulässige Beeinträchtigung. Diese Überlegung macht aber nur Sinn, wenn man einen Sachverhalt annimmt, wie er auch der Entscheidung des BAG zugrunde lag, nämlich dass das auf dem Tisch liegende Verhandlungspaket durch das »Nicht-Einlassen-Müssen« der Arbeitgeberseite auf die rechtswidrige Forderung im Volumen beschränkt würde. Die vorliegende Konstellation ist damit schon im Ansatz nicht vergleichbar, da nicht eine reduzierte, sondern eine materiell *weitergehende* Tarifforderung unstreitig rechtmäßig gewesen wäre. Es gibt keinen Anspruch der Arbeitgeberseite, von Anfang an mit der materiell am weitesten gehenden Forderung konfrontiert zu werden. Deshalb kann nicht davon ausgegangen werden, dass das BAG die »Rührei-Theorie« in einer Konstellation wie der vorliegenden überhaupt anwenden würde. Jedenfalls handelt es sich um eine höchstrichterlich offene Frage, die eine Untersagung des Arbeitskampfes nicht rechtfertigen könnte.

21 BAG 26.7.2016 a.a.O., Rn. 52.

3. Wie es ausging

An den Warnstreiks der IG Metall beteiligten sich 1,5 Millionen Menschen. Die beiden einzigen Anträge auf einstweilige Verfügungen gegen die Warnstreiks hatten keinen Erfolg.[22] Und die »kurze Vollzeit« wurde Tarifvertrag.

22 ArbG Krefeld 31.1.2018 – 1 Ga 1/18; ArbG Nürnberg 31.1.2018 – 5 Ga 24/18. Die zum Zeitpunkt der Manuskriptabgabe anhängigen Hauptsacheverfahren wurden aufgrund der im Tarifergebnis vereinbarten Maßregelungsklausel durch Rücknahme oder Erledigung beendet.

Die Regulierung globaler Lieferketten: Ein Trauerspiel

Prof. em. Dr. Dr. h. c. mult. Manfred Weiss, Goethe Universität Frankfurt am Main, Vorsitzender des Beirats des Hugo Sinzheimer Instituts für Arbeitsrecht, Frankfurt am Main.

1. Einleitung

Die Internationalisierung arbeitsrechtlicher Regelungsstrukturen gehört seit langem zum Interessengebiet von Thomas Klebe. Ich widme ihm deshalb zu seinem 70. Geburtstag eine Skizze zu einem besonders drängenden Problem in diesem Kontext.

Globalisierung und technologischer Fortschritt machen es möglich, Warenproduktion ebenso wie Dienstleistungen weltweit auszulagern. Das eröffnet zugleich die Möglichkeit, sich das Gefälle der Regulierung der Arbeitsbedingungen zwischen Industrie- und Entwicklungsländern zunutze zu machen und dorthin auszuweichen, wo die Arbeitskosten besonders niedrig sind. Viel diskutierte Paradebeispiele für eine solche Praxis sind die Textil- und die Sportartikelindustrie. Sie bilden gewissermaßen die Spitze des Eisbergs.

Dass in der zweiten Dekade des 21. Jahrhunderts noch immer ein solches Regulierungsgefälle zwischen Industrie- und Entwicklungsländern herrscht, muss verwundern. Ist doch seit ihrem Gründungsjahr 1919 die Internationale Arbeitsorganisation (IAO) bemüht, weltweit Mindeststandards für alle nur denkbaren arbeits- und sozialrechtlichen Aspekte zu entwickeln. Das auf den ersten Blick stolze Ergebnis dieser Bemühungen sind 189 Übereinkommen. Bei näherem Hinsehen erweist sich allerdings, dass diese Übereinkommen zur Erlangung der Rechtsverbindlichkeit für die Mitgliedsstaaten ratifiziert werden müssen und die Ratifizierungsrate gerade bei den Entwicklungsländern sehr zu wünschen übrig lässt. Zudem bedeutet Ratifizierung noch lange nicht Implementierung in die Praxis. Der Überwachungs- und Sanktionsapparat erweist sich gegenüber solchen Defiziten als reichlich zahnloses Instrument. Kurzum: von weltweiter und umfassender Einhaltung der von der IAO entwickelten Übereinkommen kann keine Rede sein.

IAO, die nur Industrieländer umfassende Organisation für Wirtschaftliche Zusammenarbeit und Entwicklung (OECD) und die Vereinten Nationen (UNO) haben die Multinationalen Unternehmen (MNU) erfolgreich dazu angehalten, Verhaltenscodices zu entwickeln und so dafür zu sorgen, dass wenigstens die

Kernarbeitsnormen der IAO in ihrem Bereich, möglichst einschließlich der Zulieferer, eingehalten werden. Solche Codices existieren nun in großem Ausmaß. Sie sind nicht rechtlich bindend, nur sog. soft law. Eine ganze Zertifizierungsindustrie hat sich herausgebildet, um die Einhaltung dieser Codices zu überwachen. Wird die Einhaltung mit einem »social label« bestätigt, zeigt sich vor allem, dass dieses Zertifikat für die Werbung eingesetzt wird, über die tatsächliche Bedeutung der Codices jedoch wenig aussagt.
Ein Hoffnungsschimmer sind die seit Mitte der letzten Dekade zwischen globalen Gewerkschaften und MNU ausgehandelten Internationalen Rahmenabkommen (IRA), weil hier anders als bei den Codices Gewerkschaften involviert sind und paritätisch ausgestaltete Überwachungsgremien die Einhaltung kontrollieren. Doch nach anfänglicher Euphorie ist inzwischen leider eine Stagnation festzustellen.
Angesichts dieses insgesamt wenig erfreulichen Befunds ist zu fragen, ob es denn sein kann, dass dieser Status quo einfach hingenommen wird oder ob neue Initiativen Grund zu mehr Optimismus bieten. Dem widmet sich die nun folgende Skizze.

2. Neue Regulierungsinitiativen

Bewegung kam in die Debatte um Regulierung globaler Lieferketten erst nach der Jahrhundertwende. Die vom Sonderbeauftragten der UNO Ruggie 2005 – 2011 erarbeiteten Leitprinzipien für Wirtschaft und Menschenrechte versuchten, den wirtschaftsbezogenen Bestand der Menschenrechte zusammenzuführen. Der 2006 gegründete Menschenrechtsrat der UNO griff diese Vorlage auf, verabschiedete sie 2011 und verpflichtete die Mitgliedstaaten, durch nationale Aktionspläne dafür zu sorgen, dass die Leitprinzipien beachtet werden und im Falle der Verletzung wirksame Abhilfe geschaffen wird. Allerdings wurden die Mitgliedstaaten nicht gezwungen, bindende und einklagbare Normen zu entwickeln, sondern konnten es bei freiwilliger Selbstverpflichtung belassen. Genau das ist dann auch geschehen. Die Mitgliedstaaten beließen es bei Empfehlungen, sodass diese Leitlinien letztendlich nicht über die Stufe hinauskamen, die schon mit den Verhaltenscodices weitgehend erreicht war.
Im April 2013 wurde die Welt durch die Katastrophe Rana Plaza in Bangladesh aufgeschreckt, wo beim Einsturz eines Fabrikgebäudes 1134 Arbeiterinnen ums Leben kamen. Die Medienberichte über dieses Unglück rückten die Probleme der Arbeitssicherheit in den Zulieferfirmen wie nie zuvor ins Blickfeld und führten schon einen Monat später, am 15. Mai 2013, zu einem zwischen zwei internationalen Gewerkschaftsdachverbänden und der IAO entwickelten Abkommen

über Feuer und Gebäudesicherheit in Bangladesh, das inzwischen mehr als 200 MNU unterzeichnet haben. Das Abkommen ist darauf angelegt, eine sichere und gesunde Arbeitsumwelt in der Textilindustrie zu schaffen. Es geht weit über alles bisher Dagewesene hinaus, ist rechtlich bindend, schreibt die Einrichtung eines unabhängigen Inspektionsprogramms vor und verpflichtet die Unternehmen, demokratisch gewählte Arbeitssicherheitsausschüsse einzurichten, ausreichende Finanzmittel zur Verfügung zu stellen, Schulungsprogramme für die Beachtung von Arbeitssicherheit durchzuführen und vor allem im Falle von Verletzung von Arbeitssicherheitsvorschriften für die Betroffenen die Möglichkeit zu eröffnen, Schadensersatz einklagen zu können. Das vorbildliche Abkommen läuft im Mai 2018 aus. Erst nach zähem Ringen – der Rana Plaza Schock war nicht mehr präsent – einigte man sich auf ein Anschlussabkommen mit dreijähriger Laufzeit, in das nun als »Zeugen« auch vier Nichtregierungsorganisationen (NGOs) eingebunden sind.

Diese Abkommen bedeuten ohne Zweifel einen erheblichen Fortschritt. Allerdings sind sie nicht nur zeitlich begrenzt, sondern betreffen nur die Arbeitssicherheit nur einer Industrie in nur einem Land. Notwendig wäre eine rechtlich bindende Regelung, die auch andere Regelungsgegenstände (Lohn, Arbeitszeit etc.) umfasst und für globale Lieferketten weltweit in allen Branchen und Ländern gilt.

Was die geografische und branchenübergreifende Ausdehnung angeht, gibt es im Hinblick auf Arbeitssicherheit eine in die richtige Richtung weisende Initiative: Die 2017 von den G7 begründete »Vision Null«, die darauf abzielt, die Unterschiede der Arbeitssicherheit zwischen Industrie- und Entwicklungsländern völlig zu beseitigen. Für diesen Zweck wurde ein Fonds bereitgestellt, der von der mit der Durchführung betrauten IAO verwaltet wird. Was aus dem Vorhaben letztendlich wird, ist derzeit noch nicht abzusehen.

Die große Chance, endlich ein bindendes internationales, alle Regelungsfragen abdeckendes Instrument zu entwickeln, zeichnete sich 2014 ab, als Ecuador und Südafrika im Menschenrechtsrat der UNO den Antrag einbrachten, eine entsprechende Resolution zu verabschieden. Ein rechtsverbindliches Instrument, das die Pflichten der MNU für ihren gesamten Bereich einschließlich der Zulieferfirmen festlegt, Verfahren ihrer Einhaltung vorschreibt, Sanktionen für Verletzung dieser Pflichten vorsieht und für die Betroffenen im Schadensfall aussichtsreiche Klagemöglichkeiten eröffnet, sollte erarbeitet werden. Die gute Nachricht ist, dass diese Resolution mit der Mehrheit der Stimmen tatsächlich verabschiedet wurde. Allerdings – und das ist die schlechte Nachricht – geschah dies nur mit den Stimmen der im Menschenrechtsrat vertretenen Entwicklungsländer. Die Industrieländer, deren MNU vom Status quo profitieren, haben allesamt – einschließlich Deutschland – dagegen gestimmt. Damit tendiert die Realisierungschance gegen null, obwohl eine Arbeitsgruppe eingesetzt wurde, die einen

Vorschlag erarbeiten soll. Diese Arbeitsgruppe tagt in regelmäßigen Abständen und präsentiert eindrucksvolle Protokolle, wobei man leider den Eindruck gewinnen muss, dass es sich trotz großem Engagement und übrigens tatkräftiger Mitwirkung vieler NGOs um letztendlich vergebliche Liebesmüh handeln wird.
Ein neuerlicher Hoffnungsschimmer flackerte schließlich auf, als 2016 das Internationale Arbeitsamt der IAO einen umfänglichen Bericht über »Menschenwürdige Arbeit in Globalen Lieferketten« vorlegte und die Thematik es auf die Agenda der Internationalen Arbeitskonferenz schaffte. Das Gewerkschaftslager setzte sich vehement dafür ein, Mindestbedingungen in einem verbindlichen Übereinkommen festzuschreiben, wurde aber vom Arbeitgeberlager ausgebremst. Das Mantra der Arbeitgeberseite war Freiwilligkeit. So mündete die Debatte in eine Schlusserklärung, die den kleinsten gemeinsamen Nenner festhielt. Darin wird ein neues Übereinkommen kategorisch ausgeschlossen und der IAO aufgegeben, einen Aktionsplan zu entwickeln, um menschenwürdige Arbeit in globalen Lieferketten zu fördern. Im Übrigen soll die IAO die Akteure beraten und unterstützen sowie dazu ermuntern, untereinander Informationen über »best practices« auszutauschen. Im Übrigen sollen die MNU ermutigt werden, an Menschenrechten orientierte »due diligence« durchzuführen. Kurzum: die MNU werden zu nichts gezwungen, sie werden nur mit Empfehlungen konfrontiert.
Wenn auch, wie eingangs skizziert, der Abschluss eines IAO-Übereinkommens noch lange nicht bedeutet, dass es auch ratifiziert und in die Praxis implementiert wird, wäre ein von der IAO beschlossenes, auf die Problematik der globalen Lieferketten zugeschnittenes Übereinkommen doch eine ganz andere Qualität als ein dem Dogma der Freiwilligkeit verpflichteter Aktionsplan. Vor allem wegen der allenthalben mit zunehmend großer Medienöffentlichkeit stattfindenden Debatten um die Problematik globaler Lieferketten könnten sich Mitgliedstaaten schwerer der Ratifikation entziehen als bei vielen sonstigen Übereinkommen.
Ein – zumindest scheinbarer – Lichtblick in diesem Regelungsdesaster ist das im März 2017 in Frankreich nach schwierigen und höchst kontroversen Debatten verabschiedete Gesetz über die Sorgfaltspflicht der herrschenden Unternehmen im Konzern, ein Gesetz, das nicht nur auf globale Lieferketten abzielt, sie aber mit einschließt. Dort werden die herrschenden Unternehmen nicht nur verpflichtet, Menschenrechts- und Umweltrisiken zu identifizieren, vorbeugende Maßnahmen zu treffen und öffentlich Rechenschaft darüber abzulegen. Vielmehr wird darüber hinaus festgelegt, dass jede durch Verletzung dieser Pflichten geschädigte Person zur Klage vor französischen Gerichten befugt ist, unabhängig davon, wo auf der Welt dieser Schaden eintritt. Für die jeweilige Haftung ist eine

stattliche Obergrenze (30 Millionen €) angesetzt, die in den meisten Fällen zu gerechten Ausgleich führen dürfte.
Erfreulich ist an diesem Gesetz, dass es von der unverbindlichen Selbstverpflichtung Abschied nimmt und damit ein Vorbild für eine noch ausstehende internationale Regelung sein kann. Problematisch ist indessen, dass es im internationalen Kontext zu Wettbewerbsverzerrungen und deshalb zu Abwanderungsbewegungen der in Frankreich solcher Haftung ausgesetzten herrschenden Unternehmen der MNU führen kann. So begrüßenswert das Gesetz ist, kann es eben eine internationale verpflichtende Regelung nicht ersetzen. Sie zu schaffen, ist die noch unerledigte Aufgabe.

3. Fazit

Sieht man einmal vom französischen Beispiel ab, zeigt die zugegebenermaßen vergröberte und simplifizierende Skizze, dass es kaum einen Bereich gibt, in dem Lippenbekenntnisse und tatsächliche Bereitschaft zu verpflichtender Regelung so weit auseinander klaffen, wie im Bereich globaler Lieferketten. Die Apologeten der auf dem Freiwilligkeitsdogma basierenden Corporate Social Responsibility bekennen sich selbstverständlich zu ihrer Verantwortung, wehren sich aber energisch gegen rechtsverbindliche Regelungen. Das Plädoyer für bloßes »soft law« als vorzugswürdig gegenüber bindendem »hard law« bestimmt nicht nur die Debatten neo-liberaler Ökonomen und Politiker, sondern längst auch den internationalen juristischen Diskurs. Selbst die IAO beugt sich diesem Trend. Es ist höchste Zeit, diese Entwicklung als Irrweg zu identifizieren und sich dagegen zu stemmen.
Erfreulich ist immerhin, dass zunehmend Arbeitnehmerrechte als Menschenrechte begriffen werden, ohne dass allerdings bislang notwendige Folgerungen daraus gezogen würden. Zu hoffen bleibt, dass der zunehmende öffentliche Druck auch in den Industrieländern die Abwehrfront gegen bindende Regelungen bald durchbricht.

Das gleiche Recht von Menschen mit Behinderungen, ihre Arbeitnehmer- und Gewerkschaftsrechte auszuüben

Prof. Dr. Felix Welti, Universität Kassel

1. Einführung

Die Rechte von Menschen mit Behinderungen im Arbeitsleben und ihre Realisierung sind 2018 schon mindestens 100 Jahre Thema des Arbeitsrechts, der Gewerkschaften, der betrieblichen Interessenvertretung und der Wissenschaft. In der aktiven Zeit von *Thomas Klebe* hat es mit dem SGB IX, der UN-Behindertenrechtskonvention und dem Bundesteilhabegesetz[1], viele Anlässe gegeben, sich mit Arbeitnehmerrechten von behinderten Menschen zu befassen. Die IG Metall hat sich in ihrer Satzung zu dieser Aufgabe bekannt[2].

2. Verfassungsrecht

Die Grundrechte, darunter Berufsfreiheit und Koalitionsfreiheit, gelten auch für Menschen mit Behinderungen. Dass der soziale Rechtsstaat eine besondere Verantwortung für ihre Realisierung hat, wurde 1994 in Art. 3 Abs. 3 Satz 2 GG verdeutlicht: »Niemand darf wegen seiner Behinderung benachteiligt werden.«

3. UN-Behindertenrechtskonvention

2008 hat Deutschland die UN-Behindertenrechtskonvention ratifiziert. In ihr anerkennen die Vertragsstaaten das gleiche Recht von Menschen mit Behinderungen auf Arbeit (Art. 27 UN-BRK). Dies beinhaltet das Recht auf die Möglichkeit, den Lebensunterhalt durch Arbeit zu verdienen, der in einem offenen, in-

---

1 Vgl. *Düwell* in: Devetzi/ Janda, Freiheit – Gerechtigkeit – Sozial(es) Recht, Festschrift für Eberhard Eichenhofer, 2015, S. 155–171.

2 § 2 Satz 8 Nr. 9 Satzung der IG Metall, gültig vom 1. 1. 2016.

klusiven und für Menschen mit Behinderungen zugänglichen Arbeitsmarkt und Arbeitsumfeld frei gewählt oder angenommen wird. Zu den Pflichten der Vertragsstaaten gehört unter anderem zu gewährleisten, dass Menschen mit Behinderungen ihre Arbeitnehmer- und Gewerkschaftsrechte gleichberechtigt mit anderen ausüben können (Art. 27 Abs. 1 Satz 2 lit. c UN-BRK). Die Konvention ist bei der Auslegung der deutschen Grundrechte und des deutschen Arbeits- und Sozialrechts zu beachten.[3]
Gegen Verletzungen kann zudem das Beschwerdeverfahren nach dem Zusatzprotokoll genutzt werden. In einem die Praxis des deutschen Sozialrechts betreffenden Verfahren ist ein Verstoß gegen Art. 27 UN-BRK gerügt worden.[4] Im Staatenberichtsverfahren (Art. 34–36 UN-BRK) äußerte sich der zuständige Ausschuss insbesondere kritisch zu den deutschen Werkstätten für behinderte Menschen (WfbM).[5]

4. EU-Recht

Das EU-Recht enthält mit der Gleichbehandlungsrahmenrichtlinie 2000/78/EG ein wirkungsmächtiges Verbot der Diskriminierung wegen Behinderung in Beschäftigung und Beruf. Art. 5 RL 2000/78/EG verlangt von den Mitgliedstaaten, Arbeitgeber zu angemessenen Vorkehrungen zu verpflichten. Die UN-BRK ist auch von der EU ratifiziert worden und wird vom EuGH zur Auslegung der Richtlinie herangezogen. So ist geklärt, dass ein Behinderungsbegriff zu Grunde zu legen ist, der den sozialen Kontext berücksichtigt[6] und dass angemessene Vorkehrungen Beschäftigten zu Gute kommen müssen, deren Arbeitsplatz wegen Krankheit bedroht ist.[7] Der EuGH hat eine französische Regelung beanstandet, die Personen in geschützter Beschäftigung von arbeitsrechtlichem Schutz ausgeschlossen hat.[8]

3 Vgl. *Welti*, in: Faber/ Feldhoff/ Nebe/ Schmidt/ Waßer, Gesellschaftliche Bewegungen – Recht unter Beobachtung in Aktion, Festschrift für Wolfhard Kohte, 2011, S. 635–658.
4 CRPD/C/11/D/2/2010 vom 4.4.2014; dazu *Nebe/ Giese*, RP-Reha 1/2015, 55–61.
5 CRPD/C/DEU/CO/1 vom 13.5.2015; dazu *Ritz*, Behindertenrecht 2016, 34–61.
6 EuGH 11.4.2013, C-335/11, 337/11, Ring, Skouboe Werge.
7 Zuletzt EuGH 18.1.2018, C-270/16, Ruiz Conejero.
8 EuGH 26.3.2015, C-316/13, Fenoll.

5. Arbeitsgerichtsverfahren

Der Zugang zum arbeitsgerichtlichen Verfahren und dessen Ausgestaltung sind wesentlich für die Durchsetzung von Arbeitsrecht. Art. 13 Abs. 1 UN-BRK verlangt einen gleichberechtigten und wirksamen Zugang zur Justiz, unter anderem durch verfahrensbezogene und altersgemäße Vorkehrungen.[9] Um der Perspektive von Menschen mit Behinderungen angemessene Berücksichtigung zu schaffen, muss auch der Zugang von Menschen mit Behinderungen zum Berufsrichteramt und zur ehrenamtlichen Richterschaft gesichert sein. Auch Sinnesbehinderungen und Assistenzbedarf dürfen keine unüberwindlichen Barrieren zum Richteramt sein.[10]

Für die Verfahrensbeteiligten sind Rechte auf Gebärdensprachdolmetscher (§ 12 Abs. 5b ArbGG) und auf die barrierefreie Zugänglichmachung von Dokumenten (ZMV) gesetzlich verankert. Gerade im Arbeits- und im Sozialgerichtsverfahren, in dem die persönliche Präsenz eine große Rolle spielt, kann jedoch die Rechtsprechung nicht befriedigen, wonach blinden Verfahrensbeteiligten die Zugänglichkeit ihrer Dokumente versagt werden kann, wenn sie im Prozess vertreten sind.[11] Mit dem elektronischen Rechtsverkehr bieten sich hier neue Möglichkeiten, aber auch Herausforderungen.

Auch die im Wesentlichen nach den Behindertengleichstellungsgesetzen der Länder zu schaffende Barrierefreiheit der Gerichtsgebäude ist nicht ausreichend, solange Bestandsgebäude der öffentlichen Hand nicht zumindest stufenweise barrierefrei umgebaut werden müssen. Das Bundesrecht sieht insoweit zumindest eine Bestandsaufnahme vor (§ 8 Abs. 3 BGG).

Bei Beschäftigten mit geistigen oder seelischen Beeinträchtigungen kann auch die Fähigkeit in Frage stehen, selbst Verfahrenshandlungen vorzunehmen. Im Sinne gleicher Anerkennung vor dem Recht (Art. 12 UN-BRK) sind, etwa unter Nutzung verfahrensbezogener Rechte, unterstützende statt ersetzende Hilfen zur Rechtswahrnehmung zu geben.[12]

6. Betriebsverfassung

Der Betriebsrat ist verantwortlich, die Eingliederung schwerbehinderter Menschen und schutzbedürftiger Personen zu fördern (§ 80 Abs. 1 Nr. 3 BetrVG) und

9 *Wenckebach*, www.reha-recht.de, D1-2015.
10 CRPD/C/15/D/13/2013, dazu Nachtschatt, www.reha-recht.de, D7-2017.
11 BVerfG 10.10.2014 – 1 BvR 856/13.
12 BAG 28.5.2009 – 6 AZN 17/09, dazu *Weber*, www.reha-recht.de B7-2011.

hat mit dem Arbeitgeber darüber zu wachen, dass jede Benachteiligung wegen Behinderung unterbleibt (§ 75 Abs. 1 BetrVG). Er schließt, zusammen mit der Schwerbehindertenvertretung, betriebliche Inklusionsvereinbarungen (§ 166 SGB IX) mit dem Arbeitgeber.

Es ist bedeutsam, dass Menschen mit Behinderungen gleichberechtigt an der Wahl des Betriebsrats teilnehmen und sich zur Wahl stellen können, auch wenn hierfür keine Quote besteht.[13] Anders als das staatliche Wahlrecht[14] enthält die Betriebsverfassung im Wortlaut von §§ 7, 8 BetrVG keinen Ausschluss für Personen, die durch rechtliche Betreuung unterstützt werden. Ein solcher ist auch nicht zu begründen.[15]

Für den Wahlvorgang selbst ist Hilfe durch Vertrauenspersonen vorgesehen (§ 12 Abs. 4 WO BetrVG). An expliziten Vorschriften zu weiteren Vorkehrungen, die eine Barrierefreiheit der Wahlvorbereitung und des Wahlvorgangs, insbesondere für Sinnesbehinderte, sichern, fehlt es. Gleichwohl sind die Wahlvorstände dafür verantwortlich,[16] die als Teil des Betriebs an das AGG gebunden sind.

Werden Menschen mit Behinderungen in den Betriebsrat gewählt, müssen für sie angemessene Vorkehrungen zur gleichberechtigten Mitarbeit bereitgestellt werden, seien es Gebärdensprachdolmetscher, barrierefreie Dokumente, besondere Informationstechnik oder Assistenzen, auch bei Schulungsveranstaltungen (§ 37 Abs. 6 BetrVG). Diese fallen unter die notwendigen Kosten (§ 40 BetrVG) und sind vom Arbeitgeber zu tragen. Entsprechendes gilt, für alle Betriebsangehörigen, auch für die Betriebs- und Abteilungsversammlungen (§ 42 BetrVG).

7. Schwerbehindertenrecht

Eine zusätzliche Interessenvertretung von Betroffenen für Betroffene, die den Gedanken in Art. 4 Abs. 3 UN-BRK auf der betrieblichen Ebene realisiert, ist die Schwerbehindertenvertretung (§ 177 SGB IX). Ihre Beteiligungsrechte im Betrieb, auch gegenüber dem Betriebsrat und zusammen mit ihm (§ 178 SGB IX), ermöglichen, Erfahrungen und selbst artikulierte Interessen von beeinträchtigten Betriebsangehörigen zu berücksichtigen.

13 Vgl. *Homburg/ Klebe* in: Hohmann-Dennhardt/ Körner/ Zimmer (Hrsg.), Geschlechtergerechtigkeit, Festschrift für Heide Pfarr, 2010, S. 209–217.

14 § 13 BWahlG; kritisch: *Schulte*, BtPrax 2013, 190–192.

15 M.w.N. *Kohte* in: Däubler/ Zimmer (Hrsg.); Arbeitsvölkerrecht, Festschrift für Klaus Lörcher, 2013, S. 110–124.

16 Vgl. LAG Frankfurt am Main 29.4.2015 – 9 TaBV 12/15, dazu *Kohte/ Liebsch*, www.reha-recht.de, B5-2016.

8. Werkstätten für behinderte Menschen

Werkstätten für behinderte Menschen (§ 219 SGB IX) leisten einen wichtigen Beitrag dazu, Menschen in die Erwerbsarbeit und einen Betrieb einzubeziehen und ihnen den Schutz der Sozialversicherung zu vermitteln. Allerdings stehen sie berechtigt in der Diskussion, ob und wieweit dies um den Preis einer Ausgliederung von den Wahlmöglichkeiten des Arbeitsmarktes und eines verringerten arbeitsrechtlichen Schutzes geschehen darf. WfbM kooperieren in erheblichem Umfang mit Unternehmen des allgemeinen Arbeitsmarktes, mit denen sie zum Teil in enger Arbeitsteilung und unter Einrichtung von Außenarbeitsplätzen an der Wertschöpfungskette hochproduktiver Betriebe beteiligt sind. Zu Recht ist daher im Einzelfall zu fragen, ob die oft für lange Zeit in Produktion oder Dienstleistung von Unternehmen eingebundenen WfbM-Beschäftigten in diesen Betrieben wahlberechtigt zur Schwerbehindertenvertretung oder zum Betriebsrat sein könnten[17] oder ob die Regelungen der Arbeitnehmerüberlassung anzuwenden sind. Dies könnte auch die IG Metall beschäftigen.

Fraglich ist auch insgesamt, ob das Konstrukt des arbeitnehmerähnlichen Verhältnisses der Werkstattbeschäftigten, auf die das Mindestlohngesetz und das Betriebsverfassungsgesetz nicht anzuwenden sind, auf Dauer vor dem Anspruch von Verfassungs-, EU- und Völkerrecht auf Diskriminierungsfreiheit Bestand hat. Die Entscheidung *Fenoll* des EuGH lässt daran Zweifel aufkommen.[18] Jedenfalls wird für jede Sonderregelung ein zwingender Grund zu verlangen sein. Dies ist beim Ausschluss des Mindestlohns fraglich, wenn das nicht existenzsichernde Einkommen ohnehin durch Arbeitsförderungeld, Grundsicherung bei dauerhafter Erwerbsminderung, bundesfinanzierte Rentenbeiträge und Erwerbsminderungsrenten aufgestockt werden muss. Noch schwieriger dürfte ein zwingender Grund für das Vorenthalten der allgemeinen Betriebsverfassung zu Gunsten eines Werkstattrats (§ 222 SGB IX) zu finden sein. Die gesetzgeberische Annäherung der WMVO an das BetrVG durch den Gesetzgeber des BTHG zeigt dies. Am Ende der Entwicklung könnte eine Geltung der allgemeinen Betriebsverfassung mit wenigen Sonderregelungen stehen, die die besondere Situation der WfbM und ihrer Beschäftigten berücksichtigen.

17 Vgl. LAG München 28.5.2014 – 8 TaBV 34/12; dazu *Sachadae*, JurisPR-ArbR 43/2014, Anm 3.

18 *Wendt*, www.reha-recht.de, B14-2015.

9. Gewerkschaften

Gewerkschaften entscheiden autonom über die Gestaltung der von ihnen gebildeten Koalition und Organisation. Sie haben sich dabei schon traditionell der Einbeziehung behinderter Kolleginnen und Kollegen und ihrer Interessenvertretung verpflichtet. Unter dem Benachteiligungsverbot sind der Staat, Arbeitgeber und Gewerkschaften gehindert, Menschen wegen ihrer Behinderung die Rechte und Pflichten eines Gewerkschaftsmitglieds zu verweigern. Auch Arbeitsbedingungen in Werkstätten für behinderte Menschen und in Inklusionsbetrieben müssen tariflich regelbar sein.
Gewerkschaften und Arbeitgeberverbände werden sich soweit wie möglich bemühen, angemessene Vorkehrungen für die Mitarbeit von Menschen mit Behinderungen in ihren Gremien und Bildungsangeboten bereitzustellen.

10. Verantwortung von Integrationsamt und Rehabilitationsträgern

Die Rehabilitationsträger der Leistungen zur Teilhabe am Arbeitsleben und die Integrationsämter sollten die volle und gleichberechtigte Wahrnehmung der Arbeitnehmer- und Gewerkschaftsrechte durch Menschen mit Behinderungen im Lichte von Art. 27 UN-BRK als integralen Teil ihrer Unterstützungsaufgabe sehen. Entsprechend sollten die Kosten angemessener Vorkehrungen für die Betriebsratsarbeit als begleitende Hilfen an die Arbeitgeber,[19] die Kosten angemessener Vorkehrungen für die Wahrnehmung individueller Rechte und für die Gewerkschaftstätigkeit als begleitende Hilfen für die Beschäftigten geleistet werden können.

11. Ausblick

Eine inklusive Arbeitswelt wird es nur inklusive einer inklusiven Interessenvertretung geben. Hierfür wird auch an die engagierte und kreative Gestaltung des Rechts durch *Thomas Klebe* anzuknüpfen sein.

19 Zu restriktiv: Bayerischer VGH 25.5.2012 – 12 ZB 11.152; VG Schleswig-Holstein 27.11.2002 – 15 A 23/02.

Arbeitskampf 4.0 – Streikrecht in einer Arbeitswelt im Wandel

Dr. Johanna Wenckebach, Tarifsekretärin, IG Metall Bezirk Berlin-Brandenburg-Sachsen

Die neue »Arbeitswelt 4.0« ist in aller Munde. Zentrale Rechtsbegriffe und Regelungen des Arbeitsrechts scheinen die neue Arbeitswelt nicht mehr ausreichend zu erfassen. Dieser Beitrag geht vor diesem Hintergrund den Fragen nach: Welchen Wandel bringt die Digitalisierung für das – gesetzlich nicht definierte – Streikrecht mit sich, wenn arbeitsrechtlich insgesamt Bedarf nach einer »regulatorischen Innovationszone«[1] proklamiert wird?
Um es gleich vorweg zu nehmen: Auch für »new work« muss das »old law«[2] Streikrecht jedenfalls gelten, will man Beschäftigte auf digitalisierten Arbeitsplätzen nicht von der Koalitionsfreiheit ausschließen, die Art.9 Abs.3 GG garantiert. Denn »das Grundrecht schützt als koalitionsmäßige Betätigung auch Arbeitskampfmaßnahmen, die auf den Abschluss von Tarifverträgen gerichtet sind. Sie werden jedenfalls insoweit von der Koalitionsfreiheit erfasst, als sie erforderlich sind, um eine funktionierende Tarifautonomie sicherzustellen. Dazu gehört auch der Streik«, so das BVerfG.[3] Doch: Stell Dir vor, es ist Warnstreik – und alle sind im Homeoffice. Und wie kann er aussehen, der Arbeitskampf der crowd- und clickworker[4]? An welchen Maßstäben ist der virtuelle Streik zu messen?

1. Solidarität in einer digitalisierten Arbeitswelt

Was die Prozesse der Digitalisierung in der Arbeitswelt – für Unternehmen, Beschäftigte, Betriebsräte[5] und Gewerkschaften mit sich bringen, wurde und wird

1 *Uffmann*, NZA 2016, 977, 982.
2 So zum Arbeitsrecht insgesamt *Kamann*, AuA 2016, 595ff.
3 BVerfG 4. 7. 1995 – 1 BvF 2/86.
4 Dazu *Benner* (Hrsg.), Crowdwork – zurück in die Zukunft?, 2015; *Giesen/Kersten*, NZA 2018, 1ff.
5 Hierzu *Klebe*, NZA-Beilage 3/2017.

intensiv diskutiert, und es soll an dieser Stelle hierauf nur verwiesen werden.[6] Es geht um zentrale Begriffe des Arbeits- und Sozialrechts, wie etwa den der Arbeitnehmerin. Klar ist, dass die Veränderungen der »Arbeitswelt 4.0« und viele der aufgeworfenen Fragen auch für Arbeitskämpfe von Bedeutung sind. Und zwar sowohl in rechtlicher, als auch in tatsächlicher Hinsicht. Über die Weisungsgebundenheit der über Plattformen beauftragten crowdworker beispielsweise wird noch gestritten. Unstreitig dürfte allerdings sein, dass sich Arbeitsplätze zunehmend in digitale Räume verlagern – und insbesondere auch die Begegnung sowohl mit Kolleginnen und Kollegen, (potentiellen) InteressenvertreterInnen aber auch mit den Arbeit- oder zumindest »Auftraggebern«.[7] Die Gewerkschaften müssen sich mit Blick auf Arbeitskämpfe dabei die Frage stellen, welche Streikformen sich z. B. für über Plattformen Beauftragte eignen. Oder für aus Konzernen ausgelagerte Dienstleister, die eng in industrielle Arbeitsprozesse einbezogen sind, gesellschafts- und arbeitsrechtlich aber freilich keine Einheit bilden. Dabei spielt es auch eine wichtige Rolle, dass gewerkschaftliche Arbeit – und damit die Basis der Ausübung von Koalitionsrechten und gleichzeitig die faktische Voraussetzung der Ausübung des Streikrechts – auf Begegnung, Meinungsaustausch und Miteinander basiert. Sicher bieten elektronische Kommunikationsmittel schnelle und kostengünstige Vernetzungsmöglichkeiten.[8] Doch Solidarität als (zumindest auch) emotionaler Ausdruck und Handlungsantrieb in digitalen Räumen ohne physisches Miteinander zu organisieren, ist auch eine Herausforderung: Organizing 4.0. Dessen Gelingen ist Voraussetzung dafür, dass neue Arbeitskampfformen Praxis werden können. Wenn diese neuen Formen jedoch in Zukunft tatsächlich praktiziert werden, darf bei deren rechtlicher Bewertung der koalitionspolitische Rahmen nicht außer Acht gelassen werden. Befürchtungen vor »Streikaristokratie der Funktionseliten« oder »digital vermittelten Schwarmstrukturen«[9] sind eine einseitige Betrachtung. Zumal die »Herrschaft durch Spaltung« der die Arbeitnehmerbewegung seit jeher die Stirn bieten muss, nicht nur durch technische, sondern auch durch rechtliche Entwicklungen begünstigt wird.

---

6 Nur zu den arbeitsrechtlichen Fragen etwa *Krause*, NZA 2016, 1004–1007; *Oetker*, JZ 2016, 817–824; *Kamann* aaO.; BMAS, Weißbuch Arbeiten 4.0.; mit internationaler Perspektive Liebman, SR 2017, 221 ff.

7 *Welskop-Deffaa*, NZA-Beilage 2017, Heft 2, 60 ff.

8 *Giesen/Kersten*, NZA 2018, 1, 5.

9 So nämlich *Giesen/Kersten*, NZA 2018, 1, 2 u.3.

2. »Erweiterung arbeitskampfträchtiger Zonen«[10]

Es wäre zu kurz gegriffen, würde man bei der Frage nach dem Arbeitskampf 4.0 nur die Veränderungen von Prozessen, Objekten und Ereignissen durch die zunehmende Nutzung digitaler Geräte in den Blick nehmen. Denn schon bevor die Digitalisierung breit als industrielle Revolution des 21. Jahrhunderts diskutiert wurde, ist auf die Notwendigkeit neuer Formen des Arbeitskampfes hingewiesen worden.[11] Diese Notwendigkeit ergibt sich nämlich nicht nur aus den technischen Rahmenbedingungen, die Arbeit – und somit auch Arbeitsniederlegung – gestalten, sondern auch aus einer »tendenziellen Erweiterung der arbeitskampfträchtigen Zonen«[12], der zunehmenden Spaltung von Kern- und Randbelegschaften sowie einem Wandel der rechtlichen Rahmenbedingungen für gewerkschaftliche Handlungsfähigkeit.
Zu diesem Wandel der Rahmenbedingungen gehört zum einen das Befristungsrecht – fast jeder zweite neu abgeschlossene Arbeitsvertrag im Jahr ist befristet.[13] Zum anderen beeinflusst auch der Einsatz von onsite-Werkverträgen[14] die Kampfparität. Und natürlich wirkt sich auch nach der Reform des AÜG die Leiharbeit auf das Kräfteverhältnis im Arbeitskampf aus: Zwar ist das bereits von der Arbeitsgerichtsbarkeit bestätigte Recht auf Leistungsverweigerung bei Arbeitskämpfen nun im Gesetz verankert, ebenso wie das Verbot, Leiharbeitnehmerinnen als Streikbrecher einzusetzen (§ 11 Abs.5 AÜG). Doch Leistungsverweigerungsrecht und Streikrecht sind nicht dasselbe, und es gibt Ausnahmen und Schlupflöcher sowie Vorschläge für eine enge Auslegung des Verbots.[15]
Zu bedenken sind außerdem die Auswirkungen von Fernwirkungen und sogenannter »kalter Aussperrung«: Vor dem Hintergrund extrem vernetzter Industrien bei Fortbestehen der nach wie vor hoch umstrittenen Regelung des § 160 Abs.3 SGB III, der kalt Ausgesperrten das Kurzarbeitergeld versagt, werden Arbeitskampfkonzepte im klassischen Sinn der Produktionsstörung durch Arbeitsniederlegung stark eingegrenzt.[16]

---

10 *Rehder/Deinert/Callsen*, Arbeitskampfmittelfreiheit und atypische Arbeitskampfformen, 2012.

11 Ausführlich etwa *Rehder/Deinert/Callsen*, aaO.

12 *Rehder/Deinert/Callsen*, aaO, S. 13

13 Institut für Arbeitsmarkt- und Berufsforschung (IAB) der Bundesagentur für Arbeit, 2017.

14 Ausführlich *Kocher* et al., Noch verfassungsgemäß? Fernwirkungen bei Arbeitskämpfen in der Automobilindustrie und die Verfassungsmäßigkeit des § 160 Abs.3 SGB III,2017, S. 55ff. zum Stand der Debatte um Streikbrucharbeit S. 77ff.

15 Etwa *Lembke*, NZA 2017, 1, 11.

16 Ausführlich dazu *Kocher*, aaO.

Schließlich ist auch die Globalisierung nicht ohne Einfluss auf Arbeitskampfparität: Die Handlungs- und Ausweichmöglichkeiten der Arbeitgeberseite haben sich erheblich erweitert.[17]
Die Analyse der Daten zu Arbeitskämpfen in der Bundesrepublik zeigt, dass hierzulande im europäischen Vergleich nach wie vor wenig gestreikt wird und die Zahl der Streiktage sogar abnimmt.[18] Streik bleibt Ultima Ratio – und dies ist im Übrigen kein Selbstzweck. Die Daten zeigen interessanterweise auch, dass sich Streiks zunehmend auf Firmen beziehen.[19] Das überrascht wenig, wenn gleichzeitig die Tarifbindung in der Fläche zurückgeht. Diese Veränderung der Machtverhältnisse, die durch Tarifflucht und Verbandsaustritt beeinflusst werden,[20] darf nicht unbeachtet bleiben, wenn es um die Beurteilung neuer Arbeitskampfformen geht. Sie bedeutet nichts anderes als eine Verlagerung von Flächentarifbewegungen auf Häuserkämpfe.

3. Streikrecht im Wandel

Vor diesem hier kurz skizzierten Hintergrund hat das Bundesarbeitsgericht erfreulicherweise bestätigt, dass das Streikrecht ein Grundrecht ist, das sich dem Wandel der Arbeitswelt anpasst: »Dem Schutz des Art. 9 Abs. 3 GG unterfällt nicht nur ein historisch gewachsener, abschließender Numerus clausus von Arbeitskampfmitteln. Vielmehr gehört es zur verfassungsrechtlich geschützten Freiheit der Koalitionen, ihre Kampfmittel an die sich wandelnden Umstände anzupassen, um dem Gegner gewachsen zu bleiben und ausgewogene Tarifabschlüsse zu erzielen.«[21] Bestätigt wurde diese Auslegung des Art.9 Abs.3 GG auch durch das BVerfG: »Bei der Ausgestaltung des Arbeitskampfrechts besteht ein weiter Handlungsspielraum. Das Grundgesetz schreibt nicht vor, wie die gegensätzlichen Grundrechtspositionen im Einzelnen abzugrenzen sind; es verlangt keine Optimierung der Kampfbedingungen.«[22]
Damit ist der Weg grundsätzlich frei gemacht für neue Arbeitskampfformen jenseits des klassischen Mittels der Arbeitsniederlegung als Streikform; Art.9 Abs.3 GG sichert also auch den Arbeitskampf 4.0. Viele andere Formen des Arbeits-

17 *Kocher* aaO., S. 50.
18 *Berndt Keller*, Aktuelle Forderungen nach Einschränkung des Streikrechts, WISO Diskurs 15/2016.
19 *Keller*, aaO.
20 Mit Daten zur Verbandszugehörigkeit bei Gesamtmetall *Kocher* aaO, S. 51.
21 BAG 22.9.2009 – 1 AZR 972/08 (»Flashmob«).
22 BVerfG, Nichtannahmebeschluss vom 26.3.2014 – 1 BvR 3185/09, juris.

kampfes stehen im Raum, neben Flashmobs z.B. auch der Boykott.[23] Mit Blick auf die oben beschriebenen Digitalisierungsprozesse liegt vor allem die Nutzung des Internets und dabei insbesondere der innerbetrieblichen elektronischen Kommunikation nahe. Wo virtuelle Vernetzung zunehmend zum Geschäft wird, sind es eben diese Netzwerke, in die es zu intervenieren gilt. Massenhafte Aufrufe von Homepages, E-Mails oder Anrufe im Callcenter wurden in der Praxis bereits erprobt[24] und fallen nach dem Willen des Gesetzgebers ausdrücklich nicht unter den neu geschaffenen Straftatbestand der Computersabotage.[25] Das BAG hat außerdem bereits klargestellt, dass eine mögliche Beteiligung Dritter den Schutzbereich des Art.9 Abs.3 GG nicht versperrt.[26] Wo sind also die Grenzen?

Zentraler Prüfungsmaßstab ist der Grundsatz der Verhältnismäßigkeit. »Eine Bewertung von Arbeitskampfmaßnahmen durch die Fachgerichte als rechtswidrig kommt grundsätzlich nur in Betracht, wenn eine Arbeitskampfmaßnahme offensichtlich ungeeignet oder nicht erforderlich oder wenn sie unverhältnismäßig ist«.[27] Wenn das BAG darauf hinweist, dass es insbesondere bei anderen als den »klassischen« Arbeitskampfmitteln des Streiks und der Aussperrung für die Beurteilung der Angemessenheit von Bedeutung sein kann, ob das Kampfmittel mit eigenen Opfern des Angreifers verbunden ist und welche Risiken bestünden,[28] so müssen auf Seiten der Arbeitnehmer beispielsweise die enormen Risiken prekärer Beschäftigungsformen – etwa der bei Befristungen faktisch fehlende Kündigungsschutz – Eingang in die Angemessenheitsprüfung finden.

Im »Flashmob-Urteil« stellt das BAG im Rahmen der Verhältnismäßigkeitsprüfung des Weiteren auf Möglichkeiten des Arbeitgebers ab, sich zu wehren. Es kommt demnach bei alternativen Arbeitskampfmethoden darauf an, ob wirksame Verteidigungsmöglichkeiten zur Verfügung stehen.[29] Werden also als Kampfmittel technische Möglichkeiten ergriffen, so bedarf es einiges an technischem Know-how, um die Gegenwehr-Möglichkeiten des Arbeitgebers ausloten zu können und die Verhältnismäßigkeit des Kampfmittels abzuschätzen. Server z.B. werden i.d.R. gesichert und oftmals gibt es technische Sicherungssysteme, die auch aus dem Ausland gesteuert werden können.[30]

---

23 Ausführlich etwa *Rehder/Deinert/Callsen*, aaO; Berg in Berg/Kocher/Schumann, AKR, Teil 3 Rn.180ff.

24 *Callsen in* Rehder/Deinert/Callsen, aaO, S. 38; *Berg* in Berg/Kocher/Schumann, AKR, Teil 3 Rn.222ff.

25 § 303b I Nr. 2 StGB; ausführlich zur Rechtmäßigkeit von Denyal of Service Aktionen *Giesen/Kersten*, NZA 2018, 1, 5ff.

26 BAG, aaO, – 1 AZR 972/08, Rn. 38

27 BVerfG 10.9.2004 – 1 BvR 1191/03; BAG 22.9.2009, aaO, Rn. 35.

28 BAG 22.9.2009 – 1 AZR 972/08, Rn. 46.

29 BAG, aaO – 1 AZR 972/08, Rn. 53.

30 Roboter als Streikbrecher oder Roboterstreik? Dazu *Giesen/Kersten*, NZA 2018, 1ff.

Außerdem sei erforderlich, so das BAG, dass die den Arbeitskampf führende Gewerkschaft in zurechenbarer Weise deutlich macht, dass es sich nicht um eine »wilde« Aktion unbeteiligter Dritter, sondern um eine von ihr organisierte und gesteuerte Arbeitskampfmaßnahme handelt. Dies könne sich aus den Gesamtumständen – wie etwa Flugblättern oder öffentlichen Kundgebungen – ergeben. Für die Arbeitgeberseite müsse jedenfalls erkennbar sein, ob überhaupt und ggf. um welche Art von Arbeitskampfmaßnahme es sich handelt und wer dafür die Verantwortung trägt. Nur unter diesen Voraussetzungen kann die Arbeitgeberseite ihr Verhalten auf die gewerkschaftlichen Kampfmaßnahmen einstellen.«[31]
Diese Voraussetzung kann sicherlich auch bei anderen Kampfmitteln als der im konkreten Fall durch das BAG bewerteten Flashmob-Aktion gewährleistet werden.
Vor diesem Hintergrund bedarf im Übrigen auch die rechtliche Bewertung von »Betriebsblockaden« einer genauen Prüfung. Ein bloßer Hinweis auf eine Einschätzung des BAG aus den 80er Jahren[32] wird der Koalitionsfreiheit keinesfalls gerecht. Vielmehr ist auch hier die Verhältnismäßigkeit im Einzelnen zu prüfen.[33]

4. Mut auf neuem Terrain

Sich im Arbeitskampfrecht den Herausforderungen der Arbeitswelt 4.0 zu stellen, erfordert damit ohne Zweifel Mut, neue Wege zu gehen.
Mut natürlich auf Seiten der Belegschaften, die sich für einen Kampf um bessere Arbeitsbedingungen entscheiden. Kampf in Zeiten, in denen Arbeitgeber gezielt den »Faktor Freude«[34] einsetzen. Kollektive Bewegung und Konfrontation in Zeiten, in denen Individualisierung nicht nur durch Digitalisierung technisch forciert wird (»gläserne Belegschaften«[35]) bzw. ermöglicht wird (»Homeoffice«), sondern auch gesellschaftlicher Trend ist.

31 BAG, aaO – 1 AZR 972/08, Rn. 54.
32 BAGE 60, 101.
33 *Berg* in: Berg/Kocher/Schumann, AKR, Teil 3 Rn.226; LAG Hamburg 6.2.2013 – 5 SaGa 1/12.
34 *Sabine Donauer*, Faktor Freude. Wie die Wirtschaft Arbeitsgefühle erzeugt. Hamburg, Edition Körber 2015. – https://www.boeckler.de/cps/rde/xchg/hbs/hs.xsl/66775_66790.htm
35 Grundlegend *Däubler*, Gläserne Belegschaften?, 6. Aufl. 2015; zum »Potential stärkerer Überwachung« *Thüsing*, SR 2016, 87, 92ff.

Mut ist zudem erforderlich auf Seiten der Gewerkschaften, was die Anwendung neuer Arbeitskampfmittel angeht – und das vor nicht unerheblichen finanziellen Risiken.
Aber auch die Arbeitsgerichtsbarkeit, die mit dem Arbeitskampfrecht in der Praxis wenig vertraut ist (s. o.), wird vor Herausforderungen gestellt werden, neue Rechtsräume zu betreten. Es ist zweifellos eine verantwortungsvolle Aufgabe, dynamische Entwicklungen aus der Arbeitswirklichkeit rechtlich fundiert einzuordnen.[36] Der Lebendigkeit des Grundrechts des Art.9 Abs.3 GG mit seiner Bedeutung für die soziale Marktwirtschaft und dessen Geltung auch in einer digitalisierten Arbeitswelt ist zu wünschen, dass bereits in der ersten Instanz eine Würdigung der im Wandel befindlichen rechtlichen und tatsächlichen Rahmenbedingungen von Streiks erfolgt. Eine allzu leichtfertige Übernahme bestehender Denksätze und Argumente dürfte dem »Arbeitskampf 4.0« nicht gerecht werden. Es lohnt sich für alle, über den Tellerrand zu schauen.

36 Beckerle, NJW 2017, 443.

Karrieremöglichkeiten von Betriebsratsmitgliedern durch Qualifikation

Prof. Dr. Ulrike Wendeling-Schröder, Leibniz Universität Hannover

Nach den Bestimmungen des Betriebsverfassungsgesetzes erhalten die Mitglieder des Betriebsrats weder eine Amtsvergütung noch ist die Betriebsratstätigkeit eine zu vergütende Arbeitsleistung. Betriebsratsmitglieder werden vielmehr ohne Minderung des Arbeitsentgelts von ihrer beruflichen Tätigkeit freigestellt. Was folgt daraus für ihre berufliche Karriere?

1. Die Ehrenamtlichkeit und das Entgeltausfallprinzip

»*Die Mitglieder des Betriebsrats führen ihr Amt unentgeltlich als Ehrenamt*« heißt es in § 37 Abs. 1 BetrVG. Auf diese Weise soll die Unabhängigkeit des Betriebsrats gegenüber dem Arbeitgeber gewahrt werden. Zugleich soll die Akzeptanz der Entscheidungen des Betriebsrats gestärkt werden: Die Belegschaft kann so davon ausgehen, dass Vereinbarungen zwischen den Betriebsparteien nicht durch die Gewährung oder den Entzug materieller Vorteile beeinflussbar sind.[1]

In engem Zusammenhang mit der Ehrenamtlichkeit steht das Entgeltausfallprinzip. Es sichert die Betriebsratsmitglieder finanziell ab. Sie sind »*von ihrer beruflichen Tätigkeit ohne Minderung des Arbeitsentgelts zu befreien ...*« (§ 37 Abs. 2 BetrVG). Es steht ihnen also dasjenige Entgelt zu, das sie verdient hätten, wenn sie anstelle der Betriebsratstätigkeit während ihrer Arbeitszeit die vertraglich geschuldete Arbeitsleistung erbracht hätten. Zulagen und Zuschläge sind demgemäß weiterzuzahlen.[2]

---

1 Vgl. für alle *Fitting*, BetrVG, 28. Aufl. 2016, § 37 Rn.7. Die rechtspolitische Debatte um die adäquate Bezahlung und Karriere von Betriebsratsmitgliedern soll hier außer Betracht bleiben.

2 ErfK-*Koch*, 18. Aufl. 2018, Rn.6 zu § 37 BetrVG.

2. Das Verbot der Benachteiligung oder Begünstigung

Diese Grundsätze werden durch ein zweites Leitprinzip, das Verbot der Benachteiligung oder Begünstigung in § 78 Satz 2 BetrVG ergänzt: »*Sie (= die Mitglieder der Betriebsräte A.d.V.) dürfen wegen ihrer Tätigkeit nicht benachteiligt oder begünstigt werden; dies gilt auch für ihre berufliche Entwicklung.*« Hier wird der Schutzgedanke in Bezug auf das Betriebsratsmitglied selbst in den Mittelpunkt gestellt: Das Betriebsratsmitglied soll finanziell nicht von seiner Tätigkeit profitieren, es soll aber auch keinerlei Nachteile durch sie erleiden, keine finanziellen Nachteile und auch keinen »Karriereknick«. Deshalb kann sich ein unmittelbarer Anspruch eines Betriebsratsmitgliedes auf eine bestimmte Vergütung und einen verdienten Aufstieg direkt aus § 78 Abs. 2 BetrVG ergeben.[3] Mittelbar wird mit dieser Absicherung der Betriebsratsmitglieder auch eine funktionale Sicherung der Betriebsratsarbeit erreicht: die Bereitschaft der Arbeitnehmer zur Übernahme des Amtes wird durch das Benachteiligungsverbot gefördert.[4]

3. Die allgemeinen Entgeltsteigerungen und die berufliche Entwicklung

Da der »alte« Arbeitsvertrag als Maßstab zu einem Nachteil wird, je länger Betriebsratsmitglieder ihre berufliche Tätigkeit nicht ausüben (können), sieht das Gesetz vor, dass das Arbeitsentgelt von Betriebsräten dynamisiert wird und Mindestgrenzen einzuhalten sind: Es darf gemäß § 37 Abs. 4 BetrVG »*nicht geringer bemessen werden, als das Arbeitsentgelt vergleichbarer Arbeitnehmer mit betriebsüblicher beruflicher Entwicklung. Das gilt auch für allgemeine Zuwendungen des Arbeitgebers.*«

Maßstab für die betriebsüblichen Entgeltsteigerungen sind also die Entgeltentwicklungen der vergleichbaren Arbeitnehmer. Nach der Rechtsprechung und der ganz herrschenden Meinung in der Lehre sind die Arbeitnehmer vergleichbar, die im Zeitpunkt der Übernahme des Betriebsratsamtes ähnliche, im Wesentlichen auf der gleichen Qualifikationsebene befindliche Tätigkeiten wie das be-

3 BAG 17.8.2005 – 7 AZR 528/04, Rn.18; BAG 14.7.2010 – 7 AZR 359/09, Rn. 20; BAG 27.6.2001 – 7 AZR 496/99; ErfK-*Kania*, § 78, Rn.7, 8; *Fitting*, § 78 Rn.15; NK-GA-*Waskow*, 2016, § 78 BetrVG, Rn.22; *Richardi-Thüsing*, BetrVG, 15. Aufl. 2016, § 37 Rn.2, § 78 Rn.24; zu den Möglichkeiten der Zustimmungsverweigerung des Betriebsrats nach § 99 Abs. 2 Nr. 1 und 3 BetrVG in diesem Zusammenhang vgl. LAG Köln 22.2.2008 – 4 TaBV 60/07; LAG Hamburg 19.9.2012 – H 6 TaBV 2/12.

4 BAG 23.6.2004 – 7 AZR 514/03, DKKW-*Buschmann*, 15. Aufl. 2016, § 78 Rn.23.

treffende Betriebsratsmitglied ausgeübt haben und die in ähnlicher Weise wie das Betriebsratsmitglied fachlich und persönlich qualifiziert sind (Vergleichsgruppe). Betriebsüblich ist die Entwicklung der Entgelte, die bei der Mehrheit der Mitglieder der Vergleichsgruppe zu verzeichnen ist. Eine solche Üblichkeit entsteht aufgrund eines gleichförmigen Verhaltens des Arbeitgebers oder aufgrund einer von ihm aufgestellten Regel.[5]

Dieselben Grundsätze gelten auch für die Feststellung der betriebsüblichen beruflichen Entwicklung: Nach § 37 Abs. 4 BetrVG ist die (fiktive) Übertragung höherwertiger Tätigkeiten zulässig, denn andernfalls wären die Betriebsratsmitglieder gegenüber anderen Arbeitnehmern benachteiligt: Die Chance auf einen beruflichen Aufstieg gehört zu einem Berufsleben.[6]

Die Betriebsparteien können konkretisierende betriebliche Vereinbarungen zur Feststellung der üblichen beruflichen Entwicklung treffen.[7]

4. Die persönliche berufliche Weiterentwicklung

Eine andere Betrachtung ist geboten, wenn ein Betriebsratsmitglied geltend macht und geltend machen kann, dass es nicht mit einer Gruppe vergleichbar ist, sondern dass es in Anbetracht seiner Kenntnisse und Fähigkeiten ohne die Betriebsratstätigkeit und/oder ohne die Freistellung eine bestimmte Karriere gemacht hätte.[8]

Dieser Fall ist dem genannten Fall der Übertragung höherwertiger Tätigkeiten aus Gründen der betrieblichen Gepflogenheiten ähnlich. Der Unterschied besteht darin, dass dann, wenn keine betriebliche Gepflogenheit besteht, gleichwohl ein solcher Anspruch bestehen kann, welcher auf einer anderen Rechtsgrundlage, nämlich auf § 78 Satz 2 BetrVG beruht. Hier ist zu bedenken, dass die Pauschalregelung in § 37 Abs. 4 BetrVG nicht abschließend ist und dass sich jedes einzelne Betriebsratsmitglied direkt auf § 78 Satz 2 BetrVG berufen kann. Für das Vorliegen der Faktoren, die diese Karriere plausibel machen, ist das einzelne Betriebsratsmitglied im Streitfall darlegungs-und beweispflichtig.[9]

5 BAG 18.1.2017 – 7 AZR 205/15; BAG 27.6.2001 – 7 AZR 496/99; Hessisches LAG 1.10.2013 – 8 Sa 237/13; LAG Hamm 23.9.2011 – 10 Sa 427/11. Vgl. zu den Einzelheiten *Fitting*, § 37 Rn.121.

6 St. Rspr, vgl. BAG 17.8.2005 – 7 AZR 528/04, Rn. 13; zuletzt BAG 14.7.2010 – 7 AZR 359/09. Den letztgenannten Aspekt verkennt *Rieble*, NZA 2008, 276.

7 BAG 18.1.2017 – 7 AZR 205/15, Orientierungssatz 3.

8 Vgl. etwa BAG 18.1.2017 – 7 AZR 205/15, Rn. 27 a.E.

9 BAG 17.8.2005 – 7 AZR 528/04; Hessisches LAG 19.11.2013 – 13 Sa 640/13.

Zur Sicherung seiner Ansprüche steht dem Betriebsratsmitglied in diesem wie auch in den vorgenannten Fällen ein Auskunftsanspruch zu.[10]

5. Die Fähigkeiten und Kenntnisse aus der Betriebsratstätigkeit

In der Literatur ist die Ansicht vertreten worden, dass bei der Bemessung der Entgelte der Betriebsratsmitglieder die Fähigkeiten und Kenntnisse, die der Arbeitnehmer als Betriebsratsmitglied erwirbt, von vornherein für eine berufliche Karriere unberücksichtigt bleiben müssten, weil Arbeitnehmer keinerlei Vorteil aus ihrer Betriebsratstätigkeit ziehen dürften.[11] Diese Ansicht kann rechtlich nicht überzeugen: Sie würde eine verbotene Schlechterstellung der Betriebsratsmitglieder bewirken. Es ist ein allgemeiner Grundsatz der Stellenbesetzungen, dass es vor allem darauf ankommt, welche Fähigkeiten und Kenntnisse aktuell vorhanden sind. Wo und wie diese Kompetenzen erlangt wurden, ist demgegenüber nachrangig.

Selbstverständlich müssen sich die Kenntnisse und Fähigkeiten, die ein Betriebsratsmitglied in seiner Amtszeit erworben hat, als unmittelbar relevant für die angestrebte (Beförderungs-)Stelle erweisen.[12] Nimmt man etwa die arbeitsrechtlichen, betriebsverfassungsrechtlichen und arbeitssicherheitstechnischen Kenntnisse, die sich Betriebsratsmitglieder durch den Besuch von Betriebsratsseminaren gemäß § 37 Abs. 6 und 7 BetrVG aneignen sollen, als ein Beispiel, so zeigt sich, dass dies für technische und produktionsbezogene Tätigkeiten meist wenig Relevanz hat und deshalb oft bei einem beruflichen Aufstieg ausscheidet. Wird aber eine solche Befähigung für eine Tätigkeit in der Personalverwaltung vorgewiesen »passt« sie oft und ist zu berücksichtigen. Entsprechendes gilt für im Betriebsratsamt erworbene Fremdsprachenkenntnisse (z. B. durch die Mitgliedschaft in einem Euro-Betriebsrat). Hier ist durchaus ein größerer Verwertungskreis denkbar, da gerade auch im technischen Bereich Fremdsprachenkenntnisse (jedenfalls englisch) vielfach erforderlich sind. Betriebswirtschaftliche Kenntnisse sind im kaufmännischen Bereich von Interesse etc.[13]

10 BAG 19. 1. 2005 – 7 AZR 208/04; Hessisches LAG 1. 10. 2013 – 8 Sa 237/13.

11 GK-BetrVG-*Weber*, 10. Aufl. 2014, § 37 Rn.121; *Bittmann/Mujan*, BB 2012, 637; *Fischer*, NZA 2014, 71; *Keilich* BB 2014, 2229;*Rieble*, NZA 2008, 276.

12 *Bayreuther*, NZA 2014, 235. Ebenso die Rechtsprechung der Sozialgerichte, vgl. LSG Berlin-Brandenburg 16. 9. 2009 – L 4 R 54/06, Rn.51 und 57.

13 Zu den vielfältigen Möglichkeiten der Weiterbildung insgesamt vgl. *Rasche*, Arbeitnehmerweiterbildung – Gesetzlicher Rahmen und kollektive Gestaltungsmöglichkeiten, 2013.

Dasselbe gilt für die persönliche Leistungsfähigkeit und die allgemeine Persönlichkeitsentwicklung. Es wäre nicht nachvollziehbar, dass ein Betriebsratsmitglied, welches vor Jahren an seinem Stammarbeitsplatz keine Überstunden geleistet hat (oder sie nicht leisten konnte, weil sie nicht abgefordert wurden) in Bezug auf ein bewerbungsrelevantes Merkmal »überobligationsmäßige Leistungsbereitschaft« auf dem Status der damaligen Zeit »festgehalten« würde. Dies gilt insbesondere, wenn nachweisbar ist, dass dieselbe Person im Betriebsratsamt deutlich überobligationsmäßig agiert.[14]

Aktive Betriebsräte werden in ihrem Betriebsratsamt zudem besonders gefordert, insbesondere was ihre soziale Kompetenz, ihre rhetorischen Fähigkeiten und ihre Kommunikationsfähigkeit angeht. Auch daraus ergeben sich nicht selten Entwicklungen der Persönlichkeit, die gerade bei Aufstiegspositionen relevant sind.[15]

Im Hinblick auf das Begünstigungsverbot des § 78 Satz 2 BetrVG ist jedoch immer eine »Schlusskontrolle« vorzunehmen, die sichert, dass sich die Beförderung im plausiblen Rahmen hält. Beispielsweise wird ein ganz ungewöhnlich schneller beruflicher Aufstieg über mehrere Stufen insoweit Zweifel aufwerfen.[16]

6. Ergebnis

Insgesamt lässt sich feststellen, dass die Entgeltentwicklung und auch ein beruflicher Aufstieg von Betriebsratsmitgliedern mit der Mehrheit der Vergleichsgruppe der Regelfall sind. Bei der Übertragung höherwertiger Tätigkeiten reicht es aus, dass die Beförderung den betrieblichen Gepflogenheiten entspricht.

Außerhalb der Mehrheit der Vergleichsgruppe ist zudem ein beruflicher Aufstieg von Betriebsratsmitgliedern dann möglich, wenn nachgewiesen werden kann, dass die bessere Stelle in Anbetracht der persönlichen Kompetenzen ohne die Freistellung und/ oder Betriebsratstätigkeit übertragen worden wäre oder hätte übertragen werden müssen. Eine Einzelkarriere ohne Bindung an eine Vergleichsgruppe ist also möglich und keine verbotene »Sonderkarriere«. Die fachlichen Kompetenzen für eine Beförderungsstelle können auch während des Betriebsratsamtes erworben werden.

14 Das Beispiel ist von *Bayreuther*, NZA 2014, 235, vorgestellt worden.

15 *Fitting*, § 37 Rn.120, sieht insoweit jedenfalls ein Indiz für eine überdurchschnittliche Qualifikation. Noch deutlicher befürwortet GK BetrVG-*Kreutz*, § 78 Rn.68, die Anerkennung solcher während der Betriebsratstätigkeit erworbener Fähigkeiten. Wie hier: *Annuß*, NZA 2018, 134.

16 *Bayreuther*, NZA 2014, 235.

Entsprechendes gilt für die Persönlichkeitsentwicklung von Betriebsratsmitgliedern während der Amtszeit. Auch sie kann und muss in die Eignungsfeststellung für eine Beförderungsstelle eingehen, soweit sie stellenrelevant ist.

In schiefer Schlachtordnung gegen die Mitbestimmung

Prof. Dr. Hellmut Wißmann, Präsident des Bundesarbeitsgerichts a. D.

Im Jahr 371 v. Chr. besiegte der Thebaner Epaminondas bei Leuktra die Spartaner vermittels der »schiefen Schlachtordnung«. Bei dieser Taktik wird das Zentrum des Gegners nicht direkt angegriffen, sondern auf Umwegen. Auch die von Manchen ungeliebte Mitbestimmung im Aufsichtsrat sollte so zu Fall gebracht werden, erwies sich aber als standhaft.[1]

1. Arbeitnehmerschutz durch Beseitigung der Mitbestimmung?

Schon die Schlachtordnung im Ausgangsverfahren vor der Berliner Justiz[2] war irritierend: Im Statusverfahren nach § 98 AktG rügte ein Aktionär von TUI die Verletzung von Rechten seiner Gegenspieler, der Arbeitnehmer. Weil die Beschäftigten der ausländischen Tochtergesellschaften den mitbestimmten Aufsichtsrat der deutschen Konzernspitze nicht mitwählen können, werde die in Art. 45 AEUV gewährleistete Arbeitnehmerfreizügigkeit beeinträchtigt, und zwar gleich zweifach: Die Arbeitnehmer der ausländischen Betriebe würden wegen ihrer Staatsangehörigkeit mittelbar benachteiligt, und die Arbeitnehmer der deutschen Betriebe würden vom Wechsel in einen ausländischen Betrieb abgehalten, weil sie dabei ihr Wahlrecht verlören.

Man könnte dem Aktionär zu Gute halten, dass er sich zum Handeln aufgerufen fühlte, weil von den Millionen von Arbeitnehmern, deren Benachteiligung er beklagte, soweit ersichtlich noch keiner eine Beeinträchtigung seiner Freizügigkeit gerichtlich geltend gemacht hatte. Dazu passt freilich nicht, dass er mit seinem Antrag nicht etwa begehrte (in der gewählten Verfahrensart allerdings auch nicht

1 EuGH 18.7.2017 – C-566/15 – Erzberger, NZA 2017, 1000.

2 LG Berlin 1.6.2015 – 102 O 65/14 AktG, DB 2015, 1566; KG 16.10.2015 – 14 W 89/15, NZG 2015, 1311.

begehren konnte), den angeblichen Verstoß gegen Unionsrecht durch Einbeziehung der Auslandsbelegschaften in die Aufsichtsratswahl bei TUI abzustellen. Im Gegenteil sollte der Aufsichtsrat ohne jegliche Arbeitnehmervertreter gebildet werden, die Arbeitnehmer der deutschen Betriebe sollten also das bisher bestehende Mitbestimmungsrecht verlieren und die Arbeitnehmer der Auslandsbetriebe ein solches Recht erst gar nicht erhalten.
Allein unter Berufung auf Arbeitnehmerinteressen wurde also ein Ziel verfolgt, das diesen Interessen diametral entgegensteht. Das machte den Antrag nach § 98 AktG indessen nicht unzulässig, denn er wurde auf den Anwendungsvorrang des Unionsrechts gestützt. Art. 45 AEUV verbiete die Anwendung des teilweise unionsrechtswidrigen MitbestG. § 98 Abs. 1 AktG verlangt lediglich Streit oder Ungewissheit über dessen Anwendung für die Zulässigkeit des Antrags, umfasst also auch einen Streit über die Vereinbarkeit mit höherrangigem Recht. Die Antragsbefugnis ist in § 98 Abs. 2 AktG zwar weit gefächert. Die Vorschrift lässt aber nicht erkennen, dass zur Begründung eines Antrags nur Normen herangezogen werden könnten, welche die Interessen des jeweiligen Antragstellers schützen sollen.

2. Der kühne Weg zum EuGH

Auf Anregung des – vor dem LG noch erfolglosen – Antragstellers rief das KG nach Art. 267 AEUV den EuGH an und fragte, ob die Beschränkung des Wahlrechts auf Arbeitnehmer von Inlandsbetrieben mit Unionsrecht vereinbar sei. Auch das KG ging also in schiefer Schlachtordnung vor, denn zu entscheiden hatte es ja über die Anwendbarkeit des MitbestG auf TUI und nicht über Wahlvorschriften. Für Fragen des Wahlrechts fehlt ihm die Zuständigkeit, diese liegt ausschließlich bei den Arbeitsgerichten (§ 2a Abs. 1 Nr. 3 ArbGG). Das KG machte sich nicht die Mühe zu begründen, wieso ein mit der Arbeitnehmerfreizügigkeit nicht zu vereinbarendes Fehlen des Wahlrechts von Auslandsbelegschaften die – von ihm allein zu beurteilende – Nichtanwendung des MitbestG auf TUI zur Folge haben sollte. Es begnügte sich mit der Feststellung, dass die Vereinbarkeit der Wahlrechtsbegrenzung mit Art. 45 AEUV umstritten und eine unionsrechtskonforme Auslegung insoweit nicht möglich sei.
Das war wagemutig, gilt doch im Fall einer von Art. 45 AEUV verbotenen Diskriminierung nach ständiger Rechtsprechung des EuGH der Grundsatz der »Anpassung nach oben«: Aufgrund des Vorrangs dieser unmittelbar anwendbaren Norm würde die Regelung des nationalen Rechts, die Auslandsbelegschaften vom Wahlrecht ausschließt, verdrängt. Anzuwenden sind kraft Unionsrechts im Fall einer Diskriminierung diejenigen nationalen Vorschriften, die für die übri-

gen Betroffenen gelten; die für die begünstigte Gruppe (hier: die Arbeitnehmer der inländischen Betriebe) geltende Regelung bleibt »das einzig gültige Bezugssystem«.[3] Die Frage, ob das nationale Recht unionsrechtskonform ausgelegt werden kann, ist nicht entscheidend. Das MitbestG bliebe also auf TUI anwendbar, die Arbeitnehmer der Auslandsbetriebe wären wie diejenigen der inländischen Betriebe in das Wahlverfahren einzubeziehen.
Das KG hat nicht dargetan, dass – und warum – es dem EuGH hier nicht folgen zu können glaubt, und auf Grund welcher Erwägungen es für die Bescheidung des ihm vorliegenden Antrags auf Nichtanwendung des MitbestG die dem EuGH zum Wahlrecht gestellte Frage für erheblich hielt. Mit dem Hinweis darauf, dass der Antragsteller diese Rechtsauffassung vertrat, konnte das KG nicht die Pflicht abschütteln, zur Erheblichkeit der Vorlage selbst Stellung zu nehmen. Dennoch hat der EuGH die – auch in der mündlichen Verhandlung thematisierte[4] – schiefe Schlachtordnung hingenommen und die Vorlage für zulässig gehalten. Das ist nicht zu kritisieren. Der EuGH geht in ständiger und zutreffender Rechtsprechung von einer Vermutung für die vom vorlegenden Gericht angenommene Entscheidungserheblichkeit der Vorlage aus,[5] weil er für die Anwendung des nationalen Rechts, die dieser Annahme auch zugrunde liegt, weder zuständig noch sachkundig ist.

3. Die Ohrfeige

Die vom KG erbetene Antwort fiel in ihrer Kürze bemerkenswert schroff aus. Soweit es um die angenommene Diskriminierung der Belegschaften ausländischer Betriebe (Art. 45 Abs. 2 AEUV) ging, wies der EuGH darauf hin, dass diese Arbeitnehmer von der in Art. 45 AEUV geschützten Freizügigkeit ja gerade keinen Gebrauch machten. Daher sei der Anwendungsbereich des Art. 45 AEUV nicht eröffnet. Die konzernrechtliche Verbindung zwischen ihrer (ausländischen) Arbeitgeberin und der deutschen Muttergesellschaft sei insoweit ohne Bedeutung. Für wie fernliegend der EuGH den vom KG in den Vordergrund gerückten Vorwurf der Ausländerdiskriminierung hält, mag man daraus ersehen, dass dieser im Tenor des Urteils nicht einmal erwähnt wird.
Soweit der Verlust des Wahlrechts der Arbeitnehmer deutscher Betriebe im Fall ihrer Versetzung in einen ausländischen Betrieb zu bewerten war, bejahte der EuGH zwar den für eine Anwendung des Art. 45 AEUV notwendigen grenzüber-

3 Z.B. EuGH 13.7.2016 – C-187/15 – Pöpperl, NVwZ 2016, 1465 Rn. 46.
4 *Heuschmid/Hlava*, NZA 2017, 429f.
5 Z.B. EuGH 16.6.2015 – C-62/14 – Gauweiler, NJW 2015, 2013 Rn. 24f.

schreitenden Bezug. Die Freizügigkeit der betreffenden Arbeitnehmer werde indessen nicht beeinträchtigt. Art. 45 AEUV könne einem Arbeitnehmer nicht garantieren, dass der Umzug in einen anderen Mitgliedstaat in sozialer Hinsicht neutral sei und er sich im Aufnahmestaat auf die Arbeitsbedingungen berufen könne, die er im Herkunftsstaat hatte. Mangels Harmonisierungs- oder Koordinierungsmaßnahmen der EU hindere Art. 45 AEUV einen Mitgliedstaat nicht daran, Vorschriften zur kollektiven Vertretung von Arbeitnehmerinteressen auf Arbeitnehmer inländischer Betriebe zu beschränken.

4. Rechtlich unselbständige Auslandsbetriebe deutscher Unternehmen

Die Auslandsbelegschaften, um deren Einbeziehung in die Mitbestimmung bei TUI gestritten wurde, sind sämtlich solche ausländischer Konzernunternehmen. Auf diese Konstellation bezieht sich auch ausdrücklich der Tenor des EuGH-Urteils. Dagegen spielen rechtlich unselbständige im Ausland gelegene Betriebe von TUI oder deren deutschen Tochtergesellschaften hier faktisch keine Rolle, worauf der Generalanwalt hingewiesen hat.[6] Vor dem Hintergrund der im deutschen Schrifttum geführten Diskussion erschien bisher eine Unterscheidung zwischen Auslandsbetrieben ausländischer und solchen deutscher Unternehmen durchaus von Bedeutung. Immerhin wird ein Verstoß des deutschen Mitbestimmungsrechts gegen Art. 45 AEUV auch mit dem Argument verneint, die kollektivrechtlichen Beziehungen zwischen ausländischen Gesellschaften und ihren in ausländischen Betrieben beschäftigten Arbeitnehmern lägen außerhalb der Regelungsmacht deutscher Gesetzgebung.[7] Für die Beziehungen zwischen einer deutschen Gesellschaft und den Belegschaften eigener, im Ausland gelegener Betriebe lässt sich das nicht mit gleicher Gewissheit sagen, denn hier hat der von der Norm verpflichtete Arbeitgeber seinen Sitz im Inland.
Der EuGH ist in seinen Überlegungen indessen nicht bis zu der Stelle gelangt, an der die Differenzierung zwischen Auslandsbetrieben eines deutschen Unternehmens und solchen von Auslandstöchtern eine Rolle spielen könnte. Die tragenden Gründe des Urteils – die Freizügigkeit der Auslandsbelegschaften ist nicht berührt, den im Inland beschäftigten Arbeitnehmern garantiert Art. 45 AEUV im Fall des Umzugs in einen Auslandsbetrieb nicht die Mitnahme ihres Mitbestimmungsrechts – treffen beide Konstellationen in gleicher Weise.

6 Schlussanträge von GA Saugmandsgaard Øe vom 4.5.2017 – C-566/15 Rn. 35.
7 Z.B. *Krause*, ZHR, Beiheft 78 (2016), S. 46, 62f.

5. Zählen von Auslandsbelegschaften und Unionsrecht

Mit dem Urteil des EuGH hat sich, obwohl in dem Verfahren nicht thematisiert, für die Praxis auch die Frage erledigt, ob das Unionsrecht ein Mitzählen von Arbeitnehmern ausländischer Betriebe bei der Berechnung mitbestimmungsrechtlicher Schwellenwerte fordere. Zwar erscheint ein Gleichklang von Zählen und Wählen nach deutschem Mitbestimmungsrecht nicht zwingend: So grenzt das DrittelbG den Kreis der Arbeitnehmer, die bei der für die Anwendung des Gesetzes maßgeblichen Schwelle mitzuzählen sind, in § 2 Abs. 2 wesentlich enger ab (nur Vertragskonzern) als in § 2 Abs. 1 den Kreis der wahlberechtigten (sowohl Vertrags- als auch faktischer Konzern). Ergäbe sich aber aus Art. 45 AEUV die Notwendigkeit, Belegschaften von Auslandsbetrieben in die Aufsichtsratswahl einzubeziehen, so wäre es nicht völlig ausgeschlossen, dass hieraus auch ein Mitzählen dieser Belegschaften für mitbestimmungsrechtliche Anwendungsschwellen abzuleiten wäre.[8] Immerhin könnte sich die Zählweise auf eine unionsrechtlich geschützte Rechtsposition auswirken, nämlich darauf, ob ein Unternehmen dem fraglichen Mitbestimmungsgesetz überhaupt unterliegt und damit auch ein Wahlrecht der Arbeitnehmer von Auslandsbetrieben bestünde.
Solchen Überlegungen fehlt jedoch spätestens jetzt die Grundlage, nachdem festgestellt ist, dass Art. 45 AEUV es nicht gebietet, die Arbeitnehmer ausländischer Betriebe in die Aufsichtsratswahl einzubeziehen. Es sind auch keine anderen Anhaltspunkte dafür erkennbar, dass die Gewährleistung der Freizügigkeit bei den mitbestimmungsrechtlichen Schwellenwerten ein Mitzählen von Belegschaften ausländischer Betriebe fordern könnte, obwohl diese für eine Beteiligung an der Mitbestimmung nicht in Betracht kommen.

6. Fazit

Die im MitbestG und anderen deutschen Gesetzen enthaltene Beschränkung des Mitbestimmungsrechts auf Arbeitnehmer deutscher Betriebe ist mit Unionsrecht vereinbar. Das gilt sowohl im Hinblick auf die Belegschaften von Auslandsbetrieben ausländischer Gesellschaften als auch hinsichtlich der Belegschaften von Auslandsbetrieben deutscher Gesellschaften. Zur Berücksichtigung von Arbeitnehmern ausländischer Betriebe bei der Berechnung mitbestimmungsrechtlicher Schwellenwerte macht das Unionsrecht keine Vorgaben.

8 Vgl. OLG Frankfurt/Main 17.6.2016 – 21 W 91/15, NZG 2016, 1186.

Ausgewählte Verfahrensfragen in der Einigungsstelle

Frank Woitaschek, Vizepräsident des Landesarbeitsgerichts (Hessen), Lehrbeauftragter der Justus-Liebig-Universität Gießen

Die vornehmste Aufgabe der Einigungsstelle ist es, Meinungsverschiedenheiten zwischen den Betriebsparteien einvernehmlich beizulegen. So auch geschehen in einem Einigungsstellenverfahren bei einem ehemaligen deutschen Versicherungsunternehmen unter Beteiligung von Dr. Thomas Klebe als Beisitzer und dem Autor als Vorsitzender vor etlichen Jahren. Seinerzeit waren Verfahrensregeln nicht Gegenstand der Erörterungen, trotzdem findet sich nachfolgend eine kleine Auswahl von in der Praxis gelegentlich aufkommenden formellen Fragen.

1. Vorbemerkung

Das Verfahren der Einigungsstelle ist gesetzlich nur rudimentär geregelt. Gesetzliche Verfahrensordnungen wie das Arbeitsgerichtsgesetz (ArbGG) oder die Zivilprozessordnung (ZPO) finden auf das Einigungsstellenverfahren keine unmittelbare Anwendung. Auch das Betriebsverfassungsgesetz (BetrVG) enthält keine umfassenden Vorschriften zum Verfahren vor der Einigungsstelle. Lediglich § 76 Abs. 3 BetrVG enthält einige, allerdings zwingende Vorgaben, nämlich die mündliche Beratung, die Abstimmung durch die Einigungsstellenmitglieder, die einzelnen Schritte bei der Abstimmung, die schriftliche Niederlegung des Einigungsstellenbeschlusses nebst Unterschrift durch den Vorsitzenden und dessen Zuleitung an Arbeitgeber und Betriebsrat durch ihn. Daneben muss der Ablauf des Einigungsstellenverfahrens den allgemein anerkannten elementaren Grundsätzen unserer Rechtsordnung entsprechen und wird durch diese begrenzt. Deren Verletzung kann grundsätzlich zur Unwirksamkeit eines Einigungsstellenspruchs führen.

2. Festlegung von Zeitpunkt und Ort der Einigungsstellensitzung, Ladung

Die Ladung zur Sitzung der Einigungsstelle, das BetrVG spricht in § 76 Abs. 5 Satz 2 von »Einladung«, ist Aufgabe des Einigungsstellenvorsitzenden. Diese kann grundsätzlich formlos erfolgen, wobei die Vorschriften in der ZPO zur Ladung (§§ 214ff.) unanwendbar sind. Zuvor muss der Vorsitzende Zeitpunkt und Ort der Einigungsstellenverhandlung bestimmen. In der Regel spricht er sich hierzu mit allen Beisitzern der Einigungsstelle ab. Es gehört zum fairen Umgang, dass bereits bestehende andere terminliche Verpflichtungen von Beisitzern bei der Terminabsprache berücksichtigt werden. Diese Rücksichtnahme stößt in der Praxis allerdings immer wieder mal an Grenzen, wenn Beisitzer in großem Umfang anderweitig zeitlich gebunden sind. Dies gilt insbesondere dann, wenn der anderen Betriebspartei wegen besonderer Eilbedürftigkeit an einem zeitnahen Einigungsstellentermin gelegen ist. In einem solchen Fall ist das Organisationsgeschick des Vorsitzenden gefragt, um unter Berücksichtigung aller Interessen einen passenden Verhandlungstermin bestimmen zu können. Bei alledem hat der Vorsitzende zu beachten, dass nach § 76 Abs. 3 Satz 1 BetrVG die Einigungsstelle unverzüglich tätig werden soll. In der Regel wird die Einigungsstellenverhandlung zur Vermeidung weiterer Kosten in Räumlichkeiten des betroffenen Betriebs stattfinden. Hierfür spricht zudem die Möglichkeit, kurzfristig auf erforderliche Unterlagen oder Personen zurückgreifen bzw. bei Bedarf Arbeitsplätze oder Räume im Betrieb in Augenschein nehmen zu können. Nur wenn sachliche Gründe entgegenstehen, sollte auf Räume außerhalb des Betriebs ausgewichen werden. Schließlich dürfte bei Verhandlungen im Betrieb die »emotionale Verbundenheit« der Einigungsstellenmitglieder zum Konflikt der Betriebsparteien deutlicher ausgeprägt sein, was die Suche nach einer einvernehmlichen Lösung durchaus positiv beeinflussen kann.

3. Öffentlichkeit der Einigungsstellensitzung

Hin und wieder stellt sich zu Beginn eines Einigungsstellenverfahrens die Frage, wer darf überhaupt alles teilnehmen. Beispielsweise erschienen zu der ersten Sitzung einer Einigungsstelle bei einem Luftfahrtunternehmen überraschend zwei Mitglieder einer Minderheitsfraktion im Betriebsrat, die bei den Verhandlungen anwesend sein wollten. Die Aufregung bei den Beisitzern beider Betriebsparteien hierüber war groß und es drohte bereits beim Start ein (weiterer) Konflikt. Der Grundsatz ist, die Sitzungen der Einigungsstelle, ihre Verhandlung, Beratung sowie Abstimmung sind weder öffentlich, noch betriebsöffentlich. Das heißt, zugelassen sind der Vorsitzende, die Besitzer sowie ggf. hinzugezogene Verfahrensbevollmächtigte. Zeugen und Sachverständige nehmen allein für die Zeit ihrer Vernehmung bzw. der Erstattung oder Erläuterung ihres Gutachtens teil. Nach zutreffender Ansicht des Bundesarbeitsgerichts[1] ist die Verhandlung vor der Einigungsstelle aber zudem parteiöffentlich. Die Betriebsparteien, also sowohl Betriebsratsmitglieder als auch Vertreter des Arbeitgebers, können daher teilnehmen, auch soweit sie nicht Beisitzer der Einigungsstelle sind. Danach durften die beiden Mitglieder der Minderheitsfraktion seinerzeit bleiben und den Verhandlungen der Einigungsstelle bis zur Einigung der Betriebsparteien folgen, was sich im weiteren Verlauf als völlig unproblematisch für alle Beteiligten darstellte. Darüber hinaus steht es der Einigungsstelle im Einzelfall – getreu dem Motto »*jeder an den Tisch, der helfen kann*« – frei, die Anwesenheit dritter Personen zuzulassen. Es versteht sich von selbst, dass es bei unterschiedlichen Auffassungen in der Einigungsstelle bereits an dieser Stelle auf das Geschick und die Fähigkeiten des Einigungsstellenvorsitzenden ankommt, um bei der Frage nach der Anwesenheit weiterer Personen eine von allen als fair akzeptierte Lösung gemeinsam zu erzielen und nicht von vorneherein den Weg zum interessengerechten Ausgleich zu belasten. Dies alles gilt allerdings nicht mehr für die abschließende mündliche Beratung und Beschlussfassung der Einigungsstelle, an denen nach einhelliger Meinung ausschließlich die Mitglieder der Einigungsstelle teilnehmen dürfen. Sonstige Vertreter der Betriebsparteien, deren Verfahrensbevollmächtigte, eine möglicherweise eingesetzte Protokollkraft oder sonstige Dritte müssen die Sitzung zuvor verlassen. Ein Verstoß gegen diesen elementaren Grundsatz des Einigungsstellenverfahrens führt zur Unwirksamkeit des Spruchs.

4. Austausch von Einigungsstellenmitgliedern

Ein Austausch des Einigungsstellenvorsitzenden kann in zweierlei Hinsicht erforderlich werden. Zunächst kann er selbst sein Amt niederlegen, beispielsweise bei aus seiner Sicht unüberbrückbaren Gegensätzen zwischen den Betriebsparteien oder aufgrund einer außerordentlich unsachlichen Verhandlungsatmosphäre. Oder die Betriebsparteien verständigen sich, was im Hinblick auf die Formulierung in § 76 Abs. 2 Satz 1 BetrVG jederzeit – auch bei bereits laufendem Einigungsstellenverfahren – möglich sein dürfte, auf einen neuen Vorsitzenden, der ihr Vertrauen genießt. Hingegen kann eine Seite allein nicht die Ablösung des Einigungsstellenvorsitzenden herbeiführen. Es bleibt jedoch die Möglichkeit,

1 BAG 18.1.1994 – 1 ABR 43/93, BB 1994, 1214–1215.

den Vorsitzenden wegen Besorgnis der Befangenheit abzulehnen, wenn sich im laufenden Einigungsstellenverfahren Anhaltspunkte für seine Parteilichkeit ergeben. Die Antragsberechtigung steht den Betriebsparteien selbst, nicht hingegen den von ihr entsandten Beisitzern zu. Nach der Rechtsprechung des Bundesarbeitsgerichts[2] finden die Vorschriften über die Ablehnung eines Schiedsrichters der §§ 1036ff. ZPO entsprechende Anwendung, soweit dem nicht zwingende Grundsätze des Einigungsstellenverfahrens nach § 76 BetrVG entgegenstehen. Auch die Einigungsstellenbeisitzer können wie der Vorsitzende ihr Amt jederzeit niederlegen. Sie können aber zudem durch die jeweilige Betriebspartei abberufen werden, ohne dass es hierüber eines Einvernehmens mit der anderen Seite bedarf. Hierfür bedarf es keiner Begründung. Hingegen ist die Ablehnung eines Beisitzers wegen Besorgnis der Befangenheit grundsätzlich ausgeschlossen. Die Beisitzer sind schließlich aufgrund ihrer Rolle Parteivertreter.

5. Beschlussfassung und Stimmenthaltung

Beschlussfähig ist die Einigungsstelle regelmäßig nur bei Anwesenheit aller ihrer Mitglieder (Ausnahmen: Säumnis von Einigungsstellenmitgliedern oder sogenannte Pairing-Abrede). Das in § 76 Abs. 3 BetrVG geregelte zweistufige Verfahren der Beschlussfassung findet allerdings nur für die abschließende Sachentscheidung, dem sogenannten Spruch der Einigungsstelle, Anwendung, nicht hingegen für Entscheidungen über Verfahrensfragen. Bei Verfahrensfragen stimmt der Vorsitzende bereits im ersten Abstimmungsgang mit. Bei der Sachentscheidung ist eine Stimmenthaltung der Beisitzer sowohl bei der ersten wie auch bei der zweiten Abstimmung zulässig. Stimmenthaltungen sind aber keine Nein-Stimmen. Vielmehr ist der entsprechende Antrag bereits in der ersten Abstimmung beschlossen, wenn die Zahl der Ja-Stimmen größer ist als die der Nein-Stimmen. Es reicht die einfache Stimmenmehrheit, also eine Mehrheit der abgegebenen Stimmen aus. Ein Umstand, der, trotz ausdrücklicher Nachfrage des Vorsitzenden, in der Vergangenheit nicht immer richtig bekannt gewesen sein dürfte. Anders ist es nicht erklärlich, wenn nach langen und harten, aber leider erfolglosen Verhandlungen in der Einigungsstelle eine Arbeitszeitregelung für einen großen Betrieb im Einzelhandel zur Abstimmung gestellt und aufgrund von Enthaltungen auf Seiten einer Betriebspartei bereits im ersten Abstimmungsgang mehrheitlich beschlossen wurde.

2 Zuletzt Beschluss vom 17.11.2010 – 7 ABR 100/09, NZA 2011, 940–942.

6. Niederlegung und Unterzeichnung des Einigungsstellenspruchs, Berichtigung

Nach § 76 Abs. 3 Satz 4 BetrVG sind die Beschlüsse der Einigungsstelle schriftlich niederzulegen, vom Vorsitzenden zu unterschreiben und Arbeitgeber sowie Betriebsrat zuzuleiten. Die Unterschrift der Einigungsstellenbeisitzer ist nicht erforderlich, aber möglich. Hingegen ist ein nicht vom Einigungsstellenvorsitzenden unterzeichneter Einigungsstellenspruch unwirksam. Das Schriftformerfordernis ist konstitutiv im Sinne des § 125 BGB. Das heißt, der Einigungsstellenvorsitzende muss den Betriebsparteien ein von ihm im Original unterzeichnetes Schriftstück, das den Spruch beinhaltet, als einheitliche Urkunde zuleiten; eine Ersetzung durch elektronische Form (§ 126a BGB) oder Textform (§ 126b BGB) ist im Hinblick auf den Rechtsgedanken des § 126 Abs. 3 BGB ausgeschlossen.[3] Dies dient der Rechtssicherheit, damit für die Adressaten zweifelsfrei feststeht, welchen Inhalt die durch die Einigungsstelle beschlossenen und nunmehr im Betrieb geltenden Regelungen haben. Eine nachträgliche, rückwirkende Heilung der Verletzung der in § 76 Abs. 3 Satz 4 BetrVG bestimmten Formvorschriften, für deren Geltendmachung regelmäßig nicht die Zweiwochenfrist des § 76 Abs. 5 Satz 4 BetrVG gilt, ist nicht möglich. Maßgeblich für die Beurteilung der Formwirksamkeit ist regelmäßig der Zeitpunkt, in dem der Vorsitzende den Betriebsparteien den Spruch mit der Absicht der Zuleitung im Sinne des § 76 Abs. 3 Satz 4 BetrVG übermittelt hat. Die Zuleitung des Einigungsstellenspruchs sollte wegen der möglichen Bedeutung des Zeitpunkts für eine Anfechtung wegen Ermessensüberschreitung stets in nachweisbarer Form geschehen. Schließlich kann der Einigungsstellenvorsitzende einen den Betriebsparteien zugeleiteten Spruch auch nicht alleine berichtigen.[4] Alles in allem heißt das, trotz des ansonsten nicht sehr formellen Ablaufs des Einigungsstellenverfahrens ist im Hinblick auf § 76 Abs. 3 Satz 4 BetrVG für den Einigungsstellenvorsitzenden an dieser Stelle besondere Sorgfalt geboten.

7. Schluss

Verfahrensfragen spielen in der Einigungsstelle nur ganz selten eine Rolle. Das ist gut und richtig so. Denn das Einigungsstellenverfahren lebt gerade davon, dass nicht kleinteilig über formelle Aspekte gestritten wird. Vielmehr braucht es den

3 BAG 5.10.2010 – 1 ABR 31/09, NZA 2011, 420–422.
4 BAG 10.12.2013 – 1 ABR 45/12, DB 2014, 1027–1028.

durch die knappen gesetzlichen Regelungen und durch die ebenfalls zurückhaltende Rechtsprechung sich ergebenden Freiraum, in dem der Einigungsstellenvorsitzende die Betriebsparteien quasi an die Hand nehmen und in Zusammenarbeit mit ihnen zum interessengerechten Ausgleich führen kann. Die wenigen grundlegenden Regeln für ein faires Einigungsstellenverfahren darf er dabei allerdings nicht aus dem Blick verlieren. Nur bei deren Beachtung werden sich alle Beteiligten im erzielten Ergebnis wiederfinden können, und eine nachhaltige Beruhigung des Konflikts kann eintreten. Die Kenntnis der grundlegenden Verfahrensregeln ist daher unabdingbare Voraussetzung für die erfolgreiche Leitung einer jeden Einigungsstelle.

Verhältnismäßigkeitsgrundsatz – kein Ersatz für stringente Regelungen!

Roland Wolf, stellvertretender Hauptgeschäftsführer und Leiter der Abteilung Arbeits- und Tarifrecht bei der BDA

Das Arbeitskampfrecht in Deutschland weist Besonderheiten auf, die es von anderen Rechtsordnungen (und sei es nur innerhalb der EU) unterscheidet. Eine der Besonderheiten des deutschen Arbeitskampfrechts ist seine fehlende gesetzliche Fixierung. Nun steckt im Wort Arbeitskampf auch das Wort Kampf, und man kann sich auf den Standpunkt stellen, den Kampf könne man nicht ohne Weiteres regeln. Deswegen sei es ja ein Kampf und nicht die gesetzliche Fundierung von An- und Verkauf oder Übereignung und Verpfändung.

Richtig daran ist, dass man nicht jede einzelne Entwicklung in einem Arbeitskampf vorhersehen kann und sich daher (wie im Übrigen generell im Recht) klug mit zu umfassenden Detailregelungen zurückhalten sollte. Man kann tatsächlich nicht alles und jedes regeln – das gilt aber nicht nur für das Arbeitskampfrecht, das sollte für die gesamte Rechtsordnung gelten. Ein Gesetzgeber, eine Regierung müssen immer klug abwägen, inwieweit sie einen Rechtsrahmen setzen oder darauf verzichten. Das Kerngebiet einer Rechtsordnung aber gar nicht zu regeln, muss allerdings skeptisch stimmen. Dies umso mehr, als die Schwester des Arbeitskampfs, das Tarifvertragsrecht (also der Zustand, der nach Tarifverhandlungen – auch solchen, die mit einem Arbeitskampf verbunden sind), in einem knappen und seiner Struktur nach gut gemachten Gesetz klar und verständlich geregelt ist.

Auch an das Tarifvertragsgesetz kann man Wünsche haben. Auch im Tarifvertragsrecht bedarf es ab und an des Eingriffs des Gesetzgebers. Ein solcher Eingriff war die gesetzliche Wiederherstellung der Tarifeinheit. Der neu eingefügte § 4a TVG ist vielleicht nicht in jedem Punkt eine Meisterleistung, er macht aber – wie viele andere Vorschriften des Gesetzes – hinreichend deutlich, was sich der Gesetzgeber an Ordnung und Sicherheit im Fall einer Kollision verschiedener Tarifregelungen als Lösung vorstellt. Die Regelung der Tarifeinheit unterstreicht, dass Kollisionen einer Lösung zugeführt werden müssen und zugeführt werden können. So wie abgeschlossene Tarifverträge kollidieren können, kollidieren bereits während Tarifverhandlungen und erst recht während eines Arbeitskampfes unterschiedliche Interessen.

Daher ist vornehme Zurückhaltung des Gesetzgebers beim Arbeitskampf fehl am Platz. Auch wenn die Rechtsprechung den Ausputzer machen kann und dies über viele Jahre gemacht hat, ist die Ausgangssituation unbefriedigend. Dies umso mehr, als ganz offenbar die Rechtsprechung des Bundesarbeitsgerichts (BAG) schon seit mehreren Jahrzehnten, erneut aber im ersten Jahrzehnt des 21. Jahrhunderts, in Teilen aus dem Ruder gelaufen ist. Grundsätzliche Bemerkungen und Bewertungen des Gerichts, die dieses in den fünfziger Jahren getroffen hat, sind mit leichter Hand bei Seite gewischt und durch wolkige an dem vermeintlich rechtssicheren Maßstab der Verhältnismäßigkeit orientierten Aussagen ersetzt worden. Das ist für den Rechtsanwender nicht akzeptabel und wirft ein bedenkliches Licht auf die unbedingte und verpflichtende Neutralität der Rechtsprechung!

1. Arbeitskampfmittelfreiheit gibt es nicht

In seinen Judikaten in den ersten zwei Dekaden seiner Rechtsprechung hat das BAG immer wieder eine wichtige und fundamentale Grundaussage getroffen: Arbeitskämpfe sind gesellschaftlich und wirtschaftlich höchst unerwünscht![1] Um es am Beispiel des Streiks deutlich zu machen. Er mag (im Einzelfall kann man durchaus divergierender Auffassung sein) aus Sicht der jeweils verhandelnden und dann zum Streik aufrufenden Gewerkschaft durchaus in einer konkreten Verhandlungssituation notwendig werden. Die Notwendigkeit des Arbeitskampfs ändert jedoch nichts daran, dass davon zurückhaltend Gebrauch gemacht werden muss. Das BAG hat zwar vor dem Hintergrund, dass ein Streik Ausfluss der Tarifautonomie und damit mittelbar Ausfluss der Koalitionsfreiheit sein kann, den Arbeitsvertragsbruch des Arbeitnehmers gebilligt.[2] Das kann aber nicht beliebig gelten. Nichtarbeit trotz Pflicht zur Arbeit verstößt gegen den Arbeitsvertrag und ist nur dann gerechtfertigt, wenn die kollektiv formulierte Aufforderung, die Arbeit niederzulegen, in sich gerechtfertigt ist. Macht die Gewerkschaft nicht zurückhaltend von ihrem Recht Gebrauch, zum Streik aufzurufen, verstößt sie selbst gegen das Recht und der Arbeitnehmer gegen seine Pflichten aus dem Arbeitsvertrag.

Daher kann es auch keine Arbeitskampfmittelfreiheit geben. Auch wenn das Bundesverfassungsgericht (BVerfG) entsprechende Ausführungen des BAG gebilligt hat,[3] ist die Arbeitskampfmittelfreiheit eine Chimäre. Der Streik oder andere Formen des Arbeitskampfs verletzen die betroffenen Arbeitgeber nachhaltig

1 BAG 28.1.1955 – GS 1/54; BAG 5.9.1955 – 1 AZR 480/54.
2 BAG 28.1.1955 – GS 1/54.
3 BVerfG 26.3.2014 – 1 BvR 3185/09.

in ihren Rechten. Für einen solchen Rechtsverstoß bedarf es einer Begründung. Der Umstand, dass der Arbeitskampf nicht unverhältnismäßig ist, rechtfertigt nicht die Anstiftung zum Vertragsbruch und rechtfertigt damit die Arbeitsniederlegung nicht. Die These, bis zur Grenze der Unverhältnismäßigkeit dürfe die Gewerkschaft selbst darüber befinden, was noch gerechtfertigt sei und was die Grenzen des Billig und Gerechten überschreite, weist daher in die Irre. Eine solche These stellt die Verhältnisse auf den Kopf: Der Arbeitskampf ist nicht um des Arbeitskampfs willen da, sondern er selbst muss sich an Regeln halten. Wenn das BAG offenbar seit nun fast 40 Jahren nicht mehr in der Lage ist, diese Regelhaftigkeit zu garantieren (die Gründe sollen an dieser Stelle dahingestellt bleiben), dann muss der Gesetzgeber das Gericht dabei unterstützen. Dabei kann man unterschiedlicher Auffassung über die Weite dieser Unterstützungspflicht sein; dass sie notwendig ist, kann aber nicht in Abrede gestellt werden.

2. Flashmobentscheidung – Synonym eines Versagens

Blickt man auf die letzten Jahre zurück, kann man sicher viele Gründe finden, warum der Arbeitskampf einer gesetzlichen Regelung zugeführt werden sollte. Das gilt zum Beispiel für den Arbeitskampf in der sogenannten »Daseinsvorsorge«.[4] Ob man den Begriff für klug oder sogar für richtig hält, soll an dieser Stelle nicht erörtert werden. Sicher ist, verzweifelte Bahnkunden, desillusionierte Fluggäste und – wenn auch nicht lebenswichtige – aufgeschobene Operationen werfen ein nur bedingt gutes Bild auf die Situation des deutschen Arbeitskampfrechts. Allerdings, so falsch, gefährlich und allgemein schädlich Arbeitskämpfe am Flughafen, an Bahnhöfen oder im Krankenhaus sein mögen, in ihrer Struktur halten sie sich formal an die Vorgaben der Rechtsprechung. Und dort, wo sie es nicht tun, weil zum Beispiel gegen die tarifvertragliche Friedenspflicht gestreikt wird, findet sich dann noch immer wieder ein mutiger Richter, der dieses Fehlverhalten der Gewerkschaft durch eine einstweilige Verfügung verhindert.[5]
Das ist anders im Bereich einzelner Judikate zu spezifischen Formen eines »Arbeitskampfs«, die nicht nur den Arbeitgeber, dessen Kunden, sondern vor allem die arbeitsbereiten Mitarbeiter in einer nicht mehr zumutbaren Form herausfordern und gefährden. So z. B. beim sogenannten »Flashmob«. Auf die Einzelheiten seiner Durchführung soll in einem zweiten Schritt eingegangen werden, der erste Schritt soll sich mit der Struktur des Flashmobs und dessen Unzulässigkeit im Arbeitskampfgeschehen beschäftigen, auch wenn es nicht zu Exzessen wie

4 *Franzen/Thüsing/Waldhoff*, Arbeitskampf in der Daseinsvorsorge.
5 LAG Hessen 9. 9. 2015 – 9 SaGa 1082/15.

in dem der Entscheidung des Bundesarbeitsgerichts zugrunde liegenden Fall[6] kommt.

2.1 Arbeitskampf ist keine Spaßaktion

Der »Flashmob« ist *keine* eigenständige Figur des Arbeitskampfs. Wenn man nicht Fachmann für Aktionskunst ist und sich über seine Herkunft mit heute gewöhnlichen Mitteln wie Wikipedia informiert, wird man ursprünglich auf eine Veranstaltung aus dem Jahre 2003 gestoßen.[7] Danach versammelten sich in der Stadt New York mehrere 100 Bürger, um einen Teppich in einem Kaufhaus und später in einer Hotellobby, um sinnlos in Applaus auszubrechen. Bei einem weiten, sinnfreien Kunstverständnis mag man dies als Kunst bewerten. Im Grunde nach handelt es sich um nichts anderes als durch den technischen Fortschritt zügig zu veranlassende Massenaufläufe mit gewissem Spaßelement.

Unabhängig von seiner konkreten Durchführungsform ist ein solches Instrument aber mit Grundsätzen des Arbeitskampfrechts – und insbesondere mit dem Grundsatz der vom BAG immer wieder an vorderster Front hochgehaltenen Verhältnismäßigkeitsprüfung – nicht zu vereinbaren. Auch wenn die Übersetzung des »Flashmobs« mit Blitzpöbel primär diskreditiert und den tatsächlichen Hintergrund nicht richtig wiedergibt, reicht die richtige Übersetzung mit Blitzmobilisierung, um den klaren Widerspruch zu Grundsätzen des Arbeitskampfrechts zu unterstreichen. Die kurzfristige Mobilisierung von Streik oder anderweitig »einsatzbereiten« aktionsbereiten Teilnehmern an einer »Flashmob-Aktion« behindert schon als solche die Abwehrmöglichkeiten des betroffenen Arbeitgebers übermäßig. Insbesondere weil die zu der Aktion aufrufende Gewerkschaft schon systemisch nicht ausschließen kann – und wohl leider auch nicht will –, dass an einer solchen Aktion Personen teilnehmen, die weder mittel- noch unmittelbar von den Zielen des Arbeitskampfs profitieren, nicht einmal in der konkreten Gewerkschaft organisiert sind und – wie einzelne Erfahrungen belegen – wahrscheinlich noch nicht einmal über einen Arbeitnehmerstatus verfügen oder gar überhaupt schon einmal in ihrem Leben ernsthaft gearbeitet haben.

Dieses Ziel muss man den Organisatoren des »Flashmobs« nicht zum Vorwurf machen, denn genau so funktioniert ein »Flashmob«. Er führt Menschen aller möglichen Herkunft und Interessen zusammen und motiviert diese zu einem gemeinsamen Tun. Das Klatschen in einer Hotellobby oder das Tanzen aus Anlass der Beerdigung von Michael Jackson mag man noch als Ausdruck eines wie auch immer gearteten Willens akzeptieren. Es entwertet aber die Teilnahme am »Ar-

6 BAG 22.9.2009 – 1 AZR 972/08.

7 https://de.wikipedia.org/wiki/Flashmob (Stand: 9.1.2018).

beitskampf« und damit diskreditiert es diesen und jede rechtmäßige Form eines Arbeitskampfs. Die Zuziehung Dritter, die als Arbeitskampfunterstützer missbraucht werden und sich zumeist auch gerne missbrauchen lassen, ist nicht Ausdruck der Ausübung von Tarifautonomie und schon gar nicht Ausdruck der Ausübung kollektiver Koalitionsfreiheit. Es mündet vielmehr in einer Art Happening, die die Strukturen des Arbeitskampfs in Frage stellt und die Akzeptanz von Arbeitskämpfen selbst untergräbt.

2.2 Arbeitskampf darf nicht nötigen

Das gilt erst recht für die konkrete Gestalt, die der vom BAG bewertete »Flashmob« genommen hat. Aus Sicht der Gewerkschaft, die zu einer solchen Aktion ausruft, ist das vielleicht konsequent. Es genügt ja nicht, Menschen an einem Platz zusammen zu ziehen, die die eigenen Vorstellungen unterstützen, die mangels Arbeitsvertragsbruch aber den Arbeitgeber kaum motivieren können, die Tarifverhandlung zu dem von der Gewerkschaft gewünschten Ergebnis zu führen. Solche Personen können eben durch ihre Arbeitsniederlegung keinen Druck ausüben, denn sie arbeiten nicht. Daher führt – schlussendlich konsequent – die Gewerkschaft diese Personen in den Herrschaftsbereich des betroffenen Arbeitgebers hinein und schädigt ihn von innen heraus. Der der Entscheidung von BAG[8] und BVerfG[9] zu Grunde liegende Sachverhalt erschöpfte sich also in seiner konkreten Durchführung nicht darin, beliebige Personen zu Aktionen aufzurufen. Die Aktionen führten vielmehr zu einer Schädigung des betroffenen Arbeitgebers, die man durchaus, wenn schon nicht als Erpressung, so doch zumindest als Nötigung interpretieren konnte.
Zur Durchführung der geplanten Aktion drangen die Teilnehmer in die Geschäftsräume des Arbeitgebers vor, beluden Einkaufswagen mit Unmengen ungebrauchter und ungewollter Artikel und schleppten Kleinstteile auf die Kassenbänder. Das führte zu einem völligen Stillstand des Betriebs. Die eingeschüchterten Mitarbeiter an den Kassen konnten sich diesem Verhalten nicht zur Wehr setzen. Jenseits der grundsätzlichen Frage, ob der »Flashmob« zulässig sein kann oder nicht, belegen dieses konkrete Verhalten und die fehlende Sanktion durch die Rechtsprechung, dass die Kraft, Fehlentwicklungen gegenzusteuern, in Erfurt nicht mehr in ausreichendem Maße vorhanden ist. Dass solches Verhalten keinen Arbeitskampf und keinen Streik darstellt und damit erst recht nicht von der sogenannten Arbeitskampfmittelfreiheit gedeckt sein kann, leuchtet jedem unvoreingenommenen Betrachter auf den ersten Blick ein. Sabotage und Betriebs-

---

8 BAG 22.9.2009 – 1 AZR 972/08.
9 BVerfG 26.3.2014 – 1 BvR 3185/09.

besetzung sind kein Mittel des Arbeitskampfs und dürfen dies in Deutschland niemals werden. Wer anderes zulässt, verlässt den Weg, den die Rechtsprechung desselben Gerichts über 20 Jahre schlüssig und konsequent gegangen ist.

3. Was ist zu tun?

Die Schilderung dieses einen, gefährlichen und die Strukturen des Arbeitskampfrechts in fragestellenden, ja diskreditierenden Sachverhalts, bieten dabei eine Blaupause dafür, was ein Gesetzgeber zur Regulierung des Arbeitskampfs in jedem Fall regeln müsste – ohne dass dies Anspruch auf Vollständigkeit hätte.

1. Ziele des Arbeitskampfs und Formen des Arbeitskampfs müssen gesetzlich klargestellt werden. Ob die in Gestalt eines Numerus clausus passiert oder eine gewisse Offenheit zulässt, kann an dieser Stelle dahinstehen. Notwendig ist jedenfalls die Aussage, dass dem Grunde nach nur Streik, Aussperrung und Kündigung Mittel des Arbeitskampfs sein dürfen, dass an solchen Arbeitskämpfen ausschließlich Arbeitnehmer teilnehmen dürfen, und schließlich dass der Arbeitskampf immer streng arbeitsbedingungsbezogen sein muss. Sind diese drei Grundsätze erst einmal gesetzlich festgeschrieben, wäre für die Akzeptanz von Arbeitskämpfen als letzte Mittel im Rahmen von Tarifverhandlungen und für deren Durchführung schon viel gewonnen.
2. Darin kann sich eine Kodifikation des Arbeitskampfgeschehens selbstverständlich nicht beschränken. Es bedarf verschiedenster Verfahrens- und Ausgestaltungsregelungen. Die Professoreninitiative Ende der achtziger Jahre[10] hat hierzu Vorschläge gemacht. So muss es Regelungen zu den sogenannten Warnstreiks – also kurzfristigen Streiks, die ohne Urabstimmung von den Gewerkschaften ausgerufen werden –, Ankündigungspflichten, Schlichtungsregelungen und Ähnlichem geben. Zentral ist, dass ein solches Gesetz bestätigt, was wieder gesellschaftlicher Grundkonsens werden muss: Arbeitskämpfe sind nicht wünschenswert und bedürfen daher einer klaren und nachhaltigen Regulierung. Das muss stimmig und schlüssig erfolgen, Stückwerk wie das völlig unverständliche zum 1. April in Kraft getretene Verbot des Einsatzes von Zeitarbeitskräften während eines Arbeitskampfs mögen politisch populär und daher leicht umsetzbar sein, sie lösen aber die wichtigste Aufgabe von Gesetzgebung nicht ein, ein in sich schlüssiges Gesamtkonzept für einen Regelungsbereich zu erstellen.

10 *Birk/Konzen/Löwisch/Raiser/Seiter*, Gesetz zur Regelung kollektiver Arbeitskonflikte.

Mitbestimmungsorgane und insolvenzrechtliche Arbeitnehmervertretung

Andrej Wroblewski, Jurist beim Vorstand der IG Metall

In der Unternehmensinsolvenz ergänzen sich arbeits- und insolvenzrechtliche Formen der Arbeitnehmervertretung.

1. Betriebsräte in der Arbeitgeberinsolvenz

Der Betriebsrat bleibt nach der Insolvenzeröffnung im Amt und kann im Verfahren durch seine Mitbestimmungsrechte eine bedeutende Rolle spielen.[1] Bei der Insolvenzantragsstellung ist er hingegen nicht zu beteiligen.[2] Unberührt bleiben die Rechte des Wirtschaftsausschusses gem. §§ 106ff. BetrVG bzw. des Betriebsrats gem. § 109a BetrVG; ebenfalls das Recht, über einen beabsichtigten Eigeninsolvenzantrag oder Gläubigerantrag unterrichtet zu werden.[3] Der Insolvenzverwalter übernimmt im Regelverfahren auch betriebsverfassungsrechtlich die Rechte und Pflichten des Arbeitgebers. Informiert er nicht ausreichend oder rechtzeitig über wirtschaftliche Angelegenheiten, kann der Betriebsrat bzw. Gesamtbetriebsrat gem. § 109 BetrVG die Einigungsstelle anrufen. Die Zuständigkeit des Konzernbetriebsrats ist fraglich, weil nach Insolvenzeröffnung die Leitungsmacht zwischen Konzerngesellschaften fehlt.[4] Das neue Konzerninsolvenzrecht ändert daran allenfalls etwas, wenn ein einheitlicher Verwalter bestellt wird.[5] Es bewirkt weder eine materiell-rechtliche Masse- noch eine Verfahrenskonsolidierung.[6]

1 Näheres: Bichlmeier/Wroblewski/*Bichlmeier*, Insolvenzhandbuch für die Praxis, Teil 8 und 9.
2 *Fitting*, BetrVG, § 111 Rn. 39.
3 DKKW-*Däubler*, § 106 Rn. 69.
4 Vgl. LAG Baden-Württemberg 24.6.2015, 22 Sa 59/14.
5 So *Zwanziger*, Arbeitsrecht der Insolvenzordnung, Einführung, 144a.
6 *Wimmer*, jurisPR-InsR 8/2017 Anm. 1.

2. Arbeitnehmervertreter in Gläubigerausschüssen

Im Insolvenzverfahren haben die Gläubiger ein großes Gewicht. Schließlich geht es um ihre offenen Insolvenzforderungen, die regelmäßig Anlass und Rechtfertigung des Insolvenzverfahrens sind. Neben der Gläubigerversammlung ist der Gläubigerausschuss gem. § 67 InsO zentrales Organ des Insolvenzverfahrens; er dient der Unterstützung und Kontrolle der Insolvenzverwaltung. Ein Gläubigerausschuss hat eine gewisse Ähnlichkeit mit einem Aufsichtsrat,[7] repräsentiert aber nicht gesellschaftsrechtlich die Anteilsinhaber und in mitbestimmten Unternehmen die Arbeitnehmer, sondern insolvenzspezifisch die Gläubiger und die Arbeitnehmer. Gem. § 67 Abs. 2 Satz 2 InsO soll dem Ausschuss ein Vertreter der Arbeitnehmer angehören. Das gilt laut § 21 Abs. 2 Nr. 1a InsO auch für einen vorläufigen Gläubigerausschuss. Wer Arbeitnehmervertreter in diesem Sinne sein kann, regelt das Gesetz nicht. Klar ist: Entgegen der fehlerhaften Praxis einzelner Insolvenzgerichte sind keine geeigneten Arbeitnehmervertreter die Bundesagentur für Arbeit oder einzelne Arbeitnehmer, die – isoliert gegenüber der Belegschaft – allein das Vertrauen der Geschäftsleitung und des Unternehmensberaters genießen. Entsprechend dem in Deutschland etablierten dualen Vertretungssystem[8] kommen vor allem Betriebsratsmitglieder und die im Betrieb vertretene Gewerkschaft als Arbeitnehmervertreter – auch im *vorläufigen* Ausschuss[9] – in Betracht.

3. Betriebsräte, deren Mitglieder oder eine Gewerkschaft als Arbeitnehmervertreter gem. § 67 Abs. 2 Satz 2 InsO?

Kann der Betriebsrat als solcher zum Arbeitnehmervertreter bestellt werden? Bestellungsvoraussetzung für Ausschussmitglieder ist deren Rechtsfähigkeit.[10] Dem Betriebsrat als betriebsverfassungsrechtlichem Organ mangelt es daran. Er ist nur teilrechtsfähig in seinem gesetzlich zugewiesenen Wirkungskreis und zusätzlich für die zur Erfüllung seiner Aufgaben gebotenen Hilfsgeschäfte,[11] quasi für sein »Beschaffungswesen«. Eine gesetzliche Aufgabenzuweisung für die Arbeitnehmervertretung im Gläubigerausschuss fehlt für Betriebsräte. Wer meint, dem

---

7 Vgl. AG Duisburg 3.7.2003 – 62 IN 41/03, Rn. 8.

8 DKKW-*Däubler*, BetrVG, Einl., Rn. 59ff.

9 *Wroblewski*, ZInsO 2014, 115ff.

10 BGH 11.11.1993 – IX ZR 35/93, Rn. 22, BGHZ 124, 86.

11 Richardi/*Richardi*, Einleitung, Rn. 113.

Gesamtbetriebsrat sei durch die gesetzliche Regelung in § 67 Abs. 2 InsO die Aufgabe zugewiesen, Arbeitnehmerinteressen im Ausschuss zu vertreten,[12] verkennt die eigenständige insolvenzrechtliche Regelung der Ausschussmitgliedschaft in § 67 InsO, welche die Aufgabenbereiche betriebsverfassungsrechtlicher Mitbestimmungsorgane nicht tangiert. Würde der Betriebsrat als solcher dennoch in einen Gläubigerausschuss bestellt, was praktisch wohl nicht vorkommt, wäre die Bestellung unwirksam. Es gäbe insoweit keinen Arbeitnehmervertreter als Ausschussmitglied, Beschlüsse können nichtig sein. Das handelnde Betriebsratsmitglied würde in keinem Fall nach § 71 InsO haften. Haftung als *falsus procurator* in Analogie zu § 179 BGB[13] käme ebenfalls nicht in Betracht, weil die fehlerhafte Bestellung dem Betriebsratsmitglied nicht zuzurechnen wäre. Etwaige Haftung nach §§ 280, 823ff BGB, deren Beschränkung oder Versicherbarkeit können hier aus Raumgründen nicht erörtert werden.

Einzelne Betriebs- oder Gesamtbetriebsratsmitglieder können hingegen Arbeitnehmervertreter werden. Stets ist zu prüfen, ob nicht stattdessen die Gewerkschaft zu bestellen ist, die der Belastung und Verantwortung dieses zusätzlichen Amtes besser gewachsen sein kann. Vor allem in größeren Verfahren können auch zwei Arbeitnehmervertreter bestellt werden. Die Auswahl und Bestellung des geeigneten Arbeitnehmervertreters obliegt dem Insolvenzgericht bzw. später im Verfahren der Gläubigerversammlung. Auch als nichtrechtsfähige Vereine organisierte Gewerkschaften können Mitglied werden,[14] da sie hinsichtlich der Rechts- und Parteifähigkeit einer juristischen Person gleichstehen.[15] Art. 9 Abs. 3 GG schützt die Mitgliedschaft und Tätigkeit der Gewerkschaften in vorläufigen bis endgültigen Ausschüssen.[16] Das steht vereinzelten politischen Bestrebungen, die Bestellbarkeit von Gewerkschaften einzuschränken und an einen womöglich gar einstimmigen Betriebsratsbeschluss zu binden, diametral entgegen.[17] Das BetrVG schränkt die Rechte der Gewerkschaften im Betrieb nicht ein (§ 2 Abs. 3 BetrVG). Zu beachten ist auch ILO-Abkommen Nr. 135, wonach betriebliche Vertretungen nicht benutzt werden dürfen, um »die Stellung der beteiligten Gewerkschaften oder ihrer Vertreter zu untergraben«. Da es sich bei der Ausschussmitgliedschaft nicht um Amtsausübung nach dem BetrVG handelt, ist dafür in keinem Fall ein Gesamtbetriebsrats- oder Betriebsratsbeschluss erforderlich,[18] auch nicht für die Ausschussmitgliedschaft eines Betriebsratsmitglieds. Faktisch

12 DKKW-*Trittin*, 15. Aufl., § 50 Rn. 168.
13 Zur Analogie bei fehlender Rechtsfähigkeit des Vertretenen vgl. BGH 25.10.2012 – III ZR 266/11, 464, Rn. 35.
14 *Smid*, ZInsO 2012, 757, 768.
15 BGH 2.7.2007 – II ZR 111/05, Rn. 55; Däubler/Arbeitskampfrecht/*Nitsche*, § 22 Rn. 94.
16 *Smid*, ZInsO 2012, 757, 763ff.
17 So aber ein (rechts-)politischer Vorschlag von *Hirte*, ZInsO 2017, 642ff.
18 Vgl. *Kolbe*, NZI 2015, 404.

agiert die im Betrieb vertretene Gewerkschaft im Rahmen des nach geltendem Recht etablierten dualen Vertretungssystems regelmäßig im Einvernehmen und engen Zusammenwirken mit dem Betriebsrat. Es liegt auch nicht im Interesse der Insolvenzgläubiger oder der Sanierung insolventer Unternehmen, hier einen künstlichen Gegensatz zwischen Betriebsrat und Gewerkschaft zu konstruieren.

4. Unternehmensmitbestimmung und insolvenzrechtliche Arbeitnehmervertretung

Dem Vorstand einer AG bzw. der Geschäftsführung einer GmbH obliegt die operative Leitung des Unternehmens. Der Aufsichtsrat ist insoweit bloßes Kontrollorgan, keine übergeordnete Leitungsinstanz. Er ist kein »Obermanager«.[19] Er nimmt aber strategische Unternehmensaufgaben wahr und hat insoweit wichtige Einflussmöglichkeiten, z.B. §§ 111, 171f. AktG. Zusätzlich verleihen etwa §§ 31, 33 MitbG Einfluss auf wichtige Personalentscheidungen bezüglich der obersten Leitungsebene. Gem. § 112 AktG vertritt der Aufsichtsrat die Gesellschaft gegenüber den Vorstandsmitgliedern. Die Kontrolle der Geschäftsführung oder des Vorstands geht im Regelinsolvenzverfahren ins Leere, weil mit der Eröffnung des Insolvenzverfahrens gem. § 80 InsO die Verwaltungs- und Verfügungsbefugnis auf den Insolvenzverwalter übergeht, der vom Gläubigerausschuss, der Gläubigerversammlung und dem Insolvenzgericht kontrolliert wird.[20] Das gilt nach § 276a InsO entsprechend für die Eigenverwaltung, in der der Aufsichtsrat genauso wie die Gesellschafterversammlung (bzw. Hauptversammlung) keinen Einfluss auf die Geschäftsführung des Schuldners in der Eigenverwaltung mehr hat.
Im Verhältnis zum Gläubigerausschuss ist zunächst festzustellen: Ein Aufsichtsrat selbst kann als Organ des Schuldners mangels Rechtsfähigkeit nicht Ausschussmitglied sein. Können hingegen interne oder externe Arbeitnehmervertreter im Aufsichtsrat zugleich Arbeitnehmervertreter im Gläubigerausschuss werden? Die Insolvenz eines Unternehmens beendet das Amt eines Aufsichtsratsmitglieds weder im Regelverfahren noch in der Eigenverwaltung.[21] Der Schuldner, hier die insolvente Gesellschaft, selbst kann nicht Mitglied eines

19 *Klebe*, Präsentation, Unternehmensmitbestimmung in Deutschland, Vorlesung in der EAdA, www.hugo-sinzheimer-institut.de unter: Veröffentlichungen/Vorträge des Hugo Sinzheimer Instituts für Arbeitsrecht.
20 Bichlmeier/Wroblewski-*Bichlmeier*, Teil 10 Rn. 10.
21 Wißmann/Kleinsorge/Schubert-*Wißmann*, § 15 Rn. 153.

Gläubigerausschusses sein.[22] Da der Aufsichtsrat großen Anteil an der Geschäftspolitik und Leitungsaufgabe des Unternehmens hat und somit »auf Seiten des Schuldners« stehe, soll das Amt als Aufsichtsratsmitglied nach einer verbreiteten Ansicht in der insolvenzrechtlichen Literatur einer Ausschussmitgliedschaft entgegenstehen.[23] Hat der mit dem Insolvenzrechtsreformgesetz ESUG eingeführte § 276a InsO hieran etwas geändert? Die Vorschrift stellt klar, dass auch in der Eigenverwaltung die Verwaltung der Insolvenzmasse nicht gesellschaftsrechtlicher, sondern nur insolvenzrechtlicher Kontrolle, insbesondere durch den Gläubigerausschuss, unterliegt. Die gesellschaftsrechtliche Kontrollfunktion des Aufsichtsrats geht folglich ins Leere. Die Pflichtenbindung gegenüber dem Unternehmen besteht gleichwohl fort. Über die fortbestehenden Personalbefugnisse gem. § 276a Abs. 2, 3 InsO, die lediglich der Kontrolle des Sachwalters unterliegen, bleiben der Aufsichtsrat und seine Mitglieder auch in der Eigenverwaltung Teil der gesellschaftsrechtlichen Struktur des Schuldnerunternehmens. Die fortbestehende Pflichtenbindung (vgl. §§ 116, 93 AktG) und Verpflichtung auf das Unternehmensinteresse[24] einerseits und andererseits die Verpflichtung als Gläubigerausschussmitglied den Gläubigern gegenüber (vgl. § 71 InsO) können theoretisch in einem Spannungsverhältnis stehen und in beide Richtungen schadensersatzpflichtig machen. Praktisch sind diesbezüglich freilich keine Probleme bekannt, was im Ergebnis gegen die Annahme einer Inkompatibilität spricht. Für die Arbeitnehmervertreter im Aufsichtsrat steht im Vordergrund, die Sicht der Arbeitnehmer geltend zu machen. Das gilt der Sache nach auch für die Arbeitnehmervertreter im Gläubigerausschuss, sodass eine generelle Pflichtenkollision bloß theoretischen Charakter hat und keine Inkompatibilität rechtfertigt. Dann sollte für die Amtstätigkeit im Gläubigerausschuss die Berücksichtigung jeweils im Einzelfall konkret eintretender Kollisionen[25] ausreichen.

Um der von der erwähnten Literaturansicht angenommenen Inkompatibilität auf jeden Fall zu entgehen, kann ein Aufsichtsratsmitglied, das als Arbeitnehmervertreter in einen Gläubigerausschuss bestellt wird, sein Aufsichtsratsamt niederlegen, wozu es anders als für die Entlassung aus der Ausschussmitgliedschaft, die auch nur durch das Insolvenzgericht beschlossen werden kann, keines wichtigen Grundes bedarf.[26]

---

22 FK-InsO/*Schmitt*, § 67 InsO Rn. 11.

23 Uhlenbruck/*Uhlenbruck*, 13. Aufl., § 67 Rn. 16; *Smid*, ZInsO 2012, 757, 760; a. A.: AG Hamburg – 65 N 771/86, ZIP 1987, 731.

24 Wißmann/Kleinsorge/Schubert-*Schubert*, § 25 Rn. 283 ff.

25 Zu partiell auftretenden Interessenkonflikten von Arbeitnehmervertretern im Aufsichtsrat: Klebe/Köstler, 443, 448.

26 ErfK/*Oetker*, § 103 AktG Rn. 7.

5. Gruppengläubigerausschuss nach dem neuen Konzerninsolvenzrecht

Der Gruppengläubigerausschuss nach dem am 21.4.2018 in Kraft getretenen Konzerninsolvenzrecht[27] setzt sich aus je einem Vertreter der einzelnen Gläubigerausschüsse der Unternehmen der Gruppe zusammen, sofern das jeweilige Schuldnerunternehmen für den Konzern nicht offensichtlich von untergeordneter Bedeutung ist. § 269c Abs. 1 Satz 3 InsO n. F. schreibt vor, dass ein weiteres Mitglied des Gruppengläubigerausschusses aus dem Kreis der Vertreter der Arbeitnehmer bestellt wird. Selbst wenn einzelne Konzerngesellschaften bereits einen Arbeitnehmervertreter in den Gruppenausschuss entsendet haben, muss nach Satz 3 dennoch ein weiterer Arbeitnehmervertreter dem Ausschuss angehören.[28] § 269c InsO n. F. nimmt auf § 67 Abs. 2 Satz 2 InsO Bezug. Der Gesetzgeber meint mit den Worten »aus dem Kreis der Vertreter der Arbeitnehmer« die bereits bestellten Arbeitnehmervertreter der einzelnen Konzerngesellschaften und hat demgemäß keine eigenen, insbesondere keine restriktiveren Bestellungsvoraussetzungen statuiert. Nicht vertretbar ist daher die Ansicht, Arbeitnehmervertreter im Gruppengläubigerausschuss könnten nur Betriebsrat oder Gesamtbetriebsrat bzw. deren Mitglieder sein.[29] Es gilt vielmehr das allgemein bereits Ausgeführte auch für die Arbeitnehmervertreter im Gruppengläubigerausschuss.

---

27 Gesetz v. 13.4.2017, BGBl. I 866.

28 BT-Drs. 18/11436, S. 25.

29 So aber *Mückl/Götte*, ZInsO 2017, 623, 627.

Tarifautonomie, Tarifbindung und Tarifflexibilität – Zur Funktion der OT-Mitgliedschaft in den Arbeitgeberverbänden

Oliver Zander, Hauptgeschäftsführer Arbeitgeberverband Gesamtmetall

1. Einleitung

Die OT-Mitgliedschaft[1] von Betrieben in Arbeitgeberverbänden ist als ein inzwischen unverzichtbarer Teil des deutschen Tarifsystems nicht mehr wegzudenken. Die Rechtsprechung hat dieses Instrument zur Stabilisierung der Verbands- und Tarifbindung und damit letztlich der Tarifautonomie – verfassungsrechtlich nicht überraschend – vollumfänglich bestätigt,[2] aber nachvollziehbare satzungsrechtliche Anforderungen gestellt und dieses im Kern mit dem Hinweis auf die notwendige Verhandlungsparität zwischen den Tarifvertragsparteien begründet.[3] Die von der Rechtsprechung beantworteten Fragen und Streikpunkte waren bekanntermaßen heiß umkämpft.[4] Gewerkschaftsseitig scheint man sich mit dem Ergebnis noch nicht vollständig abgefunden zu haben, denn noch immer gibt es Angriffe auf die OT-Mitgliedschaft.[5]
An dem Institut der OT-Mitgliedschaft kann der Erfolg des deutschen liberalen Tarifvertragsrechts und der liberalen Ausgestaltung der Tarifautonomie verdeutlicht werden.[6] Für die kommenden Debatten um die nachhaltige Stärkung der Tarifbindung kann das von Nutzen sein.

---

1 Das BAG hat die OT-Mitgliedschaft als Mitgliedschaft in einem Arbeitgeberverband ohne Verbandstarifbindung definiert (BAG 23.2.2005 – 4 AZR 186/04, Rn. 21).

2 BAG 16.2.1962 – 1 AZR 167/61 zum Modell der Gastmitgliedschaft; BAG 23.2.2005 – 4 AZR 186/04, Rn. 23; BAG 18.7.2006 – 1 AZR 36/05, Rn. 52ff.; BVerfG, Nichtannahmebeschluss vom 1.12.2010 – 1 BvR 2593/09, Rn. 23.

3 BAG 20.2.2008 – 4 AZR 64/07 zum Blitzaustritt; BAG 4.6.2008 – 4 AZR 316/07 zur Offenlegung des Statuswechsel; BAG 22.4.2009 – 4 AZR 111/08 zu den Anforderungen an die Satzung eines Arbeitgeberverbands.

4 Z. B. *Löwisch/Rieble*, TVG, 4. Auflage 2017, Rn. 58–70 und Däubler, TVG, 4. Auflage 2016, Rn. 136–144.

5 Zuletzt wohl DGB, Positionen zur Stärkung der Tarifbindung, Stand 28.2.2017, B.2.

6 *Nautz*, Die Durchsetzung der Tarifautonomie, Frankfurt, 1985, S. 69ff.; 113ff., beschreibt die Vorstellungen der Arbeitsverwaltungen zu Zwangsschlichtungen, konstitutiver Wirkung der Eintragung von Tarifverträgen ins Tarifregister und zum materiellen Prüfungs-

2. Kritik und Rechtfertigung: Tarif- und organisationspolitische Logiken

Die Ablehnung der OT-Mitgliedschaft ist im Kern damit begründet worden, dass hier ein einseitiges Entziehen aus der Tarifbindung stattfinde und dieses die Verhandlungsparität zwischen Tarifvertragsparteien empfindlich störe. Damit wird einerseits die tarif- und organisationspolitische Logik des Vorgangs auf der Arbeitgeberseite durch die Gewerkschaften anerkannt und gleichzeitig die eigene organisationspolitische Logik der Mitgliedergewinnung und -bindung betont. Denn es ist klar und allgemein anerkannt, dass die Geltung des Flächentarifvertrages in Betrieben die bestmögliche Mitgliedergewinnung und -bindung erlaubt. Alternativen wie Anerkennungstarifverträge oder Haustarifverträge, die auch in Betrieben mit OT-Mitgliedschaft recht häufig abgeschlossen werden, bedeuten für die Gewerkschaftsseite einen wesentlich höheren Aufwand für ihre Tarif- und Organisationspolitik. Das belegt wiederum, dass der wohl bedeutendste Faktor für das Eingehen einer Tarifbindung weiterhin der gewerkschaftliche Organisationsgrad in einem Betrieb ist. Bekanntermaßen ist der gewerkschaftliche Organisationsgrad tendenziell in größeren Betrieben und Betrieben mit Betriebsräten höher. Insoweit gibt die OT-Mitgliedschaft für die Arbeitgeberseite spiegelbildlich einen Mix aus Vorteilen: Einerseits erhält man die Verbandsbindung im beiderseitigen Interesse von Unternehmen und Verband auch zur Verbandsstabilisierung,[7] gleichzeitig ist das Eingehen von Tarifbindung von der konkreten betrieblichen Situation und den Kräfteverhältnissen aufgrund des mehr oder weniger bestehenden gewerkschaftlichen Organisationsgrades abhängig. Dass insbesondere im industriellen Mittelstand betriebsindividuelle Regelungen und auch das Gefühl oder die Möglichkeit, bestimmte tarifliche Regelungen des Flächentarifvertrages besser adaptieren oder abwandeln zu können, wohl Motive für die OT-Mitgliedschaft sind, ist nicht umstritten. Die Entstehung der OT-Mitgliedschaft in den Arbeitgeberverbänden war dem tarifpolitischen Umfeld Mitte der 90er Jahre und einer teilweise extrem ideologisch begründeten Kritik am Flächentarifvertrag geschuldet. Die Einführung war mit Schritten einer betrieblicheren Tarifpolitik verbunden, ohne ins Extrem einer Welt von bloßen Haustarifverträgen – wie in anderen europäischen Staaten – zu verfallen, und

recht der Arbeitsverwaltung, die erst parlamentarisch im Wirtschaftsrat auf gemeinsame Veranlassung der Sozialpartner u. a. von der SPD gestoppt wurden.

7 In der Metall- und Elektro-Industrie mit ca. 3,9 Mio. Beschäftigten waren von ca. 24000 Industriebetrieben insgesamt 2016 jeweils ca. 3500 T- und OT-Betriebe mit ca. 1,9 Mio. bzw. 400000 Arbeitnehmern verbandlich organisiert. Hinzu kommen zahlreiche Haustarifverträge von Betrieben in OT-Verbänden oder außerhalb der Verbände z. B. wie bei der Volkswagen AG.

hat zur Stabilisierung des deutschen Tarifvertragssystems geführt. Und nur so konnte die Hochlohnpolitik in den meisten (Industrie-)Branchen fortgeführt werden. Durch die OT-Mitgliedschaft gelang es auch, einen Ausgleich für die abnehmende Verhandlungs- und Kampfparität zwischen Gewerkschaften und Arbeitgebern im Bereich des Arbeitskampfrechts zu schaffen; dort hat die Rechtsprechung die Kampfparität zunehmend zu Ungunsten der Arbeitgeber verschoben. Insoweit dient die OT-Mitgliedschaft auch hier als ein notwendiges Korrektiv. Ferner gilt weiterhin das Gebot von Tarifregelungen als Mindestarbeitsbedingungen.

3. Fazit und Ausblick

Vor diesem Hintergrund sind die neuerlichen Versuche der Gewerkschaften, die Tarifbindung durch Zwang verstärken zu wollen, bedenklich. Nur das liberale Tarifvertragssystem der Bundesrepublik Deutschland ist neben dem Flächentarifvertragssystem Österreichs mit einer sehr starken AVE-Komponente in Europa erfreulicherweise erhalten geblieben. Die Flächentarifverträge sind in Großbritannien und Frankreich verschwunden bzw. wurden stark aufgeweicht. Im Vergleich hat das deutsche System schwerste Krisen bisher erfolgreich gemeistert. Denkt man in die Zukunft, sind gewisse Ansätze in der Politik, Tarifbindung zu prämieren, im Kern klein- und mittelbetriebsfeindlich, weil sie die dort niedrigere Tarifbindung zu bestrafen versuchen, indem beispielsweise gesetzliche Öffnungsklauseln nicht von tarifungebundenen Betrieben genutzt werden sollen. Damit verfestigen sich bei bestimmten Betriebsgrößen bestimmte Strukturen unabhängig vom wirtschaftlichen Erfolg, allein deshalb, weil bestimmte tarif- oder arbeitsrechtliche Gestaltungen privilegiert oder benachteiligt werden. Den Grad der Tarifbindung als den einzigen Erfolgsparameter eines Tarifvertragssystems zu bewerten, führt allein schon deshalb in die Irre, weil eine flächendeckende Anhebung der Entgelte im nichttarifgebunden Bereich auf das Tarifniveau und die damit verbundenen Kostensteigerungen zu einem nicht verkraftbaren Schlag gegen eine gesamte Branche führen würde. Das zumeist hohe Niveau des Flächentarifvertrages wäre volkswirtschaftlich in keiner Weise verkraftbar. Auch fehlte es an einem Korrektiv während Tarifverhandlungen, da aufgrund der fehlenden Kampfparität im Arbeitskampfrecht nun kein Ventil mehr durch die Möglichkeit, sich dem Flächentarifvertrag zu entziehen, bestünde. Man würde unweigerlich zu einer Forcierung der Hochlohnpolitik und der inhaltlichen Komplexität kommen, was die Gegner des Flächentarifvertrages aus volks- und betriebswirtschaftlicher Sicht, aber auch aus ideologischer Sicht, wieder schnell wie in den 90er Jahren auf den Plan rufen würde. Deshalb zeigt sich an der Beurteilung der OT-Mitgliedschaft in Arbeitgeberverbänden, ob es gelingt, ein liberales Tarifvertragsrecht in Deutschland und damit die Tarifautonomie in ihren Ausprägungen zu erhalten oder in einem Zwischenschritt einer Zwangs-Tarifwelt am Ende in eine Schwächung des Tarifsystems und in haustarifvertragliche Strukturen in den wenigen mittleren und vielen großen Unternehmen hinüberzuwechseln. Dieses würde dann sicherlich zu weiteren Verwerfungen der Wettbewerbsfähigkeit führen und die vielfach beklagte, aber nicht so manifeste Zweiklassengesellschaft in den Branchen zwischen tarifgebundenen und nichttarifgebundenen Arbeitgebern und ihren Arbeitnehmern nochmal massiv verstärken. Insoweit stabilisiert die OT-Mitgliedschaft etwas, indem sie ein Element der Tarifflexibilität darstellt, was sie eigentlich umgeht: Die Tarifbindung.

Boykott und boykottbedingte Streikaktivitäten als zulässige Arbeitskampfmaßnahme

Prof. Dr. Reingard Zimmer, Hochschule für Wirtschaft und Recht Berlin

1. Einleitung

Boykott und boykottbedingte Streikaktivitäten sind seit vielen Jahren eingesetzte Kampfmaßnahmen zur Unterstützung von Tarifauseinandersetzungen. Sie kommen häufig in der Seeschifffahrt zum Einsatz, es sind aber auch Konstellationen in anderen Sektoren denkbar. Üblicherweise startet die Gewerkschaft einen Boykottaufruf, sobald das Schiff einen Hafen ansteuert, in dem die HafenarbeiterInnen gewerkschaftlich organisiert sind. Durch den Boykott beim Be- und Entladen soll der Abschluss eines Tarifvertrages erzwungen werden. Dieser Beitrag geht der Frage nach, ob es sich dabei um zulässige Arbeitskampfmaßnahmen handelt.

2. Boykott als zulässige Arbeitskampfmaßnahme

Der Boykott ist ein klassisches Kampfmittel und stellt eine Arbeitskampfmaßnahme dar, bei der durch die Androhung des Abbruchs, der Einschränkung oder Verweigerung der Aufnahme von Rechtsbeziehungen Druck auf den Kampfgegner ausgeübt wird. Dabei werden auch Dritte zum Abbruch bzw. zur Einschränkung der Geschäftsbeziehungen aufgefordert.[1] Von Rechtsprechung und Literatur wurden verschiedene Boykottformen als zulässig erachtet, so bspw. Appelle an Kunden des Arbeitgebers,[2] auch gehört das Verteilen entsprechender Flug-

---

1 *Birk*, AuR 1977, 235 (239); Däubler-*Däubler*, AKR, § 8 Rn. 20; ErfK-*Linsenmeier*, Art 9 GG Rn. 278; *Kissel*, Arbeitskampfrecht, § 61 Rn. 124 ff; *Preis*, KollArbR, § 111 Rn. 1140 ff; *Rehder/Deinert/Callsen*, Arbeitskampfmittelfreiheit und atypische Kampfformen, S. 28; Rolfs/Giesen/Kreikebohm/Udsching-*Waas*, Art 9 GG Rn. 9; *Zwanziger*, Die ITF-Kampagne gegen Billigflaggenschiffe, 1994, S. 48.

2 BAG 25.1.2005, NZA 2005, 592 (594f.); ArbG Hamburg 30.6.1992, AuR 1993, 189; zustimmend: *Däubler*, Der Kampf um einen weltweiten Tarifvertrag, 1997, S. 41; sowie *Sudhoff*, AiB 1992, 530.

blätter zum klassischen gewerkschaftlichen Instrumentarium.[3] Das BAG hat in einer Entscheidung von 1976 den Aufruf einer deutschen Gewerkschaft an ausländische Schwestergewerkschaften zum Boykott eines Schiffes als zulässig erachtet[4] und damit eine Rechtsprechungsänderung in Deutschland eingeleitet.[5] Die Begründung der Entscheidung stützte sich insbesondere auf die Freiheit der Kampfmittel und ordnete den Boykott und den Boykottaufruf als rechtlich zulässige Arbeitskampfmittel ein.[6] Dementsprechend wurde von der Literatur unter Bezugnahme auf die BAG-Entscheidung in Folge auch die Durchführung eines entsprechenden Boykotts in deutschen Häfen grundsätzlich als zulässig erachtet.[7] Zu klären ist, ob diese Rechtsprechung noch heute Bestand hat.

3. Freiheit der Kampfmittel

Nach allgemeiner Auffassung ist in Deutschland ein weiter Arbeitskampfbegriff zugrunde zu legen. Arbeitskampf ist demzufolge die zielgerichtete Ausübung kollektiven Drucks mittels Zufügung von Nachteilen zur Verfolgung eines bestimmten Zieles.[8] Das BVerfG erachtet solche Arbeitskampfmaßnahmen als zulässig, die erforderlich sind, um eine funktionierende Tarifautonomie sicher zu stellen,[9] der Schutz umfasst jede koalitionsspezifische Betätigung.[10] Das wichtigste Kampfmittel auf Seiten der abhängig Beschäftigten ist der Streik, wobei die Koalitionsfreiheit nicht auf diese Kampfmaßnahme begrenzt ist. So hat das BAG 2009 die Störung betrieblicher Abläufe durch streikbegleitende Flashmobaktivitäten als zulässig erachtet, Koalitionen können ihre Kampfmittel an die sich wandelnden Umstände anpassen, um »*dem Gegner gewachsen zu bleiben und aus-*

3 Däubler-*Däubler*, AKR, § 30 Rn. 24f.

4 BAG 19.10.1976, AP Nr. 6 zu § 1 TVG Form.

5 LAG Schl-Holst. 5.7.1977, SeeAe Nr. 2 (IV) zu Art 9 GG; ArbG Bremen 7.10.1999 (rechtskräftig), AiB 2000, 227ff. (mit Anm. *Richter*); anders noch: LAG BW 8.8.1973, AuR 1974, 316ff. Die Entscheidung wurde damals bereits von der Literatur stark kritisiert, vgl. *Birk*, AuR 1974, 289ff. sowie *Gamilscheg*, FS Gnade, S. 763.

6 BAG 19.10.1976, AP Nr. 6 zu § 1 TVG Form.

7 Birk, AuR 1977, 235 (238 ff); *Däubler*, 1997; Säcker, Zur Rechtmäßigkeit des Boykotts von Außenseiter-Reedereien, 1976; *Zwanziger*, 1994, S. 51.

8 Däubler-*Däubler*, AKR, § 8 Rn. 1 ff; *Kissel*, AKR, § 13 Rn. 1; *Otto*, AKR, § 1 Rn. 3; Rehder/Deinert/Callsen, S. 91 ff; Rolfs/Giesen/Kreikebohm/Udsching-*Waas*, Art 9 GG Rn. 2.

9 BVerfG 2.3.1992, BVerfGE 88, 103.

10 BVerfG 4.7.1995, BVerfGE 92, 365; BVerfG 10.9.2004, AP GG Art. 9 Arbeitskampf Nr. 167; st. Rechtspr. BAG 28.1.1955, NJW 1955, 882 ff; vgl. zudem BAG 10.6.1980, BAGE 33, 140ff. u. BAG 22.9.2009, NZA 2009, 1347.

gewogene Tarifabschlüsse zu erzielen«.[11] Diese Rechtsprechung wurde durch das BVerfG gestützt.[12] Als Maßnahmen des arbeitnehmerseitigen Arbeitskampfes kommt daher auch der Boykott in Frage.

4. Rechtmäßigkeit von Boykottaktionen als Solidaritätsstreik?

Kommt es zu einer Boykottaktivität der Hafenarbeiter gegen ein im Hafen liegendes Schiff, so erfolgt diese Arbeitskampfmaßnahme nicht zur Durchsetzung eines eigenen, sondern eines fremden TV. Dieses ist ein Charakteristikum des klassischen Solidaritätsstreiks. Seit 2007 erachtet das BAG Unterstützungsarbeitskämpfe grundsätzlich als zulässig, sofern sie nicht zur Unterstützung des Hauptarbeitskampfes ungeeignet, unnötig oder unangemessen erscheinen.[13] Der Senat ordnet Solidaritätsstreiks jedoch nur als rechtmäßig ein, wenn der Hauptarbeitskampf ebenfalls rechtmäßig ist. Stellvertreterarbeitskämpfe sind mangels Akzessorietät unzulässig, der Hauptarbeitskampf darf nicht von geringerer Intensität sein, als der Solidaritätsstreik.[14] Hierin könnte ein Problem liegen, da die Seeleute sich nicht im Streik befinden. Die Gewerkschaft hat die Seeleute zwar nicht zum Streik aufgerufen, aber dennoch *durch den Boykottaufruf Arbeitskampfaktivitäten ergriffen*, sodass die Boykottaktionen der Hafenarbeiter keine reinen Stellvertreteraktivitäten darstellen. Da ein Arbeitskampf auf vielfältige Art und Weise erfolgen kann, muss auch der Hauptarbeitskampf nicht in Form eines Streiks geführt werden. Es stellt sich allerdings die Frage, ob der partielle Streik der Hafenarbeiter nicht die Hauptaktivität darstellt, sind es doch die durch die Boykottaktivitäten verlängerten Liegezeiten und die damit verbundenen Kosten, die den Reeder zum Einlenken zwingen. Eine solche Sichtweise wäre allerdings verkürzt, da Seeleutegewerkschaften international kooperieren und der durch die deutsche Mitgliedsgewerkschaft getätigte Boykottaufruf auch in anderen Ländern befolgt wird. Die Arbeitskampfaktivitäten der Gewerkschaft durch den Boykottaufruf werden daher wohl als gleichrangig mit den konkreten Boykottaktivitäten anzusehen sein, sodass die Aktivitäten der Hafenarbeiter nicht mangels Akzessorietät unzulässig sind.[15] Da der Aufruf zum Boykott als

11 BAG 22.9.2009, NZA 2009, 1347.
12 BVerfG 24.3.2014, AuR 2014, 205.
13 BAG 19.6.2007, NZA 2007, 1055.
14 BAG 19.6.2007, NZA 2007, 1055ff. (unter I 3 c cc 3 b).
15 *Birk*, Gutachten, S. 101; *Säcker*, Gutachten, S. 77; wohl wie hier: Däubler-*Rödl*, AKR § 17 Rn. 98f.

rechtmäßige Form des Arbeitskampfes anerkannt ist,[16] kann hieraus ebenfalls keine Unrechtmäßigkeit der Boykottaktivitäten der Hafenarbeiter resultieren. Das Zugrundelegen der Akzessorietät bei der Beurteilung der Angemessenheit der Arbeitskampfaktivität läuft im Grunde jedoch fehl, da die partiell streikenden Hafenarbeiter aufgrund einer Klausel, die es den Seeleuten untersagt, Be- und Entladearbeiten im Hafen zu tätigen, ein *großes Eigeninteresse am Abschluss des ITF-Tarifvertrages* für die Seeleute haben, die Tätigkeiten sollen ausschließlich von Hafenarbeitern ausgeübt werden. Insoweit stellt sich die Boykottaktivität nicht als reiner Solidaritätsakt dar. Dieses könnte insoweit eine Rolle spielen, als das BAG durch seine Wortwahl, dass ein Unterstützungsstreik unangemessen sein *kann*, wenn der Schwerpunkt des gesamten Arbeitskampfes signifikant auf den Unterstützungsstreik verlagert wird, deutlich gemacht hat, dass es Ausnahmen von dem aufgestellten Grundsatz geben kann. Zu berücksichtigen ist ferner, dass sich in der Seeschifffahrt mit klassischen Arbeitskampfmitteln bereits seit geraumer Zeit keine Tarifbindung für die Besatzung erreichen lässt, wodurch die Funktionsfähigkeit der Tarifautonomie gefährdet ist. Das ist immer dann der Fall, wenn die Verhandlungsfähigkeit einer Tarifvertragspartei und ihre Fähigkeit, einen wirksamen Arbeitskampf zu führen, nicht mehr gewahrt bleiben.[17] Die in dem Sektor gestörte Parität muss daher bei der Beurteilung der Verhältnismäßigkeit Berücksichtigung finden.[18]

Aufgrund der hohen Liegegebühren ist ein Boykott geeignet, den Reeder zum Abschluss eines Tarifvertrages für die Besatzung des Schiffes zu bewegen. Mildere Mittel sind, sofern überhaupt erfolgversprechend, auf jeden Fall nicht gleich geeignet, zudem wird der Gewerkschaft eine Einschätzungsprärogative hinsichtlich der einzusetzenden Mittel zugebilligt.[19]

Bei der Beurteilung der Angemessenheit wird zudem auf eine gewisse Nähe zum Hauptarbeitskampf abgestellt, die vom BAG bei engen wirtschaftlichen Verbindungen der Kampfgegner bejaht wird.[20] Auch hier zeigt sich die atypische Konstellation, ein wirtschaftliches Näheverhältnis ist unproblematisch zu bejahen, da sich die Boykottaktivitäten der Hafenarbeiter gegen den gleichen Kampfgegner (den Reeder) richten, dem auch die Seeleute gegenüberstehen. Anders als in »klassischen Fällen« hat der vom Boykott betroffene Reeder vorliegend durchaus Einfluss auf den Abschluss des Tarifvertrages. Das vom partiellen Streik als Arbeitsgeber betroffene Hafenunternehmen wird die Hafenarbeiter idR zudem anderweitig einsetzen können, ist also nur geringfügig betroffen. Die »Störbreite«

16 BAG 19.10.1976, AP Nr. 6 zu § 1 TVG Form.
17 BAG 19.6.2007, NZA 2007, 1055 (1057); vgl. zudem ErfK-*Linsenmeier*, Art 9 GG Rn. 112.
18 Ähnlich argumentierend: *Birk*, Gutachten, S. 95.
19 BAG 21.6.1988, BAGE 58, 364ff.
20 BAG 19.6.2007, NZA 2007, 1055ff. (Rn. 33ff.).

des partiellen Streiks ist daher deutlich schmaler, als bei klassischen Solidaritätsstreiks,[21] sodass eine besondere Schutzwürdigkeit des Arbeitgebers nicht gegeben ist. Hier bedingen die Umstände die Notwendigkeit einer Unterstützung Dritter, ohne dass damit eine Beeinträchtigung der Rechtsgüter des Arbeitsgebers in nennenswertem Ausmaß einhergehen würde. Da die Kriterien eines Solidaritätsstreiks bei den Boykottaktivitäten nur teilweise erfüllt werden, lässt sich die Rechtsprechung zu Solidaritätsstreiks an diesem Punkt nicht komplett übertragen. Eine Beurteilung der Verhältnismäßigkeit ausschließlich anhand der für Solidaritätsstreiks aufgestellten Kriterien wäre daher verfehlt.

5. Rechtmäßigkeit nach den allgemeinen Kriterien

Auch die Kriterien eines klassischen Streiks sind vorliegend nicht komplett erfüllt, da der partielle Streik gegenüber dem Hafenarbeitgeber ausgeübt wird,[22] die Folgen jedoch den Reeder treffen. Zu untersuchen bleibt, ob sich eine Unzulässigkeit der Boykottaktivitäten aus den von der Rechtsprechung aufgestellten allgemeinen Kriterien ergeben könnte.

Die Boykottaktionen sollen den Abschluss eines Tarifvertrages erzwingen und sind somit auf ein tariflich regelbares Ziel gerichtet. Ein TV für das Schiff liegt noch nicht vor, zudem würde dieser nicht für die Hafenarbeiter gelten und daher auch keine Friedenspflicht für sie begründen.[23]

Insoweit sind vor allem Aspekte der Verhältnismäßigkeit zu untersuchen. Kampfmittel müssen erforderlich sein und dürfen nur als letztes Mittel eingesetzt werden, wenn andere Mittel nicht erfolgversprechend sind.[24] Da die Zeitspanne zwischen der Aufforderung zum Abschluss eines Tarifvertrages, dem Aufruf zum Boykott und der daraufhin getätigten Boykottaktivitäten der Hafenarbeiter sehr kurz ist, stellt sich die Frage, ob der Ultima Ratio-Grundsatz eingehalten wurde. Aufgrund der zur Vermeidung von Tarifzensur notwendigen Einschätzungsprärogative,[25] ist ein Verstoß nur gegeben, wenn das ergriffene Kampfmittel zur Erreichung des erstrebten Zieles offensichtlich nicht notwendig

21 *Birk*, Gutachten, S. 116.

22 *Zwanziger*, S. 49.

23 In allgemeinerer Form ebenso: BAG 21.12.1982, NJW 1983, 1750 ff; BAG 5.3.1985 – 1 AZR 468/83, NZA 1985, 504 ff; *Birk*, Gutachten, S. 33ff.; *Gamillscheg*, S. 1140; *Lieb*, ZfA 1982, 113 (153); Wiedemann-*Thüsing*, § 1 TVG Rn. 886.

24 BAG 21.4.1971, AP Nr. 43 zu Art. 9 GG Arbeitskampf; B/K/S-Kocher, AKR Rn. 140.

25 BAG 21.6.1988, AP Nr. 108 zu Art. 9 GG Arbeitskampf.

ist.[26] Da sich das Schiff nur für kurze Zeit in deutschen Gewässern befindet, ist angesichts der kurzen Liegezeiten im Hafen in den vorliegenden Fällen naturgemäß große Eile geboten, um überhaupt den Abschluss eines Tarifvertrages zu erreichen. Insoweit wird die Eskalation deutlich schneller verlaufen müssen, als in anderen Sektoren. Die eingesetzten Mittel sind daher notwendig, sodass kein Verstoß gegen den Ultima Ratio-Grundsatz vorliegt.[27]

Zu untersuchen ist ferner die Angemessenheit der eingesetzten Mittel, wobei die Gewerkschaft an diesem Punkt keine Einschätzungsprärogative hat.[28] Als unangemessen wird ein Streik vor allem dann eingeordnet, wenn in nicht mehr hinnehmbarem Umfang in die Grundrechte des Arbeitgebers eingegriffen wird.[29] Die Rechtsprechung stellt bei der Frage der Angemessenheit u.a. auf die Wahrung der Kampfparität der Parteien ab; beiden sollen gleichgewichtige Verhandlungs- und Kampfchancen zukommen. Angriffskampfmittel dienen dazu, die ohne die Möglichkeit des Arbeitskampfes fehlende gleichgewichtige Verhandlungsposition erst herzustellen.[30] Hierbei ist jedoch auf eine vom konkreten Arbeitskampf abstrahierte, dynamische Gleichgewichtslage abzustellen, nicht auf den aktuellen Arbeitskampf,[31] mittlerweile führt die Rechtsprechung vor allem eine Exzess- und Missbrauchskontrolle durch.[32] Vertreten wurde, bei den Boykottaktivitäten sei der Grundsatz der Waffengleichheit verletzt, da der Arbeitgeber keine Möglichkeit der Gegenwehr habe, insbesondere nicht durch Aussperrung.[33] Dem hat das BAG zu Recht entgegnet, dass dem Reeder zumindest die Möglichkeit bleibt, den Boykott durchzustehen.[34] Zu berücksichtigen ist ferner, dass der Hafenarbeitgeber nur geringfügig eingeschränkt ist, da er die Beschäftigten idR anderweitig wird einsetzen können, andernfalls kann er den Lohn einbehalten.[35] Vor allem aber ist die Parität im betroffenen Sektor aufgrund der Ausflaggungspolitik eher zugunsten der Arbeitgeberseite verschoben, sodass durch

---

26 BAG 22.9.2009, NZA 2009, 1347; BAG 19.6.2007, NZA 2007, 1055; B/K/S-*Kocher*, AKR, Rn. 140.

27 Wie hier: *Zwanziger*, S. 38f.

28 BAG 19.6.2007, NZA 2007, 1055 (1058, Rn. 28).

29 Däubler-*Däubler*, AKR, § 14 Rn. 4.

30 BVerfG 26.1.1991, NZA 1991, 809; BVerfG 4.7.1995, AuR 1996, 33ff.

31 *Birk*, Gutachten, S. 69.

32 BAG 19.6.2007, BAGE 123, 134; BAG 22.9.2009, BAGE 132, 140; *Greiner*, 2018, S. 32, 47ff.

33 LAG Baden-Württemberg 8.8.1973, AuR 1974, 316; ähnlich argumentierend: *Wiedemann*, AP TVG § 1 Form Nr. 6.

34 BAG 19.10.1976, AP Nr. 6 zu § 1 TVG Form, vgl. zudem: *Birk*, AuR 1974, 289 (301), sowie AuR 1977, 235 (239).

35 *Zwanziger*, S. 53 u. 85; Schadensersatzansprüche eines bestreikten Arbeitgebers seitens der Vertragspartner (hier seitens des Reeders) kommen nach ganz herrschender Auffassung ohnehin nicht in Frage, vgl. Däubler-Däubler, § 25 Rn. 13ff.

den Aufruf zum Boykott und das Befolgen seitens der Hafenarbeiter die gestörte Parität erst wiederhergestellt wird.
Zusammenfassend kann daher festgestellt werden, dass partielle Streikaktivitäten von Hafenarbeitern, die dem Boykottaufruf der zuständigen Gewerkschaft folgen, nach deutschem Recht nicht unzulässig sind.[36]

36 Aufgrund der grenzüberschreitenden Dimension der Frage müsste zudem insbesondere die Rechtsprechung des EuGH berücksichtigt werden, was aufgrund des begrenzten Umfanges Gegenstand anderer Untersuchungen sein muss.

Betriebsübergang mit Auslandsbezug

Dr. Bertram Zwanziger, Vorsitzender Richter am Bundesarbeitsgericht

1. Vorbemerkung

Thomas Klebe ist praktisch und wissenschaftlich stark mit Fragen der betrieblichen Wirklichkeit und den Änderungsprozessen, denen Arbeitnehmer ausgesetzt sind, befasst. Internationale Fragestellungen sind ihm nicht fremd. Das lässt es angebracht erscheinen, hier die Frage zu behandeln, wie es eigentlich kollisionsrechtlich zu beurteilen ist, wenn ein zwischenstaatlicher Betriebsübergang stattfindet. Es geht also um die Situation, dass eine Verlagerung die Voraussetzungen des § 613a BGB erfüllt, der Betrieb oder – was hier immer mitgedacht ist – Betriebsteil anschließend aber in einem anderen Land liegt als vorher. Praktisch wird dies bei grenznahen Verlagerungen von einem Staat in den anderen.

2. Anwendbares materielles Recht

Es stellt sich die Frage, nach welchem Recht zu beurteilen ist, ob das Arbeitsverhältnis auf den Erwerber übergeht.
Soweit das Arbeitsverhältnis zum Zeitpunkt des Überganges im Hinblick auf die Regeln zum Übergang weder deutschem noch einem sonstigen Recht unterliegt, das einen Übergang vorsieht, kommen die Schutzbestimmungen nicht zur Anwendung. Dabei kommt es zunächst darauf an, welches Recht insoweit nach Art. 3 und 8 der Rom I-Verordnung[1] anzuwenden ist.[2] Ihr kommt, wie allen Ver-

1 Verordnung (EG) Nr. 593/2008 des Europäischen Parlaments und des Rates vom 17. Juni 2008 über das auf vertragliche Schuldverhältnisse anzuwendende Recht; ABl. Nr. L 177 S. 6, berichtigt Abl. 2009 Nr. L 309 S. 87. Die Verordnung gilt nach ihrem Art. 28 für Verträge, die ab dem 17. Dezember 2009 geschlossen wurden. Auf früher geschlossene ist das zwischenzeitlich aufgehobene EGBGB anzuwenden. Es gilt im Ergebnis nichts anderes. Darauf wird hier nicht näher eingegangen.

2 BAG 29.10.1992 – 2 AZR 267/92, NZA 1993, 743; vgl. auch BAG 26.5.2011 – 8 AZR 37/10, NZA 2011, 1143.

ordnungen der Union, nach Art. 288 Abs. 2 AEUV unmittelbare Wirkung zu. Danach gilt grundsätzlich freie Rechtswahl, jedoch dürfen zwingende Bestimmungen, die nach dem ohne Rechtswahl geltenden Recht anzuwenden wären, dadurch nicht abbedungen werden. Das ist das Recht des Staates, in dem der Arbeitnehmer gewöhnlich seine Arbeit verrichtet, soweit dies nicht feststellbar ist, des Staates, in dem sich die Niederlassung befindet, die ihn eingestellt hat; jedoch geht das Recht eines anderen Staates vor, wenn die Gesamtheit der Umstände eine engere Verbindung zu diesem Staat aufweist. Soweit also »an sich« das Recht eines Staates für das Arbeitsverhältnis gilt, das den Übergang eines Arbeitsverhältnisses beim Betriebsübergang wie § 613a BGB zwingend vorsieht, verbleibt es dabei.
Das BAG[3] geht weiter davon aus, dass Art. 9 der Rom I-Verordnung keine Anwendung findet, es sich bei § 613a BGB also nicht um eine für die Wahrung der sozialen oder wirtschaftlichen Organisation der Bundesrepublik Deutschland entscheidende Regelung handelt. Diese Ansicht hat vor allem zur Folge, dass dann, wenn die Gesamtumstände des Arbeitsverhältnisses eine engere Verbindung zu einem Staat aufweisen, der keine dem § 613a BGB entsprechende Regelung kennt, der Schutz der Vorschrift ausgeschlossen ist. Praktisch kann dies z. B. bei in Deutschland stationierten Flugbegleitern ausländischer Fluggesellschaften werden. Es erscheint jedoch zweifelhaft, ob am Ansatz des BAG festzuhalten ist. Immerhin sieht Art. 1 Abs. 2 der Betriebsübergangsrichtlinie[4] vor, dass diese Richtlinie mit ihren durch § 613a BGB umgesetzten Schutzbestimmungen anwendbar ist, wenn sich der Betrieb oder Betriebsteil innerhalb des räumlichen Geltungsbereiches des Vertrages befindet, also innerhalb der Union.
Unterliegt das Arbeitsverhältnis danach deutschem oder einem anderen Recht, das beim Betriebsübergang einen Übergang des Arbeitsverhältnisses vorsieht, ist diese Norm zunächst auf den Übergang anwendbar. Jedoch stellen sich Probleme, wenn das Arbeitsverhältnis nicht beim Erwerber ankommen kann. Denn der Übergang führt ja dazu, dass dort ein neues Arbeitsverhältnis begründet wird. Ob dies geschieht, ist nach dem Recht zu beurteilen, das nach der Rom I-Verordnung anzuwenden wäre, wenn der Vertrag wirksam wäre. Es ist also zu prüfen, welches Recht im Verhältnis zum Erwerber gölte, käme ein wirksamer Vertrag zustande. Dabei spielte eine Rechtswahl im Arbeitsvertrag zunächst keine Rolle, weil diese ja nicht mit dem Erwerber vereinbart wurde. Es ist Art. 8 Abs. 2 bis 4 Rom I-Verordnung anzuwenden. Ein Arbeitsverhältnis entsteht deshalb, wenn dies nach dem Recht des Landes vorgesehen ist, in dem der neue Ar-

3 BAG 29.10.1992 – 2 AZR 267/92, NZA 1993, 743.
4 Richtlinie 2001/23/EG des Rates vom 12. März 2001 zur Angleichung der Rechtsvorschriften der Mitgliedsstaaten über die Wahrung von Ansprüchen beim Übergang von Unternehmen, Betrieben oder Unternehmens- und Betriebsteilen; ABl. Nr. L 82 S. 16.

beitsort liegt, soweit ein solcher nicht feststellbar ist, nach dem Recht des Landes der Niederlassung, die den Betrieb nunmehr betreibt, oder des Landes, zu dem der Vertrag nunmehr nach den überwiegenden Gesamtumständen die engste Verbindung aufweist.
Ein Übergang des Arbeitsverhältnisses innerhalb der Europäischen Union ist wegen der Betriebsübergangsrichtlinie unproblematisch.[5] Gleiches gilt innerhalb des Europäischen Wirtschaftsraumes, also in Island, Norwegen und Lichtenstein.[6] Es können allenfalls beim Übergang von Seeschiffen, der einen Betriebsübergang nach § 613a BGB darstellen kann,[7] Schwierigkeiten auftauchen, weil für Seeschiffe die Betriebsübergangsrichtlinie nach ihrem Art. 1 Abs. 3 nicht gilt. Aber auch im wichtigen Fall der Schweiz gilt nichts anderes. Denn nach Art. 333 des Schweizer Obligationenrechts sind die Regeln über den Übergang von Arbeitsverhältnissen auch dort anwendbar. Sie sind Unionsrecht nachgebildet und entsprechend auszulegen.[8] Ob das Schweizer Kollisionsrecht eine Geltung dieser Bestimmung auch bei einem Betriebsübergang aus dem Ausland vorsieht, ist unerheblich – Art. 20 Rom I-Verordnung.

3. Aber: Wirksamkeit von Kündigungen

Gesondert zu entscheiden ist Frage, nach welchem Recht eine aufgrund des Betriebsüberganges ausgesprochene Kündigung zu beurteilen ist. Insoweit sind der Erwerber und das ihm gegenüber geltende Recht ja noch nicht betroffen. Allein maßgeblich ist deshalb das Recht, das auf das Arbeitsverhältnis vorher anwendbar ist, bei Anwendung deutschen Rechts oder der zwingenden Bestimmungen deutschen Rechts also das Kündigungsschutzgesetz und § 613a Abs. 4 BGB.[9]
Das kann theoretisch dazu führen, dass der Veräußerer nie kündigen kann, weil jede – auch spätere – Kündigung ihre Ursache letztlich im Betriebsübergang hat. Gleichzeitig kann es sein, dass wegen des beim Erwerber geltenden Rechts die Arbeitsverhältnisse auch nicht auf ihn übergehen und der Veräußerer nicht des-

5 Für einen Betriebsübergang nach Österreich geht davon ohne Weiteres aus: BAG 16.5.2002 – 8 AZR 319/01, NZA 2003, 93.

6 Beschluss des gemeinsamen EWR-Ausschusses Nr. 159/2001 vom 21.12.2001 zur Änderung des Anhanges XVIII (Sicherheit und Gesundheitsschutz am Arbeitsplatz, Arbeitsrecht sowie Gleichbehandlung von Männern und Frauen) des EWR Abkommens; Abl. L 2002 65 S. 38.

7 BAG 2.3.2006 – 8 AZR 147/05, NZA 2006, 1105; BGH 19.3.2009 – III ZR 106/08, NZA 2009, 848.

8 Dazu Schweizer Bundesgericht 25.3.2003 – 4C. 316/2002.

9 BAG 26.5.2011 – 8 AZR 37/10, NZA 2011, 1143.

wegen seine Arbeitgeberstellung verliert. Damit wäre der Veräußerer u. U. verpflichtet, sinnlose Arbeitsverhältnisse aufrecht zu erhalten und zwar ggf mit Entgeltfortzahlung nach § 615 BGB. Man sollte dem Veräußerer dann einen Auflösungsantrag nach § 9 KSchG zuzubilligen. Der Grundsatz, dass dem Arbeitgeber kein Auflösungsantrag möglich ist, wenn die Kündigung aus anderen Gründen als der Sozialwidrigkeit der Kündigung unwirksam ist,[10] kann zurückstehen. § 613a Abs. 4 BGB regelt einen Sonderfall der Unwirksamkeit einer auf betriebsbedingte Gründe gestützten Kündigung. Außerhalb der Anwendung des Kündigungsschutzgesetzes, insbesondere bei Kleinbetrieben (§ 23 Abs. 1 KSchG), ist in diesen Fällen an eine entsprechende Anwendung zu denken.

4. Inhalt des übergegangenen Arbeitsverhältnisses

Welchen Inhalt das übergegangene Arbeitsverhältnis hat richtet sich ebenfalls nach dem für den Erwerber einschlägigen Recht. Üblicherweise wird sich dies nach dem Inhalt des übergegangenen Arbeitsverhältnisses richten. Allerdings kann sich – soweit keine Rechtswahl getroffen wurde – das Recht ändern, dem das Arbeitsverhältnis nunmehr unterliegt.[11] Soweit es um die Geltung von Betriebsvereinbarungen geht und das Recht des Erwerbers keine Betriebsverfassung kennt, kommt eine analoge Anwendung der dort für die Weitergeltung von Kollektivverträgen geltenden Grundsätze in Betracht.[12] Zu erwägen ist zudem, solche gesetzlichen Schutzvorschriften wie das Kündigungsverbot für ausscheidende Betriebsratsmitglieder, die durch den Betriebsübergang ausgelöst werden, als Inhalt des Arbeitsverhältnisses zu betrachten.[13]

5. Gerichtliche Zuständigkeit

Die internationale gerichtliche Zuständigkeit ist nicht nur für die Entscheidungszuständigkeit von Bedeutung, sondern auch für die Frage des anwendbaren materiellen Kollisionsrechts; das international zuständige Gericht wendet

10 BAG 31.7.2014 – 2 AZR 434/13, NZA 2015, 358.
11 BAG 26.5.2011 – 8 AZR 37/10, NZA 2011, 1143.
12 Vgl. *Gaul/Mückl*, DB 2011, 2318.
13 DDZ-*Zwanziger*, 10. Aufl., § 613a BGB Rn. 29.

sein materielles Kollisionsrecht an.[14] Von Bedeutung ist insbesondere, wann ein ausländischer Erwerber nach dem Übergang eines in Deutschland gelegenen Betriebes ins Ausland vor deutschen Gerichten in Anspruch genommen werden kann. Hier gibt es unterschiedliche Regelungswerke:

Hat der zu verklagende Erwerber seinen Sitz oder Wohnsitz in der Europäischen Union außer in Dänemark so gilt die Brüssel Ia-Verordnung.[15] Die Ausnahme für Dänemark ergibt sich aus Erwägungsgrund 41. Nach Art. 21 Abs. 1 Buchstabe b) i) und ii) der Verordnung kann ein Arbeitgeber auch vor dem Gericht des Ortes verklagt werden, an dem oder von dem aus der Arbeitnehmer seine Arbeit verrichtet oder zuletzt verrichtet hat oder – soweit nicht feststellbar – sich die Niederlassung befindet, die den Arbeitnehmer eingestellt hat. Hat der Erwerber seinen Sitz oder Wohnsitz in Dänemark, Norwegen, Island oder der Schweiz, so gilt das revidierte Lugano-Abkommen.[16] Es enthält in Art. 19 Nr. 2 a) und b) eine entsprechende Regelung. Für Arbeitgeber aus anderen Drittstaaten gilt der Gerichtsstand des – letzten – Arbeitsortes nach Art. 21 Abs. 2 iVm Abs. 1 Buchst. b) i) der Verordnung.

Bestreitet der – potentielle – Erwerber den Übergang, so wird es an dem die Zuständigkeit begründenden – ehemaligen – Arbeitsort nicht fehlen. Allerding regeln die anzuwendenden Vorschriften Klagen gegen den Arbeitgeber. Gerade diese Arbeitgebereigenschaft ist jedoch streitig. Richtigerweise wird man es aber für die Zuständigkeitsregelung ausreichen lassen, dass die Arbeitgebereigenschaft und daraus folgende arbeitsrechtliche Positionen geltend gemacht werden. Andernfalls würde man systemwidrig Fragen der Begründetheit einer Klage in die Zulässigkeit verlegen. Die Arbeitgebereigenschaft richtet sich ja nach dem einschlägigen materiellen Recht, dieses wiederum nach dem einschlägigen materiellen Kollisionsrecht, das sich wiederum nach dem Recht des international zuständigen Gerichts, der lex fori, richtet. Außerdem spricht der Schutzzweck der Regelung, Arbeitnehmern eine effektive Rechtsdurchsetzung zu ermöglichen, für die hier vertretene Auffassung.[17]

---

14 Vgl. BAG 29.10.1992 – 2 AZR 267/92, NZA 1993, 743 und BGH 21.9.1995 – VII ZR 248/94, NJW 1996, 54.

15 Verordnung (EU) Nr. 1215/2012 des Europäischen Parlaments und des Rates vom 12. Dezember 2012 über die gerichtliche Zuständigkeit und die Anerkennung und Vollstreckung von Entscheidungen in Zivil- und Handelssachen; ABl. Nr. L 351 S. 1, zuletzt geändert durch Verordnung vom 26.11.2014, ABl. 2015 Nr. L 54 S. 1.

16 ABl. 2010 Nr. L 339 S. 3ff.

17 A.A. LAG Baden-Württemberg 2.7.2013 – 22 Sa 63/12.

6. Zuständigkeit des EuGH

Die hier erörterten Fragen betreffen fast ausschließlich Unionsrecht. Auch das revidierte Lugano-Abkommen ist Teil des Unionsrechts (vgl. auch dessen Protokoll 2). Daher wird sich die Notwendigkeit ergeben, diese Fragen einer Klärung durch den Gerichtshof der Europäischen Union im Wege der Vorabentscheidung nach Art. 267 AEUV zuzuführen.

Thomas Klebe: Biografisches und Bibliografisches

Olaf Deinert, Johannes Heuschmid, Michael Kittner, Marlene Schmidt

1. Thomas Klebe: Praxis und Wissenschaft

Abgesehen von den ersten sechs Jahren seines Berufslebens, in denen er als Rechtssekretär beim DGB tätig war, war Thomas Klebe hauptberuflich bis zu seinem altersbedingten Ausscheiden 2013 durchgängig beim Vorstand der IG Metall beschäftigt, davon viele Jahre als Funktionsbereichsleiter für Mitbestimmungsfragen und als Justiziar der IG Metall. Als besonders prägend erwies sich die Zeit gleich nach Arbeitsbeginn in Frankfurt. Da hatte er im großen Arbeitskampf um die 35-Stunden-Woche 1984 als ganz junger Mann in der juristischen »task force« die federführende Verantwortung für die Organisation des bundesweiten Abwehrkampfes der Betriebsräte gegen die »kalte Aussperrung«.
In allen seinen Funktionen beim Vorstand der IG Metall vertrat Thomas Klebe die Anliegen seines Ressorts auch rechtspolitisch. Dabei war er für die Bundesregierung und die maßgeblichen Akteure im Bundestag stets ein geschätzter Gesprächspartner. Besonders in Erinnerung bleibt sein Engagement bei der Novellierung des BetrVG 2001 und der Einführung der Quotenregelungen für die Aufsichtsratsgremien mitbestimmter Unternehmen 2015.
Für die IG Metall war Thomas Klebe Mitglied in vielen Aufsichtsratsgremien, unter anderem bei der Daimler AG (Präsidiumsmitglied), der Adam Opel AG (stellvertretender Vorsitzender), der Daimler Luft und Raumfahrttechnik AG (DLRH, heute Airbus). In seinem ersten Betreuungsmandat, dem IT-Unternehmen DEC (später Compaq), leistete er Anfang der 90er Jahre praktische Pionier-Arbeit in dieser Zukunfts-Industrie. 1993 lieferte er zusammen mit wagemutigen Kollegen aus dem Unternehmen den Beweis, dass auch hier erfolgreiche Streiks möglich sind.
Seit 1987 ist Thomas Klebe zudem ehrenamtlicher Richter am Bundesarbeitsgericht, viele Jahre davon im Ersten Senat. Zu seinem 65sten Geburtstag würdigte die BAG-Präsidentin, Ingrid Schmidt, mit Thomas Klebe erstmals einen ehrenamtlichen Richter dieses Gerichts.[1] Er war dort länger im Dienst als jeder der hauptamtlichen Richterinnen und Richter.

1 Vgl. Heuschmid, AuR 2013, 383.

Parallel zu diesen anspruchsvollen Aufgaben hat er sich stets die Zeit für Fachveröffentlichungen genommen. Er gehört dem Herausgebergremium der »Neuen Zeitschrift für Arbeitsrecht« an und hat dazu beigetragen, die »Arbeit und Recht« dauerhaft auf ein neues Niveau zu heben. Die seit 2011 als deren Supplement erscheinende Zeitschrift »Soziales Recht« hätte ohne ihn nicht das Licht der Welt erblickt. Dem Bund-Verlag ist er seit Jahren ein maßgeblicher Berater für dessen arbeitsrechtliches Programm verbunden.[2]
Thomas Klebe hat seit Beginn seiner beruflichen Tätigkeit als Gewerkschaftsjurist fachwissenschaftlich publiziert. Geradezu sein Markenzeichen als »politischer Jurist« war es dabei, die Sphären nicht zulasten der jeweils anderen zu vermengen. Das heißt: Er weiß immer die Eigenart politischer und juristischer Argumentation zu unterscheiden. Das verschafft jeder ein Maximum an Überzeugungskraft. Die Relevanz seiner Kommentarliteratur z.B. kann jeder beim Nachlesen der BAG-Rechtsprechung nun fast schon seit Jahrzehnten nachverfolgen.
Damit sind wir beim, wenn ein solcher Begriff überhaupt gestattet ist, Hauptwerk von Thomas Klebe: dem Großkommentar zum BetrVG (zusammen mit Wolfgang Däubler, Michael Kittner und Peter Wedde, alias »DKKW«). Er war der »spiritus rector« seiner Gründung und er hat die Last des geschäftsführenden Herausgebers seit dieser Zeit getragen. Ohne die Verdienste seiner schreibenden Mitstreiter zu schmälern: Ohne Thomas Klebe wäre die Schlagzahl der Neuauflagen, die Qualität und Praxisnähe auf stets höchstem Niveau nicht möglich gewesen. Er kann heute mit Stolz auf diesen Leuchtturm im Betriebsverfassungsrecht blicken.
Thomas Klebe hat stets an der Front der neusten praktischen und insbesondere technologischen Entwicklung gewirkt. Er gehörte zu denen, die der PAISY-Entscheidung des BAG von 1986 maßgeblich vorgearbeitet hatten und sie dann sogleich mit Leben erfüllten. 1987 präsentierte er zusammen mit Siegfried Roth die wegweisende Publikation »Information ohne Grenzen« zur Wahrung von Arbeitnehmerinteressen bei grenzüberschreitendem EDV-Einsatz. Diesem besonderen Gespür für aktuellste Technikfolgen verdankt sich auch die frühzeitige Befassung mit Fragen des Datenschutzes (besonders manifestiert in dem seit 1996 laufend neu aufgelegten BDSG-Kommentar zusammen mit Wolfgang Däubler, Peter Wedde und Thilo Weichert).
Eine besondere Facette Tomas Klebes praktischen und wissenschaftlichen Wirkens ist das Internationale, ein »Sehnsuchtsort« seit jungen Jahren. Von 1992 bis 1995 erlaubte er sich einen »Abstecher« dorthin als Mitarbeiter der Abteilung Internationales beim Vorstand der IG Metall. Seine Arbeitsschwerpunkte waren die

---

2 Vgl. *Heuschmid*, Symposium anlässlich des 65. Geburtstages von Thomas Klebe, AuR 2013, 383.

USA und Japan, wo er sich an der Gründung der noch heute aktiven deutsch-japanischen Gesellschaft für Arbeitsrecht beteiligte. Das US-Engagement vermittelte Thomas Klebe vor allem die Interna großer multinationaler Unternehmen. Dieses Gespür für die praktische Seite der Globalisierung wusste er zu nutzen bei der Gründung von Europäischem bzw. Weltbetriebsrat bei Opel und Daimler, aber auch z. B. bei seiner Beteiligung an den Bemühungen amerikanischer VW-Arbeiter zur Gründung einer Arbeitnehmervertretung. Jüngstes literarisches Dokument seiner weltumspannenden Aktivitäten ist die von ihm angeregte und zusammen mit Johannes Heuschmid betreute vergleichende Publikation von Bernd Waas, Wilma Liebman, Andrew Lyubarsky und Katsutoshi Kezuka über »Crowd Work« in Deutschland, Japan und den USA.[3] Damit ist eines der alleraktuellsten Themen angesprochen, das Thomas Klebe bewegt und das zu beeinflussen er nicht müde wird. Es verwundert deshalb ganz und gar nicht, dass er zu den maßgebenden Autoren gehört, die sich mit »Industrie 4.0« unter arbeitsrechtlichen Aspekten befassen.

Wenn wir mit dem Titel dieser Festschrift Hugo Sinzheimer als titelanregenden »Ahnherrn« aufrufen, so geschieht dies natürlich vor allem auch wegen der Existenz des »Hugo Sinzheimer Instituts für Arbeitsrecht«, das Thomas Klebe 2010 gegründet hat. Berthold Huber, der die dazu nötige politische Entscheidung als 1. Vorsitzender der IG Metall traf, nannte es anlässlich eines Symposiums zu Thomas Klebes 65sten Geburtstag ein »Meisterstück«.[4] Er stellt in seinem Beitrag zu dieser Festschrift ausführlich die so produktive Symbiose »Thomas Klebe und das Hugo Sinzheimer Institut für Arbeitsrecht« dar (S. 184ff.).

Thomas Klebe war und ist ein »Teamplayer« – im Fußball (gelegentlich noch bis heute), immer in der Zusammenarbeit mit einzelnen Kolleginnen und Kollegen, aber auch, was Institutionen angeht. Ein Musterbeispiel ist das von Berthold Huber anläßlich der Gründung des Hugo Sinzheimer Instituts ausgerufene »Frankfurt Cluster«[5]: die durch die glückliche Fügung des gemeinsamen Sitzes in Frankfurt ermöglichte Zusammenarbeit von

- DGB-Rechtsschutz GmbH,
- »Arbeit und Recht«,
- Bund Verlag,
- Europäischer Akademie der Arbeit und
- dem eben neu hinzugekommen Hugo Sinzheimer Institut.

Thomas Klebes Bemühen war es vom ersten Tag an, diese einzigartige Chance mit Leben zu erfüllen. Hier ist nicht der Platz, all die vielen inzwischen erfolgenden »kleinen« Aktivitäten der Alltagsarbeit aufzuzählen. Es sei nur auf zwei he-

---

3 Crowdwork – A Comparative Law Perspective, 2017, HSI-Schriftenreihe Nr. 22.

4 *Huber*, Thomas Klebe zum 65. Geburtstag, AuR 2013, 380.

5 *Huber*, Hugo Sinzheimer und wir, AuR 2010, 280, 282.

rausragende Ereignisse hingewiesen: die sich im Zweijahresturnus abwechselnden Großveranstaltungen »Hans-Böckler-Forum zum Arbeits- und Sozialrecht« und »Campus Arbeitsrecht«, die sich inzwischen zu angesehenen gewerkschaftlich-arbeitsrechtlichen »Juristentagen« mit Beteiligten der höchsten Reputation entwickelt haben. Thomas Klebe wirkte hier als Treiber, Mentor und Beiträger und hat das HSI als tragenden Mitbeteiligten etabliert.
Ebenso hat Thomas Klebe vom ersten Tage alles getan, das ja durchaus nahe liegende Odium des HSI als Gründung der IG Metall und damit nur dieser Gewerkschaft verpflichteter Institution gar nicht erst aufkommen lassen. Zu seiner DNA wurde sofort die Zusammenarbeit mit allen anderen Gewerkschaften und der Hans-Böckler-Stiftung ausgerufen und durch Beteiligung aller Spitzen-Juristen des DGB und der Einzelgewerkschaften im Beirat des HSI praktiziert. Krönender Höhepunkt war die Überführung des HSI in die Hans-Böckler-Stiftung Anfang 2018, die Thomas Klebe in der klaren Erkenntnis betrieben hat, dass es nur eine gewerkschaftliche Arbeitsrechtswissenschaft und -politik geben kann, und dass es am besten ist, man betreibt sie gemeinsam.

2. Thomas Klebe: Schriftenverzeichnis

2.1 Herausgeberschaften

Däubler, Wolfgang / Kittner, Michael / Klebe, Thomas / Wedde, Peter, BetrVG Betriebsverfassungsgesetz – Kommentar, 3. – 16. Auflage, Bund-Verlag, Frankfurt am Main 2018.

Klebe, Thomas / Ratayczak, Jürgen / Heilmann, Micha / Spoo, Sibylle, Betriebsverfassungsgesetz – Basiskommentar, 2. – 20. Auflage, Bund-Verlag, Frankfurt am Main 2018.

Däubler, Wolfgang / Klebe, Thomas / Wedde, Peter / Weichert, Thilo, Bundesdatenschutzgesetz – Kompaktkommentar zum BDSG, 1. – 5 Auflage, Bund Verlag, Frankfurt am Main 2016.

Klebe, Thomas / Schmidt, Marlene / Waas, Bernd (Guest Editors), Trade Unions Rights at the Workplace, Bulletin of Comparative Labor Relations No. 79, Köln 2012.

Klebe, Thomas / Wedde, Peter / Wolmerath, Martin, Recht und soziale Arbeitswelt, Festschrift für Wolfgang Däubler, Frankfurt am Main 1999.

Cramer, Wiegand/Jung, Dieter/Klebe, Thomas, Hardware, Software, Gegenwehr: Der erste Streik in der Computerindustrie, Köln 1994.

Klebe, Thomas / Roth, Siegfried, Informationen ohne Grenzen, VSA-Verlag, Hamburg 1987.

HSI-Schriftenreihe, Bund-Verlag, Frankfurt am Main
Die andere Arbeitswelt, Bund-Verlag, Köln (zusammen mit Mehrens, Klaus und Roth, Siegfried).

2.2 Monographien

Klebe, Thomas (Der Beschäftigungsanspruch nach § 102 Abs. 5 BetrVG) / Schumann, Manfred, Das Recht auf Beschäftigung im Kündigungsschutzprozess, Bund-Verlag, Frankfurt am Main 1981 (Hrsg. Kittner).

2.3 Aufsätze/Beiträge zu Sammelbänden

Betriebsrat 4.0 – Digital und global?, NZA 2017, 77–84.
Michael Kittner 75 Jahre, AuR 2016, 360–361.
Crowdwork: Faire Arbeit im Netz?, AuR 2016, 277–281.
Fremdfirmenarbeit und Arbeitnehmerschutz in Deutschland, Festschrift für Katsutoshi Kezuka 2015, S. 147 ff.
Prof. Dr. Katsutoshi Kezuka zum 70. Geburtstag – Katsutoshi Kezuka: Der japanische Freund, AuR 2015, 66.
Das demokratische Unternehmen: Bürgerrechte und Mitbestimmung am Arbeitsplatz – Der alte Chef hat ausgedient?, SR 2015, 37–40.
Werkverträge – Verlust in der Grauzone, NZA 2013, III (Editorial)
Aufgespießt, AuR 2012, 77.
Werkverträge – ein neues Dumpingmodell? – Flucht aus der Leiharbeit?, AiB 2012, 559–564.
Die Leiharbeitsentscheidung des BAG – Kritik mit der Kneifzange? – Ein Kommentar zum Artikel von Giesen/Rieble »Zeitarbeit im Zangengriff«, FAZ v. 22. 7. 2011, AuR 2011, S. 352–353.
Equal Pay für Leiharbeitnehmer – Wie ist die Rechtslage wirklich?, AiB 2011, 140.
Durch Tarifeinheit zur Tariflosigkeit?, AuR 2010, 137.
Keine Angst vorm Vierten Senat, Mitbestimmung 5/2010, 44–45.
Flexibilität oder Lohndumping? – Zum AÜG-Gesetzentwurf vom 2. 9. 2010, AiB 2010, 646–648.
Alle Jahre wieder: Die Mitbestimmung, ein »Fall« und ein Webfehler, NZA 2009, 24–25.
Die Zukunft des Betriebsrats – Ein Ausblick, AiB 2006, 558–565.
Betriebliche und Unternehmensmitbestimmung in der EU – Ein Überblick, AiB 2000, 670–671.
Aktuelle Gesetzesänderungen und Betriebsratsrechte, AiB 1996, 717–725.
Gewerkschaften und industrielle Demokratie in Japan – Honeymoon im »Wett-

bewerbskommunismus«?, in Zwickel, Klaus (Hrsg.), Vorbild Japan? – Stärken und Schwächen der Industriestandorte Deutschland und Japan, Schriftenreihe der Otto Brenner Stiftung, Nördlingen 1996.

Der Euro-Betriebsrat – Zurück aus dem Bermuda-Dreieck?, AiB 1994, 515–516.

Europa – Mitbestimmung in Grenzen?, in: Bobke, Manfred / Däubler, Wolfgang / Kehrmann, Karl (Hrsg.), Arbeit und Recht, Festschrift für Albert Gnade, Köln 1992.

Nutzung eines Arbeitsplatzsystems durch den Betriebsrat, NZA 1990, 260.

Die Nullösung – Mitbestimmung bei neuen Technologien, Quelle 1988, 479–481.

Personaldatenverarbeitung und Verhaltenskontrolle – Zur Auslegung von § 87 Abs 1 Nr 6 BetrVG, DB 1986, 380–382.

Mitbestimmung bei technischer Überwachung, NZA 1985, 44–47.

Betriebsratsrechte bei neuen Technologien – Zum Stand der juristischen Auseinandersetzung, AiB 1983, 8–9.

Die Rechtsprechung zu arbeitsbegleitenden Papieren, BetrR 1982, 458–469.

Einstweilige Verfügung gegen Bildschirmgeräte, AiB 1982, 143

Weiterbeschäftigungsanspruch bei Änderungskündigung, AiB 1982, 160

Mitbestimmung bei der Einführung von Bildschirmarbeitsplätzen und arbeitsbegleitenden Papieren, Arbeitsrecht im Betrieb 1981, Haft 7, S. 109 ff. (Teil 1) und Heft 8, S. 127 f (Teil 2).

Technischer Wandel und Schutz vor Verhaltenskontrollen, Arbeitsrecht im Betrieb 1981, Heft 11, S. 170 f.

Das Widerspruchsrecht des Betriebsrats bei personen- und verhaltensbedingten Kündigungen, BB 1980, 838–843.

Begründungspflicht des Betriebsrats bei Widersprüchen, Arbeitsrecht im Betrieb 1980, Heft 2, S. 7 f.

Abmahnung, Verwarnung; Rechte des Einzelnen und des Betriebsrats, Arbeitsrecht im Betrieb 1980, Heft 4, S. 16.

Der Weiterbeschäftigungsanspruch des Arbeitnehmers gem § 102 Abs 5 BetrVG bei verbundener Kündigung, BlStSozArbR 1980, 161–163.

2.4 Aufsätze/Beiträge als Mitautor

Klebe, Thomas / Heuschmid, Johannes, Collective Regulation on Contingent Work: From Traditional Forms of Contingent Work to Crowdwork – A German Perspective in: Ales, Edoardo / Deinert, Olaf / Kenner, Jeff, Core and Contingent Work in the European Union, Bloomsbury 2017.

Heuschmid, Johannes / Klebe, Thomas, Erwerbsarbeit in der Plattformökonomie und Schutz des Arbeits- und Sozialrechts, in: Faber, Ulrich / Feldhoff, Kerstin / Nebe, Katja / Schmidt, Kristina / Waßer, Ursula (Hrsg.), Gesellschaftliche

Bewegungen – Recht unter Beobachtung und in Aktion, Festschrift für Wolfhard Kohte, Baden-Baden 2016, S. 73–84.

Däubler, Wolfgang / Klebe, Thomas, Crowdwork: datore di lavoro in fuga?, Giornale di diritto del lavoro e di relazioni industriali n. 151, 2016, 3, S. 471 – 502.

Däubler, Wolfgang / Klebe, Thomas, Crowdwork: Die neue Form der Arbeit – Arbeitgeber auf der Flucht?, NZA 2015, 1032–1041.

Bauer, Jobst-Hubertus / Klebe, Thomas / Schunder, Achim, Deutschlands Zukunft gestalten – Koalitionsvertrag zwischen CDU/CSU und SPD, NZA 2014, 12–18.

Klebe, Thomas / Neugebauer, Julia, Crowdsourcing: Für eine handvoll Dollar oder Workers of the crowd unite?, AuR 2014, 4–7.

Jacquemin, Tanja / Klebe, Thomas, Die Zukunft der Betriebsratsarbeit 2.0, AiB 11/2014, 33–36.

Karthaus, Boris / Klebe, Thomas, Legitimation durch Kollektivvertrag – Leiharbeit, Werksvertrag und die Erosion der Arbeitgeberkontrolle, in: Schubert, Jens M. (Hrsg.), Anforderungen an ein modernes kollektives Arbeitsrecht, Festschrift für Otto Ernst Kempen, Baden-Baden 2013, S. 295–312.

Klebe, Thomas / Karthaus, Boris, Betriebsratsrechte bei Werkverträgen, NZA 2012, 417–426.

Deinert, Olaf / Klebe, Thomas / Schmidt, Marlene, Recht und Politik – Michael Kittner zum 70. Geburtstag, AuR 2011, S. 377.

Klebe, Thomas / Wroblewski, Andrej, Verbotene Liebe? Zur rechtlichen Zulässigkeit von Ethikrichtlinien, insbesondere von internen »Whistleblowing«-Systemen, in: Dieterich, Thomas / Le Friant, Martine / Nogler, Luca / Kezuka, Katsutoshi / Pfarr, Heide (Hrsg.), Individuelle und kollektive Freiheit im Arbeitsrecht, Gedächtnisschrift für Ulrich Zachert, Baden-Baden 2010, S. 313–325.

Homburg, Jochen / Klebe, Thomas, § 15 Abs. 2 BetrVG: Ein Beitrag zur Gleichstellung in der Betriebsverfassung, in: Hohmann-Dennhardt, Christine / Körner, Marita / Zimmer, Reingard (Hrsg.), Geschlechtergerechtigkeit, Festschrift für Heide Pfarr, Baden-Baden 2010, S. 209–217.

Bauer, Jobst-Hubertus / Klebe, Thomas / Schunder, Achim, Das Arbeitsrecht in der neuen Legislaturperiode, NZA 2009, 1190–1192.

Klebe, Thomas / Köstler, Roland, Die Zukunft der Unternehmensmitbestimmung, in: Kohte, Wolfhard / Dörner, Hans-Jürgen / Anzinger, Rudolf (Hrsg.), Arbeitsrecht im sozialen Dialog, Festschrift für Hellmut Wißmann zum 65. Geburtstag, München 2005, S. 443–455.

Huber, Berthold / Burkhard, Oliver / Klebe, Thomas, Tarifpolitik ist Betriebspolitik, Betriebspolitik ist Tarifpolitik, WSI-Mitteilungen 2005, 656–662.

Benz-Overhage, Karin / Klebe, Thomas, Mitbestimmung – Saurier oder Erfolgsmodell?, AiB 2003, 657–660.

Klebe, Thomas / Kunz, Olaf, Europäische Betriebsräte – Erste Erfahrungen, JbArbR 38/2001, 55–70.

Klebe, Thomas / Roth, Unions en route to an international strategy? A study based on the example of the automobile industry, IG Metall, May 2001.

Benz-Overhage, Karin / Klebe, Thomas, Betriebsverfassung im 21. Jahrhundert, AiB 2000, 24–31.

Karch, Heribert / Klebe, Thomas, Betriebsrat, Gewerkschaften und betriebliche Mitbestimmung – Einige Anmerkungen zur aktuellen Diskussion um die Modernisierung der Betriebsverfassung, AiB 2000, 599–604.

Klebe, Thomas / Wedde, Peter, Gewerkschaftsrechte auch per E-Mail und Intranet?, AuR 2000, 401–407.

Klebe, Thomas / Roth, Siegfried, Die Gewerkschaften auf dem Weg zu einer internationalen Strategie? – Am Beispiel der Automobilindustrie, AiB 2000, 749–759.

Klebe, Thomas / Wedde, Peter, Vom PC zum Internet: IT-Nutzung auch für Betriebsräte, DB 1999, 1954–1961.

Klebe, Thomas / Wedde, Peter / Wolmerath, Martin, Für eine soziale Arbeitswelt, BB 1999, 2620.

Klebe, Thomas / Wedde, Peter, Betriebsrat und moderne Arbeitsmittel, in: Schmidt, Klaus (Hrsg.), Arbeitsrecht und Arbeitsgerichtsbarkeit, Festschrift zum 50-jährigen Bestehen der Arbeitsgerichtsbarkeit in Rheinland-Pfalz, Neuwied 1999, S. 345–367.

Eller-Bratz, Elke / Klebe, Thomas, Benchmarking in der Automobilindustrie, WSI-Mitteilungen 1998, 442 ff.

Däubler, Wolfgang / Klebe, Thomas, Der Euro-Betriebsrat – Die Richtlinie vom 22. 9. 1994 und ihre Umsetzung in nationales Recht, AiB 1995, 558–574.

Jung, Dieter / Klebe, Thomas / Polzmacher, Richard, Hardware, Software, Gegenwehr, AiB 1993, 525 ff.

Klebe, Thomas / Wendeling-Schröder, Ulrike, Unternehmensteilung, AiB 1992, 77–86.

Klebe, Thomas / Wedde, Peter, »Neue Technologien« in Betrieb und Unternehmen, AiB 1992, 260.

Klebe, Thomas / Roth, Siegfried, Technische und organisatorische Aspekte des Just-in-Time-Delivery – Autonome Zulieferer oder Diktat der Marktmacht?, CR 1990, 677–682.

Klebe, Thomas / Roth, Siegfried, Beschäftigungsplan statt Sozialplan – Zwischenlagerung eines Problems oder Perspektive? – Betriebsverfassungsrechtliche Aspekte und Durchsetzungsbedingungen –, DB 1989, 1518–1521.

Klebe, Thomas / Roth, Siegfried, Der Betriebsrat heute – Ohnmacht oder Gegenmacht?, Mitbestimmung 1988, 330–334.

Klebe, Thomas / Roth, Siegfried, Personalinformationssysteme – gewerkschaftliche Regelungsziele und betriebliche Praxis, CR 1987, 693–696.

Klebe, Thomas / Roth, Siegfried, Neue Unternehmerstrategie macht Lagerhaltung enorm störanfällig – Informationen zu § 116 AFG, Quelle 1986, 74–76.

Klebe, Thomas / Roth, Siegfried, Die Verursacher in der Rolle des Opfers – Produktionsverflechtungen und Arbeitskampf, in: Apitzsch, Wolfgang / Klebe, Thomas, Schumann, Manfred (Hrsg.), § 116 AFG – Kampf um das Streikrecht, Hamburg 1986, S. 27–36.

Klebe, Thomas / Roth, Siegfried, Betriebsrat und Personaldatenverarbeitung, AiB 1985, 131–136.

Dirx, Axel / Klebe, Thomas, Kommentierte Regelungsvorschläge für eine Betriebsvereinbarung nach § 95 BetrVG, AiB 1984, 10–12.

Dirx, Axel / Klebe, Thomas, Die Mitbestimmung des Betriebsrats nach § 95 BetrVG, AiB 1984, 8–10.

Klebe, Thomas / Roth, Siegfried, Handlungskonzept für Betriebsräte bei Computertechnologien – am Beispiel CAD/CAM, AiB 1984, 70–78.

Klebe, Thomas / Schumann, Manfred, Die Rechte des Betriebsrats bei der Einführung und Anwendung von Personalinformationssystemen, AuR 1983, 40–48.

Klebe, Thomas / Schlockermann, Heinz, der Konflikt um Kontogebühren bei der Wacker-Chemie, Werk Köln – großer Streit um kleine Gebühr –, Interessendurchsetzung im Rahmen des § 87 BetrVG, Der Betriebsrat 1981, Heft 1 / 2, S. 7 ff.

Klebe, Thomas / Schumann, Manfred, Das Recht auf Beschäftigung im Kündigungsschutzprozess, Schriften zu Arbeits- und Sozialrecht, Bund-Verlag 1981

Klebe, Thomas / Schumann, Manfred, Unwirksamkeit der Kündigung von Organen der Betriebsverfassung bei fehlerhafter Zustimmung des Betriebsrats?, DB 1978, 1591–1594.

Fischer, Hermann J. / Klebe, Thomas, Abmahnung, Ermahnung und Verwarnung im Arbeitsverhältnis, BlStSozArbR 1978, 212–215.

2.5 Entscheidungsanmerkungen

BAG 4.0: Kann das Gericht Digitalisierung?, NZA 2017, 226 – 227.

Mitbestimmung beim Betreiben einer Facebook-Seite, BAG 13. 12. 2016 – 1 ABR 7/15, AuR 2017, 307 – 311.

Scheinwerkverträge bei einem Global Player, AuR 2013, 335.

Recht des Betriebsrats zur Hinzuziehung eines Sachverständigen auch bei nachträglicher gerichtlicher Ersetzung der verweigerten Zustimmung des Arbeitgebers, EWiR 1987, 433–434.

2.6 Entscheidungsanmerkungen als Mitautor

Klebe, Thomas / Wedde, Peter, Abmahnung bei Gewerkschaftswerbung per E-Mail, AiB 2001, 308–309.

Klebe, Thomas / Wedde, Peter, Anspruch auf Nutzung des Intranets, AiB 1998, 284–285.

Klebe, Thomas / Wedde, Peter, Elektronische Kommunikation des Betriebsrats – Zugleich eine Besprechung des BAG-Beschlusses vom 17.2.1993, DB 1993, 1418–1421.

Klebe, Thomas / Wedde, Peter, Betriebsrat – Mailbox als erforderliches Sachmittel, AiB 1993, 658–660.

Klebe, Thomas / Kunz Olaf, Vom Federhalter zum PC – Wann beginnt die Neuzeit für Betriebsräte?, NZA 1990, 257–260.

Klebe, Thomas / Schumann, Manfred, Zur Informationspflicht des Arbeitgebers gegenüber dem Betriebsrat bei Kündigung eines Arbeitsverhältnisses von unter 6 Monaten Dauer, DB 1977, 1276–1276.

2.7 Presse

Crowdwork erfordert zusätzliche Regeln, Frankfurter Rundschau 20.5.2016, S. 10.

Wenn Arbeitnehmer selbstständige Crowdworker werden, Börsen-Zeitung 18.12.2015, S. 8.

Workers oft the Crowd unite, taz 29.7.2015, S. 12.

Blank, Michael / Klebe, Thomas, Die Betriebsaufspaltung aus Sicht der IG Metall, Handelsblatt 27.11.1987.

Klebe, Thomas / Roth, Siegfried, IG Metall; Die neuen Technologien garantieren auch das Übergewicht der Arbeitgeber im Arbeitskampf, Handelsblatt 13.1.1986 und Handelsblatt 17.03.1986.